索·恩 历史图书馆

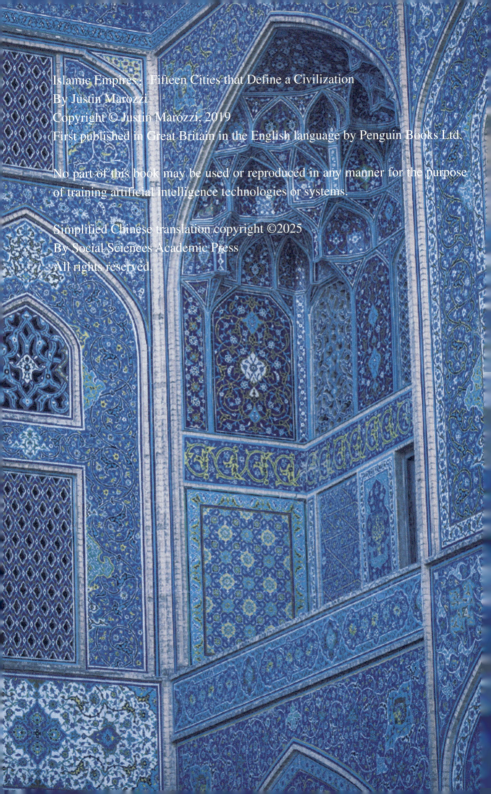

ISLAMIC

郭玉红　译

伊斯兰帝国

十五座城市
定义一种文明

EMPIRES

Fifteen Cities
that Define a Civilization

〔英〕贾斯廷·马罗齐　著
Justin Marozzi

社会科学文献出版社
SOCIAL SCIENCES ACADEMIC PRESS (CHINA)

作者简介/贾斯廷·马罗齐（Justin Marozzi）

英国记者、历史学家和旅行作家，毕业于剑桥大学，大多数时间在伊斯兰世界里生活、工作，曾长期派往伊拉克、利比亚、阿富汗、巴基斯坦、埃及、摩洛哥、突尼斯、叙利亚、黎巴嫩、索马里工作。他是皇家地理协会前理事、白金汉大学新闻学和通俗史学的高级研究员。著有《巴格达：和平之城，血腥之城》《巴巴里以南：重走利比亚沙漠的奴隶之路》《帖木儿：伊斯兰的剑，世界的征服者》等。

译者简介/郭玉红

北京外国语大学硕士，译有《托马斯·克伦威尔：亨利八世最忠诚的仆人鲜为人知的故事》《日本文化简史》等。

索·恩　历史图书馆已出版书目

致 J

幸而有你，我才能完成此书！

目　录

拼写说明

穆罕默德对应的英文应该写为 Mohammed、Muhammad 还是 Mahomet 呢？《古兰经》的英文是 Quran、Koran 还是 Qur'an 呢？阿拉伯语音译的过程充满了风险，不过对一个老学究而言却是天堂。"精准的"阿语音译系统有很多，但是它们大多繁复，也没什么美学吸引力。我的音译目标是让普通读者读起来简单明了。 我不希望像抛撒五彩纸屑一样，在文中撒满变音符号，这里在 s 和 h 下加点，那里在 i 和 a 上加线，到处挤满了撇号和连字符，像不受欢迎的客人。要是让我在 Tārīkh al-'Irāq bayna iḥtilālayn 和 Tarikh al Iraq bayn al Ihtilayn 中选，我肯定毫不犹豫地选后一个。

我已经将阿拉伯语中的喉音字母 qaf（ق）音译成了 q，而不是 k——在上一本著作中，我的做法与此相反，所以有不一致之嫌。我选择了完全忽略难处理的字母 'ayn（ع）——那些不懂阿拉伯语的人基本上是发不出这个音的，所以会把它当成 a、aa，甚至当成 3——因为对那些不懂阿拉伯语或不知道阿拉伯语发音复杂性的人来说，撇号或 3 到底是什么意思呢？阿拉伯语专家肯定知道是什么意思，但就算缺少撇号或 3，其他人也不太会注意到。所以，我把哈里发 Ma'mun 写成 Mamun、'Iraq 写成 Iraq。我选择不在定冠词后加连字符，所以书中第一次出现的时候，我把 Al-Mansur 和 Al-Amin 写成 Al Mansur 和 Al Amin，第二次及以后出现则写作 Mansur 和

Amin。

我知道，本书与最流行的现代学术实践还有一些相背离的地方。曾经，《智慧七柱》（*Seven Pillars of Wisdom*）的编辑不堪重负，请作者托马斯·爱德华·劳伦斯（T. E. Lawrence）表述得清晰些，托马斯回应道："是有一些音译'科学系统'的，对那些懂足够多阿拉伯语的、不需要辅助的人有用，对世人则没什么用。尽管如此，我还是照样音译姓名，让人看看这些系统何其无用。"我当然不会说这些系统都是无用之物，但还是效仿了他。至于开篇提到的那个问题，我把先知穆罕默德音译成 Mohammed，把真主启示给他的圣书音译成 Quran。

前　言

最近，一位突尼斯的朋友对我说："现如今，作为阿拉伯
人，我实在汗颜，到处都是混乱、打斗、杀戮、专政、腐败、
不公、失业。目前，我们唯一领先于世界的是恐怖主义。"

这确实是当今西方世界对他们的看法，也是阿拉伯世界对
自身的观感。不过，这当然不是全部的真相——阿拉伯世界也
并非一直都是这样。一千年以前，伊斯兰文明屹立于世界。那
时，一个阿拉伯穆斯林往往会因为在全球权势等级中位居顶
端而骄傲，不会因为位居下层而羞愧、汗颜。很多北非、中
东、中亚的大城都是名副其实的建筑、知识、经济奇观。从大
马士革、巴格达到科尔多瓦、开罗、非斯、撒马尔罕，接连出
现的伊斯兰帝国都城闻名世界，也经常为世界所敬畏。它们是
令人振奋的军事力量、艺术气魄、商业实力和圣洁精神的结合
体。它们同时也是科学、医学、数学、天文学、制图学、书法
艺术、历史、地理、法律、音乐、神学、法学以及哲学的前沿
重镇，每一座大都市都是极好的、繁荣的创新和发现的动力中
心。军力拼不过，人口比不过，思想上无法超越，信奉基督教
的欧洲怀揣嫉妒、畏惧和敌意观望着欧洲以南和以东地区。9
世纪，巴格达人口约 80 万，相比之下，伦敦、巴黎简直是小
巫见大巫，1100 年这两座城市的人口只有 20 万左右。当时的
伊斯兰城市是一种优越文明的化身。

civilization（文明）一词源自拉丁语中的 civis（市民），

而 civis 又与 civitas（城市）同源。一座城市有教化的功能——它能使男男女女从未开化的、野蛮的生活状态中走出来——没有城市，就没有文明。从这些词源出发，得出这一推论并不难。正是在城市里，人类认识到了自己的最大潜力：在各种艺术和各大学科领域做到出类拔萃，研究人类的生存状态，留下不可磨灭的文学遗产。

xviii

然而，论及文明的地理起源，拉丁语能给到的指引少之又少。我们必须把目光投向罗马以东 3000 英里的地方，投向现在的伊拉克，在其长达 1000 年的历史中，古希腊人都称这个地方为下美索不达米亚（Lower Mesopotamia），它位于孕育生命的底格里斯河和幼发拉底河之间，是一块肥沃的灌溉土地。① 从公元前六千纪的苏美尔时代到巴比伦王国时期、亚述帝国时期、阿契美尼德王朝时期、塞琉古王朝时期、帕提亚帝国时期、罗马帝国时期、萨珊王朝时期，一个又一个帝国、一个又一个文明、一座又一座大城市［比如，阿卡德城（Akkad）、亚述古城、巴比伦城、乌尔城（Ur）、乌鲁克城（Uruk）、尼尼微城（Nineveh）、尼普尔城（Nippur）、尼姆鲁德城（Nimrud）］正是在这片土地上，率先繁荣发展起来。这些雄伟的、泥砖筑的古城在美索不达米亚平原上拔地而起，统治着周遭的世界，它们的名字流传于后世。到 7 世纪伊斯兰教传入的时候，这些古城中的大多数都已沦为废墟。

如果说美索不达米亚孕育了世界上第一批城市，那么紧接着在这个地区建立起来的伊斯兰帝国则留下了一些历史上最为灿烂辉煌的都城，本书着眼于其中的十五座都城。自先知穆罕

---

① 有学者认为，Iraq 这个词源自阿拉伯文，意为"叶脉"或"根茎"，其出现可追溯到公元前 4000 年前后苏美尔人的乌鲁克城，其词源是阿拉米语的 Erech 或者波斯语的 Eragh。——作者注（本书脚注除特别说明外，均为作者注）

默德接受启示、创立伊斯兰教到现在，伊斯兰教的发展历经了十五个世纪，书中每个世纪聚焦一座都城。

《伊斯兰帝国》这本书通过梳理一些极大的城市和一些最为重要、引人注目的时刻来追述世界的历史，着重讲述公元前 5 世纪"历史之父"希罗多德所谓的"伟大而令人惊叹的成就"。这本书的时间线起于 7 世纪，终于 21 世纪，中间断断续续地穿插着对现今世界的描述。

我们的叙事必然从麦加开始，因为伊斯兰教的历史正是从阿拉伯半岛汉志沙漠中的城市开始的，而且直到今天，对全球 15 亿穆斯林而言，那里依旧是最神圣的地方，是他们每天五次祈祷时的朝向。在伊斯兰世界，它也是一个独特的存在，因为不接纳非穆斯林。自从穆斯林将它从异教徒的手中夺过来之后，他们就一直恪守这一传统，直到今天依旧如此。麦加与本书提到的其他城市不同，它是一座严格意义上的排外的城市，一个至纯至洁的圣所，排斥外来者。从这个意义上讲，它是伊斯兰教优越感的象征。

7 世纪，阿拉伯骑兵冲出沙漠，开辟了伊斯兰的征伐之路，震动了世界。在先知穆罕默德时代，伊斯兰帝国从阿拉伯半岛迅速向北、向西扩张。在他的四位继任者——正统向导伯克尔、奥马尔、奥斯曼和阿里的领导下，伊斯兰帝国的版图不断扩大。伊斯兰帝国第一座宏伟的都城是大马士革，在那里倭马亚王朝（Umayyad Dynasty，661—750 年）将伊斯兰帝国扩张为当时世界上最大的帝国之一，其版图西起北非的大西洋海岸和伊比利亚半岛，东至中亚的山区，与中国和印度接壤。

750 年的一场革命以凶残血腥的方式结束了倭马亚王朝的统治，取而代之的是阿拔斯王朝（Abbasids，762—1258 年）。阿拔斯王朝的统治中心是无与伦比的新城巴格达，又称"和平之城"（City of Peace）。在阿拔斯王朝统治的 500 年间，大多数时候巴格达在世界上都是一座出类拔萃的城市，是一座奇迹之城，拥有富丽堂皇的宫殿、高耸入云的清真寺、经学院（madrassas）、图书馆、大学、集中了全世界最优秀学者（他们当中绝大多数是穆斯林）的研究机构、纵横交错的道路和河道、顶尖的医院、繁华的市场。当时的巴格达是一座典型的国际化都城，其艺术、音乐、饮酒和诗歌（有些诗歌低俗得令现代读者震惊）是伊斯兰世界引以为傲的多元性的印证。

随着时间的流逝，伊斯兰帝国逐渐分裂。929 年，埃米尔阿卜杜勒·拉赫曼三世（Abd al Rahman Ⅲ）在遥远的安达卢斯宣布舍弃他那原本就不存在的对巴格达的效忠，并在科尔多瓦自立为哈里发。他在位期间，大量品格高尚的学者在安达卢西亚（Andalusian）城馆藏惊人的图书馆里埋头苦干，这座城成了世界的点缀。

写到骇人听闻的第一次十字军东征时，我将耶路撒冷作为描述的重点。1099 年发生的这一罪恶的军事行动至今仍萦绕在很多穆斯林的脑海中。耶路撒冷被阿拉伯人视为圣城（Al Quds），它在阿拉伯人眼中的神圣程度不亚于穆斯林眼中的麦加。它一度见证了人类对宗教信仰的尊崇，以及时有的对竞争和冲突的毁灭性偏爱。长达数百年的冲突一直持续到现在，令它获得了一个非其所愿的绰号——世界上最具争议的城市。

在讲完 11 世纪末第一次十字军东征的丑行和耻辱之后，我们转向 12 世纪传奇库尔德领导者萨拉丁的开罗，即胜利之都（Al Qahira，"The Victorious"），了解伊斯兰世界相对好的运势——击败十字军，夺回耶路撒冷，一雪前耻。逊尼派重新回到伊斯兰世界的中心，声望恢复。

13 世纪，在几千英里外，伊斯兰世界的另一端，即西端，坐落着另一座宏伟的城市——非斯，人称"非洲的雅典"（Athens of Africa）。马林王朝（Marinid Dynasty，1244—

1465 年）统治时期，非斯成为启发世界的知识中心，可与涌现了但丁、阿奎纳、傅华萨（Froissart）、培根、乔叟的欧洲相媲美。直到今天，其错综复杂的老城依旧是世界上规模最大的，也是最具魅力的古城之一。

  14 世纪，伊斯兰世界没有能够与"东方之珠"（Pearl of the East）——撒马尔罕相媲美的，也没有一位穆斯林领导者能与伟大的军事家帖木儿比肩。他只手创建了一个帝国，在长达 40 年的征战生涯中未尝一败。他将撒马尔罕建成了一座耀眼的大都市，遍地是无与伦比的、在亚洲备受赞赏的蓝色穹顶建筑。他还使亚欧大陆很多极好的城市（其中一些城市本书会有提及）变成了遍地狼烟的不毛之地，四周是骇人的、常有秃鹰出没的尸堆，堆满了被他斩首的敌人。

  自创立以来，在长达八个世纪的时间里，伊斯兰教对基督教世界构成了明显的、现实的威胁。两种宗教之间的争夺于 1453 年达到高潮。当时奥斯曼帝国年轻的苏丹穆罕默德二世成功征服了君士坦丁堡——一座自先知时代之后穆斯林军队一直垂涎并曾多次尝试攻占的城市。这是一个影响深远的事件，直至今日，很多希腊人为此悲痛，而许多土耳其人则为之骄傲。虽然这个事件并不是一夜之间发生的，但是这种从基督教统治下的君士坦丁堡向穆斯林统治下的伊斯坦布尔的平稳过渡却有着巨大的、深远的意义。

  16 世纪，在中亚兴都库什山脉的高山之巅，一个新的伊斯兰帝国诞生了。帖木儿的六世孙、身在小小都城喀布尔的"老虎"巴布尔（Babur "The Tiger"）将征战的目光放到了南边，建立了历时长久的莫卧儿帝国。莫卧儿帝国彻底改变了印度次大陆，直到 1857 年才衰落。巴布尔的文学造诣和其军事才能一样卓越，他因撰写《巴布尔回忆录》（*Baburnama*）而广受尊崇。《巴布尔回忆录》是穆斯林文学中最为珍贵的宝藏之一。

这部富有活力的自传描述了充满酒香和大麻香气的狂欢派对和在群山中进行的大胆的军事行动，这与西方对伊斯兰的普遍印象形成鲜明对比，后者认为伊斯兰教庞大、禁欲、偏狭。这部自传适时地、巧妙地提醒了读者伊斯兰世界早期的多元性。

伊斯法罕是本书提到的为数不多的非阿拉伯城市之一。书中的大多数城市展示的都是伊斯兰教正统逊尼派的世界，而伊斯法罕则是什叶派一颗耀眼的宝石。撇开阿拔斯一世国王（Shah Abbas I）的故事不谈，单是这座城里的建筑奇迹就足以证实其居住者的智慧。17 世纪，阿拔斯一世创建了伊斯法罕，并重新对它进行了卓越的构想，与此同时他还领导萨法维王朝（Safavid Empire，1501—1722 年）发展到了一个新的高度——对西边的奥斯曼人和东边的莫卧儿人构成了巨大的挑战。也难怪世人会称赞伊斯法罕是"世界的一半"。

长久以来，利比亚人深情地称的黎波里是"大海的新娘"，而今，有些人则叫它"大海的遗孀"，原因是自 2011 年内战爆发以来这里动乱和流血事件不断；早在 2019 年我写下这段文字的时候，民兵的枪声急速扫过整座城市。尽管 18 世纪既非该城命运的顶点，也非低谷，但是它是的黎波里历史上最引人瞩目的章节之一，这一时期，卡拉曼里王朝（Karamanli Dynasty）无情地、大胆地推翻了奥斯曼的统治。这个突然崛起的家族从 1711 年统治到了 1835 年，在这期间，无法无天的海盗舰队成了地中海航运的祸害之源。凭借令人生畏的巴巴里海盗（其中不乏背弃基督教信仰的欧洲穆斯林），的黎波里以从未有过的态势改变着奥斯曼人和欧洲人的意识。

不过，又有哪个城市会比"中东的巴黎"——贝鲁特更能诠释 19 世纪精致、悠闲的城市生活呢？奥斯曼帝国末期，随着与欧洲的外交往来和商业交流越来越频繁，贝鲁特汇聚了大量穆斯林和基督徒，本土贸易资源得到利用，世界各地的人在此定居并富裕起来，那些骄奢淫逸、寻欢作乐的人有了更高的要求。多元的教派和群体曾经既是贝鲁特的优势，又是弱势，透过不同教派、不同群体之间间发性的，有时甚至是灾难性的冲突，我们可以看到贝鲁特历史更残酷的一面，这一面于当时、于现今而言都很重要。

几乎无人能预料到，海湾一个名不见经传、外界从未听闻的小渔村会在进入20世纪后，在短短几十年里一跃成为举世闻名的、遍地摩天大楼的城市国家。然而，一个家族的远见卓识，一场不顾一切、孤注一掷的豪赌，加上与生俱来的自由贸易方面的天分，让这种不可能在迪拜变成了可能。它成为阿拉伯人逃离压迫和腐败的灯塔，成为西方追逐财富的侨居者的目标，成为亚洲和次大陆的贫困劳工寻求更好生活的希望。它不仅是阿拉伯的城市，更是一个真正意义上的全球城市。马克图姆家族（The Maktoums）建造了迪拜，然后世界各地的人纷至沓来。

本书的结尾讲述的是21世纪另一个丝毫不逊于迪拜的城市国家。像毛毛虫破茧成蝶一样，多哈也从一个无足轻重的采珠村变成了21世纪世界上最富有的城市之一。多哈以极快的发展速度从贫瘠的阿拉伯沙漠中拔地而起，完全是一个城市奇迹，令人揣摩不透。和迪拜一样，多哈也有一个处于权力核心、希望得到世界认可的家族。阿勒萨尼家族（Al Thanis）在全世界疯狂投资，从伦敦的哈罗德百货、碎片大厦到巴黎圣日尔曼足球俱乐部，再到保时捷、西门子、瑞士信贷等西方公司的蓝筹股，令卡塔尔及其迅速发展的都城名扬四方。和邻居迪拜一样，多哈也是现代世界一大奇观。 xxii

应当强调的是，这份城市名单是非常个人化的选择。尽管一些城市，比如麦加、大马士革、巴格达、开罗、伊斯坦布尔在伊斯兰世界的任何一段历史中都出现过，但是我们完全可以找到另外十五座城市来覆盖伊斯兰世界十五个世纪的历史。本书并没有提到雅加达、拉合尔（Lahore）、德里，尽管它们所在的国家是世界上穆斯林人口最多的；书中也没有巴尔赫（Balkh）、布哈拉（Bukhara）、希瓦（Khiva）、大不里士（Tabriz）、设拉子（Shiraz）、摩苏尔（Mosul）、梅尔夫（Merv）、阿勒颇（Aleppo）、加兹尼（Ghazni）等几个曾经在伊斯兰的天空中闪耀的星星；同样，突尼斯古老的圣城也未能入选；将目光转向现代，相比多哈，马赛或布拉德福德（Bradford）都能很容易地提供一个非常与众不同的审视21世纪的视角。但描述每个世纪的历史时仅能选一座城市作为代表，所以这份名单很不好进。青年时期的我曾在伊斯坦布尔、开罗、的黎波里待过一段时间；后来，身为记者和历史学者，我在几十年里先后游历过中东、北非、中亚，其中有伊斯兰世界的诞生地和中心，而我选的正是这三个地区的城市。

　　穆斯林居住区形形色色、分布分散，由于伊斯兰教是世界上发展最快的宗教，所以当下穆斯林居住区的分布更是广泛，从远东到北美再到非洲、欧洲，不过长久以来阿拉伯人在穆斯林群体中占比偏小。尽管如此，阿拉伯语始终都是《古兰经》的源语，按伊斯兰教的说法，也是真主第一次在麦加高处的山洞里启示穆罕默德时所用的语言，因此是伊斯兰教"最圣洁"的语言。麦加和麦地那占据阿拉伯半岛的重要位置，在伊斯兰历史上至关重要，而这进一步巩固了阿拉伯半岛作为伊斯兰世界中心的地位。

　　关于研究方法。对历史学家而言，档案、历史记录、传记、游记、书信、地图、图片、照片及其他纪实的记录都是必需的，也是必不可少的，不过采访活着的人也同样重要。在莎士比亚的戏剧《科里奥兰纳斯》（*Coriolanus*）中，罗马护民官西西尼乌斯（Sicinius）和市民之间有这样一段对话——"没有人的城市算什么？"市民回答说："的确，城市即人。"[1] 因此，围绕一些重要的、持续存在的、至今仍萦绕在这个地区的议题，来自这十五座城市的男男女女的观点为本书提供了新的视角。

如果我们听得足够仔细，就能听到当今世界一些专家与支撑其观点的历史材料之间持续不断的对话。变化无常的历史女神克利俄（Clio）并不像旁人想象的那样不可捉摸。比如，当土耳其总统告诉他的百姓，土耳其是"唯一能够领导伊斯兰世界的国家"时，我们能在这个妄想重建于一个世纪以前没落的全球帝国的男人的美梦中，听到历史女神的声音。[2] 在当代社会围绕伊斯兰历史、自由与民主、人权与压迫、恐怖主义、信奉基督教的西方与信奉伊斯兰教的东方之间的冲突、外来势力干预与阴谋论、教派分歧、包容与不包容、菲特纳（fitna）① 的讨论中，在那位突尼斯朋友身为阿拉伯人的羞愧情绪中，我们也能听到历史女神的声音。

xxiii

本书通过对这十五座城市的描述，讲述了一个与现今世界盛行的版本非常不同的故事，讲述了一段引人入胜的与伊斯兰的影响力、学术研究和精神有关的历史。它们证实了阿拉伯人曾经拥有的无法估量的胆识和创新力，在数百年里，正是这种胆识和创新力令伊斯兰世界成为世界上最伟大的文明之一。也许最重要的是，这些城市令人回想起那种集包容、多元、世界主义于一体的精神，它一度是与伊斯兰世界的运势紧密联系在一起的，很多人也希望能再次找回这种精神。

---

① 在阿拉伯语中指分裂、不和、混乱的状态，近年来伊斯兰世界大部分地区都处于这种状态。——译者注

1

7 世纪：麦加——众城之源

> 我确已见你反复地仰视天空，故我必使你转向你所喜悦的朝向（qiblah）①。你应当把你的脸转向禁寺；你们无论在那里，都应当把你们的脸转向禁寺。
>
> ——《古兰经》（2：144）

几个世纪以来，麦加大都是一个难以触及的愿景。它萦绕在大多数无法完成麦加朝觐之旅的穆斯林的脑海中，朝觐之旅往往充满了危险而且总是很昂贵。但对那些足够幸运、能够经常赴麦加朝觐的穆斯林而言，朝圣之旅是他们一生中能够获得最大精神满足的经历。他们回去之后，会用尊崇的语气来描述这一经历，回味加速的心跳、沸腾的热血、流下的泪水，言语之中会有诸如"震撼""沉醉""谦卑"等字眼。在这种人类历史上独一无二的集会中，每一个朝觐者，无论男女，都会因为深刻的情感体验而折服。

先知穆罕默德的诞生地对穆斯林的影响力来源于两个方面，一是 7 世纪真主在那里向他"启示"了经文，二是克尔白（kaaba）的标志性地位。克尔白是一座用黑色花岗岩砌成的立

1

---

① "qiblah"是阿拉伯语，意为"朝向"，是穆斯林祈祷时面朝麦加的方向。通常，清真寺会在墙上设壁龛，即"米哈拉布"（mihrab），来指示朝向。米哈拉布指向的便是伊斯兰教的圣城。

方体建筑，被视为"真主的房屋"，是朝觐之旅的中心。根据《古兰经》，所有穆斯林在身体和财力允许的情况下都要前往麦加朝觐，而麦加也是世界上唯一必须去的朝觐之地。在伊斯兰世界中，麦加拥有独特的光彩，而后来几个世纪的传统和朝觐之旅都让这座城市的光彩日盛。麦加是伊斯兰教永远的、无可争辩的中心，是世界上穆斯林群体祈祷时的朝向；而克尔白则是这个地球上朝觐者所围绕的唯一中心。

今天，一座 600 米的钟塔高耸于克尔白之上，让这座神圣的建筑显得十分矮小，而这座钟塔建造的灵感来源正是克尔白。假如一只鸽子暂时离开在地面觅食的同伴，飞到这令人眩晕的高度往下看，便能看到北方有一个巨大的、可能会被当作体育场的建筑，以及绕着一个立方体列队前行、身穿白袍的人们。只不过它并不是体育场。麦加皇家钟塔（Abraj Al Bait）是一个集奢华酒店、公寓、购物中心的摩天大楼综合体，配有直升机停机坪、按摩浴缸、桑拿房、蒸汽房、巧克力屋、美容院、商务中心、宴会厅、24 小时管家服务，它俯瞰伊斯兰教最神圣的清真寺——麦加大清真寺（Masjid al Haram），又名禁寺，以及位于禁寺中心的立方体建筑——克尔白。每年，在这场世界上最大的、有组织的宗教仪式中，一大群人围绕这个 13 米高的石砌建筑绕行七次，向真主同声祈祷。

从先知穆罕默德时期开始，这个伊斯兰世界最神圣的地方在过去的十五个世纪里经历了无数改变。最初的改变是哈里发欧麦尔（Umar, 634—644 年在位）和哈里发奥斯曼（Uthman, 644—656 年在位）推行的一系列地产征收和"改善"的措施，但是这些措施的推行力度及其给城市带来的改变均不及 21 世纪。2002 年，为了给新的钟塔建筑群腾出空间，沙特阿拉伯政府拆除了阿贾德堡垒（Ajyad Fortress）。这座奥斯曼帝国时期的城堡于 1780 年前后建成，为的是保护麦加城，防止侵略者入侵。国际社会对拆除之举表示强烈抗议，土耳其政府也称这次拆毁是"反人类之举……是文化大屠杀"。[1] 因为对与夜莺山（Bulbul hill）和穆罕默德有关的古训有匪夷所思的曲解，沙特阿拉伯人还铲平了这座山，而当初阿贾德堡垒便建在这座山上。

麦加的一些古迹，比如传说中克尔白的建造者——易卜拉欣族长（Patriarch Abraham）的遗迹，就保留在禁寺中央，比其他古迹更受尊崇。麦加皇家钟塔所在地曾经矗立着有数千年历史的建筑，其占地面积的近95%都曾是建筑遗址，包括400处既有文化意义又有历史意义的遗址。穆罕默德的亲随、伊斯兰政权第一任哈里发阿布·伯克尔（632—634年在位）的旧宅被拆毁，取而代之的是麦加希尔顿酒店。先知挚爱的第一任妻子赫蒂彻（Khadija）的故居现在被一些公共卫生间取代。甚至连先知的宅邸也未能幸免，被埋在一座新的皇家宫殿之下。[2]

尽管麦加皇家钟塔是一个巨大的建筑群，但它只是耗资数十亿美元的庞大的重建计划的一小部分，这个重建计划彻底改变了麦加。大规模的拆毁重建给很多穆斯林和非穆斯林带来了极大的痛苦。2014年，为了腾出空间建造配有空调的多层祈祷厅，清真寺中奥斯曼帝国时期兴建的建筑部分被拆毁。这些建筑带有这座清真寺中遗留下来的最古老的特征，包括1553—1629年，由从苏莱曼一世到穆拉德四世的几代苏丹建造的雕刻精美的大理石柱。麦加大清真寺的西面是在建的贾贝尔-奥马尔项目（Jebel Omar project），未来将会有一个新的、由更多奢华酒店组成的摩天楼群在这片被铲平的山地上拔地而起。大清真寺的北面是沙米亚项目（Al Shamiya development），该项目要扩建清真寺使之能容纳25万人，并增加30万平方米的祈祷厅面积。

　　沙特阿拉伯政府坚持认为，为了容纳不断增加的、能为政府贡献税收的朝觐者，开发建设必不可少。根据预期，朝觐者数量会在现有的 200 万左右的基础上继续大幅增加。沙特阿拉伯的大穆夫提、谢赫阿卜杜勒·阿齐兹·本·阿卜杜拉·谢赫（Abdul Aziz Bin Abdullah al Sheikh）称全国都应该感谢政府进行这样重大的改建工作。[3]

　　然而，很多麦加人暗自抱怨自己的圣城被改建成了另一个拉斯维加斯。萨米·安加维（Sami Angawi），沙特阿拉伯的建筑师、麦加朝觐研究中心（Hajj Research Centre）创始人，称正在进行的对伊斯兰教最神圣的场所的改建，与麦加城的性质和克尔白的神圣性相悖。他说，这种改建"真的是莫名其妙。他们将圣所变成了一个机器，一个没有特征、没有遗产、没有文化、没有自然生态的城市。他们连山都铲平了"。[4]批评者指出，时任国王阿卜杜拉发布对麦加城及其周围环境进行总体规划的指示时，庞大的建设项目已经进行了很久。这种将一切夷为平地的改建不仅导致伊斯兰世界最早期的遗产丢失，而且产生了巨大的人力成本。居住在这片古老城区的人们在古城最具历史意义的部分被夷为平地前一周才收到搬离通知。"历世历代生活在这里的当地居民被迫离开，给这些高耸入云的大理石建筑让位"，麦加伊斯兰遗产研究基金会（Islamic Heritage Research Foundation）的负责人艾尔凡·阿拉维（Irfan al Alawi）如是说。[5]

　　朝觐者反应不一。有的把麦加的摩天大楼当成末日已近的征兆。他们以《圣训》（*hadith*）为据。在书中，先知曾告诉天使吉卜利勒，"当牧养黑骆驼的人开始吹嘘，竞相建造更高的楼宇时"，审判日就临近了。[6]虽然有些人欣赏麦加改建项目所体现的大胆的现代性和自信心，但另外一些人则认为这种商业主义既不合时宜又令人迷惑。"沙特阿拉伯对麦加的改造糟糕透了。"一位英国穆斯林在回忆自己的朝觐之旅时如是说。他的朝觐之旅被一路延伸到大清真寺的"零售盛会"破坏了。他还说："我在转身面向克尔白时，最后一眼看到的是新秀丽和哈根达斯的商店。这些零售商店把麦加变成了一个购物中心。"[7]

的确，古老遗产的遗失会引起一些人的共鸣，这些人对文化史感兴趣，会怀念于 2001 年被塔利班破坏的阿富汗巴米扬大佛，以及被"伊斯兰国"摧毁的"受人崇拜的"遗产，其中包括 2015 年被破坏的伊拉克的尼姆鲁德遗址和叙利亚的帕尔米拉遗址。尽管伊斯兰教摇篮近来的城市开发项目令人痛心，但是从历史角度讲，麦加中心的商业化并非新现象，因为作为一个定居地，麦加的起源——无论是传说还是现实——都与贸易和从朝觐者那里获取财富密切相关。正如一句古老的谚语所说，"我们不种小麦，也不种高粱；朝觐者就是我们的庄稼"。[8]

需要说明的是，麦加从不曾是一个伟大的文化发源地。伊斯兰文明在艺术、科学方面所取得的杰出的、造福世界的成果，诸如建筑、数学、天文、地理、几何学、诗歌、物理学、哲学等领域的成果均源自麦加以外的城市，比如大马士革、巴格达、开罗、非斯、撒马尔罕、伊斯坦布尔、伊斯法罕等。这些城市都曾是开放的国际性大都市，伊斯兰教、犹太教、基督教等宗教信仰共存。而麦加则一直处于与世隔绝的、封闭的状态。直到今天，它仍然是一个纯粹的堡垒，非常不欢迎任何非穆斯林到访者。

再说历史的消逝，虽然说在麦加，历史可以被人不假思索地用推土机清除，但是我们也会看到，历史同样很容易被创造。

麦加的地理环境极其恶劣，这种极端的自然条件本身就足以令人印象深刻。麦加地处汉志沙漠偏远一隅的山谷谷底，山谷地势狭长、通风不良，既无河流也无林木。城市所处地形是谷底洼地，周围环绕着两座陡峭的山峰，离港口城市吉达43英里。麦加夏季的气温常常逼近50℃——人尽皆知的火烧麦加（ramdaa Makka）就是由此而来——而且在狂风暴雨带来的破坏性洪灾之后，往往疫病就会暴发。[9] 它不像是一座天佑城市，反而更像一座被大自然诅咒了的城市。对早期伊斯兰诗人海卡坦（Al Hayqatan）而言，麦加是这样一个地方，在这里"冬天和夏天同样令人无法忍受。没有流动的河水……没有一片可以让眼睛休息的草叶，也没有追逐猎食的生物。只有从事着最不齿于人的职业的商人"。[10] 早期一位年代史编者曾提到一片贫瘠得只有金合欢树和荆棘的土地。《古兰经》中，易卜拉欣在与真主对话时，曾将麦加描述为"一个没有庄稼的山谷"。[11] 10世纪阿拉伯地理学者穆卡达西（Muqaddasi）称，麦加是一个被"令人窒息的热气、致命的大风和遮天蔽日的苍蝇"笼罩的聚居地。[12] 渗渗泉（Zamzam Well）时断时续的水，是生活在这片炎热的荒芜之地的人仅有的喘息之机。在这个残酷、多岩石、贫瘠、缺水的地方，发展农业是一个难以实现的梦，因而容易频繁发生饥荒，谷物供应依赖来自叙利亚和伊拉克的商队。所以，在读到8世纪历史学家和最早为先知穆罕默德撰写传记的作家伊本·伊斯哈格（Ibn Ishaq）的那句麦加是"一个林水富饶的城镇"时，读者皱起眉毛是理所应当的。[13]

皱不皱眉的暂且不谈，在探讨伊斯兰教早期历史时，还会发现更多令人皱眉的事由。在这里，历史学家面临巨大的困难，因为在麦加这个第一次上演人类故事和超自然现象的地方，历史要比环绕其四周的酷热荒漠更难以穿越。在历史、信仰和传说的流沙中寻找确凿的史实依据是一项艰巨的任务，因为除传说之外，关于早期麦加的史料"极少"。[14] 在这里，考古学几乎不存在；在伊斯兰教出现之前的口传文化中，碑文、硬币、纸莎草纸之类的证据也很稀少。

结果就是，伊斯兰教诞生地以及先知穆罕默德生活和逝世之地的早期历史，"我们几乎得完全依赖后来的（甚至很久以后的）穆斯林的口述"。[15]令历史学家感到失落的是，关于麦加和穆罕默德的穆斯林口述史仅在8世纪中期前后才出现，因而从穆罕默德去世到8世纪中期有约120年无法解释的空白。

虽然穆斯林相信传统的伊斯兰史料，而且他们一般不认为这段空白有什么问题，但对其他学者而言，这段空白令人尤为苦恼。史料极为匮乏，以至于能够证明伊斯兰教是在麦加城或其周边诞生的主要资料竟只有《古兰经》的注释，而注释本身在时间和诠释上也存在诸多问题。

近几十年出现了一个"对伊斯兰教发端持高度怀疑态度的历史分析学派"，称传统的穆斯林的叙述为"有倾向性的伊斯兰教史"，让人对其产生了"严重怀疑"。[16]比如，早先穆斯林撰写的先知传记就存在"很多不一致的地方以及很多真实性存疑的叙事"，很难令人信服。[17]本质上讲，受人指摘之处在于这些传记不是历史记录，更像是文学创造，它们在所述事件发生很久之后出现，并且有明显的目的性——推动新信仰的发展，并且赋予其历史确定性。

穆斯林传统认为在宇宙万物凭着真主的旨意被创造后，阿丹（Adam）在麦加建造了"真主的房屋"，所以麦加在成为聚居地之前是宗教圣地。问题是，在阿拉伯半岛之外，在卷帙浩繁的古希腊语、拉丁语、叙利亚语、阿拉米语、科普特语文献中，在阿拉伯人的征服战争之前，并没有一处关于麦加的记载，但是穆斯林传统却称它是一个繁荣的贸易中心和非基督徒宗教礼拜的中心。[18]在《战争的历史》（*The History of the Wars*）中，普罗科匹厄斯（Procopius）对阿拉伯半岛西海岸地区进行了细致详尽的调研，但这位1世纪的作者却没有提及麦加。一个世纪以后，托勒密的《地理学指南》（*Geography*）提到了阿拉伯内陆的马可拉巴（Macoraba），其坐标与麦加的位置接近。我们必须得等到 741 年，也就是先知逝世一个多世纪以后，才能在《拜占庭－阿拉伯编年史》（*Byzantine-Arab Chronicle*）中看到麦加，即便此时这份外国文献说它远在美索不达米亚的北边。[19]

关于麦加 7 世纪历史的讨论，尽管存在争议且没有定论，但是极其重要，因为它构成了一个更大的历史叙事的基础：先知穆罕默德的出现，《古兰经》的启示，伊斯兰教的诞生。这一讨论利害重大，因为它针对的是伊斯兰世界关于穆罕默德、麦加、伊斯兰教的叙述的历史真实性。一个人眼中的正当历史探究，对另一个人而言则是无法宽恕的对先知的冒犯。鉴于在伊斯兰教中对叛教——在思想或行为上背弃教义——之人的传统惩罚是砍首，所以在某些情况下这种探究生死攸关。

尽管中世纪的穆斯林学者做出了种种努力，但是我们不得不说麦加、克尔白的起源以及伊斯兰教的诞生的确定性存疑。从某种意义上讲，人们不应该对这一点感到过分惊讶，或者觉得难以接受。当代人在某些方面的困惑巧妙呼应了 7 世纪基督徒的反应，对后者而言，伊斯兰教的兴起是一个突如其来的、完全无法理解的谜。614 年，在拜占庭对萨珊波斯的灾难性战争（602—628 年）进行到一半的时候，波斯人征服了耶路撒冷。所以拜占庭人视波斯人为主要敌人也是自然的。但是在 637 年，穆罕默德逝世仅五年之后，孤军坚守耶路撒冷的主教索福洛尼斯（Patriarch Sophronius）将打开城门的钥匙交给了权势日盛的阿拉伯哈里发欧麦尔，一个新生的、不为人知的、激进的宗教的领导者，而不是当时几近灭亡的波斯帝国。

关于信仰与怀疑不可调和的争论暂且讲到这里。因为我们既无法证实也无法推翻一种宗教和它存在的基础，而且信仰本质上需要一定程度上搁置怀疑，相信超自然的、神圣的存在，所以我们要承认在早期历史和新宗教兴起的交叉点上确实存在这种模糊不清的情况，接下来我们转向同样具有争议的文字记录。

　　首先来看麦加和克尔白，关于这个聚居地，最早的文字记载是9世纪的阿兹拉奇（Al Azraqi）编纂的《麦加志》（*Kitab Akhbar Makka*），这本书的非凡之处在于它是第一部讲述城市历史的阿拉伯史书。阿兹拉奇称圣石的存在可以追溯到创世以前。"在真主创造天地四十年前，克尔白曾是漂在水上的泡沫状的物质；地就是由它延展出来的。"[20] 阿兹拉奇反复告诉他的读者，阿丹建造了克尔白；接着，在洪水过后，易卜拉欣及其儿子易司马仪（Ishmael）重建了克尔白；随后，5世纪麦加的主要部落——古莱什（Quraysh）部落，在穆罕默德在世、蒙昧时期（伊斯兰教诞生前的时期）即将终了的时候，再次重建了克尔白。后来，阿拉伯地理学家称麦加是"地球的中心"。或许令人惊讶的是，《古兰经》里只有少数几处提到了克尔白。它说克尔白是作为"众人的归宿地和安宁地"被建造的，是一处建在"易卜拉欣的立足地"的礼拜处，其建造者和奉献者是易卜拉欣和易司马仪，他们为那些旋绕致敬者、虔诚住守者、鞠躬叩头者清扫克尔白。[21]

　　《古兰经》中也没有太多关于麦加或其他地方的记载——整部经书中只提及了九个地方，而"麦加"一词只提到了一次①，让人以为"麦加之于《古兰经》正如拿撒勒之于《福音书》一样"。[22] 另外还有两节提到"众城之源"，解经家们认

_____

① 《古兰经》（48：24）："他曾制止他们对你们下手，也制止你们在战胜他们之后在麦加山谷中对他们下手，真主是明察你们的行为的。"

为指的是麦加。²³ 传统上，《古兰经》中提到的巴卡（Bakka/Bakkah）被认为是麦加的另一个名字，不过，虽然这节经文将"易卜拉欣的立足地"和朝觐义务联系在一起，但是我们依旧无法找到确凿的证据。①

8　　穆罕默德·本·贾利尔·塔巴里（Mohammed ibn Jarir al Tabari）是 9 世纪《历代先知与帝王史》（*History of the Prophets and Kings*，其英文译本多达 38 卷，近 10000 页）的编撰者，他和同为历史学家的阿兹拉奇、伊本·伊斯哈格共同将麦加作为一个永久聚居地被建立的时间追溯到 400 年到 470 年，建立者则是一个名叫库赛·本·基拉卜（Qusay ibn Kilab）的部族人。在此之前，他所在的部落一直聚居在海拔高于山谷的斜坡上。据说，在诺亚方舟时期，洪水摧毁了克尔白，那时麦加还无人居住，周围地区居住着朱尔洪人（the Jurhum）和亚玛力人（the Amalekites）。在 2 世纪初到 3 世纪前半叶这段时间里，朱尔洪人曾是克尔白的掌管者。他们的行为举止显然有许多不尽如人意的地方，他们的堕落行为臭名昭著。寻找隐秘之处幽会的情人有时会偷偷跑到克尔白，一对情侣在克尔白内发生性关系后，因亵渎圣所而受到惩罚，立马"变成了两座石像"。塔巴里说，麦加"曾经也被叫作巴卡，因为在过去，如果那里的作恶者和暴虐者举止不当，他们的脖子就会被折断"。²⁴ 后来，亚玛力人接替朱尔洪人，成为麦加的统治者，再后来，古莱什族（先知穆罕默德就出身于该部族）又取代了亚玛力人。

库赛清理了克尔白周边的地方，并将曾在沙漠游牧的族人

---

① 《古兰经》（3：96—97）："为世人而创设的最古的清真寺，确是在麦加的那所吉祥的天房、全世界的向导。其中有许多明证，如易卜拉欣的立足地；凡入其中的人都得安宁。凡能旅行到天房的，人人都为真主而朝觐天房的义务。"

安置在那里，使之发展成了城市社区，事实证明这是一个具有
决定性的举措，它成为麦加这座伊斯兰城市的前身。库赛最重
要的成就是建造了达鲁·纳达瓦（Dar al Nadwa），这是阿拉
伯第一个议事厅，政治、社会、商业议题就是在这里讨论、处
理。诸如割礼、订婚、宣战等仪式也都是在这里举行。这个建
筑同时也是库赛的私宅，宅邸设有直接通往克尔白的门。和现
在一样，那个时候，与克尔白之间的距离表明了居住者和朝觐
者的地位——除在麦加皇家钟楼内辉煌的费尔蒙酒店里吹空调
的朝觐者之外，还有更多较不富裕的朝觐者住在低级的、"不
安全的"、"恶劣的"，甚至肮脏的环境中，酷热难耐。[25] 不过，
不论是 7 世纪末的居民，还是 21 世纪初的居民，对他们而言，
住得离克尔白太近有一个明显的隐患，那就是当权者，不管是
中世纪的哈里发还是现代的沙特家族，往往会仓促地征用土地
和房产，以作再开发和扩建圣寺之用。

　　古莱什族将克尔白方圆 20 英里的区域视为麦加大清真寺
的圣地，禁止一切暴力行为，所有来访者都受庇护。在这样一
个屡受部族争斗、袭击、冲突困扰的地方，这一考虑十分重
要。正如穆斯林作者总是提醒我们的那样，每个部族都有自己
的石雕神像，他们是不折不扣的异教徒和偶像崇拜者。作为
垄断克尔白朝觐的部族，古莱什族收集不同部族的偶像并将
它们放在麦加大清真寺里供人朝觐。古莱什族拜的是胡伯勒
（Hubal），一尊立于克尔白内的微红大石像，与其并列的有三
尊麦加女神像，分别是拉特（Allat）、乌扎（Al Uzza）、默
那（Manat）。①

　　穆斯林作者强调，充斥着异教徒的麦加贪婪和放荡之风盛

---

　　①　《古兰经》（53：23）全盘否定了这三位女神，经上说："这些偶像只是你们和你们
的祖先所定的名称，真主并未加以证实。"

行（在很多批判者眼里，今天的麦加依旧贪婪）。为了将从朝觐中获得的收入最大化，古莱什族颁布了一项政策：禁止来访者自带衣物和食物进入圣地。

早在 6 世纪，阿拉伯部族人似乎就已经在各种露天集市中进行贸易了。他们按顺时针方向走，先去巴林、阿曼、也门，然后去麦加城内和城周边的五个市场，最后于朝觐当月在麦加神圣的克尔白落脚。旅途中被骆驼鞍硌伤、被太阳晒伤的他们一旦进入麦加，就会环绕着 360 个部落偶像，进行传统的朝觐仪式。他们先是在萨法山（hill of Safa）和麦尔卧山（hill of Marwa）之间往返行走七次，再现易卜拉欣被遗弃的第二位妻子哈哲尔（Hagar）和她的幼子易司马仪疯狂找水的场景。在奔走到伟大的雷神的居所——穆扎达利法（Muzdalifa）山洞之后，他们会在离麦加城 16 英里的阿拉法特山（Mount Arafat）山脚的平原上守夜。因为魔鬼曾三次引诱易卜拉欣，所以他们接下来会向麦加东部的米纳山谷（valley of Mina）中的三根石柱投击鹅卵石。塔瓦夫（tawaf）是逆时针绕行克尔白七次，这个仪式或许是为了再现环形的贸易路线。最后，部族人真诚地献上他们最珍贵的母骆驼为祭，仪式在鲜血中告终。

当时，麦加是一个重要的目的地，也是一个极为有利可图的地方。尽管早期文献中确实存在宗教偏见，但在伊斯兰教出现之前的麦加，贸易和宗教似乎就是发展的两大推动力。历史学家认为在 5 世纪的某个时期出现了交通方式的变革，当时阿拉伯的贝都因人（Bedouin）发明了一种能够载更重货物的骆驼鞍。然后，印度、东非、也门、巴林的商人们将行进缓慢的驴车换成了骆驼，那些从事奢侈品（如焚香、香料、象牙、谷物、珍珠、木材、布料、药品）贸易、将奢侈品运往拜占庭和叙利亚的商人再也不用绕行阿拉伯半岛了。他们会雇用贝都因

10

人沿途指路并保护他们。[26]

近来一些研究表明，库赛的孙子哈希姆·本·马纳夫（Hashim ibn Manaf）极大地推动了麦加的贸易。他首创伊拉夫（ilaf），一种能让社会当中不那么富裕的群体集中资金并投资到商队中的商业协议。因而麦加与叙利亚有了确保麦加布料商和皮货商安全通行的贸易协议。这一创新举措促进了麦加贸易的国际化，打开了布斯拉（Busra）、加沙、亚历山大及其他在拜占庭管辖范围内的市场，促使贸易使团前往阿比西尼亚（Abyssinia）、也门、波斯。在阿拉伯半岛偏远一隅的汉志，贸易是一项脆弱的活动，在贸易协议出现之前，很多贸易商人会周期性地濒临破产，而哈希姆的创举似乎终结了"自我牺牲"（itifad）这一严酷的传统。按照这个传统，一个彻底破产的商人会被迫带着家人离开大家族，最后饿死在外面。[27]

传统观点认为，因为有了贸易，麦加才得以存在。"在这座城里朝觐仪式和贸易是密不可分的。"[28] 这里有必要提醒一句，这也是一个存在争议的领域。一些修正主义者质疑麦加是否真的是古莱什的贸易中心；更有争议的是，一位学者甚至怀疑穆罕默德也许根本不是在这里接受真主启示的。[29] 他们的观点是穆斯林文献以回顾性的研究方式故意夸大了 7 世纪时麦加的地位，以使它更适合作为新信仰的诞生地。

这些早期的穆斯林文献显然决心要将麦加描述成一个足够富裕、圣洁、重要的地方，一个令外邦人嫉妒、渴望的对象。文献中称，570 年，信奉基督教的阿布拉哈（Abraha），希木叶尔（Himyar）王国的统治者、也门的阿比西尼亚总督，为了证明麦加的圣地不受真主庇佑且并非牢不可破，就带领了一支军队攻入麦加。因为阿布拉哈在萨那（Sanaa）建造了一座辉煌的、可与圣地匹敌的教堂，所以证明上述观点符合他的既得利益。正当他的象军到达麦加外围、准备大肆破坏的时候，

战象却突然跪到地上、止步不前，令人不可思议。麦加逃过一
劫。这个时间非常重要，甚至《古兰经》中都有记载，这在这
本经书中实属罕见，因为不像《圣经》，《古兰经》很少记载
历史人物、历史活动和历史事件。① 这一年后来被穆斯林称为
象年。无论这是传说还是事实，麦加的神圣不可侵犯性都得到
了证实。穆斯林文献选中 570 年这一年份不禁让人怀疑，因为
穆罕默德正是在这一年出生的，所以显得它更为吉利。30

  如果阿兹拉奇今天还活着，并被匆忙带到麦加皇家钟塔顶
上那巨大的、重达 35 吨的金色新月里的祷告室，他一定会被
令人眩晕的高度、吞噬山岭的建设浪潮和数量众多的起重机吓
到，一旦回过神儿来，他就能够缓缓地、哪怕有些颤抖地从城
中心的克尔白开始讲起，重新描绘历经 1200 年的麦加城。31
他的视野从这里往外扩展，与此同时停下来介绍那些最重要、
最神圣的地标建筑。首先是易卜拉欣立足地，也就是先知易卜
拉欣和他的儿子易司马仪一起修建克尔白的上层墙壁时所站的
地方，今天这里挤满了朝觐者，他们争着抢着要看那被水晶穹
顶罩着的石头上凿刻出的古老脚印。视线继续往远方移，在克
尔白的东面，离它 20 米远的地方，是有名的渗渗泉，那奇迹
般救了哈哲尔和她的儿子易司马仪一命的水源。今天，成群结
队的朝觐者来到这里时会急切地将渗渗泉的泉水装瓶，全世界
的穆斯林都珍视它，并饮用它。

  从阿兹拉奇的记述中，我们可以清晰地看到麦加唯一重要
的有历史价值的建筑就是克尔白及其相关部分。他那 500 多

---

 ① 《古兰经》（105：1–5）："难道你不知道你的主怎样处治象的主人们吗？难道他没
  有使他们的计谋，变成无益的吗？他曾派遣成群的鸟去伤他们，以粘土石射击他
  们，使他们变成吃剩的干草一样。"

页的书稿大部分内容都是在描述它们。至于这座城市的生活区域，几乎是事后想起才添加的。从很大程度上讲，麦加就是克尔白以及紧挨着它的被称为麦加大清真寺的开阔区域。

据阿拉伯历史学家所言，到 6 世纪末的时候，麦加经历了一场精神危机。市场力量的兴起撕裂了传统的社区关系。一些商人变得极其富裕，而其他麦加人则贫困不堪。又有一种观点认为历史学家用了回顾性的方法为穆罕默德的出现尽可能地创造最有利的环境。穆斯林文献中的麦加是一个黑暗的、恶魔横行的定居地，一个充满邪恶的、放荡的异教徒的聚居地，魔鬼、占卜者、巫师的巢穴，一个不适合胆小怯懦之人生存的地方。而这一切只有一位创立宗教、改变世界的先知能够翻转。

12

570 年，穆罕默德正是降生在这样一个处在日光炙烤下的异教徒聚居地。无论概述如何不清晰，无论文献怎样存疑，这位即将出现的先知的生平故事，以及随后出现的宗教和伊斯兰帝国的历史，都是与麦加的历史紧密相连的。① 或许有人认为新信仰的创立者会是这座城市备受爱戴之人，但是穆罕默德绝大部分的人生经历都证明了事实与之相反。尽管生来就是麦加人，但穆罕默德与这个既有启示、救赎，又有斗争、迫害、暴力和杀戮的城镇有着复杂的、难以处理的关系。

他出生在古莱什族的哈希姆家族，一个并不富裕的家庭。他的曾祖父也许是第一个独立和叙利亚、也门进行贸易的商人，但是在穆罕默德出生之前，他的父亲阿卜杜拉就去世了，这不可避免地令这个家庭陷入了困境。更糟糕的是，他的母亲

---

① 撰写过先知生平的人绝非只有伊斯哈格和塔巴里。最早的文献中既有穆罕默德·本·欧麦尔·瓦基迪（Mohammed ibn Umar al Waqidi，820 年去世）撰写的传记，又有他的同代人、生活在 9 世纪的穆罕默德·本·萨阿德（Mohammed ibn Saad）撰写的传记。在他们之后出现了一批时至今日仍旧闪耀的传记作者。

阿米娜（Amina）在他 6 岁的时候也去世了。据说，年纪尚幼就变成孤儿的他先是和年迈的祖父生活在一起，祖父喜欢让人把自己的床搬到外面，以便在克尔白圣洁的阴影下休息。祖父死后，穆罕默德去同伯父、哈希姆家族的族长阿布·塔利布（Abu Talib）生活。后来，在另一个叔叔阿拔斯（Abbas）的引荐下，他开始在商队工作，负责去往叙利亚的北段旅程的贸易事务。作为商人，他的能力吸引了美丽的富孀赫蒂彻的注意，在赫蒂彻的提议下，二人结为夫妻。当时穆罕默德 25 岁，而赫蒂彻 40 岁左右。

穆斯林文献中对穆罕默德的判断力和调解能力大为称赞。其中有一个故事讲述的是 605 年前后，在吉达（Jeddah）沿海一艘船只遇难后，古莱什开始一层柚木、一层石头地重建克尔白。在这不适宜人居住的荒野，能有木材供应真是天赐好运，令人喜出望外。在将有名的黑石镶到克尔白最东面的墙角上时，各部族之间发生了争吵，每个部族都希望独揽这个荣誉，但最后陷入僵局，众人同意由下一个进入圣所的人决定由谁来镶。接着穆罕默德走了进来，他建议争论不休的部族人将黑石放在一块布上，每人抓住一个角，一起将黑石抬起来。分歧化解，众部族分享了荣誉，穆罕默德亲手将黑石镶到了墙上。后人称他为"爱敏"（Al Amin），值得信赖的人。今天，黑石的残存部分被镶进一个宽银质框架内，嵌到了克尔白上。很多穆斯林绕行克尔白的时候都会设法触摸并亲吻它。

到这里，关于穆罕默德的一切也许都很平凡。接着，按伊斯兰教的记载，610 年的时候，雷声惊天一响，当时，40 岁的穆罕默德正在麦加城外两英里处的一个山洞里。一段时间以来，他一直与世隔绝，远离麦加城的男男女女，在山上日夜冥想。这时，他出生的城镇被笼罩在被星光点亮的沙漠黑夜里，真主的声音突然显现，带着迷人心智的威严，"宣读！"，那个

13

声音命令道。那是天使吉卜利勒的声音。那个声音忽略了不识字的穆罕默德完全正常的反应，再一次重复命令道："你应当奉你的创造主的名义而宣读 ①，他曾用血块创造人。你应当宣读，你的主是最尊严的，他曾教人用笔写字，他曾教人知道自己所不知道的东西。"³² 这是一个让人惊恐的经历，受到惊吓的穆罕默德感觉自己被紧紧地压着，像快要死了。他以为自己被"精尼"（jinn）附身了，准备跳下山，了结痛苦。他往山顶爬去，决心要结束自己的生命，结果被天上的声音打断，那声音说："噢，穆罕默德，你是真主的使者，我是吉卜利勒。"³³

这是一个改变人生的时刻，后人将这一夜称为"高贵之夜"（Laylat al Qadr）② 来纪念。那位爬到山上的洞穴里、平凡无奇的古莱什部族人，在晕头转向地下山后，成了真主的先知。而启示给他的那些话则成了《古兰经》最早的经文。1400年之后，很多朝觐者会身体力行地前往希拉山洞，山洞所在的山又叫光明山（Jabal al Nour）。尽管沙特阿拉伯称朝觐之旅并不包括爬到山洞里，但是穆斯林并不在意，他们依旧艰难地爬上阶梯，在惊讶与虔诚之中凝视这个小小的、铺着厚石板的、满是涂鸦的山洞。山洞宽 4 米，长 1.5 米，身在其中的穆斯林有的诵读诗文，有的亲吻石头，有的则跪下来祈祷。

接下来的年月里，真主断断续续地降示。然后，到 613 年前后，穆罕默德开始在麦加宣扬真主的启示，谴责偶像崇拜和多神论。从这个时候开始，在麦加，穆罕默德在此后人生的

---

① 这里的"宣读"对应的阿拉伯文是 ikra。在阿拉伯文中，ikra 既可以理解为"读"，又可以理解为"诵"。阿拉伯文中的 Quran，字面意思就是"宣读""诵读"。

② 原文中的英译为 Night Of Decree（法令之夜），但在中国伊斯兰教中，一般译为盖德尔夜或高贵之夜。——编者注

大部分时间里，都是被轻蔑和敌视的对象。从古莱什部族的视角来看，我们不难理解其中的原因。受古老的部族关系和传统的约束，各种信仰的人都围绕着克尔白进行宗教仪式，麦加是一个多神信仰和分裂的社区。穆罕默德抨击异教徒的传统，在被屡次警告、威胁、利诱之后，他仍旧没有停止批判，这一点令他们很恼火，也难怪穆罕默德会被指控成一个说谎的人、诗人、巫师、占卜者、一个被鬼附体之人。不过，言语攻击并没有浇灭穆罕默德的热情。一群麦加人找到他的伯父、他的庇护人阿布·塔利布，发出最后通牒："我们指着我们的神起誓，我们无法容忍祖先被谩骂，传统被嘲笑，神明被冒犯。如果你不将他从我们中间赶走，我们会与你们二人一直斗，直到一方消失。"34

我们很容易联想到在穆罕默德向愿意相信的人传教时，笼罩着麦加的那种紧张、怀疑和敌意。他传讲的一神教教义本就会制造冲突，对现状包括社群的领导层构成威胁。古往今来集中在克尔白周围的异教徒崇拜仪式就是喂养了麦加及其商人的那只手，而现在穆罕默德却要将这只手一口咬断。

有这样一个故事，说早期追随穆罕默德的人，也就是世界上第一批穆斯林，那些顺服在真主面前的人，大多是社会中最贫困、最卑微的部族，他们遭到了迫害。真实也好，杜撰也罢，这个故事都有一定的合理性。社会地位较高的穆斯林会被说成"傻瓜""笨蛋"，声名尽毁。穆斯林商人则会收到警告，说要抵制他们的生意，直到他们沦为"乞丐"。不过，最严酷的措施还是针对麦加社会最底层的那些人。因为，对这个城镇的大多数人而言，穆罕默德具有革命性的传讲是可憎的，所以他们"攻击他们，囚禁他们，暴打他们，不让他们吃喝，让他们站在麦加灼热的阳光下，为了让他们放弃新的信仰"。有一次尤为严酷的惩罚，一位名叫比拉勒（Bilal）的奴隶在日头正毒的时候被拖到麦加城外，扔到了一个开阔的山谷里，躺在毒辣日头下的他胸口上还压着一块巨石。³⁵ 针对新的穆斯林社群的迫害愈演愈烈。615年，穆罕默德送他的一些追随者渡过红海，去信奉基督教的阿比西尼亚寻求庇护。

　　他在麦加的处境越来越令人担忧。面对接连不断的生命威胁，他的安全终归还是得靠伯父阿布·塔利布来保证，而现在麦加人将他伯父团团围住，要求他交出穆罕默德。619年，他的妻子、第一个皈依伊斯兰教的人赫蒂彻和他的伯父去世，穆罕默德的地位变得岌岌可危。622年夏天，穆罕默德收到消息说攻击他的人正在计划对他实施暗杀，局势发展到了最危急的关头。"哦，麦加，我爱你胜过这个世界，但是你的子民却不容我活着"，他哀叹道。³⁶ 穆罕默德传讲了11年，但只收获了拒绝、迫害和几百位追随者。他必须采取极端措施。于是，在夜色的掩护下，他和一群追随者，其中包括他后来的岳父、第一任哈里发、忠诚的阿布·伯克尔，悄悄地溜出城，往麦加北边200英里外的叶斯里卜（Yathrib）奔去。那里土生土长的部族人，被穆罕默德早前的传讲打动，钦佩他有目共睹的领导才能，早在麦加的年度朝觐中就已经和他碰面，并承诺定会欢迎他。

　　这场浩大的沙漠迁徙在穆斯林传统中是一个极其重要的事件，后来被称为"希吉来"（hijra），它也成为穆斯林新纪年的起点。短短几个月内，这个不大的穆斯林社群几乎全部搬迁到了叶斯里卜。他们和两大主要的异教阿拉伯部族——奥斯（Aws）和哈兹拉吉（Khazraj），以及三大早于其他社群出现的犹太教部族——凯努卡（Qaynuqa）、古莱扎（Qurayza）、纳迪尔（Nadir）共同居住在这座城里。转眼间，麦加变成了敌土，而曾经信奉犹太教的叶斯里卜后来则成为"麦地那特·纳比"（Medinat al Nabi），即"先知之城"，再后来被简写

15

成麦地那。

从希吉来时代开始，军事斗争、突袭征战与伊斯兰教的传播交织在一起。最初，这种军事斗争大多在局部进行，主要是麦加的异教徒和麦地那的穆斯林争夺汉志的统治权，然而随着时间的推移，斗争逐渐从阿拉伯半岛扩展到其他地方，成为一种国际现象，变成历史上最引人注目的一场武装斗争和信仰传播行动。①624年，穆斯林在白德尔之战（Battle of Badr）中对战麦加人。在这场战役中，穆罕默德率领的历史上第一支穆斯林军队人数并不多，却胜过了力量远在他们之上的敌军，这次胜利将先知从一个独行其是的背离者变成了受人尊敬的领导者。

权力得到加强后，先知开始针对犹太的凯努卡部族，后者对他的地位构成了挑战，而且有可能一直在背着他和麦加的商人密谋。穆罕默德快速出击。在围困并迫使他们投降后，他将凯努卡人逐出了麦地那。这是穆斯林和犹太人之间历史上的首次重大冲突。接着，他把这些人的财产分给自己的追随者，留五分之一给他所谓的伊斯兰国家。625年，犹太纳迪尔部族被逐出麦地那，紧接着，古莱扎部族因被指控暗杀先知而遭驱逐。阿拉伯部族也受到警告。

继白德尔之战后，625年在伍侯德（Uhud）发生了一场非决定性冲突，627年爆发了壕沟之战（Battle of Al Khandaq），麦加人在遭放逐的犹太纳迪尔部族和古莱扎部族的帮助下，意图通过围困麦地那，结束先知的统治。而穆罕默德再一次带领自己的军队获胜。

清算的时候到了。据文献记载，穆罕默德无法容忍古莱

---

① 伊斯兰教部分最激进的拥护者认为由穆罕默德发起的军事斗争还没有结束，应该继续，直到全世界都皈依伊斯兰教。

扎部族的背叛，经过谈判，在安全通过麦地那的要求被拒绝后，他们不得不无条件投降。穆罕默德指定的仲裁人萨阿德·本·穆阿德（Saad ibn Muadh）下发了一条骇人的命令，将男人全数处决，女人和孩子充作奴隶，把他们的财产分给穆斯林。穆罕默德对这个惩罚欣然接受，称它是"真主的审判"。[37]根据伊本·伊斯哈格的记载，先知亲自负责这场大规模的处决：

> 然后他让人将他们分批带过来，在那些壕沟里砍掉了他们的头颅……总共有六七百人，不过也有一些人说被处决的人数高达八九百。[38]

尽管几百年来穆斯林评论者认为对古莱扎部族的屠杀是"合法的""对伊斯兰教有益的"，也是穆罕默德必须做的，但是西方历史学家却对此大加谴责。他们有的说这场大屠杀"凶残且毫无人性"，有的称它为"骇人听闻的残酷行为，给先知的声名烙上了无法消除的污点"，还有的说它是无正当理由的"野蛮行径"。[39]屠杀古莱扎部族的原因是他们背信弃义，除此之外，我们不应忽视另一个无法抗拒的诱因，那就是屠杀会使穆罕默德获得战利品，其中既有人又有物资。土地、房产、武器、马匹、骆驼，以及被俘的女人和孩子（有的会被留下来，有的则会被卖掉以换取更多的武器和马匹）等大批意外所得，意味着穆罕默德有了可以分给日益增加的穆斯林的东西。对敌人冷酷无情、对拥护者慷慨大方，这令穆罕默德声名大噪，成为值得追随的领导者。

手持刀剑站在队首指挥的先知，其生涯明显具有军事性质，在接下来的1400年成了穆斯林神圣的榜样。他的人生经历在未来启发了每一位伊斯兰帝国的建造者，从大马士革的倭马亚家族（the Umayyads）到巴格达的阿拔斯家族（the Abbasids），再到撒马尔罕的帖木儿家族、伊斯坦布尔的奥斯曼家族，再到建立莫卧儿帝国的巴布尔（Babur）以及沉迷于哈里发统治的圣战主义者（jihadists），并为他们提供了正当

17 理由。广传教义、赢得新的皈依者是一回事，但另一种更令人信服的观点是他们是在以真主安拉和先知穆罕默德的名义进行军事征战。

穆罕默德还有很长的路要走。即便他选择居住的麦地那已经承认他是真主的先知，但他的出生地并未承认，反而坚决反对。必须赢得麦加。

628 年，穆罕默德带着一众穆斯林（约 1400 名）前往麦加朝觐，当时麦加人一定视此为无耻的冒犯。他们在城外一处名为侯代比亚（Al Hudaybiya）的地方被拦截，双方都说了一些犀利、刺耳的话。古莱什部族的中间人暗示穆罕默德手下的人很快会离弃他，然后，阿布·伯克尔用一句令人难忘的、讽刺异教仪式的话进行回击，他说："滚去吃拉特的奶去吧！我们怎么可能会离弃他？"[40] 双方先是放了一些狠话、打斗了一番，然后穆罕默德派他的女婿，也就是他的堂弟、伊斯兰帝国第三任哈里发奥斯曼前去谈判。*最终，双方冷静了下来，开始更加理智地对话，达成了一项长达十年的、麦加和麦地那之间和平共处的协议即《侯代比亚和约》（Treaty of Hudaybiya），因此穆罕默德和他的追随者次年回麦加朝觐。根据穆斯林文献记载，和约维持了两年，直到古莱什人的同盟伯克尔（Bakr）部族对穆罕默德和穆斯林的盟友胡扎阿部族（the Khuzaa）发动攻击。在先知看来，这是明显违背条约的行为。他给了古莱什人三个选择：要么结束与伯

---

* 此处有误，奥斯曼是穆罕默德的女婿，但不是他的堂弟。——编者注

克尔部族的同盟关系，要么赔偿，要么解除《侯代比亚和约》。古莱什人选择了第三个选项，挑起了战争。

630年，穆罕默德率领一支多达一万人的军队进攻麦加。担心战败、族人被灭的古莱什领导者阿布·苏富扬·本·哈尔卜（Abu Sufyan ibn Harb）骑马出城与穆罕默德见面。他驻扎在马尔·扎赫兰（Mar al Zahran），距离麦加城有两个驿站的路程。在那里，穆罕默德强烈建议他"投降并承认除安拉以外再无别神，以及穆罕默德是真主的先知，免得丢掉脑袋"。[41]他适时地皈依了新宗教，这是他领导下的麦加和古莱什部族皈依新信仰的至关重要的第一步。阿布·苏富扬投降后回到麦加，带着穆罕默德宣布大赦的消息。他的妻子欣德·宾特·乌特巴（Hind bint Utbah），一个出了名的凶悍妇人，并未把这个投降的人看在眼里。"把这个油腻的死胖子给我杀了，"她愤怒地扯着丈夫的胡子大声喊，"真是个差劲的保护者！"[42]欣德是有前科的。根据伊本·伊斯哈格的记载，在伍侯德之战结束后，她曾剖开穆罕默德的叔叔哈姆扎的尸体，并从中取出肝脏，大口撕咬；她还毁坏先知其他同伴的尸首，把他们的鼻子和耳朵做成项链、脚链和饰坠。

现在，穆罕默德向麦加进军，他的属下从四个方向排成四列纵队向麦加进发，受命只攻击那些反对他们的人。结果，只有少数人反抗。据报，古莱什部族死伤仅28人，穆斯林则死伤2人。这是一次极其成功的进军，也是中东历史上最重要的时刻之一。

麦加成了第一个被穆斯林征服的地方，成为这个新兴帝国的神圣的中心，而这个帝国很快就会像野火一样蔓延，先是席卷整个阿拉伯半岛，接着扩展到中东和北非。从一开始，这个信仰的生机就在征服，要么让人的精神顺服后和平接受它的统治，要么以更加暴力的形式，让人迫于先知及其追随者的刀剑而屈服。由此可以看出伊斯兰教的战士与其他宗教殉道者之间最明显的一个差别。

局势稳定下来后，穆罕默德便立即前往克尔白。他骑着骆驼绕行七次，每一次都会用一根木杖触碰黑石。然后他拿上打开克尔白的钥匙，进入克尔白里面，看到一只木雕的鸽子，把它打碎、扔掉了。据伊本·伊斯哈格记载，存放在克尔白里面的画像都被毁坏了，耶稣和玛利亚的画像除外。接着轮到了360座涂有铅层的偶像，穆罕默德用木杖指向它们，一股超自然的力量随之而来，偶像尽数崩塌。少数麦加人，约10人，没有得到赦免，他们因为犯下各式的罪而被处决。其中，有叛教的——这是一个严厉的先例，表明自此以后，伊斯兰教开始严惩叛教行为——还有一两个讽刺穆罕默德、讥讽伊斯兰教的女奴。不过，其中并没有欣德，考虑到她早先凶残的反抗，这一点或许令人惊讶。这个一度站在穆罕默德对立面的人最终效仿她的丈夫，皈依了新的信仰。

大量诗歌涌现出来，赞颂征服麦加，这是文化延续性在极度混乱、充满变革的时代的一个反映。在以口述文化为主流的文化中，人们非常推崇阿拉伯诗歌的雄浑之美。在诗人的想象中，穆罕默德进驻麦加无异于一场神圣的启示：

> 如果你看到了穆罕默德和他的军队
> 在那天他进驻麦加，打碎一切偶像
> 那你就会看见真主的光显现
> 黑暗笼罩偶像崇拜者的脸庞。[43]

读到这些早期关于穆罕默德进驻麦加、打碎偶像、施行公义、分配战利品、重设圣地边界等行为的记述时，我们不会怀疑他在政治和军事上的至高地位，以及他作为伊斯兰教领导者和创始者的宗教地位。① 将那些相互争斗、长期不和的部族统一到伊斯兰教的旗帜下本就是一项兼具政治性和军事性的任务，而他余生一直致力于完成这项工作，在这期间他成为阿拉伯半岛当之无愧的领袖。总之，伊斯兰教从一开始就具有政治性。

随着活动范围不断扩大，穆罕默德投入战场的军队规模也越来越庞大。630年的侯奈因战役（Battle of Hunayn），他麾下的12000人打败了由哈瓦津（Hawazin）部族及其来自麦加东南的盟友组成的联军，后者的人数比他的兵士多得多。此战战利品极多，有盔甲、武器、24000只骆驼、6000名俘虏，被《古兰经》又一次提及也是理所应当。穆斯林的影响力开始向阿拉伯半岛的北部和东部扩散。游牧的贝都因人与穆罕默德达成了一系列协议，其中包括承认穆斯林的政治首都——麦地那的宗主权，承诺缴纳名为"扎卡特"（zakat）的宗教税以换取文化独立。在新信仰诞生之初，在一种文化不断侵蚀其他文化的背景下，这种新税像是一种保护费，"更像是一种给征服者的贡税，而非给真主的宗教税"。⁴⁴

缴获战利品是征战胜利的一个令人喜悦的结果，但在《古兰经》中被提及等于得到神圣的认可，这远比战利品重要得多。② 简单来说就是，穆罕默德不得不发动征战，他的追随者喜欢征战，他的真主也命令他征战，还需要更多理由吗？⁴⁵ 尽管麦加早期的历史和伊斯兰教兴起都是围绕贸易这个中心的，

① 以克尔白为中心，禁寺或圣地的界定如下：在麦地那路上走1个小时、在也门路上走3个小时、在塔伊夫（Taif）路上走5个小时、在前往伊拉克的路上走3个小时、在吉拉纳（Jirana）路上走4个小时，可分别到达禁寺不同的边界。这些边界是第二任哈里发欧麦尔和第三任哈里发奥斯曼重新界定的。

② 《古兰经》（8：1）："他们问你战利品（应该归谁），你说：'战利品应该归真主和使者，你们应该敬畏真主，应该调停你们的纷争，应当服从真主及其使者，如果你们是信士。'"

但是被放在第一位的征战无疑是推动伊斯兰教传播的一大因
素。战争劫掠是刺激追随者的经济诱因，劫掠所得人人有份。[46]
穆罕默德在阿拉伯半岛的军旅生涯为 7 世纪和 8 世纪创造历史
的征战打下了基础，在这些征战中，阿拉伯军队冲出阿拉伯半
岛，席卷大片地区，从西边大西洋沿岸和伊比利亚半岛到东边
被大雪覆盖的中亚山区，真正地让伊斯兰教为人所知。

632 年，先知最后一次前往麦加朝觐，同年去世。他的逝
世标志着伊斯兰教第一阶段的历史结束。伊斯兰教的发展进入
一个新时期，穆斯林历史学家对这一时期麦加和麦地那的记载
突然中断。他们转而关注最初几位哈里发统治时期伊斯兰世界
的对外征战。在先知的妹夫、叙利亚总督穆阿威叶（Muawiya）
于 661 年掌权、建立了世袭制的倭马亚王朝（661—
750 年）并定都大马士革后，他们就开始关注大马士革。[①]

穆斯林越来越多，很快，禁寺就容纳不下了。哈里发欧麦
尔第一个扩建禁寺。他先是收购并拆除禁寺周围的房子，扩建
之后又围着圣地建了一道墙。他告诉那些反对强制性收购土
地的人：“是你们占用了克尔白的地……这里是它的庭院……
而不是克尔白占用了你们的地方。”[47]奥斯曼继续欧麦尔未竟
的事业，再一次扩建了圣地，并增建了廊檐建筑。一些麦加人
拒绝出售自己的房产，奥斯曼当即推倒了这些房舍并将那些抗
议的人投入了监狱。

7 世纪，麦加的人口稳步增加，为了容纳新增的人口，这
座城市也大幅扩建，新建了果园，新打了多口水井。哈里发穆
阿威叶（661—680 年在位）个人购买了大片土地，并抢先买
下先知第一任妻子赫蒂彻的故居，把它改建成了一座清真寺，

---

① 新王朝是以倭马亚·本·阿布德·沙姆斯（Umayya ibn Abd Shams）的名字命名
的，他是先知的祖先，先知及其族人都是他的后代。

如今这里是一些公共卫生间。

且不论麦加是否是神圣不可侵犯的，只看683年，它被卷入了肮脏的政治斗争中，受到攻击。680年，在伊拉克南部，先知的外孙、意在推翻倭马亚王朝的侯赛因·本·阿里（Hussain ibn Ali）在卡尔巴拉战役（Battle of Kerbala）中被斩首。这场战役具有重大影响，它加深了伊斯兰世界内部的分裂，一方（逊奈和大众派，意为遵循先知传统和社群共识的人，简称"逊尼派"）认为伊斯兰帝国的领导者应该经穆斯林协商一致选举，另一方（阿里的追随者，简称"什叶派"）认为领导人应当由先知的堂弟兼女婿阿里担任。阿里于661年在一场关于继任权的斗争中被杀害。

倭马亚家族的另一个对手阿卜杜拉·本·祖拜尔（Abdullah ibn al Zubayr）到麦加的至圣之所寻求庇护，在随之而来的围困中，克尔白着火，黑石破碎。当哈里发耶齐德（Yazid，680—683年在位）逝世的消息再次引发继任权之争时，叙利亚军队急忙撤回大马士革，围困才得以解除。7世纪末以另一场戏剧性的流血事件告终。692年，哈里发阿卜杜勒·马利克（Abd al Malik，685—705年在位）决意要让伊本·祖拜尔永远消失，于是派另一支军队到麦加。① 这支军队很快击溃了抵抗者，恢复了倭马亚的统治。阿卜杜勒·马利克下达命令，拆除克尔白并按照穆罕默德时期的样子重

21

---

① 930年，麦加经历了更具毁灭性的暴力事件，当时，来自阿拉伯半岛东部、奉行乌托邦主义的教派——卡尔马特派（the Qarmatians）在朝觐季节突袭了这座城市，杀害了3万朝觐者，亵渎了禁寺，他们往渗渗泉里丢尸体，并且带走了黑石，直到951年碎成一块一块的黑石才被送回麦加。1314年，在统治者阿布·诺迈（Abu Nomay）退位后，麦加发生了令人作呕的同食兄弟人肉的事件。阿布·诺迈的儿子胡迈达（Humaida）杀了自己的一个兄弟，并邀请其他兄弟共餐，其中一道是他们的兄弟阿布·盖斯（Abul Ghaith），他被囫囵下锅并做熟摆在宴席上。后来，胡迈达得到了应有的惩罚。埃及苏丹纳西尔（Al Nasir）于1320年下令处决了他。

建。自此之后，克尔白的样式沿用至今。

　　根据最早的先知传记记载，穆罕默德在世的时候，麦加被重新设计和彻底改造，简单来讲就是"被伊斯兰教化了"。这片聚居地上的一些古老的、异教的仪式，比如绕行克尔白、在萨法山和麦尔卧山之间奔走、向米纳山谷的三根石柱投石，脱离了原有的多神教背景，被保留下来并适用于伊斯兰教众，以便让阿拉伯人更容易接受伊斯兰教。

　　关于有争议的"魔鬼章节"（Satanic Verses），据说先知受到了魔鬼的蛊惑，口述承认了异教三位神祇——拉特、乌扎、默那——神力的古兰经文，源自同样的基本事实：每当用暴力推进激进变革的时候，就需要保留并重塑一些受推崇的文化传统。虽然伊本·伊斯哈格、塔巴里、瓦基迪、伊本·萨阿德都与"魔鬼章节"事件有关，但当代穆斯林学者不予理会，因为做任何与伊斯兰教教义相反的暗示都很危险，作家萨尔曼·拉什迪（Salman Rushdie）的亲身经历证实了这一点。他于1988年出版了小说《撒旦诗篇》（*The Satanic Verses*），一年后，伊朗领袖阿亚图拉·霍梅尼（Ayatollah Khomeini）颁布了法特瓦（fatwa）①，下令所有穆斯林追杀他。[48]

　　麦加最引人注意的地方从来不是文化。它和中东地区其他穆斯林聚居的大城市有所不同，在他人眼中，它从来不是一座文化都城。事实上，用近年来一位穆斯林城市传记作家的话说，这个神圣的飞地大多数时间都是一个"文化贫瘠、腐败泛滥……狭隘、封闭、无视外界变化"的地方。[49] 其他城市后来

---

　　① 法特瓦意为"教法判例""教法新解"，引申为"裁决""敕令"。——译者注

成为伊斯兰世界的文化重镇，主导、界定着世界上最伟大的几种文明，而麦加始终是一个不善与外界交流的、有界限感的、严肃质朴的城市。它那格外强大的影响力依旧源自其精神的神圣性，一个偏远的、炙热的沙漠聚居地因此得以克服不利的地理条件，让全世界 15 亿穆斯林恭敬地聚集在这里。不过，犹太人对这座城市的记忆就没那么美好了，因为在这里他们遭遇了穆斯林对犹太人的第一次大屠杀。

从 632 年穆罕默德最后一次朝觐到现在，排成长队的朝觐者踩出了一条通向这座与世隔绝的沙漠之城的道路，男男女女穿着纯白色的戒衣（ihram）、在酷热的阳光下、忍着闷热绕古老的花岗岩立方体而行。他们来自世界各地、各行各业，有国王、苏丹，有征服者，有哈里发，有清洁工，也有旅行者、作家、工人、农民、歌手、科学家、士兵、明星、学生、裁缝、银行职员、足球运动员、会计师、大使、政客、农场主、屠夫、公交车司机、商人。在伊斯兰世界长达十五个世纪的历史上，麦加的缺陷和弱点反映了人类的种种失败之处，但它依旧是其他穆斯林城市——既有本书提到的城市，也包括书中未提及的城市——仰望、遥望的地方。麦加朝觐是伊斯兰教终极的、统一的体验。麦加在 7 世纪那令人心潮澎湃的、有预见性的军事冒险经历撼动了世界，为后来出现的每一个伊斯兰帝国奠定了基调。

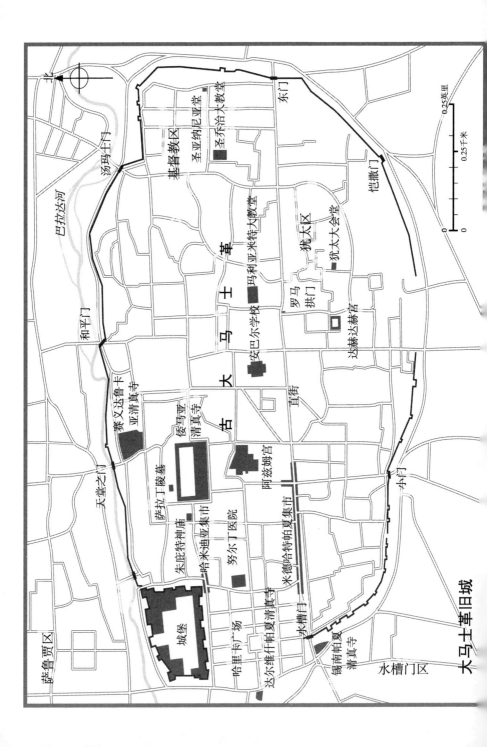

大马士革旧城

2

8世纪：大马士革——芳香的天堂

人间若有天堂，大马士革必在其中；天堂若在天上，大马士革必与它齐名。

——伊本·朱巴伊尔（Ibn Jubayr）

"我们来自不同社群——我们有很多部族和信仰，但无论你是穆斯林，还是犹太教徒，抑或基督徒，我们都是一个民族，都是叙利亚人，和平共处地生活在一起，当中没有嫌隙。"

那场对话令人难以忘怀。数年前，叙利亚内战还没有爆发、大马士革的街道还是一片安宁的时候，我和当地一位历史学家在古城漫步。穆罕默德和我走过犹太人居住区——拥挤狭窄的阿明区（warren of Al Amin）。在那里，饱经沧桑的犹太社群所剩无几的居民孤单地守在一度宏伟、如今摇摇欲坠的连栋房屋里。穿过古罗马城墙遗迹，我们来到名叫直街的古罗马街道上，这条街由东及西，将古城区一分为二。据说，1世纪早期时，法利赛盲人扫罗就是在这条街上经历了神迹，视力得以恢复，成为基督徒并改名为保罗。[1] 在长达1000年的时间里，虔诚的朝觐者每年都会在这些墙外聚集，然后开始一段近900英里的信仰考验之旅，穿过沙漠，到达麦加（最后一个走此路线的队伍在1864年离开，自此以后，人们改为乘船去往吉达）。我们途经了7个古老的门①，凝视了夕阳下金光闪闪的朱庇特神庙，然后一头扎进了哈米迪亚市场（Al Hamidiya Souq），微小的几道光线悄悄地透过铁皮棚顶上星星点点的枪孔射下来，这些枪孔是早前的冲突留下的痕迹。时间短，要看的很多，我们只能在前往最大的清真寺的路上匆匆忙忙地参观这座古城残存的遗迹，如犹太教会堂、教堂、清真寺、萨拉丁陵墓、圣亚纳尼亚堂（圣亚纳尼亚是为保罗施洗的人）。

我现在还会回忆起那次久远的游览，回味空气中弥漫的茉莉花香，脑海里闪现木槿花和九重葛的样子，因为当时我觉得这座城市是人间天堂，正如12世纪安达卢西亚诗人、朝觐者、地理学家伊本·朱巴伊尔所描述的那样。

今天去大马士革的游客鲜有人用这些词描绘它。在这位安达卢西亚人写下颂词800年后，一场破坏性内战已经把这座城市的部分地区变成了联合国口中的"人间地狱"。叙利亚，一个一度聚集了不同社群的稳定、和谐的堡垒，走向了自我毁灭。因为菲特纳——一个阿拉伯人深以为惧的用以形容内部冲突的可怕字眼——运动，整个国家变成了一片废墟。大马士革是世界上历史最悠久的且一直有人聚居的城市之一，尽管它古老的中心城区幸免于难，但是那向外不规则延伸的郊区却是满目疮痍。单就道路、宅邸、公寓大楼以及整个建筑环境的损毁程度而言，就足以让人回想起那些最出名的深受战争之害的都市，比如德累斯顿、贝鲁特、喀布尔、摩加迪沙。无人机拍下了这片巨大废墟，影像显示，在国外力量的支持下，阿萨德领

---

① 从大马士革城堡顺时针来看，这7个城门依次是：天堂之门（Bab al Faradis）、和平门（Bab al Salam）、汤玛士门（Bab Tuma，以使徒的名字命名）、东门（Bab al Sharqi）、恺撒门（Bab Kisan，圣保罗暗夜出逃走的就是此门）、小门（Bab al Saghir）、水槽门（Bab al Jabiya）。从水槽门出发，穿过米德哈特帕夏集市（Midhat Pasha）和直街（Sharaa al Mustaqim），就能到达东门。

导的政府军与反政府军经年累月的战争已经造成了恶果: 一排排公寓大楼被炸得支离破碎, 墙和窗户都炸没了, 以至于那些斜立在瓦砾中的废楼像极了还没建成的多层停车场。大马士革是伊斯兰历史上最为神圣庄严的都城之一, 然而其大片城区现已被毁坏, 一片世界末日的景象, 与一度聚集了犹太教徒、基督徒和穆斯林的天堂之城大相径庭。[2]

大马士革一直是阿拉伯人十分钟爱的地方。634 年, 它成为第一座被穆斯林战士占领的拜占庭大城, 是快速扩张的伊斯兰帝国引以为傲的战果。拥有 2600 年历史的大马士革还是世界上最有名的城市之一, 一直以来备受赞誉。北非地理学家伊德里西 (Idrisi) 在 1154 年写道: "在全世界属于真主的城市中, 它是最令人赏心悦目的。"[3]

到了 7 世纪, 阿拉伯人发动征服战争的时候, 大马士革已经对外国军队兵临城下的局面习以为常了。公元前 11 世纪, 大马士革成为阿拉米人创立的亚兰 - 大马士革王国的都城, 其最早的矩形街道布局和水道网络逐渐形成。此后, 这座城市就一直处于被占领的状态, 公元前 8 世纪被亚述人占领, 公元前 7 世纪被巴比伦人占领, 公元前 6 世纪被阿契美尼德人占领。公元前 4 世纪亚历山大大帝征服了大马士革, 随后塞琉古帝国统治了这座城市, 公元前 1 世纪纳巴泰人和罗马人先后占领大马士革。612 年, 该城被萨珊王朝库思老二世 (Sasanian king Khosrow II, 590—628 年在位) 治下的波斯人占领, 直到 628 年, 在希拉克略 (Heraclius) 统治时期, 日渐衰落的帝国收回大马士革, 它才回到拜占庭人的手里。

入侵的军队无法拒绝这块镶嵌在沙漠中的绿宝石, 茂盛的姑塔 (Ghouta) 绿洲环绕大马士革, 被源自前黎巴嫩山脉, 最终消失于都城东南部沼泽地的滋养万物的巴拉达河浇灌着。姑

27

塔绿洲东部曾经是颇有田园风味的郊区，但在叙利亚战争中，在近来一些最激烈的冲突中，它遭受了极大的冲击。在经历了连年的炮击、轰炸、巷战和一系列所谓的化学武器攻击后，绝大部分地区沦为一片废墟。一位当地的医生称之为"21世纪的大屠杀"。

一如穆斯林历史学家果断赋予麦加的历史、先知穆罕默德和四大哈里发的生平以伊斯兰教色彩，在大马士革被征服很久之后开始书写的阿拉伯作家们，也竭尽全力地突出这座城市的神圣性。《大马士革城史》（*Tarikh Madinat Dimashq*）是第一部全面研究一座伊斯兰城市及其最为杰出的市民的著作。在这本书中，伊本·阿萨基尔（Ibn Asakir，1176年逝世）笔下的先知大胆预测说，随着阿拉伯军队被派往叙利亚、伊拉克、也门，伊斯兰教在未来将会广传。"真主的使者，请为我选一个吧"，他的追随者说。"去叙利亚"，穆罕默德回答道。[4]

从早期文献来看，这些穆斯林战士的动机很简单。9世纪的历史学家拜拉祖里（Baladhuri）撰写的《各地的征服》（*Kitab Futuh al Buldun*）被视为最权威的记录。根据拜拉祖里的描述，哈里发阿布·伯克尔号召阿拉伯人站起来，参加"圣战"，因为这会给他们带来"战利品"。他写道，那些拿起武器的人，一方面是受"贪欲"的驱使，另一方面是受到"得真主赏赐的希望"的激励。[5]

不管是出于贪婪还是出于神圣使命，哈立德·本·瓦利德（Khalid ibn Walid）——先知穆罕默德的追随者、统一阿拉伯半岛的军师——麾下的5000名阿拉伯战士于634年到达大马士革东门并做好了战斗准备。他们坚信自己会获胜，叙利亚一些处于拜占庭帝国统治下的城市开始被攻破。真主保佑，新信仰不断传播，它的战士们势头正猛。

也许对拜占庭帝国统治下的神学教条感到厌烦，又或许是留意到这位阿拉伯将军的伊斯兰称号为"安拉之剑"（Sayf Allah al Maslul），基督教社群在大马士革神学家圣约翰的祖父曼苏尔·本·萨尔琼（Mansur ibn Sarjun）的领导下，选择不与入侵者为敌。他们与哈立德商议了投降条件，后者承诺"只要他们缴纳人头税就会确保他们的生命、财产、教堂……安全，保证他们只会受益"。[6] 对大马士革的居民来说，这是可以接受的，所以在知道从此要缴纳对所有屈服的非穆斯林征收的吉兹亚人头税（jizya）的前提下，他们打开了城门，放阿拉伯人进城。

阿拉伯穆斯林攻下大马士革被称为"一个极其重要的事件"，它结束了西方基督教在大马士革近一千年的统治。[7] 然而这一切并没有让大马士革发生令其迷失方向的革命。虽然主要的室外集会场所由罗马市集变成了穆斯林清真寺，但在其他生活层面，仍保持了连续性。历史学家休·肯尼迪（Hugh Kennedy）讲述了应当如何将大马士革和其他东部城市的伊斯兰化过程放到五百年，而非几年或几十年的历史长度中去理解。[8] 这座伊斯兰城市的基本组成部分，比如小客栈（khans）、大旅馆（caravanserais，供商旅及其车马队居住，旅馆中间通常有一个大院子）、市集（qaysariyas）、伊斯兰学校，直到11世纪和12世纪才逐渐出现。

因此，在叙利亚和伊拉克，从基督教统治迅速转变为穆斯林统治的过程并不像旁人以为的那样剧烈。历史学家的记述中没有提到财政事务或教会事务的管理出现中断，没有提到毁灭性的物质破坏，也没有提及一波又一波来定居的阿拉伯人把当地弄得一团糟。今天在叙利亚爆发的战争与7世纪的征服战争不同，后者被比作一场夏日的暴风雨："虽然很可怕，但是很快就结束了，破坏也迅速得到修复。"[9] 而今天的叙利亚则可能需要几代人的努力、投入数以亿计的资金才能恢复。

不过，这座城市的结构当时发生了一个极具象征意义的变化，出现了一个宣示着新的主权和管理权的建筑。穆斯林战士为了庆祝征战胜利，在施洗者圣约翰教堂（之所以称之为圣约翰教堂，是因为据说圣约翰被砍掉的头颅安放在这里）神圣围地（temenos）的东南部建造了一处小小的礼拜场所（musalla）。这座教堂所在地最初是阿拉米人的一座圣所，后来变成了朱庇特神庙，再后来变成了圣约翰教堂。这座城市的第一座穆斯林清真寺是一个类似汤玛士门的临时建筑，围攻的时候哈立德就是在这里做祷告的。今天，这里已经变成了谢赫阿斯兰陵墓（Sheikh Arslan cemetery）礼拜堂的一部分。

后来，636年，拜占庭皇帝希拉克略的弟弟提奥多普斯（Theodorus）试图夺回大马士革。同年，阿拉伯人在加利利海（Sea of Galilee）以东的雅穆克与拜占庭军队交火并击溃对方，以灾难性的方式结束了基督教在叙利亚的统治。据希腊编年史家埃德萨的西奥菲勒斯（Theophilus of Edessa，695—785年）的记载，阿拉伯人杀了很多罗马人，他们的尸体堆成了一座横跨河岸的桥。"噢，叙利亚，再见了，"希拉克略从战败之地撤退的时候悲愤地说，"多么美好的一个国家啊，就这样沦落敌手。"[10]到了637年，耶路撒冷和安条克沦陷。640年，希腊文化（Hellenism）沿着黎凡特海岸节节败退，以至于完全消失。同年，阿拉伯人开始进攻埃及。641年，地中海的古老宝石——亚历山大城被攻陷。拜占庭在雅穆克的溃败预示着穆斯林的征服战争进入了一个不同凡响的世纪，这将给伊斯兰帝国及其辉煌的都城大马士革带来空前的荣耀。

穆罕默德克服重重困难，以数不清的战利品为诺，将阿拉伯半岛长期以来争斗不休的部族统一到伊斯兰教的旗帜下。然而分歧从未消失，656年，分歧加剧并且带来了灾难性的后果，当时埃及叛军暗杀了身在麦地那老家的年迈的奥斯曼——穆罕默德最初的四位继任者、伊斯兰世界领导者，其中三位被暗杀。因为偏爱倭马亚族人而饱受怨恨的奥斯曼被人捅了一刀又一刀，最后躺在挚爱的《古兰经》旁流血身亡。先知的堂弟、女婿阿里（656—661年在位）于同年被推举为哈里发。他的任期并不太平，在任期间，第一次伊斯兰内战（First Fitna）爆发。麦加贵族、自639年起担任叙利亚总督的倭马亚人穆阿威叶拒绝效忠阿里，要为被暗杀的族人奥斯曼报仇。他将奥斯曼沾血的袍子挂在大马士革的清真寺中，召集支持者。这是穆斯林之间爆发的第一次重大战争，在这场战争中，支持阿里的人和支持倭马亚家族的人，其中包括先知的遗孀阿伊莎（Aisha），进行了一系列没有什么结果的战斗。

　　战斗和仲裁都没有什么用。最终在这场争权夺利的斗争中起决定作用的还是阿里被暗杀的事件。661年，哈瓦利吉派（Kharijite）的杀手用一把沾了毒药的剑将正在库法（Kufa）的清真寺里祈祷的阿里刺死。① 在爱德华·吉本（Edward Gibbon）的眼中，阿里既是一个诗人，又是一个战士、一个圣徒。这样一个人被杀害对未来有决定性的影响，它使逊尼派和什叶派之间的分歧初现，而伊斯兰世界自此之后便因这一分歧而始终处于分裂状态。[11] 阿里死后，当时掌管着伊斯兰世界最庞大军队的穆阿威叶自称哈里发。阿里的儿子和继承人哈桑（Hasan）在伊拉克被制服，被迫承认穆阿威叶的政权。

30

---

① 哈瓦利吉派是最早的伊斯兰派别，既不同于逊尼派，又有异于什叶派。"哈瓦利吉"的意思是"那些出走的人"。哈瓦利吉派拒绝接受哈里发永远不会犯错的信条，同时反对由一个部族独揽大权。逊尼派认为哈里发的位置应由古莱什部族的人来继承，而什叶派认为应由阿里的后裔来继承，哈瓦利吉派则倾向于通过民主选举来决定最高领导人，他们还认为，在严格的清教运动中，有必要清除那些犯罪的领导人。他们狂热的信仰频频引发对既有政权的反叛。

在耶路撒冷继任哈里发之位的穆阿威叶无意继续将麦地那或者库法作为帝国的首都，它们都曾是阿里的大本营。出于以下几个原因，他选择将大马士革作为都城。它地理位置优越，离拜占庭的边境很近，且离伊拉克、埃及、地中海各港口、汉志沙漠的距离大致相同。也许更重要的一点是，在做了二十多年的总督之后，他已经在那里建立了一个令人忌惮的政治网络，使他具备了建立一个帝国中央管理机构的必要条件。况且，在伊斯兰世界计划向西扩张之时将都城迁到南边遥远的阿拉伯半岛沙漠地带会是一个错误的举措。穆阿威叶是一位精力充沛、不安于现状的领导者，凭其口才、高雅和谋略而为人称道，这些都是阿拉伯世界高度推崇的特质。他积极建立了一个适合伊斯兰帝国的政权机构，重组军队、增强实力，启动多个农业和灌溉项目，设立一个运转良好的财政部门，并在麦地那和大马士革之间推行邮政服务。

在这位充满活力的、一个征服世界的王朝的缔造者的领导下，大马士革依旧是一个主要的基督教城市，这看上去矛盾，但维持这一现状却有着实质性的经济考量，其中最重要的就是人头税。虽然是官方认定的二等公民，但非穆斯林保护民（dhimmis）可通过承认穆斯林的政权换取法律保护和信仰自由。随着时间的推移，皈依了伊斯兰教却无法和阿拉伯穆斯林享受同等权利的非阿拉伯人越来越多，再加上从保护民而来的税收锐减，使社会关系紧张、局势动荡，进而激起了 8 世纪末对倭马亚王朝的反抗。

在大马士革，在不同宗教信仰者和平共处的早期阶段，基督徒和犹太教徒都得到了善待。"那时三个社群相安无事，就像今天一样"，大马士革的历史学家穆罕默德热切地告诉我，然而内战改变了一切。穆阿威叶充分认识到在埃及和新月沃地（Fertile Crescent），他的大多数臣民都是基督徒，因而营造了一个兼容并蓄的社会环境。他留任信奉基督教的圣约翰（其祖父曾负责大马士革议和）的家人，让他掌管财政部门。当时，穆斯林陆军及日益庞大的海军正在扩展伊斯兰世界的边界，并且逐渐摆脱部族的性质，向专业化的军队转变。在 7 世纪 70 年代末，著名的埃德萨大教堂（Cathedral of Edessa）因地震而遭到严重破坏的时候，穆阿威叶予以修复。正如叙利亚一位聂斯托利派主教所说的那样，他的穆斯林统治者并不与基督教信仰为敌，"相反，他保护我们的信仰，尊重我们的神职人员和圣徒，并且为我们的修道院献礼"。[12]

　　基督徒继续主导着大马士革的宫廷，而且据编年史记载，当时曾有多次围绕基督教和伊斯兰教各自优点的高雅辩论。尽管因爱美酒、爱女色而臭名昭著，但阿赫塔勒（Al Akhtal），又被称为健谈者，沉浸在身为穆阿威叶宫廷诗人的荣耀中，脖子上戴着十字架项链的他在哈里发的宫殿里闲庭信步，创作美妙的诗赞美倭马亚家族，写讽刺诗嘲讽他们的敌人。[13] 基督教在统治者最重要的私人处所——哈里发的寝宫的影响力尤为显著。穆阿威叶公然违反麦地那人的传统，娶了强大的信奉基督教的凯勒卜（Kalb）部族首领的女儿梅苏姆（Maysum），并生下了继承人耶齐德（Yazid）。穆阿威叶的私人医生也是一名基督徒。

　　各信仰之间的兼容并蓄以及某种程度上的和谐共存是大马士革繁荣发展的基石，也是其他华丽的伊斯兰都城效法的榜样，而这在今天、在这个冲突频发的地区是如此罕见。那些最为宏伟的伊斯兰城市为其帝国定下了基调，彰显了统治者无穷的自信。处于倭马亚王朝统治下的大马士革，和阿拔斯王朝统治下的巴格达、法蒂玛王朝统治下的开罗、马林王朝统治下的非斯、奥斯曼王朝统治下的伊斯坦布尔、帖木儿王朝统治下的撒马尔罕、萨法维王朝统治下的伊斯法罕、马克图姆家族统治下的迪拜一样，宏伟华丽、开放、大权在握。排外、教派冲突、分裂是与包容、和谐共存对立的一面，也是中东地区在当代面临的挑战的标志，它们既是很久以后王朝衰败、权力和威望尽失的预兆，又是起因。

起初低劣的伊斯兰建筑群很快给大马士革带来了强烈的、长远的影响，从拜占庭大使访问穆阿威叶治下的都城的故事中，我们可以清楚地看到迹象。当时，拜占庭大使被问及对统治者的官邸"绿圆顶宫"（Dar al Khadra）——一座由烧制砖块和木材建成的简单建筑——的印象。他轻蔑地说道："上层可勉强做鸟巢，下层可充作鼠窝。"[14] 史书没有记载这位不善外交的使臣的下场，不过穆阿威叶命人拆除了这座官邸，并用石头重建。穆阿威叶敏锐地意识到大马士革中心的清真寺绝不是足够雄伟的伊斯兰教象征，便与教会商量将圣约翰教堂让给穆斯林做清真寺，但是教会拒绝了。

除大马士革以外，穆阿威叶的宏伟策略还体现在委派领军者，去和东方的异教徒征战，跨过乌浒河（River Oxus），去到今天中亚的布哈拉、撒马尔罕、喀布尔和诸斯坦国，而他本人则向西进军，攻击罗马人。668 年，在先知死后仅 36 年，穆阿威叶的军队就到达了卡尔西顿（Chalcedon），他们从那里可以眺望到博斯普鲁斯海峡对岸雄伟的君士坦丁堡。穆阿威叶第一次围攻这座有三堵城墙的大都市但以失败告终，之后，674 年，他再度攻城，从马尔马拉海发起数次海上攻击，攻城时间长达 7 年。但是君士坦丁堡仍然拒绝屈服。我们很容易将这些远征视为失败，但是考虑到这座城在 800 年后才落入穆斯林的手中，而穆阿威叶在伊斯兰教创立的第一个百年里就攻打这座城，其胆识更令人佩服。

虽然征服过程惊人地迅速，但是阿拉伯人的征服并不是纯粹的军事性、破坏性事件，不像基督教文献中描写的如末日那样。事实上，有明显的文化消解和同化意味。除承诺尊重降服者的生命、财产、信仰自由之外，他们还免除那些住在偏远地带的人的税赋，以诱导他们归降。

同样重要的一点是，尽管在现代非穆斯林读者看来，伊斯兰教既陌生又与众不同，但是对7世纪和8世纪的中东人和北非人而言，这些骑在马背上的穆斯林战士身上是有一些令人熟悉和安心的特质的。伊斯兰教是亚伯拉罕诸教的一种，有一位全能的真主及受人尊敬的先知；伊斯兰教也有经书，也有祈祷、禁食、施舍救济、去圣所礼拜，还有圣日和供信众祈祷的建筑。"伊斯兰教与基督教和犹太教有足够多的差异，因此独特；但同时又足够相似，因而易于接受。"[15] 实际上，在同时代人看来，比如大马士革的圣约翰，伊斯兰教不像是一种新宗教，反而更像是基督教的一个异端。[16] 虽然新的人头税不受欢迎，但或许并没有君士坦丁堡推行的税赋那样令人憎恶。

680年，穆阿威叶逝世，大马士革失去了最伟大的守护者，伊斯兰帝国也失去了最卓越的领袖。政治上精明、军事上极具天赋的他凭其高超的领导才能和克制（hilm）、奉承和诡诈达到目的，受人敬佩。

9世纪的阿拉伯历史学家雅库比（Yaqubi）在一篇令人难忘的文章中描述了穆阿威叶的权力哲学："如果费些口舌就可以，我就不用鞭子；如果动动鞭子就可以，我就不用刀剑。即便我和同胞仅有一根头发丝作为维系，我也不会让它断掉。如果他们拉得紧了，我就松一些；如果他们放得松了，我就拉紧一些。"[17] 不过，后来穆斯林也对穆阿威叶怀有怨恨，因为他指定自己的儿子继任哈里发，将哈里发制度变成了世袭君主制。

事实上，穆阿威叶的儿子耶齐德在位时间（680—683年）并不长，而他最出名的就是那场令人大跌眼镜的卡尔巴拉战

33

役。680 年，卡尔巴拉战役在伊拉克南部打响，当时几千名倭马亚王朝的士兵一举击败了由先知的外孙、已逝哈里发阿里的儿子侯赛因领导的 110 名无战斗力的民众。侯赛因被杀，身首异处，他的家人，甚至年幼的儿子，都被屠杀了。这场屠杀巩固了什叶派殉道的传统，1400 年后，在逊尼派和什叶派争夺伊斯兰世界领导权的时候，该传统强大的力量依旧影响着中东地区。

哈里发阿卜杜勒·马利克（685—705 年在位）执政时期，大马士革和伊斯兰帝国明显变得更加阿拉伯化。马利克发行了第纳尔金币和迪拉姆银币，用来代替拜占庭的便士和伊拉克的货币。影响更为深远的是他将阿拉伯语确立为官方用语。它逐渐取代了当时的书面用语和口语习语——阿拉米语，以及商业用语——希腊语和巴列维语。军队的专业化进程得以继续。与基督教会就将圣约翰教堂让给穆斯林一事的谈判持续了很久，但没有结果。不过，社会环境逐渐发生变化。古叙利亚东正教会大牧首叙利亚的米海尔（Michael the Syrian，1199 年逝世）称阿卜杜勒·马利克颁布了一个政令，要求"摘下十字架并屠宰所有的猪"。[18] 尽管我们并不知道这个政令推行的范围有多广，但是官方禁止基督教的标志在公共场合出现，穆斯林的饮食禁忌得到广泛传播。

阿卜杜勒·马利克最伟大的建筑成就不是在雄伟的大马士革，而是在神圣的耶路撒冷。692 年，他在耶路撒冷建造了宏伟的萨赫莱清真寺（Qubba al Sakhra，又名圆顶清真寺），并根据穆斯林的传统，将先知与天使吉卜利勒升天的地方围到清真寺内。① 萨赫莱清真寺赫然耸立于圣墓大教堂（Church of

---

① 阿拉伯地理学家穆卡达西曾问道："这不是很明显吗？阿卜杜勒·马利克在看到圣墓大教堂的富丽堂皇之后，担心它会迷惑穆斯林的心智，所以才建造了现在这个萨赫莱清真寺。"

Holy Sepulchre）一侧，免得有人质疑伊斯兰教至高无上的
地位。清真寺被装饰得富丽堂皇，墙壁和圆顶上刻有伊斯兰教
经文，驳斥上帝有儿子的基督教信条，并称耶稣是上帝的"先
知和仆人"，而不是神灵。马利克还挨着萨赫莱清真寺，在尊
贵禁地（Noble Sanctuary）建造了阿克萨清真寺（Al Aqsa
Mosque），这是继麦加禁寺和麦地那先知寺之后，伊斯兰教的
第三大圣寺。此举非常大胆，它挑战了阿拉伯半岛在伊斯兰教
中的神圣地位，也影响了由朝觐产生的稳定收入。

就这样，作为一个不断扩张的伊斯兰帝国的雄伟都城，自
信的大马士革迈进了8世纪。大马士革基督徒曾与君士坦丁堡
的基督徒共享信仰，尽管存在神学差异，但现在他们只是伊斯
兰政权下信奉基督教的臣民。

哈里发瓦利德（705—715年在位）决意要给大马士革烙
上清晰的伊斯兰教烙印，要做到这点只有一种方法。每次这位
哈里发离开宫殿，总能看到一个令他难受的图景，那便是罗马
皇帝狄奥多西（Theodosius，379—395年在位）在大教堂南
入口处刻下的《圣经》中的经文："你的国是永远的国！你执
掌的权柄存到万代！"（《诗篇》，145：13）一个已经归降的
异教徒的教堂上居然刻有基督教的经文，必须得做些改变了。

在改变圣约翰大教堂一事上，与穆阿威叶和马利克不同，
瓦利德不允许别人说不。刚即位的时候，他告诉大马士革的居
民，这座城市的四大特点——气候、水源、水果、澡堂——让
他们"明显优越于"世界其他地区的居民，"我还要再赋予它
第五个特点，那就是这座清真寺"。[19]

在长达60年的时间里，大马士革的基督徒和穆斯林几乎
是并肩祈祷的，基督徒在华美的教堂里祈祷，而穆斯林则在教
堂旁边、建在用墙围起的禁地之中的没那么华美的清真寺中礼

拜。这一切都必须改变。埃德萨的西奥菲勒斯用极为悲痛的语言记述了瓦利德征用、拆毁教堂，并用由华丽锦砖装饰的、令人惊奇的清真寺取而代之的过程。"这个可恶的男人出于对基督徒的嫉妒而做了此事，因为这座教堂曾经华美得无与伦比"，他写道。[20]

虽然给基督徒带来的安慰微不足道，但是他们可以保留之前被征用的位于姑塔的教堂和修道院，以及位于直街的圣玛利教堂，自此之后圣玛利教堂就成了这座城市的主教堂，一直到今天。

倭马亚清真寺是第四大圣寺，位列麦加、麦地那、耶路撒冷的三大圣寺之后。它是 8 世纪的大马士革最典型的象征。正因为有了这座后来举世闻名的庄严建筑，瓦利德几乎只手将大马士革打造成了一个圣地。他动用了一切可用的人力，从建筑家到书法家，从诗人到作家，去传扬自己大获全胜的消息。与基督教共存当然很好，但必须让人们知道谁才是掌权者。

据伊本·阿萨基尔记载，哈里发曾派人给君士坦丁堡的皇帝送了一封言辞唐突的信。在信中，他称皇帝为暴君（Al Taghiya），要求他遣送 200 名技工，原因是"我要建一座清真寺，一座从前没有、以后也不会再有的清真寺。如果你不服从，我就率军攻占你的国家。我要拆毁辖域内所有的教堂，包括耶路撒冷和埃德萨的教堂，以及所有罗马历史建筑"。[21]

根据伊本·阿萨基尔的记载，这位信奉基督教的皇帝温顺地遵从了哈里发的要求，给他送去了工匠。据伊本·朱巴伊尔记载，希腊技工有 12000 人，被一同送去的还有科普特人、波斯人、印度人和北非人。据历史学家拜拉祖里记载，瓦利德曾提议给基督徒一大笔钱来换取他们的教堂，在他们拒绝的时候，这位哈里发威胁要拆毁它，而其中一位基督徒警告他，胆敢拆除教堂的人会变成疯子。这个警告令瓦利德勃然大怒，他命人拿来一把斧子，朝着教堂砍下去，然后又把斧子递给聚集起来的一众贵族，并让犹太人最后完成拆除教堂的工作。悲痛不已的基督徒坐在台阶上呻吟。那是 706 年。伊本·阿萨基尔还讲述了一个故事，说工人在清真寺下方的洞里发现了被奇迹般保存下来的施洗者圣约翰的头颅。瓦利德命人将它重新埋到一根柱子下面。

建造如此规模、如此宏伟的建筑耗资不可能不大。数额之大令那些欣赏它的和诽谤它的人议论纷纷。10 世纪波斯历史学家、地理学家伊本·法基赫（Ibn al Faqih）称全部花费在 60 万—100 万第纳尔，甚至超过了 100 万第纳尔，是当时国库年入土地税（kharaj，又称哈拉吉）的几倍。他写道，建筑雇工很多，单是购买每天供养这些雇工的蔬菜就要花 6000 第纳尔。完工的时候，光是将这些建筑收据运给瓦利德就需要 18 只骆驼。而这位哈里发一收到收据，就表现出了极大的不耐烦，他"下令把它们都烧掉"。[22]

倭马亚清真寺的巨大花费影响深远，长达几个世纪。据历史学家塔巴里的记载，巨大的花费让人深感忧虑，一个迹象就是一代人以后，哈里发耶齐德三世（744 年在位）即位时感觉自己有义务向百姓承诺不再"大兴土木"。[23]《地区知识之最佳分述》（*The Best Divisions for Knowledge of the Regions*）的作者穆卡达西是第一位详细描绘大马士革的穆斯林访客。他问叔叔，为什么瓦利德要在一座清真寺上浪费这么多钱。而他年纪稍长的叔叔并不认为那是浪费，他辩称这位哈里发所做的是值得的、是合情合理的，是体现伊斯兰教至高无上地位的必要建筑实体。瓦利德认同古代基督教堂，比如圣墓大教堂，突出的雅致和"华美"，"所以他才要为穆斯林建造一座独一无

36

二的、堪称世界一奇的清真寺"。[24]

倭马亚清真寺或许是罗马帝国衰落以后最为恢宏的建筑创造，也是新信仰卓越地位的一个尤为强大的象征。它使大马士革的穆斯林一跃成为伊斯兰世界最宏伟的清真寺的独有者，而他们曾经只能在圣约翰教堂东南角简陋的、露天的礼拜场所中礼拜。对一个扎根于阿拉伯半岛沙漠地带的游牧文明而言，它还是一个关键性的城市建筑，一个展示着定居文明特点的地标建筑。对伊斯兰教而言，它是整个伊斯兰世界现成的、完美的建筑典范，在长达数个世纪的时间里，它是伊拉克、印度、安达卢西亚、阿富汗、科尔多瓦、开罗、伊斯法罕、加兹尼的建筑基准。直到 13 世纪和 14 世纪，倭马亚清真寺还影响着埃及和黎凡特的马穆鲁克建筑。对一些中世纪的穆斯林作家而言，倭马亚清真寺甚至可以算作世界的两大奇迹，奇迹之一是建筑本体，奇迹之二是其复杂清晰的锦砖和雕刻精美的大理石装饰。[25]

我和穆罕默德站在这座清真寺庭院的一角，他说："联想一下你们欧洲的大教堂。"有那么片刻，周遭一片安静，近于死寂，唯有远处一众朝觐者走过老旧石板路的"哒哒"声和一群翅膀被落日的余晖染成金黄色的鸽子的喧闹声。

"巴黎圣母院、米兰大教堂、科隆大教堂、圣彼得大教堂等等。当然，从某一层面来说，它是一个与宗教有关的故事，但又不只这些，它还是一个与权力、与帝国有关的故事。你看这些"，他右臂一挥，扫过这个毁坏严重的遗迹，"倭马亚的权势就刻在这些石头上"。

他说得完全没错。我试着整理最初的观感，发现自己只是沉浸于它的恢宏。一个被日头晒得头晕目眩的访客第一眼留意到的就是它的规模。这个圣所的外围尺寸大得有些不可思议：东西长达 385 米，南北纵深 305 米。在墙内，三廊式礼拜殿依南墙而建，由带有爱奥尼式和科林斯式柱头的古老大理石支撑。其长度达 160 米，令人一眼望不到头；沿着整个礼拜殿悬挂的金色灯具，照亮了整个空间。

这座华丽的建筑冲击着我们的感官。与倭马亚清真寺的宏伟相对，建筑表面奢华、精致、细腻的装饰令人目瞪口呆。相形失色的日光洒满了整个庭院，我们穿过走廊，进入凉爽的礼拜殿。礼拜殿上方是巨大的山墙式入口，中央穹顶下发光的金色锦砖将入口照得闪闪发亮。而这个中央穹顶整个大马士革都能看到。"我们头晕眼花，差一点失去自制力"，安达卢西亚的地理学家、诗人、旅行家伊本·朱巴伊尔回忆他在 1184 年夏天心惊肉跳地爬到穹顶内部的经历时说，它"让人大为震惊"，这个建筑提醒着世人不同宗教信仰者之间的关系有时候会令人感到忧虑，他还观察到"穆斯林和基督徒之间不和的火焰一直燃烧着"，只是客旅们不受其扰罢了。[26] 2011 年 3 月 15 日，叙利亚危机的第一把火就是在这里燃起来的，当时约有 50 个抗议者在中午礼拜之后走到倭马亚大清真寺外的街头，开始呼吁众人追求自由、推翻政府。[27]

穆罕默德说："看看这些锦砖，它们才是真正的宝藏。"和伊本·朱巴伊尔一样，内部的装饰令我们一时间惊叹不已，整个庭院大量使用锦砖，宏伟的规模加上精美的细节让人沉醉其中。它们描绘的是想象中的天堂景象——富饶的果园，潺潺流水，宏伟的殿宇、屋舍和华美的圆顶建筑——这是虔诚之人的最终归属。重达 40 公吨的玻璃和石块方砖，近三分之一为青绿色，环庭院四周构成一圈色彩斑斓的光带。南面的墙上敬呈着《古兰经》中颂扬真主的经文，经文被刻在一块绚丽的天青石上，四周镶着金边；还有一些用锦砖和大理石拼成的叶形装饰以及葡萄树、无花果树、杏树、石榴树、苹果树、梨树和柏树的图案。

在壁龛（米哈拉布）的上方有一幅金色的横幅图画，画的是葡萄藤，画里镶嵌着蓝宝石、珍珠、珊瑚、红玛瑙和其他宝石，这幅用璀璨的锦砖拼就的图画横跨多个墙面，是拜占庭的工艺和穆斯林的虔诚与雅致融合在一起形成的瑰丽作品。华丽的图画传达了一个清晰的信息，那就是大马士革是人间天堂，倭马亚清真寺是通往永恒天堂的路径。

每一位来倭马亚清真寺朝觐的穆斯林都对它的奢华印象深刻。朝气蓬勃的摩洛哥旅行家伊本·白图泰（Ibn Battuta）在 14 世纪来访的时候，认为单就其精美、雅致和华丽程度而言，它是"世界上最宏伟的清真寺"。11 世纪的旅者易卜拉欣·本·阿比·拉伊特·卡蒂卜（Ibrahim ibn Abi al Layt al Katib）认为它是"8 世纪的完美典范，是一大奇迹，是时代的珍品"。[28]

清真寺一旦建成，穆斯林传统主义者便会着手将其神圣化。除瓦利德所立的伊斯兰教纪念石碑外，还要有学者用墨水写就的赞美之词。伊本·阿萨基尔笔下的大马士革变成了易卜拉欣的出生地；一个有幸得先知莅临、被《古兰经》提及的城市；一个为玛利亚姆和伊萨提供庇护，为 1 万多名杰出的学者、神职人员、法律学家、历史学家、工匠和贵族提供居所的地方。卡松山（Mount Qasiyun）的神秘传统也发端于此：大马士革就坐落在它的山脚下，山上有多处圣地，其中包括"血洞"，据说卡比尔就是在那里杀死了哈比尔[29]。城南墙外的巴卜·萨吉尔公墓（Bab al Saghir cemetery）安葬的都是历史上备受敬仰的穆斯林。伊本·阿萨基尔记述伊斯兰世界征服叙利亚历史的专著长达 200 多页，令人望而却步，而上述内容只是其中的一小部分。他的记述实质上故意忽略了叙利亚在被伊斯兰征服之前的历史。这其实是一种被当作历史的宣教——既不是第一次出现，也不会是最后一次出现。后来穆罕默德说："沙特阿拉伯人也对伊斯兰教出现之前的历史不感兴趣。"

不过，伊本·阿萨基尔有点像佩夫斯纳（Pevsner）。他既是大马士革的主要人物，又是一个沉迷于为这座城市的历史建筑编纂造册的人。他一共收录记载了14座教堂。在穆斯林征服叙利亚之后的500年里，8座教堂已遭到不同程度的毁坏，一座被拆除，3座被改成了清真寺——犹太教会堂也是同样的遭遇——只有2座尚能正常使用。① 圣玛利教堂变成基督教众敬拜的首要场所。

曾经信奉基督教的大马士革的一大遗迹便是屹立在直街上的玛利亚米特大教堂（Mariamite Cathedral of Damascus），希腊东正教牧首所在的堂点。该教堂在1860年从黎巴嫩蔓延到此地的德鲁兹 – 基督徒冲突（Druze-Christian Conflict）中被暴徒烧毁，后来得以修复，但最终于2018年被迫击炮火摧毁。

对基督徒而言，失去珍爱的圣约翰教堂无疑是一大创伤，而取而代之的那座华丽的清真寺更是刺痛着他们的心，因为它象征着他们在世间的挫败。

10世纪的历史学家马苏第（Masudi）被称为"阿拉伯的希罗多德"，他写道："基督教来了，它变成了一座教堂；而后伊斯兰教来了，它又变成了一座清真寺。"³⁰大马士革就像是一个可以重复书写的羊皮书卷，先是古亚述人的建筑被古罗马的多神教建筑取代，接着后者又被基督教的建筑取代，再后来就是基督教的建筑被伊斯兰教的建筑取代。最后得以保留的只

---

① 详尽的街道细节是伊本·阿萨克尔记述历史的特点。比如："雅各布派教堂就在那座新盖的监狱后面。穿过马鞍市场（如今，马鞍市场旁边就是阿里市场），就能看到一条街，马鞍匠人浴室的入口就在这条街上，离棉布街（Susi Street）不远。这座教堂的部分建筑尚存，不过也荒废很久了。"N. Elisséeff, La Description de Damas d'Ibn Asakir, p. 221.

有大马士革这座城市。

715—750 年，先后统治过伊斯兰帝国的倭马亚哈里发共有 8 位。短短几十年的时间里，倭马亚王朝一落千丈，顶峰时它照亮世界，而坠入低谷后，它带来了流血与破坏。而大马士革的命运反映了政治变迁。8 世纪上半叶，越来越多的人反对倭马亚王朝，认为它越来越像一个家族集团。那些恶意批评倭马亚家族的人开始私下传言，说太多的权力和财富集中于一个家族。哈里发瓦利德、苏莱曼（Sulayman，715—717 年在位）、耶齐德二世（720—724 年在位）、希沙姆（Hisham，724—743 年在位）都是阿卜杜勒·马利克的儿子，而欧麦尔二世（717—720 年在位）和马尔万二世（744—750 年在位）则是他的侄子。[31]

军事征战势头强劲的时候，反对者保持缄默。然而，717—718 年，对君士坦丁堡长达 2 年的围攻以惨败告终，意味着倭马亚家族遭遇史无前例的挫败。对打败异教徒习以为常的阿拉伯人这一次却沦落到令人唏嘘的境地，只能用动物的尸体和从船只上刮下来的沥青果腹。一支运着谷物、武器和补给的救援队被拜占庭人抓住，物资也被抢掠一空。这场征战就这样不光彩地结束了。

与此同时，整个帝国有大量农民皈依伊斯兰教，他们中大多数人抛下土地，报名充军，摆明是为了逃避税赋，局势因而紧张起来。税收相应减少，各省的总督提高了皈依伊斯兰教的标准，迫使新入教的穆斯林行割礼，要求他们背诵《古兰经》以表明他们的诚意。欧麦尔二世在一道直白的政令中，命令总督们要保障所有穆斯林享有同等权利："那些需要纳税的人当中，无论谁接受伊斯兰教，愿意成为穆斯林的，不管他是基督徒、犹太教徒还是琐罗亚斯德教徒，都应和其他穆斯林享有同样的权利和义务……"[32]

希沙姆执政 20 年里，阿拉伯军队一直在征战，然而连年战争几乎没有给帝国的边界带来任何变化，反而耗空了帝国的金库。希沙姆很少待在大马士革，和后来几位倭马亚统治者一样，他喜欢待在沙漠宫殿——位于幼发拉底河南部的鲁萨法（Rusafa），喜欢待在位于约旦河谷、离杰里科（Jericho）不远的冬宫——马夫贾尔宫（Khirbat al Mafjar），也喜欢去巴尔米拉（Palmyra）附近的巨大城堡宫殿东方海尔宫（Qasr al Hayr al Sharqi）。那是一个建筑面积达 1 万平方米的建筑群，在那里，他可以狩猎、赏乐、饮酒、与歌女游戏。

8 世纪 20 年代，穆斯林军队不断袭击法兰克王国的领地。733 年，敌方反击。在图尔战役（Battle of Tours，又称普瓦提埃之战）中，安达卢斯的总督阿卜杜·拉赫曼·迦菲齐（Abd al Rahman al Ghafiq）领导的一支阿拉伯军队与法兰克王国的公爵、贵族查理对战。据 8 世纪的《莫扎拉比克编年史》（*Mozarabic Chronicle*）记载，在激战中，查理领导的欧洲军队"稳若城墙""坚若冰川"，"转眼间，他们便用剑彻底击溃了阿拉伯人"。[33] 阿卜杜·拉赫曼被杀，基督教军队得胜。查理被授予了荣誉，人称"铁锤"（the Hammer）。图尔一战为伊斯兰世界在欧洲的征战敲响了丧钟。一千年后，吉本设想，假如穆斯林在欧洲所向披靡，那么阿拉伯的舰队可顺利驶入泰晤士河。"那牛津学院里教授的就该是如何阐释《古兰经》了，牛津的神职人员也会对着一群行过割礼的人传讲穆罕默德所得启示的神圣性和真实性。"[34]

继战场上英勇奋战的希沙姆之后，短命的哈里发瓦利德二世（743—744 年在位）上位。令很多穆斯林震惊的是，他明显堕落起来。可怜他不仅未能像另一位与其同名的更令人钦佩的哈里发那样，反而沉溺于狩猎、美酒、音乐、诗歌、性，这

40

些爱好在下面这首诗中有明确体现——

> 惟愿所有的美酒都是一第纳尔一杯，
> 惟愿所有的女人都骑在狮子的项背，
> 如此，只有那些慷慨的可以饮酒，
> 只有那些勇敢的才能做爱。[35]

在那个时代的历史学家（不管是穆斯林，还是基督徒）眼中，瓦利德是一个堕落、放荡的人。他的沙漠宫殿——阿姆拉城堡（Qasr Amra），位于约旦东部，被联合国教科文组织列入世界文化遗产，是留存下来的最早的伊斯兰艺术和建筑典范之一，城堡内部的壁画中有袒胸露乳的女人，有喝酒、狩猎的场景，还绘有黄道带和星座。伊斯兰艺术从未有如此纵欲的，也从没有像这样公然挑战不得展示人体的传统的。瓦利德那宏伟的巨大沙漠宫殿，不仅有游泳池，还有华美的内饰，被称为当代的"花花公子宅邸"。[36]

瓦利德最过分的亵渎行为是将《古兰经》作为靶子。瓦利德冒犯了穆斯林臣民，在叙利亚的基督教臣民中也不受欢迎，因为他命人拔了大马士革圣彼得的舌头，以惩罚他"当众谴责阿拉伯人和摩尼教徒的不敬虔"。[37]彼得被放逐到也门，后来在那里逝世。

41

编年史中的一个故事揭示了那个令人难以置信的时代。这个故事讲述的是瓦利德召见著名歌手、《古兰经》诵读者阿布·哈利姆·乌塔拉德（Abu Harinm Utarrad）。阿布·哈利姆·乌塔拉德从麦地那被召来为哈里发助兴，经历了漫长的沙漠之旅，这位歌手见到了身在铺满大理石的个人浴室的瓦利德。他坐在石头铺砌的浴缸边上，缸里装的不是水而是酒。瓦利德命他开唱，然后突然将织锦浴袍撕成两半，光着身子跳进了酒池里。"他在里面一直喝，直到酒位线明显下降很多。后来他被人拖出来，烂醉如泥地盖着毯子躺着。这位哈里发的举动令阿布·哈利姆瞠目结舌，他悄悄退下，第二天又被召了回去，又发生了同样的事情。然后，第三天，瓦利德再次召见他，警告他不要与人谈及这两天的所见。"贱人的儿子，我向真主发誓，如果你把这两天的事情说出去，哪怕只说了一句，传到了我耳朵里，我就命人砍掉你的脑袋！"警告之后，瓦利德又给了他1000第纳尔，把他打发走了。[38]

就在哈里发虚度光阴的时候，整个伊斯兰帝国陷入战火。8世纪40年代，伊斯兰帝国叛乱全面爆发。首先是740年，北非的柏柏尔人（Berbers）反叛，在这次血腥的暴力叛乱中，基督徒和哈瓦利吉派穆斯林联合起来，对伊斯兰帝国发起全面挑战。744年对倭马亚王朝而言是多事之秋，三位先后继位的哈里发都下台了，绝望之中，为了控制乱局，第四位哈里发被推举出来。第一个继位的瓦利德遭遇了被赶下来、被杀害、被砍首的命运；他的继任者耶齐德三世将他的头颅砍下来浸在红酒中，后又插到一个长矛上，在大马士革游街示众，旁边还有一个人轻蔑地朝围观者喊："这就是那个爱酒之人的头颅。"[39]虽然众人认为耶齐德三世是一个敬虔的人，但他几乎没有时间展示自己的虔诚。继位不到一年，他就去世了，接着易卜拉欣继位，但不久后就被马尔万二世取代了。据说马尔万挖出了耶齐德的尸体，并将它钉在一个木桩上。

744年，马尔万做了一个对大马士革影响更加深远的决定——将帝国首都迁往贾兹拉（Jazira）北部的哈兰（Harran），这对大马士革的声望和财富产生了冲击。王室珍宝很快被装到3000只骆驼上，运往帝国的新都，"大马士革城内象征王权的标志所剩无几"。[40]自掌权之后，倭马亚王朝的历代哈里发在沙漠建造了宫殿、城堡、狩猎场，并将执政中心轮番设在这些地方，偶尔也会设在其他城市，但这次迁都是更果断的一次，这是大马士革第一次完全被排挤到权力核心之外。

42 　　对大马士革这座城而言，这个决策令人感到遗憾；对整个伊斯兰帝国而言，它明显预示着未来将有更多的挫败。马尔万继任哈里发引发了第三次内战。746 年，也门的一个叛军自称哈里发，占领了麦加和麦地那，后于 748 年被杀。在伊拉克南部，自 719 年开始，一场更严重的什叶派革命便一直在悄然蔓延。当时，住在库法圣城的倭马亚家族的敌对势力派一个信使伪装成卖香水的商人去了死海南部约旦的一个小村落，他的使命是煽动先知穆罕默德家族远支的后裔声援反抗倭马亚政权。先知叔叔阿拔斯的玄孙阿布·阿拔斯（Abu al Abbas）后来成为这场运动的精神领袖。尽管他们与先知的血脉关系还不如阿里一支近，但是阿拔斯家族的组织能力，以及阿布·阿拔斯的冷酷残忍是无人能及的。

　　随着时间的推移，库法派了更多秘密使团前往呼罗珊（Khorasan）。呼罗珊位于伊斯兰帝国的最东部，是一个开阔的区域。今天，伊朗的东部以及阿富汗、乌兹别克斯坦、土库曼斯坦的大片区域曾都是呼罗珊的一部分。那里有大草原，有被积雪覆盖的兴都库什山脉，有很多古老的城市，如撒马尔罕、布哈拉、尼沙布尔（Nishapur）、赫拉特（Herat）、巴尔赫（Balkh），及其行政中心梅尔夫。650 年，呼罗珊被阿拉伯军队占领，后来成了阿拉伯征服者及其后代的家园，居住在那里的还有皈依伊斯兰教的土耳其游牧民、伊朗王子、富裕的粟特商人和贫困潦倒的农民。反叛者宣扬复兴伊斯兰教，建立一个新世界，在那里，阿拉伯穆斯林和非阿拉伯穆斯林都享有同等待遇，不像倭马亚王朝那样，阿拉伯人享有优待。

　　响应的人很多。当时，南部阿拉伯凯勒卜部族与北部阿拉伯盖斯部族之间的分歧从内部削弱了倭马亚王朝。马尔万优待盖斯人的行为疏远了呼罗珊的凯勒卜人，导致越来越多的凯勒卜人加入反叛队伍。在大马士革，什叶派与逊尼派格格不入，因为后者堕落，而且从正统继任者那里偷走了哈里发的位置；而哈瓦利吉派见到处都是罪人、罪行，于是奋起反抗。

起义者宣誓效忠"先知穆罕默德家族中的合法继承者"（Al Rida min al Mohammed），这是一段模糊难解的誓言，为的是扩大反叛行动在什叶派中的影响力。倭马亚王朝设在呼罗珊的总督察觉到了即将到来的危险。"我看到余烬中的炭火红得发亮，只差一点就会燃起熊熊大火，"他在写给马尔万的信中如是说，"摩擦木棍可以生火，议论纷纷的舌头会引发战火。"[41] 747 年 6 月 15 日，一直在暗中行动的叛乱分子第一次在梅尔夫的郊区高举他们的黑色旗帜。数以千计的什叶派、呼罗珊人和阿拔斯军队联合起来，揭竿而起。748 年，阿拔斯人占领梅尔夫，并交由他们的军事领导人阿布·穆斯林（Abu Muslim）管理。阿布·穆斯林在与倭马亚人的一系列战斗中接连取胜，据说他残忍杀害了 6 万人并因此声名狼藉。[42] 一年后，阿拔斯在库法的大清真寺被拥立为哈里发，自称赛法哈（al-Saffah），意为"屠夫"，他提前警告那些聚集在他面前的人："你们要有准备，因为我是冷酷的屠夫，是摧毁一切的复仇者。"[43]

750 年 1 月，马尔万的倭马亚军队与阿拔斯的叛军在伊拉克北部底格里斯河的支流大扎卜河（Great Zab River）两岸对战，据塞奥法尼斯（Theophanes）估计，帝国军队多达 30 万人，远多于扛着黑旗的叛军。马尔万的骑兵雄赳赳气昂昂地前进，却没能穿过阿拔斯长矛战士所设的屏障。许多人当场被刺下马，其他一些人弃马而逃，还有很多人被急流吞没。倭马亚人一溃千里。

哈里发马尔万不在大马士革，此时这座由其女婿瓦利德指挥的城市也因阿拔斯的逼近而战栗。4 月 25 日，"屠夫"阿拔斯的叔叔阿卜杜拉·本·阿里（Abdullah ibn Ali）攻破了城防，大马士革城陷落。倭马亚人和阿拔斯人激战，就连倭马亚不同阶层的人之间都可能发生了激烈的争斗。据西奥菲勒斯记载，这个帝国故都被洗劫一空，场面惨烈得难以形容："在长达 3 个小时的时间里，阿卜杜拉·本·阿里的士兵……不断地在集市上、街道上、民居里砍下市民的头颅，夺取他们的财物……阿里·瓦利德被杀了，当然很多犹太教徒和基督徒也被杀了。"[44]

大马士革城内的死亡人数多得可怕。马苏第记述道："很多人都被杀了。"被活捉的倭马亚军官被送到"屠夫"那里处决，还有很多在福特罗斯河（River Futros）河岸被割喉。那些已经入土的倭马亚人的尸体也被挖了出来。他们先是"鞭笞挖出的尸体，然后把它们挂在木架上"。他们还把王室成员的头颅用于打靶练习，直至头颅粉碎成片，并将剩余的尸身集中烧掉。[45]城里一些大的建筑被洗劫一空，城防被毁，王室陵墓惨遭亵渎。有一些记录称阿拔斯人甚至掘开了烈士墓地，葬于此地的烈士都是在 634 年大马士革被围困时牺牲的，其中还有先知的拥护者。还有记录称 750 年，大马士革的官邸都被夷为平地，不过这里还要结合曾于 9 世纪后期在阿拔斯政府供职的雅库比的记载来看。后者称，在大马士革，大多数房舍曾经都是倭马亚人的宅邸或官邸，就连穆阿威叶的宫殿曾经也是总督的官邸。不过，大马士革确实遭受了惨重的破坏和杀戮。

"屠夫"（749—754 年在位）对马尔万及倭马亚家族其他逃生的男性成员穷追不舍，其冷酷无情说明他是有意要做一个名副其实的屠夫。马尔万逃到了埃及，阿拔斯的人在其藏身的教堂里找到并杀死了他，将其头颅砍下送给"屠夫"。随后，追兵打着和解的名义，用一个简单、阴险的骗局将倭马亚剩余的80 位王子引诱到雅法城外用餐，最后他们都死于剑下。据说，在他们躺在地上痛苦垂死的时候，赛法哈笑着坐在一旁，得意洋洋地说："我从来没有吃过一顿这么好吃的、对我好处这么大的饭。"[46] 只有一位倭马亚王子，年仅 19 岁的阿卜杜·拉赫曼（Abd al Rahman）设法逃脱了屠杀。在五年漫长的逃生之旅中，他摆脱了众多袭击并试图杀害他的人，借道巴勒斯坦、埃及，穿过北非，到达伊比利亚半岛并在那里建立了科尔多瓦倭马亚埃米尔国（Umayyad emirate of Cordoba）。

然而，在伊斯兰世界的中心地带，倭马亚王朝覆灭。大马士革沐浴在帝国阳光之中的日子结束了，被洗劫后，这座城被阴影笼罩了近一个世纪。762 年，巴格达成为伊斯兰帝国的新中心，夺走了大马士革的光彩，自此以后，大马士革沦为默默无闻的地方，走向衰落、边缘。尽管 12 世纪的时候，大马士革在十字军的灾星、精力充沛的努尔丁（Nur al Din）的治理下经历了某种程度的复兴，但那只是对倭马亚王朝统治时期的大马士革城的拙劣模仿。"叙利亚的首都从未有过如此辉煌和强大的时刻，过去没有，未来也不会有。"[47]

倭马亚人穆罕默德说："倭马亚王朝没能延续很久，但是，我的真主啊，他们真是在一瞬间就建造了世界上最庞大的帝国。而且，他们也让世人都知道了伊斯兰教的存在，而这才是他们最伟大的成就。"

或许，正如休·肯尼迪认为的那样，倭马亚王朝选择坐镇叙利亚对整个帝国施行统治本身就有些反常，因为"叙利亚既没有足够多的人口，也没有足够多的财富，族群之间也不是十分团结，不足以维持一个庞大的帝国"。[48] 然而，从 661 年到750 年，这个王朝虽然经历了三次内战，但还是将伊斯兰帝国延续了下去并扩大了其疆域。有一段时期，以大马士革为都城的帝国甚至胜过了最鼎盛时的罗马帝国。

毫无疑问，这个王朝影响最深远的遗赠是传播了新信仰。

倭马亚人将帝国的宝座从未开化的、封闭的汉志夺了出来，并强行将它放到更国际化的黎凡特。正如近年来一位研究大马士革的历史学家所说，"假如没有大马士革这段短暂的经历，那么伊斯兰教（很有可能）无法发展成为世界性的宗教"。[49]

45

倭马亚王朝在其他领域也有令人印象深刻的成就。哈里发瓦利德凭借伟大的建筑规划，尤其是对倭马亚清真寺的规划，给大马士革留下了建筑遗产，在该城较短的政治统治时期后，这些遗产依旧存在。其中一座庄严的礼拜寺被推崇、被模仿，从大西洋到中亚，没有能与之相比的，更没有能超越它的。在法国的东方学家让·索瓦杰（Jean Sauvaget）看来，"不论放在哪个时代、哪个地域来看"倭马亚清真寺都是"一大建筑杰作"。[50]

除建筑创新和将伊斯兰教传播到三个大陆以外，倭马亚王朝还有一大成就——扩展了人类认知的边界。从知识层面来看，尽管巴格达在艺术和科学领域留下了更好的记录，但大马士革还是有一些令人惊叹的成就的。这座倭马亚都城在通过严肃的神学课程推动宗教科学发展上发挥了至关重要的作用。最初在麦地那建立的学科，比如经文解释（tafsir）和经文深层解读（tawil），圣训学（hadith），伊斯兰教法学（fiqh），伊斯兰教义学（kalam），在大马士革得到了广泛发展，而且大马士革早期的犹太教、基督教文献和古希腊文献也为它们的发展注入了新的活力。这在很大程度上为9世纪阿拔斯王朝统治时期将希腊学术作品先转译为叙利亚语，再翻译为阿拉伯语的宏大工程奠定了基础。倭马亚王朝的哈里发们看重有学识的男人，因为当时的公共生活中没有女人参与。正如伊本·阿萨基尔和伊本·阿迪姆（Ibn al Adim，1262年逝世）分别在各自的传记汇编里记载的那样，倭马亚王朝掌权时期，大量学者定居大马士革，很多学者享受王室赞助。比如，哈里发希沙姆扶植了一批卓越的学者，如当时最伟大的一位穆斯林学者、圣训学专家伊本·谢哈卜·祖赫里（Ibn Shihab al Zuhri，742年逝世），以及他的学生、先知传记的编撰者、伊斯兰法专家马阿马尔·本·拉希德（Maamar ibn Rashid，770年逝世）。[51]

　　对那些少数部族以及非阿拉伯人而言，倭马亚王朝统治的历史就没那么值得称道了。在8世纪后的叙利亚和伊拉克，基督教神学讨论的护教风格日益凸显，而且大多数都是使用阿拉伯语。基督教的思想已经被彻底边缘化，以至于787年在第二次尼西亚公会议（Second Council of Nicaea）上，基督徒开会要恢复使用和敬拜圣像时，叙利亚没有一个主教出席。叙利亚的教会也没有参与关于拜占庭东正教和罗马基督教的辩论和争论。倭马亚王朝统治末期，早期和谐的社会氛围已经逐渐消失，穆斯林对非穆斯林的宽容也不复往昔，对少数部族征收的捐税也更加繁重。到了8世纪末，阿拉伯语作为伊斯兰帝国的官方用语和学术用语得到推广，以至于曾经在叙利亚和巴勒斯坦作为文学、科学、神学用语的希腊语几乎被完全取代。[52]

　　大马士革落幕，另一个取代它的城市揭开了序幕。这座城市作为帝国的核心，享受帝国荣耀的时间更长。倭马亚人"简单质朴"的大马士革让位于阿拔斯人"富丽堂皇"的巴格达。[53]

46

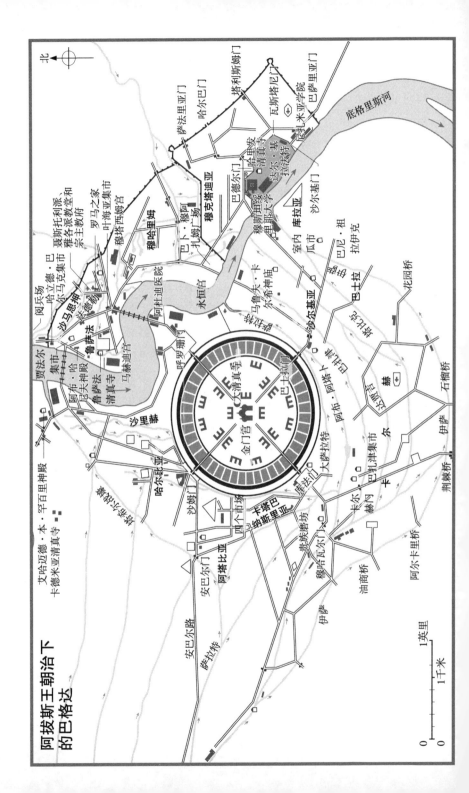

阿拔斯王朝治下的巴格达

3

9世纪：巴格达
——和平之城　血腥之城

　　巴格达是伊斯兰的中心，是一座幸福之城；城内人才济济，优雅大方、彬彬有礼。它的风是温和的，它的科学洞察深入。在城里可以找到最好的一切和最美丽的一切。一切值得思考的事物都来自它，每一种优雅都被它吸引。所有人的心都属于它，所有的战争都远离它，所有的手都捍卫它。它太有名了，不需要描述；它比我们想象得更辉煌，令人赞不绝口。[1]

——穆卡达西《地区知识之最佳分述》

　　突然，一阵断断续续的枪炮声响彻这个被太阳炙烤得有些恍惚的城市，警笛声紧接着响起来。远处，几架美国黑鹰直升机发出的轰鸣声在钴蓝色的空中回响。激战一触即发。

　　我们来到了穆斯坦绥里耶大学（Mustansiriya），这座由阿拔斯王朝倒数第二位哈里发穆斯坦绥尔（Al Mustansir）于1233年创建的大学，被引以为傲且对历史感兴趣的伊拉克人尊为世界上最古老的大学。我的朋友萨伊尔博士（Dr. Thair），巴格达大学的学者，就是这些对历史很感兴趣的人之一。在他的城市变成一个杀戮之地的时候，他冒着极大的个人危险，开着车带我来到这里。在底格里斯河东岸，在巴格达古城的南端，一座大门高耸入云。这座拱形门装饰精美，用的是刻有阿拉伯式花纹的赤陶，带着几何图案的砖石，还刻有密密麻麻的碑文。拱形门的上方是用蓝色瓦片铺就的穹顶，在耀眼的阳光下闪闪发光，旁边还有一座壮观的宣礼塔。

1258 年，成吉思汗的孙子旭烈兀（Hulagu）从东边对巴格达发动攻击，穆斯坦绥里耶大学是极少数从这场战火中幸存的建筑之一。在这座不断遭到外来势力入侵、破坏、摧毁的城市中，穆斯坦绥里耶大学是罕见的留存至今的阿拔斯建筑瑰宝。萨伊尔博士说："看看这座精美的建筑，我想你就知道阿拔斯王朝有多伟大了。"

我们步入大门，发现自己身在一个地面铺得平平整整、炙烤在日光之下的庭院。庭院约有 100 米长、50 米宽，四周是双层的拱门。庭院三面通向拱形大厅（iwan），一面则通向露天礼拜场所。庭院里还有一株棕榈树孤零零地站岗，耷拉着脑袋，仿佛置身火炉一般。这是朴素、大方、静谧之地。

大约 900 年前，来自伊斯兰帝国各地的学生就是在这里学习神学、《古兰经》、伊斯兰教法、医学、数学和文学的。穆斯坦绥里耶大学的建筑反映了将对立的逊尼派教法学派团结在一起的愿望，这座大学里集中了伊斯兰教法学四大正统学派：罕百里学派（Hanbali）、哈乃斐学派（Hanafi）、沙斐仪学派（Shafi）、马立克学派（Maliki），它们以《古兰经》、圣训和宗教学者（ulema，乌理玛）的传述为依据。

在从严苛的学术生活中抽出身来，从堆满了哈里发捐赠的成千上万卷书的图书馆逃离的时候，学生们会利用宝贵的时间在澡堂（hammam）里放松身心，然后痛痛快快地吃食堂刚刚做好的饭。学校里有医院，可以为有需要的学生提供治疗，入口大厅里还有一个巨大的、先进的、靠水能运行的钟，提醒学生何时该祈祷、何时该学习，同时也提醒老师和学生，他们所生活的地方是世界上最发达、最先进的城市之一。

我随口说了一句这座荒废的、堪称历史遗迹的校园真安
静，萨伊尔自嘲地笑了笑："不像另外一所穆斯坦绥里耶大
学。"在巴格达，还有一座穆斯坦绥里耶大学，建于20世纪
60年代，位于巴格达城的东北边。学校里有一个由学生组成的
黑帮，他们会杀害、折磨、强奸同校学生、大学教授和行政人
员。萨伊尔疲惫地说："只有在巴格达（才会发生这样的事）。"²

现代穆斯坦绥里耶大学校园里的流血事件，快速响彻城市
的枪声，以及划过天空的美国直升机都体现了伊拉克历史中较
为黑暗的一面。这是充满教派冲突、杀戮、政治动荡、外敌入
侵的历史——而这些在大多数中东地区都有发生。

不过，阿拔斯王朝掌权的那500年，是一个更为乐观的时
期。在巴格达取代大马士革成为帝国都城471年后，最早的穆
斯坦绥里耶大学被启用。尽管这所大学是在13世纪阿拔斯王
朝最后的辉煌时期对有求知欲的人开放的，但它仍然体现了这
个王朝在近半个世纪的统治时间内，对拓宽人类认知边界坚定
不移的承诺。这栋建筑凸显了帝国强大的实力和智慧，以及在
建筑方面的优雅与自信。学校建在城市的中心位置实际上践行
了先知穆罕默德最有名的圣训之一："学问虽远在中国，亦当
求之。"阿拔斯时代呼应了希腊公元前5世纪的黄金时代，而
9世纪是巴格达最繁荣的时候。

51

麦加和大马士革是历史悠久的聚居地，其发端源自最遥远
的古代和传说，难以辨识，与之相比，巴格达是一个突然崛起
的新贵。762年，"屠夫"赛法哈（754年死于天花）的弟弟
哈里发曼苏尔（Al Mansur，在阿拉伯语中，曼苏尔意为"胜
利者"）在底格里斯河岸建城。赛法哈最大的遗赠是建立了阿
拔斯王朝，而他的弟弟兼继任者给历史留下的则是一座存续时
间更长、一度以他的名字命名的城市——曼苏尔城（Medinat

al Mansur）。不过，该城的居民还是习惯称之为萨拉姆城
（Medinat al Salam），意为"和平之城"；或者达尔·萨拉
姆（Dar as Salam），意为"安宁之地"，这是《古兰经》中
对天堂的描述。[①] 至于巴格达这个后来为人熟知的名字，也许
出自古波斯语，由 bagh 和 dadh 组成，省略了部分音节，其中
bagh 是"真主"的意思，而 dadh 是"建造"的意思——因此，
巴格达是"真主建造"的城市，是伊斯兰帝国的都城。当时，
它拥有一个面积达 500 万平方英里的巨大辖区，从摩洛哥和伊
比利亚半岛一直延伸到中亚。[3]

从地理位置来看，伊斯兰教最早发端于麦加和麦地那，当
时它征服的重点在阿拉伯半岛。定都大马士革使伊斯兰教的发
展进入了第二个阶段，伊斯兰帝国也从沙漠中走出来，进一步
向西扩张。接着，8 世纪末期，伊斯兰帝国的发展进入第三个
阶段。新都巴格达与被它取代的大马士革不同，它位于两河流
域极其肥沃的美索不达米亚平原的中部，地理位置得天独厚；
它不臣服于之前的任何一个王朝，比如倭马亚王朝，而且刻意
向东发展，意图将乌浒河以东已征服的土地纳入版图。它离拜
占庭帝国的边界足够远，离波斯又很近，这让阿拔斯王朝的军
事防御实力有了保障。

因为幼发拉底河和底格里斯河提供了充足的水源，所以
这个位于新月沃地东边的地方从公元前 6000 年的苏美尔时代
到巴比伦时代、亚述时代，再到阿契美尼德王朝、塞琉古王
朝、帕提亚帝国、罗马帝国、萨珊王朝统治时期，见证了多
个繁荣发展的文明。它位于连接东西的贸易网络的中心，位

---

① 《古兰经》（10：25—26）："真主召人到平安的住宅，并引导其所欲引导的人走上
正路。行善者将受善报，且有余庆，脸上没有黑灰和忧色，这些人是乐园的居民，
将永居其中。"

置优越。据地理学家、历史学家、《列国纪》(*The Book of Countries*) 的作者雅各比 (Yaqubi) 记载, 曼苏尔曾说这里是 "宇宙的十字路口"——

> 底格里斯河上的船, 有从瓦西特 (Wasit)、巴士拉 (Basra)、奥博拉 (Obolla)、阿瓦兹 (Ahwaz)、法尔斯 (Fars)、阿曼 (Oman)、亚马马 (Yamama)、巴林来的, 有从周边国家来的, 都将在这里抛锚停靠。从摩苏尔、阿塞拜疆、亚美尼亚来的商人也会借道底格里斯河来到这里; 从拉卡 (Rakkah)、叙利亚、小亚细亚边陲、埃及、马格里布 (Maghreb) 来的, 借道幼发拉底河的商船将以此处为目的地。杰贝勒 (Jebel)、伊斯法罕和呼罗珊各地的百姓也会途经该城。我靠着真主起誓, 要建设这座都城并终生在此, 这里将成为我的后裔的家园, 成为世界上最繁荣的地方。[4]

在一段短得令人难以置信的时间内, 它确实是这样。7 世纪, 阿拉伯人征战的速度一直被视为历史上最引人瞩目的军事现象, 而巴格达在短短几年里从一个极小的、微不足道的聚居地发展成一个繁荣都市和世界文明之都同样引人瞩目。750—762 年, 赛法哈和曼苏尔先后在伊拉克建造了四座临时都城, 但都不尽如人意, 这清楚地表明巴格达的建成并不是必然的。

巴格达和麦加、大马士革不同, 它是一座相对较新的城市, 建造过程中的一大有利条件是有大量现成的材料。关于巴格达的文献, 虽常有夸大、吹捧之嫌 (毕竟既要体现伊斯兰世界的虔诚, 还要让皇室赞助人开心), 但还是极为细节地描绘了从零开始建造一座城市的图景。比如, 我们从中得知了曼苏尔, 有名的亲力亲为的领导者, 命工人用煤渣在地上勾勒出了团城（Round City）的轮廓。曼苏尔崇拜欧几里得，研究过他的几何理论，这一环形建筑是为了向他致敬。我们从编年史中得知当时他是如何走过这些画在地面上的规划图、如何察看并确定两道外围城墙的位置的。团成球状的棉花被浸入石脑油或液体石油中，然后沿着建筑轮廓摆放，最后被点燃，如此便有了一个永久性的、供建筑者参考的标记。建筑者人数众多，卑贱的劳工、木匠、铁匠、挖掘工、建筑师、工程师、测量员、法律专家肩并肩地在阳光下挥汗如雨。这是一支国际化的、多语种的劳动大军，他们从天涯海角来到这里，想从伊斯兰帝国最伟大的建筑工程中挣一笔钱。雅库比估算约有 10 万人参与建设，这个数字也许过分夸张，却也说明了这项工程的规模巨大。

四年之后，也就是 766 年，曼苏尔的团城在底格里斯河西岸竣工。它是一个建筑奇迹，是世界上第一座如此样式的建筑。9 世纪作家、博学家贾希兹（Jahiz）赞许地写道："团城像是倒在模具中浇筑而成。"[5] 外围城墙上有四道门，四条道路直达城中心。面朝西南的库法门（Kufa Gate）和面朝东南的巴士拉门（Basra Gate）都通向萨拉特运河（Sarat Canal）。这条运河是水道网的重要部分，它将幼发拉底河的河水引入底格里斯河，此地也因此成为可选之地。从面朝西北的沙姆门（Sham Gate）出去，有一条主路直通安巴尔（Anbar），穿过沙漠之后便可到达叙利亚。面朝东北的呼罗珊门（Khorasan Gate）则紧靠底格里斯河，门外是可横跨该河的船桥。直到 1200 年以后，英国人到来，巴格达经历了又一次外来入侵后，这里才有了第一座固定的横跨底格里斯河的桥。在这之前，他们都是使用浮桥。

由外围城门直通城中心的四条大道两旁都是圆顶拱廊，廊下是商店和市集。这四条主干道又分出许多较窄的岔道，通往各种广场和民居。当时的人口有限，所以民居也不多。不过，巴格达的城中心是一个直径约 2000 米的皇城。皇城的边缘地带有级别较低的皇室成员的宅邸, 有侍从的居所, 有哈里发的厨房, 有面包房、骑兵营房, 还有财政土地税部门的办公室、军械库、档案室。团城正中央的神圣土地上坐落着两座最华丽的建筑: 一座是大清真寺, 另一座是曼苏尔的金宫, 它们象征着伊斯兰世界世俗权力和宗教权力的统一。

　　曼苏尔的宫殿是一座宏伟的建筑, 面积约 185 平方米, 是这座很快便成为奢华代名词的城池的第一座宫殿。宫殿主会客厅上方是一个 40 米高的绿色穹顶, 它高耸在巴格达的上空, 穹顶上方是一个挥舞着长矛的骑兵雕像, 据说他会像风向标一样旋转, 指示哈里发的敌人接下来会从哪个方向突然出现。和阿拔斯时代的很多历史建筑一样, 曼苏尔的大清真寺, 也是巴格达的第一座清真寺, 最初是由晒干砖建成的, 支撑屋顶的是木制框架。经过几个世纪的不断修复, 在经历了 1258 年旭烈兀焦土式入侵后, 它竟留存了下来。1327 年, 摩洛哥旅行家伊本·白图泰开始长达 75000 英里、历时 29 年、足迹遍布已知世界大部分地区的旅行, 就提到了这座清真寺。

54

　　虽然瓦利德所建的大马士革倭马亚清真寺过去一直是出名的造价高又奢华的工程, 但仍无法与曼苏尔建造城池的工程相提并论。尽管无法确定具体造价, 但是从 11 世纪学者哈提卜·巴格达迪 (Khatib al Baghdadi) 的记载中我们可知一二。他所著的《巴格达的历史》(*History of Baghdad*) 记载了新都的建造, 是一部珍贵的史料。他引用了两份相互矛盾的记录, 其中一份称总造价是 1800 万迪拉姆银币, 另一份则说团城、大清真寺、哈里发的宫殿、城门和市集的总造价是 4000833 迪拉姆银币, 精确得令人生疑。[6] 不过, 不管造价多少, 建造城池并没有让吝啬得出名的曼苏尔散尽钱财。据历史学家马苏第的记载, 775 年, 这位巴格达建造者逝世的时候, 国库还有

1400 万第纳尔和 600 万迪拉姆 ①，约合 2640 公吨白银。⁷

哈里发曼苏尔在位的时候，巴格达人口激增。塔巴里除了记载从事建造城池的大量民众和巴格达不断增加的宫殿群、清真寺、民房、市集外，还记录了一波又一波移民从呼罗珊、也门、汉志沙漠、瓦西特、库法，穿越伊斯兰世界，开辟了一条通往巴格达的道路。移民的涌入为房产市场的持续繁荣注入了动力，也使这座新建的都城变成了世界上文化最为多元的地区之一，变成一个汇聚了多个种族、部族、语言的熔炉，他们大都统一在伊斯兰的旗帜下，不过有一些人例外。虽然处于社会最高阶层的王室享有荣华富贵，但社会财富的流向也变得更为广泛，大量财富流向阿拔斯王朝的宫臣、宠臣、官员、有名的歌者、漂亮的女奴、嗜酒的诗人、最卓越的学者以及勤奋的商贩和贸易商。不过生活在巴格达也充满了变化和无常。诗人如果把诗写得优美得当，就会得到足以改变一生的财富，但如果带有讽刺意味，就有可能失去性命。

55　　　在巴格达令人瞩目的发展中，哈里发的慷慨是最耀眼、最夺目的一个方面，不过贸易也是其中至关重要的部分。建成后短短几年时间，这座城就变成了当之无愧的"宇宙的十字路口"，这也是曼苏尔最初的目标。在这片人间乐土上有四条古老的河流，幼发拉底河和底格里斯河就是其中两条。商船在幼发拉底河和底格里斯河上排起了长队，从埃及和叙利亚长途跋涉而来的商队给新城带来了源源不断的商品，而城里的居民也效仿统治者，开始推崇炫耀性消费。很快，巴格达的市集上就堆满了来自世界各地的产品：丝绸、黄金、珠宝、宝石、书籍、香料、异域水果、精美的地毯、长期受苦的骆驼，还有奴隶和妓女。得益于巴格达的发展，伊拉克省的财政收入是埃及

---

① 1第纳尔金币可兑换20迪拉姆银币。1迪拉姆银币约有3克。

收入的 4 倍,而后者是阿拔斯王朝第二富裕的省。每年,它会向国库上缴 1.6 亿迪拉姆,约合 480 吨白银。8

在曼苏尔的儿子和继承人马赫迪(Mahdi,775—785 年在位)继位之前乃至在位期间,巴格达河以东地区,今天众所周知的鲁萨法 [Rusafa,也被称为"堤道"(the Causeway)、"密集区"(the Compactly Built)],逐渐发展成为一座独立于巴格达的城市。鲁萨法这个名字被沿用至今。鲁萨法的中心建有一座清真寺和皇室宫邸,与团城通过一座浮桥相连,经过浮桥可通往巴格达西部城区,即卡尔赫(Karkh)。鲁萨法位于呼罗珊门的东北方向,其更北处是一个大型练兵场。军队的主要首领和国家的主要官员都获赐了封地,所以鲁萨法得以沿着河东岸不断向南北延伸。马赫迪在位时,皇家赞助靠巴尔马克家族支撑,后者的光彩有时候甚至会胜过皇室。阿拔斯王朝前几任哈里发在位时,巴尔马克家族曾是第一大宫臣家族,他们建造的宅邸非常奢华,可与皇室宫邸相媲美。

尽管阿拔斯王朝统治的 500 年被视为巴格达最辉煌的时期,不过最为鼎盛的时期仅有 80 余年,即 762—833 年。在这期间,也就是曼苏尔、马赫迪、哈迪(Hadi,785—786 年在位)、哈伦·拉希德(786—809 年在位)、爱敏(Amin,809—813 年在位)、马蒙(Mamun,813—833 年在位)执政的时候,巴格达的城市发展、人口、文化水平都达到了顶峰。在这 80 余年里,只有爱敏在巴格达去世,这说明了统治者们无休止地向外开疆拓土的野心。

在六位哈里发中,有一位脱颖而出,他不是巴格达的创建者,而是他的孙子、"正统向导"哈伦·拉希德。马苏第在他的《黄金草原》(*The Meadows of Gold*)中写道:"他在位期间,帝国的辉煌程度、富有程度、繁荣程度非同寻常,以至于被称作'极盛时期'。"在爱德华·吉本看来,他是"本族中最有影响力、最强大的统治者"。[9]

　　哈伦之所以在东西方有如此大的名气，一个原因是他在著名的《一千零一夜》中扮演了一个主要角色。《一千零一夜》是印度、波斯和阿拉伯的故事集，是一部杰作，可追溯到八九世纪。哈伦这一富有魅力的角色频繁出现在《一千零一夜》的故事中，身为一个昼伏夜出、常在街上徘徊的哈里发，他时而沉溺于美人之怀，时而忙于处决那些令他不快的人，时而将一袋袋金币扔给讨他欢心之人，时而仓促写几句诗，时而因为一些下流的笑话笑得满地打滚。在这本荒诞不经的故事集中，哈伦，或者说一个放荡不羁的哈里发形象就这样流传开了。

　　尽管有些言过其实，但是哈伦挥霍无度的背后是真正的勇气和毅力。哈伦继任哈里发之后做出了具有变革性的成绩，他在祖父曼苏尔留下的稳固基础上，将巴格达从一个新兴城市发展成了一个成熟的国际都市。皇室赞助和支出源源不断，规模大、影响力强。征战拜占庭让皇室资金不断得到补充。在14岁时，哈伦第一次领军发动圣战，他对巴格达就像对待钟爱的情妇那样，每一次征战拜占庭大获全胜后，他都会把更多的钱财花在它身上。这是一个五彩缤纷的时期，人们忙着杀戮、征战，忙着朝觐、生产，忙于搞科学、做学术，忙着在巴格达建造宏伟建筑，皇室支出达到了后世难以企及的规模。这样富有效力的"挥霍"不应与堕落或放纵混为一谈。根据塔巴里的记载，809年逝世的哈伦给国库留下了9亿迪拉姆，大量黄金、白银和宝石，还留下了4000个包头巾，1000件极其精美的瓷器，30万件长矛和盾牌，以及其他珍宝。据说，中世纪一位哈里发在君士坦丁堡对拜占庭皇帝吹嘘说："我御下最少的臣民治理的最小的领土收缴的税款都比你整个国家的多。"[10]

　　城市将各行各业的人聚集到一起，催生了一种文化，这种文化的影响力远大于其各自文化影响力的总和。那些最优秀的男男女女在改造城市的同时，也被这座城市塑造，与他们并肩作战的有艺术、科学、音乐、法律、时尚领域的同僚，还有来自官僚阶层、宗教界、商界、餐饮界和体育界的人士。早期阿拔斯人是杰出的孵化者，他们开创了都市文化，在其开明的领导下，巴格达成了一个巨大的创意实验室。

曼苏尔和马赫迪资助文化发展，而哈伦将皇室赞助推向了新的顶点。他最卓越的一项成就是为一场翻译运动提供支持。在这场运动中，巴格达的学者们或将一些经典的希腊、印度、波斯学术著作翻译成阿拉伯文，或对这些伟大的著作进行改译和（多次）修订，然后再将修改后的文本在伊斯兰帝国境内及境外传播。远征拜占庭的阿拔斯使臣们回来时会满载柏拉图、亚里士多德、欧几里得、希波克拉底、盖伦及其他人的重要著作的手抄本。皇家图书馆的馆藏激增，约有上万册。一些财富惊人、有社会野心的个人也效仿皇室，他们非常乐意资助这场翻译运动。阿拔斯的文化是多元化的、有适应性的，对外界最好的文化元素保持开放。西方古人的智慧和学识传播到东方，因此得以留存，并在几个世纪后传回西方。这一项巨大的知识服务直到今天仍令我们受益良多。欧几里得著作的第一个阿拉伯译本出版之后被献给了哈伦。菲利普·希提（Philip Hitti）将这一时期巴格达的翻译运动比作16世纪的文艺复兴，并提到自此以后一千年内阿拉伯语世界再未出现可与之比肩的文化事件。"它让阿拉伯的首都成为世界的科学中心，就像罗马是法律中心，雅典是哲学中心，耶路撒冷是宗教中心。"[11]

这种充满活力的探求知识、习得知识的氛围在哈伦身上得到充分体现。他为这座城市的发展定下了基调，为最优秀的市民树立了榜样。他主办各种各样的沙龙，聚集了一群不拘一格的教法学家［如马立克·本·艾奈斯（Malik ibn Anas）和沙斐仪（Al Shafi）]、法官和历史学家［如瓦基迪（Al Waqidi）和伊本·古太白（Ibn Qutayba）]、诗人［如阿布·阿塔希叶（Abu al Atahiya）和阿布·努瓦斯（Abu Nuwas）]、音乐家［如阿布·伊斯哈格·莫舒里（Abu Ishaq al Mosuli）]、语法学家［如阿里·本·哈姆札（Ali ibn Hamza）]和人文主义者［如阿斯迈（Asmai）和阿布·奥拜达（Abu Obayda）]，只不过他们需要留心自己的发言。对那些思想保守的神职人员而言，哈伦推崇的随心所欲的哲学、宗教、科学讨论与辩论让人深恶痛绝，一如酒会、奢华的宴席、狂欢会、同性性行为。哈伦及其追随者能将酒会进行到天亮，他们端着金色、银色或水晶的酒杯，喝着产自设拉子的红葡萄酒，享受年轻女子的陪伴，这些年轻女子有的唱歌，有的弹琴，有的用撩人的纱巾舞和慢悠悠的军刀舞撩拨醉酒的观众。穆斯林诗人伊本·瓦利德用简短的诗句描写了宫廷众人的心境："生活不就是热爱，不就是沉醉于美酒和美眸之中吗？"[12]

因此，那些一本正经的神职人员在背后说哈伦是"不虔诚穆斯林的首领"，这一称呼改自哈里发的一个传统绰号——虔诚穆斯林的首领（Amir al Muminin）。不过，鉴于哈伦在针对异教徒的圣战中出色表现以及他身为哈菲兹（hafiz）的资历，这一称呼显得有失公允。哈菲兹指的是能够凭记忆全文背诵《古兰经》的人，据说，除了奥斯曼外，哈伦是唯一能做到这点的哈里发。

哈伦最亲密的知己都来自极其富裕的巴尔马克家族，这一家族自身也是慷慨的艺术和科学赞助者。忠实的叶海亚（Yahya）是哈伦的维齐尔和导师，他的父亲哈立德·本·巴尔马克（Khalid al Barmak）是曼苏尔的维齐尔。哈伦和叶海亚联手主导了巴格达东部的发展，后来在这里修建了极为奢华的宫殿。叶海亚的儿子贾法尔（Jafar），哈伦的密友、顾问、第二任维齐尔，仅建一座宫殿就花费了 2000 万迪拉姆，后又花了 2000 万迪拉姆用于宫殿的内部装潢。对外，这座宫殿是给哈伦的儿子马蒙的礼物。后来，这里成了马蒙的官邸，达尔·基拉法特（Dar al Khilafat，意为哈里发的住所）的中心。这一辉煌的哈里发建筑群成为后来几位"虔诚穆斯林的首领"的居所。巴格达起初只是一座建在河西岸的团城，后来在马赫迪及哈伦的带领下，城区在河东岸得到迅速拓展，鲁萨法、沙马思押（Shammasiya）、穆哈里姆（Mukharrim）地区都是以哈里发的宫殿和清真寺为中心，在哈里发赐予新一批宫臣的封地上发展起来的。

803 年，出于至今都无法明确的原因，哈伦突然处决了贾法尔，并将其年迈的父亲叶海亚关进监狱，805 年叶海亚在狱中逝世。令很多巴格达人感到震惊的是，贾法尔的尸身被砍成三大块，每一块都被吊在浮桥的绞刑架上示众，一直挂了两年，尸块都腐烂了。那些从巴尔马克的慷慨赞助中受益最多的诗人用沉痛的诗句悼念他们。

> 巴尔马克离开了，
> 慷慨之星也不再明亮，
> 慈善之手垂下了，
> 赠予之海也渐渐干涸。
> 巴尔马克的子孙们
> 那为向导指引正道的明星啊
> 已经陨落了。[13]

直到这时，伊斯兰帝国还是一个明显的父权制国家。女人只能是母亲、妻子、情妇，没有公开身份。她们只能在私密的家庭范围里活动，今天的伊斯兰世界也是如此。不过，在哈伦

59 治下的巴格达，少数上层女性开始以相对公开的身份露面，有的出现在现实生活中，有的出现在文献记载里，象征性地揭开了这一神秘领域的面纱。

与哈伦同处巴格达社会阶层顶端的是他的妻子兼堂妹祖拜妲（Zubayda）。即便在嫁给这位最有权势的男人前，她也是一个出色的人物。身为曼苏尔的孙女，祖拜妲也拥有皇室血脉，非常富有且在宗教、诗歌和文学领域受到了良好的教育。她之所以出名是因为两个方面：第一，她无人能及的奢华生活；第二，她的慈善和宗教活动。哈伦治下的巴格达是一个崇尚炫耀性消费的地方，而没有人比祖拜妲更爱炫耀了。据说，在一些最为重要的宫廷仪式中，她满身都是珠宝金饰，需要两名侍女扶着才能站直身子。781 年，在与哈伦大婚时，她获赐了"宝石、珠宝、王冠、头饰、金银轿辇、香料、衣物、侍从和侍女"，还获得了一件无价的、缀满一排排大颗红宝石和珍珠的马甲，这是 750 年大马士革陷落的时候从倭马亚家族那里缴来的战利品。婚宴上，他们将第纳尔金币放在银色的碗里、迪拉姆银币放在金色的碗里，连同成袋的麝香和龙涎香、玻璃瓶装的昂贵香水和金线织就的荣誉之袍分给惊叹不已的宾客。"伊斯兰历史上从未出现过可与之相比的场景。"[14] 单从内库支出的婚礼花销就高达 5000 万第纳尔，更何况哈伦自己也支出了很多。

祖拜妲出资修建了一条安全的、长达 900 英里的朝觐之路。这条路以库法为起点，穿越沙漠，途经巴格达南部，直达麦加圣城。所以那些为其华丽的炫富行为感到愤慨的人可能会更加认同祖拜妲的修路之举。这条路后来被称为祖拜妲之路（Darb Zubayda），是一个大型工程项目，除道路之外，还有水井、水库、蓄水池、先进的带有过滤池的大坝，以及 54 座供人休息的大驿站，驿站间隔近 16 英里，也就是一天的路程。疲惫的朝觐者到达麦加之后，便能享受麦加的第一条运河带来的好处；它是由祖拜妲委托修建的，能将泉水输送到禁寺里。1300 年后，这条运河的源头仍叫祖拜妲井（Ain Zubayda）。这一巨大的工程耗资数百万第纳尔，全部出自祖拜妲自己的腰包。数以百万计的穆斯林朝觐者因此对她心存感激。[15]

　　巴格达其他一些女性之所以出名是因为其美貌和标价——这反映了那个时代的浅薄特质。在伊斯兰世界的都城里，万物皆可售卖，其中就包括最有吸引力的女人。马赫迪花 10 万迪拉姆银币买了一个名叫马克努纳（Maknuna）、"胸大臀窄"的女子，成为他的儿子哈伦效仿的对象。他购买另一个名叫巴斯巴斯（Basbas）的女子更是花了令人心痛的 1.7 万第纳尔金币。哈里发虽然是最高统治者，但无法总是事事顺意。哈伦迷上了一位名叫伊南（Inan）的阿拉伯女人，她不仅漂亮，而且受过高等教育、爱卖弄风情。据说，在与擅长写同性恋诗歌的传奇诗人阿布·努瓦斯和诗时，她也能够应对自如。哈伦曾两次试图拿钱买她，但均未成功，第一次失败是因为他不愿意支付 10 万第纳尔，第二次失败是因为有人出了 25 万迪拉姆，出价高于他。像伊南这样身为女性但声名大噪的不止一位。阿里卜（Arib）无疑是后宫中最出色的一位，因为她嗓音甜美，创作了上万首歌曲和诗作，所以绰号"宫廷夜莺"。最初她被爱敏买了去，后成为马蒙后宫的一员。就在马蒙的宫里，她胆大妄为，冒着极大的危险，偷偷和情人在深夜幽会。据说，阿里卜会用琥珀和麝香制成的头油涂抹秀发，后来她的佣人把头油卖了，卖了一大笔钱。就在她年老的时候，还有两位年轻的男子上门问她是否还有欲望。"啊，小子们呐，欲望还在，只是力不从心了"，她回答道。最后，她在萨马拉（Samarra）逝世，时年 90 岁。她这一生迷倒了多位哈里发。[16]

　　阿拔斯人治下的巴格达的一个典型特征是世界性，这也是它得以繁荣发展的根源。这座都城里聚居着阿拉伯人和波斯人、印度人、土耳其人、亚美尼亚人和库尔德人，其中有犹太教徒、基督徒，也有穆斯林。比起包容度，这里更值得吹嘘的是那种受到众人认可的生活方式。在曼苏尔选择建造团城、穆斯林到来之前，犹太教徒和基督徒就已经在这个地区生活很久了，因此他们的根基很稳固。要不是耶路撒冷惨遭破坏，西方基督教的中心甚至都不一定是罗马。正如迪尔梅德·麦卡洛克（Diarmaid MacCulloch）所说，"即便在公元 8 世纪，宏伟的巴格达新城也比罗马更适合做基督教的中心"。[17]

　　在这座城市的建造过程中，基督教扮演了一个重要角色。根据塔巴里的记载，巴格达萨拉特区的一位信奉基督教的医生告诉曼苏尔当地的一个传说，说一个名叫米克拉斯（Miklas）的人会在底格里斯河和萨拉特运河之间建造一座城。曼苏尔大吃一惊："天啊，我就是那个人！小时候，别人都叫我米克拉斯，后来就没人再叫了！"[18] 据传，已经在此的聂斯托利教派修士曾对曼苏尔说，这个地区气候宜人——相对凉爽（当时这样说是情有可原的，毕竟今天的巴格达夏季最高气温已经超过了 50℃）、干燥，而且没有蚊子，所以染上热病和痢疾的致命风险较低，不像在幼发拉底河南端沿岸地区，热病和痢疾肆虐。

　　虽然哈伦自称加齐和哈吉（Ghazi wa Hajji），即圣战者和朝觐者，就像他戴的特制卡兰苏瓦（kalansuwa，一种丝质的锥形高帽）所示，但他对自己的信仰并不狂热。780 年，少年的他首次亮相并对拜占庭发动圣战，战后他与在亚美尼亚边境萨马鲁（Samalu）城堡要塞被俘虏的基督徒一道返回巴格达。被俘的基督徒获准在鲁萨法建立一个基督教社区，并在一个名为罗马之家（Dayr al Rum）的教堂做祷告。久而久之，它逐渐发展成了一个繁荣的基督教中心，并且一直保持到 1258 年，蒙古军队的入侵让这座城市大部分地区沦为一片废墟。根据文献记载，聂斯托利教派和雅各教派在清真寺众多的巴格达争抢空间、建造教堂。

聂斯托利派教徒应当感激阿拔斯王朝。倭马亚人溃败后，叙利亚教会离开大马士革，从众多基督教派中脱颖而出。阿拔斯王朝授予聂斯托利派牧首以正式管辖权，命他管理哈里发辖地（从埃及一直到中亚）的所有基督教会。[19] 哈里发们往往也非常看重基督教医生广为人知的技能。从曼苏尔时期开始，在长达 250 年的时间里，巴赫蒂舒（Bakhtishu）家族的医生一直都在阿拔斯宫廷供职。在叙利亚基督徒中，巴赫蒂舒家族是很重要的一支，他们最初是在波斯的贡德沙普尔（Gundeshapur）学院接受训练。

要想了解巴格达最古老的少数民族的处境，我们还需要再等等，因为直到 12 世纪，关于生活在该城的犹太人的记录才第一次出现。来自图德拉（Tudela，西班牙北部的纳瓦拉）的便雅悯（Benjamin）是一位敢于冒险的旅行家，他曾在 12 世纪 60 年代末到过巴格达，并发现约有 4 万犹太人"在伟大的哈里发的庇佑下，安全、富足、有尊严地"生活在这里。[20] 这些人中，有著名的智者和博学多识的拉比，他们掌管着 10 所传讲犹太教法典《塔木德经》的学院，其中很多人都出身显赫。比如，大拉比撒母耳（Samuel）的祖先据说是摩西。

便雅悯明确记录了他对哈里发的看法。他写道，他是"一个乐善好施的人"，对"犹太人很友善"，有很多犹太侍从。他能说多种语言，"精通犹太律法，读得懂希伯来文，并能用这一神圣的语言书写"。当时的犹太宗主（被流放到巴比伦的犹太人领袖）名叫但以理（Daniel），被授权管理伊斯兰帝国境内所有犹太人，管理范围从美索不达米亚、圣经中提到的希纳尔（苏美尔）、伊朗、呼罗珊、也门、土耳其人的领地、阿兰人的领地（位于格鲁吉亚和高加索地区），到西伯利亚荒无人烟之地以及"撒马尔罕、印度"等。犹太人为他奉上"世界各地的贡品和礼物"。但以理是一个"非常富有的"人，在巴比伦不仅拥有多所济贫院、花园、种植园，还从父亲那里继承了多块土地。

便雅悯到访巴格达的时候，城内有 28 座犹太教会堂，这是阿拔斯王朝治下的巴格达宗教宽容的一个标志。犹太人最重要的宗教场所是一座令人惊叹的建筑，该建筑由多个彩色大理石制成的圆柱支撑，柱身用金、银装饰，并刻有《旧约·诗篇》的章节。巴格达犹太社群的领袖会定期面见哈里发，足见该社群的重要程度。巴格达人往往只能在每年一次的盛大庆典中见到哈里发，而但以理"每隔五日"就会在豪华的仪式中拜见哈里发，不仅有基督教和犹太教的骑士护送，还有号手开道。亲吻哈里发的手后，他会坐在哈里发对面的宝座上，"所有到哈里发宫廷的穆斯林诸王都起身向他致敬"。在授权仪式中，哈里发派遣使者手持"铃鼓和横笛"将他从宫廷一直护送到宅邸。

巴格达的犹太社群对维护穆斯林的统治十分重要，尤其是他们向哈里发及其宫廷上缴了"大量钱财"，这一事实直到 20 世纪都未改变。今天，我们再读便雅悯的游记，便知他的见闻——"该城的犹太人都是学识渊博、财力雄厚的人"——在接下来的 800 年间得到了验证，直到现代，这一局面才被灾难打断。20 世纪后半叶、21 世纪初期，这个古老的、可追溯到公元前6 世纪巴比伦之囚时期的社群惨遭屠杀。

809 年，哈伦逝世还不到两年的时候，巴格达被他的两个儿子——爱敏和马蒙拖入了内战。这场冲突导致大部分城区被破坏，结束了西巴格达作为政治、社会中心的地位，是一场大规模的、爆炸性的暴力事件。以它为始，这座和平之城不断经历着争斗、杀戮，甚至疯狂的残暴行为。

在811—813年的内战中，马蒙围住了巴格达城，并绕城一圈设置了多个攻击器械，用大量石头、投掷物、石脑油、火把攻城。爱敏撤到团城内固守，但是马蒙的进攻异常猛烈，他被迫放弃了曼苏尔所建的永恒宫，不久后又把这座巴格达人引以为傲的宏伟建筑付之一炬。

诗人胡拉伊米（Al Khuraymi）说，巴格达一直都是"人间天堂"，是有华丽宫殿、茂盛花园、美丽琴师的"幸福乐园"，然而现在它变得"像野驴的肚子一样空空荡荡"，变成了一个被战火烧焦的地狱，在战争中死了丈夫的妇人在街上哭号，啃食无头尸体的野狗在街上游走。[21]就连那个常常被形容成明镜、被比喻为垂挂在妇人丰乳之间的一串珍珠项链的底格里斯河，也失去了光彩，变成了一个被血染红的弃尸场，漂满了男人、女人和孩童的尸体。2003年，在美国带头入侵巴格达后，战乱持续了数年，底格里斯河再一次变成了弃尸场。巴格达西南部和南部大片地区被夷为平地。陷入重围的爱敏试图趁乱走水路逃跑，不料却被敌人追上，他被乱刀砍死，头颅也被割了下来。令人沉痛的是，在巴格达漫长动荡的历史中，这种死法很常见。

在杀死兄弟之后，马蒙于813年上位，继任哈里发一直到833年。马蒙20年的执政生涯虽然有一个不好的开端，但他最后为后世留下了辉煌的、阿拔斯家族其他哈里发望尘莫及的文化成就。马蒙通过极其慷慨的捐赠为学术事业奠定了基础，并用格外丰厚的薪酬、前景和名望吸引当时最伟大的一批科学家来到这座世界之城进行最先进的研究。

8世纪晚期，造纸术从中国传到巴格达，这让新一批得到足够资助的抄写者和译者将注意力转向一些复杂的领域，包括

63

罗马法，希腊的医学、数学、哲学、地理学，印度神秘主义，波斯的学术、绘图学、天文学，以及对有一定文学天赋的人来说，伊斯兰教诞生之前的诗歌。马蒙在位时期，巴格达的智慧宫（Bait al Hikma）变成了阿拔斯文化活动的神经中枢，它既是阿拔斯王朝的皇家档案馆，又是学者的研究院、图书馆、智库、翻译局，是一个绝妙的混合体，拥有一批专业的学者、抄写员、钉书匠。到9世纪中叶，它已经成为世界上最大的藏书馆，"从东部的乌兹别克斯坦到西部的西班牙，阿拉伯科学黄金时代的所有成就都萌发于此"。[22]

巴格达的文化气氛影响了整个亚洲。那个时代是新书、图书馆、读书室、书店的时代，是学者和学术的时代。828年，马蒙命人修建了一座天文观测台，为了验证2世纪天文学家、地理学家托勒密在其名著《天文学大成》（*Almagest*）中记录的现象。这是伊斯兰世界第一座天文观测台，其设计和建造无与伦比，是"世界上第一个由国家出资筹建的大型科学工程"。[23]他还出资请人绘制了一幅开拓性的世界地图，纠正了古代世界的一些谬误，比如地中海的范围。托勒密笔下的内陆海变成了开阔的大西洋和印度洋。《地球的面貌》（*Surat al Ardh*）是这一时期的一项地理研究，详细记录了500多座城市的经纬度，用不同的图标对城镇、山脉、河流、海域、岛屿进行了归类，并附上了准确的坐标。

马蒙请班努·穆萨（Banu Musa）三兄弟——分别是杰出的数学家穆罕默德、天文学家艾哈迈德和工程师哈桑——来核实古人所测的地球周长。他们在巴格达西北部辛贾尔（Sinjar）的平原上每隔一段距离固定上短桩，并用线绳连接每个短桩，然后，为了核实得到的数据，他们又用同样的方法测量了库法周边的沙漠。通过测量北极星的高度，他们计算出地球的周长为24000英里，与古代世界的测量结果一致（地球的周长实为 24902 英里）。

　　无论马蒙往哪个方向走，其他人都会跟随。就像曼苏尔、马赫迪、哈伦在位的时候，巴尔马克家族仿照最豪华的哈里发宫殿，建造华丽的宅邸一样；马蒙在位时，一些极为富裕的巴格达人也效法哈里发鼓励学术发现。身为科学家，班努·穆萨三兄弟积极从事学术研究，此外，身为有影响力的赞助者，他们还会资助使团前往拜占庭带回新的手稿，并用极具诱惑力的、与高级官员的薪资不相上下的酬劳聘用学者进行翻译。

　　在智慧宫的一众科研学者中，穆罕默德·本·穆萨·花拉子密（Mohammed ibn Musa al Khwarizmi，850 年逝世）最为出色，他擅长算术和天文，所著的《还原与对消计算概要》（*Al Kitab al Mukhtasar Hisab al Jabr wal Mukabala*）颇具开创性。这本书和这一时期的其他伟大的学术成果一样，都是献给马蒙的。人们铭记他更多是因为"algebra"（代数）一词，它就出自具有里程碑意义的《还原与对消计算概要》，这本书也是中世纪阿拉伯数字传到西方的一个关键媒介。他的另一部价值非凡的著作《印度算术中的加减法》第一次引入了十进位制记数法，"满十进一"，由此打开了通往发明十进制小数的大门。十进制小数后来被用于计算数的幂和根，并将圆周率的小数值精确到 16 位。[24] 今天，那些在尖端金融领域工作的人所熟知的"algorithm"（算法）一词就是从花拉子密的名字衍生出来的①。塔比·本·库拉（Thabit ibn Kura，836—901 年）也是一位伟大的数学家和天文学家，撰写了至少30 本著作，同时他还是一位非常活跃的翻译家，翻译了阿基米德、欧几里得、托勒密、丢番图（Diophantus）、尼可麦丘

――――――――――

　　①　Al Khwarizmi 的拉丁语译名是 Algoritmi，Algorithm 就是从这一译名中派生而来。
　　——译者注

（Nicomachus）的作品。

65　　在聂斯托利派教徒及其皈依伊斯兰教的后裔的带领下，医学领域取得了新的发展。其中最有名的是侯奈因·本·伊斯哈格（Hunayn ibn Ishaq，808—873 年），他先是离开伊拉克南部古老的基督教城市希拉到拜占庭旅居修学，后来被吸引到巴格达。他精通阿拉伯语、波斯语、古叙利亚语、古希腊语，绰号"翻译界的长老"，后来升任智慧宫的首席翻译家。此外，他还是哈里发穆塔瓦基勒（Mutawakil，847—861 年在位）的首席医师。侯奈因起步很早，年仅 17 岁的时候就翻译了 2 世纪希腊医学家盖伦的伟大作品——《论自然能力》（*On the Natural Faculties*）。他翻译过盖伦的很多作品，比如《论动脉和静脉解剖》（*On the Anatomy of Veins and Arteries*）、《论神经解剖》（*On the Anatomy of Nerves*），还翻译了希波克拉底的一些著作。他本人也是一位杰出的科学家，撰写于860 年的《眼科十论》（*Ten Treatises on the Eye*）被认为是"第一部系统的眼科学教科书"，其中收录了人类历史上第一幅人眼解剖图。[25]

　　因为拉齐（Razi，854—935 年），所以巴格达可以称自己拥有中世纪最伟大的医学家。作为一位先驱式的医学家、哲学家和撰写了多卷医书的多产作家，拉齐是医学界的一位伟人。他撰写的《秘典》（*Kitab al Asrar*）将物质分为四大类（动物、植物、矿物及其衍生物），使科学研究抛开炼金术、江湖医术，转向实验科学和逻辑推理，并最终促成了化学物质的科学分类。他认为时间是绝对的、无限的，可以离开运动和物质单独存在，这是非常具有创新意义的，后世一直拿他的时间观和在他之后很久才出现的牛顿理论相比。在一段令人印象深刻的、似乎不幸说中了巴格达悲惨未来的文字中，拉齐表达了对与他持相反宗教观点的保守派穆斯林的轻蔑——

　　一旦这些有信仰的人被追问起能证明其信仰真实性的
证据，他们就会突然发怒，杀掉那些追问的人。他们禁止
理性思辨，竭力杀死反对者。这也是真相完全被隐藏、无
人言说的原因。[26]

　　阿布·优素福·本·伊斯哈格·肯迪（Abu Yusuf Yaqub
al Kindi，800—873 年）是早期阿拔斯王朝治下巴格达的学
术史上一位不可忽略的人物，他是第一位"阿拉伯的哲人"，
也是一位数学家、医学家、音乐家、占星家，还是马蒙的继任
者——哈里发穆阿台绥姆（Mutasim，833—842 年在位）的
儿子的导师。9 世纪，在将希腊哲学引介到伊斯兰世界这项事
业中，巴格达没有一位学者的贡献抵得过肯迪。心胸宽广、出
身也门贵族的他，在宗教上奉行的是与拉齐相似的理性态度，
因此招致了一些保守的圣训学学者的反对，后者因他与基督
徒为伍而鄙视他。肯迪著述繁多，250 部著作涉猎广泛，从影
响深远的《论第一哲学》（*On First Philosophy*）到对阿基米
德、托勒密、欧几里得的研究，再到对希波克拉底医学、玻
璃制造、音乐、密码学、刀剑的研究。今天，人们甚至认为是
他发明了后来的频率分析法，这种方法是通过分析一组或几组
字母出现频率的变化来解密。作为伊斯兰世界第一位音乐理
论家，他为乌德琴加了一根琴弦，对乐符进行了创造性的改
进，甚至还尝试用音乐疗法治愈一个四肢瘫痪的男孩。[27] 10 世
纪的作家、《索引》（*Fihrist*）——一部卷帙浩繁的关于文学、
科学、知识分子精英的概述——的作者伊本·纳迪姆（Ibn al
Nadim）曾说，他是"那个时代的杰出之士，因为熟知古代
科学而成为那个时期独一无二的学者"。[28] 今天，位于巴格达
东北部鲁萨法拉希德街的肯迪教学医院（Al Kindi Teaching

66

Hospital）就是对他的纪念，而拉希德街则是对哈伦·拉希德的永恒纪念。

自然科学的繁荣并未影响文学的发展。阿拉伯人对阿拉伯诗歌的热爱远早于伊斯兰教，伊斯兰教出现以后，这种热爱丝毫未减，并且受到了自哈里发而下的赞助者的慷慨支持。在阿拔斯王朝治下的巴格达，诗歌就像摇滚乐一样，为那些得到上层赏识的人带来了无尽的奖赏。和很多学者、科学家、地理学家、历史学家、商人、律师、奴隶歌女，以及来自帝国各地的野心勃勃的男男女女一样，曾作为配角在《一千零一夜》中出现过几次的离经叛道的诗人阿布·努瓦斯（757—814 年）也在 8 世纪末来到巴格达追名逐利。他的经历有力证明了阿拔斯时代伊斯兰世界的宽容度达到了峰值。倘如在一个不那么宽容的时代，像他这样大胆、耀眼的诗人早就被砍头了。阿布·努瓦斯公然沉迷于禁忌之恋，甚至在一首歌中质疑自己对哈里发爱敏的危险的爱慕之情。他被认为是最伟大的用阿拉伯语写咏酒诗的诗人，放肆、挑逗地写过一首描写醉酒的同性恋者幽会的诗歌——

> 在这个幸运之星高照的夜晚，
> 在酒鬼们彼此纠缠不休的时候
> 我们用罪恶打发时光，向魔鬼俯首，
> 直到黎明的钟声敲响
> 一个少年起身离去，悦目的长袍拖在地上
> 长袍上沾满了我邪恶的印记，
> 他"唉"了一声，眼泪溢了出来
> "你剥去了我留存至今的尊严。"
> 我答道，"狼会猛地扑向小羊；
> 这就是浮沉的命运！" [29]

67

少年时,他曾被一位同性恋诗人瓦利巴·本·图巴布(Waliba ibn Hubab)引诱,据说,第一次幽会,喝了很多酒之后,瓦利巴开始欣赏他的裸体并亲吻他的臀部,努瓦斯粗鲁地朝他脸上放了个屁,瓦利巴当即咒诅了他,努瓦斯不为所动。他写道:"对一个亲他人屁股的人而言,除了屁,他还能得到什么奖赏呢!"作为当时最出名的诗人之一——无疑也是最具争议的,阿布·努瓦斯今天为人熟知的是底格里斯河东岸以其名字命名的两旁有树的河滨大道,还有一座1972年由伊拉克雕塑家伊斯梅尔·法塔赫·图尔克(Ismail Fattah al Turk)创作的手握其标志性酒杯的铜像。2015年,铜像被毁,酒杯也被拿掉,当今的伊拉克处于一个比从前更为保守的时期。[30]

阿拔斯的诗人们开发了一座储藏丰富的爱情诗矿,这些爱情诗大多表达的是悲恸的、没得到满足的情绪,还有一些诗是对人的境况的沉思,或是对葡萄美酒,甚至有时候,对骄奢淫逸的狂欢的尽情赞美。阿布·阿塔希亚(Abu al Atahiya,748—825年)原本是一个出身极其贫贱的卖陶人,后来成为阿拔斯时代最出类拔萃的诗人之一。他遭受了鞭打、牢狱、流放,总是因为高调的行为和对皇室女奴乌特巴(Utba)的追求不断陷入困境。在又一次因为骚扰那位女奴被鞭打后,他宣称要彻底放弃诗歌。哈里发马赫迪命人将他关进监狱,让他眼睁睁地看着一个男子被砍首。哈里发告诉这位诗人:"要么选择继续写诗,要么选择效法那个男人。"[31]阿布·阿塔希亚再次提起笔,在接下来四位哈里发统治时期都没有丢掉自己的脑袋。巴沙尔·本·布尔德(Bashar ibn Burd,784年去世),是阿拔斯时代最著名的三位诗人中的最后一位,也有着从贫贱变成富贵的经历,这种经历说明了那个时代的社会流动性和地域流动性,不过他这一生却没能有一个好的结局。巴沙尔放荡不羁，招致一些人的厌恶，有人提醒他不要再写爱情诗，他充耳不闻。根据塔巴里的记载，巴沙尔冒犯了马赫迪的一位大臣，这位大臣为了报仇设计陷害了他。他将几首诗拿给哈里发，这些诗指责马赫迪与他的姑母发生不正当关系，叫嚣着要推翻马赫迪，将他的儿子穆萨（Musa）"塞回哈伊祖兰（Khaizuran）的肚子里"——这里说的是哈里发的美妻。[32] 巴沙尔还没来得及辩解就被处决了，成为致命的宫廷阴谋的受害者。

在阿拔斯时代，诗人是名流，能够获得与其地位相称的财富；散文写作还在初创期，但如果散文写得好，一样能够博得哈里发的关注。在这个领域，或许没有人比多产博识的贾希兹（Jahiz，"凸眼"，776—868 年）更风趣、更渊博。贾希兹出生于巴士拉一个并不富裕的家庭，和当时很多杰出人士一样，他也是在 9 世纪初迁来巴格达的，为的是在伊斯兰帝国最宏伟的城市里施展才华。他"大概是阿拉伯文学中最伟大的散文大师"，是一位"天赋异禀"的作家。[33] 作为一名笔耕不辍的学者，他写了 231 篇文章，令人惊叹。其中，最出名的是《动物志》（*Kitab al Hayawan*），一共 7 卷，大量引用了亚里士多德的作品。并且，有学者认为，《动物志》中包含物竞天择理论的核心内容，这比达尔文的生物进化论早了近一千年。[34] 他是一个杂文大师，写作主题的广泛性表现了当时知识分子的精神追求，漫无边际，无所畏惧。他论述的主题有：黑人相较于白人的优越性、信鸽比赛、伊斯兰教神学、吝啬、亚里士多德对鱼的看法、女性是否应该在性生活过程中发出愉悦的声音。就像今天很多出版商争相为最有名的作者提供巨额的预付金一样，维齐尔、总教法官和巴格达社会的精英们也争先恐后地给他大笔资助，为了让自己的名字出现在其作品的题献页上。[35]

和那个时代最著名的诗人一样，一流的歌手和音乐家也是名流，有的还超乎寻常的富有。易卜拉欣·穆苏里（Ibrahim al

Mosuli）是一个放浪形骸、酷爱饮酒的音乐家。他原本是一个穷困的旅者，后来和他的儿子伊斯哈格变成了影响巴格达文化圈的主要人物。易卜拉欣也许是历史上第一位管弦乐指挥，他的奢靡程度几乎赶上哈里发。伊斯哈格回忆，直至去世，父亲一共花了 2400 万迪拉姆，这还不包括他每月 1 万迪拉姆的薪酬。这些钱大多花在了招待朋友和粉丝上，宴会全靠无限量的美酒助兴。500 年后，权威历史学家伊本·赫勒敦（Ibn Khaldun）写道："对巴格达美妙音乐会的记忆一直延续至今。"马赫迪、哈伦、爱敏、马蒙掌权的时期是"古阿拉伯音乐文化的顶峰"。[36]

835 年，巴格达遭受屈辱的一击。新任哈里发穆阿台绥姆突然迁都，沿着底格里斯河往北迁了 100 英里，在萨马拉建了一座新的都城。穆阿台绥姆及之后的七位哈里发都是在这座新都而非巴格达施行统治的，直到 892 年。

对很多巴格达人而言，城市地位的下降不是一种羞辱，而是一个让人得以喘息的祝福。穆阿台绥姆一直都在招募古拉姆（ghulams），即一种忠于个人的武装力量，由来自中亚草原的土耳其奴隶组成。巴格达人对这些成群结队的中亚入侵者越来越不满，后者骑着马穿过街头巷尾，任何阻挡其道路的人都会被撞倒。尽管不会说阿拉伯语，这些古拉姆还是在宫廷获得了肥差。街道和兵营里都爆发了冲突，还有一些人丢了性命。让当地人心生嫉恨的原因还不止这些。年轻古拉姆的天赋不只体现在战场，他们有各种各样的方式博得阿拔斯王朝宫臣的欢心。"同一个男孩既可以做奴隶、护卫，也可以做主人的床伴和灵感源泉。"[37]

从巴格达突然迁都到萨马拉就是对这种紧张的社会局势的回应。新都提供了大面积的土地，可以安置这些躁动的军队。从短期来看，离开曼苏尔所建的高贵之城是说得通的。然而，随着时间流逝，马蒙之后的哈里发们看到自己的权力逐渐被突厥军队指挥官蚕食，而这些人原本是应该保护他们的。和阿尤布王朝（Ayyubid Sultanate）的马穆鲁克和奥斯曼帝国的苏丹亲兵（Janissaries）一样（只不过古拉姆出现的时间早于马穆鲁克和苏丹亲兵），古拉姆逐渐得势，直到最后取代哈里发，成为权力的实际掌控者。阿拔斯王朝的领袖最终成为被困在皇宫里的囚徒。

巴格达的治理者不再是哈里发，而是接二连三上任的总督，政治地位和名望迅速下降。更糟糕的是，865年，在爱敏和马蒙那骇人的夺城内战结束仅半个世纪后，巴格达再一次受到攻击。萨马拉发生兵变，哈里发穆斯塔因（Mustain，862—866年在位）逃亡巴格达，他的宫臣即刻宣誓效忠他的堂弟、哈里发穆塔瓦基勒的儿子穆塔兹（Mutazz）。

总督塔希尔（Tahir）命人毁坏了桥梁，使安巴尔地区的运河决堤，以阻止突厥人从西北方向发起攻击，这是其守城策略的一部分，而这一短视的决定带来了长期的影响，它破坏了对巴格达和伊拉克的繁荣发展至关重要的灌溉基础设施。面对沙马思押门（Shammasiya Gate）外那支12000人的突厥职业军队，巴格达的守城人陷入困境。塔希尔下发了一纸特殊的征兵令，他孤注一掷，甚至强征从呼罗珊出发心无旁骛地前往麦加朝觐的人入伍，并与其他流浪的、无家可归的人组成一支非正规军队，他们用带铁钉的木棒做武器，用涂有焦油的垫子做盾牌。起初，巴格达守城人对突厥人的营帐发起猛攻并获得了胜利。他们把很多攻击者赶进底格里斯河，再由守在船上的同僚砍杀。据塔巴里记载，船上被砍下的头颅堆积如山，这些头颅被悬挂在桥上和总督官邸的墙上示众。这一战，共有2000名攻击者被杀。

秋季，突厥攻击者终于摧毁了西岸安巴尔门（Anbar Gate）的防御工事，他们一路烧杀，哈尔比亚（Harbiya）区遭受巨大的破坏。围困消磨了人的斗志,饥饿、疲惫的巴格达人走上街头对总督发起抗议,城内爆发动乱,聚集的人群打破了总督官邸的大门。哈里发穆斯塔因身披先知穆罕默德的黑色斗篷出现在宫殿的屋顶上,挥舞着长矛,向民众保证一切尽在他的掌控之中。866年初,塔希尔背叛穆斯塔因,拥立穆塔兹为哈里发。穆斯塔因被流放到希贾兹,但很快在半路上被截杀,首级被人送到了其堂弟穆塔兹的面前。"放那儿就行",哈里发命令道。他正在下棋,不希望被人打扰。[38]

久而久之,那些哈里发们,身在萨马拉这座好战好斗的新都,肯定会担忧自己的人身安全。在这座特建城市的57年中,每任哈里发的下场都很悲惨,虽然程度有别。处决的方式五花八门,有像蒙塔塞尔(Al Muntasir,862年去世)那样被浸有毒药的小刀刺伤后流血身亡的;有像穆斯塔因(866年去世)那样被砍首的;有像穆塔兹(869年去世)那样被困在无水和食物的牢里,最后渴死的;最悲惨的是穆赫塔迪(Al Muhtadi,870年去世),睾丸被击碎后身亡。892年,哈里发穆塔迪德(Mutadid,892—902年在位)决意要逃离如此惨痛的下场,于是迁回巴格达。自此以后,巴格达一直是伊斯兰帝国的都城,直到350年后阿拔斯王朝覆灭。

9世纪黄金时代结束后,身在巴格达的哈里发们的兴趣发生了变化,穆塔迪德就是一个典型代表。作为一位令人印象深刻的宫殿建造者,他全身心投入到艰巨的重建工程中,力图修复在865年围剿中被损毁的建筑。他住在底格里斯河西岸扩建后的达尔·基拉法特宫殿群中,设计了多座新的花园,新建了天堂宫(Qasr al Firdus),内有巨大的野生动物园;舒拉亚宫(Qasr al Thuraya)与哈萨尼宫殿(Hasani Palace)之间有长达两英里的地下密道,皇室女眷可暗中往返于两座宫殿;塔杰宫(Qasr al Taj),后来这里成为阿拔斯哈里发们的主要居所,成了一座镀金的笼子。

马蒙在位时期是振奋人心的全盛时期，此后阿拔斯哈里发们的大权逐渐旁落。即便将都城从萨马拉迁往巴格达，也没有终止衰退的进程，他们从世界上最有权力的君主沦为实质上被囚禁在皇宫里的富裕的木偶统治者。不过，巴格达在一段时间里仍旧是一座令人瞩目的城市。917年，拜占庭的女皇佐伊（Zoe）派外交使团来访，大使约翰·拉迪诺斯（John Radinos）和米海尔·托卡拉斯（Michael Toxaras）与哈里发穆克塔迪（Al Muktadi，908—932年在位）在巴格达议和，却被精心安排的彰显帝国实力与宏伟的场面震慑住了：前往哈里发宫殿群（他们受邀参观了其中23座宫殿）的路两旁有16万骑兵和步兵；宫里有7000名宦官，4000名黑人侍从；有最好的纺织品（仅其中一座宫殿就有38000个窗帘和22000张地毯）；有驮着喷火器的象群；有100只戴着嘴套的狮子（每只狮子旁边站着饲养员）；有用金银打造的重达1.5吨的树，树上有用同样贵重的金属制作的会叫的鸟。

到此时为止，一切都是灿烂辉煌的。然而，到了9世纪最后十年，面对日益强大的埃及图伦王朝（the Tulunids）、中亚萨曼王朝（Samanid Dynasty）和波斯的叛军政权，巴格达哈里发的辖地逐渐缩小到伊拉克、西波斯、阿拉伯半岛部分地区及半岛周边区域。10世纪，巴格达对伊斯兰帝国的统治权一点点被蚕食，一同被削弱的还有来之不易的文化主导权。909年，一个敌对的什叶派哈里发政权在突尼斯建立，即法蒂玛王朝。其他东部城市也决定要大显身手，建立了自己的高尚宫廷，聚集了一批杰出人士。伊斯兰地区接连出现了一系列与众不同的城市：撒马尔罕、巴尔赫、希瓦、大不里士、伊斯法罕、设拉子、摩苏尔、阿勒颇、开罗、加兹尼。

9世纪的巴格达像流星一样划过天际，用许多改变世界的发现照亮了地球。马苏第说，9 世纪下半叶，这道光在主张宗教强硬路线的哈里发穆塔瓦基勒掌权时开始暗淡。他终结了在很大程度上依赖哈里发赞助的、自由发展的思想文化。"穆塔瓦基勒禁止自由思想、哲学辩论以及穆阿台绥姆、瓦提克（Wathik）、马蒙在位时期占据着人的头脑的一切，"马苏第写道，"他重新确立了正统观念，确立了对传统宗教价值观的服从。"不过，这种绝对的虔诚未能阻止他拥有 4000 佳丽的后宫。据说，他与后宫的每一个女人都发生过关系。[39]

1184 年，安达卢西亚地理学家、诗人伊本·朱巴伊尔来到巴格达，他对这座曾经宏伟的伊斯兰城市极度失望。他写道："与先前没被灾难击中、没被厄运盯上的巴格达相比，现在的巴格达城像一座被淡忘的废墟，一个被洗劫一空的残骸，一座魔鬼之城。"[40] 而这样的"灾难"与 1258 年旭烈兀及 1401 年帖木儿毁灭性的入侵相比不值一提，这两次进攻使巴格达再也无法自称为世界一流城市。

我的朋友马纳夫（Manaf），巴格达人，是一位退休的外交官。他告诉我："阿拔斯时代中后期，多位哈里发和他们的家人都埋葬在这里。"2005 年，伊拉克全境爆发了严重的叛乱，逊尼派和什叶派的敢死队偷偷潜入巴格达。我和马纳夫在游览历史遗迹的时候，在巴格达东北部逊尼派的核心区域阿达米亚（Adhamiya），见识了被汽车堵得死死的道路。与坐落在底格里斯河对岸、几乎隔岸相对的什叶派圣地——卡齐迈因清真寺（Kadhimain Shrine）不同，阿布·哈尼法清真寺（Abu Hanifa Mosque）是一座简约的斯巴达式建筑，坐落在一堵有红色涂鸦（"巴格达，再忍一忍，再忍一忍，入侵者会被赶走的"）的墙后。它是供奉阿布·哈尼法伊玛目（Imam Abu Hanifa）的圣所。哈尼法创立了四大正统教法学派中最大的

72

哈乃斐教法学派，被整个伊斯兰地区奉为圣人。"你应该看看先知诞辰时的阿布·哈尼法清真寺是什么样，"马纳夫说，"它是伊斯兰世界所有逊尼派穆斯林的焦点，在这里举办的庆祝先知诞辰的活动是阿达米亚区最盛大的活动之一。哈伦·拉希德的母亲哈伊祖兰就葬在附近，所以它后来也被视为哈伊祖兰的墓地。供奉穆斯台绥木（Mustasim）儿媳乌姆·拉比耶（Um Rabia）的圣殿就在其中一条街上。穆斯台绥木是阿拔斯王朝最后一任哈里发，1258 年被入侵的蒙古铁骑屠杀。"

有那么一瞬间我幻想自己会在无意中发现那些最伟大的阿拔斯哈里发的坟墓，不过马纳夫很快打破了我的幻想。他轻声地说："在经历了多次洪涝灾害以及巴格达极具破坏性的黑暗时期后，那些哈里发的坟墓都已经不存在了。"

这座城市在曼苏尔掌权时期曾是伊斯兰帝国的重要都城，而它未来却要经受诸多磨难。10 世纪之交，在巴格达的运势已经明显下滑的时候，伊斯兰世界最西端的一座城市却将留下自己的印记。这座城市正是由阿拔斯人的死敌倭马亚人建立的，这也算是历史的一个小小讽刺吧。当初，倭马亚人在大马士革被阿拔斯人彻底击溃，而今他们东山再起，于 929 年在安达卢斯建立了一个与之对立的哈里发政权，并将都城设在科尔多瓦。

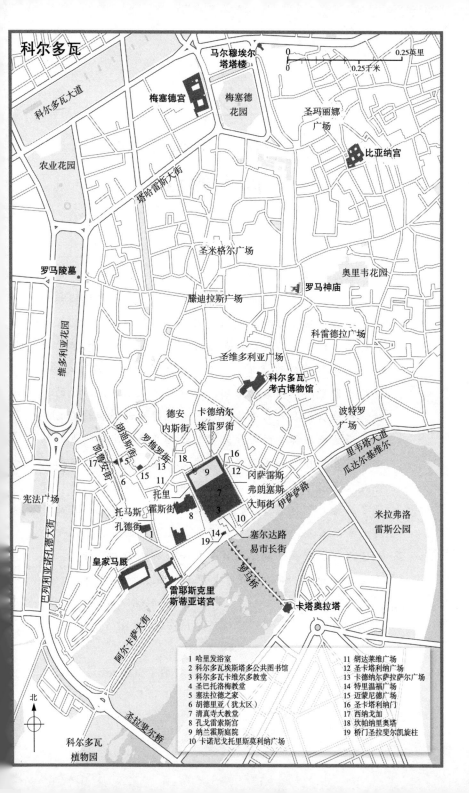

科尔多瓦

马尔穆埃尔塔塔楼

科尔多瓦大道

梅塞德宫

梅塞德花园

圣玛丽娜广场

比亚纳宫

农业花园

塔哈雷斯大街

罗马陵墓

圣米格尔广场

奥里韦花园

维多利亚花园

朦迪拉斯广场

罗马神庙

科雷德拉广场

圣维多利亚广场

科尔多瓦考古博物馆

波特罗广场

德安内斯街

卡德纳尔埃雷罗街

罗梅罗街

17 5
胡庙斯街
凯鲁安街
13
15   18
6   11
托里
霍斯街
1

宪法广场

巴列利亚诺孔德天街

托马斯孔德街

皇家马厩

阿尔卡萨大街

16
9   12
冈萨雷斯弗朗塞斯大师街
7
3
8
10
14
19
塞尔达路易市长街

里韦塔大道
瓜达尔基维尔

伊萨萨路

米拉弗洛雷斯公园

罗马桥

卡塔奥拉塔

雷耶斯克里斯蒂亚诺宫

圣拉斐尔桥

科尔多瓦植物园

北

1 哈里发浴室
2 科尔多瓦埃斯塔多公共图书馆
3 科尔多瓦卡维尔多教堂
4 圣巴托洛梅教堂
5 塞法拉之家
6 胡德里亚（犹太区）
7 清真寺大教堂
8 孔戈雷索斯宫
9 纳兰霍庭院
10 卡诺尼戈托里斯莫利纳广场

11 胡达莱维广场
12 圣卡塔利纳广场
13 卡德纳尔萨拉萨尔广场
14 特里温福广场
15 迈蒙尼德广场
16 圣卡塔利纳门
17 西纳戈加
18 坎帕纳里奥奥塔
19 桥门圣拉斐尔凯旋柱

4
10 世纪：科尔多瓦
——世界的点缀

　　自从安达卢斯岛被征服以后，科尔多瓦就一直是海拔最高、最偏远的一座都城。它：是样板，是其他城镇的母本；是一切美好和虔诚的所在；是智慧的故土，它在这里发端，也在这里终结；是这片土地的中心，是科学的源泉，是伊斯兰教的穹顶，是伊玛目的坐席；是理性之乡，是结出累累思想硕果的果园，是世界的花园，是时代的旗帜；是诗歌和散文的先锋。这里有纯粹的创作和精美的汇编。而这一切都是因为目光所及之处尽是以不同门类的知识和教养为目标的寻求者和思索者。这也是其市民从始至终与众不同的原因所在。这个国家的人有从东方而来、征服了此地的阿拉伯贵族，有来自叙利亚和伊拉克、在此定居的军队首领，所以他们的后裔仍是各区的贵族。几乎所有城市都会有一位娴熟的作家，一个有感染力的诗人，只要他动笔赞颂，哪怕只是寥寥数语，也会很美妙。[1]

——佚名《辉煌的宝藏》

（*Al Dhakhira al Saniyya*）①

神父曼努埃尔·冈萨雷斯·穆纳纳（Manuel González

---

① 这是一本史料，主要记载了马林王朝的历史，还记录了一些伊斯兰地区（如埃及、叙利亚、安达卢斯）的历史，作者不详。——译者注

Muñana）笑了笑，解释说"海岸边没有摩尔人啦！"（No hay Moros en la costa!）是一句古老的西班牙谚语，与英语中的"the coast is clear"（危险已过）意思相同，只不过这句西班牙谚语明确了敌人。曼努埃尔是作家、教授，也是无玷始胎圣母和圣艾伯特教堂（the Immaculate Conception and St Albert the Great）的神父，他一直在谈论由当地穆斯林发起的、以在科尔多瓦8世纪的清真寺大教堂（Mezquita-Catedral）礼拜为诉求的运动。这位神父身材偏瘦，身穿黑色丹奇夹克，戴着眼镜和罗马领。他举止温文尔雅，意志坚定。他站在一个拱门下方，面朝风景优美的柑橘园——远远望去，棕榈树、柏树、柑橘树和灌溉渠在阳光下熠熠生辉——背后是直插天际、由尖塔改建而成的钟楼，那自信的站姿宣示着天主教的所有权和至高无上权。神父曼努埃尔明确表示，如果由他来决定，那么海岸上不仅没有摩尔人，那座有名的由清真寺改建的大教堂里也永远不会有做礼拜的穆斯林。"那是基督徒祈祷的地方"，他斩钉截铁地说道。

在城市另一端的咖啡店里，科尔多瓦本地的伊玛目阿卜杜拉齐兹（Abdulaziz）喝着卡布奇诺。聊起同样的话题，他耸耸肩，疲惫地笑了笑道："Con la iglesia hemos topado。"这是另一句有名的谚语，意思是"我们撞上了教堂"。"收复失地运动"（Reconquista）势在必行。

科尔多瓦蜿蜒悠闲的犹太区中心坐落着一座小小的博物馆／图书馆，不远处还有12世纪犹太哲学家、医生迈蒙尼德（Maimonides）的雕像，1984年，这里被联合国教科文组织认定为世界文化遗产地。塞法拉德之家（Casa de Sefarad）最早可追溯到14世纪，用于保护伊比利亚半岛西班牙系犹太人的传统。不过，鉴于科尔多瓦各宗教之间的关系以及反犹太运动——该博物馆墙上满是憎恨的涂鸦，安达卢斯的和睦相处也不过如此——博物馆馆长甚至不愿明言自己是否是犹太人。
他说："有些事情我是从来不跟陌生人讨论的。"[2]

坐落于瓜达尔基维尔山谷（Guadalquivir Valley）的科尔多瓦是一座古老的城市，与巴格达不同，它历史悠久，最早可以追溯到两千多年前的迦太基时期。裹挟着褐色泥沙的瓜达尔基维尔河也发源于瓜达尔基维尔山谷。[①] 公元前 3 世纪初期，科尔多瓦被罗马人征服，成为罗马帝国最南部、位于伊比利亚半岛的行省——倍提卡西班牙行省（Hispania Baetica）的首府。科尔多瓦是一个港口城市，西班牙的小麦、葡萄酒、橄榄油就是在此装船运往罗马。571 年，西哥特王国国王莱奥维希尔多（Leovigild）发动战争，从拜占庭的手中夺走了科尔多瓦，并在这里建立了一个主教辖区，提升了这座城市的声望和重要性。在北面以畜牧业为主的莫雷纳山（Sierra Morena）山麓和南面肥沃的耕地之间，自古以来就是富饶的农业中心，711 年，穆斯林军队占领这块土地，短短几年里，科尔多瓦——穆斯林征服者称之为库尔图巴（Al Qurtuba）——变成了安达卢斯的首府。

750 年，倭马亚家族在大马士革被阿拔斯人屠杀，哈里发希沙姆的孙子、永不言弃的阿卜杜·拉赫曼是皇室唯一的幸存者。前文提及阿卜杜·拉赫曼的时候，他还在逃离大马士革。为躲避阿拔斯杀手的追杀，他踏上了危险的旅途，一路向西，先是从伊拉克出发到达巴勒斯坦境内，然后又到了西奈半岛，进入埃及境内，接着他又穿过北非，到达今天的摩洛哥。在五年颠沛流离的逃亡生活中，他不断与间谍、告密者和试图刺杀他的人斗争，终于在 755 年登陆伊比利亚半岛，并迅速于 756 年建立了一个新的王朝、新的伊斯兰国家——科尔多瓦埃米尔

---

① 瓜达尔基维尔一词源自阿拉伯语的 Wadi al Kabir，意为"大山谷谷底"。

国。这个国家延续了三个世纪。8世纪，西班牙北部信仰基督教的多个公国往南扩张，以至于10世纪科尔多瓦伊斯兰政权将莱昂、卡斯蒂利亚、纳瓦拉、阿拉贡、巴塞罗那列为在伊比利亚半岛圣战的对象。

8世纪征战不断，社会文明得不到发展，令生活舒适的东西也不多，不过到了9世纪，倭马亚人的生活变得更愉快了一些。 阿卜杜·拉赫曼二世（Abd al Rahman Ⅱ，822—852年在位）效法巴格达的精致，从那里进口了最精美的挂毯和地毯，建造了装饰豪华的宫殿和清真寺，引入了更奢华的宫廷仪式和华丽的装束。经历了中东地区严酷的自然条件，生活在酷热沙漠里的骑兵曾经高举伊斯兰教的旗帜一路向西，而他们的后代却被安达卢西亚温和的气候驯服，以至于"很快就变得耽于肉欲、养尊处优，沉溺于美酒、歌女、舞女，以及所有令加的斯及当地女性闻名于罗马帝国的娱乐活动"。[3]

912年，年仅21岁的阿卜杜·拉赫曼三世（Abd al Rahman Ⅲ）即位。尽管从名字看，他是典型的阿拉伯人，但他却不是纯正的阿拉伯血统，而是多国混血。他的祖父是埃米尔阿卜杜拉（Amir Abdullah），祖母是伊尼加（Iñiga）。伊尼加是纳瓦拉国王的女儿，一位信奉基督教的公主，9世纪60年代的时候被当作人质送到了科尔多瓦。他的父亲是穆罕默德，母亲是信奉基督教的穆兹纳（Muzna），曾为女奴，后来成了穆罕默德的妾室。所以，拉赫曼有四分之三的西班牙巴斯克血统，四分之一的阿拉伯血统。他的头发是金色的，眼睛是蓝色的，体格和科尔多瓦的大多数倭马亚人一样，并不像传统的穆斯林领导者，所以他曾尝试将头发染成黑色来解决外观问题，让自己变得更像阿拉伯人。[4]

学者爱从倭马亚人的混和血统（他们的父亲是阿拉伯穆斯林，母亲多是基督徒）出发，探寻他们在统治西班牙三个世

78 纪里奉行文化世界主义的基因基础。自阿卜杜·阿齐兹（Abd al Aziz）——穆萨·本·努赛尔（Musa ibn Nusayr）的儿子、8 世纪的征服者、第一个将伊斯兰教带入伊比利亚半岛的人——掌权以来，大量信奉基督教的女性俘虏和奴隶成为倭马亚人的女眷。倭马亚的男人与柏柏尔人、伊比利亚人、西哥特人结合，如此一来，几个世纪后，皇室的阿拉伯血统已经微乎其微，大多数人是蓝色的眼睛，金色或姜黄色的头发。这些未来的统治者孩提时代接触的是基督教仪式，听的是来自卡斯蒂利亚、莱昂、加泰罗尼亚、法兰克的故事和歌谣，生活的建筑里既有母亲所属文化传统的印记，又有父亲所属文化传统的印记。[5]

尽管在几任聪慧的倭马亚埃米尔的领导下，科尔多瓦繁荣发展，但直到 10 世纪它才进入令人惊叹的黄金时代，变成了甘德斯海姆修道院赫罗斯维塔修女（Hrotsvitha of Gandersheim，日耳曼人，930—1002 年）口中的世界的点缀（decus orbis）。[6] 这个时期科尔多瓦经历了前所未有的和平、繁荣、稳定，这些是其文化鼎盛的基础，而这一切都归功于阿卜杜·拉赫曼三世，一个出类拔萃的人物。他于 912 年即位，执政一直到 961 年。在这漫长的统治生涯里，他向世人证明了自己既不是一个能力卓越的军事领袖，也不是一位魅力超凡的宗教领袖，而是一个精明的、坚忍不拔的政治家。他一步一步地扩大科尔多瓦的势力范围，起初仅限于科尔多瓦周边地区，后来他对安达卢斯拥有了无可争辩的主权，并成为所有穆斯林社群的领袖和基督徒的灾星。这种权力宣示和积累的基础是他成功地将一群无组织、无纪律的"靠每年一次的远征掠夺所得过活的战团"打造成了一支组织严密的军队。[7]

半岛上不和的公国、地方领主和想称王的人比比皆是，面对他们，阿卜杜·拉赫曼果断行使权力，开展了一系列有针对性的残酷行动，行动目标有塞维利亚（Seville）、巴达霍斯（Badajoz）、托雷多（Toledo）这样的大城镇，也有在半山腰上的孤堡。他采取了"胡萝卜加大棒"的经典策略：对那些负隅顽抗的，他选择围困、封锁，在某些情况下，他还会发动经济战，毁掉他们的果树和农田；不过，那些屈从的，比如塞维利亚的统治者穆罕默德·本·易卜拉欣·哈贾杰（Mohammed ibn Ibrahim ibn al Hajjaj），伯巴斯特罗（Bobastro）的领主、阿卜杜·拉赫曼的宿敌哈夫斯·本·哈夫松（Hafs ibn Hafsun），则有望在科尔多瓦获任宫廷官职或军职，薪酬丰厚。他以慷慨大方为武器，换取对手的臣服，他会把最精美的、图案繁复的布料制成漂亮的长袍，当作礼物送给那些放下武器、向他屈膝的人。

阿卜杜·拉赫曼身先士卒，在 917 年、920 年、924 年、934 年、939 年发动的对北方异教徒的圣战中，他都亲自带队。在战略传播这个术语出现以前，他就能够灵活运用它了。作为倭马亚家族第一个聘用史官的统治者，他命艾哈迈德·本·穆罕默德·拉齐（Ahmed ibn Mohammed al Razi，955 年逝世）在主麻日聚礼上在清真寺宣布他得胜的消息。遗憾的是，艾哈迈德·本·穆罕默德·拉齐的原本未能留存下来。尽职的诗人和作家会迅速写下歌颂他勇猛和虔诚的颂词和简讯，他们把他描绘成勇敢的、正直的、高尚的战士，一个不辞辛劳地复兴伊斯兰教的人、正统教法的捍卫者，一个用手中的剑给异教徒带去灾难的人，诸如此类的尊称还有更多。更有说服力、肉眼可见的胜利确证是那一堆堆运回科尔多瓦的敌人首级，它们有的被堆在阿尔卡萨城堡（Alcázar）的苏达门（Bab al Sudda）外示众，有的被拉着在集市上游行。那些没被处决的俘虏会被送回科尔多瓦，然后在皇室宫殿和瓜达尔基维尔河中间的平坦

79

空地上被公开处决，以稳定民心。

听闻 925 年，一个名叫阿布·纳斯尔（Abu Nasr）的弓箭手，基督徒、叛军欧麦尔·本·哈夫松（Omar ibn Hafsun）的追随者，曾以极度痛苦的方式被处决。他先是被活活钉在十字架上，然后由其他弓箭手朝他齐发数箭，死后他的尸体还被烧掉。939 年，在惨烈的壕沟战中，叛徒福尔通·本·穆罕默德（Furtun ibn Mohammed）先是被拔掉了舌头，然后又被钉在了十字架上。11 世纪，没有后顾之忧的安达卢西亚博学家伊本·哈兹姆（Ibn Hazm）评价说，阿卜杜·拉赫曼是一个残忍的统治者，他从来不会因为杀人而有负担，即便杀的是自己的儿子（他曾处决自己的儿子）。伊本·哈兹姆一生写过 400 多种作品，所涉题材广泛，既有伊斯兰教法，也有爱情的艺术。还有一则故事称拉赫曼曾命人把一些倒霉的混血青年绑在一个宫殿的水车上，直到他们死去。他的行刑官阿布·伊姆兰·叶海亚（Abu Imran Yahya）是最忙碌的官员之一，总是带着剑和皮垫跟在拉赫曼的左右，听候他差遣。[8]

929 年 1 月 16 日，阿卜杜·拉赫曼行动了。这是一个非常大胆的决定，他一举丢弃了埃米尔的头衔，放弃了对远在巴格达的阿拔斯政权名义上的臣服，自立为哈里发。他的别号是纳西尔·利丁·安拉（Al Nasir li Din Allah），意为"保卫安拉宗教的人"。根据 14 世纪历史学家伊本·海推布（Ibn al Khatib）和伊本·伊德哈里（Ibn Idhari）的记录，各省总督曾收到信件，信里宣布了阿卜杜·拉赫曼自立哈里发的消息，并写明了应该如何称呼他——

　　我们完全配得行使我们的权利，也最有资格充分利用我们的好运气，穿戴至高真主赐予我们的衣裳，因为真主给予我们恩惠，使我们有名望、居高位；因为真主赐我们能力去争取，让我们、让我们的国家可以轻而易举地达成目标；他让我们的名字响彻各地，让各地都因我们的权势而欢欣鼓舞……我们已经决定称其为"信士们的长官"，从我们这里发出的信件、寄到我们这里的信件都使用同样的格式……所以，下令给你那里的海推布（Khatib）①，在念呼图白（khutba）的时候要用这个称呼，在给我们的信件中，称呼也要做相应的改动。9

新铸造的金币上有新任哈里发、"信士们的长官"、伊玛目纳西尔·利丁·安拉·阿卜杜·拉赫曼的画像。在地中海的另一边、北非的海岸上，新兴的法蒂玛王朝，一个于909年建立的什叶派哈里发政权，面对伊比利亚的新政权不为所动。有人在一封充满蔑视的信件中质疑："他们的祖先是谁？是狗，是猩猩，还是猪呢？怕是他们的祖先连猪狗、猩猩都不如吧？"10 这是伊斯兰世界第一次出现三个彼此敌对的哈里发政权，其中两个是正统教派，另外一个是什叶派。

939年，在科尔多瓦哈里发国建立十周年之际，阿卜杜·拉赫曼第一次战败。在沟壑之战中，领军的他差一点被莱昂国王拉米罗二世（Ramiro II）领导的基督教军队捕杀。他的营帐被毁，旗帜被夺，连盔甲和《古兰经》都被抢去。能够侥幸逃生简直是一个奇迹。经历了这样大的冲击后，阿卜杜·拉赫曼尼再未在战场上率兵打仗，不管是对异教徒的征战还是其他征战。

对科尔多瓦及其子民而言，这是一个极为有益的决定。不再率军亲征，科尔多瓦的第一任哈里发又将精力放到建造足够

---

① 海推布是伊斯兰教的教职称谓，意为"宣讲教义者""宗教演说家"，指的是宣讲教义、教法的人，或主麻日聚礼在清真寺讲坛上念呼图白的人。——译者注

华美的建筑上，为自己一手创建的哈里发国奠定发展基础。一
首献给伊斯兰世界这位新上任的哈里发的诗歌是这样写的——

> 那些想让子孙后代谈论自己宏伟目标的君主
> 会让建筑来述说。
> 看那金字塔依然屹立，
> 而在岁月的浮沉之中，有多少君主销声匿迹。[11]

81
　　扎赫拉城（Medinat al Zahra）就是对这首诗歌最极致的
印证。扎赫拉城，又称"光之城"，是一个城市宫殿建筑群，
坐落在科尔多瓦以西4英里处，据说是以阿卜杜·拉赫曼一位
爱妾的名字命名的。据传，阿卜杜·拉赫曼的后宫有6300佳
丽供他选用，她们既是宫殿的侍女，又是他宠幸的对象。扎赫
拉城建在莫雷纳山的山麓小丘上，东西横跨1英里，南北半英
里，矗立在三层高度递降的平台上俯视着下方的平原，每层平
台都被塔楼式的城墙围着。它于936年开始建造，一直到阿
卜杜·拉赫曼的儿子/继承人哈卡姆二世（Hakam Ⅱ，961—
976年在位）继任哈里发的头几年（也是他治下光景最好的几
年）才完工。阿卜杜·拉赫曼一心扑到这项工程上，以至于连
续几周都没有到大清真寺参加主麻日聚礼，所以被科尔多瓦的
一个教法学家公开责骂。
　　不管从哪个方面来看，比如面积（占地面积280英亩）、
所用劳动力（1万—1.2万人）、修建时间（40年）、最终
成本（修建期间政府总收入的三分之一），扎赫拉城都是规
模最大、最宏伟的建筑。在17世纪的历史学家马卡里（Al
Maqqari）看来，扎赫拉城是人类建造的最壮观的建筑工程之
一。当然，身为历史学家，他免不了会有夸张。他编撰的穆
斯林西班牙史——《安达卢西亚的绿枝飘来的香气》（*Nafh al*

Tib min Ghusn al Andalus al Ratib）中有不少对扎赫拉城
的赞美之词。[12]11世纪的科尔多瓦历史学家伊本·哈扬（Ibn
Hayyan）称，在阿卜杜·拉赫曼主持建造的第一阶段，每天
要用6000余块石砖。建筑材料被1.5万头骡子和5000只骆驼
拉上山，其中有来自迦太基、突尼斯、斯法克斯（Sfax）、罗
马、法兰克王国的粉色和绿色的大理石，也有从较近的塔拉
戈纳（Tarragona）和阿尔梅里亚（Almeria）开采的白色大
理石。据说，每三天就要用掉1100担黏土和灰泥。宫殿里有
4000多根柱子，其中有140根是由拜占庭皇帝赠送的。记录
扎赫拉城建造过程的文献是出了名的不可信，不过值得一提的
是，宫殿侍从称每年用于建造的花费达300万第纳尔金币。那
个时代人们没有制定预算的习惯，如果今天的财政部长看到那
时政府花钱如此简单随意，一定会莞尔一笑。阿卜杜·拉赫曼
将财政收入一分为三，一份用于军队开支，一份用于皇室花销，
一份用于建造这座宏伟的宫殿以及其他规模较小的新建筑。

　　最上层平台因为适合作为皇室用地，所以盖了供哈里发使
用的宫殿和几座壮观的堡垒。中间那层平台是遮阴的花园，种
满了开着白花的无花果树、杏树，还有一个动物保护区。最下
面那层平台有奴隶、侍从的生活区，还有一座清真寺，清真寺
的会客厅俯瞰着瓜达尔基维尔河。这是一个有城墙环绕、归哈
里发管辖的城市，里面有豪华的居所，有旅馆、学院、营房、
厕所、作坊、厨房、动物园、鸟舍以及养着很多鱼的池塘。这
里的侍从有13750人，还不包括3750名奴隶和宦官。公共厕
所里装的是自来水，这一发明比欧洲早了几百年。拜占庭雕刻
家和镶嵌细工师的工艺在整个地中海地区都很有名，得益于他
们的精工细作，几何图形里出现了大量的花朵图案，还有很多
叶形装饰和葡萄藤叶。不客气地说，当时的扎赫拉城是一座人
间天堂。

82

在伊本·哈扬看来，这个建筑群最出色的特点是那两个喷泉，较大的来自拜占庭，是用镀金的青铜雕刻的精美的人形浅浮雕，较小的那个是用产自叙利亚或拜占庭的绿色大理石制成的。较小的喷泉周围是 12 组用红金雕刻、以珍珠和宝石装饰的雕像，这些雕像是在科尔多瓦的作坊里制成的，分别是多只狮子、雄鹿和鳄鱼，一只鹰、一条龙、一只鸽子、一只隼、一只鸭子、一只母鸡、一只小公鸡、一只鸢、一只秃鹫，每个雕像的嘴都是喷泉口。[13]

还有一个更出名的、奇迹般的存在，那便是哈里发的会客室。会客室的墙面和天花板特意选用了金色大理石和五颜六色的透光大理石，耀眼炫目、绚丽多彩。有文献称，会客室中有一个盛满水银的池子，池子上方悬挂着拜占庭皇帝利奥六世（Leo Ⅵ）赠送的巨型珍珠。会客厅共有八扇门，用黑檀木和黄金装饰，分列在门廊两侧的彩色大理石柱和水晶柱之间。据说，会客厅的长帘是用金、银制成的。这些材料都是精挑细选的，为的是让来访者对哈里发的权力和威严留下极深的印象。当日光照进会客厅的时候，墙壁和天花板会折射出耀眼的光。

> 在哈里发想要震撼来访者的时候，他会示意一个奴隶搅动水银池；会客厅马上就会被一束束光填满，聚在会客厅的人会开始紧张，因为只要水银还在晃动，整个房间似乎都在围绕一个中心轴旋转，仿佛跟随太阳运动。[14]

伟大的旅行家、地理学家伊本·霍卡尔（Ibn Hawqal）曾在 10 世纪的时候到访科尔多瓦，他描述了阿卜杜·拉赫曼是如何在建好基础设施后，成功地鼓动百姓在新城池里定居的——

他号召百姓去那儿生活，并下令在西班牙各地区张贴如下公告："选在离哈里发不远的地方盖房定居的人，不论是谁，都将获得400迪拉姆。"一大批民众匆匆赶来建房；新城的人口剧增，民房一户挨着一户，连成了一串，将科尔多瓦和扎赫拉连接了起来。[15]

扎赫拉城在很大程度上是科尔多瓦哈里发国留下的世俗印记，象征着帝国的强大力量和文化涵养，与之相对的宗教印记是大清真寺。它宏大的规模、格外精美且富有新意的设计，有力地宣示了倭马亚人在伊斯兰世界的正统地位和领导地位。大马士革的先魂从未远离安达卢斯，就连科尔多瓦大清真寺的历史都和叙利亚倭马亚清真寺惊人地相似。

早在8世纪的时候，科尔多瓦大清真寺还是西哥特人献给圣文森特的教堂。711年，穆斯林攻占科尔多瓦后，它变成了莫扎勒布基督徒和穆斯林共同使用的宗教场所。共同使用只是一个前奏，和大马士革清真寺一样，这里最后也被穆斯林完全占有。785年，阿卜杜·拉赫曼一世花钱将基督徒使用的部分买了下来并在一年之内推倒重建为清真寺。此后，每一位科尔多瓦埃米尔、哈里发都会予以改建、扩建，所以8世纪阿卜杜·拉赫曼一世在位时，它还是一座规模适中、朴素简洁的长方形建筑，而到了11世纪早期曼苏尔在位时，它已经被扩建成了一座庞大的、格外壮观的宏伟建筑，成为世界上最大的清真寺之一。阿卜杜·拉赫曼三世本人对这座清真寺的持久贡献是增建了高耸的尖塔。这座引人注目的多层建筑成为该城的天际线，如今变成了一座壮观的、典型的基督教钟楼。钟楼楼顶是一个矩形的阁楼，阁楼四周有拱形的门，站在远处，可以看到阁楼里悬挂的钟，"当当"的钟声清晰可辨。

今天，科尔多瓦大清真寺又被西班牙人称为科尔多瓦大教堂

（Santa Iglesia Catedral de Cordoba），它另一个不那么得意的名字是清真寺大教堂，它被"普遍认为是最非凡的中世纪建筑之一"。[16] 大教堂拱廊式的大厅由多个圆柱支撑，林立的圆柱多达856根，柱身颜色各异，有的用大理石制成，有的用碧玉制成，有的用黑玛瑙制成，还有的用石墨制成；柱头装饰精美，有罗马式的、哥特式的、摩尔式的；红白相间的石质和砖质拱楔块砌成的双拱连廊是有着独特氛围的空间，常被比作枝繁叶茂的棕榈树林，暗指王朝发源地、倭马亚人的故土——大马士革。这里另一个代表倭马亚人身份及其所遭受的巨大迫害的象征是已故哈里发奥斯曼的《古兰经》，里面有656年奥斯曼遇害时被血浸染的页面。这部经书于965年被安放在大清真寺里。我们从地理学家伊德里西（Al Idrisi）的记录中得知，大清真寺里的侍者每天都会先举行盛大的仪式取出这本具有重要历史意义的《古兰经》，再由伊玛目来念诵。[17]

84

直到今天，这座历史遗迹最引人注目的一个亮点是哈卡姆二世主持建造的既华丽又庄严的拱形壁龛（米哈拉布）。壁龛有一个蓝色边框，边框里用库法体雕刻着几行金色的《古兰经》经文，框边镶嵌着带花卉图案的马赛克。这些经文提醒着穆斯林：安拉是一位全知者，应对他绝对顺从。哈卡姆将清真寺扩建了三分之一，不过，他最具争议的举动是在大清真寺里建造了一个皇室专用的礼拜室，在圣地中又建了一个圣地。礼拜室沐浴在阳光下，顶上是一连串错综复杂、令人赞叹的拱形结构以及一个用金光闪闪的马赛克装饰的穹顶。就建筑而言，礼拜室是一个精美的创造，但从政治上讲，它并不受欢迎，一是因为建造成本高昂，二是因为它鲜明呈现了统治者和被统治者之间的差别，并将二者正式隔开，这违反了伊斯兰教教义——真主面前人人平等。在很多人眼里，倭马亚人对伊斯兰社群财富和权力的自豪，已经变成了自负、放纵、自恋。[18]

大清真寺是安达卢斯的标志性建筑，也是西班牙历史上一个独特的象征，是一个可以反复书写的羊皮卷，多个王朝、多种信仰书写了它们至高无上的权力。1236年，卡斯蒂利亚的斐迪南三世（Ferdinand Ⅲ）收复了科尔多瓦，自此以后，这座在近500年的时间里一直都被穆斯林当作礼拜场所的建筑再一次变成了教堂。基督教对它的改建持续了几个世纪，但最重要的变化发生在1523年，当时，神圣罗马帝国皇帝查理五世（Charles Ⅴ）授意在清真寺内建造一个文艺复兴风格的教堂中殿，后来他为这一决定懊悔不已。竣工时，前往验收的他大吃一惊。"早知道你们计划这么做，我是绝对不会允许的，"他怒吼道，"你们摧毁了世上独有的存在，建了一个在任何一座城市都能看到的建筑。"[19] 旁遮普学者、政治活动家穆罕默德·伊克巴尔（Mohammed Iqbal）于1935年出版的诗作《科尔多瓦大清真寺》（"The Mosque of Cordoba"）唤醒了人们对安达卢斯深深的怀念。安达卢斯再度被占领后，阿拉伯民众和穆斯林作家深感悲痛。

> 艺术爱好者的圣殿！伊斯兰教权力的化身！
> 曾经，你让安达卢西亚成为像麦加一样的圣土。
> 即便普天之下有美好如你的存在，
> 在穆斯林的心中，你也是唯一……
> 今天，在它的微风中，也门的馨香仍飘荡着，
> 今天，在它的歌声中，希贾兹的声音回响着。[20]

即使在21世纪，这一损失仍让科尔多瓦的民众耿耿于怀，能够激起比文学作品中的惋惜更强烈的情绪。近年来，西班牙的穆斯林不断游说，希望能获准在清真寺大教堂里礼拜，但西班牙教会和梵蒂冈教廷都坚定地拒绝了这一要求。2010年，

85

这里发生了一起暴力事件，多名保安因试图禁止穆斯林在清真寺大教堂里礼拜而受到两名穆斯林游客的袭击，并因此受伤。最近，教会与该城世俗权威机构意见相左，后者不承认教会对清真寺大教堂的独有权，并在一份报告里称这座遗址的真正拥有者是"全世界每一位公民，不论身处哪个时代，不论来自哪个种族、国家和文化"。[21] 如他们所言，基督教与伊斯兰教的争执还在继续。

和建造它们的科尔多瓦倭马亚哈里发们一样，扎赫拉城和大清真寺也都是复合体——巧妙地融合了罗马基督徒、西哥特基督徒的风格和叙利亚穆斯林、伊比利亚穆斯林的风格。他们共同将科尔多瓦从"一个政治、经济、文化影响力微不足道的地方改造成了一座宏伟程度可与同时期的巴格达和开罗相媲美的城市"。[22]

这些壮观的历史建筑折射出安达卢西亚的自然美，说明了在阿卜杜·拉赫曼三世治下安达卢西亚的繁荣。在遥远的可萨汗国（Khazars）的统治者试图寻找中亚半神秘的犹太王国时，哈斯代·本·沙普鲁特（Hasdai ibn Shaprut），哈里发国犹太社群的领导者、备受哈里发信任的维齐尔，写信向他赞美安达卢斯的美好——

> 这是一片肥沃的土地，河流、泉源、石砌井遍布……这是一片盛产谷物、葡萄酒的土地，有最纯净的油，丰富的植被，各种各样的甜食。这里有很多花园和果园，果树上鲜花盛开，桑叶上爬满了桑蚕……我们的地下蕴藏着银矿、金矿，我们还在山里开采铜矿、铁矿、锡矿、铅矿、煤矿、大理石、水晶……这片土地的统治者收集了大量银、金和其他珍宝，聚集了一支前所未有的庞大军队……

其他国王听闻我们君主的权力和荣耀，都会向他献上礼物……我收到这些礼物后，会给予他们酬谢。[23]

论及 10 世纪科尔多瓦的人口时，专家们说法不一，有的认为低至 9 万，有的则估算达 100 万，高得离谱，因此参考性不强。近来的研究都倾向于在 10 万左右。按这一估计，科尔多瓦就是欧洲最大的城市，与君士坦丁堡比肩，不过我们要对中世纪的资料保持一如既往的谨慎态度。我们所了解的内容大多来自马卡里 17 世纪的著述，一位现代作家明确称之为"抽象的怀旧"。[24] 关于城市的实际规模，文献记载的真实性更是存疑。13 世纪安达卢西亚学者沙孔迪（Al Shakundi）认为科尔多瓦城（包括扎赫拉城在内）长 10 英里，宽 2 英里，城中心围起的城墙周长约有 7.5 英里。另一份中世纪文献对该城的推测是长 24 英里，宽 6 英里，瓜达尔基维尔河两岸盖满了宫殿、清真寺、花园、房舍。948 年，伊本·霍卡尔去过科尔多瓦，在回忆这次旅行时，他建议访客绕城墙快步走一圈。"一个小时就能走完一圈"，他如是写道。由此可见，城墙周长远小于 7.5 英里。[25]

无论实际规模和人口如何，在欧洲，科尔多瓦都是一座独树一帜的城市，那些泥泞、肮脏、岌岌可危的城市已落后它一大截。伊本·霍卡尔用充满热情和敬仰的文字描绘了这座城市。他明确记述了它的宏大——

在整个马格里布地区，乃至在上美索不达米亚、叙利亚、埃及地区，没有一座城市可与科尔多瓦媲美，无论是从居住人口、城市面积、市集规模、清洁程度来看，还是就清真寺的建筑风格、公共厕所和驿站的数量而言。几个去过巴格达的科尔多瓦旅行家说它的面积只有巴格达的几

86

分之一……科尔多瓦的面积或许不及巴格达的一半，但是也快到一半了。它是一座有石砌城墙、美观街区和多个大型广场的城市。[26]

现代学者在评估该城的重要性时，大多与伊本·霍卡尔的观点一致。在休·肯尼迪看来，全盛时期的科尔多瓦"在西欧无可比拟"，就只有巴格达和君士坦丁堡能与它一比。[27]

罗马时期的科尔多瓦城主要是官方机构所在地，城南边有瓜达尔基维尔河环绕，城墙上一共开了七个大门。这里有大清真寺，有宏伟的、供哈里发们世代居住的城堡宫殿，有法官法庭、铸币厂、军营、监狱，还有哈里发高阶官员的府邸。在瓜达尔基维尔河北岸，富饶的郊区呈扇形散开，有大片翠绿的果蔬农场，以及富人建造的豪华乡间宅邸（munya），它们都位于科尔多瓦山脉的南坡上。这里还有货品琳琅满目的市集，有生产制造区，有宽阔的花园，有公共厕所，还有墓地。对很多科尔多瓦人而言，城市生活主要集中在北岸。穿过建于罗马时期、至今尚存的 16 连拱桥，到达瓜达尔基维尔河南岸，这里人烟稀少，除河畔宅第外，一大块墓地和麻风病人聚居区难免会令人产生几分悲观情绪。这些宅第中最引人注目的当数蒙亚特·纳斯尔（Munyat Nasr），9 世纪著名宫臣、音乐家齐亚卜（Ziryab）的居所。10 世纪的时候，它归哈里发所有，用来安置尊贵的访客，比如 949 年来访的拜占庭使臣。

科尔多瓦有多个浪漫的昵称，比如"奇幻花园""紫花罗勒商铺""喜乐之人的清真寺"等，可以说它是一座能够唤起回忆的城市。狭窄的街道、安静的露天广场，种满阿拉伯橡胶树、枣椰树的小花园无疑会让人回想起大马士革。曾经，倭马亚皇室被残忍灭门，唯有一人流亡，几个世纪以后，他的后代在另一个大陆再现了昔日的辉煌。

尽管街区富有浪漫气息，但科尔多瓦城的基础建设非常讲究实用主义。在阿卜杜·拉赫曼开明的统治下，贸易和工业繁荣兴旺。走在城里香气浓郁的街道上，可以听见喧闹声，那是手艺人在处理金属、皮革、木材、陶瓷、玻璃、象牙，以及纸、蚕丝和羊毛。在科尔多瓦制造业中，纺织业是地位最高的行业。伊本·霍卡尔提到了天鹅绒、毛毡、亚麻和丝绸。他写道："染匠能创造奇迹。"[28] 城市繁荣的另一个基础是充满活力的农业，学者们称之为伊比利亚半岛上的一场绿色革命。新的灌溉技术，尤其是筒车的发明，为新作物的种植奠定了基础，所以到 10 世纪中叶，安达卢西亚人已经种植了——很多时候也会出口——大米、硬麦、高粱、甘蔗、棉花、柑橘、柠檬、酸橙、香蕉、石榴、西瓜、菠菜、洋蓟、茄子、无花果。新的技术和作物品种为科尔多瓦带来了——正如一位来自摩尔人治下的西班牙地区的历史学家所言——"数不尽的经济、社会效益"，生产率得到提高，种植期延长，人口身体素质和抵御复杂天气状况的能力增强，食物供应和价格稳定，种植者的收入增加，更愿意尝试新品种。[29]

在商界，安达卢西亚的犹太人非常有影响力。伊本·胡尔达兹比赫（Ibn Khurdadhbeh）于 9 世纪末撰写的《道里邦国志》（*The Book of Roads and Kingdoms*）记录了通晓阿拉伯语、波斯语、希腊语的犹太商人，往返于东西世界，出口阉人、奴隶、刀剑、精美丝绸、毛皮和皮草（如海狸毛皮、貂皮），再经陆路和海路从中国带回少见的奢侈品，比如麝香、樟脑和肉桂香料。[30]

农业和贸易带来了财富，有了财富便可以闲下来，闲暇使文化有了发展空间，在阿卜杜·扎赫曼三世和哈卡姆二世的统治下，科尔多瓦得以和巴格达角逐"世上最文明的地方"，为西班牙地区那场一直持续到 17 世纪、最伟大的文化复兴提供了支持。[31] 当时引领潮流的是文学。听闻，当时在科尔多瓦西边郊区的一个地方，有170位女性靠誊抄手写稿为生，每年产出的图书约有6万册。哈卡姆是科尔多瓦最大的藏书家，收集的图书多达40万卷，其中包括从东方伟大的学术中心带回的稀有书卷。皇室的赞助让图书市场得到了飞速发展，一些极好的、罕见的书卷会拍卖出惊人的高价。"基督徒喜欢读阿拉伯人的诗和爱情故事，"科尔多瓦的阿尔瓦鲁斯（Alvarus）——9世纪的诗人、神学家，认为先知穆罕默德是反基督的先驱——叹息道，"每有一个能用拉丁语给朋友写信的人，就有1000个能用阿拉伯语优雅地表达自己想法的人。"[32]

在哈卡姆的鼓励下，开端于其父执政时期的历史和宗教写作得到了快速发展。艾哈迈德·本·穆罕默德·拉齐第一个将历史写作的规则编辑成册，并确定了一种新的体例——编年体。他的儿子伊萨（Isa）编写了哈卡姆在位时期的历史，该著作被伊本·哈扬收藏。博学家阿里布·本·萨伊德（Arib ibn Said，980年逝世）将东方的历史研究与伊比利亚半岛的原始材料相结合，此外，他对农学、天文学、植物学、鹰猎都有所涉猎，有可能还撰写了《科尔多瓦历法》（*Calendar of Cordoba*）。伊本·库蒂亚（Ibn al Qutiyya，977年逝世），写下了第一篇研究动词屈折变化的语言学论文，还撰写了一部关于安达卢斯的史书，该书忠实地依循倭马亚执政者的意见。

当时最流行的伊斯兰体裁之一是关于宗教学者的传记词典，为了解其作品、教导、生平提供了一个窗口。父亲在位的时候，哈卡姆就经常为此类学术研究提供赞助。得益于此，突尼斯移民伊本·哈里斯·胡沙尼（Ibn Harith al Khushani，971年逝世）、科尔多瓦的哈立德·本·萨阿德（Khalid ibn Saad，963年逝世）和艾哈迈德·本·阿卜杜勒·巴尔（Ahmed ibn Abd al Barr，949年逝世）撰写了多部著作，并合力编写了一部关于安达卢西亚法学家的传记词典。虔诚的正统派的文献支持科尔多瓦自称为伊斯兰世界的领导者，尤其反对地中海对岸非正统的什叶派法蒂玛政权。此外还有关于语法学家（祖贝迪，Al Zubaydi）、学者（伊本·朱尔朱尔，Ibn Juljul）、大臣（萨坎·本·易卜拉欣，Sakan ibn Ibrahim）和诗人的传记词典。

知识分子自由自在、四处游走，这是倭马亚时期的典型特点。10世纪科尔多瓦最有名的著作之一是伊本·阿卜德·拉比（Ibn Abd Rabbih，860—940年）撰写的《稀世璎珞》（*Al Iqd al Farid*），这是一部用阿拉伯语写成的巨著，共计25卷本，每一卷都代表项链上的一颗宝石。全书援引《圣经》、《古兰经》和圣训的内容，也有关于历史、诗歌、作家（比如9世纪的博学家、辩论家贾希兹）的介绍。它是阿达卜文学（adab literature）水平最高的代表作品之一。阿达卜文学是进入上流社会的文学通行证，它既包括有教育意义、使人愉悦的知识，还有一些幽默的低俗主题。任何一个文雅之士都应该知道也必须了解这些知识，其中有关于政治、自然历史、谚语的，也有关于饮食、美酒、诗歌的。为有抱负的官僚和文人写这种手册的并非只有伊本·阿卜德·拉比一人，其他作家，比如阿布·阿里·卡利（Abu Ali al Qali，967年），受皇室赞助的诱惑，从巴格达游学到西边，为这座飞速发展的都市增添了更多的文学光泽。很多作家会心怀感恩地将他们的作品奉献给哈卡姆二世，诗人、学者萨伊德·巴格达迪（Said al Baghdadi）和安达卢西亚浪漫主义作家伊本·法拉杰·贾亚尼（Ibn Faraj al Jayyani）就是这样做的。

在哈里发宫廷里，音乐继续发展。当时最著名的音乐家是齐亚卜（789—857年），他将巴格达的风雅带回阿卜杜·拉赫曼二世治下稳定发展的新城科尔多瓦。受教于伊拉克伟大作曲家、音乐家伊斯哈格·莫舒里的齐亚卜一路向西到安达卢西亚谋求发展的机会。他一到那里，就找到了机会。据说，因为他的薪酬过多——每月200第纳尔金币，额外奖励，科尔多瓦的一座府邸、乡间别墅、农田以及大量小麦和大麦，国库拒绝给付，阿卜杜·拉赫曼二世只能从自己的私库拨钱给他。据传闻，哈里发沉迷于这位伊拉克人的美妙嗓音，再也没听过其他歌手歌唱。齐亚卜一直忙着出人头地。他引入了乌德琴并且（仅仅因为他有这个能力）给它加上了第五组弦，他把这组弦称为乌德琴的灵魂。他开设了一所音乐学校，为安达卢西亚音乐的繁荣与未来几代的发展奠定了基础。他对中世纪欧洲音乐的影响是极大的。

　　不过齐亚卜并不只是一位天赋异禀的音乐家，在造型、时尚、礼仪领域，他还是安达卢斯最有影响力的权威。他是文化界的领袖、名流，其言论影响着生活的方方面面。在发型（女性传统的中分和发辫被取代）、个人卫生和宫臣们用的除臭剂（欧洲第一次有了牙膏，并将一氧化铅涂于腋下除臭）、精致的餐具（淘汰了笨重的金质或银质酒杯，开始用水晶杯）、随季节变化的服饰（春天穿亮色的丝质、亚麻、棉质衣服，夏天穿白色衣服，冬天穿镶着毛边的披风）、餐桌摆设（餐桌上用皮革装饰）、晚宴（第一次采用逐道上菜的餐仪，首先上汤，接着上主菜，一般为鱼、禽类、肉，最后上水果和甜品）等方面，他都起到了决定性作用。齐亚卜甚至有时间将一些新的食谱和美味（如芦笋）介绍给科尔多瓦人。今天，在他逝世1200年之后，从一道科尔多瓦本地菜 ziriabí（一种盐焗白豆）中便可看出对他的记忆延续至今。此外，伊斯兰世界有很多街道、酒店、餐馆都是以他的名字命名的。33

　　诗歌并非总是高洁、优雅的，也有低俗、色情的。公主瓦拉达（Wallada）写了很多首诗，她是短命哈里发穆斯塔克菲

（Mustakfi，1023—1025 年在位）的女儿，也是科尔多瓦优秀文学沙龙的主办者。瓦拉达是一位非凡的女性，她的名气一方面源于美貌，另一方面源于有争议的举止。据说，她拒绝戴头巾，并将自己写的鼓励纵欲的诗句用金线绣在长袍上。

> 真主保佑，我适合做伟大的人，我带着极大的骄傲昂首阔步。
> 我允许我的爱人触摸我的脸颊，我会亲吻每一个渴望我吻的人。[34]

作为诗人，她在一个几乎被男性独占的世界里角逐并出类拔萃。她的很多作品都是写给情人伊本·扎伊敦（Ibn Zaydun）的爱情诗。伊本·扎伊敦是大使、大臣，也是当时杰出的诗人，他与瓦拉达的风流韵事轰动一时。在他们不和时，瓦拉达写了一首诗，公开指控他与同性幽会，骂他是皮条客、通奸者、给妻子戴绿帽的男人、鸡奸者、贼，她用一句犀利的诗攻击他——

> 伊本·扎伊敦的屁股痴迷于男人的裤中之物。
> 假如在棕榈树上看到了阴茎，定会像秃鹰一样扑向它。[35]

这段 10 世纪在大众眼前上演的风流韵事比如今情感类电视真人秀早了 1000 年，两人最终不欢而散，只留下了大量诗歌。瓦拉达最后离开伊本·扎伊敦，和一位维齐尔好上了，后者侵占了情敌的财产，并将他投入监狱。在《卡菲亚》（*Qafiyya*）这首写给科尔多瓦郊外一座花园的赞美诗中，伊本·扎伊敦充满了怀旧之情，用更高雅的格调与往日的情人

91

告别——

> 在过去的岁月里
> 我们渴求彼此
> 给予纯洁的爱
> 像两匹小马一样快乐
> 在牧场上自由奔跑。

> 而今只有我
> 敢说自己是忠贞的。
> 你离弃了我
> 我还留在原地
> 悲伤不已，爱你不止。[36]

　　在学术界，安达卢西亚犹太人也占有相当比例，一如在商界，其中有梅纳赫姆·本·萨鲁克（Menahem ben Saruq，970 年逝世）。他从西班牙北部的外省搬到国际化的科尔多瓦，他的《阐释之书》（*The Book of Interpretations*）是第一部希伯来语词典。他本人后来成为哈斯代·本·沙普鲁特的书记员，是安达卢西亚最有权力、最有名的犹太人。出生于非斯、祖籍巴格达的杜纳什·本·拉布拉特（Dunash ben Labrat）是一位争强好胜的学者，他也被科尔多瓦吸引，并在此成了一名有声望、受尊重的领唱和诗人。在写诗告诫饮酒的危害之余，他还会创作、吟诵礼拜仪式用的赞诗——

> 我们应在以玫瑰为篱的花圃里纵情饮酒
> 用欢乐赶走忧愁
> 一边享用甜品，一边畅饮杯中酒

接着放纵自己像巨人一样嬉戏，直接饮用盆中酒。[37]

犹太文人代表了这一时期科尔多瓦文化繁荣的多元性。这里有著名的诗人和哲学家，如伊萨克·本·卡普隆（Isaac ibn Qapron）、阿布·奥马尔·本·雅克瓦（Abu Umar ibn Yakwa）、哈克汉·本·穆达拉姆（Hakohen ben al Mudarram）、阿布·易卜拉欣·伊萨克·本·哈尔丰（Abu Ibrahim Isaac ibn Khalfon）；有备受尊敬的语法学家，如伊萨克·本·迪卡提拉（Isaac ibn Djikatilla）、朱达·本·大卫·海尤吉（Judah ben David Hayyuj）；有博学多识的评论家，如哈桑·本·马尔·哈桑（Hasan ben Mar Hassan）。

伊斯兰教、犹太教、基督教的知识分子的成果反映了科尔多瓦倭马亚王朝在有意识地与伊斯兰教的基地——巴格达——角逐。从很大程度上讲，他们成功了。"这些多元的文化成果传到信奉基督教的欧洲，触动了经院哲学、罗马式艺术、蒙彼利埃的医学院、游吟诗人的抒情诗歌，以及但丁的神秘主义诗歌。"[38]

任何围绕10世纪科尔多瓦的探讨都需要对其共存（convivencia）状态——穆斯林统治下的西班牙地区各种信仰共同存在的状态——进行评析。近年来，它成为学界争论的焦点，使得浪漫派和怀疑派在辩论中两极对立。[39]浪漫派道出了社群共存的优越之处，指出这是西班牙人和东方人，自由人和奴隶，职业士兵、犹太拉比和商人、信奉基督教的使臣共存的社会，对不同文化持开放、包容的态度。除了文化之外，在非常基础的世俗层面，科尔多瓦也有相当程度的共存，而在出身高贵的穆斯林或者仅仅家境富裕的穆斯林当中这种共存的程度总是更高。前文已经介绍过哈里发的女眷中有很多是信奉基督教的漂亮女性。"诗人写诗赞颂自己的情人或王公贵族的宠妾，

92

从中我们可知西班牙地区的穆斯林特别喜爱身材丰腴的女子"，尤其是来自加利西亚和巴斯克地区的金发女子。[40] 一些寡廉鲜耻的贸易商人甚至试图用安达卢西亚的女子冒充北方信奉基督教的女子。

值得一提的是，在这个伊斯兰教、犹太教、基督教三教共存的世界里，不同社群有着非常不同的体验。对基督徒而言，穆斯林在征服安达卢斯之后建立的迪马（dhimma）体系——一位现代西班牙作家称之为"歧视性宽容"，其核心是通过缴纳人头税换取宗教自由和生命财产的保护——是一种灾难性的降级，因为他们原本作为政治统治者是居于首位的。[41] 不过，对于在西哥特人统治之下、在西班牙社会底层苦苦煎熬的犹太教徒而言，这套体系是极大的、令人愉悦的升级，它确立了他们的身份——"有经人"（Ahl al Kitab），为他们带来了意料之外的在政治、商业领域发展的机会。为了对抗在他们看来无法容忍的文化压迫，基督徒要么自愿流亡到信奉基督教的北方地区，要么为自己的信仰自杀殉道——这在 9 世纪中期是一种耸人听闻的行径。还有一些基督徒和大多数人一样，改信伊斯兰教。926 年，信奉基督教的佩拉吉乌斯王子年仅十三岁就被迫殉道，据说是因为犯了宗教罪。赫罗斯维塔修女在记述佩拉吉乌斯王子的生平时，遵照基督教的传统，将他的死归因于哈里发阿卜杜·拉赫曼对俊俏青年的"炽烈热情"。他的拒绝惹怒了这位穆斯林哈里发，"被冠以鸡奸者之名""因爱生恨"的哈里发下令用攻城的器械将他猛地投到城墙外，见佩拉吉乌斯奇迹般地毫发无损，他又命人对他百般折磨，最后肢解并砍首。[42]

对比之下，安达卢西亚的犹太人则选择了第四条路，即融入倭马亚人的伊斯兰－阿拉伯文化，同时存留一个虔诚的、信仰语言完整的宗教社群。一个曾经遭受迫害的少数群体如今得到了庇护，当然，这并不是说迫害一夜之间就终止了。[43]

在不同时期，这种共存状态显然是有差别的。仅在一代人的时间内，和谐的局面也能轻易变成不幸。诗人、学者、政治活动家萨穆埃尔·哈纳吉德（Samuel Ha-Nagid）升任维齐尔，并在 11 世纪做了附近格拉纳达王国的总督，但 1066 年他的儿子却被一个因犹太影响日盛而愤怒的暴徒肢解，由此引发了针对格拉纳达犹太人的臭名昭著的大屠杀。至于 10 世纪，在一项关于穆斯林治下西班牙地区犹太人的研究中，研究者对阿卜杜·拉赫曼三世在位时期的情况做了调查，肯定了他所营造的兼容并蓄的氛围："这位开明的统治者无疑是科尔多瓦所有倭马亚统治者中最宽容的。他在位期间的编年史中没有提到任何非穆斯林社群受到伤害的情况。"巴格达的阿拔斯王朝与之不同，他们坚持让犹太人在衣服上做好标记以表明自己的信仰。"穆斯林治下的西班牙是一个多民族的国家，无须背负宗教标签；因此穆斯林的统治并不会危及少数群体、民族或宗教的存在。"生活在阿卜杜·拉赫曼三世治下的犹太人是"幸福的"。[44]

尽管自 8 世纪起，城内没有了教堂，基督徒也被驱逐出去，但 10 世纪犹太人口却在急速增加，以至于科尔多瓦的犹太区都容纳不下。犹太区位于城的西南边，西面是城墙，旁边就是建有倭马亚宫殿和侍从、护卫居所的皇家聚居区，是一个配有很强的安保措施的地方。今天，这里被一座主教宅邸和几个教会机构占据，不过在现代科尔多瓦，犹太教的痕迹不难辨识。以 12 世纪科尔多瓦犹太医生、天文学家命名的迈蒙尼德街（Calle Maimonides），以前被称为胡迪斯街（Calle de los Judíos），是科尔多瓦犹太区的主要街道。这条街道长 160 米，非常狭窄，蜿蜒穿过大清真寺庭院的北侧，一直延伸到阿尔莫多瓦尔门（Puerta de Almodóvar）——科尔多瓦早期的七座大门之一。布拉斯广场［Plaza de las Bulas，曾经是胡德里亚广场（Plaza de la Judería）］的北面屹立着一座建于14 世纪规模适中的犹太会堂，这座会堂有可能是在穆斯林统治时期的犹太会堂旧址上重建的。

哈斯代·本·沙普鲁特的故事说明，在 10 世纪，安达卢西亚犹太社群中最具天赋的人面临很多机会。在历史学家伊本·哈扬看来，哈斯代是杰出的皇家侍从，因举止得体、机敏、耐心、智慧而出名，这些特质在他调解基督徒和穆斯林的矛盾时得到了印证。940 年，阿卜杜·拉赫曼三世派他去莱昂营救被困的穆斯林领袖图吉比（Al Tujibi）。同年，他又去巴塞罗那与当地的伯爵们就通商条约进行谈判。955 年，他作为使臣前往莱昂国王奥多尼奥（Ordono）的宫廷。958 年，他甚至医好了胖得出名的纳瓦拉国王的肥胖症，其知识面之广可见一斑。他迅速升至高位，随之而来的是数不尽的财富，这不可避免地令他树敌。根据 12 世纪科尔多瓦哲学家、博学家伊本·路世德（Ibn Rushd）——西方世界称之为阿威罗伊（Averroes）——的记载，一个狂热的伊斯兰教职人员当着一群科尔多瓦人的面，在哈里发跟前怒骂哈斯代："先知赐予您荣耀，而这个（犹太）人却说他是骗子。"[45]

穆斯林、犹太人和基督徒之间相互影响，最有趣、最发人深省的一个插曲发生 10 世纪中期。10 世纪 50 年代末，因对北非法蒂玛政权的崛起心生忧虑，拜占庭帝国的皇帝君士坦丁七世（Constantine Ⅶ，913—959 年在位）想要重修与科尔多瓦倭马亚政权的外交关系，于是派了一个宦官到西班牙，建议阿卜杜·拉赫曼三世派一支使团到君士坦丁堡，缔结友好和约。948 年，哈里发的使臣、信奉基督教的希沙姆·本·库莱卜（Hisham ibn Kulaib）适时东渡，作为回应，君士坦丁也派了一支代表团前往科尔多瓦，带队的是斯特凡诺斯

（Stephanos），皇帝的内侍和礼仪大臣。阿卜杜·拉赫曼在皇宫接见了到访的使团，使团为他奉上了很多华丽的礼物，其中包括金印法令——一封希腊文皇室书信，用金笔写在蓝色羊皮纸卷上，以及一枚沉重的金印，一面刻着耶稣的图像，另一面刻着皇帝及其儿子的肖像。它们被存放在一个雕刻精美、带金盖的银盒里。君士坦丁的礼物中还有一些罕见的书籍，其中有一卷是5世纪西班牙作者奥罗修斯（Orosius）和狄奥斯科里迪斯（Dioscorides）所著的《药理》（*De Materia Medica*）。这部书在未来几个世纪将成为药理学的教科书。鉴于哈里发宫廷里并没有懂希腊文的人，所以阿卜杜·拉赫曼请君士坦丁派人来翻译。951年前后，一个名叫尼古拉斯（Nicholas）的希腊修士来到科尔多瓦，与哈斯代一起完成翻译工作。

　　同时期，还发生了一个较有争议的外交事件。因以圣特罗佩湾弗拉西内图姆（Fraxinetum）为据点的西班牙强盗团伙屡次扰乱地中海周边的贸易，神圣罗马帝国皇帝奥托一世（Otto I，938—973年在位）请求阿卜杜·拉赫曼采取措施，于是拉赫曼于950年派出了另一个外交使团，这次一位莫扎勒布主教带了一封内含冒犯基督教信仰内容的书信，这一行为有违外交惯例。使团被扣留三年，一无所获地回到了科尔多瓦。953年，奥托一世回礼，派遣使团出访，带了一封有对伊斯兰教侮辱性言论的书信，使团带队的是率直的日耳曼修士——来自戈尔茨的约翰内斯（Johannes of Gorze），陪同他的是一位执事、两个犹太人和哈里发的使臣们。作为报复，尽管迫切想知道书信的内容，阿卜杜·拉赫曼还是故意让这位修士等了很久。一方面，他无法容忍任何侮辱伊斯兰教的行为，另一方面他考虑到奥托的实力更强大。954年年末，阿卜杜·拉赫曼仍然没有接见约翰内斯。双方的关系紧张起来。除每周日可在特殊侍卫的陪同下去教堂外，这位修士其他时间都被关在住处。

95

哈斯代试图说服这位固执的修士。科尔多瓦的约翰主教担心可能会引发冲突，会给安达卢斯的基督徒带来麻烦，也恳请约翰内斯重新考虑自己的外交使命，不要用这封正式书信激怒拉赫曼。他说："你考虑一下，我们生存的境况。罪使我们沦落至此，不得不听任异教徒的支配。使徒也不让我们与合法政权为敌。在这种不幸境遇中仅有一点值得欣慰，那就是他们并未禁止我们的律法……因此，在这种情况下，我们应当遵照一切于我们信仰无碍的行事。"文献记载中的约翰内斯像是一个狂热信徒，他不为所动："你，看着像是一个主教，是最不应该说这种话的……基督徒纵然饱受饥饿的折磨，也比拿灵魂换取异教徒的食物好一千倍。"[46] 哈里发威胁要处决约翰内斯，还要杀死西班牙地区的每一个基督徒，这位修士回应称自己宁可被碎尸万段，也要正式递交奥托的书信。哈里发左右为难，如果接受了这封书信，出于维护荣誉的需要，他就得杀死约翰内斯，因为后者侮辱了伊斯兰教信仰，但是他又清楚此举会引发战争。

最后，阿卜杜·拉赫曼找到了一个外交解决方案。在修士的建议下，他写了一封书信给奥托，希望对方给出新的外交书信。问题是，该由谁带队承担这一敏感使命呢？955年，一位有教养的莫扎勒布人拉比·本·扎伊德（Rabi ibn Zaid）答应前往日耳曼，前提是付出的努力得到应有的回报。修士意味深长地问阿卜杜·拉赫曼："你准备给这个把灵魂卖给你的人什么回报呢？"[47] 拉比·本·扎伊德得到了丰厚的奖赏，成为埃尔韦拉（Elvira，离格拉纳达不远）主教，这是一份肥差要职，他在职长达40年。奥托这时热衷于与科尔多瓦签订和平、友好条约，所以语气缓和下来，双方的紧张态势就此平息。

从某种程度上讲，这一令人费解的外交事件是当时西班牙地区共存状态的一个缩影。在这次基督徒、犹太人和穆斯林都被牵涉进去的敏感事态中，当事者经历了紧张、威胁、灵活、务实、回避，最后找到了一个和平解决方案。基督教政权和伊斯兰教政权是相互对立的，因而基督徒和穆斯林之间的敌意要比穆斯林和犹太人之间的敌意更明显。虽然赫罗斯维塔称赞科尔多瓦是"世界的点缀"，但是我们应当谨慎，不要对这句话过度解读，认为它包含"多种宗教信仰和睦共处"的意思。在表达对科尔多瓦以及穆斯林征服基督徒治下的西班牙地区的看法时，这位日耳曼修女并没有手下留情——

> 从前，这座城市完全降服于真正的基督，城里到处都是身穿白袍、受洗归入基督的孩子们。突然之间，一支好战的力量推翻了健全的维护神圣信仰的律法体系，传播"基督教义是邪恶的"错误认知，伤害忠实于基督信仰的民众。这个由顽强的萨拉森人组成的背信弃义的民族诱使这座城市强壮的百姓们发动战争，再以暴力夺取对这个荣耀国度的命运的控制权。[48]

961 年，阿卜杜·拉赫曼三世去世了，这时离第一任科尔多瓦哈里发即位已经过了半个世纪。阿卜杜·拉赫曼三世为国库留下了 5000 万第纳尔金币，这说明他把这一各公国长期争斗的混乱之地变成了一个极其繁荣的国家。他的统治于安达卢西亚而言是极大的好运，但就个人而言，据载，阿卜杜·拉赫曼三世曾说他这一生只有 14 天是幸福的，这一记载出人意料也令人感伤。

在他的儿子/继承人哈卡姆二世的统治下，科尔多瓦的成功和荣耀得以延续。哈卡姆二世是文化素养极高、教养极好的人，被誉为如饥似渴的读者、书籍收藏家。他大力赞助学者，吸引了一批最优秀的艺术、科学人才来到科尔多瓦。他继续建

设城市宫殿扎赫拉城，还对大清真寺进行了大规模的增建，从
建筑角度讲，他的增建出类拔萃，但有时也会引起极大的争
议。同时代的人认为哈卡姆的增建浮华、奢侈、耗资巨大，所
以会三缄其口，而在 1000 多年以后的今天，游客们仍会为那
用珍珠母贝镶嵌而成的天花板，为天花板下方华丽的米哈拉
布，为米哈拉布上精美的石雕、灰泥石膏和马赛克而惊叹。这
是拜占庭的手工艺人技艺最成熟时期的得意之作。

97　　哈卡姆二世是一位值得称赞的继承人，不过他也是最
后一位值得注意的科尔多瓦倭马亚哈里发。976 年，哈卡姆
逝世的时候，穆罕默德·本·阿比·阿米尔（Mohammed
ibn Abi Amir）暗箱操作，让年仅 12 岁的王子希沙姆二世
（Hisham Ⅱ）继任哈里发。穆罕默德·本·阿比·阿米尔原本
只是一个卑微的抄写员，他不择手段、野心勃勃，与那些提拔
他的人同睡，杀掉那些阻碍他晋升的人，后来在官场上步步高
升，先后得到多个有影响力的职位。981 年，他将"曼苏尔"
（意为"胜利者"）这一君主的称号授予自己——这是在向巴格
达著名的建造者曼苏尔致敬，篡夺了君主之位，成为无人质疑
的统治者，一直到 1002 年。"曼苏尔"在位时期是穆斯林在西
班牙开疆拓土的巅峰时期，他的统治带有军事狂热和独裁色彩，
掀起了一场名副其实的战争、杀戮旋风。他一共获得了 57 次胜
利，其中最引人注目的是 997 年暴力洗劫神圣的圣地亚哥德孔波
斯特拉（Santiago de Compostela）。在此之前，他还于 985 年
洗劫了巴塞罗那。"曼苏尔"为了庆祝自己夺取圣城，将大教堂
洗劫一空。那些基督徒俘虏被迫将大教堂里最珍贵的东西一一拆
下来，然后把门和钟也拆下来，送往科尔多瓦，一些被拿到大清
真寺里用，一些被制成灯笼。1236 年，在"收复失地运动"中，
这些钟被卡斯蒂利亚国王费尔南多三世（Fernando Ⅲ）送回原
地。"曼苏尔"还公然反对知识自由，允许盲目奉行伊斯兰教

至上的教职人员宣泄对哲学文本的强烈不满，焚毁哈卡姆图书馆的藏书，文明世界的一个奇迹就这样灰飞烟灭。

10 世纪即将过去，科尔多瓦的辉煌时期也即将结束。"曼苏尔"以极危险的速度扩充自己的军事力量，大批征召北非的柏柏尔人，这就埋下了令哈里发国走向灭亡的种子。伊比利亚半岛上阿拉伯人和柏柏尔人之间的对抗原本就很激烈，成千上万带着武装、更忠于部落领袖而非安达卢西亚的柏柏尔人跨过直布罗陀海峡来到这里，无疑激化了对抗。此时，骇人听闻的内部分裂以暴力的形式爆发。据记载，希沙姆二世的在位时间从 976 年延续到 1013 年，表面上看国家似乎显示出了持久性和韧性，而实际上，在大部分时间里，他的权力只是名义上的，当时安达卢西亚的政治生活一片混乱。阿卜杜·拉赫曼三世在位时国家前所未有的太平、稳定，而他的孙子希沙姆二世在位时，国家动荡不安，最后崩溃瓦解。阿卜杜·拉赫曼逝世仅半个世纪之后，他煞费苦心建立的哈里发国抽搐着躺在临终的榻上，再也没有苏醒。

1000 年，卡斯蒂利亚的伯爵桑乔·加西亚（Sancho Garcia）让这个伊斯兰国家损失惨重。1009 年，阿卜杜·拉赫曼的曾孙苏莱曼（Sulayman）自称哈里发穆罕默德二世，带领手下的柏柏尔人冲进扎赫拉城，将其洗劫一空。就像 11 世纪的诗人苏迈绥尔（Al Sumaysir）于悲伤之中写的那样——

98

　　　我在扎赫拉城驻足哭泣；想起它从前的样子，
　　　感伤它已然支离破碎

　　　我说："噢，扎赫拉啊，别走，回来吧。"
　　　她答道："又有谁能从死里复活呢？"

我止不住地哭泣，在那里哭泣，

可，泪水是如此的无用，一丁点用也没有。

像职业哭丧人流下的眼泪一样。[49]

历史学家伊本·哈扬在文章里倾注了同样强烈的怀旧和伤感，他在提及扎赫拉城遭到大规模破坏时，说"世界的地毯已被卷起，人间天堂的美貌已被毁坏"。[50]

这座一度辉煌的城池不敌时光的侵蚀，沦为一片废墟，不过它的自然之美并没有因城毁墙塌而黯淡下来。今天，漫步在能唤起强烈怀旧情绪的破碎宫殿建筑群，以及无人照管、四周长满柏树和棕榈树的花园，来访者难免会听到科尔多瓦已然消逝的皇室亡魂的低语。

自 1009 年扎赫拉城被毁以后，安达卢西亚敌对军阀为争权夺利发动了一系列内战。安达卢西亚旧的秩序，"像恒星一样炸裂了"，这个一度政治统一、文化繁荣、稳如磐石之地分崩离析了。[51]1013 年，在经历了封锁之后，都城科尔多瓦正式投降，但苏莱曼手下的柏柏尔人却违反了保证城内百姓安全通行的协议。他们突袭科尔多瓦，残忍地将之抢掠一空，大批饱受瘟疫、围困、火烧、洪水之苦的居民被屠杀。伊本·哈兹姆目睹了这场大屠杀，后来他成为阿拉伯世界最伟大、最多产的作家之一。科尔多瓦城破的时候，他大约 19 岁。后来，他列出了 60 位在大屠杀中遇难的著名学者。其中一位是伊本·法拉迪（Ibn al Faradi），他撰写了第一部关于安达卢西亚学者的史书，遇难后，他的尸体在街上躺了三天之久。[52]

1008—1031 年，敌对势力的领导者为争夺最高统治权自相残杀，内战席卷整个伊比利亚半岛，被基督教势力，尤其是实力日盛的纳瓦拉王国桑乔大帝利用。到哈里发希沙姆三世

（Hisham Ⅲ，1026—1031年在位）即位的时候，科尔多瓦的倭马亚统治者在民众眼中的形象已经大打折扣，"当初人们对他们的统治有多惊叹，而今对他们就有多鄙视"。[53]1031年，哈里发希沙姆三世被推翻，哈里发国正式消失。

　　科尔多瓦哈里发国有过短暂的辉煌，像流星一样一闪而过，照亮了天际。除了阿卜杜·拉赫曼三世和哈卡姆二世的英明统治外，它最大的优势就是奉行世界主义，使整个社会凝聚成一个相对和谐、统一的国家，一个自由贸易和自由思想居首位的地方。团结统一的对立面——分裂、反叛、内讧——是致命的。它让哈里发国分裂成众多泰法（taifa）①王国，既无法有效抵御北方的基督教势力，也无法抵抗后来从北非涌入西班牙地区的阿尔摩拉维德人（Almoravids）和阿尔摩哈德人（Almohads）。其他城市，尤其是格拉纳达和塞维利亚很快便夺去了这座哈里发国旧都的光彩。从那时起，穆斯林为科尔多瓦的衰落，为1492年不幸失去安达卢斯而哀伤。而内部分裂则在未来几个世纪里始终困扰着阿拉伯政权。

---

①　意为"帮派""教派"，特指11世纪早期倭马亚王朝解体后出现于伊比利亚半岛上的一些穆斯林小王国。——译者注

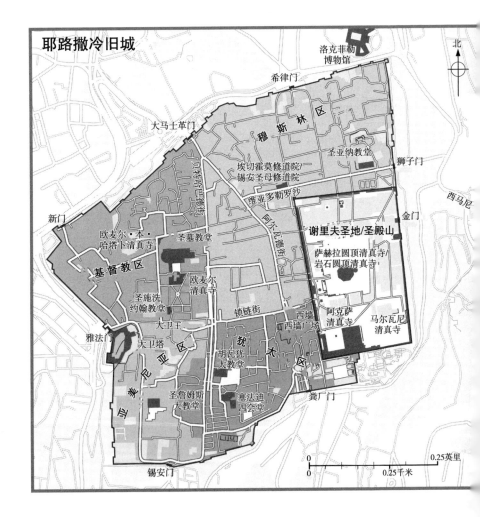

耶路撒冷旧城

北

洛克菲勒
博物馆

希律门

大马士革门

穆斯林区

圣亚纳教堂

狮子门

埃切霍莫修道院/
锡安圣母修道院

维亚多勒罗沙

金门

新门

欧麦尔·本·
哈塔卜清真寺

圣墓教堂

谢里夫圣地/圣殿山

萨赫拉圆顶清真寺/
岩石圆顶清真寺

基督教区

欧麦尔
清真寺

圣施洗
约翰教堂

锁链街

西墙
西墙广场

阿克萨
清真寺

马尔瓦尼
清真寺

大卫王

犹太区

雅法门

大卫塔

胡瓦犹
太大教堂

粪厂门

圣詹姆斯
大教堂

塞法迪
四会堂

锡安门

0   0.25英里

0   0.25千米

5

11世纪：耶路撒冷——争议之城

> 踏上前往圣墓教堂的路。从邪恶的族裔手中夺回那地，将它献给您。
>
> ——教宗乌尔班二世1095年在克莱蒙的讲话

　　早晨，阳光照亮了耶路撒冷，旧城苏醒。几只乌鸦在空中巡视，用沙哑的叫声表明对地上活动的兴趣。街头商贩的手推车叮叮当当地驶过鹅卵石路，穿过古老的大马士革门。汗·扎伊特集市（Suq Khan al Zeit）上的店主们打开店门，将要售卖的衣物、手提包、布匹、地毯挂出去，要与穿行在这座城市里的眼光毒辣的女家长们（matriarchs）①一决高下。街上挤满了戴黑边软呢帽、红色方格头巾、彩色无檐便帽、女性传统头巾（hijab）、棒球帽的人，还有光着头的、蓄有胡须的，他们匆匆忙忙地赶路，最后消失在犹太区、穆斯林区、基督教区和亚美尼亚区的阴暗处。一个胡须发白的男人正在专心致志地看报，了解世界上发生的恐怖事情，旁边还放着一杯热气腾腾的茶。这座城市的巷道曲折蜿蜒，行人先是会被整个巷道吞没，而后又毫发无伤地走出来，沐浴在灿烂的阳光下。一个年轻男子快步从一个阴暗的小道中走出来，头上顶着一盘刚刚做好的面包。一对斑鸠站在屋顶小心翼翼地观望着。在奥斯曼帝国苏

---

① 意为"女家长""女族长""女酋长"，这里指的是一家之主。——译者注

丹苏莱曼一世16世纪建造的、现在略显荒凉的城墙外，车辆越来越多，在此起彼伏的鸣笛声中，司机的情绪越来越糟糕。

今天，如往常一样，这座世界宗教都城的市中心仍旧是一幅祈祷的景象。在高大的西墙墙根，在蔚蓝色的天空下，犹太人前后轻微晃动着身体祈祷，两鬓的发辫也随着来回摆动。另一些人一动不动地对墙而立，手掌、鼻子、前额都贴在墙上，虔诚得令人难忘。这堵古老的石墙给人以安慰。在苦路（Via Dolorosa）① 上，几个早起的朝圣者在一幅苦路之图（Station of the Cross）前摆姿势留影；接着，被完全触动的他们跪下来祈祷。几百米外的圣墓教堂是教派分裂的见证，在这里，一位科普特教会的修士点着蜡烛，孤独地守夜，周围是敌对教派和方济会修士以及希腊、亚美尼亚、叙利亚东正教徒不容忽视的宣告。在这块神圣的地方，神学之争和区域所属权之争一直存在，甚至连屋顶都在争夺范围之内。在屋顶，一群身穿黑袍的埃塞俄比亚修士处境艰难、生活贫困，他们住在漏风漏雨的泥棚茅舍里，与科普特人——还有以色列官方——就电力供应和卫生设施争论不休。生活在基督教最神圣之地的年迈神父们对冲突习以为常。这群神职人员之间会经常性地（像季节更替那样规律）发生暴力冲突——有时因为一把钥匙扭打起来，有时因为要关一扇教堂的门而徒手打斗——展示了男人无中生有、制造不和的天赋。

夏日的阳光照得人睁不开眼睛，我眯着眼走进了一个占地37英亩的四四方方的院子，一直以来这里都被视为世界上最易爆发冲突的院落之一。犹太人把这个不规则伸展的空地称为圣殿山（Temple Mount），犹太教最神圣的地方，这里有难以找到的至圣所（Holy of Holies），是尊贵禁地（Noble

---

① 耶路撒冷旧城街道，传统上认为，它是耶稣被判处死刑后，背着十字架走向各各他山受难的路线。——译者注

Sanctuary），犹太教第一座圣殿也坐落在此处。对穆斯林而言，这里是谢里夫圣地（Haram al Sharif），穆斯林的第三大圣寺——阿克萨清真寺，以及对犹太教徒、基督徒、穆斯林具有同样重大宗教意义的岩石圆顶清真寺（Dome of the Rock）就在这里。尽管今天穆斯林控制着这里，但它依旧是世上最具争议的地区，是几百年来各种宗教之间持久冲突的源头。耶路撒冷"维持现状"的政令可追溯到奥斯曼时期，这一政令确定了这个地方的所属权和圣所的使用权，非穆斯林只能来参观，不能在这里祈祷，一些好斗的犹太人经常发起能上新闻头条的打斗，挑战这一禁令。

不过，除了这些由来已久的仇怨之外，这座城市还有一种不同寻常的、显而易见的平静。耶路撒冷像一个神灵一样，超越了细微的人性弱点，成为一个被瞩目、被敬仰的城市奇迹。正如10世纪的阿拉伯地理学家穆卡达西所说的那样，它是"一个装满蝎子的金盆"。[1] 这座城市被烙上了共存和世界主义的烙印，同样被烙上的还有分裂的烙印，对很多耶路撒冷人而言，无论是犹太人、穆斯林还是基督徒，城内的分裂都在加剧。渐渐地，不同的社群"没有融合在一起，反而各自孤立，并行存在"。[2]

一个长有大鬈曲八字胡的强壮的阿拉伯导游打断了我的沉思。他领着一群戴太阳帽的欧洲人站在阿克萨清真寺前，用不太连贯的英语给他们解说，讲述这个圣地对穆斯林的意义。他说起先知穆罕默德夜行登霄的神迹，指向闪着微光的岩石圆顶清真寺。它的圆顶高耸在城市上空，成为——唯恐有人怀疑——伊斯兰教重要地位的建筑象征。① 他说起易卜拉欣以及

103

---

① 阿拉伯地理学家穆卡达西问道："这难道还不明显吗？阿卜杜勒·马利克看到圣墓教堂的雄伟与壮观，唯恐它会扰乱穆斯林的心智，于是建造了今天我们所见的岩石圆顶。"Oleg Grabar, *Formation of Islamic Art*, pp. 64–65.

犹太人、基督徒和穆斯林共同的起源。

一位法国人问他十字军东征对耶路撒冷有怎样的影响。这位导游变得眉飞色舞起来。虽然他很礼貌，没有提及这位游客古老的诺曼和普罗旺斯祖先——他们在第一次十字军东征中扮演了主要角色，但是他提起了 1099 年那场对犹太人和穆斯林的无差别屠杀。他讲述了基督教骑士骑着马进入我们眼前的这座清真寺，砍死了许多无辜的男人、女人和孩童，寺内血流成河。他说："就在我们所站的地方，他们屠杀了每一个人，而且，相信我，他们对此还十分自豪。"他还讲述了一些士兵和神父在后来撰写十字军东征的历史时是如何美化这场大屠杀的。随后出现了一阵尴尬的沉默。

"这些都是非常严重的罪行，耶路撒冷的百姓从未忘记。"他这样说的时候像是在回忆一场不久前发生的而不是 1000 年前发生的暴力事件。

到了 11 世纪中期，就文明发展程度而言，伊斯兰信仰不输于其他信仰，伊斯兰世界也不比世界上其他地区落后。如果要为这样的说法提供佐证的话，那么证据就刻在中东地区的石头上（在伊拉克，证据则是被刻在被太阳晒干的砖块上）。根据定义，文明是一种城市现象，而穆斯林建造城市的水平无人能及。

那些信奉伊斯兰教的城市容纳了不断增长的、数以十万计的人口，与此同时，信奉基督教的城市却得过且过，远没有那些伊斯兰教城市气派、宏伟，且只容纳了数以万计的人口。这一时期，只有少数欧洲城市为穆斯林所知。其中当然有罗马，一座举世无双的城市，然后是米兰和科隆，接着是第二梯队的伦敦、巴黎、鲁昂、美因茨、布拉格、克拉科夫，以及"几座像威尼斯那样曾引发瘟疫的小村庄"。[3] 如果说中世纪的欧洲在缓缓地迈向城市化，那么伊斯兰世界则在快马加鞭地完成城市化。作为完成城市化的最明显的标志，城市规模是很重要的。9世纪，巴格达以近80万的人口高居伊斯兰帝国众城之上，开罗人口近40万，科尔多瓦人口约10万，而信奉基督教的君士坦丁堡人口则近50万。一些历史辉煌、自视甚高的欧洲城市，比如罗马、米兰、科隆，其规模并不比伊斯兰世界人口三四万的中等城市大。1100年，伦敦和巴黎也只有2万人口。⁴

　　最重要的是，伊斯兰城市是多元的、国际化的，遍布多个教派的穆斯林、犹太教徒和基督徒。熙熙攘攘的街道和繁华的市场上满是来自世界各地的商品。大街上有阿拉伯人、库尔德人，也有土耳其人、波斯人、希腊人、斯拉夫人、非洲人；有自由人，也有奴隶。伊斯兰世界诸城如磁石一般的吸引力有效证明了伊斯兰帝国的兴盛、伊斯兰文化及经济的成功。如果穆斯林再次想象一下那些生活在欧洲泥泞且停滞不前的地方、渴望阳光的野蛮人，他们只会不寒而栗。

　　伊斯兰世界的优越感一方面基于地理因素，另一方面基于严格的宗教原则。伟大的数学家、天文学家、地理学家穆罕默德·本·穆萨·花拉子密在托勒密研究的基础上，写下了《诸地理胜》（*Kitab Surat al Ard*）。在这本地图册中，他将世界分为七个地区，每个地区都赋予其居民一定的特征。根据这个略带自利性质的体系，第三、第四地区是最和谐、最安定的区域，其中包括阿拉伯国家、北非、伊朗和中国部分地区。不过，第六地区则全然不同，那里聚居着法兰克人、土耳其人、斯拉夫人，他们肮脏污秽，不讲卫生，不守信义，野蛮残暴，放荡下流，崇武尚斗。10世纪阿拔斯历史学家马苏第记述了当时穆斯林对欧洲人的印象："他们身材魁梧，性情粗鲁，举止粗俗，理解迟钝，不善言谈。"⁵1068年，穆斯林法官萨伊德·本·艾哈迈德（Said ibn Ahmed）在托莱多写作时，也没有手下留

104

情。他说，比起人类，粗鄙的欧洲野蛮人更像兽类，他们皮肤白皙、肥胖臃肿，没有"敏锐的洞察力，清晰的思维力；他们无知、愚蠢，没有求知欲，没有辨别力"。[6] 外界能够给与他们的最高评价也只是勇敢、训练有素。

尽管穆斯林和基督徒的世界观截然不同，但是他们也并非总是意见不一。对 11 世纪的基督徒而言，耶路撒冷城的雄伟和圣洁难以言喻；但对穆斯林而言，它只是一座小小的、冷清的、神圣的小城镇。尽管规模不大，但历史赋予这座城市的神圣性让它从众城之中脱颖而出，自成一类。

105　　　耶路撒冷和大马士革一样，也是一个可以重复书写的羊皮纸卷，世界上三大宗教都在这里写下了自己的故事。它是三大天启宗教的奠基人——亚伯拉罕的城市，是大卫王、耶稣、玛利亚的城市。它是第一圣殿，又称所罗门圣殿的所在地，因而受犹太人尊崇。公元前 587 年，《圣经·旧约》中的非正统派主角、屠杀犹太人、酷爱黄金的尼布甲尼撒二世摧毁了这一圣殿。起初，这座城市的神圣性源于上帝的选民——犹太人奉行的例外主义。正如一座大厦，后来基督徒（在前）和穆斯林（在后）的奉献和建造让这一精神力量越来越强大，他们欣然接受了这种例外主义并予以强化。[7] 在所有信奉基督教的国家中，基督徒眼中最神圣的两个地方在耶路撒冷：一个是耶稣被钉十字架的骷髅地，又称各各他；另一个是耶稣复活的空坟墓。两个圣地都在圣墓教堂，最早记载基督徒来圣地朝圣的文献称它是"一座美得不可思议的教堂"。该教堂是罗马帝国第一位信奉基督教的皇帝君士坦丁于 4 世纪 20 年代建造的。[8]

对穆斯林而言，耶路撒冷是阿拉伯半岛以外最神圣的城市。伊斯兰教诞生最初的日子里，信众礼拜时的朝向是耶路撒冷，而非麦加。最重要的是，这座城市因为先知穆罕默德夜行登霄的神迹而被圣化，成为伊斯兰教的大堡垒。在夜行登霄之旅中，穆罕默德被天使吉卜利勒从麦加的禁寺带到了"最遥远的清真寺"——耶路撒冷的阿克萨清真寺，他瞥见了地狱的景象，又到了天堂，见到了所有前代先知，接近被天使环绕、端坐在宝座上的真主。这段非同寻常的夜间旅程被铭刻在岩石圆顶清真寺和阿克萨清真寺里，这两座建筑都坐落在耶路撒冷最神圣的地方——谢里夫圣地，又称尊贵禁地、圣殿山。曾经，耶路撒冷是巴勒斯坦最神圣的城市；巴勒斯坦，即圣地，又是叙利亚这片最神圣土地上最圣洁的区域。[9]

637年，穆斯林夺取了耶路撒冷。同年，东方的基督教国家在雅穆克河遭遇惨败，此后，拜占庭帝国的统治瓦解，到最后只有耶路撒冷奋力反抗。在被穆斯林围攻数月之后，巴勒斯坦和叙利亚的城市接连被哈里发的军队攻占，在得不到救济且供应极少的情况下，主教索福洛尼斯答应投降，条件是他亲自面见哈里发。因此，这个不久前刚告诫信众说"萨拉森人是不信上帝的烂泥"的男人，这位盛赞他挚爱的耶路撒冷、写下"锡安，锡安，宇宙的光"的诗人，把城门钥匙交给了穆斯林哈里发欧麦尔——这个男人一路奔赴耶路撒冷，骑着白色骆驼，在浑身污秽、因战斗而疲惫的、骑着马或骆驼的士兵们的簇拥下进入城内。[10] 对索福洛尼斯而言，这是一个毁灭性的时刻，他泪眼婆娑，回想起耶稣所说的话："你们看见先知但以理所说的，那行毁坏可憎的站在圣地。"[11] 此后不久，心碎的他就离世了。

在穆斯林占领耶路撒冷的过程中，欧麦尔克制、英勇的行为被人铭记，也与后来血淋淋的抢掠形成了对比。他要求参观圣墓教堂，却发现自己参观的时间与穆斯林礼拜的时间相冲突。主教邀请他站在原地礼拜，这位哈里发敏感地拒绝了，因为他意识到一旦自己这么做，这座教堂很快就会变成穆斯林

106

礼拜之地。于是，他在附近礼拜。今天的欧麦尔清真寺建造于 12 世纪末，就建在他当初礼拜的地方。欧麦尔要求看大卫建造的圣殿时，发现圣殿山被"基督徒放在那里恶心犹太人的粪堆"[12] 弄脏了。圣殿的平台上还散落着基督徒留下的大块石头和瓦砾，这些是 70 年被提图斯（Titus）毁坏的希律王圣殿（Herod's Temple）的残余部分。基督徒留下它们是想长久地侮辱犹太人和罗马异教徒。这正是基督徒坚信自己能在耶路撒冷所向披靡的体现（后来穆斯林也是同样自信）。正如耶稣对他的门徒所说的，"将来在这里没有一块石头留在石头上，而不被拆毁的"（《马可福音》13：2）。

欧麦尔到至圣所参观更是一个吉兆。一个皈依伊斯兰教的犹太人为他介绍了第一圣殿的奠基石，亚当犯罪之前所居乐园的位置，亚伯拉罕预备献儿子以撒的磐石，上帝所派的先知以及大卫王和所罗门王计划建造圣殿的地方。穆斯林传统上认为先知穆罕默德在夜行结束时正是在这里登霄的。在这块被阿拉伯人称为"萨赫拉"（sakhra，意为石头）的磐石的南侧，欧麦尔建造了他的第一座清真寺，而今这里耸立的是阿克萨清真寺。欧麦尔准许犹太人和基督徒继续信奉他们各自的宗教信仰，不过当时肯定有很多人皈依伊斯兰教。我们知道，起码在最开始的时候，穆斯林与基督徒共用教堂，欧麦尔也邀请犹太人与穆斯林一同在圣殿山祈祷。各宗教之间的差异远没有伊斯兰教刚诞生时那么明显。穆斯林还借用犹太人对耶路撒冷的命名，他们称这座城市为 Bait al Maqdis，意为"圣城"；称第一圣殿为 Bait ha-Miqdash，意为"圣所"。

根据阿拉伯传统，欧麦尔在大获全胜后参观耶路撒冷时，把圣墓教堂的钥匙给了先知穆罕默德的追随者、麦地那的大族、7 世纪阿拉伯征服行动的主要拥护者——努赛贝家族（Nuseibeh family）。努赛贝家族是以一位女性战士努赛贝的名字命名的，她是先知的伴侣，曾与他并肩作战。努赛贝家族自称是耶路撒冷乃至圣地最古老的家族。被欧麦尔任命为圣墓教堂的守护人后，在长达 1400 年的时间里，努赛贝家族一直扮演守护人的角色，只在第一次十字军东征的时候略有中断。直到今天，努赛贝家族的一员还会在天亮的时候举行开堂仪式，在天黑的时候关闭教堂。在圣城，各基督教派陷入纷争是常事，努赛贝家族依旧在居中调解；他们还认证一年一度的东正教"圣火降临"。在圣火仪式中，耶稣墓室里会奇迹般地冒出火焰，并点燃希腊东正教耶路撒冷牧首手中的橄榄油灯。[13]

虽然在欧麦尔治下，耶路撒冷对两大较为古老的亚伯拉罕信仰奉行宽容政策，但历史相对较短的伊斯兰教的首要地位很快得以确立。早年间，在伊斯兰教治下的耶路撒冷，新信仰的地位不断上升，靠的是兴建伊斯兰建筑和鼓励文学创作。这部分源于倭马亚王朝作为一个新兴王朝的自卑情结，他们决心要在首都大马士革和其他城市宣扬伊斯兰教，而改造所占领城市是穆斯林宣扬信仰最明显的方式。

岩石圆顶清真寺，即萨赫拉圆顶清真寺，哈里发阿卜杜勒·马利克于 692 年命人建造的杰出建筑，一下子成为伊斯兰教神圣的"萨赫拉"。它拔地而起，高耸于天际，绝妙有力地宣示着伊斯兰教的至高权力。这块长久以来被犹太人和基督徒视为圣地的地方被清扫干净，并以伊斯兰教的名义重塑一新。这一信仰先是以犹太教和基督教为基础，后来取而代之。如今影响耶路撒冷的建筑只有一座——在很多人看来它以一种异象定义着这座城市——但并不是圣墓教堂。阿拉伯人习惯戏称基督教圣地为 Qumama（意为"粪堆"），这一戏称语带双关，取自 Kanisa al Qiyama，而 Kanisa al Qiyama 在阿拉伯语中指代教堂。君士坦丁所建的圣墓教堂（绕耶稣的埋葬地而建）是宏伟的，但在耀眼的金色岩石圆顶清真寺的映衬下黯然失色。岩石圆顶清真寺俯瞰旧城，闪闪发光，照亮日夜，吸引着众人的目光。它是伊斯兰世界最早、最伟大的建筑成就之一，是穆斯林留存至今最古老的历史遗迹，在伊斯兰教建筑史上，在它之前并没有类似的建筑。中世纪的旅客来耶路撒冷常走的路线是由南到北，他们在耶路撒冷第一眼看到的便是优雅地高耸于天际的岩石圆顶清真寺。穿过城市里那一条条幽暗曲折、偶尔有一丝阳光的街巷，就来到了尊贵禁地周围开阔的区域，朝觐者的内心激动不已，只有靠近这座神圣的建筑，才能完全地、清晰地看到岩石圆顶清真寺的富丽堂皇。如日光一般明亮的白色大理石，色彩浓烈的蓝色、绿色马赛克，以及 240 多米长的铭文（铭文颂赞真主及其使者的荣耀，警示信靠他的人：虽然耶稣确是先知，是真主的"仆人"，但他既不是真主的儿子，也不是真主①）巧妙地融合在一起。

1326 年夏，在岩石圆顶清真寺建成 600 多年以后，劲头十足的摩洛哥旅行家伊本·白图泰来到耶路撒冷，立即就被它迷住了。"岩石圆顶清真寺是一座美丽、坚固、雅致、外形奇特的建筑，"他在游记《献给那些关注城市奇观和旅途奇事之人的一份珍贵的礼物》（*A Precious Gift to Those Who Contemplate the Wonders of Cities and the Marvels of Travelling*）中写道，"建筑内外的装饰都是如此华丽，工艺如此卓越，很难用文字来描述。建筑较大的部分镀上了一层黄金，每一双凝视其华美的眼睛都会因其光辉而晕眩，有时像一团光一样绚丽夺目，有时像闪电一样一闪即逝。"[14]

要凸显伊斯兰教更胜从前的荣耀，建筑虽然必不可少，但不够充分。那些盛赞这些伊斯兰城市的文字记载也同样重要。

---

① 铭文表意清晰、确定。这段铭文中五次提到了伊斯兰教的一个表述"La sharika Lahu"，即真主独一。

因此，中世纪的编年史家不惜笔墨阐述叙利亚的特殊地位，称之为"一块被真主祝福的土地"，他们将释经传统发挥到极致，试图将耶路撒冷和大马士革纳入"福地"（Al Sham）范畴，并将它们作为先知认可的新宇宙论的一部分。[15] 难道不是先知穆罕默德本人断言，称真主将美德分成了十个部分，其中九个部分在叙利亚吗？耶路撒冷的建城历史被改编，为的是呈现出其与伊斯兰教诞生地的完全的整体性。真主在创造了麦加之后，"将（麦加）与麦地那连在一起，又将麦地那与耶路撒冷连在一起，1000 年以后，他用一个简单的手势创造了整个宇宙"。[16] 后来先知吩咐他的追随者只去麦加的禁寺、麦地那的先知寺、耶路撒冷的阿克萨清真寺朝圣。耶路撒冷是记忆的宝库，也是信仰的根基，逐渐成为伊斯兰世界的中心。

109

基督徒去穆斯林治下的耶路撒冷朝圣真正始于 10 世纪，11 世纪这种朝圣仍非常常见。910 年建成的克吕尼修道院（Abbey of Cluny）位于勃艮第，很久以来都是世界上最大的基督教建筑，在从西班牙到圣地的诸多宗教圣址中，它是欧洲人朝圣的中心。得益于历任克吕尼修道院院长的鼓励，斯塔沃洛修道院院长和凡尔登伯爵分别于 990 年、997 年前往耶路撒冷。[17] 赎罪是一个激励人心的朝圣信念。因此，为了赎罪，虔诚的人，有时也会有一些残暴之人，踏上了前往耶路撒冷的漫长的朝圣之旅。其中，隐约有法国和洛林的朝圣者，人数完全超过了英国和德国的朝圣者，这反映了安茹伯爵们和诺曼底公爵们对他们的支持。1001 年，在安茹伯爵、安茹王朝的创立者、12—13 世纪英国的统治者黑富尔克（Fulk the Black）活活烧死了穿着婚纱的妻子——此前他已经将她和一个养猪倌通奸的事情公之于众——之后，他认为谨慎的做法是前往耶路撒冷朝圣。英国哈罗德国王（King Harold）的弟弟斯温·戈德湿森伯爵（Earl Sweyn Godinson）在强奸了埃德维加修道院女院长（Abbess Edwiga）后，脱掉了鞋子，赤脚去往耶路撒冷朝圣。诺曼底的罗伯特公爵（Robert Duke），征服者威廉的父亲，1035年开始了朝圣之旅，不过，和当时很多朝圣者一样，他还没到达目的地就去世了。[18] 众多圣物和遗迹几乎都位于东方，基督教的诞生地，这是耶路撒冷的一大吸引力，尽管后来的几百年里出于安全考虑，许多圣迹被陆陆续续地搬到了君士坦丁堡。

11世纪大多数时间里，耶路撒冷的人口结构都呈现出多样化和文化交融的特点，并且居民具有较高的文化素养。根据10世纪地理学家穆卡达西的记载，大部分医生和书记员都是基督徒，而银行家、皮匠和染工则都是犹太人。除了定居人口——包括众多穆斯林学者，既有本地的，也有来自伊斯兰世界各地的，朝圣的人源源不断，以至于"这座城市没有一天是没有陌生人到访的"。[19] 穆卡达西称，穆斯林、犹太人、基督徒之间的关系总体上还算友好，穆斯林也会参加基督徒的一些盛会。很多穆斯林游客都"渴望到世界的尽头寻求知识"，比如1098年到访的安达卢斯学者伊本·阿拉比（Ibn al Arabi）。他没有失望。"在三年多的时间里，我接触到了全方位的知识，深受启发。"[20]

在穆斯林治下的耶路撒冷，各宗教之间的宽容并不是一直存在的。它随着领导者热情和偏见的转换而时长时消。直到今天，一位哈里发的名字对犹太人和基督徒而言仍是一个诅咒。1009年，当先前宽容、此时精神错乱的法蒂玛王朝哈里发、什叶派的哈基姆（996—1021年在位）下令拆毁圣墓教堂的时候，灾难降临到基督徒社群。一直以来与日渐衰微的、位于巴格达的逊尼派阿拔斯王朝为敌的法蒂玛家族，在969年征服了开罗，成为埃及和耶路撒冷的主人。在颁发这个可怕的政令前，他还下令杀死埃及所有的猫和狗，肆意逮捕、处决基督徒，强制将教堂改建为清真寺。哈基姆因越来越多的基督徒朝圣者而心生烦恼，并为吵闹的复活节庆祝活动——在复活节庆祝活动上，虔诚的基督徒用不可思议的、奇迹般的圣火仪式（在仪式中，会有光和火焰从耶稣被埋葬的地方迸发出来）来庆祝耶稣的复活——感到愤怒，于是他下令将教堂夷为平地。[1] 一块石头接着一块石头地拆，圣墓教堂不复存在，直到几十年后才得以重建。

哈基姆的教派攻击并不只针对基督徒，同样被针对、被攻击的还有犹太人，根据哈基姆的政令，他们要么改变信仰，要么离开。一种怪异且残忍的做法——强迫犹太人戴上木制牛项圈——粗略地参考了亚伦为古以色列人造金牛犊的行为。基督徒则被迫戴上铁质的十字架。哈基姆还颁布了禁酒令，并且下令烧毁犹太教会堂和教堂。起初，哈基姆的行为只是基于一种狭隘的教派观念，渐渐地，他的野蛮行径波及范围越来越大、越来越变态，以至于开始无差别地攻击穆斯林，攻击逊尼派的同时也不放过什叶派，他取消斋月，并处决——通常是肢解——那些离他最近的人，其中有忠于他的导师、阿谀奉承的诗人，也有无辜的厨师和皇室成员。

1021 年，在一次夜间旅行中，他神秘消失，只留下了一头驴和沾满鲜血的衣物，他的儿子、继承人查希尔（Zahir，1021—1036 年在位）继位，成为法蒂玛王朝的哈里发。经历了哈基姆统治的血雨腥风，耶路撒冷在查希尔的统治下得以喘

---

[1] 在《罗马帝国衰亡史》（*The History of the Decline and Fall of the Roman Empire*）中，爱德华·吉本表示自己对这一神迹印象平平，不以为然地写道："这种一本正经的骗局，最初是在 9 世纪的时候被设计出来的，说拉丁语的十字军虔诚地珍视，希腊、亚美尼亚、科普特教派的神职人员每年都会重复这种仪式，他们为了自身以及统治者的利益将这种仪式强加给那些轻信的旁观者。"

息。耶路撒冷城得以重建，也恢复了宽容的氛围。尽管在一段时间里没有遭受人为破坏，但是它没能逃过自然灾害。1033年，耶路撒冷发生了地震，城市支离破碎。这场地震毁坏了拜占庭帝国修建的城墙，摧毁了倭马亚王朝修建的阿克萨清真寺，令百姓惊恐不安。"（百姓）从屋里跑到街上因为他们看到房屋和墙壁都在摇晃，木梁从墙上掉了下来，来来回回地晃"，然后房舍坍塌成一片废墟，耶路撒冷传统犹太学校的抄写员在一封信里如是写道。[21] 为了彰显他对这座城市的热爱，查希尔启动了大规模的修复工程，大致以奥斯曼帝国时期绕今天的旧城而建的城墙的样式重建了城墙，并用大量闪闪发光的新马赛克装饰岩石圆顶清真寺和阿克萨清真寺。在查希尔及其继任者穆斯坦绥尔（Mustansir，1035—1094 年在位）的领导下，耶路撒冷与拜占庭的关系得到改善。查希尔与皇帝罗曼努斯三世（Romanws Ⅲ）签署了和约，为后来重建圣墓教堂以及 1042—1048 年君士坦丁九世皇帝莫诺马库斯（Constantine Ⅸ Monomachus）重建其他圣地的基督教建筑铺平了道路。[22]

波斯诗人、哲学家、旅行家纳绥尔·霍斯鲁（Nasir-i-Khasraw）留下了对中世纪耶路撒冷的宝贵记录。1047 年，他到达耶路撒冷。当时，他刚刚开始一场长达 7 年、跨越 12000 英里的朝圣之旅，在这之前，他在梦中听到天国的声音，于是辞去了在呼罗珊的税收员的工作。他在《旅行纪事》（*Book of Travels*）里详细描述了这座拥有 2 万人口且被种满了玉米、无花果、橄榄的耕地环绕的"非常伟大的城市"，描述了城里最为神圣的穆斯林礼拜场所。霍斯鲁还称赞了那数不胜数的"高大、坚固、干净的市集"，每一个市集都有手工艺人、用石板铺成的街道，以及资助丰厚的、用"饮剂和洗剂"来医治大批病人的穆斯林医院（bimaristan）。对三大亚伯拉罕宗教的追随者而言，耶路撒冷是一个高度国际化的朝圣之地。据霍斯鲁记载，在一些年里，有 2 万名没能去麦加朝圣的穆斯林转而来到耶路撒冷，在谢里夫圣地聚集。"大量基督徒和犹太人从希腊人聚居的各个国家和地区来到耶路撒冷，为了拜访圣墓教堂和这里的犹太教会堂。"岩石圆顶清真寺铺着精美的丝毯，优雅大方，里面挤满了来朝觐的穆斯林。尊贵禁地平台周围的栏杆由绿色的、带彩斑的大理石雕刻而成，就像一块"盛开着鲜花的草地"。平台上，"像山峰一样凸起的"是有名的、遥遥可见的圆顶。霍斯鲁还热情赞美了共有 280 根大理石圆柱的阿克萨清真寺的"宏伟、美丽"，赞美了用珐琅装饰的米哈拉布壁龛，壁龛上方是一个雕刻精美的木质屋顶。他称即将重建完成的圣墓教堂，是"一个极为宽敞的建筑，能容纳 8000 人。这座宏伟建筑是用极其精湛的技艺建成的，使用了有色大理石，既有纹饰，又有雕塑。教堂里面，到处都装饰着拜占庭织锦，与壁画装饰相得益彰"。画中，耶稣骑在驴上，旁边是各位先知和先祖，如亚伯拉罕、以赛玛利、以撒、雅各，"愿平安临到众人"（霍斯鲁如是写道）。[23]

112

霍斯鲁到访几年后，1054 年，东西教会大分裂，基督教世界一分为二，这种分裂在近一千年以后仍未愈合。在一系列充满敌意的、关停彼此在君士坦丁堡和意大利南部的教堂的行动后，因令人费解的神学分歧和教会纷争，教宗利奥九世（Pope Leo IX）的教廷使节迅速将拜占庭的大牧首米海尔一世·凯鲁拉里奥斯（Michael I Celarius）逐出教会，作为报复，米海尔也将其逐出教会。自此，罗马以教宗为首的拉丁天主教徒与希腊的东正教徒彼此对立，而后者只承认君士坦丁堡的世俗和宗教领袖。对基督徒已然很有吸引力的耶路撒冷迅速成为基督教内部争夺影响力的地方。霍斯鲁记载了当地的一个传说，据说，拜占庭帝国的皇帝秘密前来朝圣，"这样就不会被他人一眼识别出来"。1059 年，君士坦丁十世·杜卡斯（Constantine

X Doukas）赞助在圣墓教堂周围开辟了一个基督教区。

1064 年，一个由 7000 人组成、以班贝格的阿诺德主教（Arnold Bishop of Bamberg）为首的德国和荷兰朝圣者群体在离耶路撒冷只有几天路程的地方，被"一个极其残暴、渴望人血的阿拉伯部落"袭击。所有听闻的基督徒，不论是东正教徒还是天主教徒，都惊恐不已。根据一位编年史作者的记载，毫无防备的朝圣者不是这些"饥饿群狼"的对手，最后被残忍地屠杀。[24] 还有一些令人悲痛的故事称朝圣者把金子吞进肚里，最后被誓要夺得金子的贪婪土匪开膛破肚。据说，当时一共有 5000 人被杀。要不是法蒂玛王朝在巴勒斯坦的总督及时带着救援队到达，整个朝圣车队都会遇害。这一血腥事件提醒着世人前往圣城的朝圣之旅充满了危险。

11 世纪 70 年代以后，圣地的不稳定进一步加剧。1071 年，由塞尔柱帝国的指挥官、"英勇的狮子"阿尔普·阿尔斯兰（Alp Arslan）领导的一支军队在曼齐克特战役（Battle of Manzikert）中彻底击溃了拜占庭的军队，双方激战的地点是今天的土耳其东部。这场战争是一场灾难性的惨败，它标志着突厥人开始在安纳托利亚占据优势地位，而拜占庭则在缓慢衰落。更屈辱的是，罗曼努斯四世·戴奥真尼斯（Romanus Ⅳ Diogenes）被捕，沦为阶下囚。

阿尔普·阿尔斯兰的将军、突厥首领阿提兹·本·阿巴克（Atsiz ibn Abaq）向南推进，围困耶路撒冷。出于对"上帝之城"的敬畏，他承诺不攻城。但这种对耶路撒冷圣洁的尊重并没有阻止他通过饥饿让其百姓于 1073 年屈服。1077 年，他再次兵临圣城城墙下，起因是耶路撒冷的百姓听闻阿提兹在埃及战败后选择叛变。这一次他并没有那么强的意愿去约束自己的士兵。最后，3000 名耶路撒冷人被屠杀，只有那些躲到尊贵禁地的人幸免于难，但代价是缴纳赎金。犹太诗人所罗门·

本·约瑟夫·哈科恩（Solomon ben Joseph Ha-Cohen）描绘了阿提兹在开罗和耶路撒冷的野蛮行径，将突厥人比作野兽、娼妓、奸夫——

> 他们……又杀又抢
>
> 强奸妇人，洗劫仓库
>
> 他们是一个陌生的、残忍的族类……
>
> 他们毁坏一个又一个城市，使之成为荒无人烟之地……
>
> 他们烧毁堆满玉米的粮仓，破坏宫殿，
>
> 砍伐树木，践踏葡萄园，
>
> 他们掘毁坟墓，丢出逝者的尸骨。[25]

阿提兹占领了耶路撒冷，但明显没能将它带入一个更加秩序井然的时代。几年后，阿提兹被杀，阿尔普·阿尔斯兰的新兴帝国土崩瓦解，成为内部争斗和冲突的牺牲品。耶路撒冷像一枚棋子一样沦落到突厥军阀奥尔图克·本·阿克萨布（Ortuq ibn Aksab）的手中，他朝圣墓教堂的穹顶射了一支箭，庆祝自己成为这座城市的主宰。尽管1093年经历了又一次叛变，但奥尔图克的儿子们一直把控着耶路撒冷，直到1098年埃及维齐尔对耶路撒冷进行了长达40天的围困，迫使它接受一位新的总督——伊夫蒂哈尔·道拉（Iftikhar al Dawla）。道拉还有一个傲慢的别称——"国家的骄傲"。

一个又一个突厥军阀和埃及领主轮番接手，对耶路撒冷城和耶路撒冷人来说多有不便，但跟即将到来的恐怖相比不值一提。

在法国克莱蒙费朗（Clermont-Ferrand）市中心的雅德广

场（Place de Jaude）有一座庞大的雕像，大胡子高卢领袖弗尔辛格托里克斯（Vercingetorix）骑在马背上，气宇轩昂地高举手中的剑，脚踩着溃败的罗马军团士兵。这座雕像下有一个牢固的底座，还有六根柱子，所以整个雕像远高于街面，俯视着公共空间。这是一个振奋人心的胜利纪念碑。雕像的底座上刻着"J'ai pris les armes pour la liberté de tous"，意思是"为了所有人的自由，我拿起了武器"。铭文的语调和雕像一样高昂。

在弗尔辛格托里克斯团结了高卢的各个部落、举兵反抗罗马后，又过了1100多年，另一位法国人于1095年11月27日站在克莱蒙，大声呼吁在场的听众拿起武器争取自由。教宗乌尔班二世（Pope Urban Ⅱ）给克莱蒙议会写信，劝告主教们和贵族们振作精神，拯救被困在圣地的基督徒。这是他对东正教会的回应，后者不顾一切地恳请他施以援手，对抗到处劫掠的塞尔柱人。

教宗乌尔班二世对严肃冷酷的议会说："我们的基督徒兄弟，在主里的弟兄在耶路撒冷、在安条克、在东方的其他城市，被折磨、被压迫、受伤害。"[26] 基督徒"在自己的土地上被当作待卖的奴隶，遭受鞭笞、流放"，承受着"难言的羞辱和奴役"。从前举行神圣的宗教仪式的教堂而今被当作马厩。东方的一些基督教城市现在并不在信奉基督教的圣洁之人手中，而是被"卑鄙、低劣的突厥人"把持着。教宗最具感染力且预示着未来灾变的一篇布道（他一共有五篇布道）是编年史家、修道士罗伯特（Robert the Monk）于1122年前后撰写的。这篇布道把圣地的穆斯林统治者称作令人不寒而栗的野蛮人，"一个完全离弃上帝的族类"。

他们用污物和秽物玷污祭坛，为基督徒施行割礼，并

将割礼流出的血抹到祭坛上或丢弃到洗礼盆中。他们兴高
采烈地将其他一些基督徒开膛破肚，取出肠子，缠到木桩
上；然后鞭打这些受害者，追着他们绕木桩跑，直到其内
脏掉出来，倒地而亡。

乌尔班号召他的追随者们加入十字军，踏上前往圣墓的
旅程，把那块上帝赐予以色列百姓的、流奶与蜜的土地从这个
"穷凶极恶的族类"手中夺回来，制止那些令人发指的行径。
耶路撒冷曾是"世界的肚脐"，是一个因耶稣的到来而闻名的
"天堂乐园"，它因耶稣同在而变得更美丽，因他所受的苦难而
变得更加神圣，因他受死而得救赎，因他被埋葬而得荣耀。这
座被不敬畏上帝的野蛮人俘虏的城市"渴望被释放，并且从未
止息地呼求你们救她脱离苦难"。而那些接受这一神圣挑战的
人"会得到天国永恒的荣耀，他们所犯的罪也会被宽恕"。这
是一个精心设计的、令人难以抗拒的提议。

朝圣的基督徒被攻击、被杀害。拜占庭的皇帝也落入穆
斯林之手。神圣的耶路撒冷在一个又一个野蛮族类的手中流
转。圣地被鲜血覆盖。为了侍奉耶稣基督，是时候果断采取行
动了。毫无疑问，这趟以耶路撒冷为目的地的史无前例的旅程
得到了上帝的许可。这趟朝圣之旅后来变成了第一次十字军东
征。骑士们和主教们为教宗的激昂陈词大声喝彩。他们大喊着：
"如神所愿！"（*Deus vult*）。

教宗乌尔班麾下或许没有很多军队，但他号召开启勇敢
征程的时机尤为巧妙。在过去几年里，伊斯兰世界接连失去
了其主要的、长期在位的领导者；开罗法蒂玛王朝哈里发穆
斯坦绥尔及其维齐尔巴德尔·贾马利（Badr al Jamali），巴
格达阿拔斯王朝哈里发穆克塔迪，塞尔柱帝国苏丹马利克沙
（Malikshah）及其维齐尔尼扎姆·穆尔克（Nizam al Mulk）

115

都逝世了。法蒂玛王朝和阿拔斯王朝的权力被严重削弱。塞尔柱帝国分崩离析。[27]

对很多中世纪的基督徒来说，耶路撒冷，正如教宗所说的那样，是世界的中心。除了城里的诸多神圣古迹，耶路撒冷城本身就是一座最为神圣的遗迹。在这里，耶稣作中保，救赎万民。它超越其他众城，是一代又一代先知和圣者精神影响力的象征。它是第一批基督徒、是基督耶稣及其使徒的城市；是基督受死、埋葬、死而复活的地方。对那些相信先知传统信仰的人来说，末后时代，最后一位君王将会在耶路撒冷加冕。难怪十字军最有名的集合口号会是《诗篇》第 79 篇中的那句"神啊，外邦人进入你的产业"了。

十字军中有出身尊贵的人，也有出身低微的人。贵族、骑士、农民、圣洁的隐士、暴徒、偏执的人、浪漫的人、古怪的人、爱冒险的人都响应乌尔班的号召加入十字军，他们身穿缝着神圣印记的衣服，团结在一起。勒皮的阿代马尔（Adhemar of Le Puy）主教是教宗委派的本次全副武装的朝圣之旅的精神领袖，也是第一个加入十字军的人，紧随其后的是图卢兹伯爵雷蒙四世（Raymond Ⅳ）。这支匆忙组就的军队的领导层不拘一格、存有分歧，他们时常内斗，偶尔也会寻求建立国度，冷酷无情且雄心勃勃。诺曼人和普罗旺斯人占据支配地位，其中包括诺曼底的罗伯特公爵、佛兰德斯的罗伯特伯爵（Robert Count of Flanders）、意大利南部莱切的坦克雷德（Tancred of Lecce）、下洛林公爵布永的戈弗雷（Godfrey of Bouillon），以及诺曼骑士塔兰托的博希蒙德（Bohemond of Taranto）。

他们前往耶路撒冷的旅程浸满了鲜血。1095 年末 1096 年初，在他们还未离开欧洲的时候，法国和德国就发生了针对犹太人的大屠杀。在耶稣遇难 1000 年后，犹太人仍因迫害耶稣而遭受责难。1097年，十字军在亚洲夺得了第一个胜利果实，即在长达1个月的围困之后，他们夺得了安纳托利亚西北的尼西亚城并把它交给拜占庭军队把守。接着，在最惨烈、饥饿难耐的围城之后，古城安条克投降了，这离十字军夺取最大的目标、结束东征不远了。在十字军军营里，一个士兵彼得·巴塞洛缪（Peter Bartholomew）看到了异象，由此得知圣枪（Holy Lance）的埋藏地。随后，他们在一座教堂下面"发现了"这一圣物，从安条克围城之战中存活下来的十字军精神为之一振，继续征战。然而，巴塞洛缪始终无法摆脱欺诈的指控，为了证明自己的清白，他只好选择经受火的考验。他踏过烧得通红的犁头，几天之后去世。

116

　　局势恶化。食物消耗殆尽。接着一场瘟疫暴发，本就已经受到重创的军队又失去了很多士兵。1098年末，在叙利亚西北部的迈拉（Maarra），离安条克以南三天路程的地方，十字军堕落到新的深渊，直到今天人们回想起这段经历都战战兢兢。"我们的军队将成年异教徒放到饭锅里煮，"编年史家、法兰克人卡昂的拉迪尔夫（Radulph of Caen）如是记载道，"他们把孩童串在烤肉扦子上，烤熟后狼吞虎咽。"[28] 这并不是敌人无凭无据的指控。他们自身也对这种嗜食同类的行为供认不讳。"我们的军队不仅以死去的突厥人和萨拉森人为食，"编年史家艾克斯的阿尔伯特（Albert of Aix）记载道，"甚至还吃了狗！"[29]

　　十字军在一封写给教宗的信中给出了正式解释，理由是饥荒。很多穆斯林却把它当作狂热行为。正如12世纪叙利亚作家奥萨马·本·穆基德（Osama ibn Munqidh）后来所写的："那些了解法兰克人的都把他们当作只在勇气和战斗热情上更胜一筹的野兽，就像在力量和攻击性上占据优势的动物一样。"[30] 除了这一可怕事件外，在迈拉，十字军还屠杀了很多男人、女人和孩童。那些幸存下来的则被当作奴隶卖掉。城墙被毁、房舍被烧。历史学家伊本·阿西尔（Ibn al Athir）声称在迈拉有 10 万人被杀，这是统计数据夸大的典型例子，因为当时整个城镇的人口不可能超过 1 万人。不管数据多少，这场屠杀的破坏性都是极强的。

逃离了这场大屠杀的难民们讲述了法兰克人的暴行，因这些故事而感到恐惧的城市，比如哈马（Hama）、霍姆斯（Homs）、的黎波里、贝鲁特、凯撒利亚、阿卡，速速与十字军达成协议，毕竟在离海岸公路不远的海面上还有一艘破旧的英国船舰给十字军壮胆。在阿苏夫（Arsuf），这支军队转入内陆，直奔 50 英里外的圣城。1099 年 6 月 3 日，在夏季气温日益升高的时候，他们夺取了拉姆拉（Ramla）。诺曼领主坦克雷德匆忙宣布对伯利恒的主权。6 月 7 日，这支筋疲力尽的军队到达了耶路撒冷，其中一些光着脚的十字军已经为既有的成就而"欣喜若狂"了。[31] 据阿吉莱尔的雷蒙（Raymond of Aguilers）——图卢兹的雷蒙（Raymond of Toulouse）帐下的一名教士——记载，到达耶路撒冷的军队共有 12000 人，其中 1200 人是骑士，剩下的更多是拿着武器的农民和非军事战斗人员。

对圣城的百姓来说，又一支军队在城外驻扎的场景格外令人胆寒。因为仅 9 个月前，这座城市在长达 40 天的极具破坏性的围困之后向法蒂玛王朝投降了。不过他们所处的境地算不上绝望。这座城池有健全的防御和相当强大的驻防力量。隔着护墙与他们对阵的军队暴露无遗，很是危险；在连续被迫行军后，他们疲惫不堪，物资极为匮乏，而各个趾高气昂的领袖之间的纷争更是把这支军队弄得四分五裂。夏季气温急剧升高，水井被填埋，供水受到限制，更严重的是，守城者和十字军很快就收到了消息，称一支庞大的埃及军队在阿夫达尔（Al

Afdal）的带领下正往这里赶，誓要消灭入侵的异教徒。十字军没有时间了。在收到另一个神圣的异象之后，十字军不再依靠毁坏城墙所需的攻城器械，而是发动了闪电般的云梯攻势。在进攻被守城者击退后，损失惨重的十字军灰溜溜地撤退了。

这次失败促使十字军想出了一个更加周全的办法，也诱发了新一轮争吵，领导层为谁应该负责攻破哪一段城墙而争论不休。经过了拖拖拉拉的争论，图卢兹的雷蒙带着他的士兵朝锡安山下锡安门附近的南段城墙推进，坦克雷德、诺曼底的罗伯特和佛兰德斯的罗伯特则在北段城墙布阵，分别负责新门和大马士革门，与此同时，戈弗雷着手在守城力量薄弱的地方建造攻城塔楼。这种两翼进攻一下子分散了驻防士兵的防御，迫使他们用稻草袋、谷壳袋、巨大的木梁、绳索，甚至挂毯和用丝绸填充的床垫等任何能帮助抵抗投石机不间断重击的东西来保护城墙。6月17日，好运再一次降临到十字军身上，热那亚人的船只到达了雅法。这些船只被拆散，拆好的木料被迅速运到耶路撒冷，并被改造成可移动的攻城器械，要不是这些器械，耶路撒冷也不会被攻占。

7月6日，气温高到了皮肤白皙的欧洲人难以忍受的地步。这时另一个神圣的异象出现了，一位神父称已故主教——勒皮的阿代马尔，前一年在安条克逝世，一位"人格可敬、永垂不朽"的人物——向他显现，号召基督教军队学着约书亚在耶利哥的样子列队绕城墙行进。[32] 众人同意禁食三天。接着，这支轻率的、被号声和十字军旗帜激励的军队跟在一队留着胡须、举着圣物的神职人员后面，开始了离奇的绕城之旅。他们每走一步，都会遭到守城者的嘲笑，不过，对后者而言，这种奇异的场景肯定会令人不安。这一次，神父在城墙根布道，正如修道院院长布尔格伊的巴尔德里克（Baldric of Bourgueil）叙述的那样，这场布道传达了此时笼罩着整个军营的兴奋和狂

118

热，传递了基督徒的使命感和责任感——

> 醒来吧，基督家庭的成员们！醒来吧，骑士们、步兵们！将那城牢牢攥在手中吧，我们的联合体！愿你们体贴基督的心意，如今他已被那城放逐，钉在十字架上……愿你们用武力让这些不敬虔的、把人钉在十字架上折磨的族群离基督远一点……如果外人将你的亲戚击倒，难道你不会为血亲报仇吗？为了你的上帝、你的父亲、你的弟兄，为了那个你眼见着被责难、被从自己的产业赶出、被钉在十字架上的人，为了那个于孤寂之中呼唤你，恳求你帮助的人，你难道不应该复仇吗？ [33]

7 月 13 日傍晚，法兰克人的军队完成了攻城的精神准备和军事准备。两座宏伟的攻城塔楼在黑夜之中隐隐出现，令人惊恐。塔楼四周盖上了新剥下来并在醋里浸过的动物皮毛，可抵挡守城者的希腊火药。坦克雷德、佛兰德斯的罗伯特和诺曼底的罗伯特将战斗位置进一步挪到了东北方，靠近布永的戈弗雷所确定的城墙防守最薄弱的地方，即希律门的东边、今天的洛克菲勒博物馆对面（洛克菲勒博物馆完全由纯白色的石灰岩建成）。[34] 戈弗雷预留了这块地方供自己发动攻击。在这场攻击中，他自命为塔楼的攻击主角。他爬到塔楼最高处，站在那里举起沉重的弩弓，朝着守城的队伍齐发削尖了头的铁质弩箭。一时间，漫天都是双方投石机发射的投掷物。

7 月 14 日，驻扎在橄榄山上的通信兵用可以反射太阳光的反光体巧妙地协调十字军同时对城北、城南的防御力量发动攻击。阿西尔记录了守城士兵如何攻击并烧毁了雷蒙设在南翼的攻城塔楼，并杀死了塔楼里的所有人。不过就在法蒂玛王朝将守城力量集中在南部的时候，戈弗雷的攻城塔楼抵挡住了投

石和希腊火的攻击，到中午时就到达了东北段城墙边上。他手
下的士兵从这里冲破壁垒、强行闯入城内，坦克雷德带领的诺
曼人紧随其后。在城市的另一侧，因攻城进程缓慢而懊恼的雷
蒙及其麾下的士兵最终凭借一股急不可耐的热情冲破了敌人的
防守，猛烈地朝着大卫塔推进。大卫塔外围的防守被攻破，大
多守卫士兵在总督伊夫蒂哈尔的领导下撤退。延伸到西段城墙
外的古老的八角形堡垒有一个用铅焊接而成的庞大底座，几乎
是坚不可摧的，但是伊夫蒂哈尔明白这座城市正在陷落。雷蒙
要求他投降以换取被俘士兵的性命，他同意了，后获准随后离
开耶路撒冷，去往阿斯卡隆（Ascalon）。

　　耶路撒冷的百姓就没有这种逃亡的机会了。城里的男人、
女人和孩子都到圣殿山这个天然的避难所避难。不过，他们在
那里并没有寻见救赎，反而被屠戮，当时的场景非常残暴、血
腥，已经不能狂热来形容了。这些暴行也不能说是敌人恶意的
宣传，因为十字军的多部编年史描绘了当时的恐怖景象。教宗
乌尔班的"基督的勇士们"（milites Christi）颂扬并沉迷于这
种暴力流血行为。阿吉莱尔的雷蒙就是其中之一，他带着接近
于得意的情绪描述了这些杀戮事件。

> 人们会看到一幅幅美妙的图景。我们的一些士兵砍
> 掉了敌人的头颅；另一些士兵用箭将敌人从塔楼上射了下
> 来；还有一些士兵把敌人扔到了大火里，折磨的时间更久
> 一些。街上堆着头颅、手脚，要踏过这些人和马的尸体，
> 就得小心地选好下脚的地方。[35]

　　耶路撒冷人没有投降的选择，也没有得到善待的希望。前
往耶路撒冷2700英里的路途中所经历的艰难和困苦都被抛诸
脑后，他们肆意杀人、掳掠。那些臭名远扬的十字军文献并没

有最大限度地减少对其不加分辨地残杀无辜之人，将婴儿扔到墙上摔死，把受害者丢到堡垒外面的行为的记述。相反，这些记述反而有一种夸大的、赞颂的语气，就好像每一个记录在案的杀人事件都增加了他们身为基督徒的荣耀一样。所以我们才得以听闻骑士们把法蒂玛王朝的士兵往岩石圆顶清真寺赶，最后赶到了阿克萨清真寺里，并在那里将他们一一砍倒，然后"骑着马蹚过齐马鞍深的血河"。对阿吉莱尔的雷蒙而言，这是"上帝公义、伟大的审判，这个地方将会流满不信之人的血"。① 一些历史学家猜想，也许这些十字军把自己当成了上帝之怒的执行者。36

11 世纪穆斯林已经把法兰克人视为野兽了。沙特尔的福尔彻（Fulcher of Chartres），作为布伦的鲍德温（Baldwin of Boulogne）的随军教士参加第一次十字军东征，他后来写下了一部编年史，将耶路撒冷的犹太人和穆斯林比作"腐烂的果实"——

> 我们的人拔出剑从城头跑到城尾；
>
> 他们没有放过任何一个人，连那些恳求饶命的人都没放过；
>
> 这些人被砍倒在地，像腐烂的果实
>
> 从摇动的枝条上坠落，像橡子从被风吹过的橡树上跌落。37

---

① 提尔的威廉（William of Tyre）是一位主教，也是一位伟大的十字军东征史撰者。他在 12 世纪发出了不一样的声音。他说这场大屠杀如此荒唐，甚至连浑身浴血的胜利者们也产生了"恐惧和厌恶的情绪"。参见 Benjamin Kedar,"The Jerusalem Massacre of July 1099 in the Western Historiography of the Crusades", *Crusades 3*, pp. 15–76。

　　据说，在尊贵禁地有1万人被杀，"其中很多人是伊玛目、穆斯林学者、正直的人和苦行者，是一些离开了本土在这片安静的地方过圣洁生活的穆斯林"。[38] 尽管后来穆斯林的文献中提到有10万人被屠杀——根据伊本·阿西尔的记载，单在阿克萨清真寺就有7万人被杀——但是现代历史学家估算的受害人数是1万人。当时为数不多的穆斯林编年史家之一伊本·卡兰西（Ibn al Qalanisi）只是简单地记载了"很多人被杀，犹太人聚集在犹太会堂里，被法兰克人活活烧死。这些人还毁坏了圣人的纪念碑和亚伯拉罕的坟墓，愿他安息"。[39]

　　坦克雷德下令饶了躲在阿克萨清真寺房顶上的300个穆斯林，然后屠杀变成了掳掠。第二天，雷蒙手下的士兵忽略坦克雷德的命令，爬上房顶，开始了又一场疯狂的杀戮。

　　"今天如果上帝喜悦，我们所有人都会变得富有"是十字军东征早期最著名的集会口号之一。现在它变成了一场混战。古老的圣殿山交出了存放在一座又一座圣殿里的大量珠宝。伊本·阿西尔提到，法兰克人有组织地从岩石圆顶清真寺上拿走了40多个银质的枝状大烛台，每个烛台价值3600迪拉姆；还拿走了一个价值44叙利亚镑的大银灯台、150个较小的银烛台、20多个金烛台以及无数其他战利品。十字军在洗劫时表现出了与杀戮时同样的疯狂，他们搜遍城里的每一寸土地，据另一个目击者说，他们"搜刮金、银、马、骡子，以及藏有各种物品的房舍"，始终处于"欢欣鼓舞，甚至喜极而泣"的状态。[40]

　　街道上堆满了尸体，血流成河。这时还未惨遭屠杀的犹太人和穆斯林被逼着将尸体挪开，丢到柴堆上焚烧。之后，这些人也被残忍地砍杀，并被付之一炬。

　　7月17日，在奉基督耶稣之名完成了杀戮之后，疲惫的骑士们擦干喜悦的泪水，寻求精神上的救赎。"随着耶路撒冷城的陷落，一幅令人满足的场景出现在圣墓教堂，朝圣者在这

121

里敬拜、拍掌，充满喜乐地为上帝唱新歌。他们的灵魂向大获全胜、欢欣鼓舞的上帝献上了无以言表的、赞美的祷告。"[41]

即使是对待同信仰的教支，法兰克人也毫不留情。新当选的耶路撒冷诺曼宗主教阿努尔夫（Arnulf）坚决维护拉丁人对这座城市最神圣的基督教场所的控制，将东正教的牧首——其中有希腊人、格鲁吉亚人、亚美尼亚人、科普特人和叙利亚人——从圣墓教堂中赶了出去。当这些牧首拒绝吐露圣十字架（True Cross）的存放地点时，阿努尔夫对他们进行了严刑拷打。

除了抢夺值钱的东西外，把俘虏当作奴隶来卖也能获利。其中最有价值的俘虏被赎回，而那些没钱赎身的人则和柴堆上的尸体一样被火焚烧。在夏季一阵又一阵的热浪中，尸体很快开始腐烂，整个城市变成了腐臭的停尸房。"噢，当时城墙周围、内外的臭味何其难闻，那是腐烂着的萨拉森人尸体的味道。"在洗劫耶路撒冷五个月后的一个满月之夜，沙特尔的福尔彻如是写道。[42]

短短数日内，耶路撒冷城被洗劫一空，城内的百姓被残忍杀害，犹太人和穆斯林的圣殿被摧毁，圣殿内的珍宝被一场愤怒的基督教风暴席卷一空。这块曾经流奶与蜜的土地这时流淌的是鲜血和腐烂的尸体。它现在急需一个新的基督教领导者。

因为候选人很多，所以十字军里那些装腔作势的领导者之间爆发了纠纷。有人推举雷蒙上位，但他拒绝了，巧妙地表明自己不配做基督之城的君王。身为围攻耶路撒冷的英雄，头发蓬乱、忠贞、独身的戈弗雷是一个敬畏上帝的上位人选，但是他拒绝做王，理由是耶稣曾在这座城里头戴荆棘王冠，所以他绝不会在这里戴金色王冠。戈弗雷转而被推举为圣墓教堂的守护人，第一个任务便是带领余下的十字军力量击退埃及援军。在阿什克伦（Ashkelon）击败援军后，耶路撒冷当下面临的威胁消失了。雷蒙偷偷溜走, 要在的黎波里创建一个新的十字军国家。的黎波里是最初的四大十字军城市——安条克、埃德萨、耶路撒冷——中的最后一个。

这些十字军城市后来被统称为海外新域(Outremer)——一个从犹太人、基督徒、穆斯林的血海中诞生的多个基督教领地的联合体。耶路撒冷落入基督教势力的手中, 与上帝为敌的敌人被正义之师摧毁, 这不亚于一个奇迹。就像那群被鼓动起来的骑士们和神职人员四年多前在克莱蒙喊的口号那样,"如神所愿!"。

122

伊斯兰世界惶恐不安。在耶路撒冷陷落后, 11世纪末12世纪初的伊拉克诗人阿布·穆扎法尔·阿比瓦尔迪(Abu Muzaffar al Abiwardi)写了一首诗, 详述了虔诚之人所遭受的耻辱, 质问穆斯林在经历这样的暴行后如何敢安睡。他以逝去的先知穆罕默德的名义, 奉劝信徒们参加圣战——

> 这是战争, 一个为了保全自身姓名而躲避纷乱的人
> 应当心怀愧疚, 咬牙切齿。
> 这是战争, 异教徒已拔出剑握在手中
> 准备再次刺进男人的脖颈里、头颅中。
> 这是战争, 那位安卧在麦地那坟墓中的人似乎
> 拔高了嗓音, 呼喊道:"哈希姆的子孙啊!
> 我看见我的百姓慢吞吞地举起刺向敌人的长矛;
> 我看见伊斯兰教依靠的柱子脆弱不堪。
> 因为害怕死亡, 穆斯林躲避战火,
> 不愿相信死亡一定会突然临到。"[43]

因耶路撒冷城被夺而悲痛欲绝、因大屠杀而深感震惊的大

马士革法官阿布·萨阿德·哈拉维（Abu Saad al Harawi）带着一群可怜的耶路撒冷难民匆匆赶到巴格达。忍着夏季的酷热在沙漠跋涉三周后，精疲力竭的哈拉维冲进了皇室宫殿。他脱去了华贵的丝质包头巾，露出为哀悼而剃过的被日光晒伤的头。看到年轻的阿拔斯哈里发穆斯塔齐尔（Al Mustazhir）慵懒地躺在睡榻上，身边环绕着一众宠臣。哈拉维失去了理智。

他愤怒地大叫："叙利亚的同胞们居无定所，要么在骆驼上流浪，要么被秃鹰吞食，你怎么敢在自以为安全的树荫下安睡，像花园里的花一样轻描淡写地度日。同胞被杀！美丽的年轻女子被玷污，只能以手遮面！难道要让勇武的阿拉伯人咽下这口气，要让英勇的波斯人忍受这奇耻大辱吗？"44

从圣城逃回的难民们讲述了自己的悲惨经历，闻者落泪。请求帮助的他们谈起了那些被杀害、被奴役的男人、女人和孩童，提起了"在那个尊贵、威严的地方"惨遭掠夺的穆斯林财产。45 二十岁出头的穆斯塔齐尔没有能力对十字军攻击伊斯兰世界的中心发起强有力的反击。他生性温和，热爱建筑、诗歌，而不是圣战和军事荣誉。听到大法官带回的消息，他流下了眼泪，然而这一反应被其尊贵的来客忽视了。后者斥责他道："穆斯林从来没被如此羞辱过，穆斯林的土地也从来没遭受过如此野蛮的蹂躏。"

和很多努力平息民众义愤的现代政客一样，穆斯塔齐尔下令调查，由七位要人负责。"也许无须赘言，但这些智者组成的委员会并未给出任何解释。"46 那个曾经象征着权势、荣耀和阿拉伯文明充沛活力的哈里发之位，如今被一个无能、好逸恶劳的木偶占据。

这不是伊斯兰世界第一次感受基督徒兵器的力道了。穆斯林社群经历过基督徒的进攻和入侵，尤其是在 9 世纪与拜占庭帝国的战争中，但是第一次十字军东征和耶路撒冷被攻陷是另一回事。他们明显的宗教动机令穆斯林的失败更难忍受。

对穆斯林而言，基督教得胜的原因不难辨识。12世纪叙利亚传教士、《圣战之书》（*Book of Jihad*）的作者阿里·本·塔希尔·萨拉米（Ali ibn Tahir al Sulami）是第一个探讨十字军东征的穆斯林作家。他写道，伊斯兰世界的领袖抛弃了他们发动圣战的职责。作为惩罚，真主让他们互相分离，让他们无力抵抗法兰克人的入侵。"统治者们彼此争斗……所以法兰克人占领了那些土地。"[47] 这是内讧后果的另一个灾难性显现。萨拉米号召穆斯林重夺耶路撒冷，但无人响应。

也许第一次和一直持续到13世纪末的数次十字军东征留下的影响最深远的后果是让基督教世界与伊斯兰世界对彼此恨之入骨。十字军东征让基督教国家与伊斯兰世界陷入了全面而激烈的冲突。对很多人来说，直到今天，新月（伊斯兰教的象征）和十字架仍然能够勾起对冲突的痛苦回忆，而这种冲突可以追溯到1000年以前的十字军东征。土耳其人从未忘记在迈拉发生的嗜食同类的行为，犹太人和信奉伊斯兰教的阿拉伯人也依然记得耶路撒冷所遭受的种种苦难。

"后来基督教和西方入侵之间形成了一种联系，对二者的混同看待一直延续到今天，"耶路撒冷人、约旦前外交大臣哈泽姆·努赛贝（Hazem Nuseibe）博士说，"我们不称之为十字军东征，而是把它叫作法兰克人的战争。我们从不把它看作是基督教和伊斯兰教之间的战争。从不——因为我们对基督教和伊斯兰教怀有同样的崇敬。但是那种混同看待仍然存在。"[48]

在十字军东征发生一千年后，在犹太人、基督徒和穆斯林的心中，耶路撒冷一如既往地神圣。对很多以色列人而言，它是"犹太人专一的、永恒的都城"。在圣地朝圣之旅中，数以百万计的基督徒仍会涌向该城。这座被三大信仰以一种不太稳定的状态共享着的城市，是世界上最有争议的城市，是一个

124

宗教战场，是一个充满竞争、世界主义、虔诚、流血冲突的地方。努赛贝说："它值得我付出一生，承载着我的梦想和愿望。它是我的家族生活了近1400年的地方，是我最亲爱的故乡。我为耶路撒冷感到极大的痛苦。它是最美的城市，但正在被有组织地杀死、毁灭。这是非常悲哀的。不过没有什么是永恒的。"

这种源自希望、绝望和无奈的情感非常能代表今天耶路撒冷穆斯林的情绪。"看，没人能在这里一直待下去，"生活在旧城的巴勒斯坦旅店老板克里斯·阿拉米（Chris Alami）说，"罗马人、突厥人待不下去，基督徒、穆斯林、犹太人待不下去，英国人也待不下去。不管他们多么有权势，多么伟大，都无法在耶路撒冷一直待下去。最终，耶路撒冷只属于耶路撒冷人。"49

法兰克人对十字军海外领土的都城——圣城的控制也没能一直持续下去。基督徒对耶路撒冷的统治只有不到100年，1099年动荡来袭，它再次陷落。其他十字军国家坚持的时间更久一点，不过在的黎波里和阿卡分别于1289年、1291年被攻陷后，这场狂热的运动就此终结。

这一切都还没有发生。第一次十字军东征最直接的后果是将耶路撒冷在穆斯林心中的地位提升到了极点。它所传达的信息非常明确，那就是穆斯林辜负了自己的使命，所以一直在痛苦地承受着真主的惩戒。一年又一年过去，还有一个信息变得同样明晰，那就是必须重新夺回耶路撒冷。

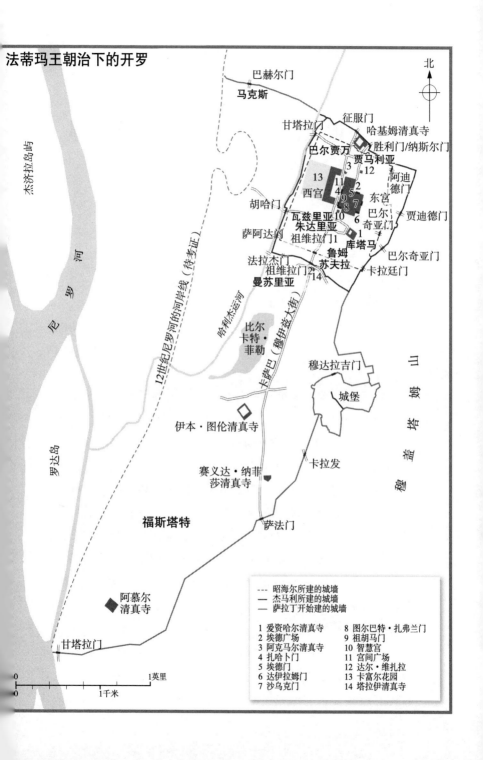

法蒂玛王朝治下的开罗

北

尼罗河

杰济拉岛屿

罗达岛

巴赫尔门

马克斯

甘塔拉门

征服门

哈基姆清真寺

巴尔贾万

胜利门/纳斯尔门

贾马利亚

12世纪尼罗河的河岸线（待考证）

13
卡富尔花园

11
3

4
西宫

2

阿迪德门

胡哈门

9 5
8 7

东宫

10

巴尔奇亚门

贾迪德门

瓦兹里亚

朱达里亚

6

萨阿达问

祖维拉门 1

库塔马

1

法拉杰门

鲁姆

巴尔奇亚门

祖维拉门 2

苏夫拉

卡拉廷门

曼苏里亚

14

哈利杰运河

比尔
卡特·
菲勒

卡萨巴（穆伊兹大街）

穆达拉吉门

穆盖塔姆山

城堡

伊本·图伦清真寺

赛义达·纳菲
莎清真寺

卡拉发

福斯塔特

萨法门

阿慕尔
清真寺

甘塔拉门

0   1英里
0   1千米

---- 昭海尔所建的城墙
—— 杰马利所建的城墙
—— 萨拉丁开始建的城墙

1 爱资哈尔清真寺
2 埃德广场
3 阿克马尔清真寺
4 扎哈卜门
5 埃德门
6 达伊拉姆门
7 沙乌克门

8 图尔巴特·扎弗兰门
9 祖胡马门
10 智慧宫
11 宫间广场
12 达尔·维扎拉
13 卡富尔花园
14 塔拉伊清真寺

6

12世纪：开罗——胜利之城

> 在过去的岁月里，面对一次又一次狂风暴雨的威胁，我们从一处流浪到另一处。但靠着慈爱的全能者，我们现在得以在这座城里找到落脚之地。
>
> ——迈蒙尼德，《迷途指津》（*Guide for the Perplexed*）

在开罗，若想领略这座城市无与伦比的壮丽全景——从其无尽蔓延、热闹喧嚣，到宣礼塔林立的景象，只能去一个地方。在海拔200米的穆盖塔姆山（Muqattam hill）山尖上，雄伟的萨拉丁城堡（Qalaa or Citadel of Saladin）已经俯瞰这座城市长达八个世纪。萨拉丁城堡由一位伊拉克库尔德人一手设计，由被俘虏来的欧洲基督徒建造，是一代又一代哈里发及其女眷，苏丹及其奴仆，以及军阀、暴徒和投机者居住的地方，是埃及首都最典型的标志之一。19世纪，时人在萨拉丁城堡内修建了带有多个圆形穹顶的穆罕默德·阿里帕夏清真寺，并修建了两座高达25米、直插云霄的宣礼塔，自此以后人们从远处就能看到这座城堡。

这些年来，我曾多次站在这些高处，凝望这座让人移不开视线、激起无尽想象的、独一无二的城市。我曾在这里勉力应对传统阿拉伯人和保守埃及人的恶与怒，也曾与持不同政见者和伊斯兰主义者，以及一位世界闻名的牙医兼小说家交谈。我遇见过希罗多德式的埃及古物学者、神情严肃的爱资哈尔（Al Azhar）长老、温文尔雅的安立甘教会（Anglican Church）领袖，还碰到过一位名不见经传的单身妈妈，她还是一个女权主义者。她给我讲了很多人、很多事，有放荡不羁、戴着面纱口交的年轻女孩，慵懒的肚皮舞者，扭腰摆胯的同性恋影星，还有冲动鲁莽的革命者和冷血的政府官僚，他们因9·11恐怖事件而幸灾乐祸，叫嚣着："我们警告过那些西方人要当心伊斯兰主义者，但没人听我们的啊。"我曾在专敲游客竹杠的开罗汗哈利利市场（Khan al Khalili）为了一件小饰品可怜兮兮地讨价还价，曾趁着月光翻越金字塔，在赫里奥波里斯（Heliopolis）吸过水烟，被热情的出租车司机追到窄巷，也曾躲避骑着轻便摩托车的埃及便衣警察，在解放广场（Midan Tahrir）的穆加马大楼（Mugamma）与埃及的官僚做无谓的斗争。解放广场位于市中心，是开罗城跳动的心脏，是卡夫卡笔下"城堡"的现实版，温度高达40℃以上。有一次，我发着高烧、裹着又湿又黏的床单困在床上48个小时，时而清醒时而昏沉，其间，四面八方传来了震耳欲聋的声响——真主至大！真主至大！（Allahu akbar!Allahu akbar!）这是这座酷热城市里的各个宣礼塔在呼唤信徒前去礼拜。这种声响在我的意识里烙下了印记。

128

我曾在香草大街（Talat Harb）各个窄小的书店和文化地标——马德布里图书馆里四处探寻，度过了很多快乐的时光。心满意足之后，我会去有名的里什咖啡馆（Café Riche）喝一杯茶。长久以来，开罗的知识分子们会聚在里什咖啡馆消磨时光，对国事失望的他们在这里聆听像法立德·阿特拉什（Farid al Atrash）和穆罕默德·阿卜杜勒·瓦哈卜（Mohammed Abd al Wahab）这样的经典低吟男歌手吟唱。

探索这座城市的历史有一条最完美的线路，沿着以"真主信仰的荣耀者"——法蒂玛王朝那位虚张声势的哈里发——命名的穆伊兹大街（Sharaa al Muizz）漫步，走到征服门（Bab al Futuh）之后，再往南走半英里多一点，就到了祖维拉门（Bab al Zuwayla），那里坐落着很多清真寺、伊斯兰学校、宣礼塔和土灰色圆形穹顶，它们是中世纪建筑风格在伊斯兰世界最集中的体现。说起来，还有哪里比卡拉法公墓群（Qarafa al Arafa）更容易让人迷路的呢？卡拉法公墓群，俗称"死人城"，是穆斯林的墓地，位于穆盖塔姆山下，绵延五英里，住在这里的既有死人又有活人。这里不仅坐落着伊玛目侯赛因清真寺，阿拉伯音乐女王、著名女歌唱家乌姆·库勒苏姆（Umm Kulthum）的陵墓，还有一些极卑微家庭的屋舍。[①]

少年时，穷困的我常在物价特别低的咖啡店磨炼自己的西洋双陆棋艺，在吧台上一直熬到凌晨，拖到不能再拖了，才会回到牛津旅店，一个热得像火炉的地方，晚上得一直与爬得极快的跳蚤、虱子、蟑螂作斗争。长大成人后，稍微富裕点的我曾短暂地享受过万豪酒店空调房的奢华，它临河而建，19 世纪时是赫迪夫伊斯梅尔（Khedive Ismail）的宫邸。人们乘着破旧的三桅小帆船和载满了妓女的内河船在尼罗河上来来往往，看城际线以外那金色的落日余晖一点一点地消失在沙漠之中。到了晚上，不朽的、平静的尼罗河会变成一片漆黑的油田，缓缓地流向北边的三角洲，岸上的灯光倒映在水中，在水面上留下了模糊的光影。我曾连续数日沉醉在埃及博物馆的阴凉之

129

---

① "历史上很少有艺术家能在这么长的时间里让如此众多的观众为之着迷。乌姆·库勒苏姆集伊迪丝·琵雅芙和玛丽亚·卡拉斯、弗兰克·辛纳屈和鲁契亚诺·帕瓦罗蒂的特质于一身。对 1.5 亿阿拉伯人来说，她是东方之星、尼罗河的夜莺、阿拉伯女歌唱家。对开罗人来说，她简直是女神。"Max Rodenbeck,Cairo: The City Victorious,pp. 328–9.

中，在这里穿越千年而非数个世纪与古老的埃及相遇。

塞缪尔·约翰逊（Samuel Johnson）说过："如果一个人厌倦了伦敦，那他一定是厌倦了生命。"不过，与埃及的首都相比，伦敦可以说是寡淡乏味了。开罗就是一个生命体。它有活力、接地气，令人无法抗拒、喘不过气又陶醉其中；它肮脏却又威严，令人备受鼓舞的同时又深感沮丧。它混乱的交通状况和数以千计的司机不停按喇叭的声音会让你失去活力。它拥挤的市场挤满了吵吵嚷嚷的购物者、用嗓过度的摊贩和世界各地的商品。它破旧却又极为宏伟，它既有英属殖民地时期的富丽堂皇，又有丑陋、庸俗、低劣的存在。它散发着臭味、汗味，拥有自己的生命活力，消耗着人的时间、精力，使人淹没其中，被全天都不会止息的人潮裹挟着前进。开罗人口2100万，随着每日上下班通勤者和给市场供货的乡村居民的涌入／流出，这个数字会上下波动，波幅数百万。这是一个生机勃勃、令人目眩、过度拥挤的特大城市。早在约翰逊博士说出那句妙语几个世纪之前，在伦敦还只是一个到处都是维京人的闭塞之地的时候，开罗就已经是世界的焦点了。在《一千零一夜》中，开罗和巴格达一样，是很多困境和奇遇的发生地。比如，在第二十八夜"犹太医生的故事"中，我们听到旅行者赞美它是地球上最美的城市——

> 没有见过开罗就不算遍览了全世界。
> 那儿的土地是金色的，
> 那儿的尼罗河是一个奇观。
> 那儿的女人眼睛明亮，仿若天堂美女；
> 那儿的房舍宫殿一般；那儿的空气轻柔，香气更胜沉香木，令人满心欢喜。
> 而这正是身为世界之母的开罗应有的样子。[1]

每次来开罗的时候，我都会回到萨拉丁城堡，或早或晚。在这座不断变化、不断扩大的城市中，它是唯一不变的，是旋涡的中心。在这座巨大的城堡中，你可以从一个极具吸引力的视角纵览开罗、尼罗河谷以及数千年的埃及历史。没有任何一个地方比这里更适合一个人在时间与空间中寻找自己的方位。透过雾霾和摩天大楼，依稀可见位于波光粼粼的尼罗河以西 10 英里的吉萨大金字塔（Great Pyramid at Giza），一座由基奥普斯（Cheops）建于公元前 2467 年的漂亮的米黄色三角形建筑。公元前 5 世纪，希罗多德游览吉萨大金字塔。于他而言，这是一座古老的建筑，他于我们而言也是一位古老的人物。再往南望去，可以看到被枣椰树环绕着、无法看清的孟斐斯（Memphis）废墟。在孟斐斯废墟之外，西郊逐渐融入了撒哈拉沙漠。撒哈拉沙漠绵延 3000 英里，一直到大西洋，在 2500 年前吞没了进攻埃及的冈比西斯的军队。

在数千年里，无数法老的游行路线都是从北面的"太阳城"赫里奥波利斯开始，到南边的孟斐斯结束，这条路线至今仍是穿越开罗城的主要交通线路。稍近一些，在萨拉丁城堡的下方，是开罗中世纪的迷宫，守护在迷宫旁的是宏伟的苏丹哈桑清真寺、伊斯兰学校及其四座错列分布的宣礼塔。苏丹哈桑清真寺和伊斯兰学校的左边是建于 9 世纪的伊本·图伦清真寺（Ibn Tulun Mosque），它那粗矮的、螺旋状的宣礼塔俯瞰着被太阳炙烤着的巨大寺院。在沿山崖修建的道路东边是一片荒芜之地，对开罗——世界上最大、人口最密集的城市而言，留有这样一片空地实在匪夷所思。这个布满碎石的平原，因修建别墅和沟渠时的部分挖掘作业而留下了沟痕，且散落着久未使用的陶瓷窑遗留的碎片，这就是帐篷之城福斯塔特（Misr al Fusta）。它是由阿拉伯将军阿慕尔·本·阿斯（Amr ibn As）

于641年在击溃拜占庭人之后建造的。在这里，在这个先前是罗马城，后为拜占庭要塞巴比伦城，最后是一片废墟的地方，伊斯兰治下开罗的故事开始了。

在阿拉伯人征服埃及后，短短100年里，福斯塔特就变成了一座大城市。10世纪的一部波斯文地理著作《世界境域志》（*Hudud al Alam*）称之为世界上最富有的城市。伊拉克旅行家和地理学家伊本·霍卡尔曾在10世纪先后两次到访福斯塔特，并十分欣赏其大型市场、商业中心以及鲜花盛开的花园和郁郁葱葱的公园。同时期的阿拉伯地理学家、我们的老朋友穆卡达西也对该城赞不绝口，他把这里熙熙攘攘的人口比作蝗虫，认为此时的福斯塔特就是以前的巴格达。"在整个伊斯兰世界里，我所知道的城市中没有一座比福斯塔特更令人印象深刻……福斯塔特已经超越了巴格达。它是伊斯兰世界的荣耀，是宇宙的商业中心。它比巴格达更宏伟，是亚洲（the Orient）的中心。"穆卡达西记录了能说明这座城市优于其他城市的一个可爱瞬间，一个至今仍能在热情洋溢的开罗人身上看到的爱炫耀的特点——

> 一天，我沿着河岸在福斯塔特城里散步，正惊叹于大量或停泊或刚刚起航的船只，一个男人和我说："先生，你知道，停泊在这个港口的，加上已经从这里扬帆驶向其他城市和聚居地的船只数不胜数，要是把这些船开回你的故乡，它们能承载全部人口、所有机械、所有石块和横梁，我甚至可以说，它们能载动整座城市。"[2]

福斯塔特周边接连出现了一些皇城和军事营区，最早的是于751年建成的"军营城"阿斯凯尔（Al Askar），最晚出

131

现的是 9 世纪 60 年代由伊本·图伦建成的"守护城"卡塔伊
（Al Qatai）。在几百年里，这些聚居区逐渐被皇城卡希拉（Al
Qahira）取代、吞并。该城建于 969 年，位于福斯塔特以北 2
英里处，是法蒂玛王朝哈里发穆伊兹·里丁·阿拉（Muizz li
Din Allah）的部下、将军昭海尔（Jawhar）所建，为的是纪
念胜利进军埃及。昭海尔将地址选在伊本·图伦清真寺以北不
远的地方，东边是海拔不断升高的穆盖塔姆山，西边紧挨着哈
利杰（Khalij）运河。该运河是图拉真（Trajan）在古埃及法
老修建的运河基础上重建的，目的是将尼罗河和红海以及阿拉
伯的圣城连接起来。这将是新的皇城，在这里居住的既有武人
/ 军人，又有文人 / 行政人员。³昭海尔率领一支 10 万人的部
队从突尼斯出发，席卷而来，到达埃及的时候引起了轰动。他
带了 1200 个装满钱的箱子，以及无数驮着大块金磨盘的骆驼。
他发布了一则公告，承诺尊重所有埃及人信仰自由，无论他们
是逊尼派穆斯林、基督徒还是犹太教徒。这为法蒂玛王朝接下
来 200 年的宗教宽容定了基调。

　　Al Qahira（卡希拉）是"胜利"的意思，欧洲人从
Qahira 的发音中衍生出了 Cahere、Caire、Cairo。关于该城
的兴建有诸多传说。根据其中一个传说，Al Qahira 这一名字
源自火星（Al Qahir），因为破土动工的时候火星高悬——宫
廷星相学家判定这是最吉利的时候。另一个传说称穆伊兹·里
丁·阿拉命令昭海尔建造一座未来将会统管整个世界的城市，
名叫卡希拉城。时至今日，对埃及首都和伊斯兰世界而言，于
972 年修建的爱资哈尔（Al Azhar，在阿拉伯语中有辉煌灿烂
之意）具有深远的意义。它是一个宣教中心，旨在促进少数教
派什叶派的传播与发展。此外，它还是法蒂玛王朝治下开罗的

第一座清真寺和宗教大学。①

953年,法蒂玛王朝第四任哈里发穆伊兹继任其父曼苏尔(Al Mansur)之位。在二十多岁的时候,他就控制了大片区域,包括今天摩洛哥、阿尔及利亚和突尼斯的大部分领土。在取代了曾经强大的阿拔斯王朝成为埃及的主人之后,没怎么打就获胜的穆伊兹下定决心要将帝国首都搬到这里,他要以最豪华的仪仗入城。972年(或973年),穆伊兹骑着马走在由大象开道的豪华仪仗前面,仪仗中还有三位前任哈里发的灵柩;而后,他下马,在开斋节上带领众人礼拜,结束封斋,并进行主麻日的劝善讲演,然后骑马随仪仗前往宫殿。在那里,他坐上了金色宝座,正式接管这座城市。据官方说法,法蒂玛王朝自称先知穆罕默德的女儿法蒂玛和哈里发阿里的后裔。因而,法蒂玛政权呈现的是与阿拔斯王朝正统逊尼派统治果断且颇具争议性的决裂。按非官方说法,法蒂玛王朝的合法性归根结底源自权力和金钱。当开罗人质疑其继任哈里发的合法性时,穆伊兹只是拔出剑,说:"这就是我的血统。"然后伸手从钱袋中抓出一把金币扔在地上,称:"而这就是我的凭证。"⁴

穆伊兹继任哈里发在中东地区产生了深远巨大的影响。历时近1000年,埃及再次成为一个主权国家。从这时开始,一直到550多年后被奥斯曼征服,以福斯塔特–开罗这座不断扩大、融合的城市为首都的埃及始终走在穆斯林社群的前列。后来,法蒂玛王朝的统治范围逐渐囊括了北非以及麦加、麦地那、耶路撒冷三座圣城,并且向东扩至伊拉克的底格里斯河流域,往西到达西西里岛海岸,南至也门,北至土耳其南部的托

① 法蒂玛王朝前三个首都都设在今天的突尼斯,最初设在凯鲁万(Qairouan)西南方的拉卡达(Raqqada, 909—921年),然后搬到马赫迪耶(Mahdia, 921—948年),后来又搬到曼苏里亚(Al Mansuriya, 948—972年)。

罗斯山脉。

穆伊兹（953—975年在位）确定了一套清晰的法蒂玛王朝战略，那就是行政改革、宗教宽容、以贸易促进经济复苏，他的儿子阿齐兹（Aziz，975—996年在位）延续了这一战略。从红海到大西洋，在伊斯兰世界的大部分地区，穆斯林都会在主麻日的宣礼词中提到阿齐兹。[1] 阿齐兹确信自己可以战胜巴格达的阿拔斯王朝哈里发，以至于花了200万第纳尔修建了一座镀金宫殿，准备让被他俘虏的伊拉克人居住。但他最终未能如愿。前文已经讨论过哈里发哈基姆（996—1021年在位）疯狂迫害犹太教徒、基督徒、穆斯林的行为。以他为首的哈里发政权没有延续法蒂玛王朝宽容、多元的统治。任意处决奴隶、宫臣、妃嫔、犹太教徒、基督徒、穆斯林和任何惹哈里发不快的人，频繁发生。1027年，在狂热追随者的怂恿下，哈基姆称自己是真主的化身。他的这一行为影响深远，最终导致一个新教派的诞生。[2] 从此以后，法蒂玛王朝的哈里发既是王朝的统治者又是伊斯兰教的伊玛目，是信教者的世俗和精神领袖。[3]

在哈基姆治下，开罗一片黑暗，而智慧宫（Dar al Hikma）的修建是一个亮点。埃及智慧宫类似于巴格达的智慧宫，建于1005年，建成后它很快变成了天文学、医药学、宗教的重

---

① 根据10世纪法蒂玛王朝手稿《会议和旅行札记》(*Kitab al Majalis wa'l Musayarat*)的记载，953年，穆伊兹命人制造了世界上第一支钢笔，这让他为世人所铭记：我们希望能造一支自带墨管、不依赖墨盒的写字笔。使用者可以在笔管中灌满墨水，任意写字。使用者可以把这种笔放到袖子里或其他任何地方，不用担心它会弄脏衣袖或者滴墨。只有使用者想要用它写字的时候，墨水才会流出。

② 11世纪传教士达拉齐（Al Darazi）接受了"哈里发为真主的化身"这一新教条。它在黎巴嫩和叙利亚扎根，其追随者也被称为德鲁兹派。

③ 伊斯玛仪派是什叶派的一个小分支，和什叶派最大的分支——十二伊玛目派（Twelvers）有很大不同。十二伊玛目派相信有十二位真主授权的伊玛目，第十二位是穆罕默德·马赫迪，有一天，这位隐遁的伊玛目将会重现人世，而伊斯玛仪派认为伊玛目位继承自第七代伊玛目伊斯玛仪·贾法尔，并以他的名字为教派命名。

要研究中心。穆萨比希（Al Musabbihi），宫廷编年史家、哈里发哈基姆的朋友，描述了《古兰经》诵读者、法学家、天文学家、语法学家、数学家、逻辑学家、语文学家和医学家所做的演讲，他们当中很多人是哈里发花重金请来的。智慧宫面向"各行各业的人"开放。严谨的学者和业余书籍爱好者都可以阅读、抄写这里的书籍，免费使用墨水、书写用的芦苇秆、纸张和墨水台。智慧宫有约 10 万册"涵盖科学和文化各个领域的手稿"，历史学家伊本·阿比·泰伊（Ibn Abi Tayyi）称，它是一个"世界奇迹"。[5] 智慧宫最大的成就是新历表（zij）。它是由艾哈迈德·本·尤努斯·哈基米（Ahmed ibn Yunus al Hakimi）编制的一部天文表，与 9 世纪求知欲旺盛的哈里发马蒙授意编制的那些历表相比，有实质性的进步。当时最负盛名的学者是伊本·海赛姆（Ibn Haytham），光学之父、理论物理学先驱，中世纪欧洲人称之为阿尔哈曾（Alhazen）。此外，还有眼科医师阿马尔·本·阿里（Ammar ibn Ali），在治疗白内障方面，他是一位创新者。一百多年后，哈里发阿米尔（1101—1130 年在位）在离西宫不远的地方建造了知识宫（Dar al Ilm）。

波斯诗人、哲学家、旅行家纳绥尔·霍斯鲁在 1047 年游历耶路撒冷后留下了极为珍贵的记载，同样，在一年后，他留下了关于福斯塔特和开罗令人陶醉的描述。他详细描绘了卡纳迪勒市场（Suq al Qanadil，灯具市场），以及市场上琳琅满目的商品。它是独一无二的，集中了世界各地最稀有、最珍贵的商品，霍斯鲁如是写道。那里有用玳瑁制成的棺材、梳子和刀柄，有被技艺娴熟的工匠制作的镶有水晶的精美制品，有来自桑给巴尔的巨大的象牙，有来自阿比西尼亚、用于制作奢华拖鞋的牛皮，有来自大马士革、乍一看像金具一样闪亮的铜花瓶。霍斯鲁列出了 12 月的一天在这个市场上看到的各种商品：

134

玫瑰、百合、橘子、柠檬、葡萄、苹果、椰枣、甘蔗、葫芦、大蒜、洋葱、胡萝卜，以及其他很多水果、鲜花、蔬菜。他尤其喜爱精美的彩色陶瓷，"如此精致透明，甚至可以透过花瓶的瓶身看到放在花瓶后面的手"。[6]

据霍斯鲁记载，建成不到100年，"开罗就已经是一座大城了，少有城市可与之相比"。[7]当时，开罗有8座壮观的清真寺，福斯塔特也有8座。霍斯鲁估计在苏丹治下，开罗的商铺多达2万个，福斯塔特的民居也有2万栋。哈里发的宫殿里随从多达3万人，其中侍从12000人，步卫兵、骑卫兵1000人。霍斯鲁笔下最值得注意的一个景象是福斯塔特城内7层到9层楼高的公共房舍，它们是1000年后开罗城摩天住宅大楼的前身。他记载了一位住在7层的居民在露台上布置了一个花园，并安装了一个用牛驱动的水车，可以将水从1层引上来浇灌橘树、香蕉树和其他果树。霍斯鲁的记载不是马可·波罗式的幻想。伊本·卡尔和穆卡达西都印证了他的描述，他们也提到开罗有7层楼高的房舍。法蒂玛王朝治下的开罗是一个奇迹，后来变成了伊斯兰世界最大的城市。它是建筑创新和垂直高度的胜利，曼哈顿出现摩天大楼的1000年前，高层大楼的生活方式在开罗早已司空见惯了。

在这座有城墙围着的帝国首都中心，坐落着两座豪华宫殿。大东宫（The Great Eastern Palace）是历任统治者不断扩建后的建筑群，它占地面积超过9公顷，配置奢华——拥有9个大门、4000个房间、朝西的正面长达345米。宫殿里有多座花园，饲养着一些珍稀鸟类和外来动物。每天，14只骆驼会将西奈山的雪驮至宫廷的大小厨房，在那里，50位厨师为哈里发准备他特别喜爱的美味。东宫的对面是略小一些的西宫，这种设计是为了给宫间广场（Bayn al Qasrayn）提供空间。宫间，字面意义"在两个宫殿中间"，是255米长、105米宽的步行广场，是举行盛大的法蒂玛王朝仪式的重要场所，大到可以容纳 1 万骑兵。卡萨巴（Qasaba），也就是今天的穆伊兹大街，是一条贯通全城的南北向街道，连接北边的征服门和南边的祖维拉门，最终与宫间街交会。爱资哈尔位于智慧宫的东南方，大东宫的南面。

135

开罗繁荣的背后有怎样的促因呢？答案是贸易。969—1171 年，在法蒂玛王朝统治的 200 年间，福斯塔特和开罗一起变成了西方的大转运港，成为地中海和印度商业往来的主要参与者。在对开罗的研究中，马克斯·罗登贝克（Max Rodenbeck）提到了阿拉伯贸易术语是如何通过跨大陆的商业联系逐步渗透到英语中的——

比如，fustian——一种耐磨的、用棉线（cotton）和福斯塔特产的亚麻制成的混合织物——源自阿拉伯语中的qutn。再比如，dimity 指的是源自杜姆亚特（Damietta）的凸花条纹布，damask 指的是源自大马士革（Damascus）的织锦，gauze 指的是源自加沙（Gaza）的纱布，muslin 指的是源自摩苏尔（Mosul）的平纹细布，而 tabby 指代的是来自巴格达的波纹绸。此外，还有指代柔软马海毛的 mohair，指代精致雪纺绸的 chiffon，有 camisole（女士贴身背心）、ream（令，纸张的计数单位）、sash（腰带）、sequin（亮片）、mattress（床垫）、sofa（沙发）。一艘离开福斯塔特的船可能载有一罐罐（jars）樟脑（camphor）、syrup（糖浆）、sherbet（果子露）、sugar（糖）、candy（糖果），以及 cinnabar（朱砂）、caraway（葛缕子）、carob（角豆粉）、cumin（小茴香）、sesame（芝麻）等香料，满船的货物足以盛满一个 magazine（仓库）或 arsenal（工厂），而这些货物肯定需要缴纳相当数额的 tariff（税）。一位 calibre（能力）极强的 admiral（海军上将）可能是这艘船的指挥。在查询了历书（almanac）、喝了一玻璃瓶（carafe）装满了茉莉花精华的圣水（an elixir of attar of jasmine）后，在太阳升到最高处（zenith）的时候，他会一边听着鲁特琴（lute），一边在后桅杆前，命人以轻柔的棒击（drubbing）按摩（massage）他的身体。8①

全世界的商品和商人涌入开罗。福斯塔特犹太社群留下的格尼扎文书（Geniza document）或许是这一时期最好的文献资料。格尼扎文书以本·埃兹拉犹太教堂（Ben Ezra Synagogue）的储藏室（geniza）命名。在近 1000 年里，犹太人会按照惯例将以上帝的名义起草的文献资料存放在那里。格尼扎文书有 25 万多卷，1896—1897 年，学者所罗门·谢克特（Solomon Schechter）查验了这些文书，并将其中的 19.3 万卷带到了剑桥。大多数文书记载的是 11 世纪初期到 13 世纪后期的事情，对中世纪生活在地中海地区的犹太人进行了

---

① Mohair 源自阿拉伯语的 mukhayyar，原意为精选的；chiffon 源自阿拉伯语的 shafaf，愿意为透明的；camisole 源自阿拉伯语的 qamis；ream 源自阿拉伯语的 ruzma；sash 源自阿拉伯语的 shash；sequin 源自阿拉伯语的 sikka；mattress 源自阿拉伯语的 matraha；sofa 源自阿拉伯语的 suffa；jar 源自阿拉伯语的 jarra；camphor 源自阿拉伯语的 kafur；syrup 源自阿拉伯语的 sharab；sherbe 源自阿拉伯语的 sharbat；sugar 源自阿拉伯语的 sukkar；candy 源自阿拉伯语的 qandi；cinnabar 源自阿拉伯语的 zunjufr；caraway 源自阿拉伯语的 karawiya；carob 源自阿拉伯语的 kharrub；cumin 源自阿拉伯语的 kammun；sesame 源自阿拉伯语的 simsim；magazine 源自阿拉伯语的 makhzan；arsenal 源自阿拉伯语的 dar al sinaa，意为"工厂"；tariff 源自阿拉伯语的 taarifa；admiral 源自阿拉伯语的 amir al bahr，意为海军主将；almanac 源自阿拉伯语的 al manakh；carafe 源自阿拉伯语的 gharrafa；elixir 源自阿拉伯语的 al iksr；attar 源自阿拉伯语的 itr；jasmine 源自阿拉伯语的 yasmin；zenith 源自阿拉伯语的 samat；massage 源自阿拉伯语的 asaha；drub 源自阿拉伯语的 daraba；mizzen 源自阿拉伯语的 mizan；lute 源自阿拉伯语的 al oud。

尤为丰富的描述。除了一些意料之中的宗教作品，如经书、祈祷书、犹太律法概要之外，还有婚约，离婚契约，论述苏非派、什叶派思想的短文，阿拉伯寓言故事，医书以及大量日常文书。[9]还有许多有趣的小插曲和轶事，比如 12 世纪一位教师写给学生父亲的书信，告诉他，他那勤奋的儿子在功课上取得了很大进步，但遗憾的是同班同学砸碎了他的木质写字板。[10]格尼扎文书还披露了一点，即犹太人、基督徒和穆斯林共同生活在福斯塔特，而不是单独生活在飞地或犹太社区。

格尼扎文书中的商业契约、书信、购物清单、装船明细，以及关税、赋税信息揭示了那个时代的贸易全球化和商业活力。福斯塔特与非洲和欧洲、安达卢斯、撒马尔罕和锡兰（Ceylon）都有联系。这些文书描写福斯塔特的市场上堆满了来自西班牙的丝质包头巾，来自阿比西尼亚和欧洲的女奴，还有埃及的亚麻织品，耶路撒冷和巴勒贝克（Baalbek）的芝士，也门的床垫，阿比西尼亚的鸵鸟毛皮，亚美尼亚的地毯，中国的精美瓷器和丝绸，突尼斯斯法克斯的肥皂、藏红花、胶水、树脂，大马士革的铁剑，塔巴里斯坦（Tabaristan）的织锦和家居装饰品，阿拉伯海的珍珠，波罗的海的琥珀，印度的柚木家具，摩苏尔的铜。至于法蒂玛王朝哈里发的藏品，14世纪的埃及历史学家马克里齐（Maqrizi）记载了许多无价的宝石、水晶花瓶、琥珀杯、钢镜、金盘子、象牙墨水台、瓶装麝香、饰有珠宝的剑和匕首、刺绣精美的布料。据高级官员伊本·赛拉斐（Ibn al Sayrafi）称，维齐尔伊本·基利斯（Ibn Killis），一位来自伊拉克皈依伊斯兰教的犹太人，在 991 年去世后留下了价值高达 50 万第纳尔的亚麻和布匹。[11]

埃及人抱怨政府效率低下，可谓家喻户晓。我的老友埃萨姆（Essam）是个工程师，他说："我的天！埃及所有不好的都集中在那栋建筑里。"他指的是那个声名狼藉的穆加马大楼——"折磨人的官僚政治体系"的神经中枢，一个令埃及人痛苦了几十年的存在。[12] 但它早年间并不是这样。

法蒂玛王朝治下的开罗，因为有一个非常高效的行政和税收体系，所以帝国繁华之景司空见惯。据说哈里发阿齐兹（975—996 年在位）在三天之内筹集了 22 万第纳尔，其价值约等于 1 吨精炼黄金。重要的是，当时，整个地区的贸易并不依赖和谐的政治、外交关系，这一点不论在过去还是现在都匪夷所思。毕竟法蒂玛王朝是一个非正统的什叶派国家，在一个几乎都是正统逊尼派的世界里，政治外交关系难免会时好时坏。不过，即便逊尼派治下的突尼斯和法蒂玛治下的埃及对战的时候，商人们还是能够自由往来。

137   生活在中世纪的穆斯林或许看不上欧洲异教徒野蛮的行事方式，却不反对跟他们做生意。从 996 年开始，海上共和国阿马尔菲（Amalfi）在福斯塔特设有常驻代表，而那些热衷贸易的热那亚人和威尼斯人都正式获得了在埃及经商的权利。1143年，埃及与西西里岛的罗杰二世（Roger Ⅱ）签订了一项贸易协定。大约同一时期，比萨的商人们获得了行馆（funduq）的使用权。在开罗铸造的法蒂玛第纳尔金币成为标准的国际货币，并且在两个世纪里，在中东、欧洲和非洲一直保持其价值。

虽然贸易是法蒂玛王朝治下开罗的生命线，但宽容才是它的心跳。贸易和宽容是同一枚硬币的正反面。阿齐兹时代的一首讽刺短诗劝诫穆斯林"成为一个基督徒，因为基督教是真正的宗教，在今天，这是一个清楚明白的道理。要相信三个人，忘却其他所有人：圣父是维齐尔雅库布，圣子是阿齐兹，圣灵是法德勒"。[13] 法蒂玛王朝哈里发穆斯坦绥尔（1035—1094年在位）是埃及在位时间最长的穆斯林统治者，在统治下，犹太人和基督徒不断被提拔担任高级官员，以至于招致穆斯林的忿恨, 这种情绪偶尔会以文字的形式流露出来。诗人里达·本·萨瓦卜 (Rida ibn Thawb) 写了下面这首讽刺短诗——

> 现如今犹太人实现了他们的梦想
> 他们变得富有, 位居高位……
> 哦, 埃及人啊! 我奉劝你们
> 改信犹太教吧, 因为天堂已经变成犹太人的了! [14]

亚美尼亚人巴德尔·贾迈利 (Badr al Jamali) 是一个基督徒, 于 1073—1094 年担任维齐尔, 在这期间, 他坚持不懈地推举其他基督徒任职高位。后来, 亚美尼亚社群受到历任哈里发的高度重视。哈里发哈菲兹 (Hafiz, 1130—1149 年在位) 喜欢每周听两次亚美尼亚大牧首的演讲, 他的继任者们喜欢在科普特修道院安静的花园中休养, 在那里, 热情的修道士们会给予细致的照顾。作为回馈, 皇室也慷慨地给予资助, 供修道院和教会使用。

在一个以逊尼派占大多数的地区, 法蒂玛皇室身为占少数的伊斯玛仪什叶派, 对宗教迫害的危险非常敏感。1136 年, 哈里发哈菲兹颁布了一道敕令, 充分体现了法蒂玛王朝对其他宗教信仰的宽容和尊重。在现代读者看来, 它在当时是非常进步的——

> 我们认为我们应当广泛传播公平、仁爱的职责, 以慈爱、怜悯接纳不同的信仰群体。提高生活条件的举措应当惠及穆斯林及非穆斯林, 应当为非穆斯林提供他们所需的一切, 以维护和平、稳定。[15]

宽容、开放是法蒂玛王朝治下的开罗在政治、经济上大获

138

成功的主要因素，是其根基，货物和思想因此得以在帝国内外自由流动。

格尼扎文书为当时在法蒂玛开罗盛行的世界主义提供了文本证据，开罗的建筑则提供了更伟大的证明。10 世纪末，得益于新王朝皇室的自负，一种新的建筑风格应运而生。开罗从前受巴格达阿拔斯王朝统治，是一个需要纳贡的省，现在变成了成熟的、拥有自己的皇城且能与阿拔斯王朝匹敌的哈里发国，所以，理所当然，需要用一种宏大的风格来呈现这种地位变化。法蒂玛王朝选择融合一些自认为最好的，源自伊朗、伊拉克、拜占庭、叙利亚的建筑形式和风格，形成与从前简单、质朴的建筑式样截然不同的原创设计。伊朗建筑风格的影响主要体现在穹顶和圆顶上，叙利亚建筑风格的影响主要体现在用石块建造大门和宣礼塔，早已被统治大马士革和科尔多瓦的倭马亚王朝照搬照用的拜占庭装饰风格也在有贝壳图案装饰的壁龛上体现出来。在法蒂玛王朝治下的开罗，清真寺的正面是与街道平行的，这种独特的建筑设计第一次出现是装饰奢华的阿克马尔清真寺（Aqmar）。与被称为"熏香炉"（Mabkhara）的式样相比，宣礼塔的外观也发生了很大的变化。"熏香炉"这一绰号源自宣礼塔的外观，有棱纹的、头盔似的圆顶坐落在圆形或八角形的柱身上，下方是支撑柱身的矩形柱基；在多次听闻哈里发哈基姆命人在宣礼塔中焚香、熏染清真寺的故事后，东方学者理查德·伯顿爵士（Sir Richard Burton）首次使用了"熏香炉"这个昵称。

用石块、灰泥、木材建成的公共建筑物上爬满了繁复的几何和花卉图案，以及蔓藤花纹，其丰富和复杂精细程度在伊斯兰世界前所未见。或许是为了争取占多数的逊尼派和占少数的什叶派，法蒂玛王朝为受两个教派尊崇的圣人建造了圣陵，如赛义达·纳菲莎（Sayyida Nafisa）、赛义达·鲁卡亚

（Sayyida Ruqaya）、赛义达·扎伊纳卜（Sayyida Zaynab）、
伊玛目侯赛因。1153 年，伊玛目侯赛因的头颅被从阿什克伦
带到了开罗，并安葬在紧挨着汗哈利利市场的侯赛因清真寺，
一直到今天。尽管法蒂玛王朝最美的建筑——皇室宫殿群——
早已消失，但我们在一些清真寺中依旧可以看到其宏伟的建筑
风格，比如哈基姆清真寺、阿克马尔清真寺、萨利赫·塔拉伊
（Salih Talaai）清真寺，以及法蒂玛王朝建于 1087—1092 年
的三座巨大的古门遗迹：胜利门（Bab al Nasr）的矩形石塔；　139
征服门的圆形塔楼，以及供守城人向进攻者投掷石块、手雷、
燃烧油料的通道；还有无可匹敌的祖维拉门。祖维拉门有两座
宣礼塔和用来悬挂示众头颅的壁垒，直到 19 世纪壁垒有时还
会悬首示众。祖维拉门还是欣赏古开罗城的最佳地点之一。[16]
巴德尔·贾迈利在做维齐尔的时候，果断对开罗的防御性建筑
进行了升级，他主持修建的高大城墙和加固城门提供了第二层
保护，他的建筑风格体现了受雇的亚美尼亚和叙利亚建筑师的
审美和习惯。他引进了一种在巴格达难以找到的石材，这是让
埃及首都历久弥新的建筑创举。

　　11 世纪晚期，法蒂玛王朝的中心再次出现了动荡。干旱
及随之而来的饥荒迅速引发了大灾难，又被称为 1065—1072
年穆斯坦绥尔危机，这场危机让埃及大部分地区陷入衰落。古
希腊历史学家希罗多德曾写道，埃及是"尼罗河的赠礼"。这
条河虽然慷慨却反复无常，今年带来慷慨的馈赠，明年可能就
是痛苦和死亡。从法老执政之时起，统治者就一直在密切关注
河水水位。今天，在罗达岛的南端依旧矗立着一个精密的水位
测量标尺，这是穆斯林在征服埃及之后建造的。夏季汛期的最
佳水位是 16 腕尺（每腕尺约等于 50 厘米），保持这个水位相
当于保住了不错的农业产出、政府税收和粮食价格。水位低于
16 腕尺意味着开罗会面临干旱、饥荒的威胁，而瘟疫、动乱、

犯罪活动往往会随之出现。水位高于 16 腕尺意味着开罗可能会遭遇毁灭性的洪水灾害。据历史学家马苏第所说，埃及人用司管陵墓的天使蒙卡尔（Munkar）和纳基尔（Nakir）来分别指代 13 腕尺和 14 腕尺的水位。自 1065 年开始，饥荒如期而至，基本食物的价格飙升。同时，那些吃过马、驴、猫和狗的饥饿的贫苦人堕落到了新的底点。马克里齐写道："他们吃掉了太多的猫和狗，连狗都变得极其少见了。""情况恶化到出现了人吃人的现象。"据说，有些人会站在自家露台上"钓"街上的人肉，他们拿绳子吊着肉钩"钩"那些不警惕的过路人。

140

时运不济的穆斯坦绥尔身败名裂，堕落到变卖珠宝的地步，到最后他的皇位变成了一张铺在地上的旧地毯，而他只得依靠一个学者家族的救济。他声名日下，皇室的女眷离他而去，只剩下三名奴仆。那个曾经饲养了 10000 匹毛色发亮的马匹的皇家马厩里，现在只剩 3 匹可怜的、肮脏的牲畜。政治动荡频发。1062—1066 年，先后有 22 位维齐尔上位。大批犹太人移居国外，给宗教机构的捐赠也停止了。福斯塔特的多座房舍被遗弃。拿不到军饷、俸禄的士兵和官员将哈里发的宫殿、国库、图书馆洗劫一空。智慧宫里"无数精美得难以名状的书籍"被偷走。奴隶和女仆将那些不是很贵重的书卷的封面扒下来做成凉鞋，将内页撕掉或焚毁。突厥士兵抢走了 18000 册科学书卷，以及 2400 卷宝贵的、因有金银饰物而闪闪发光的《古兰经》手稿。仅一天内，就有 25 只骆驼驮着从哈里发宫殿抢来的书，运往维齐尔阿布·法拉杰（Abu al Faraj）的宅邸，这些书后来又被他人偷走了。一位将军以 500 第纳尔的低价买走了价值 30 万第纳尔的绿宝石。[17]

如果说开罗这块狭小之地呈现的是一片凄凉景象，那么整个地区的局面也好不到哪里去。法蒂玛王朝正在瓦解。11 世纪中期以后，巴巴里属地脱离了法蒂玛王朝的统治。接着，1076

年，法蒂玛王朝所有的一块更大的土地叙利亚，被塞尔柱王朝夺走，导致政府损失了一大笔收入——约 150 万—260 万第纳尔。失去了这个壁垒，埃及的东面瞬间暴露在危险之下，1099年圣地的十字军入侵和耶路撒冷的劫掠令威胁变成了现实。

虽然法蒂玛王朝在很多方面都极为出色，但还是无法摆脱历史的力量。在 14 世纪伟大的阿拉伯历史学家、研究帝国兴衰的大理论家伊本·赫勒敦看来，埃及王朝先是在有魄力、有干劲的创始者的领导下迅速崛起——就像在它之前出现的大马士革的倭马亚王朝和巴格达的阿拔斯王朝一样——然后又不可避免地失去活力、被边缘化。1021 年哈基姆去世后的 8 位哈里发大多是幼年继位，不得不受制于野心极强的维齐尔，后者与各派（有埃及人、柏柏尔人、突厥人、苏丹人）的军事领袖争夺影响力。从 1135 年开始，逊尼派对信奉异端的法蒂玛王朝的反抗变得如此坚决，以至于传播正统伊斯兰信仰的新的伊斯兰学校开始出现。12 世纪中期以后，外部的威胁越来越大。1149 年，基督教势力洗劫了亚历山大和杜姆亚特两个港口城市。五年后，突厥统治者努尔丁，意即"信仰之光"，夺取了大马士革的统治权，直面开罗。接着，在 1167 年，神圣罗马帝国皇帝腓特烈巴巴罗萨（Frederick Barbarossa）在蒙泰波尔齐战役（Monte Porzio）中打败了教宗亚历山大三世的部队，开罗城岌岌可危。

141

同年一个春日的早晨，两个基督教骑士带着公务骑马进入开罗城，一位是来自凯撒利亚的医院骑士团成员休爵士，另一位是耶路撒冷国王阿马尔里克一世的使臣、圣殿骑士团成员杰弗里·富尔彻爵士。他们此行是为了达成一项将会给法兰克人带来荣耀、给法蒂玛王朝统治下的埃及带来羞辱的协议。此前，一支基督教军队已经利用埃及脆弱的东侧从巴勒斯坦席卷而来，现在他们来陈明自己的目标。

异教徒的到来使法蒂玛宫廷最高层出现了背叛和骚动。1163年，维齐尔沙瓦尔（Shawar）被废，作为回应，沙瓦尔投靠了强大的叙利亚统治者努尔丁，并承诺将献出埃及三分之一的税收，以恢复自己领导者的身份。沙瓦尔是一个彻头彻尾的两面派，在库尔德人谢尔库赫（Shirkuh）领导的军队的帮助下，他前脚官复原职，后脚便违背了对努尔丁的承诺，反而恳请国王阿马尔里克一世帮助自己对付叙利亚人。这种策略在短时间内取得了效果。不过到了1167年，十字军进攻开罗，应哈里发阿迪德（Adid，1160—1171年在位）的请求，谢尔库赫作为外援再次从叙利亚来到这里。这一次，谢尔库赫带上了自己的外甥，一个名叫萨拉丁的年轻人，他的全称萨拉丁·阿尤比（Salah al Din al Ayyubi），意为"正义的信仰"。沙瓦尔再一次请法兰克人帮忙，后者派外交使团来到开罗。

有些人总会在对的时间出现在对的地方。提尔大主教威廉（Archbishop of Tyre）就是这样的人。这位中世纪的高级教士、外交家为我们留下了《大洋彼岸的历史往事》（*Historia Rerum in Partibus Transmarinis Gestarum*），里面尤为详细地记载了被派到埃及的使者的亲身经历。今天再读这本书，可以清楚地看到欧洲骑士对法蒂玛王朝宫廷奢华程度的震惊和惊叹。在一对步兵的引领下，他们穿过征服门，沿着宫间广场的大道往前走。无论他们往哪个方向看，交替映入眼帘的都是一座座恢宏的世俗建筑和宗教建筑。首先，在征服门的南面是哈基姆清真寺，一座壮观的、规模宏大的建筑——长120米、宽113米，两座远远就能看到的宣礼塔俯瞰着有阅兵场那么大的庭院。到达开罗城主广场之前，他们会先经过左边的阿克马尔清真寺。这是一座辉煌的建筑，外观装饰华丽，有饰有图案的壁龛，有用木头或石块雕刻而成的团状饰板，那是为了庆祝开罗再现辉煌，颂扬真主所选的领袖——给子民带来光和喜乐的法蒂玛王朝第十任哈里发阿米尔（1101—1130年）。[18]

　　阿迪德的维齐尔引领这些骑士们走过长长的门厅，经过由佩戴着已出鞘刀剑的苏丹士兵把守的一道道门，再穿过一个露天的庭院。庭院四周是拱形游廊，大理石的廊柱，精美的马赛克地板，悬吊着镶板的天花板上镶刻有金饰。庭院里有大理石喷泉，有羽毛华丽的异域鸟类，这些是欧洲访客完全没见过的，在朝觐伊斯兰世界最伟大领袖的过程中，每前进一步，他们或许就越会觉得自己粗鄙。再穿过另一个装饰得更加华丽的门厅，他们只会更加慌乱，因为眼前的鹦鹉、长颈鹿和兽类如此不同寻常，就像是艺术家虚构出来的一样。

　　　　最后，在拐了很多弯，走过了很多蜿蜒小路之后，他们终于到达了正殿。在那里，侍从的数量及其华美的装束宣示着其主人的高贵。维齐尔卸下刀剑，三次俯卧在地，像在谦卑地向真主礼拜一样；然后，绣有金线和珍珠的厚重的帘子突然被拉开，坐在金色宝座上、着装比王者还要庄重的哈里发跃入眼帘。[19]

　　当时阿迪德约有18岁，不过是肆无忌惮的维齐尔沙瓦尔手中的一枚棋子。沙瓦尔向他讲述了法蒂玛王朝和国王阿马尔里克之间的伟大友谊和共识。这是一种简单的说法，其实那是建立在穆斯林主导的埃及向基督徒主导的耶路撒冷支付大笔报酬——共计40万第纳尔，不包括每年朝贡的10万第纳尔——基础上的同盟关系。我们也可以把这笔钱当作保护费。不管怎样，虚张声势的骑士休坚持要与伊玛目哈里发握手庆祝协议达成，这一出格的外交行为震惊了朝野。年轻的阿迪德强颜欢笑，拿掉了手套，协议达成。

　　在尚未得到开罗将会纳贡的确据之前，法兰克人没有退兵。法蒂玛王朝屈辱地建立了一个债务部，该部门配有高级专员和武装骑兵，确保贡品及时交付。对于开罗这一伊斯兰信仰堡垒而言，这样的命运反转令人感到恼火。但对法兰克人而言，这是一个值得高兴的时刻。"基督教军队进入这座穆斯林大城那天是荣耀的一天。所有壁垒，所有的塔、门……甚至连哈里发的居所都向基督教的骑士敞开"，他们得到授权，可随时面见哈里发。不过，令基督徒难堪的是，这项使法蒂玛王朝治下的埃及变成附属国的协议很快就失效了。因为这个时期统治者并不太重视稳固的同盟关系。1168年，协议上的墨迹还没干，阿马尔里克就对埃及发动了第四次进攻。为了围攻开罗，他首先控制了位于开罗城东北 40 英里的比勒拜斯（Bilbeis），并大肆屠杀当地人，只留下一个男人，一个女人和一个孩童，还俘虏了沙瓦尔的儿子。"你的儿子塔里（Tari）好奇我是否把比勒拜斯当成了到嘴边的一块芝士。"在给维齐尔的信中，阿马尔里克讽刺地写道，"是的，实际上比勒拜斯是到我嘴边的芝士，而开罗是黄油"。[20]

在最新一轮临时起意、时断时续的联盟关系中，阿迪德开始寻求努尔丁的紧急军事援助，以对抗异教徒。但此举未能制止阿马尔里克的进攻。为了守护开罗城必须孤注一掷。于是阿迪德下令清空福斯塔特城再付之一炬，这一命令或许是为了避免又一次大屠杀，但与此同时阻止了十字军把福斯塔特城当作集结地对开罗发起最终进攻。2 万桶石脑油和 1 万把燃烧的火炬让大火烧了 54 天，将福斯塔特烧成了灰烬。[①] 这场大火加上谢尔库赫带领援军即将赶到的消息让阿尔马里克又一次撤退

---

① 至于起火原因和破坏程度至今仍无法完全确定。考古证据难以解释清楚。格尼扎文书里完全没有提及此事。毫不夸张地说，占地 5 公顷、覆盖今日科普特区的阿慕尔清真寺和沙姆城堡（Qasr al Sham）得以幸存，确实是不可思议的。一些观点认为这场大火或许没有中世纪文献记载的那么大，认为在十字军兵临开罗城城东门、城内局势紧张的背景下，这场大火只不过是反基督教暴乱的一部分。

了。力量对比发生了变化，这位突厥将军自封维齐尔，并在几个月后将位子传给了他的外甥萨拉丁。法蒂玛王朝的傀儡哈里发阿迪德又授予他马利克·纳西尔（Al Malik al Nasir）的尊称，意为"国王的辅助者"。

阿迪德于1171年逝世，此后萨拉丁代替努尔丁掌管开罗。葬礼结束后，哈里发宫殿内呈现一片始料未及的欢腾景象。根据伊本·阿西尔——我们在前文提到他记录了耶路撒冷被洗劫的过程——的记载，萨拉丁找到了很多藏在宝库中的、绝妙的皇室珍宝和巨大的宝石。"有一个红宝石形似一座山，重达17迪拉姆或米斯卡尔（约合2400克拉）。这一数据是准确的，因为我亲眼所见并亲手称了它的重量。那里的珍珠也是无与伦比的。在众多绿宝石中，有一个长达四指。"[21] 萨拉丁并没有将这些珍宝据为己有，而是将一部分送给他的宗主努尔丁，一部分作为奖励分给了自己的部下，剩下的则换成了钱充实国库。他没给自己留任何东西，展现出卓越的政治家风范，今天该地区一些腐败的领导者与他相比，高下立见。至于哈里发图书馆中的那12万卷藏书，大部分都赠给了法官法迪尔（Al Fadil）。萨拉丁虽然慷慨，但也严格，他将1.8万名官员、宫臣、阿谀奉承的人及其家人赶出了皇宫，并将法蒂玛王朝约250名男子隔离起来，不让他们接触女性，确保法蒂玛王朝的血脉完全断绝。1174年，努尔丁逝世，为萨拉丁创造了全面掌权的机会。同年晚些时候，萨拉丁占领大马士革，并在1175年接受巴格达阿拔斯王朝哈里发穆斯塔迪（Mustadi）的任命，成为埃及和叙利亚的苏丹。一个颇具讽刺意味的地方在于，这位最初被派往开罗挽救摇摇欲坠的法蒂玛王朝的年轻人最后却成了摧毁它的人，并建立了自己的王朝，以自己父亲的名字为新王朝命名。自此，阿尤布王朝开始统治埃及和叙利亚，一直到1250年。

如果说萨拉丁摧毁了一座矗立长达200年的高楼，那么我

144

们也可以说他创建了另一个历经 800 余年不倒，至今仍屹立的大厦。他目睹了开罗城防御的脆弱性，所以修建了巨大的城堡和城墙，使其彻底摆脱了脆弱的状态。帝国首都开罗和贸易中心福斯塔特被一堵外围城墙圈在了一起。

萨拉丁从城堡开始新建工程，从 1176 年一直修到了 1184 年。它后来成了中东地区最大的堡垒，并成为埃及的政治中心，直到 19 世纪末。阿尤布王朝、马穆鲁克王朝和奥斯曼王朝的历代君主，以及历任赫迪夫都是在这座城堡里理政。除第五次十字军东征（1217—1221 年）、第七次十字军东征（1248—1254 年）以及亚历山大十字军东征（1365 年）之外，埃及再未遭受过法兰克人的入侵，直到 1798 年拿破仑到来。

哈里发曼苏尔精心地将巴格达城址选在底格里斯河沿岸，和他一样，萨拉丁在筹备上也是一丝不苟，审慎地为大城堡选址。他在罗马城的多个地方悬挂了肉块，发现挂在通风条件较好的穆盖塔姆山上的肉块保鲜时间最长。这块俯瞰开罗的高地，超出了当时攻城武器的射程，使大城堡处于绝对的优势地位。大城堡西门即穆达拉吉门（Bab al Mudarraj）上刻有如下奠基铭文：“这座宏伟的城堡紧挨着受真主庇佑的开罗城，坐落在坚固的阿尔马山（hill of Armah）上，它集实用与美丽于一身，成为每一个来他的国度寻求庇护之人的圣所。”22

周游四方的地理学家、来自安达卢西亚的伊本·朱巴伊尔于 1183 年初夏乘船来到开罗。他来得正是时候，刚好看到这座“坚不可摧的堡垒”进入最后修建阶段，工程正以极快的速度进行着。萨拉丁最新的一批基督徒俘虏被绑在骆驼后面，从亚历山大被赶到了埃及首都，在那里他们被迫投身建造中世纪世界上最伟大的工程之一。马克里齐认为当时至少有 5 万俘虏在城堡做苦役。作为一个虔诚的穆斯林，伊本·朱巴伊尔看到这幅景象不由大喜。伊斯兰开罗曾于 1167 年屈辱地向十字军降服，这对伊斯兰世界而言是一个耻辱，而今，它再次展现了真理的力量和荣誉。这座城堡就是"奇迹中的奇迹"。[23]

承建这座城堡的是巴哈·丁·卡拉库什（Baha al Din Qaraqush）。建筑材料是从各地运来的，只有石灰岩是本地现有的，源自穆盖塔姆山。吉萨的很多金字塔都被拆毁了，拆下的石料通过一个特建的、巨大的堤道运往建筑工地。还有更多石料是从开罗南部 15 英里开外的地方运来的。

除了拥有能将一切尽收眼底的视野之外，大城堡最令人印象深刻的还是它的规模。英国与之最接近的莫过于伦敦塔或威斯敏斯特大厅，后者是 1099 年十字军洗劫耶路撒冷的时候由威廉二世修建的，是欧洲最大的大厅。然而，与自成一城的萨拉丁城堡相比，就是小巫见大巫了。东北军事区，一座占地面积 13 公顷的凸出的多边形建筑，长约 560 米，宽约 320 米，其中包括两座博物馆和苏莱曼帕夏清真寺；那被太阳晒褪了色的城墙有 1 英里多长，3 米厚，均高 10 米。戒备森严的西南区与东北区占地面积几乎一样，两区之间隔着一堵幕墙和几座塔楼。皇室的居住区就在西南区。今天这里坐落着 19 世纪修建的穆罕默德·阿里清真寺和另外两座清真寺，还有螺旋井（Spiral Well）、盖瓦拉宫博物馆（Al Gawhara palace museum）。盖瓦拉宫博物馆是建于 19 世纪的建筑群，其中包括军营、学校、火药厂、军械库和铸币厂。人们常常把叙利亚骑士堡（Krak des Chevaliers）看作中东中世纪城堡的标准。T.E. 劳伦斯认为它"或许是世界上现存最完整、整体上最值得欣赏的城堡"。毋庸置疑，坐落在霍姆斯地峡（Homs Gap）650 米高的山顶上的叙利亚骑士堡是伟大的工程和建筑壮举，具有极高的审美价值，但在萨拉丁城堡的对比下，它也不过是一个华而不实的后起之秀。更不幸的是，近年来，在叙利亚内战中，它遭到了严重破坏。

同样令人深刻印象的是螺旋井，它是一个非凡的水利工程项目，主要为山上不断扩建的城市供水，但显然它在很大程度上被人忽视了。工人挖了两层竖井，几乎把岩石都挖穿了，两层竖井加起来一共 90 米深。井内的水车靠终其一生在地底下劳作的牛拉动，分两次把水运上去，首先将水运到上层水井的蓄水池里，然后再运往井外。第一层水井非常宽，足够容纳一个斜坡道，以便让毫无怨言、驮着重担前行的牛群去地底下劳作——因此水井才呈螺旋状。

城堡和高大城墙的建造到萨拉丁逝世还未结束——城墙原计划以城堡为圆心，以尼罗河岸为起点和终点。12 世纪游学的学者、医生、早期埃及古物学者阿卜杜·拉提甫（Abd al Latif）的记载中提到了一道环绕福斯塔特、开罗和萨拉丁城堡的石墙，由此可知这一城墙的绝大部分确实建成了。

毫无疑问这座城堡是萨拉丁给开罗留下的最伟大的建筑遗产。从精神层面讲，萨拉丁给埃及和更广大的中东地区留下的同样影响深远的遗赠是，在法蒂玛王朝 200 年的伊斯兰什叶派统治之后，他迅速、果断地回归伊斯兰正统。早在 1170 年，在福斯塔特的中心、离埃及第一座清真寺——阿慕尔·本·阿绥大清真寺不远的地方，他的第一所伊斯兰教学校开始动工了。在开始建造城堡和城墙的同时，萨拉丁本人又资助修建了四所伊斯兰教学校，他在位期间还修建了另外九所伊斯兰教学校。它们代表了伊斯兰教四大正统学派，在从巴格达到大马士革、开罗，被命名为"逊尼派复兴"的运动中，它们走在前沿，培养了新一代伊斯兰学者和领导者去定义、统一、巩固伊斯兰教信仰。从政治角度讲，有人认为，"伊斯兰学校拯救了伊斯兰教"，它发起了一场同心协力的逊尼派复兴运动，促成了更大程度上的伊斯兰教的统一。[24] 而起初为了传播法蒂玛王朝倡导的伊斯玛仪什叶派而建造的爱资哈尔清真寺，作为一座聚礼清真寺和学校则被萨拉丁及其直系继任者夺去了权力和影响力。马穆鲁克王朝（1250—1517年掌权）对它进行了大幅调整，为伊斯兰教正统逊尼派提供理论基础。今天，在逊尼派穆斯林圈子里，它的影响相当大，埃及之外的穆斯林都会来到这里就伊斯兰教法的方方面面以及它颁布的法特瓦进行求问。

1182年，萨拉丁离开了埃及，离开了"这个试图拆散我和我忠实伴侣（叙利亚）的情妇"。[25]因为要发动针对十字军，尤其是沙蒂永的雷纳德（Reynald de Châtillon）和耶路撒冷的"麻风王"鲍德温四世（Baldwin Ⅳ）的圣战而离开的萨拉丁，再也没有回到埃及。1187年，他预备进军圣城，当时的圣城在吕西尼昂的居伊（Guy of Lusignan）的领导下，力量衰颓、四分五裂。他在哈丁战役（Battle of Hattin）中与饥渴疲惫的法兰克人军队对阵。"他们被围得死死的，像套上了套索一样，但仍在前进，仿佛被驱赶着走向眼前的死地，他们确信自己在劫难逃，将被摧毁，也意识到第二天将会进入自己的坟墓"，12世纪库尔德历史学家、萨拉丁的顾问巴哈丁（Baha al Din）如是写道。[26]

147

他们的恐惧是有道理的。萨拉丁的军队彻底击败了基督徒，大多数士兵都被俘虏或杀害了。剩下几千名幸存士兵作为囚犯被赶到了开罗，被迫和其他基督徒一起修建城墙。萨拉丁优待居伊，给了他一杯冰冻果子露并饶了他的性命——"王不杀王乃是习俗"。不过，不受待见的雷纳德被当场处决，他曾屡次袭击穆斯林朝圣者和商人的车队，不尊重麦加和麦地那的神圣性，并在1182年对麦地那发动袭击，试图抢走先知穆罕默德的尸体并计划展览出来，供民众付费参观。医院骑士团和圣殿骑士团的骑士们被当场击毙。哈丁战役后，那些十字军王国再也没有恢复元气。

萨拉丁等到了1187年10月2日，先知穆罕默德夜行登霄纪念日当天才进入耶路撒冷。伊本·阿西尔记载了"萨拉丁下令清除阿克萨清真寺和岩石圆顶清真寺（在被基督徒占领的88年里累积）的所有污秽和不洁"。这位大获全胜的指挥官在聆听主麻日的劝善讲演时流下了喜悦的泪水。历史学家、萨拉丁的宠臣、波斯人伊马德丁（Imad al Din）称那笑逐颜开的主君看起来像是被"月晕"环绕着一样。[27]自1099年被十字军占领之后，这座圣城再一次回到了穆斯林的手中。

　　狮心王理查德的十字军再未夺回耶路撒冷，这座城市一直处于穆斯林的掌控中，一直到1229年，那时距离萨拉丁逝世（1193年）已经过去了几十年。我们还应该会想起，在占领耶路撒冷的时候，有人请愿，希望萨拉丁摧毁圣墓大教堂，但他拒绝了。尽管他所建立的王朝很快衰落了，但是他本人的一生却是尤为成功的。他消灭了法蒂玛王朝，统一了叙利亚和埃及，夺回了耶路撒冷，在阿拉伯和伊斯兰历史上赢得了一席之地。或许最后一个颇具讽刺意味的事实是，尽管他是一个库尔德人，但是在他逝世800年后，他的盾徽，萨拉丁之鹰，仍是虔诚的阿拉伯国家——埃及、伊拉克、巴勒斯坦、也门的盾徽。

148　　12世纪最后几十年，福斯塔特命途衰微。它先是于1168年遭受火灾，后又因开罗政治、经济实力增强而被逐渐削弱。它变成了这个更新的皇室聚居地的副手。正如福斯塔特吞并了孟斐斯一样，它最终也变成了开罗的一部分。埃及人开始把开罗叫作Misr（埃及）——今天依旧如此，把福斯塔特贬了一级，称之为Misr al Qadima（旧开罗城）。

　　著名的犹太哲学家、《迷途指津》的作者迈蒙尼德秉持学者的视角，忽视了这些琐碎的细节；他于1165年来到福斯塔特定居。这位博学家生于科尔多瓦，先在非斯待了几年，然后搬到了埃及。在这里，他变成了犹太社群的领袖、犹太律法大

家、萨拉丁长子阿夫达尔（Al Afdal）的医生。尽管他的职业
生涯十分成功，但在阿尤布王朝约束性更强、包容性更小的环
境里，开罗的文化生活渐渐失去了活力。伊斯兰教正统逊尼派
持久的胜利，曾在200年里因法蒂玛王朝的出现而中断，而今
它再取胜，代价则是失去长久以来赋予开罗生命力的自由的文
化精神。在这种情况下，人们更崇尚宗教，不太重视哲学，学
术研究的范畴也相应缩小了。"哲学猜想和科学发明被与伊斯
兰教正确的洗漱、饮食方式有关的讨论或女性被精尼附身后是
否需要行净礼之类的问题取代。"[28]

　　12世纪末，开罗再次经历了一场由尼罗河引发的大灾难。
1200年，河水水位低于13腕尺，这是自500多年前开罗被
阿拉伯人征服之后第二低的水位。对这座城市和城里的百姓而
言，这意味着灾难。伊拉克学者阿卜杜·拉提甫亲眼见到富裕
的人成批离开了，被抛下的穷人只得以一种更骇人的自相残杀
的方式维生。他写道，他们沦落到以"腐肉、尸体、狗和动物
的排泄物"为食。这已经让人无法接受了，但后来更糟糕的发
生了，"他们开始吃小孩子"。起初，这只是诡秘的奇闻，后
来，这种行为变成了常事，人们"开始喜爱这些令人不齿的食
物"。大批食人族搬到了罗达岛，在那里他们开始袭击、狩猎
人类，在临时的储藏室储存尸体。每走到一条街上，都能看到
或碰到死尸或垂死挣扎的人。开罗城死去的人"不计其数"。
登记在册的只有10万人，但真实数据要远高于此，他如是记
载道。[29]饥荒重创了福斯塔特，发展的钟摆进一步摆向了开罗。

　　在其著作《历史》（*Histories*）中，希罗多德告诉他的读
者，城市的崛起与衰落是更大的历史范式的一部分，并指出"人
类的繁荣从来不会在同一个地方延续很久"。[30]所以，13世纪初，
在埃及的首都经历着令人毛骨悚然的痛苦之时，向西2000英里
的另一座阿拉伯城市，"西方的麦加"即将迎来它的黄金时代。

149

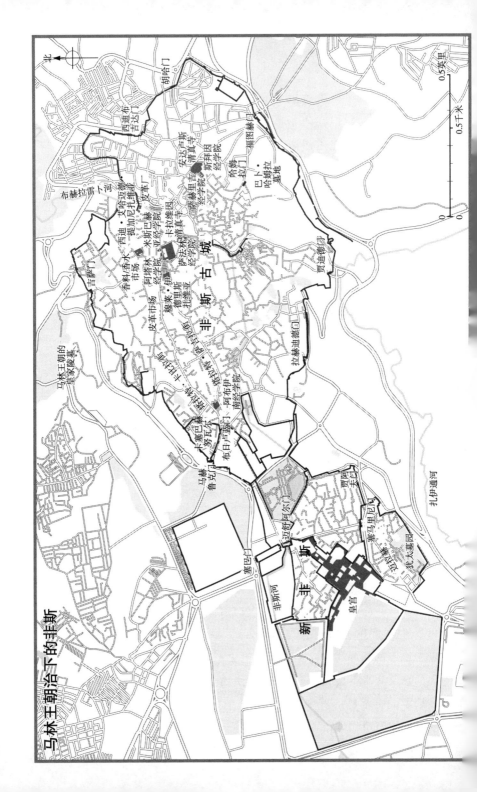

马林王朝治下的菲斯

7

13世纪：非斯——非洲的雅典

> 世界将会看到这座城市是多么宏伟，人口是多么稠密，城墙是多么牢固。
>
> ——哈桑·本·穆罕默德·瓦赞·法西，
> 又名"非洲的列奥"（Leo Africanus），
> 《非洲纪行》（*Description of Africa*），1550年

在非斯，你会迷失。它会让人恼火，令人不安，甚至会让你的婚姻关系变得紧张，但它是必不可少的一站。关于非斯，有一个优雅的悖论，那就是要想发现这个难以捉摸的城市，你必须先迷失其中。不过，这一点需要花些时间才能明白。换句话说，对非斯的认知——只可能是部分的，不可能做到全面——一定源自迷失。尽管街头巷尾熙熙攘攘，人们生活得多姿多彩、有滋有味，这种生活景象几个世纪以来基本没有什么变化，只不过，在高高的院墙里和紧闭的大门后仍藏着非斯最精致、最私密的宝藏。举步走进城内一座较宏伟的宅邸，只见一株橘子树和一座喷泉在铺满大理石的庭院中央熠熠生辉，墙外的平淡与墙内的光彩形成对比，让人更为着迷。"街上一大段不起眼的土墙把一个私人的'阿尔罕布拉宫'遮住了一些，让这块小型的乐土远离外界的凝视"，在摩洛哥生活了半辈子的美国作家保罗·鲍尔斯（Paul Bowles）写道。[1]

被长约 12 英里的砂岩墙围起的地方就是错综复杂的中世纪城区，城里有 1 万多条街道和小巷，现在还有 25 万人生活在这里。它是世界上最大的无车都市空间。这种错综复杂的城市形态不是出于偶然而是设计。旧城区一半以上的街道都被有意地建成了死胡同，这不仅有助于保障居民的安全，而且为他们提供了在各自的独立空间所需的所有便利设施。我第一次来非斯就彻底迷路了，时隔 30 年后我再来非斯，又迷路了。一次，我试着走进这个热情、喧闹的迷宫，当听到手机里的导航软件提示"没有找到合适线路"时，我没有感到失望，反而有些兴奋。中世纪的非斯打败了加利福尼亚的科技倡导者。

"在我看来，非斯的老城就像一个蒙着面纱的保守、狡猾的女人，"经验丰富的导游哈桑·贾纳赫（Hassan al Janah）笑道，"要让这个女人信任你，必须得花一些时间。最后她也许会摘掉面纱，也许会脱掉吉拉巴（jalaba）①。"他看了看我的妻子，再一次不那么自信地笑了，没有再说话。

最终，我们找到了去铜匠广场（Sahat al Saffarin）的路，在那里，工匠们不停地敲打着金属，奏出了一曲声势浩大的交响乐。这片古老的非斯城区因其管弦乐队奏出的节奏而躁动，就好像过去 1000 多年里，它的锤砸声、重击声、撞击声、碰撞声、敲击声和捶打声从未停止一样。这里是非斯的正中心，伴着时断时续的声音，汤锅、平底锅、浅盘、托盘、小饰品、塔吉锅、茶壶、大口杯、桶、杯子、滤器、足够一个小孩在里面游来游去的大锅、香炉、俄式茶壶、蒸粗麦粉食物的蒸锅、茶叶盒、糖罐、珠宝和无数不为人知的珍宝渐渐成型。一句古老的谚语说，非斯是一面镜子；这里的寂静和其他地方的喧嚣吵闹一样不同寻常。[2]

---

① Jalaba 又写作 djellaba 或 jillaba，是一种宽松的长袖长袍。——译者注

在这种让人难以专注、刺耳的嘈杂声中能够安静地学习和思考吗？中世纪的学生们在学习最费脑的课程时，在忍受费解的教法学（fiqh）、继承法（faraid）、神秘主义（tasawwuf）、逻辑学（mantiq）、修辞学（balaghah）、诗歌、散文、颂词、科学、天文学、算术的折磨时，能够专心思考吗？我之所以有这样的疑问，是因为在蹲坐的铁匠的对面，在离他们几米远的地方，坐落着世界上最古老、最非凡的图书馆之一。图书馆的斜顶上有一些碧瓦和一面奋拉着的摩洛哥旗帜，入口处是一个高高的拱形结构，拱形结构下方是一个有雕花的木质纱门；图书馆的旁边、撑着绿色遮阳棚的克雷梅里饮品店正在售卖薄荷茶和各种不含酒精的饮料，生意火爆。

卡拉维因大学图书馆（Khizanat al Qarawiyyin）是非斯的核心建筑和文化地标。859年，虔诚、好学的法蒂玛·菲赫利（Fatima al Fihri）——父亲是祖籍凯鲁万城（在今天的突尼斯）的富商——用自己巨额的遗产创建了卡拉维因清真寺和伊斯兰学校，比开罗的爱资哈尔清真寺早了100年。法蒂玛·菲赫利是伊斯兰世界已知的第一个出资建清真寺的女人（特别是，卡拉维因大学图书馆还保留着9世纪的毕业证书——一块历时数千年、表面发黑、字迹勉强可辨的木板）。她的妹妹马里亚姆（Mariam）在对岸，也就是东岸建造了安达卢斯清真寺（Andalusian Mosque）。这座城市围绕这两座清真寺发展出了两个聚居区：河西岸的卡拉维因区（Adwat al Qarawiyyin）和东岸的安达卢斯区（Adwat al Andalus）。在几个世纪里，卡拉维因清真寺从最初只有四条横向过道的质朴的小清真寺，经过不断修缮、扩建，发展成了一个拥有学校和图书馆的大清真寺。1135年，阿尔摩拉维德王朝（Almoravid Dynasty）对其进行了大规模改建，将过道的数量增加到21条，可容纳2.2万穆斯林，面积是原来的四倍多，接近6000

153

平方米。平行竖立的拱形柱廊数量迅速增加，以至于当地流传着一种说法，"谁要是去数卡拉维因清真寺的柱廊，最后一定会发疯的"。今天，在建造1200年以后，它成为公认的"世界上现存最古老、仍在运营的教育机构"。[3]

卡拉维因大学的杰出校友名单，堪称中世纪伊斯兰世界最伟大思想家的群星谱。12世纪犹太学者、中世纪著名的犹太哲学家、曾在萨拉丁的宫邸任医师的迈蒙尼德曾与"大长老"、安达卢斯神秘主义哲学家、诗人、哲学家伊本·阿拉比（Ibn al Arabi）一同在这里学习。格拉纳达的博学家、诗人、历史学家、医师、政治活动家、流亡者伊本·海推布曾在14世纪来到卡拉维因，与同为安达卢斯诗人、政治活动家的奇才伊本·扎姆拉克（Ibn Zamraq），以及撰写《大师阿布·哈桑（1331—1351年在位）光荣事迹的正确、优良传统》[*The Correct and Fine Traditions About the Glorious Deeds of Our Master Abul Hasan (r.1331–51)*]这本带有吹捧性质的传记的摩洛哥作家伊本·马尔祖克（Ibn Marzuq）一起在这里研习。在14世纪的学术界，伊本·赫勒敦极具权威。他是开创性的历史学家、历史编纂学家，以及突破性的《历史绪论》（*Muqaddimah*）的作者。这部作品是世界历史的开篇之作。伊本·赫勒敦是社会学的奠基人、政治学的痴迷者，也是卡拉维因大学最杰出的校友。16世纪，安达卢斯外交家、旅行家、西方熟知的"非洲的列奥"伊本·瓦赞（Ibn al Wazzan）也曾是这里的学生。他过着极具传奇色彩的流浪冒险生活，后来写了一部长篇、犀利且极为详尽的非斯记录。他被卡拉维因的宏大规模震惊了，"（这座清真寺）大得不可思议"，每晚需要点900盏油灯照明。它的周长是1.5英里，围墙上一共开了31个大门。在非斯，如果碰到一些较为热情的导游，他们会跟你讲10世纪卡拉维因的校友甚至还有奥里亚克的热尔贝（Gerbert of Aurillac），即后来的教宗西尔维斯特二世（Sylvester II），不过他在此求学的确凿证据十分难找。[4]

9世纪由一个女人筹建的卡拉维因于21世纪在另外一个女人的主持下得到修缮。2012年，阿齐扎·沙乌尼（Aziza Chaouni）被选中承担卡拉维因图书馆的修复工作。她是摩洛哥裔加拿大人，从小在非斯长大，先后就读于哈佛大学和哥伦比亚大学，一直被卡拉维因大学图书馆的"魔力"吸引。那个时候，卡拉维因图书馆面临无数建筑问题：排水系统极其糟糕，隔热、隔音性能差，瓦片碎裂，木梁受损，电路存在致命危险。她说："修复过程就像疗愈伤口一样。"沙乌尼与卡拉维因大学图书馆还有一层很强的家庭联系。19世纪，沙乌尼的高祖为了能在卡拉维因学习，曾骑着骡子从乡下长途跋涉来到非斯。她的一个叔祖父身为铜匠，曾在离卡拉维因不远的作坊为铜匠广场那不太和谐的交响乐贡献过自己的力量。

接下来四年，沙乌尼慎重地使用了一些新科技来改造卡拉维因大学图书馆。"我不想让这座建筑变成一个不朽的尸体，"沙乌尼说，"必须得在保存原有空间、满足当前使用者（包括学生、研究人员、访客）的需求、融合新的可持续性技术（如太阳能板、用于花园浇灌的集水系统等）之间维持微妙的平衡。"[5] 一个采用地下水渠的新下水道系统暂时解决了潮湿问题。她还为珍本储藏室安装了数字锁来管理出入，安装了空调系统控制湿度，毕竟潮湿曾给珍本储藏室造成极大的损失。

卡拉维因图书馆有4000册藏书和古老的手稿，其中还有一些文学珍宝，如伊本·路世德（西方熟知的阿威罗伊）撰写的谈论马立克教法学派的手稿；一些最古老的记载先知穆罕默德生平的文献，包括伊玛目布哈里（Imam al Bukhari）编纂的《圣训》；14世纪伊本·赫勒敦亲自注释的《历史绪论》原稿；以及一本珍贵的9世纪《古兰经》手抄稿（抄写者使用飞舞、优雅的库法体将《古兰经》誊写在骆驼皮上，时

154

隔 1000 年，这本手抄稿依然装订完好）。图书馆的部分馆藏是在 13、14 世纪马林王朝崛起时积累起来的，当时马林王朝在伊比利亚半岛战场上的多次胜利既赢来了领土，也赢得了文学珍宝。据 1365 年出版的《非斯城建造过程中桃金娘花的历史》（*Kitab Zahrat al As bina Madinat Fez*）的作者贾兹纳伊（Al Jaznai）称，图书馆的安全性始终是至关重要的。藏书室有三道铁门，三道门的钥匙分别由三个人掌管。[6]

今天，如果你设法进入了禁止外人入内的私人图书馆，快速踏上铺着绿色瓷砖的台阶，就能看到修复后的阅览室。尽管外面的铜匠们正干得热火朝天，但对那三两个吃力看着书、神色忧郁的学生来说，这里是一片宁静的绿洲。口袋里装满了叮当作响的钥匙串的年迈看门人，仍然要走到走廊尽头打开用熟铁制成的门上的几道锁。这条走廊曾经连接着图书馆和清真寺。公元前 5 世纪希腊哲学家赫拉克利特（Heraclitus）说过，在非斯，一切都是原来的样子，不会有什么变化。

不过也许事实并非如此，因为从前那个小小的卡拉维因今天就坐落在非斯古城（阿拉伯区）的中央，完全是一个威风凛凛的存在。街面上，这栋建筑是最高的，它四周的墙是浅黄褐色的，墙上每隔一段距离就有一扇高高的拱形门，非穆斯林不得进入拱形门。这里的街道突然窄了很多，仿佛是被街道尽头的圣地吞噬了一样。非斯所有的道路，不管哪一条，都通向卡拉维因。从空中俯瞰，整座城市像一个巨大的绿色四方形，其中最显眼的是一个灰色的、边界清晰的庭院。非斯人骄傲地认为这座城市有一个"金三角"，卡拉维因则占据着这个"金三角"的东南角。它的西边紧挨着、几乎要与之融为一体的穆莱·伊德里斯扎维亚（Zawiya Moulay Idris）①，这是给非斯城的

---

① 扎维亚是苏非派的修道场所，经常包含本派圣徒的圣陵。——编者注

建造者之一伊德里斯二世修建的极为奢华的圣陵。伊德里斯二世是非斯城的第一任建造者、摩洛哥伊德里斯王朝的缔造者、先知穆罕默德的六世孙伊德里斯一世（788—974 年在位）的儿子。卡拉维因南面、隔着几条街的地方是西迪·艾哈迈德·提加尼扎维亚（Zawiya Sidi Ahmed Tijani）。它是三大位于城中央、有着绿色屋顶的建筑之一，是 18 世纪苏非提加尼教团的创建者、苏非大师（Sufi sheikh）的陵墓所在地。成群结队的穆斯林朝圣者经常兴高采烈地从非洲及其他地区来到这里朝圣。

非斯城餐馆经营者和旅馆经营者的老前辈、戴眼镜的艾哈迈德·森蒂西（Ahmed Sentissi）说："它是世界上最古老、最伟大的城市之一。"他说这话时正端坐在自己的梅内比希大酒店（Mnebhi Palace）里。酒店位于有名的塔拉特·萨吉拉街（Talaat Saghira street），在 1912—1925 年曾是法国驻摩洛哥首任总督利奥泰元帅（Marshal Lyautey）的总部。

森蒂西是对的，尽管我们很难查明这座城市的建成时间。13、14 世纪，非斯在柏柏尔人建立的马林王朝（1244—1465 年）的统治下进入鼎盛时期。早在鼎盛之前，就已经有了关于它建城的神话和传说。早期穆斯林作家赋予了建城传说强大的伊斯兰教根基，从一开始就确定了非斯作为圣城的地位。

一份存留至今的最早的马林王朝文献是 1326 年由神秘莫测的作家阿布·哈桑·阿里·本·阿比·扎尔（Abu al Hassan Ali ibn Abi Zar）撰写的《基于〈摩洛哥国王编年史〉和〈非斯城史〉的纸页花园的娱乐性读物》（*The Entertaining Companion Book in the Garden of Pages from the Chronicle of the Kings of Morocco and the History of the City of Fez*）。这本书又名《纸页花园》（*The Rawd al Qirtas*），描述了一个奇幻场景：伊德

156

里斯二世在筹备建设新城时，偶然遇到了一位"150多岁"的基督教修士。这位修士告诉伊德里斯这里曾有一座城，名叫泽夫（Zef），有一天先知的后裔、名叫伊德里斯的人将会"重建它，使它不再湮没无闻，让它从废墟中站立起来；它将拥有十分重要的地位，十分重大的使命"。[7]伊德里斯宣称自己就是那个人，这与巴格达的建城传说非常相似。①

贾兹纳伊和伊本·扎尔记录了这座城市名字的由来。"先前那座城的名字是Zef，"伊德里斯说，"我应该把这个名字倒过来，把新城叫作Fez。"[8]另一个可信度更高的传说称城名"Fez"源自"斧子"一词，据说在修建城墙的过程中挖掘出了一把斧子，故此命名。这些传说要么说非斯城是789年由伊德里斯一世修建的，要么说是伊德里斯二世于807年建造的。更大的可能是，伊德里斯一世在河的右岸建了一座城，而伊德里斯二世在左岸建了另一座。[9]到12世纪晚期，两个独立的被城墙围起来的聚居区融合成了一座城市。

和很多伟大的城市一样，非斯的地理位置很有利。它位于塞斯平原（Sais plain）的边缘地带，海拔400米，离非斯河和塞布河（Sebou river）的汇流处不远，位于两大主要贸易和交流路线的交叉口：一条是南北向的，从地中海海岸到撒哈拉、中阿特拉斯山脉和高阿特拉斯山脉，一直到西非和"黑人之乡"（Land of the Blacks），全年都可通行；另一条是东西向的，从大西洋海岸一直到阿尔及利亚，很多穆斯林和商人还会沿着这条路去往阿拉伯半岛和麦加——因为具有浓厚的伊斯

---

① 在其著作《历代先知与帝王史》中，塔巴里讲述了一个基督徒在阿拔斯王朝哈里发曼苏尔即将于762年建造巴格达城的时候与他会面的故事。这位基督徒给他讲述了当地的一个传说：一个名叫米克拉斯（Miklas）的人将会在底格里斯河和萨拉特运河之间建造一座名叫扎瓦拉（Al Zawra）的城市。"天啊，我就是那个人！"曼苏尔大叫，"小时候，别人都叫我米克拉斯，后来就没人再叫了！"在巴格达的多个建城传说中，基督教的修道士都扮演了一个角色。

兰血统，所以非斯的一个昵称是"西方的麦加"。除了优越的
地理位置——位于早已通行的交通线交叉口，它还有大量的水
源。它的水资源非常丰富，就算敌人将非斯河的河道改道，城
里的供水也不会完全中断，而且它的地下水储量也很丰富，城
内各处共有 360 个泉源和无数口井。不像耶路撒冷，从公元前
4 世纪塞琉古王朝开始，一直到 20 世纪英国代管时期和以色列
统治时期，入侵者在伯利恒就能切断耶路撒冷城的水源供应。

　　永不止息的河水为非斯运来了大量极其优质的建筑材料。
它离采石场和中阿特拉斯山脉的森林都很近，一个为它提供大
量的石料、沙子和石灰，另一个为它供应了很多橡木和雪松
木。它周边是肥沃的耕地，可为这个不断扩大的城市提供充
足的食物——谷物、橄榄、葡萄和其他各种水果，还能喂养绵
羊、山羊、牛等牲畜。[10] 不过在让人思绪混乱的炎热夏天，当
温度升到 40℃以上，来这儿的游客即便想破了脑袋也不会想
到非斯是一个气候温和的地方。伊本·赫勒敦在研究"气候影
响人的性格"的理论时，对比了热情的黑人、埃及人（"充满
喜乐、轻率、不考虑未来"）和那些来自气候更温和之地的人，
这些人更加节约、更加郁郁寡欢，更专注于对未来的规划。他
写道，非斯"周围是气候凉爽的高山"，它的居民"忧伤、阴
郁，而且过于担忧未来"。在非斯，一个人家里或许已经囤了
足够吃上几年的粮食，但他仍然会去市场上采买，"因为他担
心吃掉自己囤积的食物"。[11] 伊本·赫勒敦并不是最后一位用
"有节俭、严肃，甚至忧郁的倾向"来评价非斯人的作者。

　　虽然位于塞斯平原的边缘，但这座伊德里斯所建的非斯古
城，与法国人在 20 世纪上半叶修建的新区（Ville Nouvelle）
不同，新区街道宽广，古城则杂乱无序地挤在一个低洼的地
方。波兰裔英国雕塑家罗姆·兰道（Rom Landau）从 1948
年开始，在二十多年里撰写了十几本关于摩洛哥的书籍，一直

157

写到 1974 年逝世。他说："即便只看一眼，非斯城的奇异感也会吓人一跳。它四周贴着环形山谷的谷壁，像是贴在碗边上一样，从对面山上可以看到该城的全貌。密集的一排排房屋你推我搡，似孩童玩具里嵌合紧密的积木，既不宽敞也没什么情调可言。这里不像的黎波里，放眼望去一片眩目的白色，相反它'到处都是灰白色，冷淡、阴郁，像没洗的床单一样'。"[12]

　　这个判断来自一个坚定的，完全被摩洛哥，尤其是非斯迷倒了的浪漫主义者，有些不同寻常。尽管这里的房屋确实杂乱无章，华丽的、充满珍宝的内室被高大的、大多没有窗户的院墙和紧闭的房门遮挡着，但是从马林王朝的皇家陵墓看到的古城全景无疑是世界上最美妙的景象之一。这座皇家陵墓曾是一座宫殿，设计之初就能俯瞰非斯古城的全貌。站在这里往更远的地方望去，还能看到漫无边际的塞斯平原，渐渐从视野里消失的种满了橄榄树的丘陵，以及更远处偶尔顶着积雪的中阿特拉斯山脉山顶。视线移近，落到这座城市上。傍晚，当四处的灯光在星光下闪耀的时候，当卡拉维因清真寺昏礼（Maghrib）呼召礼拜的朗诵响起、刺激着全城居民的听觉时，人的目光总会不由自主地被那些神圣的、铺着碧瓦的清真寺吸引，其宏伟的身影在黄昏的微光中若隐若现。按照延续了数百年的传统，非斯其他清真寺呼召礼拜的朗诵必须排到卡拉维因之后。

　　几个世纪来，来到这里的文学访客大都被这一独特的城市环境迷住了。有人这样说："远眺非斯，以及那些在薄雾中浮现的翠绿色屋顶，即便是极度疲惫的旅客也会陷入一种富有诗意的亢奋状态。"瑞士学者泰特斯·伯克哈特（Titus Burckhardt）爱上了这座城市。他与摩洛哥政府合作，保护古老的非斯古城，并帮助它于 1981 年被联合国教科文组织评定为世界文化遗产。① 在一份精心撰写的专题研究中，他这样写道："它是一个紫晶洞，边沿是银绿的，里面成千上万的水晶紧挨着排列：这就是暮色下的非斯，这就是暮色下的非斯古城。"美国作家伊迪丝·华顿（Edith Wharton）一战后来到这里，尽管发现非斯城"令人忧郁"，但她还是被它的环境迷住了。"仿佛某个强大的魔法师，在下令要将这座城市投入深渊之后，被它的美触动，于是大手一挥，让它免遭破坏。"¹³

非斯城的历史是一部摩洛哥王朝史，王朝起起落落，像撒哈拉沙漠不断变化的沙丘一样。阿尔摩拉维德王朝是由赶骆驼的柏柏尔人于 11 世纪末期在撒哈拉创建的一个充满活力的王朝。1070 年，阿尔摩拉维德王朝的统治者优素福·本·塔什芬（Yusuf ibn Tashfin）创建了摩洛哥四大城市之一的马拉喀什城，其他三个城市分别是非斯、梅克内斯（Meknes）、拉巴特（Rabat）。尽管征服非斯城的具体时间不详，极有可能是 1069 年或 1075 年，但这是非斯历史上的一个重要时期，因为首次将河两岸彼此敌对的两个聚居区融为一体，成为一个非斯城区的正是优素福。虽然和中世纪的大多数编年史家一样，"非洲的列奥"的数据也极不可信——他声称在征服非斯的过程中多达 3 万人被杀——但他让人强烈感觉到优素福迫使非斯城臣服于自己，在血腥的征服之后将两座城镇缩编为一个"坚定、和谐的统一体"。② 此举有效终结了阻碍城市发展的激烈

159

---

① 1981 年，联合国教科文组织将非斯的老城列为世界文化遗产。它被认为是阿拉伯伊斯兰世界面积最大、保存最好的古城："它不仅是一个出色的建筑学、考古学和城市遗产，还传递了一种生活习惯，一些技能以及一种持续存在的文化……"

② "穆斯林作家们大都十分不注意数据准确性，只有极少数是例外"，《地中海世界中世纪贸易》（*Medieval Trade in the Mediterranean World*）的编辑们如是说。他们建议将写明的数据缩减 50%—75%。

竞争关系，为非斯城的发展开启了一个新的时代，使之成为一个伟大的伊斯兰大都市。优素福是一个非常看重信仰的人。根据伊本·阿比·扎尔的记载，"每当发现一个区域没有礼拜场所的时候，他就会责备那里的居民，强迫他们建造一座清真寺"。优素福不仅信仰虔诚，还在更宏大、更具进攻性的层面上履行圣战要求。在第一次十字军东征时，他派遣了一支由70艘船组成的舰队。[14]

在阿尔摩拉维德王朝（1075—1145年）治下，有四分之三的时间非斯都在尽情享受新获得的繁荣。质朴的卡拉维因被拆毁，只有宣礼塔保留了下来。原来的卡拉维因清真寺被改建成了一座更宏伟的清真寺，来自安达卢斯的建筑师、泥瓦匠和手工艺人往返于地中海的两岸，赋予其精美的装饰。新的米哈拉布（壁龛）有意模仿了科尔多瓦风格的马蹄形拱，拱形结构外围是一个方形的边框，边框上满是花朵图案和几何图形，还有库法体铭文。另一个科尔多瓦的舶来品是敏拜尔（minbar）讲经坛；它于1144年被引入，也繁复地雕刻有旋转的花朵图案和吸睛的几何图形。其中最耀眼的是1203年阿尔摩哈德王朝的统治者纳西尔（Al Nasir）捐献的巨大的铜质枝形吊灯，这一伊斯兰教的象征是重铸的，其原型是从直布罗陀的异教徒那里得来的大钟。阿尔摩拉维德王朝庞大的供水系统将自来水引入非斯城，使该城享用自来水的时间远远早于世界上其他城市。[15]

当时，阿尔摩拉维德王朝盛极一时，疆土从西非一直延伸到安达卢斯，但存在时间却相对较短。1145年，他们在非斯城让位于阿尔摩哈德王朝（他们宣称真主安拉是独一神），并且在信仰上将柏柏尔人与倾向于伊斯兰教改革的高阿特拉斯山的信众区别开来。尽管阿尔摩哈德王朝的都城设在马拉喀什，但非斯仍是重镇，是他们在安达卢斯地区的军事中心，同时也是一个不断扩大的商业城市，随着越来越多有文化的安达卢斯人、学者、管理者和商人来到这里，非斯的人口继续增长。

伊德里斯在 12 世纪后半叶打造了一个罕见的非斯，有"高贵"宏伟的建筑、高度发达的都市文明、具有旺盛生命力的植被（一切都是翠绿的、新鲜的），以及勤勉、骄傲、独立的百姓。[16] 这是一个混杂了各色人等的城市，有柏柏尔人、阿拉伯人，有穆斯林、犹太人，有安达卢斯人、黑人奴隶、基督教士兵，有商人、学者、工匠和神职人员。1166—1168 年，这里还是四处游学的犹太哲学家迈蒙尼德的定居之处，在阿尔摩哈德王朝占领了安达卢斯之后，迈蒙尼德和家人从科尔多瓦来到了这里。当时，迈蒙尼德面临两个选择，要么皈依伊斯兰教，要么受死或被流放，他最后选择了南下。并且在 20 年后，他在非斯的居所里注解了犹太教的口传律法（Oral Torah），即口传律法《密西拿》（Mishna）。他的家在一个名叫德尔巴·马尔加纳（Derb Margana）的窄巷中，门上有一块破旧的匾额，一出塔拉特·卡比拉大街（Talaat Kabira）就到了。塔拉特·卡比拉街是贯穿非斯古城、直达卡拉维因清真寺的两条主街之一。

13 世纪初一个新政权出现了。马林人，阿拉伯语中又称为班努·马林（Banu Marin），是一个由泽纳塔（Zenata）部群中的几个柏柏尔人部落组成的联盟。柏柏尔人是游牧民族，曾用自己的名字为十分珍贵的美利奴羊毛命名，早在 14 世纪，这些羊毛被热那亚商人出口到欧洲，利润可观。他们在 12 世纪末期第一次出现在阿拉伯编年史中。那是 1195 年，他们与阿尔摩哈德人在安达卢斯的阿拉科斯战役（Battle of Alarcos）中并肩作战，彻底击溃了阿方索八世（King Alfonso Ⅷ）麾下的卡斯蒂利亚士兵。马林王朝的领地在摩洛哥东部的菲吉格（Figuig）和撒哈拉沙漠北部边缘地带的西吉尔马萨（Sijilmasa）之间，后来阿拉伯人入侵，他们迫于压

160

力北迁。在编年史《纸页花园》中，他们是质朴、好战的游牧民——

> 他们不认识纸币、不用硬币，也不听从于任何一个君王。他们天生自负、傲慢，既不容忍攻击也不允许结盟。他们对务农、经商一无所知，只专注于打猎、养马、劫掠。他们的财产包括马匹、骆驼、黑奴。他们以肉、水果、牛奶、蜂蜜为食。[17]

1213 年，察觉到阿尔摩哈德政权走向衰落——因为就在一年前他们在拉斯纳瓦斯德托洛萨（Las Navas de Tolosa）惨败于十字军——埃米尔阿布·赛义德一世（Abu Said I）召集各柏柏尔部落的首领并发表讲话。他的讲话是革命性的，同时，从为反叛寻找正当宗教理由的意义上讲，也是非常传统的。14 世纪一位匿名的作者编撰了《马林王朝历史上的瑰宝》（*Al Dhakhira al Saniya Tarikh al Dawla al Mariniyya*），记录了赛义德一世意义非凡的战争号召——

> 阿尔摩哈德人有罪，因为他们忽略了自己对穆斯林社群应担负的职责。他们没有为穆斯林社群提供一个高效的政府。他们忘记了对臣民应负的责任……他们的疏忽违背了教法，是对教法的冒犯，应当予以惩罚。因此，消灭他们是一种使命，马林人应当承担起增进穆斯林福祉、救赎穆斯林的使命。[18]

161　　　阿布·赛义德鼓励他的首领们高举伊斯兰教改革的旗帜，马林人终将征服马格里布。这种宗教热情可能是为了满足大众的需求，往前追溯的话会发现，它也出现在马林人编撰的官

方编年史中。我们发现伊本·阿比·扎尔——他写文章时可能
接受了马林王朝苏丹阿布·赛义德·奥斯曼二世（Abu Said
Uthman Ⅱ，1310—1331 年在位）的资助——称马林人是泽
纳塔族群"最优秀、最尊贵的"后裔，后者常常因"品行端
正、德行高洁、举止柔和、勇敢无畏、极其虔诚、从不食言"
出名。这种直白的对伊斯兰教美德的强调，与阿尔摩哈德人将
"美酒、奢侈品和淫逸"放在首位的行为形成对比，其宣传对
象是像非斯这样的都市中心，因为生活在这些地方的强大的、
根深蒂固的宗教群体对粗野的游牧民怀有深深的怀疑和担忧，
至少最开始时是这样的。[19]

　　虽然对他们的动机存有诸多猜疑，但是他们在军事上取得
的胜利却没有太多可质疑之处。1220 年，阿布·赛义德宣布
独立，脱离了阿尔摩哈德王朝的掌控。接下来的几十年里，马
林人像"一群蝗虫"一样扩散开来，逐渐蚕食阿尔摩哈德人的
领地，直到最后对其主要城市构成了直接威胁。他们"在战斗
中精力旺盛，毫不畏惧"，势不可当。1244 年，梅克内斯沦陷，
紧接着，1248 年非斯被征服，1255 西吉尔马萨陷落，1269 年
马拉喀什被占领。[20]

　　马林人要先巩固政权，然后再将注意力完全集中到建设
新都、发展经济和强化国家管理上。因此，13 世纪大多数时
间里，马林王朝的统治者们都忙于打击伊比利亚半岛的异教
徒而不是建设自己的国家。1248 年，在早前征服了瓦伦西亚
（Valencia）、科尔多瓦之后，信奉基督教的卡斯蒂利亚又占领
了穆斯林统治的塞维利亚，于是伊斯兰世界在安达卢斯的最后
一个堡垒——格拉纳达和马拉加（Malaga）王国，也危在旦夕。

　　在 1250 年平息叛乱期间，马林人的勇气得到了检验和
证明。这场叛乱遭到了统治者阿布·叶海亚·阿布·巴克尔
（Abu Yahya Abu Bakr，1246—1258 年在位）的残酷镇压，

他处决了六名主谋，其中包括总教法官（卡迪，qudi）及其儿子。"这样的惩罚令非斯百姓臣服于马林王朝，"伊本·赫勒敦写道，"直到今天，人们想起来仍会战栗，他们再也不敢大声呼喊，也不敢反抗政府的命令，更不敢密谋推翻政府。"[21] 根据编年史《马林王朝历史上的瑰宝》的记载，两个普通人甚至都不敢私下里交谈，就怕被误认为是反叛者。

在马林王朝的统治下，非斯发展到了最鼎盛的阶段，但这绝不意味着在这座庄严的伊斯兰城堡里，他们是受欢迎的来者。非斯人认为自己——和今天一样——是见多识广、有文化、有教养的人，而他们的新主人就是一群粗野的游牧民。他们的这种看法并不是没有理由的。由先知穆罕默德的后裔建成的非斯城起点极为高贵，是一个拥有伊斯兰特色、在学术上有名望的城市。在马林人征服非斯之后很长一段时间内，游牧的勇士和富有的都市精英之间的矛盾一直存在。

这也说明了 1276 年马林王朝苏丹阿布·优素福·雅库布（Abu Yusuf Yaqub，1258—1286 年）为什么会做出那个不同寻常的决定。当时，他命人建造了一座新的城池作为军事和行政首都。这座城池起初被命名为白城，后来被叫作非斯新城，与伊德里斯修建的非斯古城相隔 700 米。根据伊本·阿比·扎尔的记载，建造新城的决定是在城里的犹太人遭遇了一场屠杀之后做出的。

> 等消息传到埃米尔（穆斯林的长官）那儿的时候，已经有 14 名犹太人惨遭杀害。埃米尔带着士兵前来，将暴徒从犹太区赶走，阻止了这场劫掠。要不是他介入，所有犹太人都会遇害；后来他公开告诫非斯古城的居住者，任何人不许打扰受保护的犹太人，违者将遭受严厉的惩罚。[22]

　　著名的迈拉赫区（Mellah of Fez）是非斯犹太区的名字，它源于阿拉伯语中的"盐"字，后来被用来指代摩洛哥的所有犹太区。不过，非斯犹太区直到很久以后才建成。① 据"非洲的列奥"记载，在阿布·赛义德·奥斯曼三世（Abu Said Uthman Ⅲ，1398—1420 年在位）执政时期，犹太人居住的地方屡遭袭击，于是非斯的犹太人搬到了新区。居住在迈拉赫区既是一个祝福又是一个诅咒。对一些人而言，它靠近皇宫，意味着安全、庇护。另外一些人，比如 16 世纪非斯犹太人编年史的作家阿布纳·哈萨法蒂拉比（Rabbi Abner Hassarfaty），则认为它"是一场痛苦的、不道德的放逐"。很多犹太人甚至宁愿皈依伊斯兰教，也不愿舍弃他们在旧城的居所和工作场所。23

　　非斯新城周围是一堵"高高的、坚固的城墙"，城墙上嵌有多个塔楼和城齿。新城一共有三个区域。第一个区域里有皇宫、贵族宅邸和花园，还有一座大清真寺和一座皇家铸币厂。第二个区域里有一个大的皇家马厩、宫臣宅邸以及一个沿着东西轴线分布的长达 1.5 英里的市集。另外两个皇家马厩建在西门，饲养着专供皇家卫兵的马匹。第三个区域住着君王的卫兵和侍从，以及供两支不同的马林军队居住的营房：一支是由来自卡斯蒂利亚或加泰罗尼亚的基督徒雇佣兵组成的军队；另一支是由来自霍姆斯的叙利亚弓箭手们组成的军队，他们驻扎的区域后来变成了犹太人居住的迈拉赫区。新城的背面伫立着硕大的狮子门，门两侧是两座开枪眼的塔楼。这是马林王朝的君主们进入新城的专用通道。

163

　　如果列奥所说可信的话，那么这就是一座内部美好、外部脏乱的城池。城墙外围的场景与墙内的气派、雄伟形成鲜明对

---

　　① 咸咸的迈拉赫河流经这片地区，或离这片地区不远的地方。

比。非斯的郊区住着"大批邋遢、肮脏的妓女"，列奥不屑地记载道。郊区还有很多杂乱无章的公园和果园，每天会有500车桃子从这里运出，黑奴买卖也是在这里进行的。

在某种程度上，阿布·优素福颠覆了优素福·本·塔什芬11世纪将两座城市合而为一的做法。实际上，非斯古城仍是商业中心和知识中心，而新城则成为日益扩大的马林帝国的军事、政治和行政中心，居住在这里的，从住在皇宫的苏丹到住在营房的最卑微的士兵，都是承担着让它高效运转重任的人。这是非斯城有计划扩张的结果，其成功有两个判定依据，一是建成后在马林时代繁荣兴旺，二是直到今天其杰出的城市设计依旧清晰可见。

到列奥开始记载的时候，非斯城的犹太人已经搬到了新城。他们居住在一条长长的街上，"其人数已经比当初被驱离西班牙时增加了很多"。不过，当时不同信仰之间的关系并不乐观。"所有人都轻视这些犹太人，不允许他们穿鞋子"，他记载道。[24]

在全盘接受列奥的观点之前，还需要用一两句话对列奥的情况予以说明。他是在突尼斯靠近海岸的海面上被西班牙的海盗们抓到的，这些人很快意识到他是一个天赋和受教育程度都不一般的人，所以没有强迫他到海盗船上的厨房劳作，而是在1520年把他当成礼物献给了教宗利奥十世。教宗被这位有进取心、有丰富经历的北非文人打动，成为他的赞助者。在罗马的圣彼得大教堂受洗后，伊本·瓦赞成为约翰内斯·列奥·美第奇（Johannes Leo de Medicis），不过他自己更喜欢被叫作犹汗那·阿萨德·加尔那蒂（Yuhanna al Asad al Gharnati），即格拉纳达的狮子约翰。在接下来的八年里，他将自己的游历见闻记录下来，并于1550年第一次出版，书名为《非洲纪行》。这是一部有重大影响的作品，在19世纪地理大发现之前，它是关于北非的最权威的文献。然而，在谈及犹太人和穆斯林的时候，他的文字流露出一个皈依基督教的人的热情，他在描写伊斯兰教时使用了"穆斯林的不敬虔""瘟疫"等字眼。[25]

和所有老练的宫臣一样，伊本·阿比·扎尔知道如何能让自己获益。他为阿布·优素福写了长达 100 页的吹捧性传记，更有意思的是，他还留下了一份读来饶有趣味的关于 13 世纪非斯城的考察报告。虽然要慎重对待他给出的数据，但这份报告如实记载了在阿尔摩哈德时代末期，非斯城在曼苏尔（1184—1199 年在位）及其儿子纳西尔（1199—1213 年在位）执政时期得到了相当不错的发展。在一份罗列在租的、纳税的设施清单中，他收录了 89236 座房舍，9082 家商铺，3490 台织布机，1170 个烤箱，785 座清真寺，472 间磨坊，467 家小酒馆，188 家制陶厂，135 个面包烤炉，116 家染坊，93 间公共浴室，86 间皮革染坊，47 间肥皂工坊，12 家铸铜厂，11 家水晶加工商铺，2 个卡伊萨里亚（qaysariya）市集，2 个铸币厂，以及约 400 家造纸坊。[26] 万幸这个时候城市面积已经扩大，城墙以内没有花园和果园了。

这样的繁荣景象不是凭空出现的。13 世纪中期，欧洲自 8 世纪开始停滞了近 500 年的铸金热潮再次出现，马林王朝在这一时期崛起并助长了欧洲铸金热潮。中世纪的基督教世界经济衰退，生产停滞，欧洲大陆银币盛行，伊斯兰世界却到处是黄金。早在 11 世纪，今天摩洛哥所在的地域——尤其是非斯、马拉喀什、西吉尔马萨、阿格马特（Aghmat）——就因出产黄金而闻名于世。伊本·赫勒敦记载了两条始于撒哈拉以南非洲地区的淘金线路，每年约有 12000 个车队走此线路去往埃及；另外一条由廷巴克图（Timbuktu）向北，通向非斯和地中海海岸。得益于马林王朝的军队威力和行政机构的实力，这些贸易路线的安全有了保障，进而拉动了经济发展引擎，大批大批的金块和金粉途经非斯，被运往欧洲。贸易商、商人、代理商纷纷涌向这个大都市。"每个城市、每个国家都在非斯城派驻代表，"贾兹纳伊写道，"他们做生意，生活，非常活跃。这里会聚了来自各个地区的贸易商和手工艺人，集聚了各种商业活动。"[27]

165 随着科尔多瓦和塞维利亚接连沦陷，马拉喀什在马林人的统治下日渐式微，非斯城成了北非和安达卢斯上流社会青睐的地方，其中包括"来自特莱姆森（Tlemcen）齐亚尼王朝的王子们，来自格拉纳达的纳斯里王室（Nasrids）成员们，哈夫斯王朝（Hafsid）的王子们……大使、游客、神秘主义者、学生和乞丐"。马林王朝非常富有，有能力养活一支由来自卡斯蒂利亚、阿拉贡和法国的基督徒雇佣兵组成的常备军队。14世纪，苏丹阿布·伊南（Abu Inan，1348—1358年在位）执政期间铸造的精美的马林第纳尔金币在伊斯兰世界被认为是无与伦比的。用5万第纳尔金币赎回的黎波里的时候，阿布·伊南并没有把这笔"小钱"放在心上。据伊本·霍卡尔记载，10世纪，仅西吉尔马萨一城每年的贸易所得就有40万第纳尔金币，所以，苏丹的自满也是合乎情理的，欧洲硬币以北非伊斯兰金币为模板也就不足为奇了。[28]

通过建设伊斯兰学校，马林王朝在摩洛哥留下了最深刻的印记。这些学校在13、14世纪忙得不可开交，它们是马林王朝软实力的化身。

塔拉特·卡比拉大街上的车和人川流不息，有贸易商人、食品杂货商、香料商、学生、学者、艺术大师、香水商、屠夫、面包师、做平底拖鞋的手工艺人、书商、旅馆老板、厨师、木匠、地毯编织匠、修鞋匠、孩童、主妇、电工、管道工、宝石钟表匠、男装裁缝、票贩子、游客、顾客、乞丐、文具商、女装裁缝、酒鬼、驮着高高摞起的货物摇摇晃晃往前走的驴子，不看路的人一不小心就会被那锋利的铁质驮篮划破脑袋。走出这条街，一座安静、美得令人揪心的庭院又会让你屏住呼吸。

这座院子以苏丹阿布·伊南的名字命名，是他在 1351—1356 年马林王朝最鼎盛的时候命人建造的。阿布伊南经学院（Bou Inania Madrassa）是非斯最重要的建筑瑰宝之一。据传，它的建造源于苏丹和他最爱的一位情妇（后来娶了她）之间不光彩的爱情故事。这座经学院的设计和装饰都极为奢华，完全不考虑预算，是马林王朝建筑的一个高点。在落成仪式上，阿布·伊南问学者们在这座新的经学院里礼拜是否奏效。当然有效，这些人回答说。苏丹点点头，"这个垃圾堆已经变成了一座礼拜殿，那么一个妓女也能变成一位贵妇"。后来，当被告知最终高昂建造成本时，他轻轻拂过，不以为意。他说："让你沉迷的事物永远都不会太贵。"29

阿布伊南经学院的细节多到令人不知所措。站在院子里，不论往哪个方向看，用伊斯兰艺术混合画法绘制的极美的图案都会令你眼花缭乱。坚固的宣礼塔平静地俯视着多样的建筑，顶部的绿色瓦片在淡棕色砂岩的映衬下熠熠生辉。今天，透过布日卢蓝门（Bab Bou Jeloud）——老城最有名的大门之一，我们仍可以看到这个在过去八个世纪里象征非斯天际线的建筑。

在阿布伊南经学院内，泽利杰（zellij）① 瓷砖和马赛克图

166

---

① 泽利杰是一种由手工凿刻的单个瓷砖拼成的马赛克瓷砖作品。这些作品通常具有不同的颜色，并组合在一起，在镶嵌的基础上形成各种图案，最著名的是精致的伊斯兰几何图案，如辐射星形图案。这种伊斯兰艺术形式是西方伊斯兰世界建筑的主要特征之一。它存在于摩洛哥的建筑、阿尔及利亚的建筑、突尼斯的早期伊斯兰遗址以及安达卢斯的历史古迹中。——译者注

案或横向或纵向地排列，或被镶嵌在高悬的壁龛和护墙上；轮番与大量石膏雕刻、飞舞的阿拉伯式花纹、带有回纹饰的木雕花窗（mashribiyya）、被阳光晒褪色了的雪松木托臂和檐口，以及由上千个几何图案拼接而成的镀金天花板和两扇刻有大型浮雕的青铜大门争奇斗艳，使之更加完美。冷色调的瓷砖地板，有光泽的墙裙，带有图案的灰泥墙壁，历经风雨侵蚀的、裂开的雪松木，这一个又一个形成有趣对比的图层混合在一起，呈现出不同色调、质地、色度、色彩的组合。伊斯兰艺术史学家罗伯特·希伦布兰德（Robert Hillenbrand）写道："走进阿布伊南经学院，就像进入了一个装满珠宝的精美盒子。"[30]

阿布伊南经学院的正对面矗立着另一座非斯最有名的建筑遗迹——时间之家（Dar al Margana）钟楼。这是一个设计于14世纪、靠重量驱动、灵巧的漏壶，又称水钟，是当时的一大奇迹。非斯城还有其他一些靠水流驱动的马林时代的建筑奇迹，比如为灌溉皇室和贵族那些无序蔓延的花园而建造的巨大的戽水车。听闻，在苏丹阿布·哈桑在位时期，非斯有很多公共用水场所，包括喷泉、洗礼沐浴室、游泳池。

到访阿布伊南经学院的游客常常被它的美折服，所以当兴奋的摩洛哥旅行家伊本·白图泰1349年10月来到非斯的时候，他对宏伟的非斯城和苏丹阿布·伊南的接见感到震惊和敬畏，"愿真主打压他的仇敌，使他稳居高位"。

伊本·白图泰不是一个容易被打动的人。24年来，他四处游历，来非斯的时候，即将结束自己75000英里的漫长而惊险的旅程。这一旅程使他成为"伊斯兰的大旅行家"。1325年，就在工匠们为非斯亮丽的阿塔林经学院做最后的装饰时，白图泰穿好凉鞋、背起行囊，从丹吉尔（Tangier）出发，踏上了前往麦加的朝圣之旅。现在，已经结束朝圣之旅的他抵挡不住突然涌上心头的乡愁，向西经由耶路撒冷、开罗、亚历山大往

回走，最终赶在非斯城最繁华的时候到达了这座在苏丹阿布·
伊南统治之下的马林都城——

> 我朝见他，幸得见他一面。他的威严胜过了伊拉克的 167
> 国王；他的优雅，胜过了印度的皇帝；他的彬彬有礼，胜
> 过了也门的国王；他的勇敢，胜过了突厥国王；他的温
> 和，胜过了君士坦丁堡的皇帝；他身为穆斯林的仪态，胜
> 过了中亚的皇帝；他的学识，胜过了苏门答腊的国王；他
> 的恩惠令我诚惶诚恐，感激之情溢于言表。[31]

苏丹阿布·伊南被这位大旅行家的见闻以及他对外国统
治者、东方伊斯兰世界的描述深深吸引，于是命人将他的游历
一一记录下来。《伊本·白图泰游记》（*The Precious Gift of
Lookers into the Marvels of Cities and Wonders of Travel*）
是世界上最伟大的游记之一，它既有学术内容，又有逸事趣
闻；既幽默又博爱，从头到尾妙趣横生。

阿布·优素福于1271年建成的萨法林经学院（Saffarin
Madrassa），是马林王朝最早建造的经学院，之后多座经学院拔
地而起，开启了延续近一个世纪的建造宗教建筑的热潮，并为后
来者确立了仿效的标准。它将奢华到近乎堕落的装饰与小巧的
规模融合，多种材料混合使用，具备多种功能——它既是宗教学
校、清真寺，又是慈善机构、学生宿舍、社区中心，还是官方仪
式的活动场地。

于苏丹阿布·赛义德·奥斯曼二世（1310—1331年在
位）在位期间修建的阿塔林经学院——1323年始建，1325年
建成——位于香水和香料市场的入口处，紧挨着卡拉维因清真
寺，是非斯另一座极其宏伟的马林王朝建筑遗迹。经学院庭院
中央有一处喷泉，庭院周围的墙上有五颜六色的刻有铭文的

雕带，有马赛克嵌板，有穆卡纳斯（muqarnas）式样的壁龛，有石膏雕塑，有装饰性的拱形垂帘，有草书的碑文，还有花体装饰。穹顶下方极少见的彩色玻璃窗射出柔和的彩色光线，照耀着下方的朝拜者。

　　马林王朝在非斯城建造的经学院绝不仅仅是金钱多过理智的统治者们炫耀的产物。这些结构复杂的经学院为马林王朝提供了发展所需的精神力量和知识力量。它们还为提升马林王朝在伊斯兰世界的正统地位，加强对常常自行其是、争强好斗的宗教机构的控制，扮演了前锋角色。曾在 1250 年的叛乱中受到威胁的马林王朝，自那以后再也无法容忍一些难缠的宗教人员的反对，于是要求所有伊玛目将在清真寺里举行的所有集会告知执政当局。这些拥有大批受众的传教士被国家收买。他们严格推行逊尼派法学中马立克学派的正统教义，国家对宗教机构的控制达到新的高度。举一个例子，1283—1300 年，宗教人员为了对卡拉维因清真寺进行局部翻新，连续七次向苏丹上书申请。[32]

　　从非斯的经学院越来越多这一事实可以看出经学院是马林王朝建设的重心。1271—1357 年，非斯一共新建了七座经学院。这个国家的其他地方也打开了经学院耀眼的大门。根据伊本·马尔祖克的记载，仅苏丹阿布·哈桑（1331—1348 年在位）——曾短暂统一了摩洛哥、阿尔及利亚的特莱姆森和伊非利基亚（Ifriqiya，包括突尼斯、西利比亚和东阿尔及利亚在内的地区）——一个人就在非斯、梅克内斯、塞拉（Salé）、安法（Anfa）、阿泽穆尔（Azemour）、萨非（Safi）、阿格马特、马拉喀什和乌巴德（Al Ubbad）建造了多座经学院。

　　建造经学院的浪潮让马林王朝有机会打造一个新的忠于苏丹、仰赖苏丹的法学家和神职人员阶层，他们忠诚、有文化、说柏柏尔语。经学院还巩固了非斯作为伊斯兰教学问重镇的声誉。正如安达卢西亚地理学家阿布·赛义德·加纳蒂（Abu Said al Gharnati）所写的那样，"非斯的百姓们都是受过良好教育、有学问、有智慧的人；这座城是一个真正的人才库，这里的医师、法学家、学者、贵族、谢里夫比其他任何一座城市都多"。[33]

马林王朝的奢华主要体现在精心安排的极其华丽的皇室仪仗中。以苏丹最好的马匹为例，它们会披上饰有金子和宝石的马衣，伴着军队的鼓点和管乐，浩浩荡荡地穿过非斯城，骑手们神采奕奕地坐在镶有珠宝的马鞍上，头顶上空白色的皇室旗帜随风飘扬。先知诞辰日——圣纪节（Mawlid al Nabi al Sharif）——极度奢华的庆祝活动为马林王朝提供了一个展示的机会，展示皇家的虔诚以及对先知后裔和穷人的慷慨。在庆祝活动的宴会上，往往会剩下大量食物，穷人正好可以大饱口福。[34]

经学院是马林王朝虔诚之心的建筑实证，而谢里夫社群，即那些受邀从伊斯兰世界各地来到非斯——一座由先知的曾孙创建的城市——定居的先知后裔则是其人证。马林王朝为他们提供了可观的抚恤金和各种各样的优待，而他们也逐渐成为一个强大的、越来越独立的、不受民事管辖的阶层，这给马林王朝带来了致命的后果。

和伊本·白图泰一样，"非洲的列奥"也被非斯迷住了。在其卷帙浩繁的非洲游记中，他用70页的篇幅给了"非斯城一个极为精确的描述"，其中，他特别关注了近700座"庄严、奢华的"清真寺和经学院，尤其是"最华丽、最出色的"卡拉维因清真寺和阿布伊南经学院。[35]列奥还被城里各种各样的市场吸引。在这些市场里，有2万个编织工、2万个磨坊工人、150个食品杂货商和药剂师、150位裁缝、100个陶匠、100

169

个马具商、50 个制针匠、50 个水果商在做生意。"在非洲全地、在亚洲或在意大利，没有一个地方的市场有如此多的商品品类，多到根本无法对所有商品进行估价。"[36]

1550 年列奥的著作出版的时候，马林人已经离开很久了，不过这座他们勤勤恳恳建设的、成就辉煌的城市仍是伊斯兰世界艳羡的对象。1358 年，伊本·白图泰慷慨的赞助者苏丹阿布·伊南被维齐尔勒死，马林王朝自此开始衰退。马林时代最令人敬畏的知识分子伊本·赫勒敦在其剖析帝国兴衰的、影响深远的杰作《历史绪论》中预判了马林王朝的命运。好逸恶劳的苏丹、不自量力的维齐尔、野心勃勃的觊觎者以及接二连三的宫廷政变和暗杀让非斯城和更大范围的国土陷入混乱、无序的状态。1465 年，由非斯城富有的谢里夫社群领导的民众叛乱爆发。苏丹阿卜杜勒·哈克二世（Abd al Haq Ⅱ）及其维齐尔——一个犹太人——被割喉。1472 年，一个新的王朝兴起，即瓦塔斯王朝（the Wattasids）。他们也是柏柏尔人，和泽纳塔部群的柏柏尔人有血缘关系。非斯的巅峰已过，马林王朝已然落幕。

潮流不断变化，但是非斯小心谨慎地保留了自己原本的模样。在一株古老的悬铃树的树荫下，指甲花市场（Suq al Henna）的香料/香水商人正在不慌不忙地和客人讨论涂抹香水的技巧，一边讨论一边用沉香木、茉莉、栀子花、天竺葵、佛手柑、玫瑰果油、香柏、肉桂、茴芹籽、胡椒粉、洋甘菊、乳香、广藿香调制令人陶醉的调合物。语调温柔的香料商拉希德·韦德希里（Rachid Ouedrhiri）调制出了一款尤为引入注目的"高贵琥珀"（Royal Amber），然后指着几米开外的摇摇欲坠的建筑——西迪弗拉杰医院（Maristan Sidi Frej）。它是世界上第一批治疗精神病的医院之一，是阿布·优素福于

1286年建造的，建成时间远早于1410年竣工的瓦伦西亚圣洁者医院（Hospital de los Inocentes）。非斯看重自己的传统和记忆，并且按照自己的节奏发展。

非斯和300英里以南同为都城的马拉喀什不同。近几十年里，马拉喀什已经被美化、改造得难以辨识了，而非斯却非常写实，有时真实得有些令人不快。这种真实体现在面临崩塌的联排房屋中，体现在身体畸形得令人惭愧、无法移开视线的残疾乞丐身上，体现在门面上挂着满是苍蝇的骆驼头的屠宰铺子里。它还体现在沙乌拉（Chaouara）皮革厂那人人避之不及的恶臭中。在那里，一场嗅觉盛宴正在上演，硝皮匠穿梭在一个蜂窝结构的石井网里，石井里有牛尿，有鸽子粪，有生石灰，有盐，有水，有染料，还有其他商人认为这个时节会好卖的非斯皮革。那里的硝皮匠先是把兽皮剥下来，软化之后再放入桃红、紫红、深红、蓝色、黄色的染料中。近1000年前——硝皮匠行会的成立最早可以追溯到非斯城建立之初——他们的前辈也在同一个地方做着同样的工作，而今，他们依然站在这些巨大的齐腰深的染料池里，在纯天然的植物染料中揉搓着兽皮，其中蓝色颜料源自木兰，橙红色颜料源自指甲花，绿色颜料源自薄荷，黄色颜料源自藏红花，棕色颜料源自香柏，红色颜料源自罂粟花。在这里，时间是静止的。

瑞士现代主义艺术家勒·柯布西耶（Le Corbusier）在1931年来到非斯。把这里视为一座杂乱、无序古城的他为之悲叹。"非斯古城太狭小了，"他说道，"西方有责任行动，来为它设计，创造一个现代生活。"非斯不为所动，这里的生活一如既往。半个世纪之后，保罗·鲍尔斯将目光投向"肮脏得超乎想象"的非斯古城，看到了举家搬离古城，去卡萨布兰卡谋求新生活的非斯百姓，并预测古城"前景惨淡"。尽管如此，非斯城依旧继续存在着。[37]

170

　　20 世纪 50 年代，当泰特斯·伯克哈特在离开 25 年后回到挚爱的城市时，他焦虑不安，担心非斯城已然发生了变化，担心它在现代欧洲文化浪潮的侵蚀下放弃了对圣者的崇拜，变得崇尚"金钱、效率和挥霍"。

　　其实他无须焦虑。今天，一座座宣礼塔仍在发出召唤，呼召这座满是绿色屋顶之城的穆斯林前来礼拜；香料商人依旧挤在阿塔林市场狭窄的街道上；辩护律师和公证人聚集在古老的卡拉维因里；赶骡夫和脚夫匆匆穿过曲折的街道，大叫着他们由来已久的提醒，"小心！小心！"（Balak! Balak!）；毛料编织工还在编织，纺纱机还在转；铜匠广场的铜匠们还在清洗他们的容器。非斯城朴实的光华就这样悉数展现在他眼前，一如往昔，它还是那个"不可改变、无法摧毁的非斯"。[38]

撒马尔罕

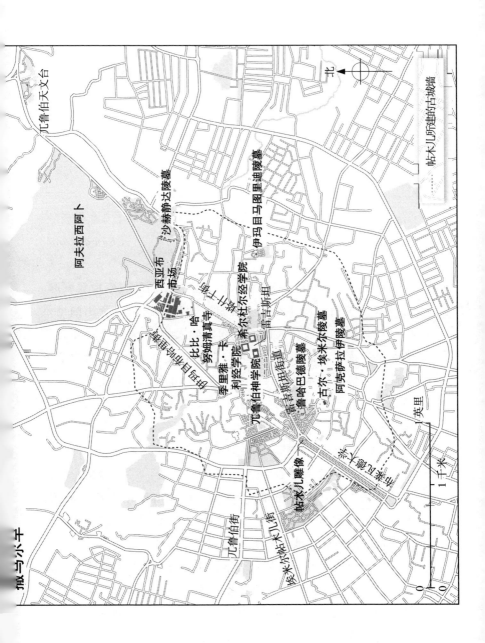

兀鲁伯天文台

阿夫拉西阿卜

西亚布市场

沙赫静达陵墓

伊玛目马图里迪陵墓

比比·哈努姆清真寺

季里雅·卡利经学院

兀鲁伯经学院

希尔杜尔经学院

阿拉伯神学院

雷吉斯坦

萧吉·斯坦纳街道

古尔·埃米尔陵墓

努里巴德陵墓

努米萨拉伊陵墓

兀鲁伯街

埃米尔帖木儿街

帖木儿雕像

北

帖木儿所建的古城墙

英里

1千米

0
0

8

14 世纪：撒马尔罕——灵魂的花园

撒马尔罕，日光之下、地球之上最美的容颜。

——阿敏·马卢夫（Amin Maalouf），《撒马尔罕》

（*Samarkand*）

　　14 世纪后半叶，一个强大的、残暴的新政权在中亚崛起。新政权的统治者既不是皇室血脉，也不是王国或帝国的继承人，而是历史上最伟大的白手起家的人物之一，一个目不识丁的军事指挥官。他领导着一支只有打胜仗的时候才对其忠心的军队，缔造了世界上最大的帝国之一。他凭借战场上的显赫战绩，35 年未尝一败，稳居世界征服者顶层，与亚历山大大帝和成吉思汗比肩。他拥有很多夸张的头衔，足以证明他的卓越："幸运之王"（1336 年他出生时的星象被认为是大吉之兆，故得此称号）、"世界的征服者"、"时代之君"、"七域内不可征服的王者"。克里斯托弗·马洛（Christopher Marlowe）称他是"真主的怒火与惩罚""世间唯一的恐惧"，并用他的名字为自己最血腥的戏剧命名。他的名字是帖木儿。对同时代的穆斯林统治者来说，他是一个不识字的野蛮人，那些人对他深恶痛绝，想起他时不免感到恐惧。在他看来，自己是伊斯兰世界的最高统治者，自称"伊斯兰之剑""信仰的勇士"，他的皇城是撒马尔罕——东方璀璨的明珠。[1]

　　撒马尔罕建于公元前 8 世纪, 坐落在泽拉夫尚河
（Zarafshan River）河畔、河中地区（Mawarannahr）的中
心地带。马瓦鲁纳赫尔横跨苏联的棉花带以及今天中亚的乌兹
别克斯坦、哈萨克斯坦、土库曼斯坦、塔吉克斯坦和吉尔吉斯
斯坦, 一直延伸到中国新疆的西北部。这一地区又被称为河外
（Transoxiana）, 其中心是一个 300 英里宽的走廊, 走廊左右
分别是中亚的两大河——阿姆河和锡尔河。这两条河又名乌浒
河、贾沙特斯河（Jaxartes）, 名列中世纪天堂四河, 它们流
经贫瘠之地并为之带去了些许肥力。

　　在这些被神圣化的河道及其支流的两岸出现了一些宏
伟的古城, 它们的名字——撒马尔罕、布哈拉、铁尔梅兹
（Termez）、巴尔赫、乌尔根奇（Urganch）、希瓦——在亚历
山大和蒙古战神成吉思汗的记忆里回响。公元前 550 年, 波
斯居鲁士大帝占领了撒马尔罕, 此后, 根据希腊人的记载, 亚
历山大大帝于公元前 329 年征服了马拉坎达（Marakanda）。
离河流更远的地方是致命的沙漠, 沙漠里狂风呼啸。阿姆河
以西绵延着卡拉库姆沙漠（Qara Qum, "黑沙漠"）, 无边无
际的荒芜令人崩溃。锡尔河以东延伸着同样荒凉的饥饿草原
（Hunger Steppe）, 一望无际的原野平坦到能望见地平线的程
度。甚至连两河中间的地域, 孕育文明且有大片郁郁葱葱农田
的地方, 也被北方炙热的基齐尔库姆沙漠（Qizil Qum, "红
沙漠"）包围着。夏天, 这里的高温烤得人昏昏沉沉, 那些在
田间劳作的人皮肤上都被晒出了水泡, 变得像皮革一样粗糙。
冬天, 暴风雪刮落在毫无生机的大地上, 游牧民和定居的百姓
纷纷撤退, 回到泥砖墙围成的院里, 回到带有内衬的毛毡帐篷
中, 并将皮草和毛毯裹在身上, 以抵挡能把一个人刮下马鞍的
劲风。只有在春天, 当河水从山巅上流下, 当果园花儿绽放,
市场上堆满了苹果、桑葚、梨、桃子、李子、石榴、甜瓜、温

柏、杏和无花果，当火堆上方的马肉和羊肉嗞嗞作响，部族的宴会上大杯大杯的葡萄酒被一饮而尽的时候，整个国家才终于沉浸在富足的喜悦里。

自从公元前1世纪丝绸之路——起于中国，途经撒马尔罕，一直到地中海的安条克港和亚历山大港，绵延3700英里——开通以后，中亚就一直是东西方的十字路口。帖木儿在位时处于全盛时期的撒马尔罕，城中的各个市场上摆满了来自世界各地的产品，有皮草、猎鹰、毛料、金、银、宝石；有来俄国和鞑靼地区的皮革、亚麻织品；有来自中国的瓷器、麝香、玫红尖晶石、钻石、珍珠、上等丝绸、香料；有来自印度的肉豆蔻、丁香、肉豆蔻种衣、肉桂、姜、甘露；有来自叙利亚和小亚细亚的布料、玻璃制品和金属器皿。这还不包括那些本土作坊生产出的丝绸、绉织物和皮衬，以及本土种植的极其美味的水果和蔬菜。

175   13世纪20年代，成吉思汗利用焦土策略入侵中亚，一百年后，帖木儿——一个突厥化的蒙古人/鞑靼人才长大，这个时候他的部族以及其他部族都皈依了伊斯兰教。在那个动乱的地区，在城镇和村落（大多在河中地区）定居的贵族们时而结盟，时而分裂。这些贵族已经接受了伊斯兰教，而东面的游牧军事贵族则拒绝伊斯兰教，并坚持自己的异教信仰。在这片既有沙漠，又有草原和高山的地方，他掌握了任何一个想要成为领导者的人所必需的军事技能和骑术。

1360年，在24岁的时候，他抓住机会，大胆行动，纵身一跃，摆脱了默默无闻，跃进了官方历史。1358年，河中地区的统治者被暗杀，政权沦陷，东方的一个敌对可汗来袭。帖木儿的部族首领决定逃跑。帖木儿看到了机会，于是向首领保证自己将领兵退敌，后来却投降了来犯的可汗，成为敌人的封臣。帖木儿一举大胆夺取了他所属巴鲁剌思部（Barlas tribe）

的领导权。接下来几年，他充当拦路强盗、土匪、雇佣兵，锻炼自己的领导才能。这一时期的某个时候，他受了重伤，右胳膊、右腿落下了残疾，外号 Timur the Lame（瘸子帖木儿）来源于此，后来又演变成了 Tamberlane。在一个"只有能举起剑的手才能拿起权杖"的时代，帖木儿久治不愈的残疾让他后来的戎马生涯变得更加非同寻常。1370 年，他消灭了所有的敌人，成为整个察合台——以成吉思汗的二儿子的名字命名的领地，其西面一半是河中地区——无可争辩的君主。帖木儿野心勃勃的征战由此开始。

要了解帖木儿及其成就，最快的方式是勾勒出他在 1370—1405 年的征战版图。他异常活跃，行动轨迹横跨中亚，穿过沙漠、翻过高山、越过强大的敌人们，往西最远到位于土耳其海岸的欧洲门户，往东一直到西伯利亚，往北到莫斯科的郊区，往南越过世界屋脊一直到德里。用墨迹勾勒出的帝国版图幅员辽阔，纵横 1700 万平方英里，遍布中亚、高加索、小亚细亚、黎凡特和南亚次大陆的大片区域。

这一时期，伊斯兰世界已经分崩离析。成吉思汗的孙子旭烈兀在 1258 年毁灭了巴格达城，消灭了统治中东大部分地区近半个世纪的阿拔斯王朝的最后一点残余力量。14 世纪，奥斯曼王朝还未正式出现，北非分裂成了四个小王国，马穆鲁克人成为埃及和黎凡特的主人。后来，帖木儿成为世界上最强大的穆斯林君主，一一推翻了这些敌对的伊斯兰帝国并将穆斯林社群的焦点转向更远的东方，转向民族更加多元化的亚洲大草原，远离主要为阿拉伯人（也有一部分柏柏人）的北非和中东。

帖木儿军事生涯的自相矛盾之处在于，在他的伊斯兰教旗帜下，数以百万计的无法抵抗的穆斯林成为其多次征战的受害者。尽管他坚称自己不断为穆斯林群体带来荣誉，但其他人却只看到那些胆敢反抗他的伊斯兰城市被大规模地破坏，在狼烟

176

中化为废墟。正如塔西佗说的那样："那些打着站不住脚的旗号蹂躏、屠杀、篡权的，他们称之为帝国；那些把一个地方变为荒芜之地的，他们称之为和平。"[2]帖木儿和其他人不同的地方在于，他会接着在那块荒芜之地上进行大规模建造，用血流成河的代价换来影响深远的建筑、文化遗产。他还把撒马尔罕作为其帝国的中心。

帖木儿旋风式的生涯始于14世纪70年代，当时他在花剌子模和蒙兀儿斯坦一举成功。14世纪80年代，从呼罗珊、阿富汗、波斯开始，他的征战范围扩大。1386—1388年征战三年，帖木儿和他那由马弓手组成的鞑靼军队在波斯、高加索所向披靡，洗劫了成吉思汗的孙子旭烈兀创建的伊利汗国（Ilkhanid Empire）的疆土。帖木儿审慎地利用恐惧增强自己的权力，让对手们心生畏惧，将叛乱的风险降到最低。1383年，在伊斯菲贾尔（Isfizar），他命人将2000个俘虏一个一个地摞起来，并用黏土和砖头把他们活生生地砌成塔。在波斯的圣城伊斯法罕，7万人被无情屠杀。1400年，他发动了七年战争，使黎凡特、中东、土耳其的大片区域再次惨遭暴行。

他的军队像风暴一样在亚洲肆虐，大片区域沦为废墟，令人心悸。东方的大城接连倒下，按首字母顺序逐一被破坏、遭杀戮。安条克、阿卡古城、阿勒颇、巴尔赫、巴勒贝克、贝鲁特、巴格达、大马士革、德里、哈马、霍姆斯、赫拉特、伊斯法罕、伊斯菲贾尔、喀布尔、乌尔根奇、扎兰季（Zaranj）都遭到了洗劫和焚毁。他占领了布哈拉、神圣的伊斯兰教圆顶清真寺、苏丹尼耶（Sultaniye）、设拉子、铁尔梅兹和大不里士。他的部下杀戮、强奸、劫掠、焚烧，在整个亚欧大陆横行。帖木儿只手征服了伊斯兰世界的大部分地区。伊斯兰文明遭遇了前所未有的威胁，遭到了来自野蛮的穆斯林战争领主而非恨之入骨的法兰克异教徒的报应。

就在亚洲因这场大灾难陷入一片黑暗之时，一座城市强势   177
崛起，到达巅峰。

1923 年，在詹姆斯·埃尔罗伊·弗莱克（James Elroy
Flecker）因肺结核逝世八年后，他创作的《哈桑》（*Hassan*）
在女王陛下歌剧院上演。这部作品将东方令人陶醉的冒险经历
搬到了伦敦西区。它还让世人熟悉了"通往撒马尔罕的金色之
路"这一概念。①长久以来，这座城市作为最浪漫的、遥远的、
富有异国情调的城市，一直闪耀在西方人的想象中，今天依然
如此。提起撒马尔罕，人们马上就会想起满载香料和绝妙珠宝
的旅行车队，想起辉煌的宫殿群，以迷人姿态呈现在眼前的修
剪整齐的花园。它阐释了富裕和威严的本质，在东方未开化的
世界里，它是一座优雅、宁静、遍地蓝色圆顶建筑的绿洲。

不过，在 20 世纪的头几十年里，这些被人珍视的图景都
变成了幻想。19 世纪，大英帝国和沙皇俄国争夺中亚高山地
区的战略通道及对中亚各皇室的影响力，这一大博弈在 20 世
纪早已结束。新兴的苏维埃国家正在往南扩张，囊括了帖木儿
曾经的疆域。

1917 年，俄国人占领了这座城市，红旗飘扬在巨大的雷
吉斯坦（Registan，字面意义是"多沙的地方"）广场上空，
这时离詹姆斯·埃尔罗伊·弗莱克在瑞士逝世已过两年，离撒
马尔罕登上伦敦舞台还有六年。1924 年，乌兹别克苏维埃社
会主义共和国诞生；一年后，撒马尔罕被定为都城，由此迈进
了一个新的以进步和现代性为标志的时代。这个政权接受了苏

① 这是诗剧《哈桑》的一个诗句："我们都是朝圣者，是大师；我们应该往前走 / 永
远往更远的地方走……"这句诗被刻在了赫里福德英国特别空勤团（Special Air
Service）总部的钟楼上。

维埃实验中千篇一律的配置。工厂、学校、医院和高楼大厦纷纷拔地而起。宽阔的林荫道取代了凌乱的迷宫一样的街道。帖木儿，一个象征乌兹别克民族主义的具有潜在危险性和不稳定性的符号被从公共话语中剔除，而他本人也被塑造成了一个贱民、一个野蛮的暴君和破坏者。帖木儿蓝宫（Gok Sarai）的旧址变成了列宁广场，还盖起了彰显新文化的苏维埃之屋（House of Soviets）、歌剧院、芭蕾剧院。不规则延伸的、无序浪漫的撒马尔罕被改造得平淡乏味。城里那些宏伟的建筑遗迹，也在沉寂几百年之后被以一种整齐有序的苏维埃风格修复。

20 年前，我第一次游览撒马尔罕的时候，那里已经没了金色的道路。到处都有棉花田，时不时地映入眼帘，然后又消失在视野里，只不过它们讲述了一个忧伤而非浪漫的故事。在如今的乌兹别克斯坦，棉花依旧是主要经济作物。一个天朗气清的秋日清晨，我从塔什干出发，向撒马尔罕城驶近，途经了无生气的、贫穷的郊区。一支由 100 多辆老旧的巴士组成的车队载满了年轻的男人、女人，迎面驶来。我问乌兹别克的游伴法尔哈德（Farkhad）这些是什么人，要往哪里去。

"哦，他们是学生，要去摘棉花。"他说道。

听到这样繁重的工作居然会吸引这么多的志愿者，我感到很惊讶。

法尔哈德斜了我一眼。"他们肯定不是志愿者啊。他们必须得摘棉花，不然就会被政府赶出大学。不摘棉花，就没有学位。"

苏联时期，他没毕业就离开了大学，因为无法承受沉重的义务劳动。"现在还是一样，什么都没变，只不过更加隐秘了一些。棉花田大多离主路很远，所以外国人看不到发生了什么。"

据说，帖木儿热爱撒马尔罕"就像一个老人爱恋年轻的情妇一样"。或许，更准确的说法是，他追求撒马尔罕的热情，和一个年轻男子向一个更成熟一些的美丽女子求爱时的激情相仿。这场爱恋始于 1366 年，当时帖木儿手持长剑夺取了这座城市。这是他取得的第一场大胜，也是他的第一次重要征战。这场胜利将这座名字和罗马、巴比伦一样已经响彻了千年的城池带入了他的势力范围。他永远珍惜这一时刻，因为这是他朝着统治世界的目标努力的基础。从那个时候开始，这座都城在他的审美宇宙里就占据了不可撼动的位置。"撒马尔罕确实是他征服的第一座城市，也是被他尊在其他城市之上的地方，他用建筑使它成为众多占领地中的宝库"，来自卡斯提尔亨利三世宫廷的罗·哥泽来滋·克拉维约（Ruy González de Clavijo）于 1404 年到访撒马尔罕，写下了这段话。[3]

当时，帖木儿占领的撒马尔罕已经陷入萧条，仅靠声名维系。1333 年，摩洛哥旅行家伊本·白图泰来到这里。他认为它"是世界上最大、最美的城市之一"，然而，那些大型的宫殿和雄伟的建筑"绝大部分都变成了废墟，就连城市的一部分也被毁坏了——城墙、城门都没了，城外的花园也没了"。[4]帖木儿的第一反应就是装扮他的新情人，为她建造了一个长达 5 英里的加固城墙作为腰带，城墙外还挖了深沟，保护她不受外敌入侵。他还用石头铺设了宽敞的大街——今天从城里宽广的林荫大道仍能看到这一传统的痕迹——连接六道城门和城市中心有穹顶的市场。他的这种做法出人意料，因为无视了游牧的成吉思汗所确立的蒙古传统，即定居生活以及与之相关的设施——城镇、市场、农业——都是可憎的。

接下来的时间里，帖木儿快速席卷全球，突袭、洗劫、焚烧、摧毁、劫掠，都是为了让他挚爱的首都变得更加辉煌。他在亚欧大陆横冲直撞，无所顾忌，却总会回到撒马尔罕，用新的战利品和装饰品装扮她。在 40 年里，这座城市像一个贪得

179

无厌的情人一样收下了帖木儿所有的礼品，比如铺着蓝色瓦片、贴满大理石瓷砖的宫殿，顶着天蓝色圆顶的清真寺、陵墓、经学院，拥有精美亭子的不规则的花园和公园，无数金、银、宝石，奇珍异兽，绝美的布料，丝绸，挂毯，奴隶，香料，然而这远远不够。每一次他带着更多的礼物凯旋，她都会再次送他返回战场。她的荣美需要越来越多的战利品，只有不断地征战才能满足。

帖木儿虏获的人力和物资掠夺同样重要，或许更为重要。被俘获的科学家、学者、作家、哲学家和历史学家齐聚在他新建的学院和图书馆里，为这座城市增添了知识的光芒。15世纪的叙利亚编年史家艾哈迈德·本·阿拉沙赫（Ahmed ibn Arabshah）对帖木儿洗劫大马士革的行为感到愤怒，他批评道，帖木儿"从四面八方收罗各样的果实，放到撒马尔罕；据说那个地方聚集了很多有名的能工巧匠，各种精美工艺和罕见艺术领域的行家都有"。[①] 从君士坦丁堡出发，走陆路横跨帖木儿帝国的克拉维约给出了相似的评论。这位大帝一向热衷发展贸易，为了让他的都城成为"最尊贵的城市"，每次征战帖木儿"都会将当地最优秀的人带回去，以充实撒马尔罕，各个国家的手工艺大师会聚一堂"，这个西班牙人如是写道。因撒马尔罕帝王的虚荣，亚洲奉上了最好的音乐家、艺术家和手工艺人。亚欧大陆的文化之都波斯献上了诗人、画家、细密画画家、书法家、音乐家和建筑家；叙利亚送来了丝绸织造工、玻

---

① 阿拉沙赫的著作——《伟大的埃米尔帖木儿》(*Tamerlane or Timur the Great Amir*)的章节标题毫不掩饰作者对帖木儿的憎恶，比如："这个杂种开始毁坏阿塞拜疆和伊拉克王国""论那个骄傲的暴君是如何被摧毁、如何在毁灭之屋挣扎度日的，在那里、在地狱的最深处永远都有他的位置"。阿拉沙赫称帖木儿为"撒旦""恶魔""毒蛇""恶棍""暴君""骗子""恶毒的蠢货"。因此，这位作家给出的任何称赞都值得重视。

璃制作工和武器制造者；印度提供了泥瓦匠、建筑工人和宝石切割工；小亚细亚则献上了银匠、军械工和绳索工。抛开劫掠不谈，和平贸易是这个帝国繁荣富强的基石。帖木儿曾吹嘘，一个孩子能带着一兜金子从帝国的最西边走到最东边而不会遇到任何麻烦。克拉维约证实了他的这一说法，他曾说道："在帖木儿的统治和管理下，整个帝国一片祥和。"[5]

传教士和宗教人员在清真寺里给信众传讲教义。城里的清真寺像雨后春笋般涌现，蓝色的圆顶在云端闪耀着微弱的光芒，寺内因金色、蓝绿色的装饰而鲜艳明亮。公园一个接一个地出现，一片片宁静的绿洲在郊区蔓延，并被傲慢地冠上了被帖木儿征服的东方大城的名字——巴格达、大马士革、开罗、设拉子、苏丹尼耶。在这座号称"灵魂的花园"的宏伟都城的映衬下，这些大城不过是偏狭的落后地区罢了。

帖木儿的撒马尔罕是世界上最国际化的城市之一，这既得益于它的强大吸引力，也得益于很多不得已迁至此地的百姓和俘虏。在穆斯林人口中，有突厥人、阿拉伯人和摩尔人；在基督徒人口中，有希腊东正教徒、亚美尼亚人、天主教徒、雅各派和聂斯托利派，还有终生受奴役的印度教教徒和拜火教教徒。犹太织工和染工是一个重要群体，帖木儿的宗教都城布哈拉的犹太教徒也是如此。约有15万人的撒马尔罕是一个语言、宗教、色彩的熔炉，是帝国光辉的体现，是一个始终沉浸在爱恋之中的男人忠于所爱的体现。

西方的历史学家普遍对帖木儿不那么友善。记录蒙古人征战历史的编年史家约翰·约瑟夫·桑德斯（John Joseph Saunders）批评了这个"建立在数百万尸体之上的纯粹的权力集合体"，并总结说，在希特勒之前，帖木儿是历史上"残忍、无益的军国主义的最佳代表"。考虑到帖木儿给亚欧大陆造成的破坏，这一评判有很多可圈可点之处。对亚洲大部分地区而言，他一个人就是一场大灾难。不过，在关键领域，即伊斯兰文明的核心领域，桑德斯的评价不太准确，这一点在600多年后变得显而易见。帖木儿无疑是一位血腥的毁灭者，但他的军国主义绝不是没有益处的。他是一个充满活力的帝国缔造者和历史遗迹建造者，从对他与建筑相关的记载中可以看到，亚洲大多数地区，尤其是它的多座城市，都按照以帖木儿命名的建筑风格进行了改造。在他的赞助下，文学文化、音乐、视觉艺术繁荣发展。尽管不情愿，但穆斯林社群达到了数百年来前所未有的团结。"伊斯兰之剑"任意蹂躏伊斯兰世界，然后彻底改变了它。

帖木儿帝国的建筑以其宏伟壮观和理性主义的设计理念而著称，这种理性主义体现在强烈的比例感和对称性上。帖木儿不仅在亚欧大陆引入了一种新的审美观，而且应用了新的工程技术和当时最昂贵的材料。帖木儿和前代君主们不同，他们往往喜欢无序伸展的、不规则的建筑，帖木儿却将自己的构想强加在建筑设计上，赋予其清晰的结构和线条。在实践中，这意味着使用立方体、长方体、钟乳拱、圆柱、八边形等几何图形。横向拱和新颖的拱形结构使在墙里嵌入窗户成为可能，自然光得以照进金碧辉煌的内部空间。[6]

帖木儿建筑规模宏大，而且无论是世俗建筑还是宗教建筑都有最华丽的装饰。在帖木儿之前，除规模较小的陵墓之外，只有少数建筑有如此奢华的装饰。14世纪后期，这种装饰风格变成了标准。宫殿、清真寺和经学院都贴着精美的瓷砖和瓦片，到处都是飞舞的壁画和阿拉伯式花纹，与被日光晒褪了色的大草原形成了鲜明的对比。在十边形的宣礼塔底部，大理石基座上刻满了粗壮的库法体铭文，再往上，由蓝色花纹和琥珀色花瓣组成的菱形图案在由数千个细小的釉面瓦拼出的白色釉面的映衬下闪闪发光。在这些干旱之地，蓝色令人耳目一新，是象征水的颜色，是对天空的致敬。墙裙变成了被切割成几何形状的半宝石的储藏室，乌黑的缟玛瑙制成的六边形瓷砖、金子和天青石制成的精美花饰图案为其增添了活力。

位于撒马尔罕城中央、戒备森严的蓝宫是该城实力的象征，它既是一座城堡、宝库，又是一座监狱和军工厂。那些被俘虏的工匠和军械工就在这里工作。魁梧的男人们敲打盔甲和头盔、制作弓箭的叮当声让蓝宫的高墙都为之震颤。还有一些人在吹制玻璃供大帝的多座宫殿使用，旁边就是切割皮革制作军靴和凉鞋的鞋匠。绳索工则被安排在成堆的亚麻和大麻上劳作。亚麻和大麻是帖木儿引进到城外农田里的新作物，由这种作物制成的绳索专门供投石机和其他攻城器械使用。借助这些器械，他攻破了很多城市和城堡。这里也有档案馆，有堆满硬币的宝库，有满是从全亚洲掠夺而来的珍宝的房间，有帝王偶尔上朝时用的正式的接待厅。

帖木儿的白宫（Ak Sarai）是这一时期建造的最宏伟的建筑之一，它不在撒马尔罕，而是建在了帖木儿的出生地、撒马尔罕以南 60 英里处的竭石（Kesh），也就是今天的沙赫里萨布兹（Shakhrisabz）。白宫是帖木儿最大的宫殿，入口的巨型门拱宽 40 米，两边各有一座近 70 米高的塔楼。到克拉维约来访的时候，泥瓦匠们以及数千名其他工匠已经辛苦建造了 20 年。这座宫殿的设计以震慑来访者为目标，用石头来宣示这位征战世界的君主的绝对权力。其宏伟的规模更是有意为之。正如帖木儿所说，"让那质疑我们实力的人看一看我们的建筑"。[7]

六百多年以后，我们无法不赞叹这些创造，不管它们现在是一片引人回忆的废墟，还是在苏联时期被修复过头的旅游景点。伸长了脖子仰望——偶尔再为其魅力和惊人的规模倒吸一口气——是游览帖木儿在撒马尔罕以及亚洲的历史遗迹的

182

仪式。

帖木儿跨越了从中亚的游牧生活向定居生活过渡的时期。帖木儿宫廷的独特文化就是源自游牧传统、军事技能与定居生活精致的视觉艺术的融合。相比睡在砖砌的屋内，他更喜欢陈设奢华的皇帐，并且还会在这些华丽的移动营帐里召开最重要的会议，比如接见外来使臣、举办家族婚礼和庆祝战场得胜。

征战从未停止。狂暴的弓箭手骑着马呼啸而过，手中或握着锐利的弓箭，或举着锋利的长剑，留下冒着烟的废墟、成堆的尸体和高高堆起的头颅，一队队马匹和骆驼驮着从世界各地最富有的城市里抢来的珍贵珠宝跟着返程。

尽管帖木儿四处游荡，但撒马尔罕却是他活动的中心。在35 年的征战生涯中，这座城市总是他远征的出发点和——对他的敌人们而言，这种经常性的出征是不祥的征兆——凯旋的地方。1381 年，在洗劫赫拉特之后他回到撒马尔罕，1384 年占领阿富汗南部的锡斯坦（Sistan）、扎兰季和坎大哈后他再次归来。1392 年，在击溃了残忍的对手——钦察汗国的可汗图哈塔米什（Tokhtamish）后，他回到撒马尔罕。在那杰出的君王蹂躏世界的时候，撒马尔罕惊奇地凝视着。1396 年，接连在波斯、美索不达米亚草原和钦察草原打了胜仗之后，帖木儿又一次回到撒马尔罕。在整个军旅生涯中，他只有一次在撒马尔罕待了很长时间。就是这次。

183　　　当离开了四年的"幸运之王"骑马进入他挚爱的都城时，撒马尔罕的百姓大声喝彩，欢迎他的归来。这时节城里的公园和葡萄园风光正好，花园和果园鲜花盛开，撒马尔罕盛装打扮迎接军队最前列的君王。这场盛宴就是为了彰显帖木儿凯旋队伍的雄姿，那场景就好像全世界一半的军队都进了城，带来了全亚洲的战利品。

15世纪初波斯的宫廷史学家歇里甫丁·阿里·雅兹迪（Sharaf al din Ali Yazdi）在其著作《扎法尔纳马》（*Zafarnama*，意为"胜利之书"）中写道："周围的人都戴着花冠，圆形露天剧场到处都是，在那里，音乐家为了歌颂君王演奏着最新的音乐作品。院墙上挂满了挂毯，屋顶上铺满了毛料，商铺用稀奇的商品装点。城里人山人海，街道上铺满了丝绒、缎子、丝绸、地毯，那些马儿就踩着走。"[8]

在这盛大的景象中，一群奴隶低着头穿过这座富丽堂皇的城市，不知道该往哪里看。他们身后，骑着马的弓箭手身着极其华丽的衣裳，排成望不到头的纵队，沉浸在热闹的庆祝活动中，喧闹声响彻云霄。帖木儿宣布未来三年免除百姓们的税负，把欢迎活动推向了高潮。帖木儿安排了宴会，并将战利品分给了一些重要的王子和指挥官。囚徒和罪犯戴着锁链游行，并在众目睽睽之下被执行绞刑。雅兹迪说，这是一个"黄金时代"。

五年的征战计划只用了短短四年完成。波斯已经被蒙古贵族统治，顽强反抗的格鲁吉亚再次被征服，阿拔斯帝国垮台*，钦察汗国覆灭，河中地区如今已经没有了外来威胁。征战掠夺而来的海量珠宝被筋疲力尽的马和骆驼驮到撒马尔罕，帝国达到了前所未有的强盛。在伊斯兰世界，15世纪初期只有奥斯曼帝国初露头角，未来它将成为帖木儿的一大挑战，但很快会在他面前瑟瑟发抖。至于信奉基督教的欧洲，已经因黑死病而苦苦挣扎，因政治冲突、没有尽头的战争和可耻的十字军东征而变得贫穷，根本不值得去征服。

在这一时期的撒马尔罕，帖木儿建造的最神圣的建筑是沙

---

* 阿拔斯帝国于1258年为蒙古人西征所灭，帖木儿的军事行动主要在中亚地区，且发生在阿拔斯帝国灭亡之后，因此帖木儿与阿拔斯帝国的灭亡无直接关联。——编者注

赫静达陵墓（Shah-i-Zinda），字面意思是"永生之王"。它位于都城东北部城墙外的阿夫拉西阿卜（Afrosiab）定居点，该定居点的出现比帖木儿时代早了几个世纪，但在帖木儿的慷慨资助下，它发展成为穆斯林朝圣者朝圣的重要中心，这也是他为了让撒马尔罕成为"中亚麦加"而做出的重要举措。阿拉伯半岛本身从未被帖木儿控制；旁人忍不住推断，这是因为它没有足够多的珍宝，不值得他的军队掠夺。

至少整个 12 世纪，这里一直都是有陵墓存在的，只不过后来成吉思汗的部下将它们夷为了平地。唯一躲过蒙古人侵且位于墓群中央的是先知穆罕默德的堂兄库萨姆·本·阿拔斯（Kussam ibn Abbas）的陵墓。据传，早在 676 年，库萨姆就已经到了粟特，当时粟特包括撒马尔罕和布哈拉。满怀传教热情的库萨姆带着使命前来，要劝崇拜火的拜火教教徒皈依伊斯兰教。不过，当地人对这位外来的传教士并不友善，库萨姆很快遭到逮捕、砍首。传说，他在被砍头后，还捡起自己的脑袋，跳到了井里，并一直待在井下，准备时机到了再继续未竟的事业。阿拉伯人尊他为"殉教者"，对"永生之王"的崇拜由此产生。几百年里，库萨姆的陵墓一直吸引着忠实的追随者，今天也是一样。据伊本·白图泰记载，"撒马尔罕的百姓每周日、周四晚上都会出城来到这里拜祭。鞑靼人也会来拜祭，朝陵墓鞠躬，并且带来牛、羊、迪拉姆和第纳尔作为祭品；这些祭品都被用来资助医院、清扫神圣的陵墓"。[9]

为了增加沙赫静达陵墓的名气和声望，帖木儿将皇室墓地选在这里。他的两个姐姐就安息在这里，同样被埋在此地的还有其他亲眷以及忠心服侍他的王公贵族们。沙赫静达陵墓集中体现了精美的工艺、砖石结构、书法和艺术，是一条埋葬死者、充斥着各种色度的蓝色马约里卡瓷砖的街道。在日光下，蓝色穹顶像灯塔一样闪闪发光，而周围其他更为朴素的陶瓦穹顶则被太阳慢慢地炙烤着。

苏联人精心设计了一个残忍的历史转折，在20世纪的大部分时间里，沙赫静达陵墓变成一个反伊斯兰教的博物馆，失去了活力。后来，苏联解体，沙赫静达陵墓作为撒马尔罕最令人印象深刻的胜地之一重获新生。法尔哈德和我在一天下午以一种现代的朝圣方式来陵墓参拜。我们的司机，一个退伍的军官，坚决反对当时的政府把帖木儿作为其官方宣传的一部分。虽然苏联人对这位民族主义象征的影响力感到恐惧，在几十年里，时而禁止提及他，时而诽谤中伤他，但独立的乌兹别克斯坦则加倍地拥护他。在乌兹别克斯坦，多个街道和广场都以帖木儿的名字命名，新婚夫妇会在他的雕像前举行庆祝仪式，报头、街头广告牌以及最高面额的纸币上都印着他的肖像。帖木儿纪念品无处不在，但我们的司机一个都没有。

185

"你知道吗，现在军队里会给士兵们讲帖木儿的故事，讲他是一位伟大的勇士，在很多战役中都取得了胜利，讲乌兹别克斯坦的新军队要带着他的那种精神去战斗。他们称之为'正义的力量'。这些关于帖木儿的讲演都是垃圾。老讲帖木儿好是好，但是有什么意思呢？这些类比实际上是不准确的。帖木儿对他的士兵们非常好，而我们拿到的抚恤金都不够维持生活的。政府甚至没有能力养活自己的百姓。"

我们排着队穿过精巧的大门和带有穹顶的门廊——这是帖木儿的孙子、天文学家、君主兀鲁伯建造的——进入了这栋综合建筑，耳边还回荡着他那令人灰心的声调。映入眼帘的是与卡齐·扎德·鲁米（Qazi Zadeh Rumi）陵墓墓顶相似的蓝色圆顶，这是此处最大的圆顶，据一些人推测，帖木儿乳母的遗体就埋葬于此。在一条狭窄的、被两边高高的墓碑遮蔽的街道尽头，坐落着两座极好的坟墓。第一座是帖木儿的外甥女沙迪·穆尔克·阿迦（Shadi Mulk-agha）的陵墓，建于1372年，碑文写着："这个花园是一个象征好运的珍宝的安息之地，这座坟墓是一颗宝贵明珠的遗留之所。"一同埋葬在这里的还有他的长姐图尔坎·阿迦（Turkhan-agha）。这是我见过的第二个朴素的砖砌穹顶——位于撒马尔罕市中心的鲁哈巴德陵墓是第一个，穹顶稍显克制的简约与上方蔚蓝的天空和下方大门上雕刻着繁复图案的釉面瓦、锡釉陶形成对比。整个外观和内里，包括穹顶，都贴满了瓷砖，所以应被视为早期帖木儿陶瓷护墙最杰出的范例之一。

在荫蔽的坟墓里，装饰繁复，没有一丝克制的痕迹。有多个圆形装饰图案的长方形嵌板镶在布满六角星形图案的墙面上，四边是盘根错节的库法连写体镶边，让人联想到尤为精美的挂毯。坟墓的几个角被垂落的壁龛和钟乳石状装饰物填充得满满当当。往上看，在穹顶的顶尖，一个巨大的星星闪耀着光芒，它的八个角与中心连成线，将天分成了八块，每一块都有泪珠状图案，图案中有一个太阳和六个红色、绿色和亮黄色的行星。

在沙迪·穆尔克·阿迦陵墓的正对面矗立着帖木儿另一个姐姐希琳·比卡·阿迦（Shirin Bika-agha）的陵墓。这座陵墓建于1382年，用马赛克釉陶面砖勾勒出的旋转的蓝色、黄色、白色、绿色花纹图案，与卷动的植物图案和马赛克上流淌的华美书法争奇斗艳。陵墓内部，双层穹顶下方是一个十六面体的鼓状结构，再往下面数逐渐变少，变成了一个八面体，一束束阳光透过镶嵌着彩色玻璃的石膏格栅窗溜进来，照亮了金色的壁画、墙裙上的绿色六边形图案以及翱翔的飞鹤——天堂之鸟。

往街道的尽头走去，便能看到一个建筑群，里面有图曼·阿迦（Tuman-agha）清真寺和图曼·阿迦陵墓。图曼·阿迦是帖木儿特别喜爱的一个年轻妃子，12岁时嫁给了当时40岁出头的帖木儿。天堂花园（Paradise Garden）也是以她的名义设计建造的。1405 年，在丈夫逝世后，图曼·阿迦命人兴建了这个建筑群。宏伟大门的下方、贴着彩色釉陶面砖闪闪发光的是一个雕花门，门上方庄严地刻着："这座陵墓是一道门，人人都得进。"清真寺高大的大门上有一段铭文："真主的先知，愿他安息，曾说过：'入土之前要抓紧祈祷，离世以前要抓紧忏悔。'"陵墓内部，帖木儿的妃子安卧在一片不透一丝光亮的穹顶下方，穹顶内部，蔚蓝的天空中散落着用金线绘制的繁星，天空之下，是一幅有着树木和花朵的乡村景色。

走到街道的尽头，经过帖木儿另一位妃子库特鲁·阿迦（Kutlug-agha）的坟墓，就能看到本次朝圣之旅的目标——凉爽得令人愉悦的库萨姆·本·阿拔斯清真寺。它高耸于天际，拥有三个气派的穹顶。在这座高大的建筑物的正中央，坐落着重建于 1334 年的礼拜室（ziaratkhona），鲜艳的瓷砖光彩夺目。礼拜室四周的墙上有一圈刻着淡蓝色六边形图案的雅致墙裙，墙裙的边缘镶嵌着蓝色、绿色、白色的马赛克釉陶面砖。

透过一个木质的格栅窗，我们可以在一个小小的房间内看到沙赫静达陵墓神圣的中心。那里安置着库萨姆·本·阿拔斯那壮观的四层坟墓，每一层上都贴满了装饰性的锡釉陶，刻满了《古兰经》经文。其中一条刻着："为主道而被戕害的人，你们不要说他们是死的；其实，他们是活的。"

1404 年 9 月 8 日，从加的斯出发，历经了 15 个月，长途跋涉近 6000 英里后，风尘仆仆的西班牙大使罗·哥泽来滋·克拉维约精疲力竭地带着一小队侍从骑着马进入撒马尔罕。带着同时代的欧洲人身上常见的对东方的无知，他震惊地发现这

187 座城市比塞维利亚还要大。① 这真是出人意料。"这座宏伟都城及其辖区的富有和繁荣是一大奇观"，他感叹道。他一直认为，基督教国度在世界上是无与伦比的。1396 年，奥斯曼苏丹巴耶塞特（Bayazid）在尼科波利斯（Nicopolis）击溃十字军。这一事件的确动摇了克拉维约所坚信的观点，但是在内心深处，他还是确信基督教的利剑一定会胜过东方的异教徒。而今，仰望着撒马尔罕奇异的城门，以及它那绚丽的蓝绿色穹顶、绝美的公园和宫殿，他或许压下了很多令人心烦意乱的想法。经陆路跋涉之后，他游览了这个帝国足够多的地方，知道基督教国度同帖木儿统治下的国度不可同日而语。欧洲突然变成了一个很远很远的小地方。

要进入撒马尔罕，就得穿过"辽阔的郊区"。那里人口密集，果园、葡萄园、街道、露天广场及广场上的市集整齐地排列着。

在撒马尔罕城外的果园中，有一幢幢极其雄伟、漂亮的房子，帖木儿在这里建造了很多宫殿和游乐场。周围还有一些大人物的庄园和乡间别墅，每一个都自带果园。撒马尔罕周围的花园和果园非常多，多到游客靠近这座城市时，只能看到如山高的林木，掩蔽在其中的房舍依旧是看不见的。10

① 得益于克拉维约对帖木儿及全盛时期的撒马尔罕的出色观察，我们能够得知 1403 年 11 月黑海地区的天气状况。克拉维约最初想要去高加索面见帖木儿，当时帖木儿和他的军队已经征服了格鲁吉亚，准备在高加索越冬。但是旅程并不顺利，他乘坐的船只在博斯普鲁斯海峡失事，所以这些西班牙人不得不在君士坦丁堡等了 4 个月，直到航海条件更有利。第二年春天，他们继续旅程，但那个时候帖木儿已经启程返回撒马尔罕了。克拉维约不得不追着帖木儿的脚踪，直到秋天才到达撒马尔罕。他在那里待了 3 个月。这是历史上最有利的一次海难事件。

　　克拉维约到撒马尔罕的时候，帖木儿已经荣获了新的勋
章和数不胜数的珍宝——在被阿拉沙赫称为"毁灭之旅"的穿
过中东和印度次大陆的征战中，他获得了具有里程碑意义的
胜利。1398 年，越过被大雪封住的兴都库什山脉，他有意胜
过亚历山大大帝和成吉思汗，便突袭了德里，不断地抢夺金、
银、珍珠、宝石、硬币、华贵的服饰，还有很多奴隶，他麾下
虏获最少的士兵也至少俘虏了 20 名奴隶。短短几天，历代印
度苏丹们积累的超乎寻常的财富便不复存在。根据 15 世纪历
史学家伊本·塔格里比尔迪（Ibn Taghribirdi）的记载，1400
年，古老的阿勒颇城遭到血洗，直到"城里充满了尸体的腐臭
味"，血洗才停止。1401 年，在帖木儿会见了伟大的历史学家
伊本·赫勒敦之后，大马士革的百姓惨遭拷打、屠杀，城里极
好的历史遗迹、清真寺、宫殿和大旅馆都被付之一炬。雄伟的
倭马亚清真寺是世界一大伊斯兰奇迹，却被大火焚毁，被一支
穆斯林军队亵渎，而其指挥官正是寻求"信仰的勇士"之尊荣
的帖木儿。[①] 同年，巴格达为自己的反叛付出了代价，被彻底
消灭，得胜的帖木儿用骇人的战场签名来庆祝——9 万名受害
者的头颅被堆成了 120 座塔。底格里斯河被鲜血和从大马士革
多个图书馆里抢来的书的墨汁染成了红色、蓝色。接着，1402
年，帖木儿在安卡拉战役中彻底打败了奥斯曼苏丹巴耶塞特一
世，这是奥斯曼历史上唯一一次苏丹本人蒙羞被俘。他的胜利
使君士坦丁堡承受着奥斯曼土耳其人的压力，又存活了半个世

188

---

① 在大马士革城被洗劫之前，看到驻扎在城墙外的大批鞑靼人，伊本·赫勒敦留下
了令人信服的描绘："那的人多得数不胜数，如果你预估有 100 万，那不算太多，
也不能说少；如果他们支起营帐，那所有的空地都将被占据；如果军队齐头并进，
行进到一个宽阔的地带，那么整个平原都摆不下。并且在袭击、抢劫、屠杀当地
人、对他们做出各种残忍举动上，这些鞑靼人树立了一个令人惊骇的典型。"Walter
J.Fischel, *Ibn Khaldun in Egypt*, pp.99-100.

纪。他还洗劫了小亚细亚最后一个基督教前哨——士麦那。打胜后，他用其同僚被砍下的头颅攻击那些逃跑的骑士们。① 最后，他就站到了伊斯兰世界的最高处。

"从额尔齐斯河流域、伏尔加河流域到波斯湾，从恒河流域到大马士革、爱琴海诸岛，整个亚洲都在帖木儿的掌控之下，"爱德华·吉本写道，"他的军队所向披靡，他的野心没有尽头，他的热情或许会促使他征服西方的基督教国度，让他们皈依伊斯兰教，而他们这时听到帖木儿的名字都会颤抖。"就在帖木儿站在欧洲的大门口时，那些衰弱的、彼此存有分歧的、贫穷的国王们——英国的亨利四世、法兰西的查理六世、卡斯蒂利亚的亨利三世——确实吓得发抖，但又有一丝释然，因为这位素未谋面的军事领主终于派出了令他们恐惧到了极点的军队。他们匆匆向那位"无往不胜的、平静的帖木儿王"送出了满是奉承之语的书信，希望预先阻止进攻。其实他们没必要忧虑，因为帖木儿想要的奖赏比这大得多。

189　　克拉维约与帖木儿大帝的会面在名副其实的心悦花园（Baghi Dilkusha）里进行，这是帖木儿最漂亮的花园之一，是他留在撒马尔罕的两年里设计、规划的，目的是庆祝1397年他娶了蒙兀儿可汗黑的儿火者（Khizr Khoja）的女儿——图卡尔·哈努姆（Tukal-khanum）公主。这座花园在撒马尔罕的东边，离撒马尔罕不远，周围是有名的卡尼·吉尔草甸（meadows of Kani-gil）。出了撒马尔罕的绿松石城门，沿着一条笔直的松树大道直走，就能到达夏宫。在回忆录中，帖木

---

① 雅兹迪对两位君王战前的通信进行了有趣的概述，其中包括帖木儿对巴耶塞特的告诫："鉴于你那深不可测的野心之船已经沉没在自恋的深渊，你最好还是摇下轻率之帆，将悔改的锚抛到真诚之港，那也是一个安全的港湾；以免，在我们报复的暴风雨中，你罪有应得地消失在惩罚之海里……"*The History of Timur-Bec*, vol.2, pp.148-150.

儿的六世孙巴布尔——莫卧儿帝国的缔造者，指出夏宫里很多
画都是为了纪念帖木儿征战印度。夏宫一共三层，穹顶光彩夺
目，柱廊林立，是一座规模宏大的建筑。

克拉维约被人引领着，先穿过了一个巨大的果园，再经
过一个用顶级的蓝色和黄色瓷砖装饰的高耸的精美门楼。六
头大象——从德里掳来的战利品——站在手持狼牙棒的高大门
卫旁边，守护着大门，每头大象背上驮着一个小型城堡，在饲
养员的命令下表演着戏法。接着，克拉维约及其同伴们被一
个又一个宫臣轮流引着，直到见到了大帝的孙子哈利勒·苏丹
（Khalil Sultan）。哈利勒从他们的手里接过亨利国王的书信，
并呈给了那位"世界的征服者"。这时会见才开始。观察细致
入微的大使为我们描绘了这位出色的东方专制统治者：他坐在
一座豪华宫殿拱门下的高台上，正往高空喷涌水柱的喷泉里红
色的苹果浮浮沉沉。

> 陛下坐在一个厚实的小型绣花丝面垫子上，胳膊肘
> 枕着身后堆起的圆形靠垫。他身披纯色丝质不带绣花的斗
> 篷，头戴高高的白帽，帽顶装饰着红宝尖晶石以及珍珠和
> 宝石。

这次会见进行得很顺利，不过帖木儿称西班牙的君主为
"我的孩子、你的王"，让这位西班牙人确信他是世界的主宰。
虽然帖木儿承认亨利三世是"法兰克众位国王中最伟大的一
位，在地球更远的那四分之一施行统治，其子民是一个了不起
的族群"，但那也只是在欧洲一小块地方，在法兰克人的地界
上。帖木儿的权力和财富整体上达到了更令人叹服的程度，因
此对西方异教徒世界里的一个小小国王才会有这种屈尊降贵的
姿态。

190

15世纪初期是帖木儿帝国的巅峰时期，那时的撒马尔罕在克拉维约眼中是无与伦比的。这位使臣都不敢相信自己的眼睛。当时，至少有15座正经规划过的花园，每座花园都有宫殿、完美的草坪、草甸、潺潺流水、湖泊、果园、凉亭、繁花，取了天堂花园、世界模型、绝妙花园（Sublime Garden）之类的名字。那里有广场花园，园里矗立着两层的四十柱宫（Chihil Sutun）；有悬铃木园（Baghi Chinar），克拉维约在这里看到了一座非常华丽的在建宫殿；还有新园（Baghi Naw），园子四角各有一座塔楼，每两座塔楼之间有一道长达1英里的高墙，新园正中央是果园，果园里有一座宫殿，殿内有多个大理石雕塑，还有用乌木和象牙制成的精美的马赛克。据巴布尔所说，这座宫殿的门楣上方刻着一节《古兰经》经文，字体非常大，两英里外都能看见。

帖木儿像一头富贵的狮子，在这一座座宫殿和花园中悄悄走过，在一座宫殿里待几天，然后再悄悄地搬去另一座。到撒马尔罕一周后，克拉维约受邀参加在另一座种满果树、铺有小道的花园里举行的皇家宴会。四周用彩色挂毯装饰的丝质帐篷提供了遮阴处。花园正中央的宫殿摆放着富丽堂皇的家具，在那里，这位西班牙人瞥见了大帝的寝室——一个贴满雅致瓷砖的凹室，一张镀金的银屏风，屏风前的高台上还铺着一块不大的镶金线的丝质床垫。凹室四周的墙上垂挂着玫瑰色的墙幔，墙幔上银光闪闪，装点着翡翠、珍珠和其他颜色的宝石。清风拂来，丝质的流苏沙沙作响。

北园（Northern Garden），帖木儿最奢华的创造之一，是另一个于1396—1398年建造的大型项目。因为使用了帝国最好的材料和最有名的工匠，所以北园具有代表性。宫殿的大理石是从大不里士运来的，艺术家和画家都来自波斯。这些画作上的图像和那些遗留至今的雷吉斯坦公共广场上的画作一样，都直接挑战了伊斯兰不提倡具象艺术的传统，这或许是帖木儿无人能及的支配地位、无限的自信、对信仰模棱两可的态度的象征。这一点也能从帖木儿及其手下将士大杯喝葡萄酒的画作中看出来。

令克拉维约大受触动的不只是这些公园和宫殿的美，还有庞大的规模。他在撒马尔罕及其周边待了两年，这期间，帖木儿又规划了另一座公园，即塔赫塔·卡拉沙公园（Takhta Qaracha Garden）。阿拉沙赫称，这座公园的用地非常大，以至于一个建造的工匠弄丢了自己的马，六个月后才找到，那匹马在公园里闲逛、吃草，无忧无虑。撒马尔罕满城都是果树，100磅水果"还换不来一个芥末种"。

这是一块富足之地，泽拉夫尚河为它提供了灌溉用水，肥沃的土壤盛产麦子和棉花。这里有很多葡萄园，牧草也肥美，适合放牧牛羊。"这里的牲畜很强壮，家畜和家禽品种优良"，使臣克拉维约赞许地说道。有的羊很肥，单是羊尾就重达20磅。即便在帖木儿及其军队驻扎在卡尼·吉尔草甸，对肉的需求量很高的时候，两只羊的售价也不会超过1达克特。无论往哪里看，克拉维约都能看到食物。尽管他滴酒不沾——这一点不讨帖木儿的欢心——但这位西班牙人却是一位美食家，他欣喜地记录了多种作物。各个地方都能买到面包，大米销售量大，也很便宜。露天广场到处都是，屠夫们在那里售卖或烤或煮的熟肉，其中家禽、野鸡、松鸡尤其受欢迎。水果和蔬菜，包括美味的撒马尔罕香瓜，产量非常高，很多经加工后可以贮藏一年。

在撒马尔罕城的三个月里，克拉维约对货品琳琅满目的市集印象特别深刻。撒马尔罕因地处连接巴格达和中国边境的呼罗珊大道上，因此在帖木儿统治时期变成了一个重要的贸易中心。在帖木儿摧毁了钦察汗国后，北方的贸易路线中断，贸易

191

转移到南线，撒马尔罕贸易中心的地位就更加稳固了。泽拉夫尚河给这座城市提供了水源，而贸易给了它生计，让它富了起来。大篷车频频运来征战的战利品，越来越多的臣属邦国不断送来贡品。不过贸易，以及由此产生的税收，是整个帝国繁荣的支柱，也是帖木儿格外上心、一直关注的事情。帖木儿是那种极为少见的政治、军事领导者，既是攻城略地的征服者，又是有谋有略的帝国缔造者。伊斯兰世界从前没有像他那样的统治者，之后也再未出现过。

雷吉斯坦广场被英国外交大臣、印度总督乔治·寇松（George Curzon）视为"世界上最宏伟的广场"。站在广场上的兀鲁伯经学院宣礼塔塔顶，放眼望去，撒马尔罕是一个蓝色穹顶和壮观大门的海洋。只有在最遥远的地平线上，在这片海洋的海岸边，在沙漠以准备好瞬间淹没城市的姿态躲藏的地方，流溢的光才稍稍暗淡下来。在耀眼的日光下，在从北到东数百码的雷吉斯坦广场上，矗立着比比·哈努姆清真寺，即母后清真寺——帖木儿的骄傲与喜悦。

大清真寺（Cathedral Mosque，即比比·哈努姆清真寺），是帖木儿最伟大的杰作之一，坐落在伊斯兰世界史上最庞大的、极具历史价值的建筑群之中，是向他无数次胜利的献礼。它的建造始于 1399 年。或许皇帝逐渐意识到自己终有一死，于是决定建一座清真寺荣耀真主，而不是像往常一样建一座世俗建筑。

在帖木儿早期的建筑中，穹顶往往是波斯风格——基座以上是一个近似于圆锥体的结构。而比比·哈努姆清真寺和古尔·埃米尔陵墓威严的石榴状穹顶则展现着新风格。皇帝帖木儿逝世后，这种新的风格被帖木儿帝国接受，并传到了印度的莫卧儿帝国，后者在建造泰姬陵的时候将这种风格的效果最大化。后来，这种风格又传到俄国，最典型的建筑就是克里姆林宫。

在这个项目上，帖木儿表现出了令人心悸的控制本能。他命人每天上报工程进度，并由两位埃米尔——霍加·马哈茂德·达乌德（Khoja Mahmud Daoud）和穆罕默德·杰拉德（Mohammed Jalad）管理庞大的工匠队伍。工匠们技艺高超，有来自巴士拉和巴格达的手工艺大师，有来自阿塞拜疆、法尔斯（Fars）和印度的石匠，有来自大马士革的水晶工匠，还有撒马尔罕本地的艺术师。他们还动用95头大象从阿塞拜疆、波斯、印度拉来了200块大理石，这样的运输规模是撒马尔罕前所未有的，因而引起了轰动。

1404年，在清真寺即将竣工的时候，刚刚结束五年征战的皇帝突然到来，工匠们大吃一惊。帖木儿看不上那不大不小的正门，生气地下令立即拆除并重新奠基。主管项目的两位埃米尔被判死刑。帖木儿对穆罕默德·杰拉德实施了最严苛的刑罚——他的头被马拖着，直到被撕成碎片。

接着，这位世界的征服者亲自负责建造工作。尽管身体状况很差，没有办法长时间站立，也无法骑马，但他仍命人每天用轿子把自己抬到工地，给在地基里忙碌的工人扔硬币和肉块，"就像给在坑里的狗扔骨头一样"。

有帖木儿在工地监工，建造工程夜以继日地进行，结果令人震惊。这座清真寺的规模不同寻常，占地面积约16050平方米（150米×107米）。正门高30多米，几座宣礼塔比正门还高，有46米。站在宣礼塔上往下俯瞰，能看到宽敞的庭院及四周的柱廊。柱廊由400根大理石柱子支撑着，共有400个圆顶。"要不是与蓝天一模一样，这个穹顶就是独一无二的；要不是有银河与之相比，这个拱门就是举世无双的"，宫廷史学家矫揉造作地笑道。

193

　　然而，无论帖木儿的大清真寺如何雄伟，它的建造进程终究还是太快了。皇帝处决两位埃米尔的行为无疑让工人们感到慌乱。也许为了完工、保住脑袋，他们走了捷径，地基打得不够深。具体原因至今不明，但这座清真寺建成后不久就开始倒塌。很快，在虔诚的倒影被掉落的砖石打碎后，来这里礼拜的人就决定去别处了。19世纪，在有价值的东西被布哈拉的埃米尔们洗劫一空后，这里变成了棉花市场和沙皇俄国官员们的马厩。1897年，撒马尔罕发生地震，清真寺遭到致命一击。

　　迎着和煦的风从塔顶俯瞰光洁的撒马尔罕，越过大清真寺巨大的穹顶，便可看到那蔚蓝色的光彩中泛着星星点点的赤土色，那里原本应是有瓦片的。雅兹迪在描述大清真寺时，捕捉到了它那超然的规模。"这栋建筑高得不可思议，再往上就到天堂了，"他写道，"要测量它的巍峨，一定会难倒最聪明的人。"这一次这位阿谀奉承的宫廷史学家倒是没怎么夸大。

　　要向帖木儿告别的话，没有比他的安息之所——古尔·埃米尔陵墓更合适的地方了。1405年，69岁的帖木儿死在马背上，彼时他正赶往中国，要与明王朝决战。在他眼里，明王朝是唯一值得对阵的敌人。除此之外，他没有什么需要完成的了。

　　古尔·埃米尔陵墓是撒马尔罕最精巧的建筑，也是世界上最出彩的帖木儿建筑。它的蓝色穹顶带棱纹，高40米，两侧是两座细长的宣礼塔。这是皇帝为纪念珍爱的孙子穆罕默德·苏丹（Mohammed Sultan）而建的，后来成了这位世界征服者的安眠地。他紧挨着孙子哈利勒·苏丹，遗体上涂抹了樟脑、麝香和玫瑰香料，躺在乌木棺材里，躺在"用金、银打造的星空下"。

　　这座陵墓是依据波斯著名的建筑家穆罕默德·本·马哈茂德·伊斯法哈尼（Mohammed ibn Mahmoud Isfahani）的蓝

图建造的，无论从规模、风格还是简约程度来看，它都是一个典范。这座雄伟的建筑颂扬着一位王子的一生，述说着一个王朝的影响力和真主的全能。这座陵墓的穹顶贴着深蓝色、蓝绿色、黄色、绿色的瓷砖，棱纹表面下方刻着"真主是永生的"，巨大的库法体三米多高。一位诗人被其巨大的穹顶震撼，说道："假如天没了，这个穹顶会代替它。"

194

陵墓中央、穹顶正下方是一个如洞穴般空旷的方形墓室。在上层拱顶之上，需要伸直脖子才能看到的高度，琥珀色的光线透过大理石格栅窗照进来，照亮了内穹顶的金色釉陶面砖以及金色、蓝色的钟乳石状垂饰。熠熠生辉的垂饰四周是几何图形嵌板，嵌板点缀着随光线变换色度的星星。帖木儿帝国的六位伟人分别安卧在墓室中央的六个墓穴中，有英勇的穆罕默德·苏丹王子，博学多识的天文学家、君王兀鲁伯，兀鲁伯的父亲、睿智的艺术赞助人沙哈鲁（Shahrukh），帖木儿最让人头疼的儿子米兰沙（Miranshah）。墓室正中央、高置在大理石基座上的是帖木儿的坟墓。1425年，兀鲁伯将一块用世界上最大的宝石雕琢的极黑玉板带到撒马尔罕，来装饰祖父的墓碑。帖木儿的墓旁长眠着谢赫·赛义德·巴拉卡（Shaykh Sayid Baraka）。人们严格执行了皇帝将自己埋在精神兼信仰导师脚下的旨意。

即便在逝世后，帖木儿仍能让自己两个矛盾的身份纠缠在一起。长长的铭文详述也神化了他的血统，称他既是成吉思汗的后裔，又是哈里发阿里的后代。这篇大胆的、不真实的铭文将蒙古人的传统与伊斯兰教的传承融为一体。他死后和生前一样，都是极度务实的。在这里，虽然血统上说帖木儿出身于保守的逊尼派，但他被视为什叶派穆斯林，被埋葬在苏非派导师和灵魂伴侣旁边。

后来，一位年迈的看门人走过来，他身穿破旧西装，头戴老旧的无边便帽，指了指手表，开始关灯。接着，他停了下来，跟我说只需给他几美元，他就能带我去看帖木儿"真正的坟墓"。我的心跳加快了。地面的石墓只是装饰用的。我们小心翼翼地沿着隐秘的台阶往下走，经过一扇沉重的门，进入了一个冰冷的、漆黑的地下室。他轻按开关，打开电灯，一个简简单单的、砖石结构的墓室映入眼帘。

帖木儿的长眠之所是一个雕着古兰经文的朴素石棺。看过地上陵墓的气派和色彩，再看这单调、漆黑的墓室，不免觉得沮丧。这就是那个像彗星划过天际一样横扫亚洲的男人的坟墓。几年之内，他的后代们看着帝国的余晖渐渐消失在天际，直到 15 世纪中期，帖木儿帝国彻底坠落，完全消逝。它最好的遗赠——清真寺、经学院、耀眼的宣礼塔、精致的公园和宫殿——散落在亚洲各地，像一个失落文明的一座座墓碑一样。只有由帖木儿最杰出的后代巴布尔在世界的屋脊建立的莫卧儿帝国还延续着它的光辉。

在西方，帖木儿已经被遗忘。那些知道他名字的人或许记得马洛那部刻画嗜血暴君的戏剧里地狱般的磨难。不过，对大多数人而言，这位历史上伊斯兰帝国的缔造者现在只不过是一个名字而已。他精心打造、用心装饰的城市，一度是世人嫉妒的对象，而今躺在一个被人遗忘的边缘地带。只有在这里，关于他的记忆仍然鲜活。陵墓正门上方刻着简短的铭文——

这是那位卓越的、仁慈的君王的安息之所，他是最伟大的苏丹，最威猛的勇士，他是帖木儿陛下、世界的征服者。

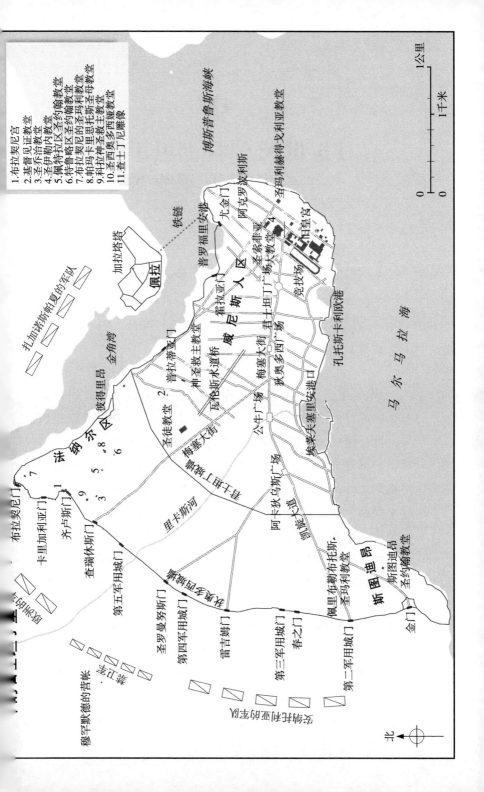

图例

1. 布拉契尼宫
2. 基督见证教堂
3. 圣乔治冶教堂
4. 圣伊勒内教堂
5. 佩特拉区圣约翰教堂
6. 特鲁略区圣约翰教堂
7. 布拉契尼的圣玛利教堂
8. 帕玛卡里思圣母教堂
9. 科拉神圣救主教堂
10. 圣西奥多迦教堂
11. 查士丁尼雕像

1公里
1千米
0
0

北

傅斯普鲁斯海峡

扎加诺斯帕夏的军队

穆罕默德的营帐

加拉塔塔
佩拉
铁链

布拉契尼门
卡里加利亚门
齐卢斯门
查瑞休斯门
第五军用城门
圣罗曼努斯门
第四军用城门
雷吉姆门
第三军用城门
春之门
第二军用城门
第一军用城门
金门

法纳尔区

里卡斯河
普拉蒂亚门
神圣救主教堂
瓦伦斯水道桥
圣徒教堂
彼得里昂
金角湾
亢金门
阿克罗波利斯
塞拉菲亚
圣索菲亚
教堂
大皇宫

威尼斯人区

梅塞大街
公牛广场
君士坦丁广场
奥古斯广场
竞技场
埃莱夫塞里安港

圣玛利赫得亚利亚教堂

孔托斯卡利欧港

凯旋大道
阿卡狄乌斯广场
佩伽布勒布斯·
圣玛利教堂

斯图迪昂
圣约翰教堂

马尔马拉海

9

15世纪：君士坦丁堡
——世界渴望之城

> 曾经它是君士坦丁堡，如今它不再是君士坦丁堡，而是伊斯坦布尔……
>
> ——吉米·肯尼迪作词、奈特·西门（Nat Simon）作曲，1953

　　1400年，一位来自东方的疲惫君王到达伦敦，这时距离奥斯曼苏丹巴耶塞特在尼科波利斯战役中击溃欧洲骑士已过四年，再过两年，巴耶塞特的军队将在安卡拉战役中被帖木儿消灭。国都君士坦丁堡被奥斯曼人围困，曼努埃尔二世·帕里奥洛格斯（Manuel Ⅱ Palaiologos）来基督教国度找西方的远亲寻求援助，这是拜占庭帝国历史上唯一到访过英格兰的皇帝。在到海峡彼岸碰运气之前，他和他的宫臣们一路走遍了欧洲，去了威尼斯、帕多瓦、罗马、米兰和巴黎。亨利四世被尊贵来客疲惫的神态触动，圣诞期间在埃尔瑟姆宫（Eltham Palace）为曼努埃尔二世举办了多次马上长矛比赛、宴会和化装舞会，十分慷慨地款待了他们。熟悉经典希腊历史和哲学作品的英国学者非常高兴能与这位受过高等教育的军人政治家、文人见面。然而，在这个天空灰暗、空气潮湿的国度，虽然王室接待他时慷慨大方、彬彬有礼，给了他诸多尊荣，却没有提供军事援助。来自威尔士的律师、编年史家、在亨利宫廷供职的亚当·

乌斯克（Adam of Usk）记载道，这位伟大的基督徒统治者迫于"异教徒的力量"在绝望之中横跨整个大陆寻求援助，结果希望落空，令人唏嘘。君士坦丁堡，世界的焦点，陷入极大的危险之中——

> 噢，上帝啊！你，古罗马帝国的荣耀，如今变成了什么样子？今天，众人亲眼看着你的伟大化为乌有……谁会相信，曾经习以为常地坐在威严宝座上统治整个世界的你，如今会陷入如此困境，以至于无法为基督教信仰提供任何帮助？[1]

这位威尔士人在记述中流露的失落感表明在过去几百年里君士坦丁堡深刻地影响了基督教世界的想象。君士坦丁堡和一度被异教徒占领的罗马城不同，它是君士坦丁 324 年在拜占庭的旧址上建造的，建成之后就一直是一座基督教城市。到 4 世纪末，它成为一个基督教国家的都城。和罗马城一样，它分散地建在七座山上，规划建设之初规模就很宏大，惹人注目。在通往历史建筑青铜四塔门（Chalkoun Tetrapylon）的几条宽广的柱廊大街上矗立着亚历山大大帝、恺撒、奥古斯都、戴克里先、君士坦丁的雕像。四塔门是一座四面的凯旋门，表面覆盖着青铜色的浮雕，位于君士坦丁堡的主街道——梅塞街（Mese）与连接金角湾和马尔马拉海的一条大街的交叉口，今天大概在两边坟墓成行的迪万约卢街（Divanyolu）和乌尊卡尔希街（Uzunçarşi）的交会处。[2]

198

古罗马露天圆形竞技场，此时已经失去了那四座高大的青铜马——1204 年十字军东征时，它们被拉去威尼斯装饰圣马可大教堂（St Mark's Basilica）——却变成了另一座胜利的丰碑，有意提醒着人们古典时代的辉煌。为了装扮帝国的新都，君士坦丁让人夺走了蛇柱（Serpent Column），又称普拉提亚三脚祭坛（Plataean tripod），那是为了庆祝希腊于公元前479年在普拉提亚战役大胜波斯人而在德尔斐竖立的青铜柱子。

君士坦丁堡有华丽的宫殿、牲畜市场、法庭、赛马场，还有图书馆。商人们游走在各个市场和停满了船只的港口，学者们聚精会神地翻阅古老的典籍，蓄着灰白胡须的虔诚的修道士和真诚的修女在教堂和修道院宽大的穹顶下忙忙碌碌，伴着从不停息的教堂钟声和古老的圣歌，对着发光的圣像、圣物和无价的基督教珍宝祈祷。

君士坦丁堡的核心建筑——圣索菲亚大教堂（又称圣智教堂）不仅体现了这种基督教传统，而且对其进行了界定。这座查士丁尼（Justinian）于537年建成的教堂令6世纪拜占庭历史学家普罗科匹厄斯（Procopius）及所有看到它的人大为惊叹。"因为它巍然耸立，到了可与天空比肩的高度，它屹立在高处，俯瞰着城中的一切，像是从建筑群中猛蹿出来的一样；因为它是君士坦丁堡的一部分，但拥有足以自傲的美……"它"沉浸在这种难以言喻的美中"，他继续道，并宣称这座宏伟建筑"完全令人难以置信"。10世纪，要不是从基辅罗斯公国（Kievan Rus）前来君士坦丁堡考察的游客们亲眼看到了圣索菲亚大教堂那盛大的仪式，俄国也许永远都不会改信东正教。他们被仪式折服，说："我们不知道自己是在天堂，还是在人间。因为人间哪有这样的辉煌与美好，我们不知该如何描述，只知道在那里上帝与众人同在。"[3]

沙特尔的福尔彻，前文提到的教士，曾在1099年把耶路撒冷被屠杀的犹太人和穆斯林比作"腐烂的果实"。福尔彻把君士坦丁堡夸上了天，说出了基督教国度共同的心声，尽管天主教和东正教之间存在极大的分歧。

噢，多么美好、多么漂亮的城市啊！城中有多少建造精良、令人赞叹的修道院和宫殿啊！街道和不同的城区里有多少不可思议的创造呀！这里有各种各样的商品，有大量的金、银，有很多不同的外罩和圣物，要一一记清还真是一件非常麻烦的事。每个季节，商人们出海带回一切可能会有需求的商品。[4]

君士坦丁堡美得令普罗科匹厄斯大为惊叹，让俄国人叹为观止，令教士福尔彻感到惊艳，就环境而言，简直没有比它更不同凡响的城市了。它坐落在一块巨大的形似被挤压的三角形的土地上，两边临海，从北向南略微呈弧形伸展开来的魁伟的护城墙勾勒出了三角形的第三边。君士坦丁堡北边是金角湾的深水水域，一个完美的避风港；东边更远一点是狭窄的博斯普鲁斯海峡，借道海峡往北走就是黑海；南边是马尔马拉海，穿过马尔马拉海，经由达达尼尔海峡，便能到达爱琴海和地中海。不可思议的地方在于，君士坦丁堡被湍急的水流、猛烈的洋流和马尔马拉海毁灭性的风暴庇护着，它们构成了几乎任何海上攻势都无法攻破的屏障。300米长的铁链悬挂在木制的浮板上，链环又粗又大，铁链横跨金角湾，一端连着该城的最东边，另一端连着加拉塔的热那亚人聚居区，需要的时候，可以阻止从东面来的进攻。

不过，当时最引人瞩目的人造防御工事是少年皇帝狄奥多西二世（408—450年在位）建起的雄伟城墙。城墙建在三角形靠近陆地的那一边，绵延4英里，形成了一个尤为复杂的防御体系。那里先是有一条宽20米的护城河，河内侧修建了锯齿形的城墙，城墙内修有外城台（parateichion），这也是一个杀人场地，那些设法跨过护城河、爬上城墙的进攻者很容易在外城台上被杀掉。外城台内侧修有一道外城墙，9

米高，墙上修有塔楼和有城垛的过道。再往里有一个内城台（peribolos），内城台内侧建有高大的内城墙，高达 12 米，厚达 6 米，内城墙修有 96 座塔楼和防御堡垒。这个复杂的集护城河、带塔楼的城墙、城垛、城门为一体的防御体系是古代世界上最难攻破、令进攻者望而生畏的防御工事。⁵ 这套防御体系还包括一道防卫马尔马拉海岸线、有 188 座塔楼的城墙，以及另一道修有 110 座塔楼、为防御来自金角湾的进攻的城墙。这座城池实际上已经坚不可摧。

对君士坦丁堡而言，城墙是一个生死攸关的存在，它甚至设置了"城墙伯爵"这一高级官职，任职官员负责在每一位居民的义务帮助下，维护防御工事。几百年里，这个中间镶有条纹状砖层的石灰岩城墙抵挡了敌人投掷的各种攻击器械，只不过没挡住 1204 年十字军的入侵。它们送走了很多想要征服该城的人，其中有 447 年攻城的匈奴王阿提拉，626 年来犯的阿瓦尔人，674—678 年不断攻城的倭马亚王朝哈里发穆阿威叶，717—718 年攻城的倭马亚王子麦斯莱麦（Maslama），860 年进攻的俄国人，1260 年攻城的尼西亚帝国（Nicaean Empire），以及 1422 年入侵的奥斯曼帝国。总的说来，截至 14 世纪中叶，君士坦丁堡被围攻 23 次，而它只有 1 次输给了外敌。这些城墙的保护光环很强，很多有影响力的传奇人物都是在这里成长起来的。危难时刻，这里的人会高举圣物、沿着一座座壁垒游走，寻求上帝介入，帮助他们战胜帝国的敌人们。正如一位现代历史学家所说，圣索菲亚大教堂为君士坦丁堡的百姓提供了精神慰藉，而这些城墙却是更加具体的保障。"如果说教堂代表着他们对天堂的憧憬，那城墙则是受圣母亲自庇护的、抵挡敌对势力猛击的盾牌。"⁶

从 5 世纪中叶到 13 世纪初，君士坦丁堡一直是欧洲最宏伟、最富裕的城市，是继罗马之后又一个帝国都城。它是拜占

庭帝国基督徒骄傲的源泉，也是穆斯林垂涎已久的对象。先知
的旗手阿尤布（Ayyub）约于 674 年在君士坦丁堡的城门前殉
道；穆阿威叶屡次从海上发动进攻但均以惨败告终，他本人在
680 年落寞离世。在先知穆罕默德预言这座城市终将归穆斯林
所有的圣训的鼓舞下，忠实的追随者们开始赋予君士坦丁堡独
特的伊斯兰教的神圣特质。一位追随者再次向信众保证，"在
以君士坦丁堡为目标的圣战中，三分之一的穆斯林将甘愿被打
败，这是安拉不能容忍的；三分之一的穆斯林会在战斗中被
杀，成为了不起的殉教者；还有三分之一的穆斯林将会得胜"。
另一位自信地断言："他们会真正地征服君士坦丁堡。他们的
指挥者会是一个杰出的人物。他们的军队会是一支卓越的军
队。"7 在 21 世纪的伊斯坦布尔，这句话仍然在被人引用。

　　14 世纪对君士坦丁堡并不友好。最初几十年，在安纳托
利亚西北的比提尼亚（Bithynia）——古罗马帝国的一个行
省——一个新的伊斯兰政权开始崭露头角。在创立者奥斯曼
（1324 年逝世）的领导下，它实力日盛，拜占庭帝国则日益衰
落。奥斯曼是一个神秘莫测的土耳其部落首领，是第一个召集并
统率多个独立土耳其部落的人。81326 年，拜占庭帝国的布尔萨
（Bursa）——一个离君士坦丁堡 100 英里的城市——沦陷，成为
新兴的奥斯曼帝国的第一座都城。今天，奥斯曼那形似营帐的华
丽坟墓就位于该城。1868 年，奥斯曼苏丹阿卜杜勒阿齐兹重修
了这座被地震破坏的坟墓。重修后的坟墓以巴洛克风格为主，表
面裹着一层带银丝绣花的丝绒，周围有一圈镶嵌着珍珠母贝的
隔板，对于一个帝国创立者——他所创立的政权后来成了世界
上最伟大的帝国之一——而言，这是一份合适的献礼。其他有
历史意义的城市也纷纷臣服于这个新兴的穆斯林政权。士麦那
变成了伊兹密尔（Izmir），古老的尼西亚城——因为基督徒制
定了《尼西亚信经》而闻名——变成了伊兹尼克（Iznik）。

201

　　游历世界的摩洛哥旅行家伊本·白图泰曾到布尔萨瞻仰了奥斯曼的坟墓，并在 1332 年到访君士坦丁堡。他对其宏伟的规模印象深刻，但认为这座帝国都城不像一个城市，而像是十三个彼此独立、中间隔着农田的村落的集合体。在他的描绘中，这座城市有明显的衰落迹象——断裂的桥、肮脏的集市，不过强大的基督教认同、传统和惯例平衡了这种衰落的景象，尤其是规模堪比一座城市的圣索菲亚大教堂。他从旁人那里得知，圣索菲亚大教堂里有"几千名"修士和神职人员，还有另外一座教堂容纳了"一千多名修女"。伊本·白图泰想进入上流社会的想法根深蒂固，所以他设法获得了与巴列奥略王朝的皇帝安德洛尼卡三世·帕里奥洛格斯（Andronikos Ⅲ Palaiologos）见面的机会，皇帝赐了他一件荣誉长袍和一匹马，让他骑在马上，伴着"小号声、横笛声和鼓声"在城内游行，欣赏它那"绝妙的、不同寻常的景色"。[9] 在晚宴上，这位摩洛哥人受命高歌。好奇的皇帝问了他一些伊斯兰城市的情况，比如耶路撒冷及其岩石圆顶清真寺、圣墓大教堂，比如大马士革、开罗、巴格达。

　　14 世纪 40 年代开始，拜占庭帝国内乱不断、教派纷争频发，还面临奥斯曼人和塞尔维亚人的多次入侵。1347 年，它获得了一个不光彩的荣誉——欧洲第一个被鼠疫席卷的城市。同年，在约翰六世·坎塔库泽努斯（John Ⅵ Cantacuzenos）的加冕礼上，有人发现他王冠上的珠宝是玻璃制成的，并不是钻石或宝石，这顶王冠如今被收藏在威尼斯的圣马可大教堂。一度耀眼的宴会用的盘子变成了陶盘和锡盘。[10] 接着，1362 年，奥斯曼人占领了君士坦丁堡西北 150 英里外的阿德里安堡（Adrianople），土耳其人称之为埃迪尔内（Edirne），大难临头的征兆并没有——像往常那样——出现在墙上，而是出现在

了地图上。① 渐渐地，君士坦丁堡开始变成了一个被困在不断
扩大的穆斯林海洋之中的基督教孤岛。1371 年，奥斯曼人在
马里查河战役（Battles of Maritsa）中取得了决定性胜利，之
后拜占庭帝国的皇帝变成了苏丹的一个封臣。1389 年，科索
沃被塞尔维亚人彻底征服，终结了君士坦丁堡从基督教友邻中
获得援助、抵挡势头正盛的穆斯林政权的希望。14 世纪末 15
世纪初，三支由匈牙利人领导的十字军遭遇了类似的命运。他
们都惨败于一个组织性更强、更团结的对手，一个沉浸在职业
化军队——这是罗马帝国以后欧洲出现的第一支完全职业化的
军队——提供的诸多机遇之中的对手。

15 世纪初，奥斯曼帝国从西边的多瑙河跑到了东边的幼
发拉底河。1405 年，在创立者逝世后，兀鲁伯治下的帖木儿
帝国实力逐渐衰弱，势力范围局限于中亚地区。在拜占庭帝国
日渐式微的时候，新兴的奥斯曼帝国变得越来越强盛。奥斯曼
那个有名的梦——在梦中，他看到一棵树从自己的身体里冒出
来，树枝覆盖了整个世界，树叶变成利剑刺向君士坦丁堡——
这时看起来并没有他生前那么荒谬了。这个梦后来变成了奥斯
曼帝国一个让人浮想联翩的立国神话。

15 世纪初期，来自卡斯提尔的西班牙大使、曾在撒马尔
罕对帖木儿的宏伟建筑大为赞叹的罗·哥泽来滋·克拉维约
对君士坦丁堡做了简短的描绘。1403 年到达君士坦丁堡之后，
克拉维约捕捉到了这座城市荣耀与衰退并存的矛盾基调。"整
个城市到处是壮观的豪宅、教堂和修道院，但大部分都荒废
了。不过，显而易见的是，从前，极盛时期的君士坦丁堡是世
界上最宏伟的城市之一。"城里还有很多民居，不过大多"破

---

① 这一谚语源自圣经故事：伯沙撒国王大摆宴席时，墙上出现了奇怪的字迹，预言
伯沙撒的死亡及其城邦的覆灭。——译者注

败了"。和很多在他之前、之后到访的旅行者一样，克拉维约痴迷于圣索菲亚大教堂的"巨大穹顶"，他说"放眼四望"，这座教堂的中殿是"世界上屋顶最高、最宽敞，装饰最美、最华丽的"。这座教堂极大，到处都是"绝妙"的风景，经得起"全面的审视"。结合克拉维约到访半个世纪之后发生的事情，他对君士坦丁堡最后的评价——回忆起 1394—1402 年奥斯曼苏丹巴耶塞特在围城围了约十年后却惨遭失败——立即吸引了现代读者的注意力，他说："土耳其人是一个伟大的民族，然而他们居然如此不擅长围城作战，甚至这次还全面溃败，着实令人感到奇怪。"[11]

　　1422 年，他们又一次失败。这次，奥斯曼的新苏丹穆拉德二世（Murad Ⅱ）发动了全面围攻，下定决心要让君士坦丁堡臣服。此前，未获得欧洲军事援助的曼努埃尔二世及其儿子约翰八世·帕里奥洛格斯（John Ⅷ Palaiologos，1425—1448 年在位）采用了拜占庭帝国常用的策略，在苏丹穆罕默德一世逝世后干涉奥斯曼帝国的皇位继承，他们先是支持一个皇子夺取皇位继承权，而后又支持另一个皇子。穆拉德建造了一道长长的土墙，从马尔马拉海一直延伸到金角湾，他的士兵们就躲在城墙后面，朝君士坦丁堡连续投掷火把和石头。在一场激烈的城墙争夺战中，奥斯曼人突然慌了，然后开始撤退、逃跑。尽管这些城墙再一次拦住了入侵者，但希腊人却把胜利归于他们最珍贵的超自然守护者——圣母。在君士坦丁堡危难时刻，她总是会出现。据说，这一次，在奥斯曼人发动最猛烈的进攻时，圣母玛利亚出现在城墙上，鼓舞守城将士英勇反抗、夺得胜利。拜占庭的历史学家约翰·卡纳诺斯（John Kananos）亲历了围城，在对围城之战的记录中，他写道，守城将士们开始向圣母祈祷、唱赞美诗，为"一个值得赞美、庆祝、铭记的，美好的，不寻常的，引人注目的奇迹"而颂赞。[12]

然而, 这场胜利是以沉重的代价换来的。据拜占庭历史学家杜卡斯 (Doukas) 记载, 意识到权力均衡发生了显著变化, 年迈的曼努埃尔皇帝 1424 年与穆拉德达成协议, 根据协议, 君士坦丁堡沦为封邑, 每年需要缴纳 30 万银币的岁贡。[13] 帝国付出的代价还不止这些。虽然君士坦丁堡再次逃脱, 但是往西 370 英里外的塞萨洛尼卡 (Thessalonica) 就没那么幸运了。奥斯曼人在围困君士坦丁堡的同时也围困了这座城市, 负责守城的是威尼斯人。1430 年, 穆拉德率领大军围城, 并给了这座帝国第二大城市一次投降的机会。它平静地拒绝了, 这意味着一旦被征服, 它将面临可怕的命运。很快, 奥斯曼人就征服了这座城市, 随后便是杀戮和接连三天的大规模劫掠, 而这在伊斯兰教律法里是被允许的。数千人被强行带走变为奴隶, 多座教堂和建筑遭到洗劫。穆拉德几乎立即着手修复, 建成了今天的伊斯兰城市塞萨洛尼卡。神圣庄严的阿凯罗波托斯处女教堂 (Virgin Acheiropoietos) 被迅速改建成了清真寺。奥斯曼人几乎没怎么战斗就吞并了拜占庭帝国的第二大城市。

西方国家都注意到了这一变化。效忠于勃艮第公爵腓力 (Philip Duke of Burgundy) 的间谍、勃艮第人贝特朗东·德·布罗奇勒 (Bertrandon de Brocquière) 在 15 世纪 30 年代早期来到君士坦丁堡。在游记《海外旅行》(*Le Voyage d'Outre-Mer*) 中, 他不情不愿地表达了对土耳其人的欣赏: 他们吃苦耐劳, 在军事上敏锐机智、组织高效, 有能力召集大批军队投入战场。

> 他们勤奋, 愿意早起, 所需物资极少……他们的马匹精良, 吃得少、跑得快, 而且跑得时间长……他们对上级绝对服从, 即便在生死关头, 也没人敢违令……我知道, 他们的军队常备力量是 20 万人。

204

虽然承认他们在战场上很英勇，但这位法国人在为其主君筹备又一次十字军东征时，认为要打败土耳其人"不是难事"，他们并不像很多人想象的那样"难对付"。[14]

科尔多瓦旅行家、历史学家佩罗·塔富尔（Pero Tafur）于 1437 年来到君士坦丁堡，和其他欧洲人一样，这次他也给出了一个同样傲慢的判断："我认为如果土耳其人对阵西方的军队，他们绝对打不过，这不是因为他们实力不够，而是他们缺乏很多战争要素。"塔富尔称赞了这座城市强大的防御工事，并以早前一位在围城之战中负责地道作业的土耳其人为例加以说明。据说，这个土耳其人曾告诉苏丹，靠挖地道是无法攻占君士坦丁堡的，因为"它的城墙极为坚固，永远都无法穿透"。

这个西班牙人敏锐地察觉到了拜占庭帝国的衰退。和都城一样，皇帝的宫殿，虽然有一个塞满了"图书、古籍和史书"的大理石凉廊，但也已经衰颓到了一定境地，令人难过地揭露了"百姓过去和现在所遭受的苦难"。尽管该撑的场面还撑着，但真实状态一目了然。"皇帝的仪仗像往常一样华丽，因为古老的仪式分毫未变，但准确地说，他像是一个没有权限的主教。"[15]

事实上，君士坦丁堡前方的海面上起着浪，那浪便是实力日盛的奥斯曼帝国。它轻轻地拍打着前进，几乎已经到了城门口。约翰八世是时候打出拜占庭帝国常打的那张牌了，就像父亲曼努埃尔临终前嘱咐的那样：

205

不管什么时候，只要土耳其人开始惹麻烦，就马上派使团到西方去，表示接受联合，并尽可能地延长谈判时间，土耳其人非常害怕我们和西方联合，所以会变得理智起来；不过，联合最后不会实现，因为拉丁国家对我们怀

有敌意！ [16]

面对不断逼近的奥斯曼人，迫于威胁，约翰八世采取了类似的措施。他积极回应教宗尤金四世（Eugenius IV）的提议——召开会议，促成天主教与东正教谋求已久的联合。

名义上，1439 年的佛罗伦萨会议是成功的，因为达成了目标。通过灵巧地避开最主要的教义争议——东正教信条中对"和子句"（filioque）的使用，会议将两大激烈对抗的教会团结起来。然而，事实上，君士坦丁堡的很多人把协议看作一种俯就，牺牲了教会的独立性，得不偿失。在天主教和东正教最需要团结起来应对奥斯曼人的威胁之时，这个会议只是让分歧更加深入人心。大体上，皇帝及其随从和高阶官员对这份协议持乐观态度，但大多数神职人员和普通老百姓对它十分厌恶。君士坦丁堡反对联合的情绪非常强烈，所以神职人员们匆忙撤回了自己在协议上的签名。圣索菲亚大教堂里没有热烈的庆祝，而是一片沉寂。

15 世纪 40 年代，君士坦丁堡遭遇了一系列挫折，前景更加暗淡。1442 年，奥斯曼人采用了拜占庭帝国常用的计谋，支持皇帝约翰八世的兄弟季米特里奥斯（Demetrios）向君士坦丁堡进军，最后以失败告终。这座城市沦为内讧的牺牲品。在被历史学家称为"小人国"的宫廷上，官员们尔虞我诈，争抢名存实亡的官位，但事实上帝国的中心正在瓦解。"帝国有一位海军上将，却没有舰队；有一位总司令，却没几个士兵。"[17]

1443 年开始，摩里亚（Morea，今天的伯罗奔尼撒）的专制总督——约翰八世的另一位兄弟君士坦丁决意要扭转帝国逐渐衰退的趋势。他先是修建了一道 6 英里长的城墙，横跨科林斯地峡，巩固防御；然后占领了奥斯曼人的领地——雅典和底比斯，展示了自己的军事实力。奥斯曼人是不会听之任之的，于是1446年，苏丹穆拉德率领一支怒气冲冲的军队进攻摩里亚，攻破防御城墙，彻底洗劫了这个行省，将6万希腊人变为奴隶。1444年，一支由匈牙利弗拉迪斯拉夫三世（Vladislav Ⅲ）领导的基督教联合军队在瓦尔纳战役（Battle of Varna）中被穆拉德击溃，把十字军从越来越危险的奥斯曼人手中解救出来的希望化为泡影。君士坦丁堡变得更加孤立。

1448年，约翰八世逝世一年后，摩里亚的专制总督变成了君士坦丁十一世·帕里奥洛格斯（Constantine Ⅺ Palaiologos），其正式头衔是"君士坦丁·帕里奥洛格斯，真正的君王、罗马人专制统治者"。君士坦丁十一世这时的统治范围包括君士坦丁堡及少数郊区、伯罗奔尼撒的一些区域及少数岛屿。他的身份是奥斯曼人的封臣，一个几乎破产的人，处处受一个与之有世仇的家族的牵制，其都城也因宗教纷争乱作一团。君士坦丁堡，这个12世纪人口多达100万的城市如今只剩10万人。这个执政起点已经算是不吉利的了，而君士坦丁加冕礼的反常之处更让那些迷信的老派人物感到不安。他举行加冕礼的地点不是圣索菲亚大教堂，而是位于行省的米斯特拉城（Mistra），这一点极不寻常。民众反对与天主教会联合的情绪依旧非常强烈，新皇帝害怕由格雷戈里三世宗主教（Patriarch Gregory Ⅲ）——支持联合的关键神职人员——主持全套加冕仪式，会给宗教分歧火上浇油。[18] 因为资金不足，他不得不搭乘加泰罗尼亚人的船前往君士坦丁堡，而且帝国都城之后不会再举行加冕典礼，这一切都说明了这是一个多事之秋，新皇帝从一开始就不顺利。

1451年，在君士坦丁以一种令人扫兴的方式即位后，穆拉德去世了。他的继任者是苏丹穆罕默德二世（1451—1481年在位），一个精明、无情、充满活力，整个童年都在谋划如何征服君士坦丁堡的 19 岁的年轻人。长久以来，这座基督教城市都是——恰如一句俗话所说的那样——"卡在安拉喉中的一根骨头"，是时候将它拔除了。

围攻君士坦丁堡的故事已经被反复讲了很多次。每当西方历史学家讲述的时候，可能是出于文化同情，故事往往会把君士坦丁和君士坦丁堡的守城者放在中心位置。而穆罕默德及其奥斯曼士兵经常会被放到一边，好似讲述者突然想起来插入的内容，读起来令人尴尬、不快，仿佛一切动荡的发生都是因为拜占庭内部的混乱和分裂，而与苏丹的聪明才智和卓越的军事指挥能力毫无关系。比如，在拜占庭帝国史学家斯蒂文·朗西曼（Steven Runciman）看来，希腊人是这个故事中的"悲剧英雄"，因此一开篇就赞颂他们"无法遏制的生命力和勇气"。最糟糕的时候，西方史料编纂简略、粗糙、偏狭。爱德华·吉本指责奥斯曼穆斯林生来就"不敬虔、贪婪"，这个评判表明了那个时代的人对奥斯曼人的偏见。在谴责穆罕默德"残暴、放荡的天性"、声讨他采用"极其卑劣的障眼法和骗术"的同时，吉本把匕首往更深处刺："有故事说他为了找到被偷的甜瓜剖开了十四个侍从的肚子，还说他为了向土耳其人证明他们的君主没有倾慕之情，而割下了一个美丽女奴的头颅，这些故事我不会转录，也不完全相信。"他用希腊人"与生俱来的怯懦"和"这个基督教国度纷乱的现状和心绪"来解释最终结果的原因，丝毫没有提及奥斯曼人的作用。[19] 还有，他描述了希腊人在抵抗、守城过程中表现出来的令人心潮澎湃的英雄主义，却没有称赞那位年轻的苏丹，尽管他做到了从来没有人做到的事情。

在君士坦丁和穆罕默德掌权的时候，拜占庭 - 奥斯曼的关系突然间有了两个新的掌舵人。一位名叫贾科莫·兰古斯

基（Giacomo de'Languschi）的年轻威尼斯商人在1453年末
对穆罕默德做了出色的描述，从中我们可以了解到这位苏丹的
性格以及他为处理动荡局势可能采取的措施。他笔下的穆罕默
德是历史、地理、军事的狂热爱好者，是一个下定决心要在后
代的心中赢得一席之地的领导者。他"坚决执行自己的计划，
敢于冒险，和马其顿的亚历山大大帝一样渴慕名望"。身为一
个精通数国语言的人，他吩咐官员们每日给他读以军事战争、
教宗权力、欧洲各王国为主题的历史作品，以及关于埃涅阿
斯（Aeneas）、安喀塞斯（Anchises）、安忒诺耳（Antenor）
的故事。"他让他们读拉尔修（Laertius）、希罗多德、李维
（Livy）、柯提斯（Quintus Curtius），读关于教宗、法国国
王以及伦巴第人的历史。他会说三种语言，土耳其语、希腊
语、斯拉夫语……满怀强烈的统治欲望。"从威尼斯人的记述
中可以清楚地看到穆罕默德已然把自己当成了一个改变世界、
创造历史的统治者。他在位期间，游戏规则发生了极大的变化。
他"宣布自己将会由东向西挺进，因为从前西方人是从西方向
东方挺进的。他说，世界上只能有一个帝国，一种信仰，一个
主权，而要实现这种统一，只有在君士坦丁堡最合适"。[20]这时，
中东大部分地区还没有完全从帖木儿的浩劫中恢复过来，这座
典型的基督教城市因而成为这位穆斯林勇士和政治家最显赫的
战利品。

一份官方的土耳其语文献同样描绘了一个不安现状、野
心勃勃的年轻人。尽管他已经接管了一个强大的国家和一支军
队，"但他认为仅有这些是不够的，他并不满足于此，反而盘
算占领整个世界的可能性并决意效仿亚历山大、庞培、恺撒及
与之类似的君王和将军，统领世界"。[21]

这就是穆罕默德的野心。就在他准备征服世界的时候，君
士坦丁的目标已经缩小到存活下去了。他的使臣们在欧洲各地

游走，寻求基督教盟友，尤其是教宗的援助。鉴于民众反对天主教会和东正教会联合，气愤的格雷戈里宗主教溜回了罗马，此举加重了这座城市的不祥预感。

1451 年末，君士坦丁第一次直接挑战苏丹，威胁要释放身在君士坦丁堡的皇子奥尔汗（Orhan）——他是唯一可与穆罕默德争夺皇位继承权的人——除非奥斯曼人把用来供养皇子的补贴增加一倍。对于拜占庭的这种诡计，年迈的维齐尔哈利勒帕夏（Halil Pasha）见得太多了，于是不耐烦地予以反击，强调新苏丹和他宽容、随和的父亲不一样。他警告道，继续搞阴谋的话，"你们只会失去现有为数不多的东西"。[22] 君士坦丁的诡计让奥斯曼宫廷那些竭力主张苏丹发动战争的人有了更多的理由。

1452 年春天，穆罕默德开始在君士坦丁堡上游离城 6 英里的地方建造雄伟的博阿兹凯森堡垒（Bogaz Kesen）。Bogaz Kesen 意为"割喉者"，寓意不祥；它的另一个名字是鲁梅里堡垒（Rumeli Hissari），意为"欧洲城堡"。在 6000 名工人的努力下，堡垒不到五个月就竣工了。感到惊恐的希腊人站在圣索菲亚大教堂最高处，看着这座赫然耸立的建筑渐渐成形。这个令人难以接受的存在表明穆罕默德正在有条不紊地执行一个清晰的计划。拜占庭派外交使臣抗议，称这违反了双方的协议，穆罕默德轻蔑地说了一句："下一个带着这样的使命前来的使臣会被活剥。"穆罕默德对往返于黑海和地中海的船只强制征收通行费，对威尼斯和热那亚的海上贸易构成了直接威胁；并完全控制了博斯普鲁斯海峡的海上交通，确保来自黑海地区希腊人聚居地或南边地中海地区的援助无法顺利到达。这是他从父亲穆拉德 1422 年的围城失败中吸取的教训，当时父亲没有考虑海上因素。与此同时，同年秋天，作为惩罚，一支陆上远征军进驻伯罗奔尼撒半岛，确保今后不会有援军从那里派出。

就在穆罕默德坚持不懈地备战、基督教众王国犹豫不决的时候，君士坦丁堡的内部分歧被进一步激化，起因是一次备受争议的祈祷仪式。庆祝教会联合的仪式于 1452 年 12 月 12 日在圣索菲亚大教堂举行。相比外部越来越大的军事威胁，希腊人更加介意食用与其信仰冲突的发酵饼。① 为了表达愤怒，反对教会联合的主要人物乔治·斯科拉里奥斯（George Scholarios）自以为是地以金纳迪奥斯（Gennadios）之名起誓，归隐到全能基督修道院里——今天的泽伊雷克清真寺（Zeyrek Mosque）。在那里，他发布了一封煽动性的谴责信，告诫君士坦丁堡的百姓，"丢弃信仰的你们，将会失去自己的城市"。[23]

与数量更多、更详细的欧洲文献相比，关于君士坦丁堡围城战的土耳其语文献较为稀少。主流的西方叙述都是基于希腊历史学家们的记录，其中包括斯弗兰齐斯（Sphrantzes），高级外交官、围城的亲历者；杜卡斯、卡尔孔狄利斯（Chalcondyles），这二人在讲述时都不可避免地采用了对土耳其人不友好的西方视角。由于这些文献被历代历史学家引用，所以适当关注土耳其人的记录就显得格外重要。一个重要的史料来源是希腊人克里托布洛斯（Kritovolos）。他曾是爱琴海北边伊姆罗兹岛（Imbros）的总督，后来成为奥斯曼苏丹的亲信。他撰写的《征服者穆罕默德》（*History of Mehmed the Conqueror*）明晰易懂，与那些偏向拜占庭的编年史形成对比。

至于交战理由，克里托布洛斯交代得不能更详细了。他用

___

① 东正教在圣餐仪式上使用的是发酵饼，而天主教圣餐仪式上使用的则是无酵饼。
　　——译者注

八页的篇幅陈述了穆罕默德在 1453 年早期的一个军事会议上
的讲话，回忆了奥斯曼帝国的崛起以及起初君士坦丁堡是如何
阻挠奥斯曼帝国发展的。他还总结了近几十年发生的事件，强
调了这座城市是怎样鼓动匈牙利国王西吉斯蒙德（Sigismund
of Hungary）于 1396 年领导十字军在尼科波利斯与奥斯曼人
对抗，后被巴耶塞特击溃。此后，它还于 1402 年诱使突厥战
争领主帖木儿在安卡拉战役中重挫奥斯曼人，并俘虏了苏丹本
人；后来又一次激起了匈牙利人的统帅、土耳其人的宿敌、誓
把土耳其人从欧洲赶出去的约翰·匈雅提（John Hunyadi）的
兴趣。这位即将成为世界征服者的君主认为，当下的局势已
经"到了无法忍耐的地步"，他的判断不无理由。更确切地说，
权力均衡已经发生明显变化，奥斯曼人占据上风。他们不仅富
足，而且拥有一支人数众多、装备精良的强大军队，而君士坦
丁堡则处在最低点。人口锐减、资源匮乏的君士坦丁堡艰难地
维持着，从意大利人那里获得切实援助的希望更是渺茫；宗教
分歧、"暴动、骚乱"导致整个城市四分五裂，奥斯曼人攻城
的时机已经成熟。要攻城，只有一种做法。"这座城市没有停
止，今后也不会停止对我们的抵挡和反抗。如果我们容许希腊
人继续掌管该城，那它将不会放弃与我们斗争，会继续给我们
惹麻烦。我们必须完全摧毁它，否则就会受希腊人的奴役。"[24]
这是直接的宣战。穆罕默德召集政务委员会就是否出战投票，
并得到了想要的结果：一致同意。

210

至此为止，一切都确定了。不过，穆罕默德不是那种没
准备好就匆匆行动的人。人人都知道君士坦丁堡衰弱，但是过
去它一次又一次地抵挡住了穆斯林及其他力量的进攻，所以让
人有一种刀枪不入的感觉。不止一部编年史描述了苏丹费尽心
思说服宫廷众人君士坦丁堡不是坚不可摧的，相反，正如《圣
训》中所说，经过一场最光荣的圣战后，它注定要落入穆斯林

之手。根据这些文献的记载，穆罕默德细致地研究了前人为征服君士坦丁堡所做的努力，厘清他们失败的原因，潜心研习了关于围城战的论著，询问他的意大利顾问西方有哪些新的军事技术，竭尽所能地增加自己的胜算。

1452年夏，一位名叫欧尔班（Orban）的匈牙利工程师来到埃迪尔内面见穆罕默德，一个令人无法拒绝的时机出现了。在新兴的大炮装备中，重型大炮是关键的新型武器。身为大型火炮铸造工，这个雇佣兵曾试图到君士坦丁堡寻求发展，贫穷的君士坦丁虽然特别想聘用他，但既无法满足他的薪资要求，又不能提供所需的原材料，欧尔班只得去找奥斯曼人。在那里，苏丹热情欢迎了他，并仔细盘问他能生产什么器械。比如，是否能够铸造一款可以摧毁君士坦丁堡城墙的大炮？他的回答毫不含糊："我的大炮射出的巨石不仅能粉碎这些城墙，还能彻底摧毁巴比伦的城墙。"[25]他为穆罕默德铸造的第一台大炮被安置在"割喉者"城堡的城墙上，并于1452年11月26日投入使用，产生了极大的破坏力。试图突破苏丹封锁的威尼斯船长安东尼奥·里佐（Antonio Rizzo）不顾对方的鸣炮警示继续前进，结果自己的船被一连串的炮弹击毁。穆罕默德清楚地知道杀鸡儆猴的效果，所以下令砍掉了全体船员的头颅，并用一根木桩从里佐的肛门刺入，刺穿了他的身体。他死得极其痛苦。

苏丹对这位匈牙利人造的第一台大炮很满意，立即下令再造一台，这一次大炮的规格要翻一番。第二台大炮炮管长约9米，能发射重达半吨的炮弹，是世界上第一台超级大炮。杜卡斯称之为"一头恐怖的、前所未有的猛兽"，克里托布洛斯认为它"十分可怕"，有"令人震惊且超乎想象"的威力，要不是亲眼看见，没有人会相信居然有这种东西。[26]1453年1月，穆罕默德命人在他的宫殿附近进行试射。点燃引信后，威力十

这是一幅 17 世纪的荷兰画作，描绘了一支从伊斯坦布尔出发的穆斯林朝觐车队到达麦加的场景。《古兰经》称伊斯兰世界最神圣的地方是"众城之源"，早期阿拉伯地理学家称它是"世界的中心"。

位于麦加大清真寺中心的神圣的克尔白。每天，世界各地的 15 亿穆斯林会朝向它祈祷。近年来，沙特政府大量开发清真寺周边地区，遭到广泛批评。

大马士革保存最好的历史建筑倭马亚清真寺的内景。倭马亚王朝统治的伊斯兰帝国从661年延续到750年，大马士革正是这个快速扩张的帝国的都城。

2018年大马士革郊区阿尔本（Arbin）鸟瞰图。自2011年内战爆发以来，这座国际化都城的大片区域已经沦为废墟。

这幅彩图描绘的是 13 世纪学者们在"和平之城"巴格达参会的场景。阿拔斯王朝统治的伊斯兰帝国从 750 年延续到 1258 年，在其治下，巴格达成为世界上最伟大的城市和极有影响力的学术中心。

从巴格达的穆斯坦绥里耶大学远眺底格里斯河的景象。穆斯坦绥里耶大学由阿拔斯王朝倒数第二位哈里发穆斯坦绥尔于 1233 年建造，是世界上最古老的大学之一。1258 年，成吉思汗的孙子旭烈兀对巴格达进行了毁灭性地入侵，穆斯坦绥里耶大学是极少数幸存的建筑之一。

10 世纪的扎赫拉城，又名"光之城"，是一个城市宫殿建筑群，坐落在科尔多瓦以西 4 英里处。扎赫拉城是伟大的倭马亚哈里发阿卜杜·拉赫曼三世开启的规模巨大的建筑项目。该项目持续 4█余年，耗费了三分之一的国家收入。

图为后倭马亚王朝（科尔█多瓦哈里发国）治下的科█尔多瓦，又名"世界的点█缀"的夜景。929—103█年，后倭马亚王朝统治着█伊比利亚半岛的大部分地█区。图中建于 8 世纪的清█真寺大教堂是世界上最宏█伟的中世纪建筑之一。

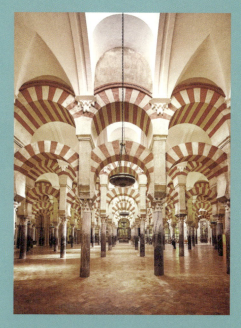

青真寺大教堂的华丽内景。拱廊式大厅由多个圆柱支撑，林立的圆柱多达 856 根，它们用大理石、碧玉、黑玛瑙和石墨制成；柱头装饰精美，有罗马式的、哥特式的、摩尔式的；柱头之上是红白相间的双拱结构。

督教第一次十字军东征的英雄布永的戈弗雷 1099 年庆祝征服耶路撒冷。十字军在记录中吹嘘士们在阿克萨清真寺砍杀穆斯林，然后"骑着马蹚过齐马鞍深的血河"。

世界上最具争议的城市。图右的岩石圆顶清真寺由倭马亚哈里发阿卜杜勒·马利克于692年建造
是现存最古老的伊斯兰建筑。

19世纪高耸于开罗天际的穆罕默德·阿里清真寺（左）和巍峨的萨拉丁城堡（右），分别建
1176年和1184年。

著名犹太哲学家迈蒙尼德所著法典《密西拿律法书》(Mishneh Torah) 的手稿。1165 年，迈蒙尼德定居开罗。

迈蒙尼德的书稿只是开罗本·埃兹拉犹太教堂（Ben Ezra Synagogue）馆藏的众多格尼扎（Geniza）文书中的一部。这些文书在这里存放了近千年，19 世纪末大多数文书被拉比、学者所罗门·谢克特（Solomon Schechter）带到了剑桥。

布日卢蓝门，非斯古城最有名的大门之一。透过拱门看到的宣礼塔属于阿布伊南经学院，建于 1351—1356 年马林王朝鼎盛时期。

非斯城中心的沙乌拉皮革厂。在长达一千年里，一代代工匠们赤裸上身，把兽皮浸入这些大缸中进行染色。

16世纪波斯细密画。画中，"伊斯兰之剑""世界的征服者"帖木儿正在接待一个欧洲使团。帖木儿时代是艺术发展的黄金时代，但对伊斯兰世界大部分地区而言则是世界末日。

谢尔多（狮子）经学院（Sher Dor Madrassa），撒马尔罕雷吉斯坦三大伊斯兰宗教学院之一。

古尔·埃米尔陵墓，帖木儿的安息之所，位于帖木儿帝国的都城、"灵魂的花园"撒马尔罕的中心。

威尼斯艺术家真蒂莱·贝利尼 1480 年为
1453 年征服君士坦丁堡的奥斯曼帝国
丹穆罕默德二世绘制的肖像画。

537 年查士丁尼皇帝建造的圣索菲亚大教堂（又称圣智教堂），是基督教城市君士坦丁堡的核心建筑，后来变成了伊斯兰教城市伊斯坦布尔最宏伟的清真寺。今天，它既是一座博物馆，也是世界遗产。

"世界渴望之城"伊斯坦布尔的鸟瞰图。图中的苏莱曼清真寺建于 1557 年，至今仍是这座前奥斯曼帝国都城最典型的地标建筑。

حوب می ناید خیلی باغ خوبی طرح شده و در طرف جنوب

که سفید نکهار واقع شده در میان نکهار و نکش وسط

16 世纪的细密画。画中，帖木儿的六世孙巴布尔正在监督布置花园。

照管 16 世纪巴布尔陵墓的阿富汗人。巴布尔陵墓位于喀布尔，俯瞰巴布尔花园，在 20 世纪 90 年代末的战争中严重受损，如今在阿迦汗文化信托基金会的支持下得到修复。

2011 年美国直升机飞过群山环绕的阿富汗都城喀布尔的情景。自 1979 年苏联入侵以来，阿富汗几乎一直处于战争状态。

18 世纪的一幅莫卧儿肖像画。画中人为沙阿阿巴斯一世，1588—1629 年在位。身为伊朗萨法维王朝最伟大的领导者，阿巴斯一世把帝国都城伊斯法罕打造成了世界上最宏伟的城市之一。

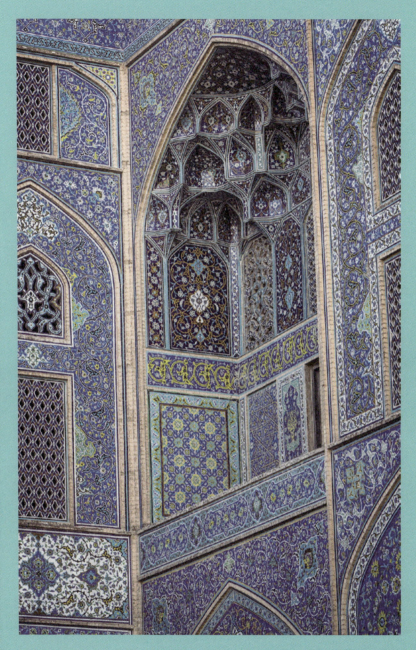

谢赫罗特福拉清真寺内部细节图。谢赫罗特福拉清真寺位于伊斯法罕美丹广场，仅供
皇室使用，是伊朗艺术史上伟大的杰作。

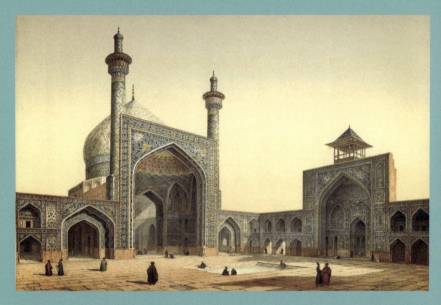

19 世纪法国的多彩石印版画，画中为皇家礼拜寺，伊斯法罕美丹广场的明珠。礼拜寺奠基铭文上写着"第二座克尔白已经建成"，表达了萨法维王朝引领伊斯兰世界的雄心。

1801—1805 年第一次巴巴里战争中美国海军准将爱德华·普雷布尔（Edward Preble）的舰队攻击的黎波里的场景。这是美国第一次作为一个独立国家参战。

一个小男孩在2011年利比亚战争期间比出"V"手势。战争终结了穆阿迈尔·卡扎菲长达42年的统治。

的黎波里旧城一角。图中的宣礼塔位于达尔古特帕夏清真寺内，寺名取自16世纪的奥斯曼领导人达尔古特帕夏，人称"的黎波里的噩梦""地中海的无冕之王"。

1860 年的一幅版画，描绘了黎巴嫩山脚下快速扩张的贝鲁特城。已故黎巴嫩历史学家萨米尔·卡西尔称它"像是一个从天堂坠落到人间的半岛"。

1976 年一名基督教民兵正在瞄准目标。1975—1990 年的内战使贝鲁特这座拥有多种信仰的城市变为废墟。

1975 年停泊在迪拜海湾的船只。迪拜的统治者谢赫穆罕默德·本·拉希德·阿勒马克图姆称这条航道是"迪拜的中心和灵魂——是它存在的理由"。

夕阳下迪拜城的谢赫扎耶德路。"你建造,他们就会来"是统治迪拜的阿勒马克图姆家族发展这座非凡的城市国家的策略。

美籍华裔建筑家贝聿铭设计建造的伊斯兰艺术博物馆，是卡塔尔城最具活力的地标性建筑。

多哈西湾夜景。图左龙卷风塔的后面是多哈塔，被人戏称为"安全套"。

足的爆炸声震动了大地，一团巨大的烟雾冲向高空，与此同
时，炮弹射出，飞了足足 1 英里后坠落，在地上砸出了一个 6
英尺深的坑。10 英里外的地方都能听到这惊天巨响。这次试
射十分成功，穆罕默德有意放大其影响力，要让这台巨型大炮
制成的消息传到君士坦丁堡。心理战是其军事行动的一个基本
特征。一支 200 人的施工队受命修平了从埃迪尔内到君士坦丁
堡的道路，60 头牛每天拉 2.5 英里，要将这台大炮慢慢地拉到
140 英里外那座将被它摧毁的城市。

3 月 23 日，穆罕默德率领一支由步兵和骑兵组成的庞大
军队从埃迪尔内出发。"军队前进的时候，士兵高举在空中的
长矛像一片森林；停下的时候，密密麻麻的营帐把土地盖得
严严实实"，随穆罕默德参战的官员图尔松·贝格（Tursun
Beg）如是写道。他后来撰写了《征服者史》（*History of the
Conqueror*）。这是一部赞颂奥斯曼人的重要作品，是少有的
从奥斯曼人的视角讲述围城战的作品。[27]

后人对穆罕默德投入君士坦丁堡围攻战的兵力所做的估测
存在很大差别。近来一份权威研究将总兵力确定在 20 万人。
这一数据最早是由亲历战争但少有人知的佛罗伦萨商人泰塔尔
迪（Tetaldi）提出的，他认为其中 6 万人是士兵——这些士
兵中一半以上是骑兵——剩余的人都是随军杂役，有厨师、铁
匠、裁缝，也有盗贼。且不论穆罕默德具体有多少兵力，我们
首先可以确定的是大军在 4 月 5 日到达城外，其次是它的数量
远远超过君士坦丁所能召集的少得可怜的守城士兵。根据受皇
帝之命进行统计的斯弗兰齐斯的记载，君士坦丁手下有不到
5000 名希腊人，约 3000 个跨过金角湾、从加拉塔来的热那亚
人，以及几百个外国人。总的说来，这座盛极一时的东罗马帝
国都城的防御，包括绵延 12 英里需要兵力把守的城墙的安危，
都要靠这支不到 8000 人的组织混乱的队伍。这一数字令人沮

丧，所以君士坦丁和斯弗兰齐斯决定保密。

苏丹的营帐扎在正对着中城墙（Mesoteichion）的梅尔泰佩山（Meltepe hill）上，营帐以绚丽的红色和金色为主色。中城墙是坐落在里卡斯山谷中，以圣罗曼努斯门和查瑞休斯门为起点和终点的一段城墙。奥斯曼人对城墙进行了研究，经过科学分析，确定了两个薄弱点，其中一个是中城墙，另一个是北边靠近金角湾没有护城河的一段。为进一步恫吓守城者，穆罕默德袭击了两座城堡，一个位于塞拉皮亚（Therapia），坐落在俯瞰博斯普鲁斯海峡的山上，另一个位于斯图迪奥斯（Studius）。驻守城堡的士兵有的被杀，有的被俘。后来所有的幸存者都被刺穿并固定在从君士坦丁堡城墙内能看到的地方，好让那些胆敢反抗苏丹的人看看自己将面临什么样的下场。

"一场对决开始了，"斯蒂芬·茨威格（Stefan Zweig）写道，"对决的双方是东罗马帝国那屹立了1000年的城墙和新苏丹的大炮。"[28] 大军到位后，穆罕默德的炮兵部队，包括欧尔班铸造的庞然大物在内共约70台大炮，开始重击城墙，它们以中城墙为目标，从4月12日到18日连续不断地齐射。这是历史上第一次持续炮击，使君士坦丁堡的守城将士胆战心惊。

苏丹没有留下任何纰漏。这是一次集陆地、海上进攻为一体的全面打击。苏丹召集了一支庞大的舰队，指挥部设在位于博斯普鲁斯海峡欧洲沿岸的双柱码头（Double Columns quay）——这里如今坐落着多尔玛巴赫切宫（Dolmabahçe Palace），隶属于贝西克塔斯区（Beşiktaş），在塔克西姆广场（Taksim Square）东边。舰队一共有约140艘船，有战船，有运输驳船，有双桨帆船。在舰队司令巴尔塔奥卢（Admiral

Baltaoglu）的指挥下，舰队驶入目标位置，并在 4 月 18 日前后发起了第一次进攻，试图强行冲过防守的铁质水栅，跨过金角湾，但没有成功。两天后，热那亚的一支救援船队驶向君士坦丁堡。因早前没能冲破水栅而愤怒的穆罕默德命令舰队司令拿出更果断的表现——抓住热那亚人，否则就不要活着回来了。

　　奥斯曼人围住欧洲的船只，双方激烈地近身肉搏，城墙内的希腊人和对岸的奥斯曼人一边用火攻击对方，一边神情严肃地盯着看。局面时而对热那亚人有利，时而于奥斯曼人有利，后来一阵风吹过，热那亚人的船队突然之间有了冲破包围、靠近城市的机会，他们以一种激动人心的方式展示了欧洲人更胜一筹的船舶驾驶技术，给君士坦丁堡带去了急需的物资。这是一场令人震惊的、人尽皆知的胜利，它给了被围困的人极大的激励，相应地，也给了围城的人猛烈的一击。据图尔松·贝格记载，军队内部出现了"绝望、慌乱"，穆罕默德的精神导师、苏非派谢赫阿克谢姆塞丁（Akshemseddin）提醒他队伍中越来越多人有异议，建议严惩那些意见最大的人。君士坦丁选择在这时与穆罕默德议和，让他能体面地离去。无视君士坦丁的示好，被又一次海上失利激怒的穆罕默德认为这都是因为巴尔塔奥卢懦弱无能，于是撕下他的绶带，下令把他刺穿。司令手下的军官和高阶宫臣一起求情，提醒苏丹他战斗时如何英勇，战斗最激烈的时候甚至失去了一只眼睛，这才让穆罕默德的态度缓和了下来，减轻了对他的惩罚，改为当众打 100 鞭，当即剥夺军衔，没收全部财产。这不是一支接纳怯懦者的军队。功成得丰厚奖赏，战败受严厉惩罚。

　　陆地上，经过连续几天的射击，穆罕默德已经摧毁了一段外城墙和内城墙上的几座塔楼，迫使守城者在能力卓越的热那亚指挥官乔瓦尼·朱斯蒂尼亚尼·隆哥（Giovanni

213

Giustiniani Longo）的带领下，手忙脚乱地连夜修补缺口，用土、石块、木材搭建防御壁垒，重建防御工事，抱着与奥斯曼人同样的决心清理白天被填埋的护城河。这是一种非常折磨人的工作，对人数远少于奥斯曼人的守城者而言更是如此。看到大炮对城墙造成的破坏，受到鼓舞的穆罕默德在 4 月 18 日日落两小时后，伴着震慑人心的军鼓以及嘹亮的铙钹和管乐，发动了第一次进攻。苏丹精锐的禁卫军在火光的照耀下上前杀敌，城内紧急敲钟警示，双方近距离鏖战了四个小时。在狭窄封闭的空间里，奥斯曼人落于下风，最终撤兵。穆罕默德再一次受挫，不过他以一贯的无所顾忌作为回应，下令炮兵部队加紧射击，给被围困的人施加压力，直至对方崩溃。

如何攻破这座看似牢不可破的城池变成了一个越来越难解的问题，琢磨了几天之后，穆罕默德又视察了驻扎在加拉塔的军队，评估了停泊在双柱码头的舰队的实力。这位深知长期围城终会导致兵变的军事战略家和领导者于 4 月 22 日黎明突然灵光一现。如果他能够控制住金角湾，就能从另外一侧对这座城市发起毁灭性的攻击，将更多的守城者从陷入重围的陆地城墙段吸引过来，以保护北边的防御壁垒。然而，防御水栅未能突破，控制金角湾的尝试也以失败告终，于是穆罕默德决定采用另一种富有创意且完全出人意料的方式。奥斯曼人对水栅和驻守水栅的君士坦丁的船只发动炮击，以此作为掩护，同时在匆忙之间打造的木制轨道上涂上动物油脂，并将舰队的船用支船架吊离水面，利用滚轴和轨道一艘一艘地靠人力和牛力沿着陡坡往上拉 1.5 英里，拉到加拉塔后方的山脊的最高处，高出水平面 70 米。那些害怕的基督教水手们看着这惊人的景象又恐惧又疑惑。约 70 艘船被一艘接一艘地吊离海面，那些接到穆罕默德临时命令、接替原有船员的人疯狂地欢呼，其他人则扬起船帆、挥舞着彩色信号旗、吹响号角，这样的景象更是让希腊人感到离奇、厌烦。新船员们手握船桨，从山脊之巅往下划，小心地划到防御水栅后面的水域，划到泉水谷（Valley of the Springs）。

奥斯曼人精心筹备、大胆猛冲，未经交战便有力地控制住了金角湾。那些负责海上作战的威尼斯人就这样失败了。4月28日，海上局势进一步恶化。当日，一场旨在夺取、烧毁奥斯曼舰队的突袭以惨败告终，热那亚人在威尼斯人面前装模作样，先是造成秘密行动延迟，后又导致行动尚未执行就被发觉。又一场猛烈的战斗过后，威尼斯人损失惨重；更糟糕的是，那些奋力游上岸的幸存者惨遭俘虏并在城墙外被当众刺穿。面对这种野蛮行径，君士坦丁无情地下令在防御壁垒上逐个屠杀关押的260名奥斯曼囚徒，并将他们的尸身悬挂在城墙外穆罕默德的军队能看到的地方。

与此同时，穆罕默德继续用大炮轰击离圣罗曼努斯门不远的城墙和紧挨着布拉契尼宫的北段城墙。不间断的炮击耗尽了守城者的精力与士气，他们知道如果西方援军再不到的话，他们注定会失败。使臣们还在欧洲大陆四处奔波，寻求伯罗奔尼撒的物资援助和教宗、意大利王公、欧洲宫廷的军事援助。然而，基督教世界有意保持冷淡，若即若离。天主教－东正教的分裂最早可追溯到1054年的东西教会大分裂。事实证明，这种分裂比基督教世界联合起来对抗来自穆斯林的巨大威胁更迫在眉睫。

4月底，再然后是5月6日，穆罕默德命令部下对城墙发动大规模进攻，但都被打退，双方激战时出现了更多混乱的肉搏场面。5月12日，北段城墙被撕开一个口，奥斯曼骑兵涌入城内。君士坦丁召集队伍，交由朱斯蒂尼亚尼率领，他自己也投入战斗，攻城受阻。

反复受挫后，弱者可能就放弃了，但穆罕默德毫不退缩。

控制住金角湾后，他接着又展示了令被围困者心生恐惧的巧思和韧劲。5月中旬，他动用撒克逊矿工悄悄地朝北边的城墙挖地道，在职业军人、精明的苏格兰人约翰·格兰特（John Grant）的指挥下，与守城者在地下作战，把后者困在了繁重的反地道作业中。一条条地道挖到了城墙内侧，不过在奥斯曼人用它们制造破坏性后果之前，它们就坍塌了。穆罕默德不愿让敌人有一刻的放松，命人秘密建造了一座攻城塔并趁天黑推到了查瑞休斯门对面的城墙边。5月19日黎明时分，防御壁垒上被围困的士兵们看到了惊人的一幕：昏暗中一座高大的建筑赫然耸现，离他们不过10米。"所有人都被吓倒了，像死人一样无法动弹"，一艘威尼斯船上的随行医生尼科洛·巴尔巴罗（Nicolo Barbaro）记载道。他在日记中记录了围城之战。[29]

安然躲在攻城塔中的奥斯曼士兵们有条不紊地开凿地道，并把挖出来的土倒进护城河中；他们的战友们用地道跨越护城河，然后突袭城墙上的守军。这条隐秘的地道从奥斯曼的军营一直通到攻城塔和护城河，很多人得以在敌方防线和己方防线之间自由、安全地移动。为了应对穆罕默德的巧思，君士坦丁采取了紧急的反制措施。当晚，他命人将一桶桶火药从防御壁垒上滚下去，滚向攻城塔。威力十足的爆炸点亮了漆黑的夜空，奥斯曼士兵们被炸上了天，然后又坠入了燃烧着的护城河中。这座城市又一次经受住了考验，但也付出了代价。

人力、物力日益减少，征服这座城市只是时间问题。但是穆罕默德和君士坦丁都知道，没有时间的不只是东罗马帝国的皇帝。穆罕默德需要迅速采取行动，否则军中一天比一天多的怨言将会变成暴动的嘶吼。奥斯曼士兵攻城的时间越久，就越不相信能成功，兵变的概率就越大。在很多元老派眼中，这位苏丹年轻、鲁莽。人人都知道在过去900多年里，穆斯林曾12次尝试攻占君士坦丁堡，但都失败了。对这位未经考验、尚未成功的苏丹, 他们的忠诚是有限的。站在奥斯曼人的立场上, 对君士坦丁堡发动决定性的进攻势在必行。而在君士坦丁看来, 要是西方的援助能到位, 都城就能逃过一劫。

接着, 5 月 23 日, 一艘船突破了奥斯曼人的封锁, 带来了所有人都害怕的消息。没有大规模的舰队或铺天盖地的军队来为拜占庭解围。面对君士坦丁绝望的恳请, 欧洲避而不看。在最需要援助的时候, 君士坦丁堡孤立无援。

克里托布洛斯记录了大约这个时候出现的一系列让城内百姓不安的"从天而降的征兆"。有"反常的地震并且大地出奇地炽热; 天上打雷, 有叉形闪电, 又有霹雳; 天空异常明亮; 有强风, 有暴雨, 又有洪流"。星星要么不规则地移动, 要么一动不动, "冒着烟雾"。胆战心惊的百姓相信上帝正在确定"一个新的事物的秩序和彻底的更新"。教堂里圣像、纪念柱和雕像都出汗了, "预言者预示了很多灾难", 并回想起古老神谕"指明了不好的结局", 其中最重要的一个古老预言称: 君士坦丁堡将被一个名叫君士坦丁的皇帝建成, 也将在一个名叫君士坦丁的皇帝手中遗失。"这些都给百姓带来极大的恐惧和痛苦, 他们惊慌失措, 对未来不抱任何希望。"[30]

5 月 25 日, 面临被毁灭的命运, 敬畏上帝的希腊人用上了最后一招。他们向伟大的庇护者圣母玛利亚祈求救赎, 高举赫得戈利亚教堂最珍贵的圣像——据说是由使徒圣路加绘制的——在街上游行。后来, 祸患临头。在一场灾难性的风暴中圣像滑落, 掉到了地上, 暴风带来了雷电、暴雨、冰雹、洪流, 游行不得不终止。5 月 26 日, 就在穆罕默德继续炮轰的时候, 一场怪异的大雾来袭, 接着一道亮光从圣索菲亚大教堂的穹顶发出, 然后消失在天际; 这些迹象加上此前接二连三的不祥征兆让人更加觉得厄运即将来临。这一定是末日。上帝已经离弃了这座城市。穆罕默德手下的神职人员马上对这些可怕事件的真正含义进行了解读。他们告诉他："这是一个很好的预兆，预示着这座城市在劫难逃。"[31]

5 月 27 日晚上，穆罕默德召集手下的军官，确定于 5 月 29 日发动最终攻击。他提醒他们夺得从伊斯兰教信仰诞生之初就与穆斯林敌对的君士坦丁堡将是无上的荣耀。他还提到了一些不那么高尚的动机，罗列了夺城之后他们会得到的战利品、奴隶随从，以及"金、银、宝石、值钱的珍珠"等宝物，称城池正式被攻陷后前三天的掠夺所得都归他们所有。他明白士兵们的基本需求，说城里有大量"十分美丽的女人，年轻貌美，还有至今没被男人亵渎过的……适合结婚的妙龄处女"。对那些性取向不同的士兵，城里还有俊美少男。为了打消将士们的疑虑，不再让他们认为这座城池坚不可摧，他强调部队已经填平了护城河、攻破了三段陆上城墙，为骑兵进攻做了万全的准备。基督教军队从原来的 8000 人减少到了 4000 人，人员严重不足，每座塔楼的防卫只剩下一到三人。君士坦丁堡"被奥斯曼人从陆上、海上包围，像陷入了一张网一样"，无处可逃。

为了充分利用守城者疲惫不堪、人员减少的劣势，奥斯曼人用精力充沛的士兵接力作战，周而复始地进攻，确保战斗"持续、不间断"地进行，直到缺食少眠的敌人垮掉为止。在一片嘹亮的欢呼声中，穆罕默德宣布他将作为攻城的先锋。随后，他给军官们下达了详细的命令。哈姆扎·贝伊（Hamza Bey）受命率领舰队围攻，迫使守城者防守海上城墙，如果船只可以停靠，他还需突袭守城力量。一座用加拉塔热那亚人的葡萄酒桶建成的特制浮桥被加长，横跨了金角湾，扎加诺斯帕夏（Zaganos Pasha）受命率领部下跨过金角湾，突袭北部的城墙。卡拉贾帕夏（Karaja Pasha）和他那支来自巴尔干半岛的基督教军队要在靠近皇宫的地方发动攻击。苏丹则会骄傲地率领精锐的禁卫军从薄弱的中城墙发动正面攻击，哈利勒帕夏和萨拉贾帕夏（Saraja Pasha）作为其助攻，伊沙克帕夏（Ishak Pasha）和马哈茂德帕夏（Mahmud Pasha）会攻击南面的城墙。在连续数周毁灭性的围城、炮轰后，奥斯曼人是时候把握自己的命运，夺取君士坦丁堡了。[32]

5月29日凌晨1：30，漫天的号角声、隆隆的战鼓声和铿锵的铙钹声拉开了奥斯曼人攻城的序幕。在令人不寒而栗的咆哮声、呐喊声中，穆罕默德帐下最不受重视的牺牲品——大部分是基督教非正规军和应征士兵——从黑暗中冲出来，在猛烈的炮火掩护下，冲向城墙和临时设立的栅栏。在被围困的人眼里，这是一个令人反胃的场景。在不屈不挠的朱斯蒂尼亚尼的带领下，守城者们将希腊火药和燃油朝着纪律涣散的乌合之众扔去，后者想要撤退，却被宪兵和禁卫军的双重防线拦下，任何试图撤退的人都会被斩首。凌晨3：30之后不久，这些牺牲品完成了他们的使命，穆罕默德派上安纳托利亚的重步兵。威尼斯人巴尔巴罗回忆道，有凶猛的炮火、弩弓和弓箭手作掩护，他们奋力向前，"像被解开了枷锁的狮子一样冲向城墙"，爬上栅栏，虽然损失惨重，但最终强行打开了一条通往内城台的通道。这是一个胜利的时刻。然而，君士坦丁堡的防御结构很快就让这些安纳托利亚人陷入绝境，他们突然发现自己被困在了一个封闭空间，迎面一支更大的力量将他们就地消灭。这时已经5：30了，天明显亮了，城还未攻破。尽管君士坦丁手下的希腊人和意大利人都已经疲惫到了极点，但还是挡住了穆罕默德发起的所有攻势，就连金角湾和马尔马拉海岸的海军进攻都以失败告终。

苏丹的牌快要打完了。再过几个小时，他要么会取得历史性的胜利，要么会遭遇可耻的，甚至是致命的失败。他最后一个选项是动用手下那支由重步兵、弓箭手、长矛轻骑兵组成的多达5000人的精英部队，也就是他的皇家侍卫和禁卫军，"他们装备极其精良，英勇无畏，在经验和勇猛程度上远胜于其余士兵"。[33] 这些人是他的最后一张牌。如果他们无法突破，这场征战就结束了。为了振作部下精神，穆罕默德率领一众弓箭手和火枪手赶到护城河边，在那里，他们齐射弓箭、石块、枪弹，令人丧胆。接着，那里又传来一阵阵高亢嘹亮的声音——那是伴着鼓声、管乐和铙钹声前进的步兵们发出的雷鸣般的呐喊。在屏障的另一边，随着战斗越来越艰难，君士坦丁、朱斯蒂尼亚尼，以及一众贵族和军中精锐都在坚守自己的阵地。战场上，战士们不断冲上前，或挥剑砍向敌人，或端着刀和长矛刺向敌人，或砰的一声给予敌人致命一击，或嗖嗖地射出箭矢，到处充斥着呐喊声、受伤的和濒死的士兵令人悲痛的哭号、炮弹击中石墙和土墙的巨响、令人窒息的烟雾、滚烫的燃油、熊熊的大火，整个场面如同地狱一般。形势不断变化，一会儿攻城的人占上风，一会儿守城的人占上风。后来，双方的力量均势似乎失去了平衡，奥斯曼人的攻势开始弱了下来，没有了先前的强度。

有关这一阶段围城的记述往往会强调两大事件，因为它们共同推动了战争局势的逆转。第一个事件是一群奥斯曼人冲进了齐卢斯门。齐卢斯门是围绕布拉契尼宫建造的防御工事的后门，一次，守城者在发动突袭、出城侵扰攻击者的时候没把城门关上。于是，五十个禁卫兵组成的小分队从这个小小的入口迅速入城，在城墙上举起了奥斯曼人的军旗，随后被杀死。第二个事件是朱斯蒂尼亚尼突然受重伤，这让热那亚人极为不安，因为这时，朱斯蒂尼亚尼已经和皇帝一样，变成了君士坦丁堡防卫力量的护身符。他伤势严重，立即撤出战场，并由下属送到停泊在港口的船只上进行紧急治疗。出城的那道城门此前被君士坦丁锁上了，为的是确保守城者能拼尽最后一丝力气，他从这道城门撤离的举动最后酿成了一场灾难，导致大量慌乱的热那亚人跟着撤离。其他希腊人担心败局已定,也想从这道小小的城门冲出去。

感知到防守有些动摇的穆罕默德鼓励部下,他大喊道:"朋友们,整座城市尽在我们的掌控之中!我们马上就能拿下了!他们已经开始逃离!"[34] 禁卫军再次冲上前去,其中一名士兵甚至冲到了城墙上,接连击退所有的抵抗,赢得了足够竖起奥斯曼军旗的时间。这个身形魁梧的士兵名叫乌拉巴特的哈桑(Hassan of Ulabat)。虽然很快被敌人击倒,但他完成了自己的任务,又一批士兵在他的激励下奋勇向前,占领了防御工事。奥斯曼人掀起的怒潮席卷了驻守在防御工事前的每一个人。在遍地是血、一片混乱之中,君士坦丁与那些极为忠诚的同伴并肩作战,直至全体战死。奥斯曼人的旗帜在多段城墙上空飘扬,君士坦丁堡陷落。

奥斯曼人的怒潮这时变成了洪流,士兵们涌入圣罗曼努斯门和查瑞休斯门,沿着街道狂奔三英里,冲到这座抵抗他们多时的城市的中心。度过了接连数周缺衣少食的日子,忍受了城墙上守城士兵无尽的羞辱后,他们"像野蛮、凶残的野兽"一样,"开始劫掠,抢夺一路上看到的所有东西,像一场大火或大风一样扑向这座城市,烧毁、消灭一切;又像风暴一样,吹走、摧毁所有事物"。男人、女人、孩童,甚至婴儿,都被残忍地屠杀,还有更多人变成了奴隶。城市的住宅遭抢,坟墓被毁,图书馆被付之一炬。年轻女子和少男被抓起来拖走,面临令人绝望的命运。孩童被迫与父母分离,妻子被迫离开丈夫,"除此之外,他们的罪恶行径还有上万种"。[35]

士兵们从狄奥多西广场和公牛广场疾驰而过,贪婪地沿着梅塞大街奔向城中心,与从金角湾一路战斗到奥古斯都广场(Augustean Forum)的水手们会合。广场上壮观地陈列着帝国一千年以来累积的战利品和胜利丰碑,从著名的米利安

（Milion）零英里标志（拜占庭帝国范围内的所有距离都是以它为起点测量的）到皇帝查士丁尼威严的雕像，还有闻名于世但现已衰落的竞技场，那里耸立着德尔斐蛇柱和历史更久远的埃及法老图特摩斯三世（Pharaoh Thutmose Ⅲ）方尖碑。

220

　　然而，所有奥斯曼人的目光都投向令人惊叹的圣索菲亚大教堂的穹顶，这里是君士坦丁堡基督徒灵魂的寄托之地，是这座城市历经千年最宏伟的遗迹。奥斯曼士兵们听到了很多离奇故事，说这里藏着很多珍宝。他们拿着斧头一路横冲直撞，在这个神圣之所上演了一出疯狂搜刮、不时杀戮的戏剧。他们举着斧子砍向一座座圣像和主祭坛，抢走珍贵的圣物和所有能弄到手的金银器物。这座宏伟的大教堂在作为基督教教堂存在了1123年之后，如今只剩下最后一场高举基督耶稣之名的祈祷仪式。那些恐惧的会众在晨祷时热切地祈求神迹出现，但还是被当场屠杀或奴役。圣索菲亚大教堂被洗劫一空，佩特拉区圣约翰教堂、科拉神圣救主教堂和圣西奥多西娅教堂同遭厄运。

　　穆罕默德静待时机。他要看到确认皇帝死亡的证据。当天晚些时候，下属送来了君士坦丁血迹斑斑的头颅。他命人把它挂在柱子上，放到奥古斯都广场上示众，告诉希腊人他们的皇帝被赶下了台，如今已经死了。然后他又命人往头颅里填充麦秆，然后带着它到伊斯兰世界各宫廷走一圈，他希望所有人都知道自己已经光荣地成为君士坦丁堡的主宰。

　　对土耳其人而言，1453年标志性的一幕是苏丹穆罕默德——自此他便有了"法提赫，征服者"的绰号——骑在马背上以胜利的姿态进入尸体遍布的查瑞休斯门（此后更名为埃迪尔内门）。新月军旗和伊斯兰的绿色旗帜在高空飘扬，穆罕默德在包着头巾、步行前进的属下的簇拥下，摆出了一副顶天立地、大权在握的姿态。他身后的战场上烟雾飘荡，局部被林立的长矛、包头巾和红色、绿色的旗帜遮盖得严严实实。穆罕默德及手下勇士们的活力与成堆毫无生气的尸体形成鲜明对比，这标志着穆斯林战胜了异教徒。在奥斯曼土耳其最伟大的历史学家哈利勒·伊纳尔奇克（Halil Inalcik）看来，这是"基于信仰的征战"。[36]

穆罕默德前往圣索菲亚大教堂，在那里，他谦恭地向真主鞠躬，下令立即停止劫掠行为，并召来一位伊玛目发出召唤，呼召穆斯林礼拜。穆罕默德登上祭坛礼拜，这是伊斯兰教占据支配地位的另一个标志。奥斯曼历史学家图尔松·贝格记录了随后穆罕默德登上大教堂堂顶并在那里检阅这座新的帝国之城的过程。这座辉煌、美丽、充满传奇的城市得之不易，这时一幅破败景象，充满血腥、惨遭劫掠。六百年前，眼含泪水的阿拔斯哈里发哈伦·拉希德在自己的皇宫阅读阿布·阿塔希叶的一首诗歌时，回想了自己短暂的一生。同样，据说穆罕默德也引用了波斯诗人萨迪的诗句——

> 蜘蛛在恺撒的皇宫里织网
> 猫头鹰在阿夫拉西阿卜的塔楼上歌唱。[①]

221

---

① 那些人的事例会让你有所警醒吗？
　他死去的那天早上，宫殿被洗劫一空；
　他被死神击倒，死后被亲友抛弃；
　他的王位不复存在，
　他的王座空空如也；
　那些国王今在何处？
　那些在你之前踏上这条道路的人现在何方？
　噢，选择了俗世与快活的你啊，
　总是偏信那些阿谀奉承的人；
　尽情享受世界的欢愉吧，
　因为这条路的终点是死亡。

　　　　　　　　　——阿布·阿塔希叶（748—825 年），巴格达克里托布洛斯认为君士坦丁堡遭受的洗劫比历史上任何一座陷落的城市——特洛伊、巴比伦、迦太基、罗马——都严重，因为它失去了"财富、荣光、统治、辉煌、名誉、族群的光彩、勇气、教养、智慧、宗教组织、主权；简单来说，失去了一切"。这座一度强大、雄伟的城市沦为"一个匮乏、没有颜面、没有尊严、备受奴役的存在"。经历了两位君王的殊死搏斗和长达 53 天的灾难性围城，这座城市终于被穆罕默德拖入了"苦难和痛苦的深渊"。[37] 几百年来攻城未果，圣谕却屡次预言城破。终于，一支穆斯林军队征服了信奉基督教的君士坦丁堡。穆斯林完成了自己的使命。在随后的五百年里，以奥斯曼人为主导的伊斯兰帝国将会统治从地中海西部一直到中亚的区域。

"我们没有城市博物馆，却有一个'征服'博物馆，真是可怜又可悲"，奇代姆·卡费希奥卢教授（Çiğdem Kafescioğlu）轻蔑地说道。他说这话的时候我们正坐在海峡大学（Boğaziçi University）的一间顶楼办公室内，俯瞰着山下呈烂泥色的博斯普鲁斯海峡，海峡一旁矗立着穆罕默德的鲁梅里堡垒。"它只不过展示了征服概念的重要性，仿佛这是那个民族自我实现的时刻。"教授中途收敛了自己的失望情绪："至少可以说，这是一种不幸。"[38]

我们提到的是总理雷杰普·塔伊普·埃尔多安（Recep Tayyip Erdoğan）在 2009 年开放的 1453 年全景历史博物馆（Panorama 1453 Historical Museum）。我沿着狄奥多西墙从耶迪库勒堡垒（Yedikule Hisari）——一个建有七座塔楼的堡垒，最南端到马尔马拉海——出发，一路走一路逛，走过了危险的正在垮塌的城墙段，也经过了被修复过了头的城墙段，最后走到了这座博物馆。沿着这些城墙逛是充分认识穆罕默德成就规模的最好方式之一。博物馆建在城墙南北线的中点，离苏丹凯旋时经过的埃迪尔内门距离不远，今天这里只剩下一群来回踱步的猫和一块大牌匾。我和其他几百位游客一同在这里漫步了几个小时，睁大眼睛地游览这座庆祝土耳其民族胜利的遗迹，大量的伊斯兰教元素令人精神振奋。身边的游客有蒙着面纱的阿拉伯女性，有来自首都以外地区的骄傲的土耳其男性，偶尔还有几个头戴无檐小便帽、身穿蓬松夹克的人，以及一大群时而觉得有趣时而觉得乏味的学生。

在这里，博物馆通过彩色印片法，360°展示了穆罕默德征服君士坦丁堡的辉煌成就。伴着禁卫军乐队隆隆的战鼓声、尖锐的管乐声和嘹亮的铙钹声，大炮不断轰击这座城市脆弱不堪的城墙。大批奥斯曼骑兵，包着红色、白色的头巾，拿着短弯刀，带着狂热的征战热情，怒吼着冲向已被撕开了一道口子的防御工事。被迎面而来的投掷物的爆炸声和火焰惊到的战马，疯狂地嘶鸣。碎裂的大炮混在盾牌、弓箭、被遗弃的头盔中间，散落一地。南边，在离马尔马拉海岸很远的海面上，奥斯曼人的舰队正在守夜，一片寂静。不远处，拜占庭帝国那纹有双头鹰的巨幅旗帜正从其中一座刚被乌拉巴特的哈桑袭击的塔楼上坠落，哈桑站在城墙上举起一面红色旗帜，旗帜随风飘扬，但他很快就被杀死了。茂盛的悬铃树下，红色、白色、绿色、金色的旗帜错综交织，成为焦点。穆罕默德从这里出发，骑着一匹白马，披着红色、金色交织的帝王斗篷，随着大炮发出一声巨响，骇人的炮口黑烟升起，他挥舞左臂，指挥部下发动最后的攻击。这是一个混乱、血腥、到处是尸体和废墟的场景，但也是一个宏大的征战场面。奥斯曼人眼看着就要胜利了。

耳机里持续传来现场解说，风格与直径38米的半球形银幕上那令人头晕目眩的全景图像一致："奥斯曼人的统治力将会越来越强……伊斯坦布尔势必会被征服。"作为一个谦恭的穆斯林，穆罕默德最后发出了恳切的祈祷，并向安拉起誓，要以"不信道者"为目标、"为圣战而战"。导游为此欢呼。

那些接受了以自由、世俗主义为原则的凯末尔主义教育的土耳其人，在大半个世纪里，学习了以 1923 年 10 月 29 日凯末尔·阿塔图尔克（Kemal Atatürk）当选总统为起点的国家现代史。对他们而言，这是有冲击力、有颠覆性、令人难以接受的信息。①"这种颠覆性扰乱了土耳其人的民族认同，不仅因为这个民族存续的时间被丢掉了 500 年，还因为这个民族最负盛名的时代属于奥斯曼时代，而现代土耳其民族认同却是在否定它、把它当作'他者'的基础上形成的"，政治学家阿莱夫·彻纳尔（Alev Çinar）这样写道。[39]

征战结束 600 年后，穆罕默德被卷进了民族认同之争中，在 21 世纪的土耳其，它仍是很有争议的议题。"混蛋，我是一个真正的土耳其人：我有四分之一的阿尔巴尼亚血统，四分之一的库尔德血统，二分之一的东正教血统。"爱争执且不停抽烟的历史学家法鲁克·比尔泰克（Faruk Birtek）大笑着回忆，称近来他曾在一次电视采访中说过这样的话。"95% 的土耳其人都是混血，但是他们不想听到这样的说法。"法鲁克对近来政治上重塑征服者穆罕默德形象的行为持悲观态度。谈到这个国家的领导层，他说："他们在对抗共和政体，所以需要塑造一个可以替换阿塔图尔克的英雄人物。这些人没有认识到穆罕默德是一个普世帝国的缔造者。在长达 150 年的时间里，地位最高的维齐尔都是巴尔干和拜占庭的贵族。当时在宗教问题上，人们不会小题大做。"

在城市另一端的贝西克塔斯区、离足球场不过一箭之遥的文明研究中心，阿加·卡利亚加（Agah Karliaga）做出了截

---

① 1935 年，作为世俗改革举措的一部分，阿塔图尔克把圣索菲亚大清真寺改成了博物馆。在土耳其政界，还有人会时不时地尝试将它再次变为清真寺。

然不同的后凯末尔主义评论："我们有六个真正重要的历史人物：阿尔普·阿尔斯兰、奥斯曼、法提赫·穆罕默德、苏莱曼大帝、苏丹阿卜杜勒·哈米德和阿塔图尔克。如果要我从中仅选一位，那毫无疑问是法提赫。他一人终结了一个时代——中世纪，开创了另一个新时代。他是独一无二的民族人物，是我们第一大英雄，是后代的伟大榜样。直到今天，为了纪念他，还有父母把孩子叫作法提赫。如今我们一直在寻找像他那样的领导者。"

正如历史学家阿加·卡利亚加所见，真相是那些拥护穆罕默德的人突发奇想，从一开始对他进行了重新想象。"这是对某段过去的缅怀，对失落天堂的理想化。"[40] 在一些人眼里，他是至高无上的伊斯兰勇士，是基督教城市君士坦丁堡的征服者，是最终引人注目地完成了先知穆罕默德的预言（君士坦丁堡终将落入穆斯林手中）的人。在另一些人看来，他是开明的、世俗的皇帝，是一位见多识广且有争议的人物，他限制了伊斯兰教教职人员的权力，拥有一堆裸体人像，因对伊斯兰教热情不足而令其子巴耶塞特感到厌恶，他还把亚历山大大帝视为榜样，甚至有传言称他在考虑皈依基督教。

224

1453年全景历史博物馆告诉参观的人，在欧洲人看来，穆罕默德的征战和耶路撒冷被毁、耶稣被钉十字架一样，是"人类历史上最大的灾难之一"。虽然这一评判或许和当时土耳其人的耀武扬威及欧洲人描述历史时的夸张做法有关，但对当时的希腊人而言，它确实是一场末日灾难。君士坦丁堡的陷落意味着一个一度照亮了世界的帝国连同其皇帝迎来了残酷的结局，意味着所有英勇守城的战士几乎都被杀死，意味着还有5万人沦为奴隶。

不过，这座城市并没有死去。对这个基因里刻着生存与适应的大都市而言，一个帝国的覆灭并不意味着终点。正如吉本在 18 世纪做出的有前瞻性的论断，"这个地方的天资将永远胜过时间和命运带来的意外"。[41] 穆罕默德自认为是罗马皇权的继承人，他的新都伊斯兰堡（Islambol）是帝国的中心。伊斯兰堡，意为"充满伊斯兰教色彩的地方"，但这个名字没能流行起来，土耳其人接着叫它科斯坦丁尼耶（Kostantiniyye）和伊斯坦布尔（Istanbul），Istanbul 源自拜占庭时期的希腊语 tin polin，字面意为"进城去"。伊斯兰堡成了一个穆斯林掌权且占大多数的地方，一个被强行重新安置了希腊人、亚美尼亚人、拉丁基督徒、犹太人的国际性都市。以它为支点，奥斯曼国家完成了向奥斯曼帝国的转变。

希腊人被重新安置在金角湾附近的法纳尔区，又名费内尔区。后来，这里成了新的牧首区，现在仍是希腊人的聚居地。穆罕默德解放了沦为奴隶、坚决反对教会联合的修士金纳迪奥斯，并任命他为东正教信众的牧首，最初在圣徒教堂任职，后来转到帕玛卡里思托斯教堂。圣徒教堂在规模和重要性上仅次于圣索菲亚大教堂，帕玛卡里思托斯教堂是完好无损地躲过战乱的教堂之一。穆罕默德既是一位缔造帝国的勇士，也是一个有文化、有包容心的人，他委托人撰写有关基督教信仰的著作，还在宫廷接待人文主义者和希腊学者，并邀请威尼斯画家真蒂莱·贝利尼（Gentile Bellini）来伊斯坦布尔绘制宫廷壁画和个人肖像——那幅有名的肖像画绘制于 1480 年 11 月 25 日，现藏于伦敦国家美术馆。[42]"他是一个多面人物"，佩拉博物馆馆长兼伊斯坦布尔研究院院长厄扎尔普·比罗尔（Özalp Birol）说道，他的权力堪比恺撒、苏丹、哈里发的权力之和，"他既是一个知识分子，又是一位诗人，还是艺术赞助人，从来不会允许宗教学者参与国家事务，也不容许他们在政治上享有与其他人同等的话语权，尤其在征服君士坦丁堡之后。在我看来，这是最明智之举。他创造了一种世俗的环境"。[43]

佩拉博物馆和伊斯坦布尔研究院都是苏纳和伊南·基拉克基金
会（Suna and İnan Kiraç Foundation）资助的机构。

　　从某种程度上讲这座城市经历了剧烈的转变，但它的重塑
过程其实更加隐晦，远不是从基督教变为伊斯兰教那样直白。
"根植于土耳其民族主义历史中的一种观点是土耳其人来到这
里，将伊斯坦布尔变成了一座由土耳其人掌管的伊斯兰城市，终
结了拜占庭帝国，"卡费希奥卢说，"这种认为伊斯坦布尔突然
之间变成了一座伊斯兰城市的观点是一种简化的、民族主义的观
点。我想讲述的是另一种故事，一种更多层面、更复杂的故事。
故事的重心不是消除，而是延续、变化和对过去的参考。"

　　1453 年君士坦丁堡被征服之后，在长达 600 年的时间里，
伊斯坦布尔仍然像简·莫里斯（Jan Morris）笔下的亚历山大
港一样，"汇集了见多识广之士"。直到 20 世纪，希腊人在该
城市总人口中依旧占据相当大的比例。1927 年，伊斯坦布尔
希腊东正教社群有 10 万人。1955 年，"伊斯坦布尔骚乱"发
生后，希腊人成群结队地逃离，所以到 1965 年他们的人口减
少了一半，降至 4.7 万人。今天，根据希腊外交部的统计，土
耳其的希腊人仅有 3500 人。[44] 新的阿塔图尔克共和国加速了
奥斯曼帝国时代多语言、多文化的伊斯坦布尔的消亡。

　　随着时间流逝，土耳其人终会在奥斯曼帝国瓦解之后，体
会到希腊人无处不在的悲剧感——对很多希腊人而言，这种
悲剧感至今仍然存在——而这种悲剧感与呼愁（hüzün）[①] 相

---

　　① hüzün 是现代土耳其语中的一个词，对应《古兰经》中的ḥuzn 和 ḥazan，就《古
　　　兰经》而言，这个词形容的是一种因亲眷逝世而产生的痛苦、悲伤情绪。作家奥
　　　尔罕·帕慕克在其著作《伊斯坦布尔》中进一步详细阐述了现代土耳其语 hüzün
　　　的附加意义。在现代土耳其语中，它用来表示一个人生活中有挫败感、缺乏主动
　　　性、离群索居，近似于忧郁的状态。帕慕克认为，奥斯曼帝国终结后，呼愁成了
　　　伊斯坦布尔文化作品的典型特征。——译者注

似。对土耳其的诺贝尔奖获奖作家奥尔罕·帕慕克（Orhan
Pamuk）而言，呼愁这种五味杂陈的情绪依旧笼罩着这座城
市。在对博斯普鲁斯海峡岸边古老的木制海滨住宅（yalis）的
记忆里，在那些跟跟跄跄往返于卡尔西顿（Kadiköy）和卡拉
柯伊（Karaköy）之间的破旧渡船上，在濒临崩塌的苏非派修
道院（tekkes）里，在挤满了失业男人的茶馆中，在因污垢、
铁锈、油烟而变了颜色的公寓楼里，在穿透浓雾的轮船鸣笛
声中，在曾经夺目现已残缺的喷泉式饮水器上，都有呼愁的影
子。"就连最宏伟的奥斯曼建筑都有一种简单、质朴的气质，
流露出一种帝国已然终结的忧郁，一种对来自欧洲的轻视目光
的痛苦臣服，一种对由来已久的、像顽疾一样必须忍受着的贫
穷的认命，"他写道，"正是这种听之任之的态度滋养着伊斯坦
布尔那对外界漠不关心的灵魂。"[45]

　　不过，这些都是很久之后才会出现的。1453 年后，伊斯
坦布尔发生了一个显而易见的变化。狂暴的征战过后，数日、
数月、数年内伊斯坦布尔自然会被逐渐伊斯兰化。六座教堂很
快被改成了清真寺，还有一座变成了伊斯兰经学院。教堂的钟声
被不断增加的宣礼塔中宣礼员呼召穆斯林礼拜的声音取代。在金
角湾的埃于普（Eyüp），一座座为先知同伴建造的陵墓拔地而
起，近 600 年后，穆斯林朝圣者还会成群结队地来到这里敬奉
这些古代的信仰勇士。[①] 很快，城堡、宫殿、大集市——一个
标准的伊斯兰城市必备的所有元素——都建成了。一个个新的
具有明显伊斯兰特征的穆斯林社区建成了，社区的中心是一个
清真寺建筑群，有宗教学校、慈善机构、土耳其浴室、商队旅

---

① 这座圣祠及其周围区域都是以阿布·阿尤卜·安萨里（Abu Ayub al Ansari, 674
年逝世）的名字命名的。安萨里是先知穆罕默德最亲密的战友之一，他的坟墓是
伊斯坦布尔一个最神圣的朝圣地。

馆和公共厨房，很多设施的名字，如法提赫、阿克萨拉伊、卡拉曼帕扎里，一直沿用到今天。[46]

其中最壮观的是法提赫清真寺，又名征服者清真寺，坐落在荒废的圣徒教堂的旧址上，于1470年建成。作为基督教政权让位于伊斯兰政权的最强有力的象征，这座最早可追溯到4世纪（于330年左右由君士坦丁主持落成仪式）的教堂被拆毁，给新的清真寺腾地方。最初，这个建筑群包括八个经学院、一个图书馆、一个收容所、一个集市、一个土耳其浴室，还有一个救济穷人的厨房。

黎明时分，这座坐落在费夫齐帕夏街靠近金角湾一侧的清真寺威严地屹立在靛蓝色的天空下。今天，它那两座宣礼塔层层叠叠的穹顶成了这座城市天际线的一部分。海鸥绕着它们盘旋，清脆嘹亮地叫着，从空中俯瞰这个建筑群；一只只猫穿梭在奥斯曼名人那顶着石质包头巾的墓碑之间觅食；鸽子、乌鸦和寒鸦步伐轻快地穿过露天广场，寻找虔诚的信徒掉落的面包屑。16世纪的国家官员、诗人塔吉扎德·贾费尔·切莱比（Tacizade Cafer Çelebi）被这个伟大的历史遗迹感动，他赞不绝口——

> 它的穹顶高耸至天堂的最高处
> 触到了月亮和太阳的眼睛
> 那座盛极一时的建筑的名望越来越高
> 它的顶端与天堂的屋顶齐平。[47]

穆罕默德选择在山上建造新建筑，目的是让他的希腊建筑师阿提克·锡南（Atik Sinan）能够建造一座穹顶高过原来的圣索菲亚大教堂的清真寺。他要建造一座"在高度、外观、规模上"即便无法超越城中的教堂，也要与之媲美的新的宏伟建筑。

传说，尽管切莱比恭敬地赞美它，但穆罕默德发现新建的

227　清真寺未达到预期的时候，仍然砍掉了锡南的手。可以想象这种草草的处决令锡南感到极度痛苦，于是提起上诉，法官勇敢地判锡南胜诉，允许这位建筑师砍掉苏丹的手。据说，此举表现了伊斯兰教律法的公正，深深触动了锡南，于是他原谅了苏丹，并皈依伊斯兰教。这个故事有一个后传，听起来像是虚构的，据说穆罕默德拔出了剑，告诉法官，如果做出不公正的判决，判自己胜诉，那他会当场杀了他。这位法官也大胆地拔出了自己的剑，回答说，如果穆罕默德拒绝向安拉的正义低头，那他也会砍死苏丹。[48]

伊斯兰教艺术史学家居尔卢·内吉普奥卢（Gülru Necipoğlu）展示了穆罕默德是如何在短时间内将这个城市变成一个基督教古城和一座伊斯兰新都的。他下决心要按照伊斯兰世界的模板，恢复这座支离破碎的城市往昔的辉煌。首先建成的是耶迪库勒堡垒。堡垒被建筑师精巧地建在金角湾周边的城墙上，16世纪以后那里变成了国家监狱，因而声名狼藉。这位年轻的苏丹不屑于修复君士坦丁荒废的大皇宫和布拉契尼宫——自11世纪以来，这两座宫殿一直是拜占庭的权力中心——而是另辟蹊径。4世纪狄奥多西广场的旧址上曾屹立着一座修道院，穆罕默德把它改建成了第一座奥斯曼宫殿。宫殿设有议会厅、后宫、华丽的亭阁、野生动物繁多的皇家狩猎园、多座带有精美喷泉的巨大花园、狄奥多西纪念碑，以及一个方圆至少1英里，养着孔雀、鸵鸟及其他珍奇鸟类的园子。

接着，1459年，穆罕默德另一个规模更大的项目开始动工。他想建的宫殿"要超越其他所有宫殿，并且外观、规模、花费、优雅程度都要达到史无前例的水平"。他将地址选在城市最东面、欧洲海岸边、多块被平整过的梯田上，那里曾是古

老卫城的所在地。新皇宫（New Palace）占地 60 万平方米，历时 20 年建成，殿宇繁复，有三个主庭院，每个主庭院都有各自的雄伟大门。迈入宫殿往里走，会逐步从宫殿的公共区域走到私人区域，先是经过铸币厂、医院、行政机关、宫廷御膳房、马厩、议会厅，然后是国库、高级官员办事处、清真寺、苏丹会客厅、后宫、皇室生活区。第四个庭院略小一些，院内有一个围起来的空中花园，园外有多座外围花园和葡萄园，一直向下蔓延到海岸边；园内还修建有多个供苏丹个人享用的亭子。这栋建筑以一种有形的形式表现了荣耀的苏丹与其普通臣民之间的界线。今天，托普卡帕宫（新皇宫的现用名）和圣索菲亚大教堂一样，是伊斯坦布尔游览人次最多的景点，也是彰显奥斯曼帝国风采的建筑。正如 17 世纪一位欧洲人所讲的那样："如果你寻求的是财富，可以去印度；如果你寻求的是学问和知识，可以去欧洲。不过，如果你寻求的是美轮美奂的宫殿，可以来奥斯曼帝国。"⁴⁹

228

奥斯曼帝国后来的一系列征战，均以欧洲基督徒失败告终。穆罕默德此后便自视为新一代亚历山大大帝，并在 1453 年后自封为"两地两海的主人"。这里的"两地和两海"指的是鲁米利亚（Rumelia）、安纳托利亚、黑海和地中海。⁵⁰15 世纪 50 年代末，塞尔维亚和伯罗奔尼撒陷落；接着，15 世纪 60 年代，瓦拉几亚（Wallachia）、波斯尼亚（Bosnia）以及热那亚和希腊在黑海地区的殖民地被攻陷；15 世纪 70 年代，阿尔巴尼亚和热那亚统治下的克里米亚被占领；15 世纪 80 年代，奥特兰托（Otranto）被攻破，罗马也因这位"战争霹雳"（The Thunderbolt of War）、"海陆权力与胜利之王"（The Lord of Power and Victory on Land and Sea）无法阻挡的步伐而战栗。

只有在 1481 年，穆罕默德在离挚爱的都城不远的地方逝世，欧洲才勉强——仅仅是暂时的——松了一口气。到那时，征服者已经建立了一个庞大的奥斯曼帝国。他死后，在苏丹苏莱曼大帝（1520—1566年在位）强有力的统治下，在短短不到一百年的时间里，奥斯曼帝国就横跨三个大洲，从贝尔格莱德到巴格达，从北非到也门，都是它的疆域。兵临维也纳更是令基督教国度辗转难眠。

在很多土耳其人看来，当然，持怀疑态度的专业学者除外，苏丹穆罕默德二世是有名的圣战勇士（ghazi）、"罗马人的皇帝／普世帝王"、奥斯曼帝国真正的创建者。他在21岁征服的城市变成了耀眼的伊斯兰都城，直到今天仍是世界上雄伟、充满活力的城市之一。

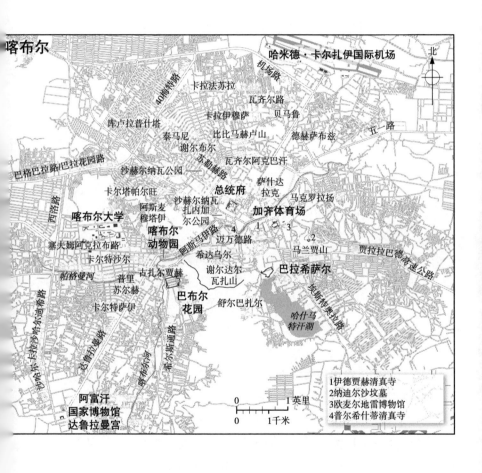

喀布尔

哈米德·卡尔扎伊国际机场

北

机场路

40梅特路
卡拉法苏拉
瓦齐尔路
卡拉伊穆萨
贝马鲁

库卢拉普什塔
泰马尼
比比马赫卢山
德赫萨布兹
五一路
谢夫布尔
瓦齐尔阿克巴汗

巴格巴拉路/巴拉花园路
沙赫尔纳瓦公园
苏勒赫路

卡尔塔帕尔旺
总统府
萨什达拉克
马克罗拉扬

西洛路
阿斯麦穆塔伊
沙赫尔纳瓦扎内加尔公园
加齐体育场

喀布尔大学
喀布尔动物园
阿斯马伊
迈万德路
4
1
3

塞夫姆阿克拉布路
希达乌尔
2
马兰贾山
贾拉拉巴德高速公路

卡尔特沙尔
帕格曼河
普里苏尔赫
古扎尔贾赫
谢尔达尔瓦扎山
巴拉希萨尔

卡尔特萨伊
巴布尔花园
舒尔巴扎尔
埃斯特克拉路

希尔斯通路
哈什马特汗湖

喀布尔河

达鲁拉曼路/卡拉沙尔迪哈希路

阿富汗国家博物馆
达鲁拉曼宫

0   1 英里

0   1 千米

1 伊德贾赫清真寺
2 纳迪尔沙坟墓
3 欧麦尔地雷博物馆
4 普尔希什蒂清真寺

10

16 世纪：喀布尔——山中花园

在喀布尔城堡里喝酒，一杯接一杯不停歇

这里有山川，有河流，有城市，有低地。

——毛拉·穆罕默德（Mullah Mohammed），《出谜语的人》（"The Riddler"），巴布尔在《巴布尔回忆录》（*Baburnama*）中引用了此句

那是 1996 年的冬天。几个月前，塔利班占领了阿富汗的都城，并忙于告知城里的百姓如何行事、怎样生活。

街上到处都是标语："吸毒在伊斯兰教中是违法的""酒会摧毁人的智慧和良知""吸毒于教育无益""吸毒等于慢性自杀"。

经年的冲突将喀布尔毁得很彻底，城里的历史遗迹或被子弹打得千疮百孔，或被炮弹炸得粉碎，里面的东西或遭劫掠，或被打碎，洗劫一空。这座城市的过去被现在强行抹去，宫殿荒废、工厂被毁，公园和花园满目疮痍，房舍空无一人，泥墙倒塌，道路断裂。和喀布尔有形的基础设施一样，百姓们的生活也被摧毁。战争进一步削减了城里原本就不多的人口，催生了一群悲伤的受害者：身着布尔卡的寡妇、一贫如洗的教师、被地雷炸断了腿的瘸子和被截肢的人、营养不良的孩子、穷困潦倒的父母，还有冲突结束后留下的残骸。

我来阿富汗是为了调研有关帖木儿的历史, 而几乎完全沦为废墟的喀布尔及贫困的居民让人顿觉恍惚, 仿佛它是六百年前帖木儿盛怒之下消灭的城市的化身。

灰头土脸的孩子们从炸毁的废墟中走出来, 像经历了浩劫的鬼魂。一辆辆小汽车呼啸而过, 掀起漫天尘土, 小男孩们在后面追赶, 司机打开窗户扔出一些五颜六色的小额纸币, 奖励这些自发填补不平路面的志愿者。一个个饱受战争之灾的家庭用自制的小车推着家当颠簸在坑坑洼洼的道路上。年轻的塔利班举着鞭子将女人从破旧的餐馆中赶出来, 赶到清真寺里。城里一幅末日景象, 再没有比这更荒凉的地方了。

然而, 尽管经历了堪称罪恶的摧毁, 喀布尔还是设法保留了它那超脱尘俗的美丽, 它诞生于世上任何其他城市都不具备的非同寻常的环境中。喀布尔城挤在海拔 1800 米的狭窄山谷中, 兴都库什山巅的圆形凹地——中世纪阿拉伯地理学家口中的地球的石质束腰带 (Stony Girdles of the Earth)——环绕着城市, 凹地上那一层未被污染的皑皑白雪, 将喀城带离了脏乱的状态, 至少看起来是这样。

在喀布尔以北 40 英里的潘杰希尔河谷 (Panjshir Valley)——公元前 329 年亚历山大大帝征服波斯帝国的时候曾在这里扎营——我见到了总部设在此地的艾哈迈德·沙阿·马苏德 (Ahmed Shah Massoud), 一位颇有号召力的圣战游击队领袖。苏联曾占领阿富汗长达 10 年, 直到 1989 年才结束, 马苏德因率部下在潘杰希尔河谷成功反抗苏联人而闻名, 被称为"潘杰希尔的狮子"。这头狮子歪戴着一顶阿富汗毛毡帽, 潇洒帅气, 流露出危险的气息。周围簇拥着一群忠诚的指挥官和各种军事装备, 他是一个典型的战争人物, 卷入了与反伊斯兰教敌人的生存斗争中。坦克隆隆地驶过泥泞的街道, 经过了装甲运兵车、火箭发射器和配备卡拉什尼科夫步枪的瑟瑟发抖的士兵。

232

在这嘈杂的军事乐团中，装着茶色玻璃的四轮丰田汽车载着乐团指挥马苏德飞快地来回。

马苏德关于战争的论断差不多在预料之中，他提及自己即将胜利，还谈到了对文学的热爱以及在塔利班攻陷喀布尔之时被运到潘杰希尔河的 3000 册藏书。他最喜欢的文人包括诗人萨纳伊·加兹纳维（Sanayi Ghaznawi）和阿卜杜勒·卡迪尔·贝迪尔（Abdul Qadir Bedil），以及两位波斯神秘主义大师鲁米（Rumi）和哈菲兹（Hafiz）。可以说马苏德是世界上最有名的圣战者，但他同时也是一个热爱读书、稳重、克制的人。两年后，在《致美利坚合众国的人民》中，他提到了自己打败宗教极端主义者的使命："我们认为这是我们捍卫人类，抵制不容忍、暴力和狂热的职责的一部分。"[1]

马苏德宽容的态度、对诗歌的热爱和对哈菲兹（一个热爱红酒、打击宗教伪君子的人）的欣赏让我想起了另一位伟大的战士／作家，他在这块多山之地一路奋战，最终出人头地、功成名就。巴布尔，16 世纪莫卧儿帝国的缔造者，深爱着喀布尔并把它立为都城，给这座城市留下了珍贵的回忆。在被毁坏的立体主义风格的校园中，阿卜杜勒·巴齐（Abdul Baqi）教授坐在办公室，悲伤地告诉我："恐怕你在喀布尔找不到什么遗迹，早都被毁了。"但巴布尔花园给了我更大的可能。

巴布尔的父亲源自帖木儿一脉，母亲源自成吉思汗一脉；出身贵族的他继承了那位征服者对雄伟公园和花园的热爱。对自然界和园艺的喜爱为他赢得了"园丁国王"的绰号。① 仅在

---

① 在《八乐园花园》（*The Garden of the Eight Paradises*）中，历史学家斯蒂芬·达勒（Stephen Dale）用现代术语描述了巴布尔，称他是"一位自传家、诗人、勇士、政治家、行政官、名义上的穆斯林、伪君子、酒鬼、吸毒者、记录者、园丁、唯美主义者、背信者、复仇者、社会批评家、通讯员、慈爱的父亲、双性恋者、文学评论家、名义上的苏非派信徒、利己主义者、偏执者、自我鞭笞者、慈善家"。

喀布尔城内外，他就建造了 10 座花园，其中巴布尔花园是他最喜爱的一座。16 世纪中叶建成的巴布尔花园占据了大片呈缓坡状的土地，从谢尔达尔瓦扎山的西坡一直延伸到波浪滔滔的喀布尔河。这是喀布尔城历史上规模最宏大的项目之一，在最繁盛的时候，占地 11 公顷、瑰丽绚烂的巴布尔花园是巴布尔伟大文化遗产的一个实证，看到它的人会忍不住遐想这座城市鼎盛时期该是怎样的模样。

1977 年，苏联入侵两年前，研究阿富汗文化遗产的专家南希·哈奇·杜普雷（Nancy Hatch Dupree）欣赏地提到巴布尔花园，以及园内由埃米尔阿卜杜尔·拉赫曼（Amir Abdur Rahman，1880—1901 年在位）修建的"可爱的夏凉亭"。"莫卧儿人钟爱的悬铃树为凉亭撑起了一片阴凉"，站在凉亭往下看，映入眼帘的是"一座座梯台式花园和点缀其间的喷泉"。[2]

20 年的战争让这个地方面目全非。杜普雷描绘的图景已不存在于这个世界。巴布尔花园如今不过是一块巨大的荒凉的斜坡，俯瞰着支离破碎的城市。公园被迫击炮撕裂，花圃也被弹坑取代，就连一度从山上延伸到城市的整整齐齐的绿地也一同消失了。喷泉和供水系统要么被摧毁，要么被拆除，它们所在的地下被埋了地雷；曾经繁茂的悬铃树树干被烧焦、砍倒，成了"宝贵的"木柴。柏树也没了踪影。

带领我参观巴布尔花园的是一位三十出头的阿富汗人，名叫舒库尔（Shukur）。16 年前，在喀布尔，他的父母在一轮火箭弹攻击中丧生，于是他逃到了巴基斯坦。小时候，他经常跟家人一起到巴布尔花园游玩，不过父母死后，他再也没回过喀布尔。如今，看到沦为 20 世纪 90 年代内战牺牲品的巴布尔花园，我们深感震惊。在参观这片废墟的过程中，他眼含热泪。"那里以前有很多悬铃树，"他指着另一株被烧焦的树干

234

说，"这里以前有很多花圃，开满了五颜六色的花朵，绿色灌木丛更是随处可见。很多家庭会在下午或周末来这里野餐。那时这里非常漂亮，如今都没了。战争抹杀了一切。"

我们沿着荒凉的斜坡往上走，走到了巴布尔陵墓，紧挨着一座损毁严重的大理石清真寺。这座清真寺是莫卧儿皇帝沙·贾汗（Shah Jahan，1628—1658 年在位）1646 年为庆祝征服巴尔赫古城而建的。旁边有一个干涸的游泳池，瓷砖已破碎，跳板也断裂了。陵墓里一块厚厚的大理石棺被安放在高高的基座上，漫无目的地射击在基座上留下了一道道擦痕。正对石棺的大理石墙上铭刻着一段挽歌——

> 只有这座供圣人们礼拜和天使显现的美丽的清真寺，这座高贵的殿宇，才适合耸立在这样一个庄严的圣地，因为这里是天使长往来的通道，是天堂的剧院，是蒙真主宽恕的天使之王的光之园，在这座天堂花园里长眠着征服者扎希鲁丁·穆罕默德·巴布尔（Zahiruddin Mohammed Babur）。

身为一个天生的审美主义者，巴布尔精心选择了自己的安息之所，这里能看到全城最美的景致。战争让这幅景致变得面目全非，很多高耸于天际的建筑都只剩下骨架，无法修复。在离这些荒废的花园很远的平地上，哈比比亚（Habibiya）高中那破败的轮廓依稀可见，这栋建筑多次被火箭炮射穿，看起来像个混凝土质的筛子。再远一点是饱受战争蹂躏的达鲁拉曼宫（Darul Aman Palace）的残骸，这座宫殿建于 1923 年，供君王阿曼努拉汗（Amanullah Khan）使用。不过，喀布尔的自然美仍然存在。这里的天空蓝得超乎想象，城市周围的群山中一层层薄雾袅袅升起。近些年，这个地方战争肆虐，但零星几块茂盛的绿地说明有些公园和花园还是熬过了冲击。而喀布尔河，自喀布尔建城至今至少 2500 年的时间里，始终如一地蜿蜒奔流，怡然地穿过这座城市。

巴布尔曾要求不能在自己的坟墓上加盖任何遮盖物，这样他就能承接阳光和雨水。在他的妻子、阿富汗人比比·穆巴里卡·优素福扎伊（Bibi Mubarika Yusufzai）将其尸身从阿格拉（Agra）带回喀布尔后的很长时间里，后人遵从了他的要求。但是君主纳迪尔沙（Nadir Shah，1929—1933 年在位）统治时期，命人在坟墓旁竖起了一块大理石，并加盖了一个亭子遮风挡雨。命运无常，近年来的战争摧毁了加盖的亭子，帮助巴布尔实现了他的遗愿。亭子的大半屋顶都被炮火掀翻，只剩下零星几块瓦片。对天资聪颖的巴布尔来说，这样一座纪念碑似乎有些悲剧性的、不祥的意味，不过至少它幸存了下来。

"做出如此行径的人对我们的历史毫无敬畏之心，"舒库尔轻声说道，"他们不是良善的人，只对掠夺和破坏感兴趣。他们也只会这个。"

听着他伤感地回忆往事、讲述帖木儿横扫中亚六百年后这座城市遭到的破坏和劫掠，我想起了伊本·白图泰对喀布尔的描述。1332 年，在漫长的周游世界的旅程中，他途经喀布尔。那时的喀布尔和现在一样，屡遭破坏。他写道，喀布尔"曾经是一座大城，如今，大部分地方都沦为废墟"。①3

1504 年 10 月，当巴布尔站在喀布尔城门口的时候，他已经走过了相当漫长的一段路。1483 年，在撒马尔罕东边费尔干纳山谷（Ferghana Valley）的安集延城（Andijan），帖木

---

① 伊本·白图泰并不看好阿富汗人。"这是一群强壮、粗暴的人，"他写道，"其中大多数都是拦路强盗。"

儿的六世孙巴布尔出生了；1494 年，一场古怪的事故夺去了他的父亲乌玛尔·谢赫·米尔扎（Umar Sheikh Mirza）的性命。乌玛尔是费尔干纳山谷的统治者，热衷于养鸽子，其城堡建在峡谷边。在一次山体滑坡时，城堡里的鸽舍滑落河中，他也因此坠亡。巴布尔用更有诗意的语言描述了这一事件："乌玛尔·谢赫·米尔扎变成一只猎鹰飞走了，带着他的鸽子和鸽舍。"[4]1494 年 6 月 9 日，年仅 11 岁的扎希鲁丁·穆罕默德——信仰的守护者，绰号巴布尔，意为"老虎"——成为世界上一个较爱争斗的国家的君主。这个时期，中亚的中心——从咸海到兴都库什山——汇集了多个族群和国家，而这些国家的统治者都是成吉思汗和帖木儿长期争斗不休的子孙后代。大蒙古国和帖木儿靠武力实现的统一早已不复存在，如今这块区域已经分裂成了多个小国家。许是天性使然，巴布尔从小就有"统治的野心和征服的欲望"，他想要的不只是亚洲的这一小块贫瘠之地。[5]

在以征服更远的地方为目标之前，他首先得打败在费尔干纳外围的两位叔父和内部虎视眈眈的贵族，稳固自己的王位。在老谋深算的祖母的支持下，他迈出了第一步。15 岁时，在 7 个月的围城之后，他成功攻占撒马尔罕。这位后来的帝国创建者认为撒马尔罕城是先祖帖木儿的家乡。虽然血统上名正言顺，但巴布尔非常清楚在这个见异思迁的残酷世界里，高超的军事技能才是发展的保证。夺取有名的古城不代表能长期掌控它们。费尔干纳爆发叛乱，就在巴布尔班师回朝准备剿灭叛军的时候，一支敌对力量占领了撒马尔罕，就这样，这位初出茅庐的征服者既失去了大本营，又丢掉了刚夺的城池。巴布尔尝试重新夺回它们，但均以失败告终，这位失意的、没有王国的年轻君主不得不去其他地方谋发展。16 世纪的波斯历史学家费里希塔（Ferishta）描述了他后来贫困潦倒、浪迹中亚的十年，"巴布尔像棋盘上的国王一样，从一个地方挪到另一个地方，像海岸上的鹅卵石一样不断承受着海浪的拍打"。6

接着，1504 年，在他陷入命运低谷的时候，南边 400 英里开外的地方出现了一个机遇：喀布尔的统治者——巴布尔的另一个亲戚——逝世，而他年幼的孩子无法阻止一位不得人心的篡位者夺权。时值冬季，一些下属劝巴布尔等气候条件更有利的时候再说，但他当即开始行动，决定要围攻喀布尔。喀布尔的统治者穆基姆（Muqim）使用拖延战术，这让巴布尔确信必须展示自己的实力，迫使这位篡位者投降。他率领军队逼近城池，当城墙出现在视野里时，他命令战士穿戴盔甲、战马佩戴锁子甲，"要震慑城里的人"。一支先遣队骑马飞驰到城下，取得了预期的效果。制革匠门（Curriers' Gate）——位于古城堡北边的巨大的东城门——的守城者未抵抗，转身往城里逃去。"一群喀布尔人跑出来到古城堡斜堤的陡坡上看热闹，仓皇逃回的时候扬起了一大片尘土。"喀布尔人在巴布尔前往城池的路上挖了隐蔽的土坑，巴布尔的一些骑兵因此摔下了马。在穆基姆投降之前，喀布尔城的街道上还发生了小规模的冲突。巴布尔和穆基姆达成协议，穆基姆第二天可携带家人、仆从和财产体面地离开喀布尔城。当日黎明，巴布尔的米尔泽（mirzas）和贝格（begs），即高级官员，报告了"多起民众聚众围攻、发动骚乱的事件"。整个城市处于极度的不稳定之中。"这些民众是控制不住的，除非您亲自来"，巴布尔收到的报告这样写道。为稳定城中的百姓，必须再度展示自己的实力。这位后来的帝王十分清楚应该做什么。"最后我翻身上马，射死了两三个，又砍死了两三个，以此平息了骚乱。"穆基姆被护送到了喀布尔以北 9 英里外的营地。由此，1504 年 10 月，巴布尔"靠着真主的慷慨与慈爱，未经一战，毫不费力地"成了喀布尔的主人。7

237

后人之所以能够得知巴布尔对喀布尔的看法，是因为他在自己的《巴布尔回忆录》——当时最耀眼夺目、充满传奇色彩的史书之一——中把它详细写了下来。《巴布尔回忆录》是颇具历史意义的文学杰作，以巴布尔 1494 年继承父亲王位开篇，在他逝世前一年即 1529 年突然终止。它用优美的散文体和敏锐独特的风格，讲述了巴布尔跌宕起伏的一生——他的兴趣爱好、改变一生的胜利，以及耻辱的挫败。正如一位伊斯兰历史学家近来所说的那样，他在记述自己的经历时直白、坦率、广泛，"正如同时代意大利人本韦努托·切利尼（Benvenuto Cellini）代表了欧洲文明，他是伊斯兰文明的典范，是 16 世纪剖析得最彻底的个体"。作家爱德华·摩根·福斯特（E.M.Forster）是《巴布尔回忆录》的众多欣赏者之一，他把这本书比作"山间溪流"，"语句像人群中的人一样你推我搡，相互倾轧"。对花费七年翻译《巴布尔回忆录》的 19 世纪苏格兰政治家、曾任孟买总督的蒙斯图尔特·埃尔芬斯通（Mountstuart Elphinstone）来说，这本书最显著的特点是，虽然是一份官方回忆录，但它的文风不像预料的那样庄重、呆板、矫揉造作，"我们发现回忆录中的他轻松自然、充满活力、热情、质朴，虽身在王位，但保留了所有美好的情感和对平淡生活的热爱"。[8]

巴布尔的回忆录记述了他对自然界，对野生动植物、花，对漫山果园、河流纵横的山景的热爱。他对同时代一些最有名的诗人及其作品的评价犀利且权威。他十分看重书面语，尽管作为诗人的名气不高，但他的散文很出色。今天，有哪个作家会不认同巴布尔在 1528 年 11 月 27 日写给长子胡马雍（Humayun，1530—1540 年、1555—1556 年在位）的信中所提的建议呢？"以后写信不要赘述。用简洁易懂的文字。这对你、对读者都更省事。"[9] 他的回忆录记述了紧张刺激、穿越

被雪封住的山口的远征历程；描绘了血腥的战斗；深刻地评价
了当时一些主要思想家和歌唱家、教长和萨德尔（sadrs，宗
教学者）；描绘了轻松愉快、畅饮美酒的宴会场景；温和地告
诫读者混用酒精和哈希什（大麻）的危险。

"一场宴会，如同时有吸食哈希什的和饮酒的，是绝对不
会有好结果的"，在描绘一场乱了套的晚宴时，他写道——

> 饮酒的人开始说胡话，各个角落里都有人在窃窃私
> 语，大多在讨论哈希什和吸食哈希什的人。就连巴巴·扬
> （Baba Jan）也在喝醉时说了很多狂妄的话。那些饮酒的
> 人一碗接一碗地给塔尔迪汗（Tardi Khan）满上，很快就
> 把他灌得烂醉。虽然我们想尽办法让宴会顺利进行，但一
> 切都乱套了；很多人发出令人不快的叫喊，吵得让人待不
> 下去，很快宴会就散了。[10]

238

巴布尔在回忆录里用了 28 页记述对喀布尔的征战，其中
激动人心之处在于他飞快征服了喀布尔，几乎没有流血牺牲。
这 28 页的叙述相当于写给这座城市的加长版颂词。[11] 这座城
并不大，多面环山，局促地圈在城墙之中。城墙连着其中一座
山，山底斜坡上遍地花园，巴拉·朱伊上游渠为它们提供灌溉
用水，直到今天这段水渠仍在灌溉巴布尔花园。他用细致入微
的笔触描绘了喀布尔的地形地貌，并用一句话总结道："喀布
尔是一座外人难以攻入的堡垒。"在随后的几百年里，这句话
在很多人心中引起了共鸣。

古老的巴拉希萨尔城堡（Bala Hissar）离巴布尔部下
对喀布尔发动攻击的地方不远。它傲然地屹立在乌卡巴因山
（Hill of Uqabain，又名双鹰山）的一块与主山分离的岩石山
嘴上，城堡北端有一座四面建有城墙的城镇。北风送来了清

爽，即使是酷暑，这里依旧凉爽。提起城堡，巴布尔忍不住引用了诗人毛拉·穆罕默德《出谜语的人》中的对句——

> 在喀布尔城堡里喝酒，一杯接一杯不停歇
> 这里有山川，有河流，有城市，有低地。

这个对句揭示了他的一大爱好，有时这也是他内在冲突的根源。和五百年后出现的塔利班不同，巴布尔对酒类饮品大体上持一种更放松的态度。

写完地形地貌后，他又论及了自己的另一个兴趣：贸易。从印度到呼罗珊沿途一共有两大贸易市场，喀布尔，他写道，就是其中之一，这里有来自喀什（Kashgar）、费尔干纳、撒马尔罕、布哈拉、巴尔赫、希萨尔（Hisar）、巴达赫尚（Badakhshan）的商队。"喀布尔是一个极好的贸易中心；即便商人到契丹（Khita，中国北方）或鲁姆（Rum，土耳其），他们赚的利润也不会比来这里更高。"每年，来喀布尔的马有 7000~10000 匹，从印度来的商人约有 10000~20000 人，他们的商队带来了奴隶、白布、冰糖、精制糖、普通糖和芳香的根茎类。这种贸易十分繁荣，很多商人甚至不满足于 300%~400% 的利润率。尽管巴布尔对贸易感兴趣，但回忆录只是简短地概述了财政和金融事务，这说明这些事务带给他的触动并不足以让他用富有诗意的语言去表述。标题为"喀布尔的收入"的章节中有一句话，揭示了来自通行费、耕地、农村人口的税收约有"80 万沙赫鲁基斯银币（shahrukhis）"。据英国编辑核算，80 万沙赫鲁基斯银币在 1922 年约合 33333 英镑，在今天约合 174 万英镑。

关于喀布尔，巴布尔在记述时优先考虑的是其他方面。他对其得天独厚的气候条件和由此带来的丰富物产大为赞叹。从

喀布尔出发，一天之内，就可以到达永不降雪的地方；而两个小时之内就能到达雪永不会融化的地方。喀布尔西南方是"大雪山，那里的雪一层摞一层"，城里冰室的冰用完的时候，就会从这里取来新冰，让饮用水变凉。巴布尔非常喜欢喀布尔，认为这里的气候条件堪称完美。"我不知道世界上还有像它这样宜人的地方。甚至在酷暑时节，晚上也要穿一件毛皮外套才能入睡。"

因为气候条件多样，所以这里的水果种类繁多。园艺高手巴布尔命人把酸樱桃的插条带到了喀布尔，长得很好。据他统计，山坡上的野生郁金香多达 32 种。他很喜欢肥沃、多产的土地和果园，那里盛产"葡萄、石榴、杏、苹果、榅桲、梨、桃、李子、杏仁、核桃"。喀布尔还种了很多柑橘、柠檬、大黄、甜瓜、甘蔗，还有养蜂人收获的大量蜂蜜。城里和偏远村庄所在的山谷中，各种各样的鸟儿唱着歌儿在空中飞翔，有夜莺、鹭、绿头鸭、乌鸫、鹞、鸽子、喜鹊、白鹭、水鸡，以及最威严的天堂之鸟——鹤，"成群的大鸟飞在空中，数不胜数"。在喀布尔河奔流的河水及其支流中，渔夫们拉着丰盛的渔获上岸。

根据巴布尔详细、活泼、有吸引力的记载，喀布尔从不缺少木柴，这里有乳香树、圣栎、杏树、灌木梭梭，其中乳香树是他最爱的燃料。

它燃烧的时候不仅有火焰，还有一股好闻的味道，燃尽后会产生很多热灰，即便有树液也能很好地燃烧。圣栎也是上好的木柴，虽然火焰没乳香树大，但同样能产生足够的温度和热灰，也有一股宜人的味道。不一样的是，如果点燃的是多叶的圣栎树枝，那它燃起来的时候会发出惊人的声响，熊熊火焰从枝根燃烧到枝梢，噼啪作响，很有趣味。

他对喀布尔周边六大草地的描绘也充满了赞美，并按照是否滋生困扰马匹的蚊虫，对草地进行了区分。对巴布尔日益壮大的、以装备精良骑兵为基础的军队而言，蚊虫的确是一个很重要的考量。这里生长的草非常适合用作牧草。正如《剑桥印度史》（*Cambridge History of India*）中提到的，"他的这部分回忆录读起来不像是一个躁动不安的勇士所写，倒像是一个热爱和平的自然主义者的笔记"。[12]

240

成为喀布尔的主宰后，他对这里的居民也很感兴趣，当地见多识广、通晓多种语言的居民给他留下了尤为深刻的印象。这里有包括土耳其人、莫卧儿人、阿拉伯人、波斯人、萨尔特人在内的很多部落，他们的语言多达 12 种，从阿拉伯语、波斯语、土耳其语、莫卧儿语、印地语、阿富汗语到帕沙伊语（Pashai）、帕拉奇语（Paraji）、吉布里语（Gibri）、比尔基语（Birki）和拉姆加尼语（Lamghani）。"没有一个国家有这么多不同的部落和如此多样的语言。"和其征服世界的先祖帖木儿一样，巴布尔小心翼翼地放宽对商业力量的限制，吸引了众多的外国商人，随之催生了宽容精神，而事实证明他决心保护这一精神。尽管身为正统逊尼派信徒，但他与喀布尔苏非派的纳格什班迪教团（Naqshbandi Orders）联姻，同时他的军队里也招募什叶派武装"红头军"（Qizilbash）。巴布尔的军队是一个多样化的典型，军中有阿拉伯人、塔吉克人、乌兹别克人、普什图人，还有其他来自中亚的族群。

论及葡萄酒带来的愉悦，巴布尔既表达了放纵的快乐，又表明了一阵阵袭来的怀疑和羞愧。他和美酒的关系复杂，而且在他的一生中这种关系一直在演变。赫拉特城是一个富有魅力且高度发展的城市。1506 年，他第一次到访的时候，就在一个名为"乡村表亲进城的经典案例"[13] 的片段中围绕是否应该拒绝美酒做了精彩、率真的自我剖析。

尽管我从未喝酒喝到微醺，不曾醉酒，也不知道醉酒的快乐，但那个时候，我不仅想喝一杯酒，而且我的心居然还鼓动我一品醉酒的滋味。

读这段出色的记述，每读一句，都能切身感受到那种诱惑——和焦虑——在增加。他回忆起小时候，那时父亲曾给他酒喝，但他拒绝了。等他理解了"年轻男子的欲望和放荡灵魂的冲动"后，已经没人给他酒喝了。现在，到了"美好的"、四处皆是欢愉的赫拉特城——在大名鼎鼎的艺术、科学赞助者，帖木儿的儿子沙哈鲁（Shahrukh，1405—1447 年在位）统治时，这里是帖木儿帝国的都城——他说："如果这时不喝酒，我什么时候才会喝呢？"[14] 也许不可避免，他向诱惑低了头，命人在晚上安排了一场小型酒会。其中一场晚宴"特别好"，有唱歌的，有跳舞的，"宴会气氛越来越火热"。然而，接下来，宾客醉得过了头，晚宴像往常一样变成了"毫无品位的、粗俗的集会"。

巴布尔在 10 月 27 日到了赫拉特。他对这座城市的第一印象并不好。那些来迎接他的年轻表亲和王公是在另一场酒宴结束后拖着宿醉的身体骑着马来的，而且迟到了，欢迎仪式一点也不体面，所以他印象一般也是情有可原的。巴布尔到访表亲的宫廷，那时的赫拉特城是濒临覆灭的帖木儿王朝耀眼的文化标杆，令人大开眼界。在某种程度上，他十分欣赏它，称它"举世无双"。这里的聚会气氛欢乐，娱乐活动雅致，谈话聊天也很风趣。艺术、诗歌、歌曲、舞蹈都将这里的文化生活推举到了一个耀眼的顶点。15 世纪伟大的赫拉特诗人阿里·舍尔·纳瓦依（Ali Sher Navai，1441—1501 年）极负盛名，他是那个时代最优秀的诗人、伟大的慈善家和艺术赞助者。不过，至少在巴布尔看来，这样吸引人的高雅情趣也有不那么光

241

彩的一面。宫廷众人贪图享乐，开放到了浪荡的程度，把骨子里爱吹毛求疵的毛病带了出来。掌管"赫拉特这样一座伊斯兰城市"的伟大君王居然要统治这样的家族、这样的百姓和这样一个"恶性泛滥、沉湎酒色的"国家，他很反感。他严斥跟随自己的教众，认为他们软弱、轻浮、堕落、放荡。"虚伪的苏非派"行事"不得体、不敬虔"，可以说是"亵渎神明""谎话连篇"。至于"性变态"和"鸡奸"，这里还是少说为妙。

从巴布尔在赫拉特期间的观察记录中，人们可以清楚地看到，尽管他欣赏这座城市的先进文化、皇室宫廷、对诗歌的热情和哲学辩论的传统、精美的建筑，以及细密画画家、书法家、玉雕工匠、装订工匠精湛的技术，但觉得不好的一点是这个危险世界的领导阶层明显缺少一些特质。"虽然这些王公很懂社交礼仪，但他们对实际的军事指挥和战争的猛烈与混乱一无所知。"敌人都逼近边界了，他们还在昂首阔步、故作姿态。

巴布尔的话颇有先见之明。1507年，距离巴布尔到访还不到一年，这座城市就落到了穆罕默德·昔班尼汗（Mohammed Shaybani Khan）率领的乌兹别克人手中，从沙哈鲁在位时期一直照耀着中亚长达100年的帖木儿王朝的最后一点光亮就此熄灭。赫拉特舍弃了诸多无价珍宝——"很多散发光泽的珍珠、绿宝石、巴达赫尚红宝石，以及其他宝石、金器被夺走，数量之多，即便是任何一位皇帝想破了脑袋也只能猜到十分之一"。[15]虽然实际权力有限，但作为唯一尚握有权力的帖木儿后人，巴布尔还是利用赫拉特的陷落提升了自己，从米尔泽变成了帕迪沙（padshah），从王公变成了皇帝。

赫拉特曾经是帖木儿帝国辉煌的政治、文化都城，这时却退化成了一个进取的帝国建造者们眼中弱小而诱人的猎物。其中一位是伊斯玛仪一世（Shah Ismail Ⅰ），萨法维王朝的建立者。自1501年起，在十多年的血腥征战后，他统一了伊朗，结束了阿拉伯哈里发、土耳其苏丹和蒙古可汗对该地区近850 年的统治。这是自 7 世纪中叶伊朗遭阿拉伯军队猛攻之后首次实现统一。伊斯玛仪在位时期，伊朗再一次回归伊朗人的统治，什叶派信仰被确立为官方宗教信仰。在 1510 年的梅尔夫战役（Battle of Merv）中，他打败了穆罕默德·昔班尼汗，夺取了赫拉特。穆罕默德·昔班尼汗的尸体被肢解，头颅被镶了金，做成了一个终极勇士奖杯——一个镶满宝石的酒杯，后来伊斯玛仪把它送给巴布尔，一来表示善意，二来提醒他这个地区出现了新的势力均衡局面。

如果说赫拉特衰弱的王公们没能在战场上展示自己的坚韧和决心，那巴布尔则跟他们不同。1506 年 12 月 23 日，巴布尔离开表亲、启程返回喀布尔，路上他遭遇了"一场惊人的暴风雪"，不得不克服极为恶劣的气候条件，这展现了他独有的领导力和适应力。一行人一步一步地走在要么齐腰深要么齐胸深的雪路上。受惊的马儿脚蹬以下甚至马鞍腹带以下都陷在雪中，很快就没了力气。巴布尔的耳朵被冻伤，很多人的手脚也被冻伤了。"那些天经历的诸多艰难和困苦，比我一生中经历的还要多"，他回忆道。

此后，巴布尔还会经历几次起起落落，其中包括 1511—1512 年短暂地占领撒马尔罕，令人苦闷的是，这也是他最后一次统管这座城市。那时，中亚的常态是动荡不安、难以控制、投机取巧，各政权之间征战与叛乱不断。乌兹别克人和萨法维人瓜分了先祖帖木儿的领地，分别占据了北方和西方，所以后来将成为皇帝的巴布尔必须去别地建立自己的帝国。

"陌生人和宿敌，"他写道，"占领了曾经在帖木儿·贝格的后裔掌控之中的所有国度……只剩我自己在喀布尔，敌人非常强大，而我非常弱小，既没有与敌人谈条件的途径，也没有同其对抗的实力。"面对"如此的实力和支配力"，当务之急是与敌人保持距离。[16] 他的一些部下倾向于去西北的巴达赫尚，但巴布尔的目标更远，他将目光转向了南方的兴都斯坦，即印度。

和其伟大的先祖一样，巴布尔也很在意自己在历史上的地位。单卷本的《巴布尔回忆录》囊括了他从孩童时期到逝世之前的事迹，就是他看重后人评论的证明。帖木儿拿自己同先辈们比较，因跨越印度河、占领德里，而使亚历山大大帝和成吉思汗相形见绌。而经常阅读帖木儿宫廷历史学家歇里甫丁·阿里·雅兹迪著作的巴布尔，则下定决心要远离本国白雪覆盖的山区，到炎热的旁遮普平原地区及更远的地方寻找机会。

1519 年起，他发动了一系列远征，其中包括带掠夺性质的侦察活动，满足了手下人对战利品的渴望，与此同时探查敌人的防御、评估他们的实力。远征的同时，他还对自己的军队进行了现代化改革，引入了火炮，作为对火枪手火力的补充。1525 年 11 月，他最后一次离开喀布尔，不慌不忙地向印度进军。而这时群山环绕中的印度正沉浸在接连不断的美酒宴会中。

帖木儿进入印度走的是库拉姆河谷（Kurram River Valley），和他不同，巴布尔走的是开伯尔山口（Khyber Pass）。这是一条极具传奇色彩、充满传奇故事的路线，像大流士一世（Darius I）、亚历山大大帝、成吉思汗这些征服世界的帝国奠基者与这条路线都有故事。这条路线蜿蜒曲折，绕过直插天际、或明或暗的群山要塞。英国对这条路线尤其熟悉，因为在 19 世纪和 21 世纪初，它两次与阿富汗在这里纠缠，均以惨败告终，直到今天，那些凿进石头里的五颜六色的军团徽章依旧铭记着这一切。几千年来，这些山峦连绵起伏，带凹坑的山坡从赭色过渡到石板灰色，再到白色，高悬在奔腾的、泛着白色泡沫的灰蓝色河水上，为锐意进取的历史创造者充当壮观的背景。

1526 年 4 月 21 日，巴布尔带着一支 1.2 万人的军队离开自己的王国，虽然有新的小分队加入，但整支军队不超过2 万人，他们通过开伯尔山口，在离印度城市德里以北 55 英里的帕尼帕特（Panipat）遭遇了比自己强大许多的阿富汗力量——德里苏丹易卜拉欣·洛迪（Ibrahim Lodi）的军队。据巴布尔估计，敌方的军队有 10 万人，战象 1000 头。凭借一系列巧妙的策略和佯攻，再加上一点运气，巴布尔将对手包围在一条狭窄的战线上，并别出心裁地组织了一系列防守，同时让骑兵在一个有 700 辆牛车的车队里穿梭、冲锋，为火绳枪手和大炮提供掩护。他灵活地利用奥斯曼火炮，使之适应了传统草原和山地战，而这也是这种重型火炮第一次在印度使用。一连串的枪击和炮火让洛迪的战象乱作一团，它们转身往回跑，混乱中踩伤了己方的士兵。

244

正午时分，战斗结束，洛迪战死，而阿富汗的伤亡人数，据巴布尔估计，约有 1.6 万。承蒙真主安拉的恩典，"这支强大的军队半天之内就被击溃"。[17] 巴布尔不到一天就推翻了一个帝国，但他没有浪费时间，而是继续朝着胜利努力推进。他派儿子兼王位继承人胡马雍"轻装简从、快马加鞭"去占领苏丹洛迪的首都阿格拉，同时命令另一个分遣队朝德里进军。5月 10 日，到德里的各宫殿、圣殿和花园周游了一圈后，巴布尔正式进入阿格拉，并以胜利的姿态骑马进入已故对手的宏伟城堡里。"园丁国王"变成了莫卧儿帝国第一任皇帝，在亚洲开创了一个新的朝代，比帖木儿建立的帝国更成功，延续时间也更长。他打开阿格拉的宝库，慷慨地奖赏部下。

这次重大的征战之后，巴布尔成为一百年里第四位在中东、中亚和印度次大陆建立大国的说土耳其语的统治者。可以说，在军事上，他追随着这些人的步伐：君士坦丁堡征服者、奥斯曼苏丹穆罕默德二世，煽动动乱的伊朗什叶派统治者、萨法维王朝的伊斯玛仪一世，以及成吉思汗的后代、乌兹别克统治者穆罕默德·昔班尼汗。尽管都是成功的领导者，但他们各霸一方。在神权共和时期、倭马亚王朝统治时期以及阿拔斯王朝统治之初的几个世纪实现统一的伊斯兰帝国现如今已然四分五裂。只有奥斯曼人差一点再次实现了统一，不过，尽管奥斯曼帝国横跨亚欧非三洲，但伊斯兰世界的大片区域，尤其是伊朗和印度次大陆地区依旧在其统治范围之外。这四位领导者展示了东方非阿拉伯的伊斯兰世界的实力。从种族或文化上讲，这四个国家要么属于土耳其人，要么属于突厥化的蒙古人，与阿拉伯世界看重血亲关系不同，他们更尊重的是身为成吉思汗或帖木儿后裔的政治合法性。并且，每一个国家都把波斯语言和波斯文化，而非阿拉伯语言文化，视为东伊斯兰世界的语言和文学文化。[18]

也许，巴布尔为纪念胜利在阿格拉建造八乐园花园是意料之中的事情。除了八乐园，还有多个"园如其名"的花园，如休憩花园（Garden of Rest）、莲花花园（Lotus Garden）、洒金花园（Gold-Scattering Garden）。巴布尔在印度设计、建造这些花园，为的是彰显对自然世界的热爱，效仿先祖帖木儿在撒马尔罕打造的宏大的园艺项目。巴布尔特别喜爱八乐园花园里成功培育出的水果，它们让他想起了自己的家乡河中地区和首都喀布尔。正如他后来所写的，"能像这样在兴都斯坦种出葡萄和甜瓜，我感到心满意足"。[19]

对巴布尔的部下而言，熔炉一般的印度平原热得受不了，毕竟他们习惯了阿富汗那令人脊背发凉的群山、青翠的山谷、果园和奔涌的河流。很多人在完成任务、拿到战利品并获得皇帝的允许后，只待了一年就离开了。巴布尔有感而发，写下了一首充满惋惜之情的诗歌——

> 啊，已经离开印度的你们啊，
> 知道了它的悲伤与痛苦，
> 带着对喀布尔新鲜空气的思念
> 你们急匆匆地逃离了印度。[20]

从对新王国的描述来看，巴布尔并没有立即爱上这个地方。直到今天，印度人都不喜欢下面这段文字。"兴都斯坦是一个没什么魅力的国度，"他写道——

> 这里的人长得不好看；他们不交际，不拜访别人，也不喜欢别人拜访；没有才华、没有能力；没有礼仪；做手工艺、干活的时候不讲究形式和对称，也不论方法和质量。这里没有优质的马儿、狗儿，也没有葡萄、甜瓜或上等的水果；没有冰和冷水，市集上也没有好吃的面包和熟食；没有热水浴，没有大学，没有蜡烛、火把和烛台。[21]

尽管悲观忧郁，但多少还有些亮光。"喜人的是，兴都斯坦是一个大国，拥有大量的金、银。"此外，还有"无数的手艺人和工匠"，其中很多人很快就被巴布尔急匆匆地派去建造新建筑。他特别提到帖木儿曾在建造清真寺的时候雇用了200 位石匠，而他更胜一筹，仅在阿格拉就雇用了 680 位石匠，算上在希克利（Sikri）、巴亚纳（Bayana）、托尔布尔（Dholpur）、瓜廖尔（Gwaliar）、科尔（Kol）的建筑项目，他一共雇用了 1491 人。巴布尔知道，这里的高温、印度人的敌意、短缺的饮食供应以及夺去了大批将士性命的麻风病都令他手下的士兵和官员感到惊恐，他们想离开印度，回到家乡阿富汗。他意识到部下的"动摇"，于是召开了一次会议，提醒大家一起做出的牺牲。历经数年的艰辛，长途跋涉，"拼死搏杀"才终于赢得这片新土地。"现在，有什么样的力量在迫使我们，又出现了怎样不可避免的情况，让我们无缘无故地抛下舍命挣得的国土呢？"他问道，"难道我们就应该留在喀布尔那个贫困到极点的地方吗？"22

最后一句话值得深思。也许我们能想起来巴布尔曾经就喀布尔的收入写过一个极短的、只有一句话的章节。之所以选择在南方打造一个王国，其中一个原因是喀布尔城太小了，既无法作为一个帝国的都城，也不能容纳和养活一支不断扩大的军队。后来，在1528年录入回忆录的一个条目中，他增加了一个题为"在胜利的旗帜下兴都斯坦至今的收入来源"的表格，表中详列了来自阿格拉、锡亚尔科特（Sialkot）、德里、托尔布尔、拉合尔、勒克瑙（Lucknow）的收入。根据巴布尔作品的英译者威廉·厄斯金（William Erskine）1854年发表的研究文献，初步估计这些收入约合420万英镑，约合今天的42900万英镑，约是他在喀布尔收入的250倍。这个核算或许不太准确，但无论准确数字是多少，可以确定的是征战印度使巴布尔的国库充盈到了与帝国规模更相当的水平。

尽管创建帝国的使命迫使他从喀布尔一路南下，但巴布尔对这座城市的深厚情感一如往昔。1529年2月10日，他写信给老朋友、时任总督赫瓦贾·卡兰（Khwaja Kalan），坦言自己想回喀布尔的"心情无比强烈"，那里的甜瓜和葡萄是那样的美味，以至于近来一次在印度吃甜瓜的时候自己都哭了出来。接着，巴布尔偏离主题，聊了一会儿诗歌、园艺（"一定要在那里种上最好的小树苗，规划草坪，并在草坪周边种香草和色艳味香的花朵作为装饰"）和对宴饮的渴望（"有时候我特别想喝酒，急得都差点流眼泪了"）。此外，信里还详细指示了如何修复并供应城堡所需，如何分配收入以承建聚礼清真寺，如何整修商队旅馆和热水浴池，如何在城堡内建成一栋"设计庄重、大气、协调"的建筑。这封信面面俱到，语气轻松，甚至有些活泼。他告诉老战友，处理完印度的各项事务后，他"立即"就会回到挚爱的喀布尔。[23]

事与愿违，1530 年，在给赫瓦贾·卡兰写完信仅一年后，年仅 47 岁的巴布尔就离世了。这位统治者打造的帝国从西部的印度河延伸到东部的比哈尔（Bihar），从北方高耸的喜马拉雅山脉绵延至中央邦的瓜廖尔。

统治者将领土分封给儿子们的传统由来已久，早在成吉思汗和帖木儿时期就已经存在，而这个传统也成为兄弟阋墙的征兆。按照这个传统，在现今印度的疆域内、原属莫卧儿帝国的领土归胡马雍所有，而喀布尔和拉合尔则归其同父异母的兄弟卡姆兰·米尔扎（Kamran Mirza）所有。喀布尔起初是新兴政权的中心，后来逐渐被边缘化，而这个不断扩大的帝国的中心在接下来四百年里不断变换，先是设在阿格拉，后依次改为法地普尔·希克利（Fatehpur Sikhri）、拉合尔、阿格拉、沙贾汉纳巴德（Shahjahanabad），最后定在了德里。

巴布尔留给后人的印象有两种。他效仿先祖、英雄人物帖木儿，成功克服年轻时失去王位的难题，建立了莫卧儿帝国。他的帝国在 17 世纪末达到鼎盛，掌控着近 1.5 亿人的命运，约合世界人口的四分之一，在印度次大陆的国土面积超过 150 万平方英里，直到 1858 年被英国取代。[24] 和帖木儿一样，战场上的无往不胜成为战场外文化繁荣的基石。帖木儿那句叫板的话——"让那质疑我们实力的人看一看我们的建筑"，莫卧儿人同样也说得出。仅建筑记录，如胡马雍陵、阿格拉古堡、拉合尔古堡、法地普尔·希克利古城，以及沙·贾汗那令人心碎的泰姬陵，就吸引了亿万人参观；也被收藏在世界各地的图书馆中，供人鉴赏。在巴布尔后人的努力下，"莫卧儿"成为

247

权力、繁荣、宗教包容、行政优化、富裕、张扬的代名词：铺满大理石的宫殿、芳香的喷泉、香气弥漫的花园、奢华的宴会和国宴、"让星空黯然失色的华丽的"孔雀宝座。孔雀宝座是"真主的影子"沙·贾汗皇帝命人打造的，用了无数的黄金、珍珠和宝石，宝座有十二根祖母绿石柱和两只金孔雀，每只嘴里都含着一颗闪闪发光的红宝石。宝座14英尺高，坐宽7英尺，坐深8英尺，由1.2公吨纯金制作而成，据说造价是泰姬陵的两倍。[25]

在巴布尔到达胡马雍刚刚夺取的都城时，后者将世界上最有名的钻石——光明之山（Koh-i-noor）——献给了父亲，这也是巴布尔突然开始拥有财富的最早迹象之一。这块105克拉的钻石几经辗转，在印度、伊朗、阿富汗、巴基斯坦、英国吸引了帝王、王后、统治者、劫匪，但它最终成为伊丽莎白王后、后来的王太后王冠上的核心点缀。在2002年王太后的遗体瞻仰期，这颗钻石还被放在她的棺木上。然而，它却未能让巴布尔动容。"刚到阿格拉，胡马雍就把它献给了我，我就那么还给了他。"[26]

作为帝国创建者，巴布尔承袭成吉思汗和帖木儿的传统，取得了诸多成就，不过他并没有像两位先辈那样在整个大陆大开杀戒、犯下暴行。此外，他还留下了数量惊人的文学记录。身为传记作者、诗人，巴布尔还正式地学过诗歌和音乐理论，而且是韵律、格律大家。他不仅是高雅文学的赞助者，也是一位颠覆体裁的作家。他涉猎广泛，知识范围似先祖起家的亚洲大草原那样宽广；并且，他写了很多作品，有关于苏非派禁欲神秘主义的，有关于法律、韵律学的，还用波斯语和察合台突厥语创作了一些诗歌。他用察合台突厥语创作的诗歌被认为仅次于诗人阿里·舍尔·纳瓦依，但在巴布尔看来，纳瓦依是"举世无双的"。《巴布尔回忆录》被热情地称赞为"文学史上最扣人心弦、最富有浪漫色彩的作品之一"，它留存的时间比其作者创建的帝国还要久。[27]

研究胡马雍的时候，我们会发现他的生涯与其父有明显的相似之处。1530—1540年，胡马雍深受叛乱、兄弟纷争困扰，还有阿富汗人和拉其普特人持续的反抗。他于1530年承袭的国度在1540年被夺去，当时，他被阿富汗苏尔族的一个名叫舍尔沙（Sher Shah of Sur）的士兵打败了。由此，胡马雍和父亲一样，变成了一个一无所有的流浪者。1543年，他被迫先撤回喀布尔，然后又撤到坎大哈和赫拉特；他所有的皇室随从只剩下40人，靠在士兵头盔里煮一些零碎的肉维生。后来，他与赫拉特主人就"世界的不忠和外部环境的不稳定"[28]进行了一场痛苦的讨论。考虑到他忍受了如此的耻辱，直抒内心愤懑也是情有可原的。

身为君主的胡马雍陷入了最低谷，但萨法维王朝的大臣决定用奢华的宴会欢迎他来到赫拉特，毕竟谁知道今后需不需要和这位莫卧儿皇帝结盟呢？"骑兵们围成一圈，穹顶在阳光下闪耀，珍珠散发着夺目的光彩，政府和民间花园的树木也摇曳着美丽的身姿"[29]。这样的准备和礼貌示好在塔赫马斯普一世（Shah Tahmasp）看来是恰当的。最终，在萨法维王朝的帮助下，这位莫卧儿皇帝于1555年在印度重掌帝国大权。但前提是胡马雍皈依了伊斯兰教什叶派，这是一个有争议的举动。这时，他已经连续三次从反叛的兄弟卡姆兰·米尔扎手中夺回喀布尔，最后，他不得已弄瞎了卡姆兰的双眼，将其流放。胡马雍复位得到了大量伊朗贵族的支持，莫卧儿帝国的文化生活发生了剧烈的转变，变得更加看重伊朗的艺术、建筑流派以及语言和文化，传统的源自中亚的突厥化蒙古人的影响力逐渐被削弱。

巴布尔热爱文学。假如他不那么热爱藏书，不那么热衷于在儿子兼继承人的心中埋下阅读的种子，也许胡马雍就不会因文学而死亡，毕竟这种死因在历史上非同寻常。1556 年 1 月 24 日，胡马雍抱着一堆书沿着藏书室的楼梯往下走时，听见了呼召礼拜的声音，他本能地屈膝，不料滚下楼梯，摔破了脑袋，就此离世。他的陵墓建在德里，是一座用红砂岩建成的宏伟建筑，建筑中心有一个穹顶，顶上覆盖着一层奶油白的大理石，四面有四条水流——象征着《古兰经》中天堂的四条河流——流过被修建得整整齐齐的草坪。胡马雍陵是印度次大陆第一座花园陵墓，也是第一个伟大的莫卧儿建筑。

适逢 1556 年隆冬——同年，坎特伯雷大主教托马斯·克兰默（Thomas Cranmer）被定为异端，在牛津被绑在火刑柱上烧死——在一个寒冷刺骨的晚上，一颗头颅被送到了喀布尔的巴拉希萨尔堡。这是个好消息。这个沾满鲜血的战利品是印度人赫姆的，他曾是一位硝石商人、菜贩，后来成为军事领袖、莫卧儿帝国的眼中钉。第二次帕尼帕特战役中，胡马雍的儿子兼继承人、13 岁的阿克巴（Akbar，1556—1605 年在位）战胜了印度对手。在赫姆受伤被捕的时候，年少的皇帝本应将这位有名的囚犯砍首，但他拒绝了，最后只得由他的总指挥官兼守护人白拉姆汗（Bairam Khan）抽出宝剑，结束赫姆的性命。他的头颅被送往 600 英里外的喀布尔，肢体则被吊在德里的一个城门上。

赫姆的头颅被送到喀布尔的时候，引起了轰动，我们从《胡马雍和阿克巴回忆录》（*Tadkhira Humayun wa Akbar*）中可以了解到当时的场面。这本书的作者巴亚齐德·巴亚特（Bayazid Bayat）是一名军官，他记录了胡马雍逝世及其年少的儿子继承皇位时喀布尔内部及周边爆发的斗争。不出所料，当时出现了一些投机分子，其中一位莫卧儿高官、来自巴达赫

尚的米尔扎·苏莱曼（Mirza Suleiman）派了一支约 1 万人的
队伍南下，围困巴拉希萨尔堡及其卫戍部队，还有皇室女眷和
孩童。米尔扎·苏莱曼在喀布尔城南的郊区——今天这里是舒
哈达 - 萨利希恩墓地——与儿子的军队集合。在城池被围困的
6 个月中，巴亚齐德·巴亚特手握城堡宫殿的钥匙。

　　身为亲历者，他的叙述让后人得以一瞥 16 世纪中叶陷入
围城战与小规模战斗之中的喀布尔。当急于达成协议、结束
围困的米尔扎·苏莱曼派使者到宫里谈判时，他描写道："宫
里上演了一场宣传秀，连续 40 天用最好的水果、饮品和菜肴
宴请使者，仿佛在说：'看，城堡里什么也不缺！印度的援军
已经在路上了，今天或明天就能到达——且等着两股力量会合
吧！看你们到时候怎么翻过兴都库什山，回到巴达赫尚！'"[30]
双方最后达成协议，给足米尔扎·苏莱曼颜面，以他的名义举
行了一次主麻日聚礼，然后让他解除围城、体体面面地返回巴
达赫尚。

　　赫姆的首级被送到的时候，巴亚特遵照指令，将它悬挂
在巴拉希萨尔堡的铁门上，俯瞰旧城。在这里示众，才能最
大限度地鼓舞百姓的士气。为庆祝大获全胜，官方还安排了
乐队演奏嘹亮的短曲。根据阿克巴的回忆录《阿克巴回忆录》
（*Akbarnama*）里的记载，当时，"欢快的鼓声高亢激昂"，人
们因敌人死亡而"感恩、喜悦"，"这是对傲慢、任性妄为之
人的警告"。[31]

250

　　幼年时，父亲被流放，阿克巴在叔父们的照料下长大，整
个青少年时期都在学习如何打猎、搏斗，掌握经典军事技能。
在长达 49 年的统治生涯中，阿克巴不断运用学到的技能扩张
和巩固自己的帝国，将统治范围从幼年的故城扩大到印度次大
陆的大部分地区。尽管喀布尔不及他在印度的都城重要，但它
依旧是非常重要的贸易中心——尤其是马匹交易中心，还是中

亚的门户。莫卧儿人始终梦想着有一天能收复在中亚失去的先祖的土地。[32]

在莫卧儿的历史学家们看来，排名第三的皇帝始终是阿克巴大帝——拥有训练有素的常备军和非正规军，加上庞大的大炮武器库、战象和坚固的堡垒网，阿克巴的军旅生涯未曾一败。[33]经过一系列征战，莫卧儿的触角逐步遍及整个大陆。1573年，古吉拉特被阿克巴攻破，1574年比哈尔沦陷，1576年因洪水泛滥四分五裂的孟加拉被征服。1580年，阿克巴同父异母的兄弟米尔扎·哈基姆（Mirza Hakim）举兵反叛。"因为叛乱，烽烟四起，尘土飞扬。"阿克巴率领5万骑兵、500头战象，以及一众步兵和骆驼兵团迎战反叛的兄弟，他"因为邪恶小人的阴谋诡计而离开了顺从的大道"。教唆他的人当中有一些是对皇帝自由的宗教政策极为不满的有名的教职人员。最终，叛乱被平息，哈基姆逃走。[34]阿克巴沉浸在对帝国的怀旧情绪中，暂时搬进了祖父巴布尔的城堡。1585年，他吞并并直接控制了喀布尔，自此，喀布尔一直由印度的莫卧儿皇帝统治，直到1738年被纳迪尔沙（Nadir Shah）占领。1586年，克什米尔沦陷；1590年，信德（Sindh）陷落；1592—1593年，奥里萨（Orissa）的部分地区被占领；1596—1601年，德干（Deccan）的大部分地区被征服。阿克巴将农业重镇旁遮普及恒河流域与海洋大省兼商业大省古吉拉特合并，为帝国繁荣、高效的贸易经济奠定了基础。[35]

在阿克巴开明、宽容的统治下，莫卧儿帝国的文化发展同样引人注目。尽管他本人不识字，但阿克巴喜欢让宫臣每天给他读藏书室里的书。藏书室共有2.4万册手稿，其中有兴都斯坦语、波斯语、克什米尔语、梵语的手稿，也有阿拉伯语、希腊语、拉丁语的手稿。他在阿格拉和法地普尔·希克利的宫廷不仅闪耀着黄金、宝石的光芒，还闪烁着知识界领军人物的智

251

慧的光彩。《阿克巴回忆录》的作者阿卜勒·法兹尔·本·穆巴拉克（Abul Fazl ibn Mubarak），是阿克巴的"宫廷九宝"（Navaratnas）之一。"宫廷九宝"是包括法兹尔的弟弟/优秀诗人法伊济（Faizi）、古典音乐家/歌唱家坦森（Tansen），以及曾为勇士/作家后改任财政大臣的拉贾·图达尔·玛尔（Raja Todar Mal）在内的一个优秀团体。

1575 年前后，阿克巴建造了伊巴达特·汗那（Ibadat Khana），即礼拜堂，用来讨论伊斯兰教法。随后，1579 年，他采取了一些针对保守的教职人员的举措，先是以自己的名义诵读呼图白，然后引用一些高级教职人员的声明，称在诠释伊斯兰教法时，他的诠释胜于有正式释经资格的教法学家们。在阿克巴本人的支持下，礼拜堂变成了今天所谓的跨信仰智库，来这里参加辩论、讨论的思想家越来越多，有什叶派学者、苏非派苦修者，还有印度教教徒、耆那教教徒、拜火教教徒、基督徒。他最爱的口号"愿所有人平安"，体现了他作为一个统治着数百万穆斯林、非穆斯林的皇帝的态度，以及一种出于个人本能和政治目的的宽容。这种宽容态度意在增强帝国实力，促进帝国统一，削弱那些着眼于更狭隘的利益、存有分裂意图的人的力量，无论他们信仰伊斯兰教、印度教，还是其他教派。[36] 对保守的教职人员而言，他废除非穆斯林的吉兹亚人头税是可憎的，是错误的；更糟糕的是，他试着创立了一种受苏非派影响的神圣的一神论，名为"神圣的信仰"（Din-i Ilahi），它主要融合了伊斯兰教、印度教，并融入一些基督教、拜火教和耆那教的元素。不过这种信仰并没有流行起来。

关于阿克巴的品质，最形象的一个评判出人意料地来自神父皮埃尔·杜·雅里克（Pierre du Jarric），17 世纪初法国天主教传教士、耶稣会的历史学家。他留下了对这位皇帝的正面描述。

从绝对传统的天主教视角来看，作为穆斯林，阿克巴将来"逃脱不掉永恒的惩罚"，但杜·雅里克增加了一段更长的颂词，称赞身为统治者的阿克巴的诸多优点，并着重提到了这位皇帝对所有宗教的宽容和公正态度。"他是一个受所有人爱戴的王，对大人物强硬，对小人物友善；对所有人都很公正，无论他们地位高低，无论是近邻还是陌生人，无论是基督徒、萨拉森人还是外邦人；以至于每个人都相信君王是站在自己这边的。"³⁷ 在漫长的统治过程中，他壮大、扩张了自己的帝国，成就更胜于同时期英国的伊丽莎白一世女王。不过，伊丽莎白女王在 1600 年给东印度公司颁发了皇家特许状，为大英帝国的形成奠定了基础，也为很多年以后莫卧儿帝国的覆灭埋下了祸根。

1605 年 10 月，阿克巴逝世。他是领先于时代的多元文化主义者。

2018 年，时隔十年后，我第一次回到喀布尔。这座城市已然变了样，四十年接连不断的战争让它付出了代价。"反恐战争"的野性主义让喀布尔变成了一座反乌托邦的都市。在瓦兹尔·阿克巴汗区的北部，出现了一个不规则延伸的"绿区"（Green Zone），这是一块重兵把守的飞地，而多座大使馆就坐落在一层又一层的防御之中，这里有安保人员、安全围栏、安保摄像头，有嗅探犬、沙袋、检查站、障碍物、带刺铁丝网，还有防爆墙——高得让人看不到都城四周的雪山。不过，希望还在。"喀布尔和平之城"成为最常见的涂鸦，被喷涂在一面面防爆墙上。我入城的第二日，就有一个自杀式炸弹袭击者杀死了 6 名阿富汗人，一周后，另一个自杀式炸弹袭击者在宗教学者的集会上引爆炸弹，杀死了 55 人。

我往巴布尔花园走去，不知道会看到怎样一幅图景。在

252

过去 500 多年里，这座占地 11 公顷的遗址不断发生变化。在帖木儿帝国晚期之后，先是莫卧儿帝国时期的君王巴布尔、贾汉吉尔（Jahangir，1605—1627 年在位）及沙·贾汗进行了多番建造；到 19 世纪末，埃米尔阿卜杜勒·拉赫曼（Amir Abdul Rahman，1880—1901 年在位）又大肆新建；再后来皇帝纳迪尔沙（1929—1933 年在位）将它改建为欧式风格。现在，这里又换了模样。褐色的荒地变成了绿色的仙境。一个由水池和石头砌成的东西向中轴线——巴布尔一定会满意这种严格的几何布局——直接穿过 15 个露台，露台上有草坪，有用大理石砌成的水渠、斜槽、洗涤槽，还有树木、花朵。在喧嚣的城市中，这一片壮丽的绿色成为一处宁静之所。

这些年间，阿迦汗文化信托基金会（Aga Khan Trust for Culture）启动了对阿富汗一些重要的、因战争损坏的文化遗产的修复工作，作为该项目的一部分，他们也对巴布尔花园进行了修缮。来自阿富汗、印度、德国、南非的学者组成修缮团队。这个团队的国际性与多民族的莫卧儿帝国有些许相似之处。他们从巴布尔的出生地，即今乌兹别克斯坦的费尔干纳山谷中运来了新的大理石，然后交由印度的专业石匠雕刻，并小心翼翼地挪开地雷和未爆炸的武器。

设计师、首席园艺学家阿卜杜勒·拉蒂夫·柯希斯塔尼（Abdul Latif Kohistani）成为当地的英雄人物。他联系阿富汗全境及远在赫拉特的多家植物种植协会，骑着摩托车翻越大大小小的丘陵、高山，收集了 5000 余种植被。如今，装扮着巴布尔花园的正是它们。曾给几个园丁帝王带去欢愉的植物有：玫瑰、阿月浑子树、胡桃树、站立在林荫道两旁的悬铃树，以及穿插其中的桃树、石榴树、杏树、苹果树、樱桃树，当然还有巴布尔钟爱的南欧紫荆树。巴布尔曾写道："南欧紫荆花盛开的时候，黄色的叶子和红色的花交相辉映，全世界没

253

有一处能比得上这个地方。"

"我最爱的还是悬铃树、南欧紫荆树、果实酸甜的樱桃树和石榴树"，阿卜杜勒·拉蒂夫自豪地说。他还说，这里近三分之一的植物都是果树，观赏性乔木和灌木的占比超过40%，这和初建花园时巴布尔定下的种植比例一致。看着修复好的花园，会感到"十分兴奋"。

这些天喀布尔城内的斗争是设计师拉蒂夫最不担心的问题。他必须应对夏季足以令植被枯萎的40℃高温，冬季低至零下20℃的低温，还有会让树叶生褐斑的恶劣的空气污染。他说："每棵树都是我的孩子，我不想看到它们受罪。"

我问喀布尔的一个阿富汗朋友，人们今天是如何纪念巴布尔的，他回答说："在这样的时期，人们根本不会想到巴布尔，大家都在挣扎求生。"[38]

萨法维王朝治下
的伊斯法罕

- – – 萨法维城墙
1 阿里卡普宫
2 凯萨里亚
3 谢赫罗特福拉清真寺
4 塔拉尔·塔维拉宫
5 塔维德哈纳

聚礼清真寺

穆拉雅克布
犹太会堂

美丹科纳

哈伦·韦拉亚特

阿里清真寺

四十柱宫

美丹纳奇贾汗
广场/皇家广场

八重天宫

皇家礼拜寺

苏丹尼伊斯兰学校

纳奇贾汗花园

查赫巴
格花园

阿拉瓦尔迪汗桥
三十三孔桥

普勒朱伊桥
运河桥

扎因达鲁河

哈久古桥

北

伯利恒教堂

克大教堂

朱勒法

0   0.5英里

0   0.5千米

11

17 世纪：伊斯法罕——世界的一半

伊斯法罕是世界的一半。

——伊朗谚语

从空中俯瞰伊斯法罕，第一个引起我们注意的是扎因达鲁河（Zayanderud River）。这条泥灰色的生命之河从西向东缓缓流淌，将城市分成不一样大的两个部分。接下来，我们的注意力被一个显眼的细长形状吸引，它位于市中心北面一个较大的区域。再贴近一点看，就会发现刚才的描述并不充分。在河的北面，一个细长的矩形从西北到东南倾斜，盛气凌人地俯视着周遭的民居和商用住宅。再靠近一些，更多的细节开始显现。它的外缘散布着带阴影的圆形团状物，靠近中央的地方有一个浅色的内核，内核周边围绕着一个个被墨绿色填充的长方形。一条修长的大道直通中央，与六条更窄一些的小径相互交错，形成了一个整齐的网格。一个呈波纹状的米黄色饰边环绕在这块飞地周围，色调与这座古老的城市所在的荒漠平原一致。在这座广阔、热闹的城市中央，这个被精雕细琢的空间大得令人费解，看起来与周遭平坦的大路、蜿蜒曲折的街道和郁郁葱葱的公园完全不相称。

对这样一座宏伟建筑来说，美丹纳奇贾汗（Maydan-e Naqsh-e Jahan，意为世界的写照）广场这一名字恰如其分。

它是由生活在 400 年前的一个人设计建造的，他对伊斯法罕城进行了重新设计，巧妙且细致入微，所费心力不亚于建一座新城。人们常说某个人在一个地方留下了自己的印记。就小范围（通常中等范围）而言，这句话有时是真的，比如一个纪念碑、一条新修的路、这个或那个景点。不过，像这样更持久的、综合性的创造却不多见，哈里发曼苏尔打造的巴格达、豪斯曼男爵（Baron Haussmann）改建的巴黎、皮埃尔·查尔斯·郎方（Pierre Charles L'Enfant）设计的华盛顿就是例子。

256

历史上很少有人像沙阿阿巴斯那样给一座城留下如此长久的奇迹般的印记。这位伊朗君主 1588—1629 年在位，在辉煌的四十多年里，他将萨法维王朝的权力发展到了顶峰。"广阔的伊朗王国"的领土范围从西部土耳其的部分地区延伸到东部的巴基斯坦和阿富汗，从高加索延伸到科威特。它政治稳定、军事自信、建筑卓越，了不起的艺术成就更是为全世界所欣羡。[1]

17 世纪的伊斯法罕出类拔萃，但早在这之前它就已经是一座伟大的城市了。往前追溯到前伊斯兰时代，10 世纪，伊斯法罕是伊朗布韦希王朝（Buyid Dynasty，932—1055 年）威严的中心。945 年，布韦希王朝从好逸恶劳的阿拔斯王朝哈里发手中夺走了巴格达，在之后的一个世纪，这个伊斯兰世界最神圣的城市之一由非正统的什叶派统治。伊朗历史上的这一时期，是阿拔斯王朝没落、塞尔柱帝国崛起的中间时期，常被称为"伊朗间奏曲"。1040—1194 年，伊斯法罕是大塞尔柱王朝的首都。大塞尔柱王朝是一个迅速崛起的中亚部落联盟。11 世纪末，鼎盛时期的塞尔柱帝国疆域东至兴都库什山脉，西至爱琴海海岸。据自由自在的波斯诗人、作家纳绥尔·霍斯鲁记载，这时的伊斯法罕，在马利克沙（1072—1092 年在位）的统治下，是世界上最辉煌的城市之一。"这座城有高大坚固的城墙，四周有城门、炮口和城垛，"他写道，"城里有一道道活水管道，漂亮的高层建筑，还有一座精美的聚礼清真寺。"在《伊斯法罕的美好》（*Mahasen Isfahan*）中，11 世纪作家马法鲁基（Al Mafarruki）称赞了这座城市及其百姓的诸多优点，对它那向四处延伸的花园和气派的建筑更是赞美有加。[2]

可叹的是，除了伊斯法罕的聚礼清真寺，伊朗境内最古老的清真寺之一，伊朗萨法维王朝（统治时间 1501—1722 年）以前的那些"漂亮的高层建筑"都未能留存到今日。这种早期建筑遗产的消亡很容易解释。13、14、15 世纪，接连不断的入侵令伊斯法罕应接不暇，给它造成了毁灭性的破坏。首先是 1228—1241 年蒙古人来袭，他们对伊斯法罕反复发起进攻，血腥屠杀了当地百姓。一个世纪后，这座城市得以恢复，尽管有断壁残垣，但伊本·白图泰评价它是"最大、最美的城市之一"。[3]

得益于清凉的河水和翠绿的果园，伊斯法罕美得犹如沙漠里的翡翠和绿宝石。接着，在 1387 年，帖木儿下定决心要掠夺这座闪闪发光的城市的财富，发起了攻势。一般来讲，速速投降往往可以避免大规模的破坏，但这次，在帖木儿的 3000 名驻防军士一夜之间被反叛者杀害后，作为报复，帖木儿下达了最残忍的命令。叙利亚编年史家艾哈迈德·本·阿拉沙赫亲眼见证了帖木儿于 1401 年血洗大马士革，他记载了这位征服者"下令杀戮、亵渎、屠杀、掠夺、破坏；烧毁庄稼、割掉女性的乳房、杀死婴儿、肢解尸体；损坏他人清誉，背叛、离弃受赡养的人；收起怜悯，开始复仇"。[4] 在现实中，这意味着屠杀每一个男人、女人和孩童。士兵们被命令将一定数量的人头带给他们的指挥官，未达成者会被处死，于是一个人头市场出现了。起初他们对残忍地杀害穆斯林同胞存有顾虑，但克服了这一心理障碍后，人头的单价就从20第纳尔降到0.5第纳尔。奉帖木儿之命，骑兵们将7000名不满7岁的孩童拉到平原上，踩踏致死。在这场大屠杀中，总共有7万名伊斯法罕居民被杀。大屠杀后不久，15世纪帖木儿帝国的宫廷历史学家哈菲兹·阿卜鲁（Hafiz-i-Abru）绕城走了半圈，亲眼看到了帖木儿常见的战场标志。他一共见到了28座人头塔，每一座都是由1500颗人头堆起来的。

经历了两次屠杀之后，15世纪伊斯法罕依旧没有得到眷顾。这座城市奋起反抗其领主卡拉库雍鲁王朝（Qara Qoyunlu，又名黑羊王朝）——一个由土库曼游牧部落组成的桀骜不驯的联盟，但在贾汗沙（Jahanshah，1438—1468年在位）统治后期遭到了残酷的惩罚。这一次，共有5万名伊斯法罕人被杀。

忍受了连续三个世纪的外来攻击，伊斯法罕或许早该迎来光明。16世纪初，伊朗复兴。阿克库雍鲁王朝（Aq Qoyunlu，又名白羊王朝）统治者乌尊·哈桑（Uzun Hassan）的外孙、著名的苏非派隐士谢赫萨菲（Sheikh Safi）的后裔伊斯玛仪（Ismail）掀起了一场风暴，一个新政权就此诞生。谢赫萨菲曾在伊朗西北部的阿尔达比勒（Ardabil）建立了萨法维教团。身为红头军的首领，伊斯玛仪率领来自安纳托利亚、阿塞拜疆和库尔德斯坦的土库曼部落发起了一场什叶派武装运动——该组织以成员的红头巾为名——崛起掌权。在战场上接连打了一连串振奋人心的胜仗后，这个年仅14岁但早熟的战士于1501年自立为伊斯玛仪谢赫。在他杰出而残暴的领导下，被外敌统治了长达九个世纪的伊朗终于回到了伊朗人的手中。自7世纪在阿拉伯征战中落败之后，在其传统边界内，伊朗再一次成为独立实体。伊斯玛仪的首都设在大不里士，一个兴旺发达的丝绸贸易中心，伊朗繁荣发展的支柱。5

258

　　然而，对于伊斯法罕来说，由本地人统治的好处并没有立即显现出来。伊斯玛仪是一个宗派观点很强的人，胜利夺城之初，他就屠杀了 5000 个逊尼派居民。1508 年，为了庆祝攻占巴格达城，他处决了主要的逊尼派教徒，夷平了一些备受敬奉的圣殿，其中有逊尼派四大教法学派之一的哈乃斐派的开创者阿布·哈尼法（Abu Hannifa）的圣殿，还有著名宣教师谢赫阿卜杜勒·卡迪尔·吉拉尼的圣殿，并命人将城内的逊尼派清真寺都改为什叶派清真寺。

　　在接下来的两个世纪里，萨法维王朝把伊朗打造成了一个大帝国。萨法维王朝创立者的伊斯玛仪既是其精神先驱，又是世俗的战争领主。他宣布十二伊玛目派为国教，这对后世产生了极为重要的影响，500 年后这一教派仍持续深刻地影响着中东地区及中东之外更广阔的世界。① 伊斯玛仪统治下的萨法维王朝与西边的奥斯曼人和东边的乌兹别克人形成了军事对抗关系。1510 年，伊斯玛仪打败了乌兹别克人，1514 年在查尔迪兰战役（Battle of Chaldiran）中被奥斯曼人打败，这一逆转让他鼓起的风帆失去了风，所有关于他像救世主一般无敌的暗示都消失了。胜利的奥斯曼苏丹塞利姆（Selim）大摇大摆地进入大不里士城，这一耻辱连同奥斯曼人后来于 1535 年、1585 年进攻伊斯法罕，被萨法维王朝的沙阿们长久地铭记在心。但这于伊斯法罕是有利的。到 1517 年，塞利姆在一场决定性的战役中征服了埃及的马穆鲁克人，领土不断扩大的奥斯曼也因此成了一个囊括中东地区及圣城麦加、麦地那的庞大的逊尼派帝国。占领这两座圣城十分重要，因为只有这样，奥斯

---

　　① 十二伊玛目派是什叶派最大的分支，因其信徒对十二位伊玛目——神授的宗教领袖——的信仰而得此名字。第十二位伊玛目穆罕默德·马赫迪（Mohammed al Mahdi）是"隐遁伊玛目"，被安拉置在隐秘的地方，将来有一天会以"应许的马赫迪"的身份重现，去除世上一切的恶。

曼帝国自称伊斯兰世界最高权威才具有正统性。

1555 年沙阿塔赫马斯普（1524—1576 年在位）与奥斯曼人签订了和约后，萨法维王朝的都城从大不里士迁到了加兹温（Qazvin）。因为奥斯曼帝国在签订和约之前经常入侵伊朗领土，因此塔赫马斯普将萨法维政权所在地往东南方向移近300 英里的决定在战略上是合理的。

1588 年 10 月 1 日，伊丽莎白一世目送无敌舰队远航还不满 1 个月，好不容易熬过青少年时期的年仅 17 岁的阿巴斯一世就获封沙阿。阿巴斯的青少年时期不祥事件频发，至少有九个叔父及其他一些亲戚或被杀死或被弄瞎。他们都是短命的沙阿伊斯玛仪二世（1576—1577 年在位）的受害者，后者残忍地消灭了所有敌对的皇室王子及其支持者。阿巴斯的童年经历给他留下了不可磨灭的印象。在漫长的统治期间，他越来越痴迷于揣测和查明可能的篡位者，到了近乎疯狂的地步，并因此谋杀了很多亲眷。

为了防止子女谋乱，他通常会把儿子们关在后宫，而不是按照传统授予其行省总督的职位，让他们学习王道。在阿巴斯统治的短时间内，这种策略被证实是非常有效的，它创造了一个稳定的政体，新沙阿得以扩大、增强萨法维王朝的影响力。不过，从更长的时间跨度来看，这一做法"成功阻止了对称职的接班人的培养"，而这"无疑是萨法维王朝衰落的主要原因之一"。[6] 他的一个儿子遭暗杀，还有两个被弄瞎了眼睛。

阿巴斯的家族情况大抵如此。另一个斗争对象是须发浓密、头戴红白包头巾的红头军。尽管在宫廷政变中他们助推阿巴斯上位，但他们也可以轻而易举地废黜他，毕竟他的母亲和长兄都死在他们手中。阿巴斯迅速行动、打压红头军，从古拉姆人中提拔民政、军事力量，进而削弱红头军在政府中的影响力，粉碎他们对军事的垄断。古拉姆人指的是皈依伊斯兰教的切尔克斯人（Circassian）、格鲁吉亚人和亚美尼亚人，他们是皇室的奴隶，只效忠于沙阿。在 1604—1605 年萨法维－奥斯曼战争以及 1613、1617 年阿巴斯对格鲁吉亚的两次征战结束后，近 50 万囚犯被从高加索地区驱逐到了伊朗，其中包括 30 万亚美尼亚人和 16 万格鲁吉亚人。[7]他们当中有的在骑兵团、步兵团中做将士，有的在民政部门中做职员，有的做总督，还有的做农民、工匠。阿巴斯从这些新到伊朗的人中选拔、建立了一支 4 万人的常备军，而这只是他极具创造性的举措之一。作为一个精明的现代化推广者，他大规模地引进重型火炮，创建了一支新的火枪手队伍并引入技术最先进的大炮。

　　对觊觎皇位的家族成员而言，他是残暴的苦难施加者；在战场上，他是冷酷无情的军事指挥官；对伊斯法罕城，他和蔼可亲、慷慨大方。即位后，他立刻着手建造这座城市，在此之前这座城市一直是皇家狩猎、设宴、休闲的地方，而今他要把它打造成自己的都城。伊斯法罕坐落在扎格罗斯山脉（Zagros Mountains）以东海拔 1600 米的沙漠平原上，缓缓流淌的扎因达鲁河为它提供灌溉水源。伊斯法罕距离西北的加兹温 300 英里，相对而言不易受到奥斯曼帝国的进攻；离东边的对手乌兹别克人较近，不过后者 1598 年被阿巴斯打败；离战略要地霍尔木兹港（port of Hormuz）更近，阿巴斯也已下定决心要从葡萄牙人手中夺回该港。1590 年，阿巴斯大胆、果断地采取行动，开始修建工程。他先是宣布伊斯法罕为皇家领地——在修建大型建筑时，皇家特权总是能提供诸多便利——并指派高级官员米尔扎·穆罕默德·尼沙普里（Mirza Mohammed Nishapuri）负责财政管理。博学的诗人、哲学家、数学家、天文学家、伊斯兰学者谢赫巴哈·丁（Baha al Din），又名谢赫巴哈伊，被指定为总建筑师。

　　阿巴斯治下的伊斯法罕并不是偶然间建成的，它能在 17

世纪后期从一个人口只有 5 万、毫不起眼的老城快速崛起为一个拥有 60 万人口的大都市，跻身于世界上最大的都市之列，与伊斯坦布尔、巴黎、伦敦媲美，绝不是一个愉快的巧合。它能成为近来伊朗一位历史学家口中的"世界上最辉煌、最令人赞叹的伊斯兰建筑展览馆"，也不是一句运气好就能解释的。[8] 沙阿的总体城市构想基于让萨法维王朝成为全世界最伟大的王朝，让无与伦比的首都展示帝国实力的强大意愿，正是凭借这种意愿才打造出了伊斯法罕。萨法维王朝劲敌的都城伊斯坦布尔或许是"世界渴望之城"，但这并不要紧，因为伊斯法罕在阿巴斯及其继任者的统治下在 17 世纪步入全盛时期，成为世界的一半（nesf-e jahan），彻底让伊斯坦布尔黯然失色。

　　还有什么比从一张白纸开始更好呢？起初，阿巴斯把精力花在改造旧城上，旧城是传统的伊斯兰格局，防御土墙内挤满了曲折的狭窄街道。不过，改造遭到了旧城业主的反对，他没有不顾反对为所欲为，疏远百姓，以一种不必要的不祥方式开始自己的统治，而是决定将建造项目挪到土墙的西南方，从头开始。[9]

　　伊斯法罕最中心的核心建筑，是阿巴斯的第一个作品。留存时间最长、直到今天依旧最辉煌的美丹纳奇贾汗广场长 560 米，宽 160 米，这样的规模用"宏伟"一词都不足以形容。广场的地面平整，四周是拱廊商店，起初只在一层有，后来二层也有——第二层既提供住宿，也是妓女夜间做生意的场所。广场里外有三圈，最里面一圈是用黑色大理石砌成的水道；中间一圈是铺砌而成的散步道；最外面一圈种满了遮阴的悬铃木。地面用的是从扎因达鲁河运来的米色细沙。广场的主要功能是作为一个公共空间，白天是集市商人售卖商品的地方，偶尔也会有打马球的；晚上则是令人愉快、堕落的娱乐场所，有跳舞的，有杂耍的，有诗歌朗诵会，有漫天的烟火表演，还有小心

261

翼翼引诱的妓女们。不过，它的设计并没有功利性。这是一个极度张扬、精致的建筑，是浮华与实用的结合。

除了妓女，美丹纳奇贾汗广场最令人期待的项目之一是帕提亚（Parthian）射击比赛。这是一个古老的传统，骑手们全速飞驰，经过广场中央竖立的一根高大圆柱后，在马鞍上转身，在马尾上方射出一支箭，试图命中放在圆柱顶端的金杯，射中的人会得到一个金色的箭筒。这是贵族的消遣活动，沙阿经常夺冠。我们稍后还会提及的法国旅行家让·巴蒂斯特·塔韦尼耶（Jean-Baptiste Tavernier）说他本人曾见到沙阿萨菲（Shah Safi，1629—1642 年）在五次尝试中三次射落金杯。美丹广场还有一些区域被用作动物角斗场，供沙阿娱乐，角斗的动物主要有狮子、熊、公牛、公羊、公鸡。

矗立在广场西岸商业场所的宏伟建筑是阿里卡普宫（Ali Qapu palace）的大门，迈进这座大门，便从广场的公共空间进入了完全属于皇家的区域——纳什贾汗花园（Bagh-e Naqsh-e Jahan），这座四处蔓延的幽静花园可追溯到帖木儿时代。阿巴斯喜爱这个花园，一年中有什么特别的庆典，他都会在这里举行。根据阿巴斯 17 世纪的传记作者伊斯坎德尔·蒙希·贝格（Eskandar Munshi Beg）的忠实记载，1609 年，他在这里举行了诺鲁孜节（Nowruz）新年庆祝活动。

在著作《阿巴斯大帝的历史》（*Tarikh-e Alamara-ye Abbasi*）中，贝格描述了阿巴斯是如何为自己及维齐尔、侍臣、杰出的市民、商人和行会成员安排位置的。阿巴斯沿着最终汇入湖里的小溪给每一个群体都安排了特定的位置和亭子，贝格将这一景象比作"天堂的一个个花园"。"天空的繁星整晚嫉妒地看着地上这灯火璀璨的场景"，他写道，阿巴斯可以随心所欲地走到任何他喜欢的人跟前，与之交谈。"声音甜美的歌者和灵巧的音乐家消除了所有人的愁烦；脸颊红润的女孩们端着美酒来来往往，令那些饮酒狂欢的人笑逐颜开。"[10] 这就是 阿巴斯的统治风格：亲力亲为、平易近人、随性洒脱、说一不二。

虽然阿里卡普宫曾因方方正正的设计于 1937 年被英国的旅行作家罗伯特·拜伦（Robert Byron）轻蔑地贬斥为"砖头做成的鞋盒子"，但它是伊斯法罕的"高门"（Lofty Gate），与伊斯坦布尔的"苏丹之门"（Subline porte）有相似之处，都是权力的象征。[11] 这是一个神圣的地方，严格禁止外人入内，即便沙阿本人进入皇室区域，也需要下马。作为萨法维王朝日益强大的象征，一排从两个敌对势力——霍尔木兹的葡萄牙人和巴格达的奥斯曼人——手中缴获的大炮守卫着阿里卡普宫的入口。

美丹广场的西岸代表了皇室的政治权力，而北侧则纯粹地反映了对经济的关注以及对促进贸易和繁荣的坚定承诺。凯萨里亚集市的入口就在这里，蜿蜒曲折的集市连接着伊斯法罕旧城、美丹科纳广场（Maydan-e Kohna）人潮涌动的集市中心和新城。美丹纳奇贾汗广场的集市是一个开放的空间，商人们出售日常用品和必需品，凯萨里亚集市与之不同，宽阔的街道迎合了更高端的消费者，他们有能力徜徉在伊斯法罕奢侈品的世界里，穿梭在售卖金、银、珍珠、翡翠、红宝石和其他宝石的珠宝店中。这里也聚集了绝大部分的印度货币兑换商、锦缎售卖商，伊斯法罕铸造金币、银币、铜币的铸造厂也坐落在这里。正如 17 世纪学者穆拉·萨利赫·加兹维尼（Mullah Salih Qazvini）所说，"伊朗是世界的缩影，伊斯法罕是伊朗的缩影，凯萨里亚是伊斯法罕的缩影，如今我来到了凯萨里亚集市"。[12]

如今，这个著名的集市变成了一个绵延 1.25 英里的商店中心，汇集了香料店、水果店、坚果店、细密画店、手工艺品店、色彩斑斓带镶饰的珠宝盒店、钢笔店、小饰品店、皮具店、从地板到天花板都堆满了商品的地毯店、服装店、布料店、用裹着黑色阿巴亚（abaya）的假人模特展示服饰的罩袍店、摆着闪亮的锅碗瓢盆及金属器皿的器具店、挤满了守着水烟筒吞云吐雾的男人的茶馆，以及熙熙攘攘的餐馆。餐馆里的服务员来回奔走，为逛到精疲力竭的游客们端上羊肉抓饭（beryani）和烤肉串。

到此时为止，一切都与世俗相关。美丹广场的两个侧翼还在等待着自己的核心建筑。1602 年，阿巴斯开始在东侧动工，建造了谢赫罗特福拉清真寺，名字取自沙阿的岳父，一位神圣且受到尊重的什叶派传教士。17 世纪欧洲旅行者留下的关于伊斯法罕的大量描述——我们稍后会讨论到——几乎没有提及这座清真寺及其非同寻常的内部，不过情有可原，因为基督徒访客和普通伊斯法罕人都不知道这座清真寺。它是仅供皇室使用的私人清真寺。从外观上看，它显得有些低调，低矮的圆顶没有采用更传统的耀眼的蓝绿色，而是选择了更柔和的卡布奇诺色，白色、蓝绿色、午夜蓝的阿拉伯式花纹为圆顶增添了几分活力。上釉和没上釉的瓷砖混合铺设，巧妙地让太阳光、上釉瓷砖的光和未上釉瓷砖较为暗淡的光相互作用。

"如果说外观是诗意的、浪漫的，那它的内里则是神圣的、高贵的"，从不过度赞扬的拜伦写道。他坦言，自己从未见过如此富丽堂皇的建筑，它的华美程度堪比凡尔赛宫、美泉宫的陶瓷厅、总督宫（Doge's Palace）、圣彼得大教堂，但又说它们都比不上它。[13] 伊斯法罕是阿巴斯非常个性化的创造，谢赫罗特福拉清真寺是他最令人赞叹的作品之一。

无论一个人的信仰是什么，不管他的背景如何，探索这座清真寺都是一种超然的体验。站在寺内，高耸的穹顶令人着迷，是瓷砖匠人工艺的完美呈现，错综复杂的细节有一种催眠的效

果，吸引着你一动不动地盯着穹顶中央化成无数星座的、闪着
金色光芒的阿拉伯式花纹。壮观的、绽放着绚丽的蓝绿色光彩
的钟乳石拱顶结构（穆卡纳斯），细密画家、书法大师阿里·
礼萨·阿巴西（Ali Reza Abbasi）用七彩瓷砖（haft-rangi）
拼成的精美内饰，让这座历史建筑像午夜蓝的画布上的白色字
体一样闪耀。谢赫罗特福拉清真寺坐落在阿里卡普宫皇家大门
的正对面，美丹广场的另一侧，是萨法维王朝的神圣象征，象
征着它在伊斯兰世界的合法地位。阿巴斯还在清真寺和阿里卡
普宫之间修建了一条地道，方便秘密通行。正是这座建筑说服
了拜伦，令他将伊斯法罕与雅典、罗马并称为"人类共同的提
神剂"。[14]

　　清真寺建成后，第四次也是最后一次大规模改建的只剩一
片拱廊商店。皇家礼拜寺（Masjid-e Shah）建在美丹广场的
南侧，正对着凯萨里亚集市的入口，是萨法维王朝各大城市中
的第一座聚礼清真寺。谢赫罗特福拉清真寺属于私密场所，仅
限皇室使用，皇家礼拜寺则是一座巨大的、典型的公共清真
寺，在阿巴斯的设想里，"伊朗，也许乃至整个文明世界都不会
有可与之比肩的建筑"。用它的奠基铭文来说就是，"第二座克
尔白已经建成"，这句话简明扼要地表达了萨法维王朝引领伊斯
兰世界的雄心。[15]

　　皇家礼拜寺建于阿巴斯统治末期，当时时间紧迫，沙阿
担心自己看不到它竣工，所以建造得比他早期的作品匆忙。撒
马尔罕的帖木儿用胡萝卜（现金奖励）加大棒（砍头）的策略
激励建筑师和工匠们赶工；和帖木儿一样，阿巴斯也是说一不
二，容不下任何反对的声音。于是他走了捷径，结果地基打得
太浅，给后人留下了难题。不过，与最终成果相比，这些细节
都微不足道，皇家礼拜寺成为阿巴斯在漫长的统治时间内建造
的最伟大的建筑，占据了伊朗艺术和建筑领域的制高点。

264

皇家礼拜寺的宏伟入口高达 30 米，游客举步走近，迈入带绿色螺纹花样镶饰的拱门内，金色的钟乳石檐口结构抬头可见，凹室正面两边有蓝底白字的阿拉伯书法，两侧还各有一座顶端带两个阳台的宣礼塔。惊叹不已的游客进入礼拜寺后右转半圈，便扎进了大得令人难以置信的庭院，庭院朝向麦加，院内耸立着伊斯法罕最巍峨的穹顶，52 米高的穹顶飘逸地伸向天空。礼拜寺的规模与华美的装饰同样醒目，建造时用了差不多 1800 万块砖、50 万块瓷砖。据说，尽管礼拜寺对公众开放，但禁止基督徒入内，根据 1664 年到访伊斯法罕的法国旅行家让·德·泰弗诺（Jean de Thévenot）所说，如被认出是基督徒，他们会"拿着短棍像赶狗一样把人赶出去"。[16]

在阿巴斯的伊斯法罕城，焦点十分突出。阿巴斯决定入城的方式也同样令人印象深刻。1596 年，他开始建造查赫巴格（Chahar Bagh）①，这里最初是一片片葡萄园，查赫巴格这个名字便源于此。在阿巴斯的设想中，查赫巴格大道是最气派的。这条庄严的大道长达 1.5 英里，以巨大的哈扎尔·贾里布（Hazar Jarib）皇家花园为起点，穿过阿拉瓦尔迪汗桥（Allahverdi Khan Bridge），以皇宫旁边的皇门（Imperial Gate）为终点。查赫巴格大道不只是一条主干道。它约有 50 米宽，建在河的北边，靠近宫殿的那一侧，中央有一条大理石水道，水道两侧分别是阶地和缟玛瑙镶边的水槽。在漫长的夏季，剪枝玫瑰在悬铃树林的第一行树下的水池里摇曳生姿，往前走，依次会经过一个供游客骑马的开放区域、一条铺砌的步行道、几个鲜花盛开的花坛，以及最后一行悬铃树。据说，最

---

① 在波斯语中，Chahar Bagh 意为"四个花园"。一般来讲，查赫巴格是一种四边形的花园布局，两条轴线在花园的中心相交，将四边形的花园分成四个小的花园，这两条轴线可以是人行道，也可以是流水道。文中的查赫巴格大道特指由阿巴斯所建的带四个花园的入城大道。——译者注

后一行悬铃树是当着阿巴斯的面栽种的，阿巴斯在每棵树下埋
了一枚金币和一枚银币。

这是一条要给外国使臣留下深刻印象的皇家大道，同时，
对普通的伊斯法罕人来说，它也是一个较为私密的空间。他们
可以在这里聚会、闲聊，伴着袅袅升起、飘过树梢的水烟烟
雾，一杯接一杯地喝咖啡；也可以瞥一眼城里的那些显贵，看
他们有的穿着上好的亚麻衣物招摇过市，有的在傍晚盘腿坐
在鲜花和喷泉中间优雅地野餐。商人们沿着这条大道开设店
铺、摊位，使这个地方更加热闹。大道北边的尽头处有一座两
层的亭子，阿巴斯的妻妾们可以在这里尽情地观看人群，小心
地避开窥探的目光。大道不远处的拱道，由一堵带格栅的泥砖
墙围成，通往阿巴斯的皇家花园。这些花园对公众开放，不仅
有一座座漂亮的亭子和咖啡馆，还有着美丽传神的名字：夜莺
花园（Garden of the Nightingale）、桑树花园（Mulberry
Garden）、苦行僧花园（Garden of the Dervishes）、八角花
园（Octagon Garden）、王座花园（Garden of the Throne）。
由著名的谢赫巴哈伊设计、规划的查赫巴格大道集公共功能和
私有功能于一身，它既是外交上张扬国力的体现，也是一处可
修养身心的田园风光，它是一个充满活力的创造，将自然世界
与人类建筑设计十分和谐地融为一体。德国的亚当·奥莱里乌
斯（Adam Olearius），1637 年作为荷尔斯泰因公爵（Duke
of Holstein）商务使团的一员来到伊斯法罕，立即就被迷住
了。他认为查赫巴格大道是"世界上最美丽、最迷人的景点之
一"。一位艺术史学家给它起绰号，称它是"伊斯法罕的香榭
丽舍大道"。[17]

阿巴斯治下的伊斯法罕，奢华变成了日常，成为萨法维文
明和建筑辉煌的标尺。在查赫巴格大道和扎因达鲁河交会的地
方，有一座桥，那不是一座简单的桥，而是有史以来最精美的

265

桥。建于 1602—1607 年的阿拉瓦尔迪汗桥，又名三十三孔桥
（Si-o-se pol），名字取自阿巴斯最信任的将军、在萨法维王
朝升至最高位的格鲁吉亚的古拉姆。阿拉瓦尔迪汗桥长约 300
米，在建成后的四百多年里，无论白天还是黑夜，它都是伊斯
法罕城里一处绝妙的景观。所有看到它的人都被它吸引。阿巴
斯同时代人米尔扎·贝格·朱纳巴迪（Mirza Beg Junabadi）
写道："只要天上不停旋转的星星还围着这个世界转，星光之下
就不会出现可与它媲美的桥梁。"米尔扎·贝格·朱纳巴迪撰写
的《萨法维王朝的花园》（Rauzat al Safawiya）记述了萨法维
王朝从 1501 年至阿巴斯统治结束的历史。这一次，作者不再是
一个为金主写颂词的人，书中也没有阿谀谄媚的华丽辞藻。寇
松勋爵 1898 年看到这座桥后，也有类似的回应，认为它是"世
界上最壮观的桥"。[18]

　　卡斯提尔国王亨利三世的大使、西班牙人罗·哥泽来滋·
克拉维约在 1404 年来到帖木儿治下的撒马尔罕时，他代表的
是一个与"世界的征服者"建造的帝国相比，微不足道的政
权。然而，到了 17 世纪，东西方之间的力量对比发生了细微
变化。1571 年的勒班陀战役在当时是最大规模的海战，它有
力证明了在海上奥斯曼人是可以被打败的。17 世纪后期，欧
洲列强开始整合力量对抗奥斯曼人。1684 年，由教宗英诺森
十一世（Innocent XI）牵头，欧洲成立了神圣联盟（Holy
League）。十五年后，神圣联盟与奥斯曼帝国于 1699 年缔结
《卡罗洛维茨条约》（Treaty of Karlowitz），彻底结束了奥斯
曼帝国对中欧大部分地区的控制，哈布斯堡皇朝取而代之，成
为这些地区的支配性政权。与此同时，随着新的游历机会出
现，基督教世界和伊斯兰世界得以更好地了解对方，双方之间
的联系也更加密切。欧洲旅行者可能并不总是喜欢眼见的景

象，况且固有的偏见很难消除，但是，令人惊讶的是，论及游历萨法维王朝治下的伊朗的体验，积极的反馈激增。

1600 年以前，伊朗几乎没有欧洲游客。在阿巴斯及其继任者统治期间，到伊朗旅行的欧洲游客从涓涓细流变成了一股名副其实的洪流，为沙阿带来了很多商业、科技、军事和外交机会，这些机会远比克拉维约曾经提到的要诱人。这些旅行者来自欧洲社会的各个阶层，有能言善辩的外交家、追逐利益的雇佣兵、富有的商人，以及传教士，比如赤脚加尔默修会的修女们（Barefoot Carmelites）和被信仰点燃的奥古斯丁修会会士（Augustinians），他们的动机更多是宗教意义上的；还有探求知识的学者、寻找刺激的冒险家、寻求新的视角和体验的艺术家。欧洲代表着新技术，那里有炮兵专家、有最新的双筒望远镜，有钻石切割工匠、钟表匠、珠宝匠和金匠。这一群游历的西方人来自各行各业，他们中的很多人留下了宝贵的游记、回忆录和日志。

最近一份研究列出了 1601—1722 年到访伊朗的欧洲名人清单，读来饶有趣味。清单上列有：西班牙外交大使唐·加西亚·德·席尔瓦·菲格罗亚（Don García de Silva y Figueroa），第一个准确地辨认出伊朗古都波斯波利斯（Persepolis）遗迹的西方旅行家；意大利作曲家、旅行家彼得罗·德拉·瓦莱（Pietro Della Valle）；德国学者亚当·奥莱里乌斯；17 世纪 80 年代荷兰东印度公司总督科内利斯·斯皮尔曼（Cornelis Speelman）。法国人也不少，有旅行家、出色的钻石商人让·巴蒂斯特·塔韦尼耶，他发现了 112 克拉的塔韦尼耶蓝钻，并在 1669 年卖给了路易十四，卖价约等于 147 千克黄金的售价；有自然科学家、语言学家让·德·泰弗诺；有让·夏尔丹（Jean Chardin），又一位珠宝商、旅行家，撰写了关于伊朗和中东地区的十卷本权威著述——这一时期最全面、最有价值的西方文献；有年轻的神父弗朗索瓦·桑松（François Sanson）。此外，清单上还有：德国博物学家、探险家恩格尔贝特·肯普弗（Engelbert Kaempfer）；著名的嘉布遣会神父、萨法维宫廷翻译官拉斐尔·杜·芒（Raphaël du Mans），他在伊斯法罕生活了半个世纪，从 1647 年一直到 1696 年，赢得了欧洲人和伊朗人的钦佩；俄国政治家、外交家阿尔捷米·沃伦斯基（Artemy Volynsky）；荷兰艺术家、旅行家科内利斯·德·布鲁因（Cornelis de Bruijn）；东印度公司的外科医生约翰·弗赖尔（Dr John Fryer）；冒险家雪利兄弟（Sherley brothers），安东尼·雪利爵士和罗伯特·雪利爵士，二人是积习难改的机会主义者，有段时间还做了外交官。[19]

就在阿巴斯追求自己目标的时候，欧洲的外交人员让他有了"分而治之"的机会，他建立了对抗奥斯曼帝国的联盟，并充分利用葡萄牙、荷兰、英国在东印度贸易上的竞争。1622 年，没有海军的他成功敦促英国动用海军舰队将葡萄牙人赶出了霍尔木兹海峡，并为此将阿巴斯港（Bandar Abbas）近一半的港口收入偿付给了英国。

不论代表的是哪个国家，欧洲的贸易商们都必须当心沙阿高度专制的游戏规则。那些没这么做的人就惹了祸。1628 年，英国第一位官方委任的驻沙阿阿巴斯宫廷的大使多德莫尔·科顿（Sir Dodmore Cotton）留意到一个商队来到加兹温城，40 头骆驼载满了烟草，全然不顾最近沙阿对这种自己特别讨厌的产品颁发的禁令。违反禁令的行为令沙阿勃然大怒，于是下令施以残酷的惩罚，商队所有赶骆驼的人都被割了耳朵和鼻子，所有烟草也被堆到坑里，放火点燃。[20]我们还从法国旅行家让·夏尔丹那里得知了另一个关于沙阿反对吸烟的故事。这则故事从欧洲视角讲述了阿巴斯公开宣布戒烟后，如何下令把马粪拿去给宫臣们做替代品。当他问困惑的官员们觉得这种新玩意儿

怎么样时，他们告诉他极好，是他们抽过的烟里最好的，毕竟
他们都非常清楚言语上稍有不慎，便会激怒沙阿，惹来杀身之
祸。阿巴斯不为所动，他憎恶地怒吼道："那个无法与马粪区
别开来的毒药真是可恨！"[21]

对伊斯法罕那些如雨后春笋般涌现、成为上流社会最时髦
去处的咖啡馆，阿巴斯持否定态度。据让·巴蒂斯特·塔韦尼
耶记载，这些咖啡馆是晚上"男人聚集谈论、瞎聊国事"的场
所，塔韦尼耶和沙阿一样不喜欢这些"抽烟、喝咖啡的人"。[22]
许多顾客都来自伊斯法罕的精英阶层，其中有出奇富有的商
人、有权势的大臣、高级官员，有时阿巴斯本人也会来到这
里。知识阶层的少数代表，如口无遮拦的慵懒作家、诗人、知
识分子在烟雾缭绕中一边讨论时事，一边投掷西洋双陆棋的骰
子或沉浸在更安静的象棋游戏中，给咖啡馆增添了不拘一格的
魅力。另一些人开始享受那些浓妆艳抹、衣着性感的格鲁吉亚
和切尔克斯男孩带来的为人不齿的快乐，他们跳起色情舞蹈，
低声讲着下流的段子，挑起年长男人的肉欲，然后一起消失，
进行带金钱性质的幽会。虽没抱太大希望，但阿巴斯还是试图
改善咖啡馆的氛围，派了多位毛拉（mullahs）对他们进行宗
教教导及法律、历史教育。不出所料，此举没能达到预期效
果。夏尔丹说这些咖啡店是"鸡奸店"，最终在 1656 年被阿
巴斯一世的曾孙沙阿阿巴斯二世（1642—1666 年在位）全部
关闭。[23]

欧洲人关于 17 世纪伊朗的记载极其珍贵，原因有很多。
阿巴斯通过开拓性的城市规划对伊斯法罕进行了改造，此后，
欧洲人以极其细腻的笔触描绘了这座城市以及城里主要的建筑
和地点。虽然这些记载经常折射出那个时代以欧洲为中心的、
对伊斯兰世界的偏见——这种偏执往往会得到热烈的回应——
但惊人的是，那些思想最为开明的作家表达了对阿巴斯成就的

268

欣赏与钦佩。总的来说，他们记述的语气与十字军时代那种轻蔑的长篇大论迥然相异。伊斯法罕，尤其是伊斯法罕人肉眼可见的辉煌成就，往大了说是萨法维王朝治下的伊朗及其文明的辉煌成就，成功地中止了欧洲长久以来对伊斯兰世界的尖锐批评。

这一点在建筑环境中体现得最为明显。所有西方游客都对萨法维王朝的都城赞不绝口，几乎无一例外。1664 年，法国人让·德·泰弗诺与神父拉斐尔·杜·芒在伊斯法罕停留了五个月。和很多游客一样，让·德·泰弗诺也对这座城市的壮丽留下了深刻印象。提及阿巴斯的地标建筑美丹纳奇贾汗广场，他写道："在世界上所有常见的广场中，它是最大、最好的地方。"东印度公司的外科医生约翰·弗赖尔在 1677 年来到伊朗，比较之后，他认为伦敦的市场不及伊斯法罕的市场。他大方承认自己对这一意外发现感到惊讶并写道，和阿巴斯治下的伊斯法罕城中"顶棚高耸、气宇轩昂的集市"相比，伦敦的市场不过是"速成的建筑快照"。几乎人人都对伊斯法罕持欣赏的态度，只有让·巴蒂斯特·塔韦尼耶例外。在 17 世纪的旅行家中，他无疑是最保守、最刻薄的一个。他看不上伊斯法罕旧城狭窄的街道，街上沉积的粪便和动物尸体散发出"一股令人作呕的恶臭"。男人们当街小便，用流水清洗肢体，手边没水时就在墙上蹭一蹭，"他们认为这是一个非常文雅且得体的举动"。[24]

在对待不同宗教信仰之间令人疲于应对的竞争和冲突上，阿巴斯表现得也很出色。每当事关亚伯拉罕诸教之间的宽容和尊重时，他都作出了强有力的皇室表率。1607 年末到达伊斯法罕的保罗·西蒙神父（Father Paul Simon）是加尔默罗修会的领袖，他记述了从前伊朗人极其迷信，痛恨基督徒，认为后者是"肮脏的族类"，以至于如果一个人的衣服被基督徒碰了一下，那人就会十分厌恶，觉得衣服被污染了，要立马脱下来洗。后来，在阿巴斯的带领下，这种偏见很快就消失了。"如今，因为沙阿对基督徒表现出极大的尊重，与他们来往，和他们同席，所以伊朗人抛下了所有偏见，像对待穆斯林一样对待基督徒：从前那种恶待只存在于一些偏远地区和普通民众中。"保罗神父认为阿巴斯"非常活泼、机敏"，身体结实，非常强健，"能用短弯刀把一个人劈成两半"。[25] 阿巴斯对待基督徒的开明立场并不完全是没有私心的。利用使臣和基督教传教士与欧洲各宫廷建立牢固的关系是阿巴斯宏大计划的一部分，目的是建立联盟，对抗伊斯坦布尔的持续威胁。

历经几个世纪的分歧和挑战、敌对和冲突，东西方之间建立更加和谐的外交关系不失为一件好事。就伊朗人而言，他们秉持的是一种萨法维世界观，认为自己的宗教和文化是至高无上的。约翰·弗赖尔认为："伊朗人不太在意那些外国人及其国家，就故土或才能而言，他们认为自己的一切都是最好的。"这种"矫揉造作的样子"，约翰用一种典型的英式口吻挖苦道，和法国人并无二致。[26]

伊朗文化中的偏见绝不仅仅针对异教徒。在萨法维王朝官方的世界观里，阿拉伯人愚蠢、粗俗、虚伪、暴力、性欲过剩，是"一帮吃蜥蜴的人"；土耳其人粗野、顽固、愚笨；阿富汗人卑鄙、未开化、无知，是一帮小偷；乌兹别克人天生邪恶、肮脏、"缺少宗教信仰"；而最糟糕的是俄国人，他们是"所有基督徒中最不道德、最声名狼藉的"。[27] 多元文化主义有其局限性。

在伊朗的书面记录中，与外部世界往来，缔结外交关系，并没有转变为对西方或者说欧洲人的重大关注。伊朗官方史学对它鲜有关注，只有少许对法兰吉扬（Farangiyan）即西方人的粗略评论。比如，在伊丽莎白时代的英国，身为冒险家、外交官和雇佣兵的雪利兄弟家喻户晓，安东尼·雪利爵士被任命为阿巴斯的特使，其兄弟罗伯特·雪利爵士在萨法维军队的现代化过程中发挥了关键作用。安东尼爵士的一生跌宕起伏，尽是不寻常的经历，他曾被伊丽莎白女王一世和国王詹姆斯一世囚禁，也曾被法国国王亨利四世封为爵士，被沙阿阿巴斯一世封为亲王、特使，被神圣罗马帝国皇帝鲁道夫二世派往摩洛哥，被西班牙国王腓力三世任命为舰队司令。他与萨法维王朝沙阿——英国人称"苏菲"（Sophy）——谈笑风生的勇敢经历甚至被莎士比亚写进《第十二夜》（*Twelfth Night*）中①。虽然他们在伊朗跻身伊斯法罕社会的最上层并做了许多工作，但伊朗编年史中没有一处提及雪利兄弟。伊斯坎德尔·蒙希·贝格用寥寥数笔承认了在阿巴斯将葡萄牙人赶出霍尔木兹海峡的过程中，英国所起的作用，但总的来说，伊朗文献中对西方人只字不提，这或许是伊斯兰世界天生优越感的一个表现。[28]

对于一个出奇开放、积极鼓励外国人与伊朗人，甚至与沙阿辩论的理性氛围，欧洲访客往往会给予正面评价。莫卧儿宫廷官员、《莫卧儿的历史》（*Storia do Mogor*）的作者、意大利人尼科洛·马努奇（Niccolao Manucci）把萨法维王朝治下伊朗自由随性的言论环境和土耳其、阿拉伯半岛、乌兹别克斯坦以及莫卧儿人、帕坦人（Pathans）疆域内严苛的氛围进行了比较，在严苛的言论环境下，质疑先知穆罕默德的教法很容易招来杀身之祸。不过，在伊朗，"事关宗教问题，你可以辩论、问询、答复，丝毫不用担心人身安全"。[29] 自信的高级什叶派神职人员会就宗教问题与外国人展开辩论，并且乐在其

---

① 第二幕，第五场：法比安（Fabian）："就算苏菲给我几千英镑，我也不会放弃。"
第三幕，第四场：托比·贝尔奇爵士（Sir Toby Belch）："哎呀，男人，他可是个极邪恶的人；我从来没见过这样的悍夫……人们说他曾做过苏菲的剑客。"

中，在伊朗常住的欧洲人时常会抓住这样的机会。17世纪，伊朗的欧洲人口增多。

沙阿阿巴斯不知疲倦、快速地创建了新的宏伟都城，堪比创下了都城建设历史纪录的阿拔斯王朝哈里发曼苏尔。正如两位君主所理解的那样，打造一个真正伟大的城市，要仰仗的绝不只是本土的能工巧匠，还必须向世界开放。阿巴斯治下的伊斯法罕和8世纪的巴格达惊人地相似，是一个充满活力、非同凡响的国际都市。

尽管伊斯法罕和巴格达有很多相似之处，但二者在最重要的宗教问题上却有很大的不同。在萨法维王朝的沙阿看来，逊尼派和什叶派的宗派分裂已经使伊斯兰世界割裂了一千年之久，而且依然如此，事实证明，弥合这种分裂的难度不亚于解决穆斯林与基督徒、犹太教徒之间由来已久、常常致命的矛盾和冲突。

在这场旷日持久的分裂中，伊斯兰世界不知不觉地走了基督教世界的老路——1054年，基督教先是分裂为东方的东正教和西方的天主教，接着，1514年，马丁·路德出现，导致天主教内部分裂，新教徒和天主教徒分立。事实证明，逊尼派和什叶派在教义上的分歧已经成为影响伊斯兰团结的不可逾越的障碍。

1623年，占领了巴格达的阿巴斯无法抗拒诱惑，对逊尼社群及其房屋院落、庄园、最宝贵的礼拜场所进行了大规模的破坏，包括巴格达穆夫提在内的数千名逊尼派穆斯林被杀，还有数千人被带回伊斯法罕，沦为奴隶。无可比拟的逊尼派圣地阿布·哈尼法清真寺和谢赫阿卜杜勒·卡迪尔·吉拉尼（Sheikh Abdul Qadir al Gilani）清真寺遭到洗劫，几乎被彻底摧毁，这与1508年萨法维王朝第一位沙阿伊斯玛仪在巴格达的暴行如出一辙。

撇开巴格达不谈，阿巴斯的长期统治事实上践行了世界主义，这一点充分体现在其都城不断扩大的建筑群中。查赫巴格大道以西新兴的阿巴萨巴德（Abbasabad）郊区，是在 1610年奥斯曼帝国与萨法维王朝战争中失去故土的大不里士难民的聚居地。半个世纪前，它是一个只有 500 栋房舍的定居点，如今它的面积翻了两番，成为一个时髦的区域，林荫道宽阔，水渠悦目。

扎因达鲁河以南是朱勒法，这是一个更为恢宏的郊区，居住着被阿巴斯赶出都城的亚美尼亚基督徒。它拥有自己的大教堂，建于 1606 年，还有许多豪华的住宅，彰显着商人屋主的富有。到 1722 年萨法维王朝覆灭时，朱勒法区已经建造了近 30 座教堂和一座修道院。伊斯法罕城北和城内还建有一些教堂。亚美尼亚商人有自己的商队旅馆，就设在靠近阿里卡普宫的地方，并且，在古老的集市上，他们和穆斯林商人享有平等权利，也有自己的商铺。阿巴斯允许朱勒法的亚美尼亚社群享有相当程度的自治权，他们有自己的卡兰塔尔（kalantar）。卡兰塔尔，也就是区长，负责征税，拥有综合行政指挥权，在穆斯林达鲁哈（darugha），即总督的领导下展开工作。

这是一座混住着伊朗人、格鲁吉亚人、亚美尼亚人、土库曼人、印度人、中国人的城市，城里还有一个与众不同的欧洲社群。穆斯林和基督徒以及规模更小、更富足的犹太社群一同经商。犹太社群中有很多人从事商业、手工业和新兴的银行业，他们居住在犹太区（Yahudiyya），有三座犹太会堂。然而，一个世纪以来，伊斯法罕犹太人的待遇和遭遇不断恶化，不时地受到迫害。在 17 世纪最后几十年，其他少数民族遭遇了同样的命运。

在伊斯法罕社会底层苦苦煎熬的是最古老的社群——崇

拜火的拜火教教徒，也被蔑称为贾布尔（gebr，异教徒）。他们生活在河南岸一个与贾布拉巴德（Gebrabad）同名的区域，位于上好的朱勒法郊区的东边。拜火教教徒作为劳工被迁移至此，并帮助建造了阿巴斯构想的伊斯兰城市，最后却被迁到了离他们辛苦创造的辉煌都市相去甚远的地方。17世纪70年代生活在伊斯法罕的让·夏尔丹发现了一个深陷困境、仅剩200个家庭的社群。

由于统治者的外向型性格，伊斯法罕人不得不接触不同的种族和多种信仰。根据西班牙外交官唐·加西亚·德·席尔瓦·菲格罗亚的记载，当时，伊斯法罕人"在与外国人打交道的时候非常开放，因为每天都得和不同国家的人接触"。夏尔丹完全被迷住了，他说："波斯人是世界上最善良的人；他们有最吸引人的行为习惯，最温顺的脾性，最圆滑、最讨人喜欢的说话方式；他们在聊天时不会引用可能会惹人忧郁的故事或表达。"[30]

1629年1月19日，就在查理一世解散议会、开启对未来有重大影响的11年统治时，阿巴斯去世了。根据尽职的伊斯坎德尔·蒙希·贝格的记载，整个世界顿时一片悲伤："一个耀眼的太阳落山了，他用正义荫庇世人，让人们得以平静生活。"在为阿巴斯撰写的讣告中，这位王室传记作者附上了教宗乌尔班八世的一封信，信中承认阿巴斯是"一个为全世界人民提供榜样和指引的国王"，并且，比欧洲最有权势的王公"更高贵、更威严、更有权威"。[31]

阿巴斯是伊斯法罕人的指路明灯，他点燃的那一束火焰在其过世后燃烧了很久很久。尽管他的直系继任者没能像他那样留名青史、受人敬重（至少在某些方面），但在17世纪的大多数时间里，他们还是努力保住了燃烧的文化之火。因为继承人或被致残或遭杀害，所以继承阿巴斯之位的不是他的儿子，而是孙子萨菲。萨菲 18 岁登基，为了庆祝自己坐上王位，他学着祖父的样子，大肆杀戮，被杀的有敌人、高级宫臣，还有军队高层。然而，在战场上，他的才能却不足以让他有阿巴斯那样的威慑力，因此奥斯曼人入侵了萨法维王朝在亚美尼亚和伊拉克的领土。1638 年，苏丹穆拉德（Sultan Murad）率先围城，后又大开杀戒，奥斯曼人由此重新夺回巴格达城。

273 萨菲的统治也是值得关注的，因为他结束了奥斯曼帝国和萨法维王朝在南高加索地区和伊拉克的无休止征战。1639 年《佐哈布条约》（Treaty of Zuhab）签订后，从 1623 年持续到 1638 年的战争终于结束，伊斯坦布尔战胜了伊斯法罕，两国的边界也因此发生变化。亚美尼亚东部、格鲁吉亚东部、达吉斯坦（Dagestan）、阿塞拜疆归入伊朗，格鲁吉亚西部、亚美尼亚西部、伊拉克被确定为奥斯曼帝国的领土。

根据历史记载，在政治和战场之外的萨菲是萨法维王朝史上最无节制的酒鬼和瘾君子之一。萨法维家族对葡萄酒的态度往往含糊不清，但萨菲对葡萄酒的迷恋、对鸦片的痴迷是确定无疑的。欧洲使臣亲眼看到沙阿在喝醉的时候作出重要的决策。君主醉酒可能会导致致命的后果。1633 年，萨菲与伊玛目库里汗（Imam Quli Khan）饮酒，最后沙阿突然下令处死伊玛目和他的两个儿子。伊玛目库里汗是阿巴斯在位时的将军阿拉瓦尔迪汗的儿子、设拉子的总督。或许是真主对这种醉酒后恣意妄为的残忍行径的惩罚，1642 年年仅 31 岁的萨菲逝世，"过度饮酒及其他妄行加速了他的死亡"。[32]

在萨法维王朝沙阿们的统治时期，吸烟、饮酒的风尚时断时续。父亲在位的十多年，宫廷纵酒无度、声名狼藉，于是 1642 年年仅 9 岁的沙阿阿巴斯二世即位后宣布禁酒。对还是个孩子的他而言，能有这样好的意图值得夸赞。但到了 1649

年，他年满 17 岁独掌大权后，便把绝对禁酒的承诺抛在一边，皇室又开始大肆饮酒。皇室对烟草的宠爱也是时有时无。1650年，在年轻的阿巴斯开始酗酒后，严厉的教职人员、前任伊斯法罕伊斯兰长老（Sheikh al Islam）阿里·纳吉·卡马拉希（Ali Naqi Kamarahi）逝世。长期以来，他在以忠实信徒为目标读者、讲述地狱刑罚的论述中痛斥邪恶的烟草。他逝世后，你几乎可以听到那些离经叛道的宫臣们拿起烟管的声音。要是阿巴斯听从这位可敬的老人，也许能活得更久一些。1666年，阿巴斯同样因为酗酒逝世，享年 34 岁，寿命只比其父长了一点点。家族历史再度重演。

欧洲人时常出席宫廷酒宴，毕竟拒绝宫廷宴请不是明智之举。1666 年，荷兰东印度公司的代表海伯特·德·莱雷斯（Huybert de Lairesse）受邀与阿巴斯二世在马赞德兰（Mazandaran）饮酒，阿巴斯狂饮一通，两周后才彻底恢复过来。当年，供皇室饮用的葡萄酒产量约为 14.5 万升，可见宫廷饮酒之甚。[33] 有些沙阿喜欢强迫不愿饮酒的下属一起喝酒，完全不管他们是否在戒酒。沙阿苏莱曼（Shah Sulayman，1666—1694 年在位）就因喜欢用这种方式羞辱滴酒不沾的大维齐尔谢赫阿里汗（Sheikh Ali Khan）而出了名。有一次，这位倒霉的官员因为拒绝沙阿而被暂时免职。苏莱曼最喜欢看喝瘫了的酒伴像尸体一样被拖离他的视线。

274

在此期间，伊斯法罕继续蓬勃发展。再次从空中俯瞰，映入眼帘的景色蔚为壮观，除了明目张胆地炫耀其恢宏规模的美丹纳奇贾汗广场外，稍稍往西，还有一座庞大的深绿色庭院，院内细长的林荫道纵横交错。这就是阿巴斯二世在 1647 年建造的四十柱宫，是皇室用来宴请娱乐的最宏伟的场所，因支撑凉亭的雅致木柱在亭前清澈流水中的倒影而得名。当时，它是达乌拉特哈纳（Daulatkhana）宫殿建筑群中最大的宫殿，坐落在一个占地 7 公顷、四面有围墙的花园之中。这栋建筑体现了萨法维王朝的高雅，是其政治权力形象化的典范，内部因现今保存最好的伊朗壁画而闻名。色彩丰富的大型壁画用一系列片段讲述了萨法维王朝的故事，其中有沙阿伊斯玛仪一世与乌兹别克人战斗的场景，沙阿塔赫马斯普一世接待莫卧儿皇帝胡马雍的场景，以及沙阿阿巴斯一世接待乌兹别克统治者瓦利·穆罕默德汗（Vali Mohammed Khan）的场景；有用非写实手法对身在萨法维宫廷的欧洲人的描绘，以及对宴饮、狩猎场景的描绘。在画中，红酒杯是一个反复出现、无处不在的元素，这是对伊斯兰禁酒传统大胆的、愉快的挑战。总的来看，四十柱宫明显是萨法维王朝的自我夸耀。[34]

西南方向紧挨着四十柱宫的是伊斯法罕中心第三处也是最后一块宽阔的绿地——八重天宫（Hasht Bihisht）。八重天宫由沙阿苏莱曼建造，建成时间比四十柱宫晚 20 年左右。它孤零零地矗立在那里，提醒着人们在萨法维王朝鼎盛时期那些装饰着伊斯法罕天际线的豪华亭阁。八重天宫上下两层共八个房间环绕着中央的圆顶空间，宫殿的名字就是由此而来的。

17 世纪后期的伊斯法罕运势不及世纪初期阿巴斯一世统治的那几十年。文献中满是悲惨的饥荒事件。1662 年和 1668—1669 年的饥荒过后，伊斯法罕在 1678—1679 年再次遭遇了灾难性的饥荒，据记载，当时 7 万多人被饿死。

和在他们之前出现的巴格达阿拔斯王朝的哈里发们一样，随着时间的推移，伊朗萨法维王朝的沙阿们从大权在握的君主变成了安居宫闱的影子。阿巴斯二世是萨法维王朝最后一位在战场上名声大振的沙阿。17 世纪的最后几十年里，皇室逐渐把注意力转移到美丽的花园、公园、宫殿、亭阁上，不再对外征战、寻求帝国扩张了。

几个世纪以来，在伊斯兰世界，妇女很少出现在公共生活和政治生活中，人们普遍认为家庭才是适合她们的活动范围，今天在一些伊斯兰国家仍然如此。不过，在萨法维王朝最高层，女性可以扮演非常有影响力的角色。这种情形在年少的沙阿（如阿巴斯二世）继位时最为明显，因为那是一个微妙的时期，需要巧妙地在变化莫测的宫廷政治潮流中航行，否则会有性命之忧。"波斯国王们（沙阿们）年少时，其母亲的权力大到令人惊恐，"夏尔丹观察道，"阿巴斯二世的母亲就有很大的绝对权力。她们（太后们）与辅弼保持密切联系并且互相帮助……萨鲁·塔基（Saru Taqi）就是太后的代理人兼心腹，他会为太后聚敛巨额财富，而太后则通过他来传达自己的意志，统治波斯。"35

沙阿们大兴土木，弥补政治权力丧失带来的失落感，比如萨法维王朝最后一位沙阿索尔坦·侯赛因（Soltan Hosaynr，1694—1722年在位）在位期间就投身于兴建一个内含伊斯兰学校、集市、商队旅馆的建筑群中。索尔坦·侯赛因是另一位一边对酒精和鸦片宣战、一边沉浸在一个又一个盛大酒会之中的统治者。摇曳在镶满钻石的水晶玻璃瓶中的设拉子葡萄酒色如红宝石，令索尔坦·侯赛因和他的皇室先辈们沉迷其中、无法自拔。"他倾向于极端的宗教信仰，将权力的缰绳交给强大的教职阶层，同时，彻底退居后宫（既是象征意义上的也是字面意义上的）。"36萨法维皇室如此放任自流，什叶派教职人员的权力和影响力达到巅峰也就不足为奇了，与此同时，身为古拉姆的宦官也权倾朝野。

在索尔坦·侯赛因的统治下，宗教歧视和迫害愈加严重。统治者下令逼迫拜火教教徒改宗，摧毁他们的庙宇并改建成清真寺；对犹太教徒和基督徒征收人头税。如果说有什么事例能清楚说明当时那种不食人间烟火、毫无执政能力可言的政治氛围的话，那一定是沙阿下令禁止非什叶派下雨天出门，因为担心他们会污染什叶派信徒。[37]

索尔坦·侯赛因是萨法维王朝最后一代沙阿，人们回想起他来不免会感到惋惜。单就建筑方面而言，他被誉为索尔塔尼经学院（Soltani Madrassa）的指路明灯。这座萨法维王朝巴洛克风格的建筑歌颂了皇室的赞助、穆斯林的虔诚及伊斯兰教的学术发展。这所宗教学院以庄严肃穆的姿态耸立着，两扇造价不菲的银色大门通往威严的查赫巴格花园大道，鲜艳的瓷砖吸引着人们将视线从巨大的庭院和水培花圃上移到被阳光照射的穹顶和两侧的宣礼塔上。它是伊斯法罕在 20 世纪之前建造的最后一座宏伟建筑。

在 17 世纪末和 18 世纪初的几十年里，在位的沙阿索尔坦·侯赛因给人以强烈的颓败感和衰落感，我们很难称他是统治者沙阿。他对政治完全不感兴趣，因此有了一个绰号——"很好"（Yakshi dir），高级官员的任何提议，他都会回复"很好"。文献记载说，毛拉们从皇室酒窖中取出了 6 万瓶葡萄酒，当众摔了个粉碎。[38] 皇室懒散、酗酒在教职人员看来是非常可憎的，但对萨法维王朝的敌人们来说却是天赐的机会。

他们先是对伊朗边境发动了一系列攻击摸摸情况。1699年，俾路支族（Baluch）占领了克尔曼（Kerman）；接着1717 年，短命的阿富汗霍塔克王朝（Hotaki Dynasty）袭击呼罗珊，迫使另一位重要的皇室女性不顾一切地试图阻止形势恶化。索尔坦·侯赛因的姑祖母、萨菲一世的女儿马里亚姆·贝格姆（Maryam Begom）曾助侯赛因登上了王位，这时警告他，如果不阻止局势恶化，他将会失去自己的王国，而她将会失去自由。她通过动员为军事远征争取了财政和外交支持，还获得了英国东印度公司和荷兰东印度公司的援助，但这些远不足以力挽狂澜。1721 年，南高加索地区的列兹金人（Lezgins）向达吉斯坦和希尔万（Shirvan）进军。一年后，更糟糕的事情来了。

在 1720 年和 1721 年两次突袭后，1722 年初，一小支装备简陋的阿富汗军队在军阀米尔·马哈茂德·吉尔扎伊（Mir Mahmud Ghilzai）的率领下，攻入了距伊斯法罕 12 英里的古尔纳巴德（Golnabad）。这些袭击之所以会发生，是因为冷酷的萨法维王朝试图改变逊尼派阿富汗人的信仰，让他们皈依什叶派，这一危险的政策最初遭到反抗，后来引发了报复和全面入侵。索尔坦·侯赛因的回应分两个阶段，他先是推迟战斗，待占星家选出吉时，再下令让军队将士喝下一种神奇的汤水，说是喝下之后阿富汗人就看不到他们了。不用说也知道，萨法维的军队被击溃了。[39]

从 3 月开始，伊斯法罕就陷入包围，城内的局势不断恶化。荷兰东印度公司的首席商人尼古拉斯·肖勒（Nicholas Schorer）写了一本围城日志，记录了 3 月到 8 月围城期间的事，有些内容记录了绝望的人们被迫吃皮鞋、树皮，甚至吃人的情况。在围城期间，作为惩罚，马哈茂德索要了大笔赎金；萨法维王朝内部因此出现了阴谋和背叛，人们想尽办法疯狂筹资但毫无结果。

曾经，在光荣的征服和英勇的防御战之后，信奉基督教的君士坦丁堡被苏丹穆罕默德攻陷。而此时，在这个决定性的时刻，要索尔坦·侯赛因同样挺身而出、迎难而上，实属过分要求。伊斯法罕最后的陷落可以说是幻想破灭。钱财被掠夺后，萨法维王朝最后一位沙阿小心走过都城恶臭的街道，于 1722 年 10 月 21 日正式向马哈茂德投降，那时街上横尸遍野，到处都是饿得快要造反的百姓。伴随着一声呜咽，伊朗历史上最辉煌的时代结束了。

索尔坦·侯赛因毁灭性的统治结束后，萨法维王朝迎来了不光彩的后记。对萨法维贵族而言，这无异于一场灾难。精神失常、嗜杀成性的马哈茂德在愤怒中亲手屠杀了几乎所有幸存的萨法维王子。对伊朗来说，这同样是一场灾难。敌对势力，尤其是俄国人和奥斯曼人，扑向伊朗，并在 1724 年索尔坦·侯赛因还在狱中的时候签订《君士坦丁堡条约》(Treaty of Constantinople)，瓜分了萨法维王朝的大部分领土。在伊斯法罕陷落引发的动荡中，伊朗失去大片领土，蒙受羞辱；1726 年，在指挥官艾哈迈德帕夏(Ahmed Pasha)的带领下，奥斯曼人再度入侵，伊朗遭到进一步羞辱。艾哈迈德先是给新任阿富汗领导者、自立为沙阿的阿什拉夫·吉尔扎伊(Ashraf Ghilzai)写了一封言辞犀利的信，信中称其为非法篡位者并威胁要重新扶持索尔坦·侯赛因上位。要想阻止这种情况发生，只有一种简单粗暴的方式。在索尔坦宫殿令人眼花缭乱的镜厅里，这位被推翻的萨法维沙阿被迫下跪，惨遭砍首。他的首级和阿什拉夫的信一同被送到了奥斯曼将军那里，信中寥寥数语，大意是这只是先吹吹风，接下来他会用自己的剑给出更完整的回应。[40]

萨法维王朝建立了伊朗自 7 世纪逊尼派穆斯林到来以后最大的帝国。尽管结局悲惨，但事实证明，他们留下的遗产更有生命力。萨法维王朝引入了有效的国家官僚体制，大力资助艺术，在建筑方面更加自信，并且，开明的贸易政策让伊朗再次成为一支不容忽视的经济力量。影响最为深远的是，萨法维王朝成功地使伊朗成为伊斯兰教什叶派的精神堡垒，直到今天，它仍是一个敢于反抗的什叶派国家。

的黎波里旧城

的黎波里港口灯塔.

地 中 海

| — 城墙
| 1 艾哈迈德帕夏·卡拉曼里清真寺
| 2 纳卡清真寺
| 3 钟楼
| 4 哈鲁巴清真寺
| 5 旧英国领事馆
| 6 东正教会
| 7 苏非清真寺

巴布·巴哈尔鱼市场

马尔萨·拉哈

西迪·萨勒姆清真寺
本·萨比尔清真寺
西迪·苏莱曼清真寺
哈拉卡比尔街
阿尔马穆迪清真寺
犹太教会堂

马可·奥鲁略凯旋门
古尔基清真寺
达尔古特帕夏清真寺

圣玛利亚教堂

利比亚中央银行
萨拉亚湖

沙特路

贾马·达尔古特街

萨拉亚·哈姆拉

公共花园

马可尼街

胡迈特盖尔场尔街
库拉特·萨法尔街
西迪·奥姆兰街
马蒙街
拉希德街

烈士广场

海马喷泉

奥马尔·穆赫塔尔路

北

0.25英里

0.25千米

12

18 世纪：的黎波里——海盗的窝点

我不害怕战争，这是我的本行。

——优素福·卡拉曼里（Yusuf Karamanli, 1795—1832 年）

"是，我想你应该可以称之为菲特纳"，我的一个朋友、利比亚的银行家阿德尔（Adel）说道。

那是一个温暖的初夏晚上，正值斋月前夕，我们坐在他的一层露台上，俯瞰地中海。不远处，约会的年轻情侣拉着手在海滩上散步，身穿泳裤的男人在打沙滩网球，孩子们飞快地奔跑着，偶尔出现的孤独的漫步者要么沿着海岸急匆匆地走过，要么缓慢地蹚过厚厚的沙子，陷入沉思。

阿德尔和我讨论着利比亚局势。过去三年，一直在这里工作。2011 年革命之后，这里动荡不安，时常发生流血事件。现在，利比亚有三个政府、两个议会、两个中央银行、两个招商机构、两家国家石油公司以及无数民兵，变成了一个充满冲突和分裂的国家。

和很多阿拉伯词语一样，菲特纳有很多种含义。在《古兰经》中，它以多种形式出现，意指背叛、诱惑、迫害、纷争、不和。① 在现代用法中，这个词常常指冲突、争斗、叛乱、动

---

① 《古兰经》（9∶47—48）：他们只会在你们中间进行捣乱，他们必定在你们中间挑拨离间……从前他们确已图谋离间，他们千方百计地想谋害你。

乱、分裂。我们俩在突尼斯而非的黎波里见面聊天，正是出于安全考虑。那里绑架案泛滥成灾，对阿德尔来说，回的黎波里的路出奇地危险，所以过去几年他一直没能回去。那里的安保体系已经崩溃，动乱成为家常便饭。

其实，从前的黎波里并不总是这样的。的黎波里是我参观的第一座阿拉伯城市，那时还是少年的我陪父亲出差，由此我开始了对这座城市长达30年的爱恋，利比亚人自豪地称它为"地中海的白色新娘"（Arus al Bahr）。20世纪80年代，这里根本没有菲特纳。尽管不同城区的人对穆阿迈尔·卡扎菲上校（Colonel Muammar Gaddafi）既畏惧又厌恶，但他拥有绝对的、几乎无法撼动的权威，他治下的百姓因恐惧而顺从、屈服。那些胆敢挑战卡扎菲政权的人很快就被关进了监狱，还有很多人被消灭。就连那些流亡国外的异见分子和海外的反对者也不安全，卡扎菲的"丧家之犬"政策将他们定为海外暗杀的目标。

在滨海酒店巴布·巴哈尔（Bab al Bahr）的大堂里，西装革履的男人在暗处一待就是几个小时，默默地观察来来往往的人。父亲环顾四周并提醒我："别跟出租车司机或其他人讨论政治，这里的任何一个人都有可能是触角（antenna）"。"触角"是利比亚人对告密者的称呼。

那些日子里，没有人能逃离卡扎菲的掌控。不管你往哪儿看，都能看到他那蔑视一切的肖像。电视上、收音机里、报纸上、街边的大幅广告牌上、邮票上、公司、工厂、商店、餐馆、酒店、百姓家里，都有他的影子。卡扎菲——挥舞拳头的革命家、反制裁的大众英雄、狡猾的非洲之鹰、兄弟领袖、万能的理论家、大阿拉伯利比亚人民社会主义民众国（常写作GSPLAJ）的最高领导人。我曾经看过一幅非凡的宣传画，将卡扎菲描绘成伟大的人工河建设者。画中，湍急的水流从巨大

280

的水管中喷涌而出，将有骆驼群、枣椰树和沙丘的沙漠变成了肥沃的农耕地。画中还有正在吃草的羊、联合收割机、多种油亮的果蔬，那位佩戴金色穗带的统治者正以和蔼的目光注视着一切。我同酒店经理说了一声，他就把这幅宣传画大方地送给了我，以示来自 GSPLAJ 的兄弟般的情谊。30 年过去了，在我写下这段话的时候，这幅画还挂在我的书房里。

的黎波里是一个美丽的、令人忧郁的地方，在耀眼的日光下明亮得让人睁不开眼，然而，作为一个典型的地中海沿岸城市，它又让人莫名地悲痛。我父亲的旧友穆罕默德，一个个子不高、忧虑憔悴的"老烟枪"，过去经常开着他那台破烂不堪的车载着我们满城跑。我们常常把车停在绿色广场（Green Square），广场因卡扎菲 1969 年 9 月 1 日的革命得名，四周长满了高大的棕榈树，还有一座古老的城堡。作为城市的活动中心，尽管这座广场过去几十年没什么变化，但它的名字却几经更改，是利比亚 20 世纪历史的风向标。1911 年，意大利人为了殖民、掠夺土地入侵了利比亚；1939 年，墨索里尼重塑利比亚，把它当作意大利的"第四海岸"（Quarta Sponda）。在意大利人占领期间，绿色广场被称为意大利广场（Piazza Italia）。在伊德里斯国王（King Idris）在位期间（1951—1969 年），它更名为独立广场（Maydan al Istiqlal）。今天，为了纪念 2011 年革命的受害者，它的名字被改成了烈士广场（Maydan al Shuhada）。

有时，在进入旧城之前，我们会沿着庞大的红堡城墙逛一圈。城墙远眺地中海，冷漠地见证着近 3000 年来腓尼基人、迦太基人、希腊人、罗马人、汪达尔人、四处劫掠的海盗、拜占庭人、阿拉伯人、诺曼人、西班牙人、奥斯曼人、意大利人、英国人发起的斗争、征战和密谋。在这里，你能看到的黎波里港波光粼粼的水域。的黎波里港是公元前 7 世纪左右由那些积习已深、靠海而居的水手建造的。这些腓尼基人是第一批定居在的黎波里的人，先是称之为乌亚特（Uiat），后改为奥亚（Oea）。

风从海上吹来，我们漫步穿过古朴的哈瓦拉门（Bab Hawara），这里是通往中世纪市场马希尔市场（Suq al Mushir）的大门；耳畔传来宣礼员挥散不去的呼召礼拜的声音，这声音来自建于1737—1738年的艾哈迈德帕夏·卡拉曼里清真寺的八角形宣礼塔，它的缔造者是一位果敢的王朝奠基者。在不远处的哈里尔市场（Suq al Harir，丝绸市场）和达哈卜市场（Suq al Dahab，金器市场），身材高大的主妇们，有的身穿祖先们世代流传下来的、形似床单的法拉什亚（farrashiyya），有的头戴俗艳的头巾（hijabs），无视真主迫切的呼求，为了裙子和珠宝，与处之泰然的店主们激烈地讨价还价。

街上挤满了男人、女人和孩童，被人潮裹挟着前行的我们无意间走到了老城区安静的白色街道上，经过一座又一座清真寺——最古老的纳卡清真寺、沙伊卜·艾因清真寺（Shaib al Ayn Mosque）、哈鲁巴清真寺——和一栋栋曾经壮观，如今摇摇欲坠、墙壁和露台已经崩塌的联排别墅。我们在一座破旧的咖啡屋落了脚，露天的庭院边上，男人们在打牌，时不时地喝一口能将牙齿腐坏的甜茶，或者懒洋洋地吸一口咕咕冒泡、装满烟草的水烟。在哈拉卡比尔街的东端、离19世纪的古尔基清真寺只有几步远的地方，坐落着马可·奥鲁略凯旋门，这是164年为纪念罗马帝国皇帝及其义弟路奇乌斯·维鲁斯（Lucius Verus）战胜帕提亚人而建的，是的黎波里城内唯一幸存的罗马帝国遗迹。它宏伟壮丽，但也散发恶臭、令人厌恶的气味，这是因为的黎波里的年轻男子时常在这里小便。特别是近几年，英国政客和外交官们把它当作背景墙，在这里拍照并发布到社交媒体上，表明自己在的黎波里努力工作。

282   对的黎波里的藏书家来说，条条大路通往费尔贾尼书店
（Dar al Fergiani），从前如此，现在依旧如此。这家宝贵的书
店位于九一街（1 September Street），如今街名改成了12·
24 街（1951 年 12 月 24 日是独立日）。我第一次来这里的时
候，无意中寻到了《1818—1820 年北非游记》（*A Narrative
of Travels in Northern Africa in the Years 1818—1820*）。
这本书记述了英国人的一次探险，此次探险启发了很久以后的
穿越沙漠之旅，也对利比亚文化提出了深刻见解。游客们看到
利比亚人见面时例行的复杂、耗时的问候总会感到惊讶。200
年前，问候的礼节与此略有不同，正如英国探险家乔治·弗朗
西斯·里昂（George Francis Lyon）看到的那样——

> 关系非常密切的熟人彼此拉着对方的右手，举起来，
> 亲吻手背，并以最快的速度重复问候："你好吗？我很好，
> 你怎么样。感谢上帝，你好吗？上帝祝福你，你好吗？"
> 一个有教养的人要将这些问候语至少重复十分钟；而且，
> 不管随后的对话内容是什么，偶尔打断对话、郑重地鞠躬
> 并询问"你好吗？"是教养良好的标志，被问到的另一方
> 不一定需要回应，因为问候的一方问话时或许没有看他，
> 且正想着其他事情呢。[1]

有时，我们会开车到附近的塞卜拉泰（Sabratha）或大
莱普提斯（Leptis Magna），这两座城市和古城奥亚（罗马人
称的黎波里为奥亚）组成了的黎波里塔尼亚行省（provincia
Tripolitania）。provincia Tripolitania 字面意思为"有三座
城市的行省"，是 303 年皇帝戴克里先（Diocletian）建立的。
塞卜拉泰是一座幽静、典雅的袖珍小城。站在城内高耸的、三

层高的剧场舞台背景墙（scaenae frons）上，可以一窥地中海的景色，这个剧场也是世界上最能唤起人们回忆的古代遗迹之一。一心想要重建罗马帝国的墨索里尼十分喜爱这个剧场，于是在 1937 年给它重新举办开幕典礼，并在开幕式上上演了索福克勒斯的《俄狄浦斯王》。在离开塞卜拉泰，前往莱普提斯之前，他在塞卜拉泰的来宾意见簿中写道："（一座）存在于过去的罗马和未来的罗马之间的（城市）。"墨索里尼还为莱普提斯的罗马式喷泉建筑命名，称之为"墨索里尼观景楼"。[2] 不过后人几乎可以原谅他的自大。2015 年起，塞卜拉泰开始变得不受欢迎，原因主要是有段时期，它不仅是北非最大的移民偷渡中心之一，还是达伊沙（Daesh）跨国恐怖分子的避难所。这些恐怖分子寻求重建所谓的"伊斯兰国"，一个 21 世纪的哈里发政权，但未能成功。2016 年，他们被当地的民兵赶走。[3]

塞卜拉泰小巧别致，莱普提斯却大得过分。这座威严的城市展现了罗马帝国第一任非洲皇帝塞普蒂米乌斯·塞维鲁（Septimius Severus，193—211 年在位）的自负。财富、塞维鲁对振兴家乡的渴望，再加上集中了整个帝国的人力和物力，三者共同让莱普提斯变成了一座雄伟的都市。在众多新建筑中，廊柱会堂显得非常突出。它有两层高，用大理石铺就，规模庞大、设计华丽、极尽奢靡，红色埃及花岗岩的科林斯式圆形廊柱高高耸立。

事实证明，英国、法国的君主们都难敌莱普提斯珍宝的诱惑。1692 年，的黎波里的统治者穆罕默德·沙伊卜·艾因允许法国人将廊柱从莱普提斯带回法国，后者将它们安放在了凡尔赛宫。巴黎的鲁昂大教堂和圣日耳曼德佩修道院中也有来自莱普提斯的大理石。英国人不甘示弱，19 世纪英国探险家们从的黎波里出发深入非洲内陆，在沙漠中进行地理和商业发现

283

时，也带走了很多东西。这些英国探险家用的骆驼正是 2000 年前塞普蒂米乌斯为促进撒哈拉贸易鼓励繁育的骆驼的后代。1817 年，英国人以乔治四世的名义掳走了 37 根花岗岩和大理石圆柱，还有 10 个柱顶、25 个基座以及各式各样的板材。10 年后，国王的建筑师杰弗里·威雅维尔爵士（Sir Jeffrey Wyatville）用这些材料建成了集多种风格于一身的、雄伟的"被毁的罗马神庙"，今天它依然屹立在弗吉尼亚沃特。[4]

莱普提斯宏大壮观，游客们常常能独享莱普提斯的美好。沿着海岸漫步闲逛，不受干扰地爬上这些疏于维护的建筑，经过散落在辽阔的非洲天空下一堆又一堆倒塌的圆柱和废弃的基座，是人生的一大美事。流沙环绕，绿植密布，塞普蒂米乌斯的城池在轻柔的风中沉睡。这个地方的高温和令人窒息的寂静会让人难以忍受。艺术史学家伯纳德·贝伦森（Bernard Berenson）曾在 1935 年来到这里，他认为大莱普提斯遗址"令人回味，其浪漫程度难以夸大"。[5]

2011 年 9 月，的黎波里还没有菲特纳的苗头。城里萦绕着一种革命的热情。利比亚人非但没有分裂，反而在推翻卡扎菲的喜悦中团结起来。长期以来对卡扎菲政权的畏惧使利比亚人在 8 月末城市得到解放后的几天里依旧不敢上街，起初只有数百人试探性地参加烈士广场的庆祝活动，不过很快，热情洋溢、欢欣鼓舞的人群就多达数万人，广场上挤满了人，变成了一个被红、黑、绿三色旗填满的躁动的海洋，这是利比亚处于君主制时期的旧旗帜。伴着高射炮和 AK47 冲锋枪庆祝的轰鸣声，人们放声歌唱被恢复使用的国歌。他们唱着："Arfa rasuk fawq! Enta Leebee hour！"（抬起头！你是自由的利比亚人！）大街上，人们载歌载舞，拥抱着陌生人哭泣，在数英里长的墙上喷涂嘲讽卡扎菲的涂鸦。医生、工程师、商人、

284

网络行动主义者和士兵们手拉着手，虔诚的伊玛目和充满激情的人权卫士也手拉手。革命者高喊着"的黎波里是我们的都城"的口号，先是在东部点燃了革命的火焰，最终烧毁了西部卡扎菲政权的统治基础。这时的利比亚人没有分歧，完全融为一体。

挺身而出的除了男人，还有女人。土木工程师尤思拉·马苏迪（Yusra al Massoudi）决意要与外国记者交谈。一天晚上，她在广场上满面笑容地告诉我："这是真实的利比亚，简直太棒了，我感觉很好。这一切都超乎我们的想象。从前，我从不觉得这是我的国家，那时的利比亚就像卡扎菲的农场。现在，只有现在，我第一次为自己是利比亚人而感到骄傲。这是我的国家。"

那是一个新的利比亚。在2011年那一段洋溢着喜悦的日子里，一切似乎都有可能。42年的独裁统治结束，利比亚人终于挣脱了锁链，而那个预言世界革命的先知（卡扎菲）最终被本国的一场革命打倒。的黎波里会成为一个由利比亚人自由决定自身未来的国家的首都。它会是一个和平的伊斯兰国家，一个伊斯兰民主政权；它可以是地中海的迪拜，也可以变成任何由利比亚人在卡扎菲政权的灰烬中共同构想出的模样。正如亚里士多德早在近2500年前所说的那样，"利比亚总会有新鲜事物出现"。[6]

643年，在先知穆罕默德逝世11年后，在距离那场以血腥、羞辱的方式结束了卡扎菲上校生命的革命还有1368年时，埃及征服者阿慕尔·本·阿斯（Amr ibn al As）率领着阿拉伯军队来到的黎波里，带来了新鲜事物——伊斯兰教。从那时起，的黎波里（阿拉伯语中称之为Trabulus）就成了一座阿拉伯伊斯兰城市，直到1510年。不过，在1146—1158年，的黎波里曾短暂地被基督教政权统治，那时，刚刚征服了西西里和马耳他的诺曼人将这里变成了驻防地。

在著作《非洲纪行》中，10世纪旅行家、地理学家伊本·霍卡尔是这样记录的黎波里的："一个极其富有、极为强大的城市，拥有多个巨大的市场……市场上商品丰富，比如，本土产的毛织物及价值极高的碧蓝色、黑色的纺织物。从欧洲和阿拉伯地区驶来的船只满载各类商品来到的黎波里，然后再载着货物离开。"[7]伊本·霍卡尔没有说明的是，的黎波里的大多数财富有的是突袭西西里和意大利南部的穆斯林船只抢回的，有的是靠买卖基督徒的肉体，尤其是女性，挣得的。这两项活动——海上的海盗抢劫，沙漠里的奴隶贸易——在后来的1000多年里始终是的黎波里的经济支柱。

更具传奇色彩的是，数百年以来，旅行者们在描述的黎波里时往往会提到它那令人目眩的光亮。1307年，突尼斯旅行家、学识渊博的阿布·穆罕默德·阿卜杜拉·提贾尼（Abu Mohammed Abdullah al Tijani）提及的黎波里的昵称"贝达"（Al Bayda，意为"白色"）时，这样写道："炽热的日光洒下来，经反射后，照得城里一片亮白，我们一走近，就被晃得睁不开眼，如此我便相信把的黎波里叫作'白城'恰如其分。"今天，贝达指的是利比亚东部的一座城市。时任英国领事的妹妹、的黎波里日记作者塔利小姐（Miss Tully）在这座城市待了十年，观察它的文化风俗。1785年，她写道："在这样的气候条件下，覆盖着一层石灰的亮白色方形平顶建筑碰上极其刺眼的太阳光，异常醒目。"西班牙探险家、间谍多明戈·巴迪亚·列布里希（Domingo Badia y Leblich）在1804年化名阿里·贝伊·阿巴西（Ali Bey al Abbassi）来到的黎波里，也有类似的感觉。的黎波里比摩洛哥的任何一座城镇都漂亮，他写道："这里的房舍都是方形的，建得很好，而且几乎所有房子都被刷成了耀眼的白色。"最近，利比亚作家希沙姆·马塔尔（Hisham Matar）说东部城市班加西（Benghazi）的光线令人着迷，以至于它本身变成了一种建筑材料，在建筑学上甚至比石材都重要——"你几乎可以感受到它的重量，感受到它落到目标对象上，并将它紧紧包裹"。[8]

在游记《里赫拉赫》（*Rihlah*）中，提贾尼称赞的黎波里的街道干净、宽阔，仿照罗马原有的街道规划，像"棋盘"一样纵横交错、四通八达。他感叹了"古老、绝妙的"马可·奥鲁略凯旋门那"令人震惊的精确度和坚固性"，并因令人毛骨悚然的墓地而大吃一惊，那里堆满了尸体，"遍地都是头骨或尸骨，找不到一掌宽的空地"。[9]

1510年7月25日，佩特罗·纳瓦罗伯爵（Count Pedro Navarro）镇压了当地人的抵抗，占领了的黎波里城，灾难降临到城里忠实的信众身上。这是基督教欧洲在西方对穆斯林社区发动的最近一次的进攻，此前，阿拉贡的迪南（Ferdinand of Aragon）和卡斯蒂利亚的伊莎贝拉（Isabella of Castile）在1492年打败了格拉纳达的最后一位阿拉伯国王。1502年，阿拉伯人被全部赶出西班牙，安达卢斯——他们挚爱的家园、他们珍爱的生活方式，变成了遥远的、炽热的回忆。纳瓦罗和早前的游客一样，赞美的黎波里。他写道："这世上我看过那么多城市，就防御工事和清洁程度而言，没有一个能与它相比。它是一座相当宏伟的城市。"时至今日，这座城市俯瞰着一个能容纳400艘船的大港口，周边不仅有一条深深的护城河，还有带塔楼和女墙的双层城墙，长达1英里。1530—1551年，的黎波里处在耶路撒冷圣约翰医院骑士团的掌控之下，他们宣誓要守护这片"位于野蛮沙漠之中的基督教绿洲"。[10]

他们在这片海岸待的时间有限。到16世纪中叶，北非的奥斯曼政权再度崛起。而地中海，一度被罗马人称为"我们的海"（Mare Nostrum），变成了"奥斯曼人的海"。1551 年，为确保万无一失，土耳其人同时从海上、陆上对的黎波里发动进攻。锡南帕夏（Sinan Pasha）的舰队气势汹汹，共有 112 艘大划桨帆船、2 艘巨大的三桅帆装军舰、55 艘双桅帆船和运输船只，船上载有 12000 名士兵和攻城技师。这支军队是一支集奥斯曼海军与海盗力量为一体的混合军种，而达尔古特帕夏（Darghut Pasha）——后来被称为"的黎波里的噩梦"——和穆拉德·阿迦（Murad Agha）手下那些化身海盗的背教者（renegades）① 更是增强了这支军队的实力。第一炮兵部队朝不超过 1000 人的圣约翰骑士分遣队开火，小小的分遣队几乎没有任何增援，不过 8 天就投降了。西班牙人的进攻及随后的抢掠对的黎波里造成了相当大的破坏，奥斯曼人不得不重建新城池的防御工事，修复纳卡清真寺，并为达尔古特帕夏修建一座宫殿。1554 年前后，达尔古特帕夏接替穆拉德·阿迦，成为的黎波里的贝勒贝伊（Beylerbey），即首席总督。

在的黎波里经历了被异教徒统治的耻辱之后，土耳其人的征服使这座城市重新回到穆斯林手中，尽管这些人是外国的领主。土耳其人的征服还开启了的黎波里长达 360 年的穆斯林统治时期，尽管马耳他骑士团和西班牙的腓力二世多次尝试夺城，但在地中海的这一角穆斯林的影响力仍在稳步上升。1516 年，奥斯曼人夺取阿尔及尔，接着在的黎波里大获全胜，而这正是他们在北非攻城略地的先兆。此后，1557 年，他们占领了古老的伊斯兰文化中心凯鲁万；1558 年，攻下杰尔巴；1569 年、1574 年先后两次攻占突尼斯。

和它西面的阿尔及尔、东面的突尼斯一样，的黎波里

---

① 指那些皈依伊斯兰教的欧洲基督徒。自 16 世纪起，他们加入巴巴里海盗舰队，以北非海岸为据点，出海抢夺过往船只。

的摄政权也落到被伊斯坦布尔的奥斯曼苏丹任命的多位戴伊（deys）手中。尽管他们对领主的忠诚度有别，但始终坚持向奥斯曼帝国宫廷纳贡。纳贡需要繁荣稳定的贸易。

这一时期最明显的特征是海盗猖獗。从16世纪起，巴巴里海盗在地中海西面疯狂游窜，他们大多乘坐速度快、吃水浅的船只，沿着西非的大西洋海岸活动，有时甚至会驾驶更大的船只深入北大西洋和南美地区。海盗在的黎波里、突尼斯、阿尔及尔、塞拉、拉巴特都设有据点，他们从据点出发，对商业船只和沿海城镇发动致命的掠夺性袭击，劫掠船只，把俘获的基督徒奴隶卖到奥斯曼的奴隶市场上。

白人奴隶贸易绝不是非洲奴隶贸易中微不足道的插曲，也不是发生在远海上的传奇冒险故事，它是一个非常重大、极具破坏力的现象。1500—1800年，有数百万来自英国、爱尔兰、法国、西班牙、意大利、荷兰、美洲及冰岛的白人被巴巴里海盗抓获，成为受害者。到1580年，局势恶化，意大利人与要远航的水手们告别时最常说的一句话是："愿上帝保佑你们远离的黎波里的划桨帆船。"绝大多数海盗是穆斯林，其中最有名的当数希齐尔·雷斯（Hizir Reis，1478—1546年）、乌鲁奇·雷斯（Oruç Reis，1474—1518年），人称"巴巴罗萨兄弟"。他们拥有辉煌的生涯，从米蒂利尼岛（莱斯博斯岛）一直走到了阿尔及尔的政治权力巅峰。希齐尔的生涯还要更加辉煌：被提拔为奥斯曼海军元帅、北非的贝勒贝伊、尊敬的海雷丁（Hayreddin，意为"伊斯兰教最好的"），掌管包括罗兹岛、埃维厄岛、希俄斯岛在内的几个希腊岛屿。这些海盗当中还有一些臭名昭著的欧洲背教者，比如英国人约翰·沃德（John Ward），他曾叫嚣"假如在海上遇到了我父亲，我会将他身上的东西搜刮一空后把他卖掉"。17世纪初，驻威尼斯的英国大使亨利·沃顿爵士（Sir Henry Wotton）说，他"无疑

287

是历史上从海上离开英国的最大的恶棍"。[11]

欧洲人开始畏惧奥斯曼人在地中海的霸权。所以，1571年，西班牙、热那亚、威尼斯、教宗国盟军在勒班陀战役中冲破万难，击溃了一支奥斯曼舰队。奥斯曼人遭受极大打击，失去了230艘战船。此次，共有4万多人被杀、1万多人受伤，是一天内死亡人数第二多的欧洲战役。死亡人数最多的是公元前216年的坎尼大屠杀。当时，汉尼拔大败罗马人，共有5.8万人失去性命。[12]这次交战最深远的意义更多在于心理上。根据希罗多德的记载，公元前490年的马拉松战役让希腊人摆脱了宿命论，不再畏惧波斯的军事霸权（"因为在那一天到来之前，所有希腊人就连听到'波斯'这个词都会恐惧"）；同理，正如《堂吉诃德》的作者、在战斗中失去了左臂的塞万提斯所言，勒班陀战役"击碎了奥斯曼人的傲慢，让认为土耳其舰队所向披靡的世人看清了真相"。[13]不过，土耳其人很快就修复了受损的舰队。1572年夏，他们在短短五个月里，建造了150艘装备齐全的船只。一年后，威尼斯屈辱地向奥斯曼帝国宫廷献上了塞浦路斯。

为了应对商业船只经常受到威胁、不断需要就赎金和协议进行谈判的情况，欧洲在北非发动了外交攻势。在的黎波里，荷兰、英国、法国、威尼斯率先设立领事馆，理由是保障他们的海上贸易，确保协议及时得到遵守。英国在的黎波里的第一任领事是塞缪尔·图克（Samuel Tooker）。1658年，他在一艘战舰的护卫下到达该城。双方签署保护商船不受海盗侵害的协议，代价是受保护方需要支付高额报酬。这明显是保护费。面对靠四处劫掠的海盗提供财力支持且仍颇具威慑力的奥斯曼海军，欧洲人没得选，只能遵守他们的游戏规则，否则将面临最可怕的后果。在的黎波里港口旁边，一个新的商业－外交区拔地而起，这里有领事馆、旅馆、仓库；在南北方向的古

罗马中枢大街（cardo maximus），现更名为巴扎街（Bazaar
Street），也排列着新市场及更多的仓储设施。

　　17 世纪后期，的黎波里海岸再次动荡起来。1675 年，英
国海军上将约翰·纳伯勒爵士（Sir John Narborough）带着
镇压巴巴里海盗的使命驶往的黎波里，要求盘踞在那里的海
盗们释放扣留的三艘英国船只。被拒绝后，他封锁港口、炮轰
城防，半夜派炮艇驶入港口，放火烧了海盗舰队，解救了所
有被扣的英国奴隶。1676 年 1 月 30 日，身在马耳他的海军牧
师亨利·泰奥格（Henry Teonge）在日记中这样写道："我们
听到大好消息传来，说约翰爵士在的黎波里港烧了他们的四
艘军舰；说我们先是控制了他们的警戒艇，杀死了艇上的所
有船员，然后进入港口、火烧军舰，最后安全撤回，无一人受
伤。"14 十年后，法国人做了几乎完全相同的事情。他们轰炸这
座城市，烧毁敌人的舰队，并释放了城里来自各个国家的奴隶。

　　托马斯·贝克（Thomas Baker），最早被派驻到的黎波
里的英国领事之一，于 1677—1685 年在该城供职，他的日记
为我们绘制了一幅引人入胜的 18 世纪初城市图像。1679 年 6
月 9 日，他记录了"愚蠢、邪恶的"的黎波里戴伊"以极其残
忍的方式肢解了"8 名年轻的库洛格里（kuloghli）。库洛格
里是一个混种族群，其中有当骑兵的，有做官员的，他们的父
亲是土耳其禁卫军，母亲是当地的阿拉伯人、柏柏尔人。对当
地政府的负面印象绝非只有欧洲人才有。18 世纪的编年史家、
来自利比亚米苏拉塔城的学者伊本·加勒本（Ibn Ghalbun）
也表达了同样的观点，这是少数关于这个时代的阿拉伯信息源
之一。提到这位戴伊，加勒本写道："他性情邪恶、暴虐、专
横、随心所欲。"贝克在职时期正是的黎波里历史上尤为动荡
的阶段。1672—1711 年，共有 24 位戴伊陆续上任。1686 年，
一位方济各会修士称很少有戴伊任职超过一年。一旦民众不接

289

受他的统治，"随便一个醉酒的都能鼓动城里的百姓，砍掉统治者的头"。[15]

在一片混乱之中，1711年，有一个人采取了行动。那时，的黎波里陷入空前的无序状态，三周之内接连有三任戴伊被推举、遭谋杀，被敌对派系取而代之。在一众库洛格里中，艾哈迈德·卡拉曼里（Ahmed Karamanli）是领头人物，他的家族也许是来自安纳托利亚的卡拉曼家族。卡拉曼里狡猾、机敏，这两个特点让他在后来的岁月里受益良多。他先是智胜了的黎波里一个企图谋害他的王位继承者，然后又以计取胜，暗杀了哈利勒帕夏——伊斯坦布尔试图重新恢复其总督职位。卡拉曼里的地位在逐渐加强，但还不够稳固，要清除最后一个障碍。卡拉曼里感谢禁卫军在击退土耳其军队时给予的支持，随后宣布他将在自己位于门什亚（menshia）的家中为他们举行盛大的庆祝宴会。门什亚是一处有避暑胜地和村庄的绿洲，位于的黎波里城外一英里处，那里有枣椰树、无花果树、石榴树、橄榄树和茉莉花树，原本是库洛格里的家园。没有特别许可，库洛格里是不得进入的黎波里城的，虽然那时他们只是手无寸铁的人。

最初的策略只是小菜，紧接着的才是令人震惊的主菜。高级官员一个接一个地骑马来到，在齐鸣的鼓声、笛声中下了马；他们迈进双开门，走进了一个狭窄的通道，通道连着几个小房间；卡拉曼里的黑人奴隶们就在这些黑暗的角落里等待着，在士兵踏进通道的时候，一把将他抓住、拖进房间，几秒钟将其勒死。据说，一小时内有300名禁卫军被勒死，这既显示了他们的实力，也说明了卡拉曼里马基雅维利式的谋划十分高明。奥斯曼宫廷势必会对这场奸诈的屠杀进行报复。为了阻止报复，卡拉曼里将遭屠杀的禁卫军的房屋、地产洗劫一空，并把搜刮所得送给苏丹艾哈迈德三世（Ahmed Ⅲ）。此外，还

附送了一封辞藻华丽的信，恳请苏丹大方地准许这种赤裸裸的
夺权行为——至此为止，卡拉曼里的夺权只完成了一部分。[16]卡拉
曼里被比作 13 世纪的英国贵族和意大利的美第奇家族，因为
他兼具军事才能、外交才能与行政才能，以及对利比亚同胞的
敏锐判断，更不用说在形势需要时，他还有谋杀天赋。

290

卡拉曼里肃清了残余的禁卫军，建立了一支小型常备军，
将忠诚的官员、亲属和欧洲背教者提拔至高位。的黎波里普遍
存在的无政府状态很快就结束了。凶手们被迅速处决，强盗们
被肢解，四处劫掠的部族成员被扼制。当局开始向犹太人社区
征收一项新税。随着骚乱被平息，1712 年与荷兰人和热那亚
人达成了有利的和平条约和商业协定，贸易开始好转。上位的
第一个十年，艾哈迈德·卡拉曼里对内镇压接二连三的暴动，
对外对抗试图取代他的势力，彰显了他尤为出色的承受力。奥
斯曼帝国在 1721 年最后一次尝试安排自己的人做总督，依旧
失败了，伊斯坦布尔于一年后屈从于现实，派了两艘船带着正
式的诏书前往的黎波里，宣布卡拉曼里是奥斯曼帝国在的黎波
里的最高统治者、的黎波里帕夏。一个新的王朝开始了。

艾哈迈德·卡拉曼里用残酷的手段有效维持了本土的和
平与安全，依靠精明、老谋深算巧妙地维持着与伊斯坦布尔这
个名义上的领主的关系，在处理与欧洲势力的关系时，他也毫
不逊色。他的第一个挑战是法国人，1728 年，后者派遣了一
支由六艘军舰、两艘划桨帆船、三艘炮击帆艇组成的中分队前
往的黎波里。他们的任务是续签和平条约，并为之前被的黎波
里海盗劫持的、受其保护的船只寻求赔偿。法国人威胁炮轰城
池，卡拉曼里不为所动。伊本·加勒本记载了他的回应。在听
取了迪万（diwan）① 委员会的意见后，他说："至于赔偿，没

---

① 在奥斯曼帝国，迪万既指国家高级行政机构，又指该国家机构的首脑。——译者注

人同意给，也没人愿意给。至于你们的炮弹，我们不怕；你想投便投吧。"[17] 然后，他抵挡住了法国人作为惩罚发动的一连串猛烈轰炸。最后，法国人无法登陆获得水和新鲜补给，只能在背风岸承受可能将他们摧毁的狂风，并且用尽了轰城所需的炮弹，只得讲和。卡拉曼里断然拒绝，他的魄力令人钦佩。法国舰队未能完成使命，驶离了的黎波里。很快，在大量奴隶的劳作下，城池得到修复，的黎波里的海盗们也重操旧业，迅速控制了 21 艘法国船只。一年后，法国人卷土重来，面对另一支力量的威胁，卡拉曼里同意签订和平条约，但条件是，法国要为其提供军事援助，以平定费赞（Fezzan）省南方的内乱。叛变的总督及其儿子在首府穆尔祖格（Murzuk）被捕，帕夏没有草草处决他们，而是给他们戴上了镣铐，放到奴隶市场售卖。然后，又颇具侮辱性地花了两个铜币将他们买下来，打发走了。面对寻衅好斗的对手，这种处理方式堪称绝妙，这些人后来再也没有反叛过。

这位有创造力的帕夏在的黎波里留下了一个更为持久的印记——一座以他的名字命名的、今天依然屹立的宏伟清真寺。建于 1738 年的卡拉曼里清真寺高耸于旧城的入口处，白绿配色、带阳台的宣礼塔俯视着清真寺那拥有多个穹顶的屋顶和雅致、立有圆柱的拱廊。在高额工费的诱惑下，意大利泥瓦匠与埃及壁画艺术家合作，建造了一座在三个世纪后被利比亚人视为珍宝的历史遗迹。建筑内部精美的雕刻壁画、瓷砖和大理石装饰尤其为人赞叹，但大多都在 2014 年——据一些利比亚人称，2014 年的黎波里再度经历了菲特纳——被持枪歹徒破坏了。他们拆除了瓷砖，毁坏了清真寺。这种动荡不安导致的黎波里的其他的建筑遗产也受到了损坏。几乎在同一时候，伊斯兰民兵被指控移走并可能毁坏了的黎波里的另一个珍贵的、可追溯到 20 世纪 20 年代意属利比亚时期的地标——一尊著名的铜像，刻画的是一个裸女抚摸着一只小羚羊。

卡拉曼里还修建了高架渠，将水引入城堡；新建了市场、仓库，满足的黎波里城因贸易和海盗行为而稳步增加的需求。海盗们靠突袭新得了基督徒奴隶和船只，经售卖可赚取更大的利润。同英国、法国、荷兰、瑞典和丹麦签订的和约给帕夏的国库带来了大笔收入。帕夏还派出多位使臣从的黎波里出发，巩固与欧洲主要海上强国的外交关系。1728 年，帕夏的外甥卡西姆·谢勒比（Qasim Chelebi）被任命为第一任驻伦敦大使，后来此人在乔治二世的宫廷引发轰动。他穿着以金银织锦做花饰的奢华丝绸，在威斯敏斯特和伦敦西区穿梭，身边环绕着一行随侍人员，包括"一个宫廷弄臣、一个侏儒哑巴、一个裁缝、一个理发师、打理衣饰的仆人、厨师、咖啡师，还有几个黑奴，所有人按照工种穿着各不相同但都很华丽的衣服"。撇开大使怪异的行为不谈，伦敦明白有必要让的黎波里那位精力充沛的帕夏站在自己这边。长期任职的英国领事本杰明·洛丁顿（Benjamin Lodington）写信请求赠予艾哈迈德·卡拉曼里更多礼物，他在信中写道："尽管他们不能给我们带来什么好处，却可能中断我们与土耳其和黎凡特的贸易，造成很大损失。"[18]

海上劫掠不断充盈着帕夏的国库，由来已久的非洲奴隶贸易于经济发展也是不可或缺的。卡拉曼里一旦在的黎波里塔尼亚行省全境采取保护措施，重新开放的黎波里到内地的路线，奴隶贸易就会继续发展。18、19 世纪，非洲一共有四条商队路线，三条途经利比亚，其中两条的起始点都在帕夏的首府，分别是的黎波里—费赞—卡瓦尔（Kawar）—博尔努（Bornu），的黎波里—加达米斯（Ghadames）—加特（Ghat）—艾尔（Air）—卡诺（Kano）。[19] 虽然近年来从利比亚海岸偷渡移民的事件是革命后利比亚陷入无法律、无政府状态的后

292

果，但也让人回想起很久很久之前这里繁荣的奴隶贸易。2017年，美国有线电视新闻（CNN）报道称利比亚境内存在拍卖奴隶的情况，但当地政府驳斥了这一指控。[20]

如果能顺利穿越沙漠，完成1500英里但常常致命的旅程，那么面容憔悴、被太阳晒得疲惫不堪的商队便会零零散散地入城，带着一群苦不堪言的黑奴随从，带上珍贵的奢侈品，如金沙、金条或金戒指、象牙、鸵鸟羽毛、鸵鸟皮、麝猫香、棉料、皮革、装饰性的凉鞋、盖尔巴斯（gerbas，山羊皮制成的革制水袋）、蜂蜜、胡椒、大象的臼齿、可乐果（gooroonuts）。沿着同样的路线，商人们带着马匹、珠子、珊瑚、针（"四根针就能换一只上好的家禽"）、丝绸、铜壶、镜子、剑（"长且直的双刃剑；在图阿雷格人中十分受欢迎"）往南走，偶尔还会带上枪支、火药、产自的黎波里的地毯、威尼斯彩饰玻璃制品、薄棉布、丝质或棉质土耳其长袍、女士披巾、羊毛斗篷。[21]

艾哈迈德·卡拉曼里最后的残暴举动与刚上位时相似。1742年酷夏，一支前往麦加朝觐的车队正走在返回阿尔及尔的路上，觊觎阿尔及尔王位的哈吉穆罕默德（Haj Mohammed）就在队伍之中。帕夏从探子那里得知这位年轻人夺权的计谋，在征询了阿尔及尔戴伊的意见后，他把这位旅者当作座上宾，邀请他在的黎波里歇歇脚。老实的哈吉穆罕默德把自己的带刀护卫留在城门外，只带着少量随从进入城堡，艾哈迈德·卡拉曼里的人发动进攻，将他们勒死。城门外，帕夏的禁卫军将哈吉穆罕默德的阿尔及尔士兵团团围住，大开杀戒，只留了一人。残忍的屠杀过后，车队沦为帕夏的战利品，被劫掠一空。他因此收获了50万金币（sequins）①、200匹阿

---

① sequin是古代意大利和土耳其使用的一种金币。——译者注

拉伯马、250 头骆驼，一会儿工夫就获得如此可观的回报。果
真是积习难改。

1745 年，艾哈迈德·卡拉曼里年纪大了，眼睛瞎了，身
体也每况愈下。身为卡拉曼里王朝的创始人，或多或少独立于
奥斯曼帝国的他在的黎波里的历史上赫赫有名，年迈的他召
集迪万委员会，将权力移交给小儿子兼继承人穆罕默德。不久
后，60 岁左右的卡拉曼里逝世，有人说他是自杀身亡。

293

穆罕默德·卡拉曼里在位时间（1745—1754 年）不长，
执政期间，他再次与英国、法国确立和约，对那不勒斯、德
国、荷兰、热那亚船只的海上劫掠活动恢复，帕夏的国库因此
变得充盈，但欧洲的宫廷和商业家族十分恼火。的黎波里的
港口再一次出现了大量身上镣铐叮当作响、处境悲惨的欧洲
奴隶。

1754 年，穆罕默德死后，按照王朝世袭制，权力由其儿
子阿里帕夏（Ali Pasha）继承。阿里在位时间（1754—1793
年）长，他亲眼看着这个王朝从祖父的黄金时代一步步走向衰
落。阿里在位时期，权力结构如下：帕夏是一国之君，至高无
上；贝伊位居其次，是军队总指挥官；阿迦（agha）是禁卫
军首领；卡亚（kahya）是宰相；拉伊斯（rais）是海盗头目；
哈兹纳达尔（khaznadar）是财政大臣；谢赫是的黎波里的行
政长官，此外还有一位市长和一些文书。至于重要的国家决
议，则由贵族组成的迪万委员会负责。[22]

论及阿里，历史上几乎全是负面评价。《伊斯兰教百科
全书》（*Encyclopedia of Islam*）是这样说的："他在位时
期，政府的管理越来越松散，偷盗、谋杀频发，生活在的黎
波里的人痛苦不堪；给军队的军饷也不再定期发放。"旅行家
阿里·贝伊·阿巴西写道："他是一个恶毒的人，不配身居高
位，正是他那恶劣的品行让他丢掉了王位和性命。"在阿里帕

夏统治末期，法国领事给出了一个尤为尖锐的评判："他实行统治，但无人顺从。他躲在后宫里……既不新建，也不修复，任由一切崩塌。"据法国 18 世纪 80 年代的一位副领事瓦利埃（Vallière）称，人们普遍认为阿里受到了犹太社群的不良影响，该社群通过一个名叫"王后以斯帖"的女人影响阿里，据说这个女人能满足阿里的性欲，进而实现对他的控制。[23]

18 世纪上半叶，的黎波里富有、繁荣，但下半叶几次陷入毁灭性的饥荒中。1767—1768 年，的黎波里经历第一次饥荒；1778—1780 年，该城再次陷入饥荒，与此同时，货币贬值，经济滑坡。1784—1785 年，瘟疫暴发，饥荒再次袭来。不知疲倦的日记作者、英国领事的妹妹塔利小姐详细记录了城里的景象。1784 年 8 月 2 日，身在领事馆的她记载道："现如今，这个地方饥荒严重，步行或骑马出行都变成了一件可怕的事，因为不断有饥饿的人或动物死在路边。"自 18 世纪中叶起，英国领事馆就挪到了沙拉阿·库瓦什街（Sharaa al Kuwash，今天的哈拉卡比尔街）上一座气派、大方的庭院式住宅里，紧挨着古尔基清真寺。这栋房子建于 1744 年，起初是为年迈的艾哈迈德·卡拉曼里修建的，短短几年它就变成了英国的外交中心。卡扎菲时代，这个建筑上的一块牌匾清楚地表明了卡扎菲政权对欧洲人在非洲所扮演的角色的界定："所谓欧洲对非洲的地理和科学考察，本质上、实际上都是具有殖民性质的，意在占领、殖民非洲重要的战略地区，而这一进程的起点就是这栋建筑。"

瘟疫肆虐期间，的黎波里城的很多犹太人都逃到了里窝那（Leghorn），导致购物更加困难，商品更加昂贵，因为"这里的贸易主要是由犹太人经营的"，塔利小姐如是记载道。每天有上百人濒临死亡。1785 年 7 月 20 日，根据这位英国女性的记录，40% 的穆斯林人口、50% 的犹太人（犹太人总人口约

为3000人）丧命，令人难以置信的是，基督教社群近90%的
人口消亡。据塔利估计，这座小城的人口共有1.4万，这样的
人口消亡是毁灭性的，但更糟糕的事情还在后面。

塔利记录到，尽管应对瘟疫最有效的方法是隔离，但
这种做法与"摩尔人的理念冲突"，他们更愿意找一位隐士
（marabout）或伊玛目，为自己代祷。基督徒费尽心思用烟熏
的方式给房舍消毒，焚烧一种由麸皮、樟脑、没药、芦荟、火
药制成的不同寻常的混合物，与此同时，帕夏的高级官员告诉
塔利小姐"王权是最大的盾牌"，他们不仅没有建议阿里帕夏
采取备受推荐的卫生和隔离措施，还说"有必要给摩尔人树立
一个榜样，让他们不要与命运之手抗争"。在最高层，宿命论
盛行；在城堡狭窄、拥挤的通道和不通风的房间里，瘟疫肆
虐。王室的很多人，包括王子、公主及几乎所有高级官员，都
在极大的痛苦中死去。

这个时候，如果能在的黎波里幸存下来，就仿佛是凝视过
了深渊，却还能活下来讲述自己的故事。那些死于瘟疫的人，
浑身肿胀、布满红斑，痛苦难忍；他们一旦倒下，往往就起不
来了，只能气喘吁吁地躺在街上呕吐，慢慢地在折磨中死去，
身旁就是堆得越来越高的腐烂尸体。悲痛欲绝的亲属们围在他
们周围，伤心地哭号。其他人跌跌撞撞地走在街上，一副"疯
疯癫癫"、神思恍惚的样子。每天上百人死去，整个城市弥漫
着腐臭的气味。据说因为每次在城外埋葬亲眷都要缴税，所以
犹太社区的犹太人只得在自家庭院里挖一个浅浅的坟墓，把死
去的亲属埋了。夏季的高温使得尸体很快就腐烂了，无形的传
染病进一步传遍了整座城市。这一次，塔利小姐也说不出话
来。她写道："无处不在的恐惧情绪难以用语言描述。"然而，
不管对穆斯林的宿命论有怎样的看法，她都得承认，这场灾难
展示了当地百姓的人性，展现了他们极为慷慨、极其无私的品

295

格。"如果处于同样糟糕的境遇，那基督教王国大部分地区的人很少会做出像摩尔人那样善良的举动。"亲历了难以言喻的恐惧，在领事馆足不出户 13 个月，塔利小姐幸存了下来，讲述了自己的经历。领事馆是最后一个解除隔离的场所。[24]

　　和其他资料来源一样，欧洲的记述也必须谨慎看待，因为它们带有当时的文化假设和偏见。不过，论及 18 世纪后期的黎波里女性的私密世界时，塔利小姐提供了一个罕见而有价值的视角。她写道，豪门女性有特有的出行方式，她们"乘坐一种放在骆驼背上的轿子，轿子用亚麻布封得严严实实"。王室女眷对出行"十分慎重"，只有去清真寺或献祭的时候才会出现在城中。她们往往于午夜时分在一大队卫兵的护卫下离开城堡，内外一共两道警戒人墙，内圈是私人侍从，外圈是黑人奴隶和穆斯林仆从。卫兵在前面开道，清空街上的行人。侍从们手持无数火把和盛有"大量焚香"的银丝花瓶，并用装有玫瑰水和橙花水的大银壶浇湿焚香，这样王室女眷就能行在弥漫着"极其美妙的芳香"的浓浓云雾中。整个仪仗队引人注目。任何故意或无意偷窥王室仪仗队的男子都会遭殃，因为"法律规定，王室女眷经过时，任何在街上逗留的人或透过窗户窥视她们的人，都会受到不亚于死刑的处罚"。在这个脱离现实的高贵世界之外，中产阶级的女性一般步行出门，不过身边都会跟着一个女奴或侍从。"她们从头到脚包得严严实实，除了身高，几乎什么都看不出来，甚至连胖瘦都不好判断。"包裹在她们身上的巴拉坎厚呢（baracan）长 1.5 米、宽 5 米，只开了一条极细的、能看到外面的缝。犹太女性着装与之类似，不过留出了一个明显的孔，可露出一只眼睛，"而穆斯林女性，但凡注重外界看法，她是不敢这么做的，因为她的名誉一定会因此受损"。[25]

　　在此期间，沙漠奴隶贸易继续为的黎波里的摄政王权提供经济支撑。19世纪英国的传教士、探险家、奴隶贸易的抵制者詹姆斯·理查森（James Richardson）称奴隶贸易是"世界上最庞大的邪恶体系"，成千上万被俘虏的非洲人经由的黎波里被卖到其他地方。根据18世纪的领事记录，每年经过的黎波里的奴隶数量起初有500~600人，到18世纪50年代，数量上升到2000人，18世纪末，又下降到1500人左右。18世纪后期，的黎波里有两个带篷顶的市场，一个非常大，售卖"各种商品"；另一个相对小很多，贩卖奴隶。塔利小姐写道："把一个人当作一捆货物检查、买卖，这种意图本身就会让一个有感情的人心生厌恶，但这是他们主要的非法贸易模式之一。"[26]

1778年，领事塔利收到指令，提供"一份关于的黎波里戴伊领地内奴隶贸易的记录"，包括每年买入、卖出的奴隶数量统计；对其出身的归类；具体来自非洲、亚洲的哪个地方；"并说明一般情况下男奴是否会被阉割"。

在英国，公众对奴隶贸易的反对声越来越强烈。1787年，一群贵格会教徒在伦敦建立了废除奴隶贸易委员会。首相小威廉·皮特赞成废除奴隶贸易，埃德蒙·伯克和后来的外交大臣查尔斯·詹姆士·福克斯也表示认同。不过，以废除奴隶贸易的政治斗士形象出现的只有年轻的议会议员威廉·威尔伯福斯，因声音甜美，他又被称为"下议院的夜莺"。1789年，在下议院发表讲话时，他对那些"扭曲、盲目的"奴隶贸易辩护者发起了猛烈的攻击。他怒喝道："他们身体力行，将非洲的定居者置于一个糟糕的境地，比最野蛮、最未开化的民族的处境还要恶劣。"[27]反对者大声疾呼，议会最终于1807年投票明确奴隶贸易为非法贸易。1848年，奥斯曼帝国苏丹阿卜杜勒·迈吉德一世（Abdulmejid I）命令禁止的黎波里的土耳其总督及其下属官员进行奴隶贸易，后来，1856年，苏丹宣布奴隶贸易在整个帝国境内都不合法。

296

然而，实际上，虽然数量下降，但奴隶贸易仍旧存在。1878 年，在塔利领事收到指令 100 年后，时任英国领事弗兰克·德拉蒙德·海（Frank Drummond Hay）告诉外交部"密切关注奴隶贸易，挫败的黎波里政府为了逃避执行禁止奴隶贸易的法令而采取的计谋，从内政部获取贩卖奴隶的商队、船只到达的消息以及其他相关信息，保持警惕"，因此有充分的理由大幅涨薪。[28] 此事事关每个人的利益。

城堡常常是滋生阴谋诡计的温床。这时的黎波里城堡内，阿里的儿子们正准备开始争夺权力。1790 年，阿里最小且最有野心的儿子优素福诱使哥哥，当时的戴伊哈桑，步入他在城堡内精心设计的陷阱，将其杀死在他们母亲的怀中。他先是近距离射杀，然后，再由手下的黑奴们手持匕首对这个倒霉的男人一阵乱捅，彻底了结了他的性命。优素福在门什亚举行了一场声势浩大的庆祝活动，接着，一年后，他发动了对的黎波里的攻势，儿子与父亲反目，整个城市陷入恐慌。的黎波里再次陷入混乱，百姓们又受尽苦难。

一时间，英国领事馆变成了"希腊人、马耳他人、摩尔人和犹太人"的避难所，就连法国领事和威尼斯领事也带着全部身家投奔英国领事馆。[29]1793 年夏，投机分子、乔治王朝时期的背教者、刚被阿尔及尔戴伊驱赶的海盗头目阿里·布尔古尔（Ali Burghul）带着要重申自己统治地位的奥斯曼宫廷的诏书，率领一支土耳其舰队闯入了混乱的的黎波里，要废黜体弱的阿里·卡拉曼里并夺权。正如卡拉曼里家族的一位历史学家所言，"因残忍、贪婪被阿尔及尔戴伊驱赶的阿里·布尔古尔位于流氓恶棍榜单的前列"。[30]

在土耳其船只雷鸣般的礼炮声和海军炮声中，新任帕夏郑重地向城堡走去。惊惶失措的犹太人被赶离街道。他们抓捕犹太商人，严刑拷打、榨取其资产；还将声名狼藉的"王后以斯帖"丢进地牢，用铁链锁上，通知其家人拿10万帕塔克（pataque，3.3万英镑）赎人；对那些最有名的卡拉曼里支持者进行围捕，处以绞刑。城堡古城墙上以及官方建筑和欧洲各领事馆屋顶上的卡拉曼里旗被匆忙扯下来，换上了飘扬的深红色星月旗。

事实证明，奥斯曼帝国的残暴统治极其短暂。土耳其的威胁起到了刺激的作用，至少在一段时间内，让争斗不休的卡拉曼里人团结了起来。在突尼斯贝伊的支持下，艾哈迈德和优素福·卡拉曼里两兄弟率领一支3万人的军队，于1795年重新夺回了这座城市。意识到局势于自己不利，阿里·布尔古尔命令属下对城池进行了最后一轮掠夺，并速速处决了城堡地牢里的所有犯人，然后撤离。1795年，口齿不清、结结巴巴的阿里把王位让给了儿子艾哈迈德，但优素福一如既往地大胆，他将哥哥关在城门外，自立为帕夏。

由此，优素福开启了漫长的统治（1795—1832年在位）。为了确保安全，他采取残酷镇压的策略，随意使用死刑，哪怕受刑者的罪行很轻。他的曾祖父曾终止了混乱和无政府状态，和祖父一样，优素福严厉的举措对商业活动起到了必要的推动作用。为了鼓励犹太商人——经济的命脉——从意大利回来，他放松了对犹太社群的惩罚措施，不再要求犹太人从头到脚都穿黑色的衣服。沙漠商队贸易再度开启，商船纷纷回来，的黎波里港很快变成了一个高大桅杆林立的森林。来自卡塔赫纳（Cartagena）的西班牙造船工人加班加点，在穆拉德·赖斯（Murad Rais）的指挥下，建造了一支新的快速反应的海盗船队。这位来自苏格兰的背教者化名彼得·莱尔从一艘英国船上逃出后，皈依了伊斯兰教，与新帕夏联手。1800年，的黎波里船队只有11艘船；到了1805年，船只数量翻了一番，达到了24艘，不仅如此，船队还有很多略小一些的小型帆船。[31]

298

对那些警惕地关注着巴巴里海岸及最东边的新统治者的人而言，优素福·卡拉曼里的意图十分明显。

19世纪初，多个国际势力对的黎波里重新产生了兴趣。1798年，拿破仑公开请帕夏为他在巴黎和开罗之间可能的军事调动提供便利，以支持他征战埃及。自此，优素福不得不周旋于欧洲动荡的权力政治中。一方面，优素福要靠纳尔逊勋爵（Lord Nelson）的舰队缓解对抗法国的压力，但前景不乐观；另一方面，来自伊斯坦布尔的官方使者命令优素福支持对土伦和马耳他的封锁并对进攻埃及提供武力支援。帕夏暗中保持对法国人的支持，同时务实地两面下注。

1795—1805年，的黎波里的海上力量增强，因此与西班牙、法国、威尼斯签订和约，（优素福从中）获益良多。那些没和帕夏达成协议的国家，比如丹麦、荷兰、瑞典，或许是因为不愿出价，也许是不认同这种勒索保护费的做法，很快就会发现冒着船只被扣、船员被奴役的风险迎接考验，代价令人难以接受。

美国发现自己处在一个特殊位置。1776年独立后，英国不再为美国船只提供保护，所以华盛顿只能先是依赖法国，后来发现这个策略有欠缺后，便决定自行采取措施。1786年，美国代表约翰·亚当斯、托马斯·杰斐逊与的黎波里大使西迪·哈吉·阿卜杜勒·拉赫曼·阿贾（Sidi Haji Abdul Rahman Adja）在伦敦举行的会谈——"这是美国与伊斯兰世界的第一次直接外交往来"——虽然引人注目，但没有任何成效。[32] 事实上，杰斐逊的传记作者詹姆斯·帕顿（James Parton）认为，这两个美国人和的黎波里大使之间谈得更多的是"公元100年，而非1786年"。据说，在被问及的黎波里为什么会对从未伤害过它的国家动武时，这位大使给出了一个让杰斐逊和亚当斯不安地停下来思考的回答——

　　《古兰经》里写道，所有尚未承认先知穆罕默德地位的族群都是有罪的……[33]

　　不管《古兰经》是怎么说的，美国和的黎波里最终在1796年达成和约，次年，美国在的黎波里的领事馆开馆。虽然有了一纸协议，但实际上和约签订仅几年后，帕夏就开始觉得，与更强大的邻国阿尔及尔相比，自己收的保护费太便宜了。

　　优素福不怕挑战对手。1801年5月11日，帕夏的军队包围了美国领事馆，强行冲进去，砍断了美国的国旗。这是典型的大胆宣战，起因是华盛顿拒绝支付的黎波里突然要求的2.5万美元（约合今天的45万美元），并拒绝签订修订后规定每年必须缴纳25万美元（约合今天的450万美元）贡金的和约。双方之间出现了致命的误解。美国把的黎波里当成阿尔及尔的附属国，而优素福却坚持自己是作为一个主权国家与之谈判的。

　　《1794年海军法案》是对美国船只在巴巴里海岸屡遭掠夺的直接回应，根据该法案，美国花费了惊人的688888.82美元建造了6艘护卫舰，建立了一支永久性海军。新当选的美国总统杰斐逊对日益增强的海上力量充满信心，决定对的黎波里这个巴巴里国家中最弱的一个采取更为强硬的措施，并派遣了一个由3艘护卫舰组成的小舰队前往地中海。[34] 在1801年8月1日的第一次战斗中，美国纵帆船"企业"号的水手俘获了帕夏的巡洋舰"的黎波里"号并将舰上的枪支武器都丢到船外。优素福震怒。为了惩罚这一耻辱性失败，帕夏让战败的队长骑着一头驴子——长期以来，阿拉伯世界都把驴子视为嘲笑的对象——戴着一个由羊内脏做成的散发着恶臭的花环，十分不体面地在的黎波里的街上游行。

1802 年，杰斐逊命令一支更大的由 6 艘船组成的新舰队封锁的黎波里，烧毁敌人船只并夺取战利品。1803 年，重达 1240 吨、配备 36 门舰炮的"费城"号（*philadelphia*）护卫舰在的黎波里港外搁浅，指挥官被迫投降。300 多名军官和船员被监禁，护卫舰遭扣押，被洗劫一空。据海员威廉·雷（William Ray）说，军官们虽然受到了很好的待遇，但被驱赶着去"朝见令人胆寒的尊贵陛下，权势滔天的的黎波里帕夏"，佩戴着军刀、火枪和手枪的禁卫军们还朝他们吐唾沫。帕夏坐在高台之上镶嵌着精美马赛克的宝座里，垫着一个鲜艳的金色流苏天鹅绒坐垫，坐垫上的"亮片装饰闪闪发光"。这帮美国人随后被投入监狱，他们的衣服还被身为奴隶的那不勒斯人偷走了。靠着少得可怜的口粮在监狱被关了两周后，他们又被迫做苦役，修建的黎波里城墙，拖运石头、沙袋。在后来的一份文献中，海员伊利亚·肖（Elijah Shaw）记载了自己和同僚被链子拴在一起，光着头、赤着脚，被严重晒伤，做着繁重的苦役，还要时常被人用粗大的打结的生牛皮鞭子抽打。"那些驱赶我们的人以苛待我们为乐，当他们认为我们不够卖力时，就会毫不留情地动用手里的鞭子。"[35]

1804 年 2 月 16 日晚，斯蒂芬·德凯特中尉（Lieutenant Stephen Decatur）决定不让"费城"号留在敌人手中，变为帕夏最强大的海盗船，于是率领一队乔装打扮的水手和海军陆战队员乘着"无畏"号（*Intrepid*）——一艘俘获的双桅纵帆船——潜入的黎波里港。美国人登上"费城"号护卫舰后，用短剑悄无声息地杀死了 20 名海盗船员，然后发现这艘船已经无法航行，于是用炸药引燃了这艘船，整个过程无一人伤亡。这远不只是一个示警。纳尔逊肯定了这次突袭的勇气和重要性，他声称，这是"那个时代最大胆、最无畏的举动"。[36] 接着，美国更进一步，发动了一次旨在推翻优素福、改立其兄弟艾哈迈德的军事远征，这也是美国第一次试图推翻一个国家的领袖。在美国驻突尼斯前领事威廉·伊顿（William Eaton）的带领下，美国人从亚历山大出发，行军600英里，在利比亚东部城市德尔纳（Derna）进行了美军在海外的第一场陆战。战后，美国人占领德尔纳。1805年，优素福速速同意了与美国人的和约。两个世纪以后，对1801—1805年巴巴里战争的记忆依旧体现在美国海军陆战队军歌的开头几句中：

> 从蒙特祖马的大厅
> 到的黎波里的海岸
> 我们为祖国而战
> 在空中，在陆上，在海上……

起初，美国人被那位叫嚣着"我不害怕战争，这是我的本行"的帕夏拒绝，但在这场具有里程碑意义的战争中夺得胜利，让美国人得以以军事大国的姿态跻身世界舞台。据说，教宗庇护七世（Pius VII）曾这样说过，"美国，虽然还在襁褓之中，但已经在非洲海岸采取了很多打压反基督教野蛮人的措施，他们比所有欧洲国家做的都多。"[37]

美国人试图从陆上将优素福赶下台，但他侥幸逃过一劫，而后又狡猾地在拿破仑战争中运筹帷幄，混乱和动荡的局势正中这个海盗国家的下怀。然而，接下来几年，面对再度恢复活力的欧洲强权，他的压力越来越大，收入和权威也随之下降，以至于1814—1846年在的黎波里任职的英国领事汉默·沃灵顿（Hanmer Warrington），引用法国领事的一句话，"比帕夏本人更像该国的君主，甚至汉默一个动作就足以使帕夏颤抖"。[38]更加令人印象深刻的证据出现在1816年。当时，沃灵顿颇

301

具争议地坚持要绞死扣押了一艘受英国保护的汉诺威船的海盗船长。为了彰显自己的权威，这位领事还要求让自己的基督徒水手，而非帕夏的穆斯林官员，在那艘船的桅杆上公开行刑，并获得许可。

接下来，帕夏还要承受更多的羞辱。1819 年，一支英法联军舰队迫使帕夏解放基督徒奴隶，释放被关押在的黎波里的囚犯，接受以打击海盗、取消保护费为目的的和平条约。1827 年，在希腊独立战争期间，优素福听从奥斯曼苏丹的命令，派出海盗舰队薄弱的残余力量——土耳其舰队司令戏称它不过是几艘装备简陋的渔船，这一说法与事实更接近——最后只能看着它在纳瓦里诺海战（Battle of Navarino）中被迅速摧毁。起初，王权缓慢衰落，但很快就变成了全面崩溃。

形势逆转，英国、法国肆无忌惮，开始要求优素福向两国的领事们支付惩罚性的补偿金——至于这个目的是否属实，已经不太重要了。总之，1830 年法国以此为由索要了 80 万法郎，英国在同一时间凭着另一个外交事由索要了 20 万皮阿斯特（piastre）。[39]

欧洲人实力日增。1830 年，法国人占领了阿尔及尔，给巴巴里海盗以沉重打击。到了 19 世纪 30 年代中期，英法海军力量联合起来，肃清了地中海的海盗，这可能是罗马时代之后的第一次，给的黎波里本就脆弱的经济带来了毁灭性的冲击。[40] 没了贡金，无法通过饱受攻击的奴隶贸易增加收入，又欠外国债权人许多债款，再加上优素福挥霍无度，的黎波里的摄政王权快要破产了。

1832 年，为了偿还欠英国和法国的共计 50 万美元债务，优素福孤注一掷，提高赋税，此举引发了一场叛乱和未遂的政变，最后他公开退位，含泪将王位让给了自己的儿子阿里，并建议儿子"执政不要任性：我的政府之所以垮台，之所以会出现过失，就是因为任性"。[41]

这是一位一向将实用主义和生存放在一切考量之上的无情统治者最后的策略。只是，独立的的黎波里摄政王权不会再存在了。1835 年 5 月 26 日，的黎波里爆发内乱，新任帕夏请求军事援助，苏丹意识到欧洲在北非的势力越来越大，因此作为回应，派了一支由 22 艘船组成的土耳其舰队驶往的黎波里。第二天，5000 人带着大炮登陆，占领了城里的各个清真寺和战略要地，并明令禁止的黎波里人携带枪支武器，禁止使用当地货币。5 月 28 日，阿里帕夏·卡拉曼里被请到了苏丹代表穆斯塔法·纳吉布帕夏（Mustafa Najib Pasha）的旗舰上，一上舰就被拘留了。纳吉布登陆后直接去了城堡，在那里，他宣布苏丹恢复对的黎波里的直接统治并任命他为帕夏。

穆罕默德·贝伊自杀身亡，他的兄弟艾哈迈德逃到了马耳他，卡拉曼里家族的其余成员被带到了伊斯坦布尔，只有老帕夏优素福除外。在个人财产和地产被儿子阿里洗劫一空后，年迈虚弱、陷入极度贫困的他获准在曾经耀武扬威、施行统治的城市里度过余生。

靠发动叛乱上位的卡拉曼里王朝历经 134 年，最终在一场政变中被推翻。的黎波里城地位迅速下降，短短几个小时，从一个辉煌的摄政王权所在地变成了奥斯曼帝国一个不起眼的维拉亚特（vilayet，行省）。

卡扎菲政权也是在对一个年代久远的王室发动反叛之后建立的。它，和卡拉曼里王权一样，也为利比亚带来了一定程度的繁荣，并且成了欧洲和美国的眼中钉；但也一样残忍、冷酷无情。不过，和敢于冒险的卡拉曼里王权不一样的是，卡扎菲政权只延续了一代，而且 2011 年该政权在流血事件中覆灭的时候，大多数利比亚人并不感到遗憾。近年来，很多利比亚人已经在抱怨现在的生活还不如卡扎菲执政的时候，就像很多伊拉克人抱怨现下的生活不如萨达姆·侯赛因在位的时候。他们说，阿拉伯人需要一个强硬的领袖，他们还没做好迎接自由和民主的准备。而那些不相信阿拉伯人只能接受独裁统治的人认为事实并非如此。混乱、屠杀和破碎的政治局势正是那些独裁政权遗留的产物，不是那些为自由和更美好的事物而奋战的人导致的。

不管怎样，人们想象的后卡扎菲时代的民主乌托邦已经沦为反乌托邦。敌对的民兵组织在的黎波里横行。谋杀、绑架、勒索、敲诈活动猖獗。在这个非洲石油储量最大的国家，普通的利比亚民众却很难给汽车加满油，为了排队从银行取钱，男男女女不得不在街上过夜。新的一代始终处在贫穷困顿之中。"这是一场灾难，一次倒退。"在饱受指责的的黎波里政府中工作的官员贾拉勒（Jalal）如此说。菲特纳已经战胜了一切。

21 世纪初，的黎波里的命运差到了极点。相比之下，200 年前，在地中海的最东端，奥斯曼帝国治下的另一个地方，一个更幸福的故事即将展开。那里有一座城市已经准备就绪，即将迎来最辉煌的时刻。

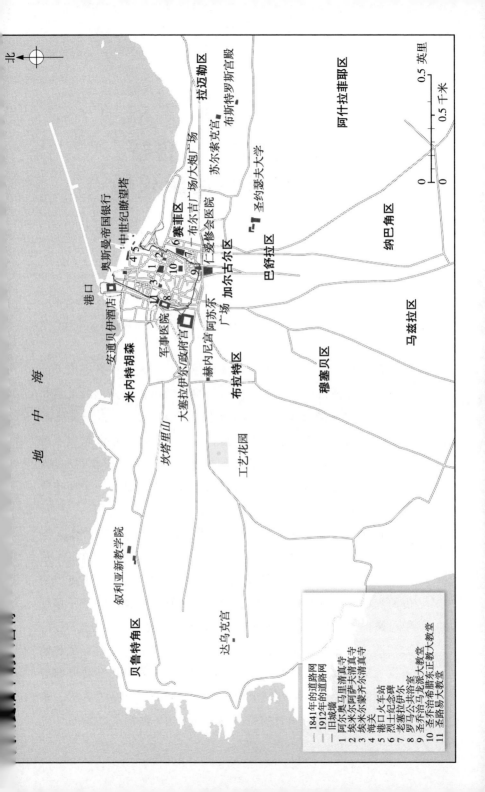

地 中 海

港口

北

叙利亚新教学院

贝鲁特角区

坎塔里山

达乌克宫

工艺花园

交通贝里酒店

奥斯曼帝国银行

中世纪瞭望塔

米内特胡森

军事医院

大塞拉伊苏丹政府宫

亚苏克宫

赫内尼宫

布拉特区

穆塞贝区

马兹拉区

赛菲区

布尔吉广场/大炮广场

苏尔索克宫

拉迈勒区

布斯特罗斯宫殿

仁爱修会医院

加尔布尔区

巴舒拉区

圣约瑟夫大学

阿什拉菲耶区

纳巴角区

0   0.5 英里
0   0.5 千米

— 1841年的道路网
— 1912年的道路网
▬ 旧城墙
1 阿尔奥马里清真寺
2 埃米尔阿萨夫清真寺
3 埃米尔蒙齐尔清真寺
4 海关
5 港口火车站
6 烈士纪念碑
7 老塞拉伊尔
8 罗马公共浴室
9 圣乔治马龙派大教堂
10 圣乔治希腊东正教大教堂
11 圣路易大教堂

13

19 世纪：贝鲁特
——黎凡特的游乐场

> 她死去一千次，又重生一千次。
>
> ——娜迪亚·图埃尼（Nadia Tuéni），
> 《贝鲁特》（"Beyrouth"），1986 年

贝鲁特令人沉醉。在某个特别的春日，地中海岸边撩人的风景映衬着覆盖着浅浅一层白雪的黎巴嫩山，深蓝色的天空衬托出这座城市最奢华的一面。不仅在今天，在 19 世纪的大部分时间里也是这样。这个曾经萎靡不振的小港口从沉睡中醒过来，充满活力地走上世界舞台，成为蓬勃发展的商业共和国、阿拉伯文化觉醒的中心、追求享乐之人的游乐场、一个理想化的"中东的巴黎"。

19 世纪初，没有什么迹象表明贝鲁特会变成如此令人陶醉的城市。这在很大程度上得益于其自然禀赋和地理位置。这座城市刚好处在地中海东海岸的中间点，和北边的安条克、南边的加沙距离相当；它还处在沿海大平原的中央，该平原穿越黎巴嫩山（海拔最高的地方有 3000 米）后进入叙利亚。不过，沿海港口，比如西顿、提尔、的黎波里和阿卡，自然禀赋和地理位置虽与贝鲁特略有差异，却也都不错，其中几个城市拥有更辉煌的历史，但没有一个像贝鲁特那样拥有财富、名气、荣誉，或像它那样经历过灾难。这些都为 19 世纪及以后的贝鲁

特定下了基调。

贝鲁特的崛起并非必然。不过，从一开始，一种天生的贸易本能就鼓舞着生活在这条海岸线上的外向的居民。从公元前四千纪末期史前的黑暗中走出来的腓尼基人桀骜不驯，他们靠海而生，有的经商，有的从事生产活动；根据希罗多德的记载，他们从地中海东岸"出发进行长途贸易航行"，乘着大船，载着亚述和埃及的商品，驶向远海。[1]

306

腓尼基人在海上的勇猛和优势让他们受到整个地中海地区的钦佩和敬畏。当时，波斯大帝薛西斯决定为他的多国舰队举办一场航行比赛，为公元前480年出兵希腊做准备，最终西顿的腓尼基人获胜。①

在与城市相关的众多引人入胜的故事中，贝鲁特惊人的发展算得上其中一个。贝鲁特的发展是无法仅用地理位置来解释的。其实，它的诞生是多种因素综合作用的结果：本土的人才，胆识，国际化的活力，大国（主要有奥斯曼、法国、英国、埃及）的干涉与竞争，以及最难以捉摸的因素——好运。这些因素共同作用，在几十年内将贝鲁特推向顶峰，从一个肮脏、不起眼的中世纪栅舍区变成了一座优雅、迷人、精致的城市。

大自然肯定是偏爱贝鲁特的。从海上靠近港口时，游客们的目光首先会被醒目的三角形岬角吸引，贝鲁特老城就建在这个岬角上，夹在阿什拉菲耶山（Achrafieh Hill）和穆塞贝山（Musaytbeh Hill）之间，嶙峋的山在上方若隐若现。他们的目光继而落到小块种有柏树、角豆树、梧桐树、刺梨树、无花

---

① 历史之父希罗多德称，腓尼基人是第一个发明字母表的，而且Europe（欧洲）这个名字也出自腓尼基人。这个名字是通过希腊神话传播开来的。在希罗多德所著《历史》（*The Histories*）的开篇故事中，克里特岛人以牙还牙、绑架了提尔的公主，而公主的名字正是Europa（欧罗巴）。

果和石榴的绿地上；视线慢慢上移，又会看到香蕉树、多节瘤的橄榄树、橘树、柠檬树、桑树；再往上看，只见挺拔的松树勾勒出黎巴嫩山的下斜坡。这里曾是一片不堪入目的景象。公元前 64 年，庞培征服了此地；公元前 14 年，这里变成了罗马人的殖民地，为了纪念奥古斯都的女儿、表达对这片"幸福海岸"的认可，他们为古贝鲁特起名，称之为朱莉娅·奥古斯塔·菲力克斯·贝里图斯殖民地（Colonia Julia Augusta Felix Berytus）。

宗教信仰不能保证今生或来世的幸福，贝鲁特后来的历史就残忍地证明了这一点。不过，这座城市邻近圣地，在基督教早期的传播中发挥了作用，至少有一个文献称耶稣本人曾在这里传道。根据早期基督教中关于贝里图斯的传说，圣彼得曾住在这里，并且这里是使徒犹大殉难、圣徒芭芭拉离世之地。传说贝鲁特是圣乔治斩龙的地方，该城北部海岸的圣乔治湾就得名于此。圣乔治酒店在 20 世纪 30 年代是当地的地标建筑，如今却被战争摧残得面目全非，身陷与贝鲁特城最大、最具争议性的开发商索立迪尔（Solidere）的生存抗争中。①

在罗马帝国后期，贝里图斯早于君士坦丁堡和亚历山大，率先成为法律学术中心，它的法学院承接了由狄奥多西二世（君士坦丁堡城墙的建造者）开启，后来被查士丁尼接管的伟大的罗马法典的编撰工程。尽管贝里图斯是一个重要的贸易殖民地，靠生产丝绸和红酒发展，但它在法学上的造诣为其赢得

---

① 酒店的网站上是这样说的："圣乔治酒店位于圣乔治湾，以传奇英雄圣乔治的名字命名。圣乔治曾斩杀了威胁海岸的巨龙。如今，海湾及其居民再一次受到一个怪物——混合型企业索立迪尔——的攻击：它既非一家私人企业，也不是一个上市公司，却为了填充其支持者的腰包而蚕食公共地产和私人房产。这家庞大的开发公司已经将圣乔治海湾海岸上所有房产的合法业主和承租人赶走了，只剩下圣乔治酒店与之对抗，它以弱战强，为的是阻止索立迪尔实施填充海湾、建造更多高楼大厦的计划。"

了"贝鲁特法律之母"（Berytus Nutrix Legum）的称号。①
早在 19 世纪复兴之前，这座城市就已经是一个有名的哲学、
语言、文学中心。在流传时间最长的 48 卷本古代诗歌《狄奥
尼西卡》（*Dionysiaca*）中，5 世纪的希腊史诗诗人、来自帕
诺波利斯的农诺斯（Nonnos of Panopolis）把拜占庭帝国时
期的贝鲁特描述成"人类生命的龙骨，爱人的港湾，坚定地立
在海上，有美好的岛屿和郁郁葱葱的植物……是生命的根源，
其他城市的抚育者，王公们的夸耀，第一座被看见的城市，时
间的孪生姐妹，与宇宙相伴而生……"2

　　唉，以前是天堂乐园，后来的贝鲁特却一落千丈。经历了
从 3 世纪到 6 世纪的黄金时代之后，这座城市因 551 年的一场
毁灭性地震而倒塌，地震引发的海啸杀死了 3 万人，摧毁了法
律之母，使之沦为一片废墟。早期贝鲁特在文化和知识上的卓
越地位，因那场残酷的大灾难而丧失；随后，560 年的一场极
具破坏力的大火，让它变成了黎凡特一片沉寂的死水。只有破
碎的雕像、法学院倒塌的柱子以及磨损的南北向中枢大街提醒
着这里的居民它曾经的辉煌。当横冲直撞的阿拉伯人在 7 世纪
席卷这片土地的时候，论及已征服的城池，他们几乎没有提及
贝鲁特，该城的微不足道清晰可见。在《各地的征服》中，9
世纪的历史学家拜拉祖里——我们上一次提及他还是在讲述邻
近的大马士革城陷落的时候——列举了在 635 年那场更辉煌的
征服后，向势不可当的伊斯兰战士低头的城镇名录，但贝鲁特
只是作为注脚出现。

308

　　1110 年，贝鲁特——或欧洲骑士熟知的巴鲁特
（Baruth）——被鲍德温一世（Baldwin Ⅰ）占领、洗劫，其
统治者从穆斯林变成了基督徒，该城成为耶路撒冷王国的一

---

① 直到今天"贝鲁特法律之母"仍是成立于1919年的贝鲁特律师协会会标的一部分。

部分。1187 年，萨拉丁夺取了该城，此后短暂的 9 年里贝鲁特被穆斯林控制；其余时间，贝鲁特被十字军控制，一直到 1291 年埃及的马穆鲁克在围城之后夺走了它。施洗者圣约翰十字军教堂在增建了两座宣礼塔后，变成了奥马里大清真寺，今天离圣乔治希腊东正教大教堂只有一步之遥，位于市中心以北，穿过宗教分界线（confessional divide）就到了。圣乔治希腊东正教大教堂是贝鲁特城最古老的基督教建筑，建成于 1767 年。这一时期，港口呈半月形，最外围的两个点竖起了两座防御塔，需要的时候，会在两座防御塔之间水域上方拉上一道铁链，保护船只和城池免受攻击。

14 世纪，马穆鲁克迫害贝鲁特以北基斯拉万（Kisrawan）区的什叶派穆斯林，为后来的宗教冲突埋下了种子，诱使马龙派（一个与罗马有交流的古老的地方基督教教派）在接下来几个世纪不断侵占很久以前就定居在黎巴嫩山区的德鲁兹派（Druze）的地盘——伊斯兰什叶派的一个分支，教义深奥，兼收并蓄。

虽然宗教冲突的原因部分根植于黎巴嫩山，是本土固有的，但外来因素同样不容忽视。1450 年，马龙派宗主教有了一位常驻贝鲁特的罗马天主教顾问，首开长期受欧洲干涉、保护的风气。不过，最具决定性且有深远影响的干预，是 1639 年法国国王路易十三宣布黎巴嫩山的马龙派教徒自此受到他的"庇护和特别保护"。[3] 对奥斯曼人而言，这标志着他们提供的帝国保护受到了明显的挑战，对那些渴望摆脱穆斯林统治者的马龙派教徒而言，这是一个令人鼓舞的信号。后来黎巴嫩和贝鲁特的历史中始终都有德鲁兹派和基督教派较量的影子。1860 年黎巴嫩危机的核心就是德鲁兹派和马龙派之间的冲突；两派冲突后来成为 1975—1990 年规模更大的内战的一部分，贝鲁特城化为废墟。

16 世纪，地中海东岸出现了一股新的力量。在苏丹穆罕默德征服君士坦丁堡后的 60 年间，马穆鲁克人走向了灭亡。奥斯曼苏丹"坚毅者"塞利姆（Selim the Grim）彻底击败了马穆鲁克人，第一次是 1516 年在叙利亚的达比克草原战役（Battle of Marj Dabiq）中，第二次是 1517 年在开罗城外。这两场战争影响深远，如同地震一样颠覆了中东的统治秩序。在从叙利亚、巴勒斯坦到埃及、阿拉伯半岛的大片伊斯兰领土上，每况愈下的伊斯兰政权被一个更有活力的政权取代。不过，奥斯曼帝国宫廷的统治并不总是无往不胜。1768—1774 年的俄土战争中，一支俄国舰队先后于 1772 年、1773—1774 年两次轰炸并侵占贝鲁特，据估计，第二次轰炸的时候该城的人口不足 6000 人。在短暂的伊斯兰政权空位期，俄国人要求贝鲁特人下马并向悬挂在城门上的巨幅叶卡捷琳娜大帝肖像鞠躬。[4] 更重要的是，这是欧洲人向日渐衰弱的奥斯曼帝国发起挑战的前兆。然而，尽管面对诸如此类的困难和挑战，奥斯曼帝国对贝鲁特及中东大部分地区（包括圣所）的控制一直持续到最大的灾难——第一次世界大战——临到。

在过去的几个世纪里，贝鲁特经历了极大的考验和磨难，但它迷人的魅力一直都在，就像克尔白之于麦加、倭马亚清真寺之于大马士革、君士坦丁堡城墙之于君士坦丁堡一样，这种魅力是贝鲁特的关键特征。19 世纪早期，欧洲一些有冒险精神的旅行家开始三三两两地来到这里；19 世纪 40 年代起，随着旅行变得更加便捷，来这里的旅行家络绎不绝。读他们的文字，能明显察觉到他们已经被这座城市超自然的魅力迷惑。1850 年，法国作家、摄影师、旅行家马克西姆·杜·坎普（Maxime Du Camp）陪同福楼拜来到贝鲁特，立刻就被迷住了，与其说沉迷于这座城市，不如说陶醉于其周遭的环境。他用华丽的散文描述了"遮天蔽日的松树林"，两旁点缀着大片大片胭脂仙人掌、桃金娘和石榴的道路，以及"黎巴嫩树木繁茂的山峰"划过天际的清晰轮廓。对这位喜欢浪漫的法国人来说，贝鲁特是"适合那些思想家、幻想破灭者、被艰难的生活伤害之人的隐居之所；依我看，一个人可以在那里快快乐乐地生活，什么都不做，只看山、观海"。[5]

旅行作家偏爱这样的浪漫色彩是理所当然的，杜·坎普不是个例。"我们穿过一片繁盛的区域走近这座城市，在东方城镇的郊区，很少能看到这样美丽的景色，"美国旅行家斯蒂芬·奥林（Stephen Olin）1840年写道，"那里遍地都是花园，一株株桑树枝繁叶茂，墨绿色的枝叶压弯了枝头。"更近一些，已故黎巴嫩历史学家萨米尔·卡西尔（Samir Kassir）精心研究了他出生的城市，并写道它"像是一个从天堂坠落到人间的半岛"，"仿佛仙女们赋予阿拉伯城市禀赋时，决定把贝鲁特变成一个消遣、轻松之都"。[6]

因此，所有人都认可贝鲁特拥有得天独厚的环境。不过，我们也别太过激动，因为值得注意的是，杜·坎普本人对贝鲁特城本身并没有什么好感，认为它"令人同情，不够雄伟"。如果说这是19世纪中叶的一个精辟论断，那么比这再早五十年来访的游客可能会更加失望。毕竟，19世纪的大多数时间里，贝鲁特城虽有外在美，却无内在美。

19世纪初，贝鲁特是一个破旧的、几乎没有任何防御设施的中世纪小城。小城一共有七个城门，从北到南不足570米，由东向西不足370米。城外是总能引来人们称赞的青翠景色。贝鲁特城的中心是围绕它的命脉——港口和防波堤——而建的，作为防护，中心还建有双子塔，一个名为铁链塔（Burj al Silsilah），另一个名叫法纳尔塔（Burj al Fanar）。单就建筑而言，除了港口，值得关注的还有三座历史建筑：第一个是十字军城堡，建在城墙的东北角，名为哈希什（Burj al Hashesh）；第二个是新城堡，名为贾迪德（Burj al Jadid），建在最有名的山上，海拔更高，1853 年这里成为大塞拉伊尔（Sérail），即政府宫所在地，直到今天这里仍是黎巴嫩总理的官邸；第三个是建在城墙东南角的瞭望塔，名叫哈希夫（Burj al Khashef），这里后来变成了布尔吉广场即塔楼广场的所在地，是贝鲁特的市中心。自 19 世纪 60 年代起，这座小城的人口才开始往中世纪城墙最东段的外围溢出。

在这个不规则的四边形中，没有多少光明和欢乐，更多的是黑暗、忧郁、肮脏和恶臭。狭窄蜿蜒的大道夹在三四层楼高、没有窗户的高墙宅邸之间，形似迷宫，令许多游客晕头转向。驴子驮着堆得高高的货物被着急的主人驱赶着，咔嗒咔嗒地穿行在密集的小巷和露天广场低矮的拱门中。搬运工们拉着堆满包裹的大车，偶尔还有骆驼不屑一顾地迈着轻快的步伐经过加固的城门。这里的卫生条件很差，气味更是经久不消。

19 世纪 30 年代初，贝鲁特约有 8000 人，与 60 年前被俄国轰炸、占领的时候相比，城市规模几乎没什么变化，这时候到访的法国历史学家、作家让·约瑟夫·弗朗索瓦·普茹拉（Jean Joseph François Poujoulat）说自己从未见过这座中世纪阿拉伯小城里如此"奇特、不规则、不寻常"的建筑；"拱门、隐蔽的出口、黑暗的小巷，窄小曲折的街道，一开始就会让想要穿过小城的旅客产生一种恐惧；每栋房子都像一个巨大的、无法进入的地牢一样耸立着"。1832 年，法国浪漫主义诗人、政治家阿尔方斯·德·拉马丁（Alphonse de Lamartine）对这里丰富多彩的景色、"无与伦比的气候条件和……壮丽的环境"惊叹不已，认为贝鲁特"十分有魅力"。那些天马行空的想象，有关于"囚禁在后宫里"的女性的，有关于在港口跪着接收货物时"发出刺耳且悲伤的呻吟"的骆驼的，让

311

人一下子想到后来常见的东方主义腔调。曾于1838—1839年住在贝鲁特的作家、拉马丁的同胞爱德华·布隆代尔（Édouard Blondel），对这座城市的感观并没有那么浪漫。他观察了六座清真寺、几座教堂、两家供外国访客居住的酒店，认为它们"破旧且没什么看点"。[7]

用出奇的萎靡来形容这种状态或许有些过分，但直到埃及人突然到来，贝鲁特城的发展速度才得以改变。18世纪末，俄国人已经在这些海岸试探了奥斯曼人的实力。1831年，轮到埃及人来了。他们做得更大胆，影响也更持久。易卜拉欣帕夏（Ibrahim Pasha）是"现代埃及之父"穆罕默德·阿里帕夏（1805—1848年在位）的长子。在早年的征战中征服了沙特家族（House of Saud）并将希腊的大部分地区夷为废墟的易卜拉欣帕夏在地中海东部沿海地区开辟了一条新的征服线路。加沙、海法和雅法是率先落入侵略者之手的城市，随后陷落的是几个著名古城，包括提尔、西顿、阿卡、的黎波里、霍姆斯、拉塔基亚（Lataqiya）和倭马亚王朝的旧都大马士革。1832年，贝鲁特不战而降。尽管易卜拉欣一度威胁要进攻伊斯坦布尔，但他后来撤到新征服的叙利亚领土范围内，巩固自己的权力。

对贝鲁特来说幸运的是，在被埃及人征服的时候，蒸汽船被发明出来，世界进入了由英国引领、法国和其他欧洲大国加入的航运革命时代，所以贝鲁特从一个冷冷清清，只服务于该城以东叙利亚境内的大马士革和阿勒颇的转运港变成了向西凭借地中海贸易繁荣发展的港口城市，出口丝绸和原材料，进口世界各地的商品，从兰开夏郡的棉布衬衫到巴西的咖啡，应有尽有。

吃水更深的船只和大型货物需要深水港口，因此贝鲁特港优于邻近港和竞争对手，比如西顿、提尔和的黎波里。这座即将发展成为大城市的小城镇地理位置优越，又恰逢其时。易卜拉欣帕夏拆毁了贝鲁特的软砂岩城墙，虽然此举一度显得有些粗暴，却带来了意想不到的好处，为这个人口密集的城镇向城墙外围扩张开辟了道路。要评估 1831—1840 年（又称"埃及人的"十年）贝鲁特颠覆性的改变，只需研究海关收入和进港船只记录就足够了。根据约翰·鲍林（John Bowring）爵士在下议院所作的关于英国与叙利亚贸易的汇报，1824 年共有 15 艘船只进入贝鲁特港；1830 年，22 艘船只入港；1833 年，这一数据增长到 28 艘。到 1840 年，仅入港的英国船只就有约 150 艘。1830—1840 年，海关收入翻了两番。作为易卜拉欣帕夏领导下的贝鲁特咨询委员会的主席，马哈茂德·纳米·贝伊（Mahmud Nami Bey）用实力证明了他是一个勤奋且精力充沛的城市领导者。1835 年，为了应对运输量不断上升，贝鲁特建造了一个新码头。同年，共有 310 艘船入港，1838 年这个数字增加了一倍多，达到 680 艘。这一时期英国领事馆报告称贝鲁特已经"从一个三流的阿拉伯小城转型为一个繁荣的商业城市——来自欧洲不同国家的人在此定居"。[8] 几年之内，美国、俄国、奥地利、普鲁士、托斯卡纳、撒丁岛、西班牙、荷兰、希腊纷纷在此建领事馆。这些国家的人继英国、法国之后蜂拥而至，想要把握住这里更多的商业机会。

在"埃及人的"十年即将结束的时候，一共有 69 家公司在贝鲁特成立，其中一半是外国公司。在埃及人的现代化改革框架下，贝鲁特的基础设施和卫生条件得到改善，引入了有铺砌面的街道，建立了设有隔离设施的检疫所，港口和海关程序也进行了规范和调整。"它确实变成了东方独一无二的港口，"1836 年一位耶稣会传教士在报告中说，"它在不断发展，这个国家的基督徒人数正以极快的速度增加。"贝鲁特港的年总运量从 19 世纪 30 年代的 5 万吨，迅速增加到 1886 年的 60

312

万吨。[9]

外国对贝鲁特的兴趣是一把深深插入其社会内部的双刃剑，一方面，它助力商业扩张，帮助当地创造了许多财富，随着时光流逝，商业扩张的速度愈加疯狂；另一方面，它改变了人口平衡，以至于后来引发了全面的宗派冲突。1838年，占据贝鲁特城的埃及人用马龙派的力量镇压在黎巴嫩山发起反叛的德鲁兹派——黎巴嫩山传统上是由逊尼派穆斯林、谢哈布（Shihab）[①]家族的埃米尔统治的——此举恶化了两个社群之间的关系，带来了恶果，是动荡即将来临的前兆。德鲁兹人、基督徒和什叶派穆斯林都开始向奥斯曼帝国宫廷请愿，请求将他们从埃及的暴政中解救出来，而这为外来势力的干预打开了大门。

奥斯曼帝国的压力越来越大。对内，民族主义运动正在兴起，信奉基督教的塞尔维亚人和希腊人带头，分别通过塞尔维亚革命（1804—1817年）和希腊独立战争（1821—1829年）赢得独立，获得自治权。对外，欧洲大国已经出动，打着保护基督教少数民族的幌子，威胁要加大对奥斯曼内政的干预力度。1827年，一支英国、法国、俄国联合舰队在纳瓦里诺海战中彻底击溃了穆罕默德·阿里（他虽在的黎波里得到了优素福·卡拉曼里的支持，但后者并非真心实意）领导的奥斯曼舰队，这标志着欧洲霸权来到了地中海。强大的伊斯兰帝国凌驾于衰弱的西方异教徒之上的日子似乎变得越来越遥远了。

1839年，为了使帝国现代化，跟上西方列强前进的步伐，赢得欧洲那些心怀不满的奥斯曼臣民的心，预先阻止西方

313

---

① 埃米尔巴希尔·谢哈布二世，马龙派教徒，于1789—1840年统治黎巴嫩山。在家族皈依基督教后，巴希尔成为谢哈布王朝第一个统治黎巴嫩埃米尔国的基督徒。

进一步的干预，奥斯曼帝国宫廷颁布了居尔哈内（Gülhane）御诏，宣布所有奥斯曼臣民，不分宗教或种族，一律享有平等权利。1838—1840年，奥斯曼帝国和欧洲列强之间达成一系列自由贸易协定，为商业发展提供了更多有利条件。始于1839苏丹马哈茂德二世（Mahmud Ⅱ）时期的坦齐马特（Tanzimat）自由化改革一直持续到1876年，它通过一系列御诏和法令对国家及其机构进行了根本性的重组。奥斯曼帝国的臣民获得了保障自身安全及财产的权利；军队进行了改编和职业化改革；基于法国模式，出台了新的刑法典，引入了欧式法院和法律面前不分宗教、人人平等的理念；税收程序参照法国体系进行了规范，废除了对非穆斯林征收的吉兹亚人头税；发行了新纸币；工厂取代了行会；设立了卫生部和教育部；新建了大学、师范学校、中央银行、证券交易所、邮局、科学院。1847年，奴隶制被废除；1858年，同性恋合法化，比英国早了一个多世纪。改革者们采取的许多措施在欧洲被认为是最佳的做法。但在贝鲁特，这些平等承诺的讽刺之处在于，在一些人眼中，尤其是在德鲁兹人看来，突然变得大胆的马龙派教徒很快就比其他人有了更多权利。[10]

　　欧洲人在贝鲁特获得利益，他们也开始干预当地政治，保护这些利益。1840年，英国驻伊斯坦布尔大使庞森比勋爵（Lord Ponsonby）的代理人理查德·伍德（Richard Wood）煽动马龙派和德鲁兹派反抗他们的埃及领主。1840年9月11日，益格鲁－奥斯曼－奥地利的一支联合舰队出现在圣乔治湾，开始了猛烈的轰炸。随后，登陆部队带着支援马龙派的大炮和步枪上岸。10月，埃及人投降。穆罕默德·阿里在匆匆忙忙的十年改革后，失去了叙利亚。他给当地留下的一个遗产是把"一个戒备森严的包税地变成了一个开放的、为地中海贸易服务的港口城市"。[11]不太走运的是，尽管初衷很好，成立了一

314

个由穆斯林和基督徒均分席位的城镇议会，但它后来变成了始终困扰着贝鲁特乃至整个黎巴嫩的宗派政治。在埃及人离开的当年，贝鲁特的重要性日益凸显，它取代阿卡，变成了扩大后的西顿维拉亚特（奥斯曼帝国行省）的首府。与其他黎凡特港口，如提尔港、西顿港、的黎波里港相比，有越来越多的欧洲领事馆被设在贝鲁特，贝鲁特马上要开始利用这一优势。

尽管爆发了暴力事件，但掩映在黎巴嫩山的松树林和桑树林中的贝鲁特正在行动。"东方巴黎"的绰号在 19 世纪 30 年代末期开始流行。1842—1850 年，英国旅行家弗雷德里克·尼尔（Frederick Neale）一直居住在黎凡特，长达八年，因而对这座城市有着深刻的见解。他报告说，自己多次到访贝鲁特，每一次都会发现该城有了"巨大改善"。贝鲁特的"财富、人口、规模都在快速地增长……每天都在建造归富商所有的宏伟的新宅邸"，还有供迅速扩大的富商阶层享用的豪华的乡间别墅和避暑地。贝鲁特有了酒店、桌球室以及配备了欧洲机器、以蒸汽为动力的缫丝工厂，为数以百计的男孩、女孩提供了工作岗位。贝鲁特巧妙地将"实用"和"华丽"融为一体。社交生活因夜晚的卡德利尔舞会而活跃起来。显贵们举办舞会，精英们聚集在这里，阿拉伯人和欧洲人跨越文化差异，和蔼地注视着对方。欧洲人尽情地在土耳其帕夏面前跳波尔卡舞和华尔兹舞；而帕夏本人及其随从们有的在抽烟斗，有的在喝潘趣酒，他们对那些基督教妇女"不得体"的舞蹈也只是略微感到反感而已。年轻一点的时髦欧洲男子彻夜狂欢，到第二天才会恋恋不舍地离开舞池，径直奔向办公室，"在那里，他们喝下大量苏打水，几乎不处理公事"。在这些描述 19 世纪中叶生机勃勃的贝鲁特的文字中，"德鲁兹派和马龙派之间经常出现争端"这句话影响深远。这与理查德·伍德的评论相吻合，他提到不同派别"对彼此的仇恨尤为引人关注"——1860 年，这种仇恨灾难性地从黎巴嫩山区蔓延到贝鲁特。[12]

19世纪贝鲁特最引人注目的发展之一是由外国引领的、奥斯曼帝国支持的教育运动，这对贝鲁特产生了根本性影响，这种影响一直持续到21世纪。自19世纪20年代起，由新教传教士牵头，一座座学校如雨后春笋般遍布整个城市，为一代贝鲁特人提供教育。在此之前，他们获得的教育只是基础性的。当然，重视教育的不只有西方人，奥斯曼帝国官方也一直在鼓励发展良好的伊斯兰教育，这在一定程度上既是对抗欧洲人和美国人兼具慈善和帝国主义性质的活动，也是对它的补充。在那些一流的伊斯兰学校中，有成立于1878年的马卡西德慈善会（Maqasid Benevolent Society），它很快发展成了逊尼派穆斯林的主要医疗和教育中心，还有1880年成立的达尔·富努恩（Dar al Funun）小学。

19世纪，法国的文化影响力在贝鲁特越来越强。到第一次世界大战前夕，贝鲁特的人口快速增长到13万左右时，法国理应感到自豪，因为这时他们已经在贝鲁特建立了多所学校和学院，法国几乎每个天主教修会在这里都有自己的学习机构。贝鲁特城里有耶稣会会士、辣匝禄会会士（Lazarists）、方济各会会士、嘉布遣会会士（Capucins）、喇沙修士会会士（Frères des Écoles Chrétiennes）、圣母小昆仲会会士（Marist Brothers），此外，还有大量修女会，如贝桑松修女会（Soeurs de Besançon）、圣约瑟夫修女会（Soeurs de Saint-Joseph）、圣约瑟夫·阿帕里蒂翁修女会（Soeurs de Saint-Joseph-de-l'Apparition）、拿撒勒慈善修女会（Soeurs de la Charité de Nazareth）、诺特－锡安圣母修女会（Soeurs de Notre-Dame de Sion）。拿撒勒慈善修女会的热拉修女（Gélas）在1847年到贝鲁特，一年后因在抗击三种流行病（天花、斑疹伤寒、疟疾）方面的无私付出而成为当地的女英

315

雄。虽然不及法国人迅速，但新教徒也陆续建立了美国女子学校、英国叙利亚盲人学校、以希腊天主教徒为生源的宗法学院（Patriarchal College）和以东正教徒为目标生源的国家学院（National College）。它们的影响力非常大，以至于一些邻近地区都参照这些外国教育机构的名字取名，比如建在穆塞贝山的巴特拉基亚（Batraqiya）名字取自宗法学院名字中的 Patriarchal；亚绥耶（Yasuiyyeh）名字取自以圣约瑟夫大学为中心的耶稣会区（Jesuit district）名字中的 Jesuit；建在阿什拉菲耶山上的纳斯拉（Nasra）名字取自拿撒勒修道院（Dames de Nazareth）中的 Nazareth。[13]

外来影响与其说是潜移默化的，不如说是强行施加的，而且并非贝鲁特独有。在 19 世纪，英国和法国的手印和炮艇遍布北非和中东。1798 年，拿破仑征服埃及，为十字军东征之后西方第一次大规模地入侵伊斯兰世界带了路。他打响了第一炮，此后殖民战争愈演愈烈，成为 1916 年盎格鲁 - 法国瓜分中东的先声，21 世纪伊拉克、利比亚战争的预兆。这时，伊斯兰世界最强大的力量仍是奥斯曼帝国，但是随着时间的推移，它看起来没那么强大了。以英国和法国为首的欧洲人正以越来越快的速度领跑。1820 年，英国强迫海湾地区的特鲁西尔酋长国（Trucial States）签订和约，拉开了 1892 年在那里建立具有重要战略意义的保护国的序幕。1830 年，法国占领阿尔及尔，重回巴巴里海岸；随后 1881 年，法国在突尼斯建立了保护国。英国人不甘示弱，1839 年通过东印度公司占领了亚丁，并分别于 1882 年在埃及、1899 年在苏丹建立了保护国。

在漫长的 19 世纪，没有哪一个城市像贝鲁特那样典型，一方面迅速崛起，获得了财富和荣誉，另一方面越来越容易受到西方的影响和干预。

万花筒是美丽而神奇的东西, 它们用不停旋转、变化的色彩图案迷倒孩子们。但它们也是脆弱的, 其协调与平衡会被破坏, 如果摇晃得太厉害, 就很容易破碎。

1860年, 在几十年不断增大的压力下, 黎巴嫩山各方势力的平衡突然被打破。这个万花筒破碎的迹象已经出现。埃及人的占领——虽受到马龙派的支持, 但遭德鲁兹派的反对——撕裂了传统的统治结构, 将毒药注入了社群关系的血液里。随后, 奥斯曼帝国调整黎巴嫩山的行政区划, 把这个地区变成了一个二元省, 由两个凯马卡姆 (qaimaqamate, 地方副省长) 共同管理, 马龙派控制北部, 德鲁兹派控制南部。但这一调整无非加剧了教派冲突, 两个社群的活动范围都跨越了那个被随意划定的边界。

接着, 1856年, 奥斯曼帝国在改革法令中再次提及了棘手的非穆斯林群体特权问题。奥斯曼帝国宫廷宣布: "任何因宗教、语言、种族而使我帝国臣民中的任何阶层低于另一个阶层的区分或指定都将永远从行政规约中除去。" 对于黎巴嫩山的基督徒来说, 这是一种恩赐, 但对帝国许多忠实的穆斯林来说, 授予非穆斯林这种特权是一件骇人听闻的事。用大马士革一名穆斯林法官的话来说, 这是可耻的、是 "对永恒伊斯兰教法的违背"。[14]

至于1860年夏天那个血腥的场面是如何发生的, 直到今天都充满争议, 双方都声称是对方先兴兵动武的。可以确定的是, 黎巴嫩山1860年春天发生的抢劫、少数针对马龙派和德鲁兹派的谋杀事件, 以及一系列小规模打斗很快上升到了全面的内战, 以至于到5月, 不同社群之间的激战全面展开。5月27日, 在安达拉 (Ain Dara) 村附近, 3000名基督徒与一股人数 (约600人) 远不及它的德鲁兹人对阵, 最后一败涂地, 自此, 对基督教社群的大规模破坏开始, 约有200多个基督教

317

村庄被毁，大量村民遭屠杀。德鲁兹人夺取对黎巴嫩山南部和贝卡谷地（Bekaa Valley）的控制权后，街道上血流成河。黎巴嫩山最终的死亡人数在1.1万人左右，大马士革的死亡人数是1.2万人。受伤的人数至少是死亡人数的两倍，数万人流离失所。这是"奥斯曼人治下的叙利亚历史上最大的剧变"。[15]

欧洲人对奥斯曼宫廷施压。奥斯曼人是奉行"必须采取行动"外交政策的先行者，在接下来的两个世纪里正是这一政策促使西方介入中东地区事务。奥斯曼人的第一个举措是派遣外交大臣福阿德帕夏（Fuad Pasha）率领一支4000人的军队赶到黎巴嫩山地区。大马士革的总督被速速处决。被砍掉的头颅滚得到处都是。此举虽然果断但不足以阻止法国的干预，8月中旬，在查理·德博福尔·德奥普尔（Charles de Beaufort d'Hautpoul）将军的指挥下，一支6000人的远征军在黎凡特登陆。因流血冲突而无家可归的难民从黎巴嫩山上下来，成群结队地前往贝鲁特。8月，难民人数在短短两周内翻了一番，由1万人增加到2万人。贝鲁特被大量涌入的难民淹没了。城里的房屋、学校、宗教机构、墓地、广场、花园，甚至连停泊在港口的船只，都挤满了痛苦的难民。1860年全年都有难民源源不断地流入。尽管穆斯林和基督徒都表现出了温暖人心的友善和好客，但城里的环境极其恶劣，卫生条件非常糟糕。无依无靠的难民蜂拥而至时，这座城市里许多极为富有的市民，被街道上的景象惊呆了，担心卫生危机即将到来的他们只看了一眼，便径直离开，平静地乘坐蒸汽船前往亚历山大、雅典和士麦那。[16]

1860年黎巴嫩山大屠杀最重要的影响之一是结束了两位凯马卡姆共同管理的局面。大屠杀结束一年后，贝鲁特主办了一次大国会议，奥斯曼帝国在会上与英国、法国、俄国、普鲁士和奥地利达成了一项协议。根据协议，黎巴嫩山成为一个自治区，又称穆塔萨里菲亚（mutasarrifiya），由奥斯曼帝国派信奉基督教的臣民管理，巩固了马龙派的主导地位。

对贝鲁特自身来说，黎巴嫩山区的灾难完全重塑了它的人口结构。据估计，1838年，城里的穆斯林和基督徒各占45%。1846年，两个社群各占47%。然而，到1861年末，随着大批马龙派教徒为逃离山里的大屠杀而纷纷入城，基督徒占比达到58%，而穆斯林占比38%。随着时间的推移，19世纪基督徒人口占比越来越高，穆斯林占比则越来越低，1882年只占29%，只有基督徒占比（58%）的一半。1895年，穆斯林和基督徒的占比分别为30%和63%。贝鲁特城很快变成了一个基督徒占大多数的城市。这种大规模的迁移还调整了三大主要基督教派的教徒占比。1846年，希腊东正教徒占城市人口的23%，马龙派教徒占9%，希腊天主教徒占7%；到1861年末，马龙派教徒占21%，非常接近希腊东正教徒的占比（29%）。[17]

数字揭示的不过是故事的一部分。基督教难民涌入贝鲁特城的另一个重要结果是改变了城内财富的分配，让基督徒明显领先于穆斯林。内战彻底转变了贝鲁特城和黎巴嫩山之间的关系。从前，危难时刻，黎巴嫩山是贝鲁特城百姓的避难所；此后，人们逃离黎巴嫩山、叙利亚内陆，前往贝鲁特这个平安之地。

教派之间的紧张态势自第一轮坦齐马特改革就出现了，直到1860年爆发激烈冲突。在此之前，正如历史学家莱拉·塔拉齐·法瓦兹（Leila Tarazi Fawaz）所写，"基督徒被其他基督徒迫害的故事要远比皈依基督教的人被穆斯林迫害的故事普遍……贝鲁特城里同一信仰不同教派之间的敌对情绪和主要社群之间的敌意一样严重"。然而，在19世纪下半叶，随着很多基督徒——穆斯林也一样——赚了钱，不同社群对彼此的态度强硬起来。现存资料中多次提到，这一时期，穆斯林和基督徒之间屡次发生暴力冲突，从轻微的、无关紧要的暴力事件上升到更血腥、更重大的冲突。1871年，一群基督徒被手持木棒的穆斯林袭击。十年后，1881年，穆斯林和基督教男孩们在玩游戏时发生了口角，但很快升级为敌对社群之间有成年人参与的暴力事件，有人被刺伤，有人被杀死。1888年，一些基督教男孩发现自己失踪的山羊被斩首，就向贝多因的妇女们射击，差一点引发了一场全面暴乱。攻击武器很快从木棍换成了其他更有威力的器械。1896年、1897年、1899年，在一系列教派暴力事件中，屡次用到了枪支。到20世纪初，"基督徒–穆斯林之间的斗争变得特别常见，几乎每周都会发生暗杀，每年都会发生暴乱"。[18]

根据生于1903年的英国籍黎巴嫩作家、活动家爱德华·阿提耶（Edward Atiyah）的记载，这一时期，不同社群对彼此的猜疑已经根深蒂固。爱德华还预测了未来会出现的诸多麻烦。在《一个阿拉伯人的口述史》（*An Arab Tells His Story*）中，第一章"贝鲁特"的开篇是这样写的："基督徒对穆斯林——这是我对人类群体关系的第一看法，五六岁时，在我的脑海中，世界由穆斯林和基督徒组成，他们彼此对立……"阿提耶，同在他之前和之后的许多人一样，忍不住称赞这座掩映在桑宁山（Mount Sannin）之下的城市，有着"超凡脱俗的自然美"，不过，到了1925年，他发现贝鲁特"只能滋生恐惧、怀疑和可恶的争斗"。它像是"人身上一个流脓的疮"，让他不寒而栗。[19]

这是一个男人站在1946年回顾、写作时给出的严苛论断，他的曾祖父死于1860年内战，而他本人则亲历了1923—1946年叙利亚和黎巴嫩变成法国的委任统治地（1920年成立大黎巴嫩的时候，大多数穆斯林都表示反对，于是前往大马士革）时的动荡。但是他的论断掩盖了贝鲁特城基督徒和穆斯林

之间的日常合作，这种合作最常见于商业领域。在 19 世纪的
大部分时间里，在商业领域，利润总是比激情重要。暴力事
件，无论多么频繁、多么不受欢迎，都只是贝鲁特城中一种明
显的背景音，在较贫穷的贝鲁特人群中较为普遍，而不是主
音。冲突各方都有极端分子，他们可能煽了风、点了火，但绝
大多数贝鲁特人都不想挑起冲突。穆斯林和基督徒继续寻找共
同点，不只在商业领域，在各种城市委员会（继续保证每个教
派在委员会中拥有平等的代表权）、文学协会，甚至在地下政
治运动中也是这样。

因为缺少强大、有威慑力的警察力量，所以 19 世纪末期，
相互对抗的基督教帮派和穆斯林帮派始终存在并威胁着贝鲁特
的城市安全。这些帮派暗中进行犯罪活动：赌博、走私、收保
护费、谋杀。其中一位臭名昭著的黑帮头目名叫奥斯塔·巴瓦
里（Osta Bawli），是希腊东正教社群的一员。"他是一个令
人敬畏的斗士，受基督徒爱戴、钦佩，被穆斯林畏惧"，阿提
耶写道，"每一个被穆斯林或奥斯曼土耳其政府为难的基督徒
都是他的追随者；他或他的属下会为每一个被杀的基督徒报
仇"，他们身穿阿拉伯长袍，束腰带里塞满了匕首和左轮手枪，
派头十足。[20] 奥斯塔·巴瓦里和其他帮派头目一样，活动在穆
斯林和基督徒之间那致命的、无休止的谋杀和复仇循环里。

然而，运气总是会耗尽的。在 19 世纪末，散步是最受贝
鲁特人喜爱的一项消遣活动。1896 年，奥斯塔·巴瓦里在沿
山崖的滨海路上散步时，被人从背后捅了一刀。贝鲁特的大部
分地区因他的葬礼而陷入停滞，对立的东正教徒、马龙派教
徒、天主教徒和新教徒也难得团结了起来，共同缅怀他。悼念
者们站在街道两旁，高唱着贬低穆斯林和奥斯曼人的歌曲；女
人们也为她们的民间英雄和烈士歌唱。在他的棺材即将合上
时，一个穿戴整洁、佩戴玫瑰胸花和芳香的方巾的仰慕者，走

320

到棺材前，俯身吻了一下，用悼念者听不到的声音低语，很可能是在承诺一定为这位帮派头目复仇。三天后，这个仰慕者走进一家烟草点，枪杀了三名与奥斯塔·巴瓦里的死毫无关系的穆斯林。"正义"得到了伸张。

　　沿着阿什拉菲耶区中心绿树成荫的苏尔索克（Sursock）街向东走，就能看到一座小巧别致的宫殿突然出现在这片堪比伦敦梅菲尔（Mayfair）的昂贵住宅区里。华丽的宫殿独占一座山头，懒洋洋地俯瞰着海港。走进铁门，迈着轻盈的步伐踏上双层大理石台阶进入屋内，走过一对17世纪佛兰德人编织的挂毯，从35米高的大厅往下看，只见四组黎巴嫩拱门每三个一组、一个接一个地立在饰有凹槽纹的大理石柱上，地上还铺着古老的东方地毯，这华丽的视觉盛宴令人叹为观止。原本一览无余的地中海，在一丛丛棕榈树和柏树的勾勒下有了轮廓，而它正是这个家族大量财富的来源。

　　苏尔索克宫建于1860年，当时黎巴嫩山依旧困在流血事件中，其建造者穆萨·苏尔索克（Musa Sursock）是靠经商暴富的基督教贵族阶层的老前辈。苏尔索克宫是现存最大的、建于19世纪的私人宅邸，坐落在尼古拉斯·易卜拉欣·苏尔索克博物馆（Nicolas Ibrahim Sursock Museum）对面，后者是一座形似婚礼蛋糕的白色建筑，混合了威尼斯和奥斯曼风格，是一座比苏尔索克宫更宏伟的宫殿，于1912年建造，原本也是一座私人宅邸。1952年，尼古拉斯·苏尔索克离世时将它赠给了贝鲁特；随后，总统卡米勒·夏蒙（Camille Chamoun，1952—1958年在位）用它来接待来访的政要；再后来，被改成博物馆之前，在时髦活跃的20世纪60年代，贝鲁特所有热闹非凡的沙龙都在这里举办。"那时我们充满自信，"黎巴嫩小说家哈南·谢赫（Hanan al Shaykh）伤感地回忆道，

"很多人常去，太棒了……全是社会的精英。人们参加是因为它有声望，而不是对艺术感兴趣。"[21]

从信奉希腊东正教的苏尔索克家族最初发家到今天，近三个世纪过去了，他们傲慢地盘踞在贝鲁特商业的巅峰，是该城最大的家族之一。善于创新、贪得无厌、野心勃勃的家族成员们共同完成了"19世纪最了不起的社会阶层跨越"。[22]他们原本是奥斯曼土耳其的包税人，和当时很多基督教商人一样，通过获得领事保护及特权，尤其是免税政策，发家致富。例如，1832年，迪米特里·苏尔索克（Dimitri Sursock）担任新任美国领事代表的翻译。苏尔索克家族的其他成员也都获得了希腊、法国或俄国的领事保护。

苏尔索克家族有粮商和代理商，有银行家、有证券交易所的投机者，有地产大亨，在现今黎巴嫩、叙利亚、埃及、土耳其、以色列、巴勒斯坦境内拥有多个村落。苏尔索克家族中还有棉类产品制造商和狂热的丝绸贸易商。自1853年开始，丝绸成为贝鲁特的主要出口产品。他们欣然为大型基础设施项目，如苏伊士运河、贝鲁特－大马士革公路、港口，投入巨额资本，其商业帝国从贝鲁特、伊斯坦布尔和亚历山大，扩展到开罗、巴黎、曼切斯特。1872年俄国大公尼古拉斯到访贝鲁特，一到达就被匆匆带去会见尼古拉斯·苏尔索克，据说那时尼古拉斯·苏尔索克的年收入高达6万英镑，相当于今天的620万英镑。苏尔索克家族毫不费力地游走于欧洲贵族阶层，并与他们联姻，同时与奥斯曼帝国的高层人物以及外国当权者保持密切联系。比如，1863—1879年统治埃及的赫迪夫伊斯梅尔，在一定程度上就是靠苏尔索克家族的巨额贷款和投资维持国家运转的。苏尔索克家族那些漫无边际的宫殿和别墅庄园"富雅程度堪比意大利的任何一座豪华宫殿"。总之，苏尔索克家族崛起成为贝鲁特社会的上流，跻身于"贝鲁特贵族阶

层、商界精英"之中。²³

发家的并非只有苏尔索克家族。据《在叙利亚的两年》
(*Two Years in Syria*) 的作者、1857—1858 年在贝鲁特新开
的奥斯曼银行供职的会计师路易斯·法利（Lewis Farley）记
载，"几年前，我们主要的商业客户都是外国人，现在变成了
本地人；所有的进出口生意现在都是他们在做，外国船只的
收货人也是他们"。²⁴ 尽管在贝鲁特经营的外国公司不少，如
1837 年进驻贝鲁特、如今仍在运营的英国航运、保险集团亨
利·希尔德，但推动经济发展的主要还是本土企业。布斯特罗
斯家族同样是希腊东正教商人，通过名为"穆萨·布斯特罗
斯和侄子们"（Moussa Bustros and Nephews）的企业——一
家贸易投资公司，业务涉及地产、贸易、金融——和橄榄、桑
葚种植园迅速发家。和苏尔索克家族成员一样，布斯特罗斯
家族有代理商，有粮商，有投机者，与奥斯曼官员及欧洲各
国的总领事关系密切。布斯特罗斯宫离苏尔索克宫很近，现
在是黎巴嫩外交部所在地。其他信奉东正教的希腊商业家族
还有阿拉曼家族（Aramans）、布特罗斯家族（Boutroses）、
巴苏勒家族（Bassouls）、法耶德家族（Fayads）、菲亚尼
家族（Fianis）、费尔奈尼家族（Fernainis）、吉贝利家族
（Jbeilis）、格达伊家族（Gedays）、特拉达家族（Trads）和
图埃尼家族（Tuénis）——本章开篇引用的诗句便出自已故
诗人娜迪亚·图埃尼所写的诗歌《贝鲁特》。这些家族相互竞
争，为了跻身从未有定论、令人垂涎的"贝鲁特七大家族"。
在穆斯林社群中，也有类似于"贝鲁特七大家族"的富有
家族。

希腊东正教徒或许占据了贝鲁特商人阶层的顶层，但贝鲁
特还有供其他人积累大量财富的空间。在希腊天主教徒中，来
自黎巴嫩山的梅达瓦尔家族（Medawar family），在法国的领

事保护下，凭借地产、贸易企业和金融投资发家得势，此外还有法拉翁家族（Pharaon family）和扎纳尼里家族（Zananiri family）。

和贝鲁特一样，出生于此或到这里定居的基督教商人也是一个大杂烩，各教派都有。比如，来自黎巴嫩山的封建望族马尔哈马家族（Malhamas）和哈赞家族（Khazens）都属于马龙派，而出色的商人、房地产所有者阿贝拉家族（Abelas）则属于罗马天主教派，其祖上是一位马耳他医生，曾随同拿破仑到达阿卡。

极度的商业繁荣并非基督教的专利。总之，在基督教商人向西寻找财富的时候，与欧洲人联系较少、获得的领事保护也不多的穆斯林商人把目光投向了东方的叙利亚内陆地区。因而，在19世纪40年代末，与英国贸易的29家贝鲁特企业中，只有3家是穆斯林经营的，这一比例在19世纪余下的时间里几乎没有变化。到20世纪的头十年，穆斯林所占的丝绸出口额还不到丝绸出口总额的1%。

当时贝鲁特既有成名的家族，比如封建望族谢哈布家族（Shihabs）、巴比尔家族（Barbirs）、巴伊胡姆家族（Bayhums）、伊塔尼家族（Itanis）和阿加尔家族（Aghars）；又有新兴的家族，比如阿努提家族（Anutis）、阿亚塞家族（Ayyases）、萨尔杜卡家族（Sarduqs）、萨拉姆家族（Salams）、甘杜尔家族（Ghandurs）、伊拉斯家族（Irayses）、达乌克家族（Daouks）、亚辛家族（Yasins）、胡萨米家族（Husamis）、塔巴拉家族（Tabbaras）、比卡达舍家族（Biqdashes）、巴伊敦家族（Baydun）。这些家族中的大多数都在穆斯林圈子内贸易，贸易范围包括大马士革、巴格达、埃及，以及更广阔的奥斯曼帝国。巴伊胡姆是商界贵族，与黎巴嫩山的传统统治者谢哈比家族的埃米尔关系密切，在城市和农村都有大量地产，从事农产品贸易，特别是香料、丝绸、棉花贸易。一般来讲，最富有的穆斯林是那些全身心投入西方贸易，进口便宜的欧洲产品并在叙利亚市场售卖的商人。

323   对穆斯林或是基督徒、逊尼派或是什叶派、东正教徒或是天主教徒而言，在 19 世纪，贸易都是贝鲁特的命脉。正如法国领事早在 1827 年说的，贝鲁特是"一个商人共和国，他们有自己的优势和法则"。25 直到今天，黎巴嫩极富创业精神、敢于冒险的商人在整个地中海和中东地区都负有盛名——有时臭名昭著。

商业上的成功让贝鲁特的商人站到了社会的制高点。也许今天没有人能像贝鲁特人那样炫耀性消费——2012 年，贝鲁特取代洛杉矶，成为世界整形之都，但在 19 世纪，超级富豪把奢华和张扬都给了石头。希腊东正教三巨头苏尔索克家族、布斯特罗斯家族、图埃尼家族在阿什拉菲耶建造宫殿，树立了典范；逊尼派穆斯林达乌克家族紧随其后在贝鲁特角建造宫殿，信奉希腊天主教的法拉翁家族则选择在布拉特区建造宫殿。当时，奢华是主旋律，炫耀是指导原则。

喜爱一切欧洲的事物意味着房子要带私人花园、窗户要朝外，这与穆斯林的建筑传统——光秃秃的院墙、封闭的庭院——有很大差别。这些建筑的风格兼收并蓄，融合了巴洛克风格、新哥特式风格和摩尔式建筑风格，室内的大理石柱、彩绘天花板以及家具陈设都有意模仿欧洲贵族最豪华的宅邸。桌子和椅子取代了地板上的坐垫，单独的卧室和餐厅也在 19 世纪最后 25 年开始正式出现。镜子、刀叉成了社交礼仪的必需品，长袍逐渐被燕尾服取代，甚至连人名拼写都欧化了：Sursuq 变成了 Sursock，Firaawn 变成了 Pharaon，Frayj 改成了 Freige，Tuwayni 改为了 Tuéni，等等。教名同样发生了变化。原来叫 Jirjis 的，现在改叫 Georges；原来叫 Butrus 的，现在叫 Pierre；原来名字写作 Yusuf 的，现在写作 Joseph。[26]

当然，这个富贵的世界只属于那些非常富有的人，并不是人人都能进入的。宫殿的大铁门将衣衫褴褛的穷苦大众牢牢地阻挡在外。黎巴嫩裔美国诗人、流亡他国的哈利勒·纪伯伦（Kahlil Gibran）在 1908 年出版的短篇小说集《叛逆的灵魂》（*Al Arwa al Mutamarrida*）中，无情揭示了他眼中腐败的哈萨（al khassa），即商界精英。"看看那些精美的居所和宏伟的宅邸，那是有钱有势的人居住的地方……挂有丝绸织品的房间里住着背叛和伪善……镶了一层金箔的天花板下藏着谎言和虚伪。"他们每赚一笔财富，就有人受到压迫、陷入贫困。有时，巨大的贫富差距会导致罢工和工人骚乱，比如 1903 年港口发生了雇用搬运工的纠纷，英国总领事充满恶意地称他们是"黎凡特的……人渣、流氓"。[27]

贝鲁特的上层社会为了追求财富、巩固自身地位已经把目光投向了西方，在这些人当中欧洲的影响是无处不在的。但是还有一些人，比如不屈不挠的基督教银行家、政客、记者、黎巴嫩宪法之父米歇尔·希哈（Michel Chiha，1891—1954），更深入地研究历史，找出了这座城市商业活力最古老的源头，并认为这种商业活力完全是贝鲁特固有的。他认为这个繁荣的商人共和国是腓尼基城邦的重生。和圣经先知以西结描述的提尔港一样，希哈笔下的贝鲁特是这样的——

> 坐落在海边的那座城，
> 和生活在每个海岸边的人们做生意……
> 当你的商品远销海外时，
> 你满足了每个国家的需要；
> 一代代君王因你的商品换来的财富而富足。[28]

2013年7月5日，叙利亚的抗议者们在炎炎夏日走上大马士革郊区德拉亚（Darayya）的街头抗议阿萨德政权。他们给每周一次的抗议活动取名为"同志们觉醒、崛起的星期五"。这是有意致敬易卜拉欣·雅齐吉（Ibrahim al Yaziji）写于1878年的长篇诗歌《觉醒，噢，阿拉伯人，崛起吧！》。黎巴嫩历史学家法瓦兹·特拉布勒西（Fawwaz Traboulsi）称这首诗是"早期几代阿拉伯民族主义者的口号"，是奋起反抗奥斯曼帝国的号召。这样的革命性诗歌太过危险，无法公开出版。在人们第一次朗诵后，短短两年内，这首诗歌就出现在贝鲁特、大马士革的一面面墙上，一时间争议四起，叙利亚总督米德哈特帕夏（Midhat Pasha）因此被罢黜，诗歌作者也被流放。[29]

对贝鲁特而言，这是纳赫达（nahda，觉醒）的时代。纳赫达是一场深刻的文化觉醒或复兴，它挑战了传统的宗教信仰，坚决主张一种充满活力的世俗主义，并在这个过程中将贝鲁特推向了阿拉伯文化生活的前沿，使它成为阿拉伯世界的知识之都。埃及学者里法阿·塔赫塔维（Rifaa Tahtawi）1821年成立了一家出版社，他在开罗播下了纳赫达的种子并将欧洲文艺复兴的理念注入其中。纳赫达"既是一个时代又是一种态度"。[30]金钱也许能使世界运转起来，贸易或许是一种纯粹的好东西，但从最早期开始，在他们还没有建成世界上一些美好的城市的时候，阿拉伯人一直很尊崇他们在沙漠之中形成的文化，尤其是那充满魅力的口语和书面语。现在，新技术触手可及，贝鲁特的知识分子、作家、记者，争先投身于激荡的思想世界。

325　　1847年出生于贝鲁特的易卜拉欣·雅齐吉和父亲一样，是纳赫达夜空中最明亮的星星之一。他的父亲纳西夫·雅齐吉

（Nasif al Yaziji，1800—1871年）也是一位语法学家、翻译家，在其努力下，阿拉伯语摆脱了正式的、传统的限制。易卜拉欣是一个不安于现状的博学者，也是圣经的翻译者，他出版了一本同义词词典，还撰写了一些医学、音乐、艺术、天文学作品。除了那首争议性诗歌外，他让人印象最深刻的成就是制定了阿拉伯语版的格列高利历，发明了一种简化的、方便用打字机的字型，将阿拉伯字符的数量从 300 个减少到 60 个，进而使快速复制文本成为可能。[31]

与贝鲁特商业生活的繁荣同样引人注目的是出版业革命。最初，基督教为这场出版业革命提供了强大的推动力——1751 年出现的第一家出版社就是由希腊东正教神父经营的。1843 年，第二家出版社出现，它是由来自马耳他的美国传教士筹建的。这一时期，报纸突然出现，并以极快的速度发展。1858 年，第一份报纸《新闻花园》（*Hadiqat al Akhbar*）诞生，紧接着又有了《真理报》（*Al Haqiqa*）、《叙利亚的号角》（*Nafir Suriya*）、《代言人》（*Lisan al Hal*）、耶稣会《先驱报》（*Al Bashir*）、第一份伊斯兰报纸《艺术果实报》（*Thamarat al Funun*）以及《吉南报》（*Al Jinan*）、《贾纳报》（*Al Janna*）、《朱奈纳报》（*Al Junayna*），Jinan、Janna、Junayna 是阿拉伯语"天堂"一词的变体。没过几年，贝鲁特的报纸和期刊数量就超过了阿拉伯世界的任何一个城市。正如贝德克尔（Baedeker）记载的，1894 年贝鲁特共有 13 家印刷厂和 12 家阿拉伯报纸。[32] "开罗书写，贝鲁特印刷，巴格达阅读"这句古老的阿拉伯谚语掩盖了更大的真相，那就是 19 世纪贝鲁特人泰然自若地做到了这三件事。

19 世纪的贝鲁特有布特鲁斯·波斯塔尼（Butrus al Bustani）。布特鲁斯绰号"穆阿利姆"（Al Muaalim，大师），一个皈依新教的穆斯林，出版商、记者、百科全书编纂

者、编辑、教育家。他是贝鲁特第一个世俗机构瓦塔尼亚伊
斯兰学校（Al Madrasat al Wataniya）的创始人，也是叙利
亚阿拉伯民族主义最早的倡导者之一。他创办的报纸《叙利
亚的号角》印有其口号——"宗教属于上帝，国家属于每一
个人"。还有一些小说家，比如布特鲁斯的儿子萨利姆·波斯
塔尼（Salim al Bustani，1848—1884 年）、尤尔吉·扎伊
丹（Jurji Zaydan，1861—1914 年），以及有争议性的艾哈
迈德·法里斯·希德亚克（Ahmed Faris al Shidyaq，1805—
1887）。由艾哈迈德·法里斯·希德亚克创作的《腿压腿》
（*Leg over Leg*）超越流派，是一本游记兼小说，常被认为是
第一本阿拉伯语小说。在这本小说中，作者充分利用了阿拉
伯语的丰富性，使用了一长串中世纪阿拉伯语中用来指代阴
道（"夹子""喷头""又大又软的东西"）、阴茎（"鹰架""小
个子"）、肛门（"口哨""弩炮""没牙的玩意儿"）、性（"把
眼线笔插入眼线墨瓶"）的委婉语，对教徒的假正经发动全
面进攻，因此被视为异端。在那个时代，对知识的探索超越
了宗教分歧。1857 年，德鲁兹派的埃米尔罕默德·阿尔斯
兰（Mohammed Arslan）与他人共同创立了叙利亚科学学会
（Al Jamiya al Ilmiya al Suriya）；1860 年黎巴嫩山惨剧发
生后，他更是完全放弃了政治，投身文学。在一众穆斯林学
者中，最杰出的是法官、作家、教长优素福·阿西尔（Yusuf
al Asir，1815—1889 年），他与阿卜杜勒·卡迪尔·卡巴
尼（Abdul Qadir Qabbani，1847—1935 年）共同创办了
《艺术果实报》，并策划翻译了备受推崇的《圣经》阿拉伯语
译本。[33]

1866 年，叙利亚新教学院成立，进一步推动了纳赫达的
发展。它占地面积广，几乎占据了老城东面贝鲁特角北部的整
个岬角，后来它成为贝鲁特美国大学，直到今天其庄严的校园

依然矗立在那里。那些在贝鲁特美国大学学习的学生们会发现贝鲁特的教育有其独特的魅力和奢侈。这座占地 61 英亩的校园里有多个运动场、一个鸟类保护区；有考古博物馆、地质博物馆、自然历史博物馆；有一家出版社，一个重要的收集本土和非本土树木、植被的场馆；因为地处贝鲁特，所以它还有一片私有海滩，正对着沿山崖的滨海路。它的地理位置绝佳——位于布利斯街（极乐街），街名悦耳，取自新教传教士、学院创建者丹尼尔·布利斯（Daniel Bliss），街道一直延伸到校园的南侧。它的学术成就同样可圈可点。从 1870 年第一批学生毕业开始，该校的校友不断成为黎巴嫩社会、政治、商业生活中的上层人士。他们在城市现代化进程中发挥了重要作用，1871 年，第一批医学生从该校毕业。到 1889 年，它已经培养了 15 位药剂师。从叙利亚新教学院和另一家天主教学院——名为圣约瑟夫大学，1875 年创建，创建之初名为耶稣会学院——毕业的年轻医师们很快就在数量日益增多的医院中找到了职位。第一家医院建于 1846 年，名为奥斯曼军事医院；第二家医院建于 1867 年，名为德国约翰尼特医院；第三家医院建于 1878 年，名为东正教圣乔治医院。据 19 世纪 90 年代早期到访贝鲁特的法国地理学家维塔尔·屈内（Vital Cuinet）统计，当时贝鲁特城有 6 家医院、55 家诊所、3 家药店；此外，还有 3 家赌场、2 家马戏团、25 家酒店、30 个钟表匠、30 个集市、23 个警察局、55 家咖啡店和 45 家珠宝商，这说明贝鲁特人一直很喜欢边喝咖啡边闲聊，热爱奢华、炫耀。到 1900 年，屈内又可以在自己的清单里增加 40 家妓院。[34]

喝咖啡的、购物的、闲逛的以及形形色色寻欢作乐的，都无法抗拒布尔吉广场。这个位于古城墙以东、不断更名的广场是贝鲁特公共生活的中心，是休闲、商业场所，也是有意涉足声色犬马之地的人会去的地方。这里喧嚣嘈杂，酒店、咖啡、

327

音乐厅、企业、商店、赌场、马车公司、酒吧、妓院云集。这里是人类观察者的天堂，但对年轻的尤尔吉·扎伊丹而言却让人生畏，19 世纪 70 年代，他在父亲开的旅馆里做服务员，目睹了太多徘徊在广场周围破旧街道上的无业游民、性变态者、醉汉、赌徒、妓女。19 世纪末，穆塔纳比（Mutanabbi）街的广场周围发展成了红灯区。穆塔纳比街的街名取自 10 世纪的伊拉克诗人，后来因马里卡·埃斯皮勒多内（Marica Espiredone）不同寻常的职业经历而出名，或者说臭名昭著。1912 年，惨遭虐待的希腊孤儿马里卡身无分文地来到贝鲁特，成了妓女，后来成为这座城市最漂亮、最有名、最富有的老鸨。她是传奇的马里卡妓院所有者，20 世纪 40、50 年代，该妓院有 100 名女孩，为满足富人、名人的欲望服务。广场上的一个个霓虹灯招牌明目张胆地为每家店的头牌做广告，比如金发女莱拉·沙克拉、法国的安托瓦尼特、英国的露西。具有讽刺意味的是，红灯区又被称为道德广场（Suq al Awadem），直到 1975—1990 年内战初期才消失。[35]

　　布尔吉逐渐变为"帝国和资产阶级炫耀的场所"，被拿来与欧洲一些伟大的公共广场做比较，而位于贝鲁特古城西南方的第二大广场阿苏尔广场（Sahat al Sur）虽然结构更松散、更脏乱，却更受大众喜爱。这里有奥斯曼电报局、土耳其公共浴室、咖啡屋、秋千、旋转木马，主要的有轨电车轨道也在这里交会。黎明时分，一群群满怀希望的工人聚在建筑工地，着急开始一天的工作。1869 年阿苏尔广场被改建为公园绿地，1900 年增建了一座 8 米高的大理石喷泉，如今这里更名为里亚德·索勒赫广场（Riad al Solh Square），该名取自黎巴嫩独立后第一任且连任两届（1943—1945 年、1946—1951 年）的总理里亚德·索勒赫。19 世纪末，一条漂亮的林荫大道——铺设有人行道的鲁埃米尔巴希尔街（Rue Emir Bashir）将这两个完全不同的广场连接起来。作为奥斯曼帝国城市现代化建设的一部分，1894 年，贝鲁特城内两条主街被大幅拓宽，从5.25 米扩至 15 米。[36]

兴许，正如尤尔吉·扎伊丹厌倦了贝鲁特那些放荡的、一无所有的人一样，奥斯曼人也对欧洲对帝国的影响深表厌恶，于是，他们在建筑环境中用凸显帝国力量和现代性的建筑进行反击。19 世纪后半叶，在奥斯曼人的指导下，贝鲁特城市以惊人的速度发展并改善了交通设施、街道照明、卫生设施、娱乐设施。1853 年，贝鲁特兴建了基什拉（Qishla），也就是后来的大塞拉伊尔，它是一座朴实、雄伟的军营，建在坎塔里山上——1832 年开始，贝鲁特被埃及占领期间，易卜拉欣帕夏的军队一直驻扎在此地——俯瞰贝鲁特城。此后，贝鲁特接连修建了许多直插天际的大厦。基什拉真实地反映了奥斯曼帝国新军（Nizam-i Djedid）的规模，这座建筑一如既往的宏伟，翼楼长 80 多米，有 430 个房间和 588 个拱门与拱廊。今天，在内战中遭到破坏的基什拉被完全修复，恢复了昔日的辉煌，扩建后变成了黎巴嫩总理的官邸。

328

1856 年，奥斯曼帝国银行开业，为作为军事象征的基什拉增添了商业影响力和威望。奥斯曼帝国银行起初设在安通贝伊酒店，酒店面朝水域，拥有私人码头。1863 年，由法国建筑师埃德蒙·迪图瓦（Edmond Duthoit）设计的圣路易大教堂融合了罗马和拜占庭的建筑风格，在已经被希腊东正教和希腊天主教占领的天际线中，宣誓着圣方济会的主权。同年，由特许承建商贝鲁特 – 大马士革公路奥斯曼帝国公司（Compagnie Impériale Ottomane de la Route Beyrouth à Damas）承建的贝鲁特 – 大马士革公路竣工。该公司负责人是长期定居在贝鲁特的法国企业家埃德蒙·德·佩尔蒂伯爵（Comte Edmond de Perthuis）。它缩短了从贝鲁特到大马士革的行程，从前骑驴子和骡子沿着颠簸的大篷车路线去大马士革需要 4 天，费用昂贵、路途艰险，还会遇到盗匪，而此时乘公共马车前往只需要14 小时。

在奥斯曼帝国的指导下，本土建筑也在不断创新。优素福·阿夫蒂莫斯（Yusuf Aftimos）、马尔迪罗斯·阿尔图尼安（Mardiros Altounian）、贝沙拉·阿芬迪（Bechara Affendi）三人是黎巴嫩建筑学的奠基人。受贝鲁特市政主席易卜拉欣·法赫里贝伊（Ibrahim Fakhri Bey）的委托，贝沙拉·阿芬迪设计建造了雅致的小塞拉伊尔宫。小塞拉伊尔宫位于布尔吉北面，是贝鲁特市政府所在地，于 1884 年落成，是"折中的'西方主义'"的生动体现，它坚实的几何结构点缀着带涡卷纹的入口三角墙、华丽的拱顶和矮小城垛里探出的微型八角形炮塔。雅致的小塞拉伊尔宫为在广场中央的哈米迪耶（Hamidiye）公园漫步的人增添了一道风景。哈米迪耶公园名字取自 1876—1909 年在位的苏丹阿卜杜勒·哈米德二世（Sultan Abdul Hamid Ⅱ），后者为贝鲁特建造了新的学校、医院、警察局、喷泉式饮水器以及一家奥斯曼邮局。20 世纪20 年代之后，小塞拉伊尔宫成为多位黎巴嫩总督和总统的办公地点，但 1950 年却沦为开发商的牺牲品——在贝鲁特，这种行为会越来越常见。为了给里沃利电影院（Cinema Rivoli）腾地方，小塞拉伊尔宫被拆除。到了 20 世纪 90 年代，在内战后的重建过程中，里沃利电影院也被拆除。37

奥斯曼人主导的贝鲁特现代化建设首次引入了城市规划，其意义不仅仅在于象征和审美的层面。港口对这座城市的繁荣有重大影响，1889—1894 年港口经历了全面的现代化改革和扩建，新建了一个码头、一个突堤和多个仓库。奥斯曼帝国贝鲁特港口、码头和仓库公司再一次在德·佩尔蒂伯爵及其合伙人萨利姆·穆勒哈米（Salim Melhame）的积极管理下，在贝

329

鲁特庞大商人群体的支持下，开始新建工作。作为商业扩张的代价，残余的城墙和古十字军堡垒被夷为平地。

19世纪后期，贝鲁特的发展速度非常快，发展势头极其猛，很多贝鲁特人失去了时间观念，而且穆斯林没有可以显示时间的时钟。正如1897年，总督在一封"致尊贵的宫廷内侍"的信中所写，许多外国机构都有带钟的钟塔，每个钟塔上都有一个西方时钟，然而，"因为没有公共时钟显示穆斯林的（礼拜）时间，所以穆斯林，甚至官员和（其他）公务人员不得不遗憾地适应外国时钟显示的时间"。[38] 如果叙利亚新教学院能有一座属于自己的钟塔，且不提马龙派、耶稣会和法国医院，那些虔诚的穆斯林该怎么办呢？为解决这一问题，优素福·阿夫蒂莫斯设计了奥斯曼钟塔。它是贝鲁特的大本钟，有四个面，两个显示阿拉伯数字，两个显示拉丁数字，25米的高度令它垂直高耸于其他建筑之上。它的建筑风格融合了奥斯曼风格、哥特风格以及新东方主义风格；它的用料既有朱尼耶石灰岩、贝鲁特砂岩、大马士革玄武岩，又有达伊尔·卡马尔（Dair al Qamar）红石。这座钟楼和屹立在一旁的大塞拉伊尔一样，在海上、陆地几英里外的地方都能看到。

贝鲁特一片喧嚣。1888年，在经历了多次请愿和抗议之后，它变成了新创建的贝鲁特行省的省会，这表明了其不可抑制的经济增长势头和重要性。一年后，贝鲁特有了一座灯塔，随后一个世纪这座灯塔的变迁史揭示了贝鲁特公共建筑需求与私人开发需求之间的典型矛盾。20世纪90年代中期，一个高层公寓建筑方阵让这座历史建筑黯然失色。19世纪末，贝鲁特的城市建筑物以极快的速度增加。1893年，新的赛马场开放；1895年，火车站建成。

1898年11月5日上午，德国皇家邮轮"霍亨索伦"号（*Hohenzollern*）在贝鲁特港停靠。欢呼的人群、挥舞着旗帜的学生排成一排站在岸边。登陆处，一个华丽的亭子被搭建起来，亭子上方是旗杆和树叶做成的装饰品，贝鲁特的官员们身穿制服站在亭子旁，迎接皇家夫妇——大胡子的德皇威廉二世和妻子奥古斯塔·维多利亚——的到来，他们是德国最后的皇帝、皇后，也是普鲁士最后的国王、王后。这对夫妇先是乘坐火车前往大马士革，路遇坐在岩架上、朝他们挥舞棕榈叶和鲜花的村民们，后又参观了巴勒贝克的废墟，最后回到贝鲁特。德皇骑马穿过贝鲁特城，他的妻子乘坐马车与他同行，周围环绕着热情欢迎他们的土耳其将军们以及熙熙攘攘的民众。这次访问的官方记录中写道："欢呼、喜悦、感激的告别超乎想象。"德皇感动地宣称贝鲁特"是帕迪沙王冠上的宝石"（帕迪沙是奥斯曼帝国苏丹使用的头衔）。[39]

在接下来的几十年里，贝鲁特的百姓将因无所顾忌的消费态度，即使经历悲惨也依然热爱美好生活和浮华张扬而闻名于世。对这样一个靠贸易崛起的城市而言，1900 年，雅致的欧罗斯迪·巴克（Orosdi Back）百货商店（"东方的哈罗德"）的到来堪称完美。还有什么比这个金碧辉煌、拥有三个穹顶的消费主义神殿更适合开启 20 世纪呢？它是一个宏大项目的主要组成部分，该项目建在一个垃圾填埋场上，邻近码头、港口仓库和杜阿纳街（Rue de la Douane）上的海关。欧罗斯迪·巴克百货商店的开业时间定在 1900 年 9 月 1 日，为的是纪念苏丹阿卜杜勒·哈米德在位二十五周年。商店正面面朝大海，正面的外观有装饰性的壁柱、山形墙、托臂、贝壳状的壁龛、雕像，除了两扇高大的窗户外，还有数量更多的勾栏槛窗、奥斯曼八角星形图案和角楼。门后，无可挑剔地穿着制服的门卫会推开闪闪发光、装有黄铜把手的玻璃门，欢迎顾客进入，店内法国香水的气味会让顾客们心跳加速；室内电梯和电话也让顾客们惊叹不已。这里售有最时兴的珍品：巴利的鞋子、羊绒套头衫、上等骨瓷、纯银餐具、丝绸鸭绒被等。难怪贝鲁特新商场的销售业绩时常超过突尼斯、亚历山大港、开罗和阿勒颇的欧罗斯迪·巴克百货商店。

我的父亲于1938年出生于贝鲁特，他的父亲是意大利人，母亲是普鲁士人。为了躲避即将在欧洲爆发的战争，他们先是来到贝鲁特避难，然后又去了开罗、耶路撒冷和大马士革。虽然父亲小时候并不了解贝鲁特，但在他的记忆中，贝鲁特仍然占据着特殊的位置。多年来，因为生意的缘故，他经常回到那里。后来，1975—1990年的内战导致约12万人死亡，他的出生地——世界上最美却最脆弱的城市被炸成了一堆瓦砾，远在异乡的他似乎也为此感到痛苦。贝鲁特是一座受各国文化影响的城市，而他也是一个有着多国血脉的人。为撰写本章做调研时，我发现，他的祖母是黎巴嫩人，一个来自贝鲁特以南25英里外的山城杰兹内（Jezzine）的马龙派教徒。

331

多年前，第一次游览贝鲁特城的时候，我漫步在舒哈达广场（Sahat al Shuhada），也就是烈士广场——1931年，为了纪念1916年5月6日在此处被叙利亚奥斯曼帝国总督、"屠夫"贾迈勒帕夏（Jamal Pasha Al Jazzar）处决的15位民族主义者，布尔吉广场被更名为烈士广场。贝鲁特市中心看起来呆板乏味，街道一尘不染，建筑光洁明亮，商店光彩熠熠。已故总统、亿万富翁拉菲克·哈里里（Rafik Hariri）创立并与他人共同持有的地产巨头索立迪尔（Solidere）已经恢复了这里的秩序，或许恢复得过了头。从某个层面来看，从废墟中崛起的贝鲁特是一个鼓舞人心的城市更新案例，在经历了世界上最大规模的城市重建后，被战争毁坏的贝鲁特城已经成为历史。正如19世纪法国地理学家埃利泽·雷克吕（Élisée Reclus）所写的那样，"这座城市是那种无论发生什么都会活下来并再生的城市。征服者们离去后它就会重生"。⁴⁰然而，毁于内战的贝鲁特经过开发商毁灭性的、空洞的再造后，失去了生机。热闹的市场变成了有空调的商场；古老的、受法式风格影响的砂岩外观、红瓦屋顶以及拱廊街道再次出现，这种刻意模仿难免显得矫揉造作。

内战期间，烈士广场曾是一条分界线，将这座城市一分为二。诗人娜迪亚·图埃尼写道，这是一个"字面意义上白热化的城市"。⁴¹这场激烈的冲突过后，人们的情绪已经平静下来。但对索立迪尔的重建，人们仍然不满，仅贝鲁特市中心，由索立迪尔重建的面积就有 455 英亩（180 万平方米），全城更是高达 1830 英亩。直到现在，人们对索立迪尔仍有很大的意见。

索立迪尔是一种新的宗派主义。黎巴嫩资深社会学家萨米尔·哈拉夫（Samir Khalaf）是贝鲁特美国大学的元老，熟知贝鲁特——这座他挚爱的城市的历史，也是索立迪尔的拥护者之一。哈拉夫批评同胞们对建筑环境"非常随意，时常粗暴"的态度，指责黎巴嫩人"在文化上生来排斥任何对生存空间的维护或对提高生存空间质量的特别关注"。他坚称，索立迪尔的工作是"高质量修复、重建的典范"。不过，很多诋毁索立迪尔的人认为它对城市景观的重建是有缺陷的、空洞的，商业气息过于浓厚，他们对重建后的贝鲁特的描述各式各样，说它是"人造历史""冒牌货""死城""幻想世界""童话"，是"对国际资本妥协的结果"，是"一种私刑"，是一种"介于遗忘和怀旧之间"的空想。在黎巴嫩建筑家、城市规划师阿瑟姆·萨拉姆（Assem Salaam）看来，"那些声称致力于抢救、重建贝鲁特市中心的人造成了无法修复的毁坏，比它在过去 15 年的炮轰、巷战中受到的损坏还要多"。圣乔治酒店的老板法迪·扈利（Fady al Khoury）就卷入了一场针对索立迪尔的持

续了 20 年之久的诉讼案中。扈利称之为"世纪抢劫案。他们
通过不法手段将贝鲁特从其主人的手中夺走，把它变成了一个
空洞的模型，赶走了主人。他们对这座城市所做的一切都骇人
听闻"。[42]

19 世纪以来，贝鲁特的天赋在于在建筑学上学以致用，
广泛吸收了奥斯曼拱廊式街道、威尼斯拱门、热那亚托臂、伊
斯兰雕带、法式大门，并经过折中、糅合，形成了一个和谐、
独特的黎凡特城市范本。这还得多亏贝鲁特的另一种能力——
能使不同信仰、教派、种族的人会聚在一起，成为一个多少能
和平共处的整体。今天，黎巴嫩宪法认可的不同群体共 18 个，
在该宪法框架下，官方坚持世界主义原则。①

但贝鲁特也有更黑暗的一面，是那面闪亮的国际化之镜的
背面：宗派主义和相互矛盾的民族认同乱作一团，激烈地争吵
着"在更大、更强的叙利亚的阴影下做黎巴嫩人意味着什么"。
这些固有的分歧并没有随着 1990 年内战的结束而消失。下面
三个人的故事悲剧性地见证了这些分歧对贝鲁特的长久影响。

2005 年情人节，前总理拉菲克·哈里里的车队途径圣乔
治酒店时，遭遇一颗巨大的汽车炸弹的袭击，哈里里被害。这
次暗杀事件引发了黎巴嫩人所谓的"独立起义"（Intifadat al
Istiqlal），西方称之为"雪松革命"。一个月后，娜迪亚·图
埃尼的儿子吉卜兰（Gebran），一位著名的记者和政治家，对
约 100 万欢呼的民众发表了讲话。这些民众占全国人口近四
分之一，在最近一次的起义活动中，他们挥舞着黎巴嫩的红白
旗，拥入具有深远象征意义的烈士广场。"以真主（上帝）的

---

① 这 18 个群体中有 4 个伊斯兰教派（逊尼派、什叶派、阿拉维派、德鲁兹派）；13
个基督教派（亚述派、叙利亚天主教派、叙利亚东正教派、迦勒底教派、马龙派、
罗马天主教派、希腊天主教派、希腊东正教派、亚美尼亚东正教派、亚美尼亚天
主教派、福音派、科普特教派和一些较小的基督教派）；以及犹太教徒。

名义，我们这些穆斯林、基督徒发誓，我们将永远团结在一起，更好地保卫我们的黎巴嫩！"他喊道。[43]12 月 12 日，他在另一次汽车爆炸事件中遇害。

333   2005 年 6 月 2 日上午 10:30，萨米尔·卡西尔钻进他的阿尔法·罗密欧车里，发动引擎，随即被放在车底的大炸弹炸死。他还没来得及完成对其著作《贝鲁特史》的修改；这座城市成就了他，他也因城中的对立情绪而丧生。虽然发生了一连串的政治谋杀，但没有人被捕，这些事件几乎都被认为是叙利亚所为。贝鲁特阳光灿烂、奢华、热情，但它也充满危险，沾染着鲜血，残酷无情。

   19 世纪下半叶开始，贝鲁特飞速发展，不计后果地赚钱、享乐，一直到 20 世纪。20 世纪五六十年代，圣乔治酒店的派对一场接着一场，参加派对的人有阿迦汗（Aga Khan）、碧姬·芭铎（Brigitte Bardot）、大卫·洛克菲勒（David Rockefeller）、英国间谍金·菲尔比（Kim Philby），与之竞争的腓尼基酒店离法赫尔丁（Fakhreddine）只有两分钟的车程，它接待了马龙·白兰度（Marlon Brando）、乌姆·库勒苏姆（Umm Kulthum）、法鲁兹（Fairuz）、凯瑟琳·德纳芙（Catherine Deneuve）等一众名流。1975—1990 年内战的痛苦让一切快乐消失殆尽。

   20 世纪给阿拉伯世界带来了令人震惊的变化，让伊斯兰帝国走向终结。1916 年，无耻的《赛克斯 - 皮科协定》（Sykes-Picot Agreement）在奥斯曼人的中东画了一条分界线，一端是阿卡，另一端是基尔库克，分界线以北受法国影响、控制，分界线以南地区由英国控制。帝国现在成为基督教的而非伊斯兰教的。

   然而，接下来的局面更落魄，更让人失望。第二次世界大战的浩劫撕裂了北非和中东的大片地区，二战后，这两个地区的大部分区域深受阿拉伯民族主义、阿拉伯社会主义、泛阿拉伯主义和纳赛尔主义的影响。不幸的是，这些主义最终都无法满足时代的要求和人们的需要。

不过，20 世纪给阿拉伯世界的一个城市带来了出人意料的名气和数不清的财富，相比之下，贝鲁特几乎显得有些不足为道。在世纪之交前，这个城市几乎不存在，所以它如今的成就更显得非凡。

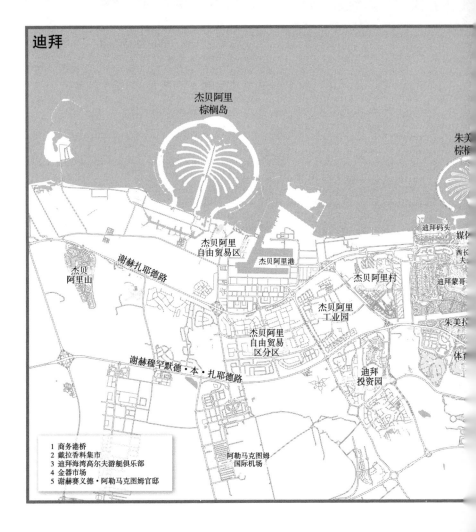

迪拜

杰贝阿里
棕榈岛

朱美
棕榈

迪拜码头

媒体

酋长
夫

迪拜蒙哥

朱美拉

体育

杰贝阿里
自由贸易区

杰贝阿里港

杰贝
阿里山

谢赫扎耶德路

杰贝阿里村

杰贝阿里
工业园

杰贝阿里
自由贸易
区分区

谢赫穆罕默德·本·扎耶德路

迪拜
投资园

1 商务港桥
2 戴拉香料集市
3 迪拜海湾高尔夫游艇俱乐部
4 金器市场
5 谢赫赛义德·阿勒马克图姆官邸

阿勒马克图姆
国际机场

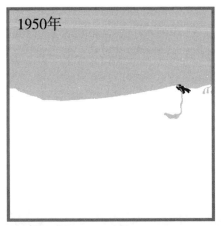

1950年

1972年

世界

戴拉岛

海洋城
拉希德港

朱美拉
清真寺
欣达加

朱美拉海滩
朱美拉街
朱美拉
米纳路
迪拜
博物馆
欣达加隧道
5 2 4 阿尔拉斯
戴拉
鱼市

乌姆苏其姆
朱美拉
海滩酒店
阿尔瓦斯尔路
阿尔萨法
萨特瓦
迪拜国际会议中心
阿尔卡拉马
迪拜世界
巴斯塔基亚
穆拉卡巴特

谢赫扎耶德路
酋长国商场
布尔吉·哈利
法/哈利法塔
迪拜
商场
扎贝勒
贸易中心
健康城
马克图姆桥

阿尔库兹
沙迦勒
梅伊丹
拉斯阔野
生动植物
保护区
贾尔
胡德桥
3 机场路
阿尔麦克图姆
迪拜湾
假日城
迪拜
国际机场
那赫达
工业园
库赛斯

农场
谢赫穆罕默德·本·扎耶德路
纳德阿
尔谢巴
拉斯阔
米尔迪夫
米扎尔
瓦尔卡
国际城
赫瓦尼

酋长路
迪拜硅
谷绿洲
学术城

0   5英里
0   5千米

1994年

2019年

14

20 世纪：迪拜
——你建造，他们就会来

凡是对商人有利的，对迪拜就有利。

——谢赫拉希德·本·赛义德·阿勒马克图姆

（Sheikh Rashid bin Said al Maktoum）

一切要从一颗珍珠说起。大约 7000 多年前——具体日期难以确定——一名幸运的潜水员下潜到了海床上，捞起一堆牡蛎壳，在肺快要炸裂的时候，他冲出海面，一边咳嗽，一边噗噗地吐气。撬开贝壳后，在那堆牡蛎里发现了世界上第一颗有光泽的珍珠。

虽然石器时代这位无名的潜水员并不知道自己的发现在接下来的 7300 年里对定居在海湾沿岸及离海岸更远的地方的人有怎样的影响——他不知道很久很久以后这里的人创造了巨额财富，一代又一代的人受他启发忍着莫大的痛苦潜水采珠，全世界无数富有、漂亮的女人佩戴用这些明亮的海石制成的项链——但珍珠贸易开始了。①

新石器时代阿拉伯东部的居民与美索不达米亚最南端的多个村庄有贸易往来，这是世界上有记载的最早的远距离海上贸易网络之一，而该地区的珍珠可能就是这一海上贸易网络的重要商品。1在常被视为世界上第一部伟大的文学作品、最早

---

① 最早中心被刺穿制成珠宝的珍珠发掘于科威特北部，可追溯到公元前 5300 年前后。

可追溯到公元前 3000 年的《吉尔伽美什史诗》(*The Epic of Gilgamesh*)中，有一处描写非常像是潜水采珠，或者说潜水采珠的技术。书中，美索不达米亚的神话英雄吉尔伽美什下到深海，寻找踪迹难寻的不朽之花——

> 他脚上绑着沉重的石头，
> 被拖入海的深处。[2]

尽管在这个时代，面对像熔炉一样的沙漠，我们很难想象这幅画面，但在石器时代，阿拉伯大片区域是湿润的草原，牧民赶着羊群、牛群，从一个草场赶往另一个。数千年来气候和被炽热的太阳烘烤着的大地变得更加不友好。对于离群索居的沿海居民而言，捕鱼和采珠成为主要的收入来源。一年又一年、一个世纪又一个世纪，他们的生活方式基本保持不变。那是一种艰难的、令人崩溃的生活方式，在这片荒凉的土地上生活意味着在沙漠刺耳的西蒙风(simoom)和令皮肤皲裂的海风中挣扎求存。男男女女孕育新的一代，那些有幸成年的新一代继续像父辈一样辛苦劳作、感谢上帝、死去、被埋入矮矮的坟墓，最后被沙子淹没。这就是那时生命的节奏。

在过去 7000 年的大部分时间里，沿海的一个个聚居地之间几乎没有什么差别。不过，结合这个地区的历史，古老的采珠传统能成为文献中第一次提及迪拜的原因自然是再合适不过了。1590 年，威尼斯珠宝商、旅行家加斯帕罗·巴尔比(Gasparo Balbi)的著作——《东印度之旅》(*Viaggio dell'Indie Orientali*)第一次提到了迪拜。这部冗长的作品记载了他在 16 世纪 80 年代游遍中东、印度的见闻，或许枯燥乏味，但列出了许多出产最优质、最大、最美丽的珍珠的地方，其中就有迪拜。[3]

337

巴尔比还热心地介绍了采珠的方法和技术。他详述了人们沿着海岸，在那些最有希望找到牡蛎的海床对面搭建临时帐篷和草屋。在几艘武装船只的保护下，珍珠捕捞队停泊在 16—18 英寻（29—33 米）深的海上，将几根绑有重石的绳子扔到海底。潜水员用角状夹夹住鼻子，给耳朵抹上油以抵抗水压，然后顺着绳子下潜，待袋子或篮子装满了牡蛎、准备浮上来时，他们会用力拉一下绳索，再由船上的人拉出水面。巴尔比解释道："如果不快点上浮的话，他们就会溺亡，这种事故时常发生。"一直到晚上，精疲力竭的船员们才会带着海货回到岸上。捕捞的牡蛎不会被立刻处理，等到它们"死掉，差不多腐烂"的时候再打开，就会轻松许多；之后工人会用铜筛将得到的珍珠分成四个等级。葡萄牙人钟爱最圆的珍珠，而那些不太规则、不太完美的球形珍珠会被运往印度东部的孟加拉和西南部的卡纳拉，至于"最一般、最小的"珍珠会被来到此地的商人以"固定的价格"买走，最终流向古吉拉特。[4] 虽有些许变化，比如无须再向葡萄牙国王缴费以获得在这里采珠的权利，但海湾海岸区的珍珠贸易情况大体如此。

16—17 世纪葡萄牙在海湾地区的军事、商业影响力及控制力被英国取代——1515 年，霍尔木兹海峡被葡萄牙人占领；1622 年，在萨法维王朝统治者沙阿阿巴斯的鼓动下，一支由盎格鲁人和波斯人组成的军队取代了葡萄牙人——殖民的接力棒交接到了英国人的手中，后者的地区控制力在 18 世纪得到增强，在 19 世纪得到了切实的巩固。

1590 年巴尔比简单提到迪拜之后，几乎再也没有关于迪拜的记载，一直到 1822 年，科根中尉（Lieutenant Cogan）及他在孟买海军（Bombay Marine）——东印度公司的海军舰队——的几位同僚共同编制了一份"迪拜回水水域的三角平面图"（Trigonometrical Plan of the Back-water of Debai）。科根及其同僚们是大英帝国忠实的仆人,他们绘制的海图表现出英国人对测量的极大热情,尤其当与贸易有关时。他们对沿海及内陆进行了一系列细致入微的水深测量。比起聚居地,他们更关注的是回水水域,即迪拜湾。迪拜湾是一片真正意义上的回水水域。200年后再看这幅煞费苦心绘制的测量图,首先打动你的是它那朴实无华的美。图的最右侧,一行行粗体数字标明了海水的深度;稍向左一点,起防护作用的半岛和沙洲往南形成了一个弧形,形似女巫的鼻子;图的最左侧便是迪拜,阿拉伯语中称之为دبي,一个极小的、完全不起眼的聚居地,它有25栋建筑,紧贴着迪拜湾的西岸,建在一段形似字母"C"的土墙后面。事实上,它小到仅有四个地理特征:其一,"酋长的居所",一座建在聚居地东北角的角楼;其二,两个大门,一个在西北,一个在西南;其三,两个种植园,种满了枝干细长的枣椰树;其四,"淡水井",离西边沙漠中的村庄很近。这个不起眼的小渔村依附于阿布扎比酋长国,沿着海岸往西南方向走90英里就能到达,人口约在1000人。总之,这就是19世纪初的迪拜。5

　　科根的地图并不是没什么用途的素描。它形象地证明了英国越来越频繁地在海湾地区主张权利,并决议要消灭在它看来无法容忍的威胁——这片危险的"海盗海岸"对其航运的威胁,尤其是卡瓦西姆家族(Qawasim family)在沙迦(Sharjah)的统治对它构成的威胁。①1819年,英国决定对迪拜施以帝国最高规格的惩罚,派遣有史以来最大规模的海军前往海湾地区。19世纪的英国使用了现代美国的威慑战术,摧毁了卡瓦西姆的舰队,将沿海岸线60英里以内的要塞、港口

339

---

① 长期以来,沙迦对英国版本的历史进行了有力驳斥,其现任统治者苏丹·本·穆罕默德·卡西米(Sultan bin Mohammed al Qasimi)围绕这一问题积极撰写了很多著作,如《海湾地区阿拉伯海盗的神话》(*The Myth of Arab Piracy in the Gulf*)和《在占领的旗帜下》(*Under the Flag of Occupation*)。

都烧成了废墟，从哈伊马角（Ras al Khaimah）的拉姆（Al Rams）一直烧到了沙迦。短短几天，沿海的酋长们就开始求和。1820年开始，英国和沿海地区的主要酋长们签订了一系列和约，确保英国船只不受攻击。1835年，为了停止海上所有对抗，包括各部落之间的斗争，作为交换，英国在一份与阿布扎比、迪拜、阿治曼（Ajman）的酋长们以及统治沙迦、哈伊马角、林格（Lingah，在海湾的另一边，位于伊朗一侧）的卡瓦西姆家族签署的和约中同意承担保卫职责，这些受保卫的对象就是后来的"特鲁西尔诸国"（那些同意休战的酋长国）。1829年、1861年、1899年、1916年，英国分别与阿曼、巴林、科威特、卡塔尔达成了类似的协议。

今天，有人强调海湾地区的酋长们应积极寻求英国保护，也有人认为这些和约及其产生的英国强权下的世界和平（Pax Britannica）都是强制的、强加的，这两类观点有明显的差异，前者以英国作家为主，后者以阿拉伯历史学家为主。[6]公海的和平对采珠和更广泛的贸易大有益处，因此掌权的酋长们每年重申和约，直到1853年签订了《永久海上休战》（Perpetual Maritime Truce）。有人可能会说，如果有异议，就要对抗势不可当的英国军队，所以他们别无选择。这些条约由英国政治驻扎官（British Political Resident）监督施行。英国政治驻扎官先是被派驻布什尔（Bushir），1936年以后在巴林，这一高级职位非常重要，寇松勋爵曾称任职者为"海湾地区的无冕之王"。[7]1892年，特鲁西尔酋长国中的阿布扎比、迪拜、沙迦、阿治曼、哈伊马角、乌姆盖万（Umm al Quwain）同意将外交权全权让渡给英国，以换取保护。

英国的控制是一把双刃剑：它给海湾地区带来了稳定，让七个日益强大的君主国得以发展，这些国家在20世纪后期联合起来，形成了阿拉伯联合酋长国，与早已落在后面的中东邻国相比，它是一个和平而先进的国家。但是，它"使该地区变得僵化"，几乎没有推动该地区卫生、教育、政治方面的自由化改革。近来，一本由美国人撰写的迪拜历史作品指控英国恃强凌弱，搞"轰炸外交"，称"傲慢的英国代理人对待阿拉伯的领导者们就像对待孩子一样"。⁸无论旁人对英国与海湾地区酋长国的外交关系持怎样的观点，这种关系完好无损地持续了很久，直到 1971 年这些酋长国突然独立。

迪拜历史上最伟大的时期是 20 世纪，可以说，在这一时期它经历了世界上最壮观的城市转型。不过，转型之所以成为可能，是因为更早以前的一次关键发展。1833 年，距离科根中尉及其孟买海军同僚在迪拜湾的海面上颠簸穿行、探测水深已过去十年，阿布扎比的谢赫哈利法·本·沙赫布特·阿勒纳哈扬（Sheikh Khalifa bin Shakhbut Al Nahyan）刚刚血腥镇压了两场叛乱，近 800 名部落的男男女女在勇士们的带领下脱离所属酋长国，穿越沙漠，前往迪拜，并在迪拜湾河口的欣达加半岛（Shindagha Peninsula）定居下来；此前，他们隶属阿布扎比。这些勇士来自布法拉萨（Al Bu Falasah），巴尼亚斯部落（Bani Yas tribe）的一个分支。①领导这次出逃的有奥贝德·本·赛义德（Ubaid bin Said）及其外甥马克图姆·本·布蒂（Maktoum bin Buti）。此后不久，1836 年，赛义德就去世了，马克图姆成为唯一的统治者，直到 1852 年逝世，那

---

① 19 世纪末开始，欣达加半岛成为马克图姆家族的一块飞地。欣达加半岛俯瞰迪拜湾的河口，这里是迪拜日益繁荣的源头，对统治家族有着明显的战略吸引力，所有来往的三角帆船都逃不出他们的视线。1986 年修复并改建为博物馆的谢赫赛义德官邸，规模宏大，占地 2000 平方米，面朝麦加，有四个侧翼和四座巴吉（barjeel）风塔，给人一种 20 世纪上半叶迪拜日益繁荣的景象从未消逝的感觉。按照官方的说法，它"证明了一个民族用智慧克服恶劣的环境，达成很少有人能达成的成就的意志"。

时，谢赫哈利法已经正式接受迪拜脱离阿布扎比的痛苦现实。自此，统治迪拜的马克图姆王朝诞生了。

迪拜周围的邻国面积更广，也更强大，时常发生冲突和对抗，尤其是阿布扎比的纳哈扬王朝和统治哈伊马角、沙迦的卡瓦西姆家族，为此，马克图姆家族选择了中立和地区平衡。这一政策带来了稳定，很快吸引了不少贸易商。我们从马克图姆·本·布蒂酋长那里得知，他掌权后不久，迪拜的集市上就有40多家商店和100多位商人。到19世纪80年代，一些外国游客指出，虽然阿布扎比在政治和军事上仍处于领先地位，但迪拜已经是"海湾沿岸最重要的商业港口"。9

在马克图姆的孙子谢赫马克图姆·本·哈希尔·阿勒马克图姆（Sheikh Maktoum bin Hasher al Maktoum，1894—1906年在位）的统治下，迪拜开始飞速发展，它的发展动力在于这个家族宝贵且独立的经济政策：低干涉、免税、贸易友好。敞开国门，不设条件。1894年，他开始积极地让外国人享受免税待遇，并着手清除其他贸易壁垒，免除海关费用和对船舶的许可证要求。效果立竿见影。采珠业和贸易全面繁荣，很快就吸引了新一批海湾商人，到20世纪初，迪拜已经扩张成一个拥有1万人口的城镇，有三个主要居住区，分别是：欣达加到迪拜湾北部的区域；迪拜西部区域，这里是一个活动中心，拥有一个庞大且在不断变大的印度群体，他们聚居在法希迪堡（Al Fahidi Fort）及几个可以卸载船货的地方；东部的戴拉（Deira），这是迪拜城最大的一个区，有1600栋房舍、360家店铺，混居着通晓多种语言的阿拉伯人、伊朗人、俾路支人。①

---

① 法希迪堡建于1787年，是迪拜现存最古老的建筑，曾经是马克图姆王朝的缔造者马克图姆·本·布蒂的住所。如今，法希迪堡屹立在这座城市国家一座座塔式高层建筑的阴影下，离迪拜城旁的统治者法院（Ruler's Court）只有几分钟的步行距离。它那米色的防御工事、斑驳的大炮以及三座塔楼是一种细微的、引发共鸣的、越来越难以捕捉的提醒，提醒着人们这座城市的过去。

总之，这时的迪拜是一个规模不算大却在不断扩张的聚居地，占地面积300万平方米，随处可见用棕榈叶建成的简朴的阿里什（arish）或巴拉斯蒂（barasti）民居。

引用阿联酋最著名的历史学家的话，20世纪初，作为"一个不断发展的以海洋采珠、贸易为主业的多民族社群"，迪拜正信心十足地兴起。[10]1902年，当伊朗对大量逊尼派阿拉伯商人定居的林格港增加税收时，谢赫马克图姆做出了完全相反的举动，他取消了所有进口商品的关税，给该地区的商人发出了一个强有力的信号。这一做法达到了预期的效果。林格的商人用脚投票，纷纷登船，穿越波斯湾，在迪拜定居——起初只是暂时的，没过多久，当他们发现德黑兰未来完全不可能改善商业环境的时候，就在此定居了。印度商品涌入，迪拜很快就变成了海湾地区的再出口贸易中心。合法贸易和非法走私之间的界限从一开始就很模糊。"小时候，很多三角帆船会载着走私物品前往印度"，迪拜金融服务管理局的阿里夫·赛义德·卡齐姆（Arif Sayed al Kazim）说（有人怀疑他们现在还这么做）。[11] 每个人都知道实情，但马克图姆家族却没有要为难走私者的意思。他们正忙着建迪拜城呢。

从约翰·戈登·洛里默（John Gordon Lorimer）于1908年、1915年出版的两卷本、5000页篇幅的《波斯湾、阿曼和阿拉比亚中部地名索引》（*Gazetteer of the Persian Gulf, Oman and Central Arabia*）中，我们又一次瞥见了迪拜的商业推动力和大英帝国的统计热情。这本书严谨地记载了迪拜雇用的采珠人数，阿拉伯海岸地区最多，共计6936人；迪拜采珠船队的规模、统治者征收的税收都仅次于阿布扎比（采珠船迪拜335艘、阿布扎比410艘，税收迪拜41388卢比，阿布扎比43964卢比）。此外，书中还记录了其他一些细节。拥有45000人口的沙迦在当时是特鲁西尔诸国［这时包括后来独立的酋长国富查伊拉（Fujairah）和哈伊马角〕中最大的，超过了阿布扎比（11000 人）和迪拜（10000 人）。[12]

在洛里默对迪拜的总结性描述中，有两处说明尤其值得关注。首先，他提到了迪拜湾"浅而难进的入口"，这一关键限制导致迪拜在半个世纪后孤注一掷地做出了历史上最大的一次赌博。其次，他承认这座城镇的贸易规模"相当可观"而且"在迅速扩大"，并将此归功于离世不久的马克图姆"开明"的政策。一个多世纪后，马克图姆家族继续明确了迪拜作为贸易友好型城市的定位，世界各地的人都可以在这里做生意。以至于现任统治者谢赫穆罕默德·本·拉希德·阿勒马克图姆（在位时间 2006 —），甚至创造了 Dubai Inc.（迪拜公司）这个短语来形容这个城市国家的商业帝国，被美国商业杂志《福布斯》誉为"全球投资发展领域最非凡的成功案例之一"。[13]

不过说这些为时尚早，因为早在迪拜开启全球收购狂潮之前，它有限的繁荣都是依赖珍珠贸易。珍珠贸易由来已久，在20 世纪初达到顶峰，不过在 1912 年前后发展到顶点之后就迅速走向衰落，并在 20 世纪 50 年代初期迎来对很多人而言堪称灾难性的结局。

虽然这种高度专业化的贸易已经属于过去，但它曾经主宰着迪拜的生活，对此，人们记忆犹新。在一份最近的口述史中，采珠者比拉勒·哈米斯（Bilal Khamis）回忆起自己的职业生涯，他的言语残酷地提醒着我们，虽然想象的画面富有浪漫色彩，但海上采珠在许多情况下就是人间地狱。在最多可载60 人的船队中，潜水采珠者往往会待上三四个月，远离家人，漂荡在盛夏的海面上，承受着对人类耐力极限的考验。

给养匮乏、环境艰苦。食物只有鱼、米饭、枣，早上只喝几滴咖啡和一点点水，"一整天都会渴"。潜水从早上持续到晚上，潜水员下潜之后浮上来，踩着海水，利用宝贵的几分钟时间恢复体力，然后深呼吸一分钟，再次下潜，如此循环往复——下潜到足有 15 米深的水中，心跳加速，肺都要炸了。在巴比尔描写采珠技术之后的 300 年里，采珠技术几乎没什么变化。潜水员们戴着法塔姆（fatam）鼻夹，防止吸入水；脖子上挂着迪因（diyyin），即棕榈绳编制的篮子，用来装牡蛎；脚踝系上石块或锌块。有些人会佩戴皮质护指套和棉质紧身衣，以防被水母蜇伤。采珠是一项繁重且累人的工作。

疲惫不是停下来的借口。"我们知道自己得再次潜下去。如果不下去，一些船长就会打我们，因为船长们为了出海采珠花了很多钱，所以我们必须得采回珍珠。潜水员们也没办法，因为欠船长债，所以不能说'不'，只能下潜。"

在海上一待就是几个月，因为没有淡水可以清洗，所以潜水员们的皮肤变得粗糙，开裂后生疼。到了晚上，筋疲力尽的水手们倒在粗糙的椰枣叶垫上，垫子下面是一堆堆令人不舒服的活蚌，醒着的时候总会害怕。"在水下的时候，我们会看到水母或鲨鱼游过来，但没办法，我们想填饱肚子。我们下潜是为了赚钱，是换取食物——活下去。这就是生活。"另一个采珠人朱马·巴蒂什（Jumaa al Batishi）给出了一个同样消极的评价。提到半个多世纪以前的水下磨难，他说："潜水是地狱一般的经历，工作繁重，非常非常艰苦，并不是什么有趣的体验。"

采珠业有单独的语言体系。在海湾地区阿拉伯口语中，lulu、dana、hussah、gumashah、hasbah 都是珍珠的意思。不同形状、大小、颜色的珍珠都有不同的名字。梨形的珍珠叫 sujani；上半部细长、下半部呈半球形的珍珠叫 khaizi；粉红色的珍珠叫 sindaali；黄色的珍珠叫 sofri；最珍贵的黑珍珠叫 sinjabassi；最奇特的珍珠叫 majhoolah，这是一种丑陋的大珠，珠内偶尔会有一块较小的完美的宝石。

四肢酸痛的潜水员被拖离温热的海水后会将成堆的牡蛎卸到甲板上，稍后，在驻守在甲板上的人的注视下这些牡蛎壳会被撬开，珍珠会被取出，这些人机警地瞪着双眼，显然是为了吓退想小偷小摸的人。取出的珍珠会被分为七级，从最珍贵的jiwan 依次往下，分别是 yakka、golwa、badlah、khashar、nawaem、bouka。最优质、最珍贵的 jiwan 珍珠是带点淡淡玫瑰色的白珠，珠身浑圆，表面没有一点瑕疵，散发着璀璨的光泽。船上有这些贵重的、极易隐藏的物品，即便采取了防范措施，偷盗行为也依然常见，所以船长会把宝贵的珍珠放在木箱里随身携带。据比拉勒回忆，"他睡觉时会把箱子压在身子底下"。[14]

20 世纪 20 年代，繁荣发展的珍珠贸易让迪拜赚得盆满钵满，迪拜城也因此越来越富有、越来越大。1925 年，德黑兰政府实施了更加严厉的进出口限制，迫使那些早前从林格过来、暂时在迪拜居住的贸易商人抓住谢赫赛义德·阿勒马克图姆（Sheikh Said al Maktoum，1912—1958 年在位）提供的永久居留权，把家人们一并带了过来。另一波商人从对岸过来，其中许多人来自伊朗南部法尔斯省（province of Fars）的巴斯塔克（Bastak）。他们得到了建造房屋的土地，就在法希迪堡的东边，离迪拜湾很近，方便在湾区装卸船货，由此产生了巴斯塔基亚新区。迪拜少数几座躲过推土机的历史建筑就在该区。今天，虽然修复工作有些过了头，但它那狭窄蜿蜒的街道、低矮的房舍以及传统的建筑，都是遗迹，彰显着旧世界的魅力。

伊朗移民在非洲、亚洲拥有广泛的贸易网络，除了为迪拜引入了世俗的重商主义外，他们还带来了新的建筑形式。相比于简陋的阿里什房舍，新建筑是一个巨大的、有效的升级。高达 15 米的巴吉风塔拔地而起，大胆地插入新区的天际线，成

为现代摩天大楼的先驱，而这种摩天大厦会在短短几十年里
让迪拜焕然一新。巴吉风塔的地基用的是伊朗红黏土，其他
建筑材料有石头、石膏、石灰岩、柚木、檀香木、昌德尔木
（chandel wood）、棕榈叶、棕榈树干。风塔有四个凹面，通
常会装饰有精致的柱子、拱形结构、石膏图案和珊瑚。凹面可
以将从任意方向吹来的凉风输送到下方的生活区，堪称世界上
最早的空调系统。

几十年来，迪拜及为它提供发展动力的珍珠贸易一直在以
平稳的速度前进，但到了1929年，从美国开始，大萧条像病
毒一样蔓延到欧洲并迅速感染了世界其他地区。世界对迪拜闪
闪发光的唯一出口产品的需求一下子消失了。由于信用危机，
建立在信用基础上的珍珠贸易无法持续。1930年，当采珠人
在采珠季的最后一天划船返回迪拜时——这是往年最欢快的时
候，是庆祝他们平安归来、收取酬劳的时候——却惊恐地发现
过去总会在岸上迎接他们的珍珠商人并没有出现。迪拜商人阿
卜杜勒马吉德·西迪克（Abdulmajid Seddiq）说："那是一场
难以想象的灾难。"西迪克曾在20世纪50年代协助发展家族
生意，将一个开在迪拜布尔集市（Suq Bur Dubai）的小商铺
变成了中东地区最大的瑞士手表经销商。"短短几天，一代代
人生活的城镇陷入了危机，没人能从中找到答案。"[15] 采来的
珍珠只能以平时价格的零头卖给印度来的商人们。到20世纪
40年代，珍珠贸易行业的估值也从20世纪20年代的每年300
万英镑缩减到区区25万英镑。[16]

这一问题并不简单，不是说全球经济复苏了，对海湾珍
珠的需求就会恢复。大萧条只是导致需求缩减的一个原因，另
一个原因要比大萧条糟糕得多，并且给海湾地区带来了持久的
破坏性影响。一个头戴圆顶礼帽、名叫御木本幸吉（Kokichi
Mikimoto）的日本企业家完善了培育珍珠的技术，截至20世

纪 30 年代，已有数以百万计的农民养殖珍珠。人工养殖珍珠可批量生产、质量上乘，再加上比天然海洋珍珠便宜 25% 左右，所以非常抢手，这使得有着 7000 年历史的海湾珍珠贸易戛然而终。1929—1931 年，珍珠价格暴跌 75%。1947 年，印度政府针对进口海湾珍珠征收的新税更是致命一击。1949年，最后一支稍有规模的采珠船队缓缓驶离迪拜湾。[17] 对迪拜及其沿海邻国来说，采珠是一种古老的生活方式，几乎是唯一的工种，所以这不亚于一场灾难。

巨大的经济冲击以及由此引发的匮乏、营养不良和穷苦，让谢赫赛义德一蹶不振。这位身居迪拜湾旁官邸的传统、随和的酋长没有能力引领一个庞大的社群应对危机。当鱼、大米、椰枣等储备耗尽时，陷入困顿的人们只能吃树叶、蝗虫、带刺的蜥蜴（dhub）。[18] 赛义德酋长的地位受到严重影响。

1937 年，迪拜政府正式着手推动经济多样化。当年，迪拜和英国签订航空协定，谢赫出让着陆权，允许英国皇家航空公司的飞艇降落，以换取英国的资助。这是"食利国家"（Rentier State）模式在未来占据主导地位的最初迹象之一。同年，谢赫赛义德与英国伊拉克石油公司（Iraq Petroleum Company）的全资子公司石油特许有限公司（Petroleum Concessions Limited）签署了一项重要的石油勘探协议。谢赫赛义德将 25 年的专有权交给了英国，但前提是签字后，英国支付 6 万卢比，一旦发现石油，还须支付更多。然而，几十年来，石油勘探的前景就像海市蜃楼，时常让人燃起希望，却又屡次让这希望化为泡影。

对迪拜来说，经济崩溃是一种恶性的、前所未有的、难以接受的现象，随之而来的就是政治不稳定。有时，政治局势变得十分严峻，比如，1929 年，谢赫赛义德的堂兄马尼·本·拉希德（Mani bin Rashid）就曾试图推翻他的统治，只是没有成功罢了。1934 年，迪拜再一次出现了颠覆和暗杀企图，后来英国介入——采用炮舰外交策略，英国皇家空军中队驾驶战斗机在迪拜城上空盘旋，宣示着英国实力和意志——迪拜政治危机才得以解除。

对赛义德权力地位的挑战来自一场声势日益浩大的改革运动，虽然独断的马克图姆家族保住了绝对权力，但这场运动的理念影响了世人近一个世纪。1938 年，事态发展到紧要关头，当时迪拜有胆识的商人社群中几大最有权势的家族建立了一个由谢赫哈希尔·本·拉希德·阿勒马克图姆（Sheikh Hasher bin Rashid al Maktoum）领导，尊谢赫赛义德为主席的马吉利斯（majlis），也就是议会，共 15 位成员。此举是为了限制统治者的权力，迫使他将 85% 的国家收入拿出来，今后用作公共开支。政府成立了新的教育部门，重新开放迪拜经济崩溃后被关闭的学校。议会推出了福利计划，并提出了扩大港口的大胆想法，赛义德半心半意地参加了几次会议，后来便拒绝再与该议会扯上关系。挑战变成了对峙。

1939 年 3 月 29 日，局势十分严峻。在纳粹军队占领了捷克斯洛伐克两周后，在张伯伦努力应对希特勒对波兰的威胁时，迪拜的新一届议会开始施展拳脚，宣布今后谢赫赛义德的个人收入将会固定在 1 万卢比。他与英国达成的石油和航空交易的收入将收归国库，而不是进入他的个人基金。在赛义德看来，这是公开的羞辱和难以容忍的冒犯。担心谢赫采取军事行动，改革派控制并封锁了迪拜湾戴拉一侧的通道。迪拜处在爆发全面冲突的边缘。

随后，四面楚歌的赛义德进行了一次大胆而漂亮的反击。此时，他的儿子拉希德正在筹备与谢哈·拉蒂法·本·哈姆丹·阿勒纳哈扬（Sheikha Latifa bint Hamdan Al Nahyan）的婚礼，这是一场旨在巩固马克图姆家族和阿布扎比统治家族联盟的联姻。婚礼前夕，赛义德鼓动数百名忠诚的贝都因盟友对商人拿出友好姿态，和和气气地前往婚礼举办地戴拉。这是一个诡计。一到戴拉，这些贝都因人就躲在屋顶的沙袋后边，当晚晚些时候向谢赫的对手们开火，杀死了谢赫哈希尔·本·拉希德·阿勒马克图姆和他的儿子。商人们泄了气，为避免更多人被杀，速速投了降。赛义德大获全胜。野心勃勃的关键人物谢赫马尼被悄悄带走，他仍在继续密谋除掉赛义德。当年晚些时候，有传言称又有人密谋反叛，听闻传言的谢赫便又逮捕了五个人。决意要彻底粉碎今后任何针对自己的行动，他命人用热熨斗挖出了他们的眼睛。英国政治专员报告说，"人们普遍对野蛮行为感到厌恶"——尽管如此，一直以来，英国在认为必要之时，还是愿意在海湾地区诉诸武力。[19]

这些考验给赛义德造成了伤害，20世纪40年代开始，始终被暗杀的恐惧困扰着的他开始将一些权力移交给雄心勃勃的长子、继承人拉希德。虽然第二次世界大战并没有直接波及特鲁西尔海岸，但各地仍出现了物资匮乏等问题。今天，人们依旧记得这一时期是"饥饿的年代"，一个破产、饥荒，靠英国配给卡和走私生存的年代。当时，大米、茶叶和糖严重短缺，因为没有柴火，所以有时候不得不食用生鱼。那些足够富裕、养得起奴隶的人家被迫卖掉奴隶，换钱买食物。饥肠辘辘的人们将空的椰枣壳煮熟，榨干它的最后一滴营养。一些人靠将配给走私到伊朗发家，他们是最早走私黄金的一批人，在20世纪五六十年代发了大财。

20世纪40年代后期，迪拜开始走出最黯淡的时期，走向现代。1943年，迪拜迎来了第一家诊所；1946年，第一家银行成立，即在迪拜湾戴拉区阿尔拉斯时代广场开门营业的英国中东银行。该银行之所以引人注目，是因为拥有醒目的风塔和迪拜最惹眼的厕所，厕所悬在水面上，不止一次被误认为是邮筒。虽然原始，但在当时它却是一个奢侈品。那时的大多数厕所都是直接在地上挖一个深坑，土坑两侧各放一块砖垫脚。由于迪拜的土层不断移动，并不牢靠，所以如厕可能会是一件危险的事情。这座城市的坊间如今仍流传着一些粪坑坍塌，把人活埋了的可怕故事。[20]

1949 年，英国作家兼探险家威福瑞·塞西格（Wilfred Thesiger）在《阿拉伯之沙》（*Arabian Sands*）中记述了他那出了名的骑骆驼穿越无人区（Empty Quarter）的经历，其中有一段关于迪拜的简短但珍贵的描述。当时的迪拜是一个熙熙攘攘的多元文化融合之地，以停满了船只的迪拜湾及其周边的市场为中心，约 2.5 万人。"那里有来自科威特的布姆帆船（booms），来自苏尔（Sur）的桑布克帆船（sambuks），有贾乌巴乌特帆船（jaulbauts），甚至还有一艘威武的大型巴吉拉帆船（baghila）。"在这个"东方威尼斯"，光着身子的孩子们在浅滩戏水，划桨船载着乘客渡水。人们非常重视休闲、礼节和交谈，"生活的节奏与过去一致"。热闹的滨水区后面，商人们盘腿坐在有穹顶的昏暗市场里，周围堆满了商品。苍蝇在挂在屠夫钩子上的肉周围飞来飞去、嗡嗡作响，驴车哐当哐当地穿过狭窄的小径，经过大步轻快慢跑的骆驼，偶尔也会经过毛茸茸的山羊群。"集市里挤满了不同种族的人——脸色苍白的阿拉伯城镇居民，带着武器、目光犀利、盛气凌人的贝都因人，黑人奴隶、俾路支人、波斯人、印度人。我还注意到人群中有一拨戴着独特毡帽的卡什加伊族人（Kashgai tribesmen），还有一些乘着桑布克帆船从亚丁来的索马里人。"[21]塞西格来访时，还没有开始供电的迪拜即将迎来彻底改变了特鲁西尔海岸的石油时代。虽然他为阿拉伯半岛历史悠久的生活方式赋予了浪漫色彩，但大多数阿拉伯人，苦于物质匮乏，深受部落贵族和传统限制，愿意拥抱地下"黑金"给他们带来的财富。与邻国，尤其是石油资源丰富的阿布扎比相比，迪拜可能要更穷一些。不过，事实证明，这对它反而是有利的。资源不足，迪拜不得不白手起家，但一个意想不到的好处是能够让它减少对外界的依赖，自力更生。换句话说，它必须通过其他途径，用聪明才智获得财富。如果马克图姆家族想要保住权力，就必须证明自己有这样的智慧。

从迪拜走私黄金在 20 世纪 50 年代正式开始。走私商人从英国、美国以 35 美元 1 盎司的市价进货，然后偷偷运到印度——当时印度的尼赫鲁政府禁止进口黄金——再以双倍甚至更高的价格售出。"当时许多人口袋里有很多钱"，阿拉伯三角帆船的制造者赛义夫·穆罕默德·卡齐（Saif Mohammed al Qaizi）回忆道。那时他经常一天 24 小时忙着为那些精力充沛的走私者建造新船、修理旧船，他们与印度海岸警卫队和警察玩着危险的猫鼠游戏。一旦到达印度海岸，走私者们就会把珍贵的货物转移到腰间的皮带里，并向等待的渔船发出预先设定的信号，如果海岸安全，渔船就会驶出与他们会合。卡齐靠造船、修船赚了不少钱，他自己也会做点走私生意。"我建了一座新房子，娶了两个女人。那是一个黄金时代。我们以为它会永远持续下去。"[22]

1958 年 9 月 10 日，幸福的时光被令人悲痛的新闻打断。当天早上，刚过 7 点半，迪拜的宣礼师们突然唱起哀伤的歌，整个城镇都被笼罩在一股忧郁的情绪中。宣礼塔中源源不断的吟诵《古兰经》的声音告知人们，所有人一直都在担心的事情发生了。谢赫赛义德，这个经受住了生活带来的所有风暴——珍珠贸易崩溃、经济萧条、屡次政变、多次暗杀——引领迪拜进入了平稳繁荣的新时期的人，去世了。"我们确是真主所有的，我们必定只归依他"，镇上的男男女女尽职尽责地念叨着，这是穆斯林回应死亡的传统方式。在炎炎夏日，迪拜陷入停顿。大多数人都只知道这一位统治者。当天晚些时候，1.5万人出来目送或参加蜿蜒前行的送葬队伍，接近城镇人口的一半。当灵柩摇晃着经过时，妇女们号啕恸哭，人们向安拉祈祷，泪水滴落，融入尘土中，一个时代就这样结束了。

这是迪拜历史上最大的一场豪赌：通过债券、特别征税和地方银行在当地筹集了20万英镑，并向科威特借贷了一笔惊人的款项，多达40万英镑，两笔加起来相当于迪拜当时几年的国民生产总值，约合今天的1300万英镑。谢赫拉希德下了很大的赌注，只能成功不能失败。他和议会说："成败在此一举。"阿马尔·沙姆斯（Ammar Shams），一位退休的阿联酋银行家说："疏浚迪拜湾是20世纪50年代的第一场豪赌，一旦失败，迪拜将面临破产。拉希德拼尽全力借钱，孤注一掷。"[23] 当时迪拜的收入极其微薄，即便对进口商品征收4%的税，每年也只有6万卢比的收入，远不足以资助如此重大的基础设施项目。迪拜湾是这个城市国家的肺，是它与世界的连接，是"迪拜的心脏和灵魂，是它存在的理由"。[24] 这座城市的生存、繁荣全靠贸易，如果船只无法进出，那一切都完了。1908年，洛里默在汇报时写道，迪拜湾有一个"浅而难进的入口"，前文我们也提到过。在他写下这些话之后的若干年里，迪拜湾变得更浅了，也更难进了，淤塞到每年冬天入口处都会缩小600多米。退潮时，河湾不及1米深，所以满载货物开往迪拜的船只别无选择，只能在离岸1英里处抛锚，费力地把货物卸到驳船上，即便如此，驳船也只能在涨潮时驶入迪拜湾。着急的船长们干脆不再往迪拜去，不值得费这么大劲。

拉希德下定了决心。尽管困难重重，这笔巨款还是筹集到了。1959年末，疏浚船、挖掘机、升降机缓慢地开进迪拜

湾。到 1960 年底，英国威廉·哈尔克罗爵士及其合伙人公司
（Sir William Halcrow and Partners）和奥地利 AST 海外公司
（Overseas AST）几乎完成了这个工程。当时的航拍照片显示，
在淤积泥滞的迪拜湾，水道一度被沙洲挤压，河水泛白，后来
水变清了，颜色也深了，500 吨的船可以在这片水域航行了。
仿佛是为了说明政府不作为的危害，1960 年，一场猛烈的夏马
风（shamal）从伊朗吹来，卷起无数黄沙，吹到沙迦较大的港
口，导致它完全堵塞。港口关停了 10 年，经济遭受重创，又一
波商人被迫迁居，搬到迪拜。在疏浚迪拜湾期间，迪拜人在靠
近戴拉的一侧填水造陆新得了一片土地，极具进取精神的拉希
德通过售卖土地获得收益；很多移居到迪拜的商人就在这片土
地上盖起了房屋，做起了生意。迪拜过去一次又一次地和伊朗
一侧的林格港抢生意。现在，它正吸引着邻近地区的商人前来。

　　疏浚迪拜湾只是开始。当被问及为什么迪拜没有机场
时，英国政治专员告诉谢赫拉希德，迪拜不需要，并让他关
注自 1932 年起一直运营着机场的近邻沙迦。拉希德想要的不
是谨慎、克制。1962 年一位英国政治专员在报告中写道："统
治者决定不顾（英国人的）建议，继续推进喷气式机场的建
设。"25 马克图姆家族一直对英国官场心存疑虑，于是，拉希
德背着这位政治专员，找到了他的上级——英国驻扎官，并向
驻扎官保证不会寻求英国的资助，于是建设机场的方案获得了
批准。① "迪拜必须自己做主，而不是被领导"，他告诉自己
精心挑选的议会，该议会后来被戏称为"阿拉伯的卡米洛特"
（Arabian Camelot），堪比肯尼迪任职总统时的内阁。26 迪拜

---

　① 这种特质在谢赫拉希德的儿子，即后来的继任者身上得以延续。谢赫穆罕默德·
　　本·拉希德·阿勒马克图姆在《我的构想》（*My Vision*）中写道："官僚主义者自
　　诩为变革的敌人，没有什么比官僚主义更能扼杀创造力和简单高效的解决方式了。
　　我不喜欢官僚作风，讨厌官僚主义者。"

机场于 1960 年 9 月 30 日开放, 内有该地区第一家免税商店, 这是迪拜自由放任政策的又一标志。在商业、政治、宗教的三角关系中, 商业总是排在首位。1965 年, 机场第一条沥青跑道投入使用; 到 20 世纪 80 年代中期, 已有 40 多家航空公司与迪拜机场合作。1984 年, 麻烦来了, 迪拜机场的主要运营商、背靠阿布扎比的海湾航空(Gulf Air)试图向拉希德施压, 迫使他提供该地区其他地方都会给的各种特权, 比如优先着陆权。为迫使拉希德表态, 海湾航空将每周定期的 84 架次航班改为 39 架次。拉希德左右为难。不过, 他没有屈服, 反而(再一次)无视顾问们的建议, 展现出了马克图姆家族特有的胆识——1985 年, 他筹借 1000 万美元, 从巴基斯坦国际航空公司租下多架波音 737, 创立了自己的航空公司, 即阿联酋航空。1999 年, 迪拜机场超过吉达机场(Jeddah airport), 成为该地区最繁忙的机场。今天, 阿联酋航空已是中东地区最大的航空公司, 也是世界最大的航空公司之一。[27]

传统的帝国结构, 无论是伊斯兰帝国还是其他地方的帝国, 都已经过时了。1922 年, 在奥斯曼人于安纳托利亚西北部建立帝国约 600 年后, 青年土耳其革命(Young Turk Revolution)爆发, 一度强大的奥斯曼帝国解体, 苏丹制度被废除。1923 年, 在土耳其总统穆斯塔法·凯末尔·阿塔图尔克的领导下, 土耳其共和国宣布成立, 一年后, 一度处于优势地位的哈里发政权被粗暴地废除了, 虽然最后一任哈里发阿卜杜勒·迈吉德二世(Abdülmecid Ⅱ)作了斗争, 但尝试增加个人津贴的他最后还是以失败告终。"你的职务、哈里发政权, 不过是一个历史遗迹,"阿塔图尔克尖刻地挖苦道, "它没有存在的理由。你竟敢给我的秘书们写信, 真是鲁莽无礼!"[28]

　　大英帝国的帷幕也落下了。在 20 世纪, 两次世界大战几乎透支了英国，其全球影响力随之减弱，与此同时，美国的全球影响力逐渐增强。①从此以后，在中东地区——英国传统的势力范围，英国将屈居于美国之下。英国外交官也许不喜欢这种局面——1944年驻吉达大使抱怨道："一个被美国人拖在屁股后面的初级合伙人……这是一个让女王陛下的政府难以接受的、非常不体面的定位——体不体面的，他们还是得忍受，随着美国军事、经济影响力的增强，英国的属地一个接一个地丢失了。"被伊尔贡（Irgun）恐怖分子赶出巴勒斯坦后，英国在1948年离开了这个地区。资金充足的犹太复国主义者巧妙地游说了美国，以色列诞生了。1952年，自由军官组织（Free Officers）发动政变推翻了埃及国王法鲁克（Farouk），英国也从其国王拥立者的高座上跌落下来，沦为旁观者。接着，1956年，苏伊士运河的耻辱到来，这是英法两国的耻辱，却是魅力超凡的贾迈勒·阿卜杜勒·纳赛尔在政治上的一大胜利。纳赛尔是一种新的、煽动人心的泛阿拉伯主义的倡导者，他反对帝国主义，激起了整个地区民众的情绪。1958年，英国支持的伊拉克君主政体在巴格达的枪林弹雨中垮台，英国也失去了最后一个强大的附庸国。1952年，英国首相哈罗德·麦克米伦沮丧地说："从前英国是受美国尊敬的盟友，现在却被当作'蔑视与可怜'的对象。"29

352 　　1968年，英国首相哈罗德·威尔逊宣布英国将从"亚丁以东"撤军，这一突如其来的消息引来了华盛顿无情的嘲讽。美国国务卿迪安·腊斯克对外交大臣乔治·布朗说："看在上帝的份上，有点英国的样子行不行。"30伦敦的撤军也立即引起了特鲁西尔诸国的忧虑，在英国的支持和引领下，它们聚在

---

① 2006年12月29日，英国向美国财政部还了4300万英镑，这是1946年华盛顿向伦敦提供的43.4亿美元贷款的最后一笔还款。

一起并于 1971 年仓促成立了阿拉伯联合酋长国，六个创始成员分别是迪拜、阿布扎比（最富有、最强大）、沙迦、阿治曼、乌姆盖万、富查伊拉。1972 年，哈伊马角加入，成为第七个成员。这些酋长国各不相同，历史上彼此既有敌对，又有合作。作为一个匆忙之间组成的全新国家，从成立之初到现在，阿联酋取得了惊人的成功，无论是从政治稳定、宗教宽容，还是经济发展来看，地处世界上最具挑战性的地区之一的阿联酋都是一个灯塔。

就像 8 世纪 60 年代在阿拔斯王朝哈里发曼苏尔的统治下，从美索不达米亚的泥沼中崛起的巴格达，迪拜在 20 世纪 70 年代迅速扩大，谢赫拉希德启动了一个又一个超越常识的项目。英国顾问们一次又一次地质疑、发出啧啧声，给谢赫泼冷水。太冒险了，谁会用到它呢，会有什么需求，钱从哪里来呢，他们总是这样喋喋不休地表示反对。但谢赫一次又一次地证明他们的反对是错的，迪拜也因此持续发展。1960 年，这里仍然是一个只有 6 万人口的小镇，杂乱地挤在迪拜湾及其周围 2 平方英里的范围内。1970 年，它已是一个拥有 10 万人口，占地 7 平方英里的城市。5 年后，这块占地 18 平方英里的土地成为 18.3 万人的家乡。到 1980 年，迪拜的面积已经扩大到 32 平方英里，人口达到 27.6 万。[31] 过去大家都说这不可能，但它是可能的，而且已经成为现实。从拉希德成为统治者开始，迪拜作为地区转运港，其贸易数额以超快的速度增长。1958 年，也就是拉希德即位的那一年，迪拜的进口额为 300 万英镑；10 年后，这一数字飙升至 7000 万英镑。[32]

然而，迪拜的发展之路并非一帆风顺。20 世纪 50 年代它也经历了动荡。随着贾迈勒·阿卜杜勒·纳赛尔在埃及掌权，革命和反殖民主义的浪潮席卷了整个阿拉伯世界。迪拜的阿拉伯民族主义者通过埃及军事起义一年后成立的迪拜民族阵线

（Dubai National Front）发出了越来越强烈的声音。正如迪拜银行家、商业大亨伊萨·萨利赫·古格（Easa Saleh al Gurg）在回忆录中写的那样，人们对英国及其在该地区事实上的"殖民主义性质的存在"有着强烈的"不满情绪"；"他们为了达成自己的目的，随时准备干预我们的社会管理……招致极大的愤恨"。[33] 在 1956 年的骚乱中，英国政治专员的官邸部分被愤怒的暴民烧毁。最终，英国与马克图姆家族联手，逐步削弱、挫败了迪拜的民族主义力量，他们驱逐了那些向年轻学生热情宣扬纳赛尔主义的阿拉伯外籍教师，重组了警察部队和司法系统。也许最关键的是，1966 年迪拜发现了石油，彻底改变了这种制衡局面。

20 世纪 30 年代，商人给马克图姆家族带来了最严峻的挑战。从此以后，统治者和被统治者之间的社会契约很大程度上建立在让商人发财的能力上。今天，迪拜最富有的男人、女人大多是那些老商业家族的后代，比如福塔伊姆家族（Al Futtaims）、古赖尔家族（Al Ghurairs）、哈布图尔家族（Al Habtoors），并且统治者的议会始终能清楚地听到商界的声音。穆罕默德·格加维（Mohammed al Gergawi）是一位成功商人的儿子，自 2006 年以来，他始终是谢赫穆罕默德的大臣，也是后者最亲近的顾问之一，还是迪拜最新发展篇章的策划者之一。

到 20 世纪 60 年代末，在卡塔尔和沙特的支持下，迪拜有了街道照明，有了第一座像样的横跨迪拜湾的桥梁和一条通往哈伊马角的柏油路。不过，与随后发生的变化相比，这些都不值一提。拉希德无视那些说他做得过了火的谨慎声音，撕毁了精心设计的 4 泊位港口规划图，要求将其改为 16 泊位。顾问们难以接受。1971 年，16 个泊位的拉希德港如期投入运营；到了 1976 年，拉希德又要求将泊位增至 35 个。有时，拉希德的野心大到显得有些精神错乱。拉希德港建成后不到一年，他就决定在杰贝阿里再建一个比拉希德港大得多的深水港。杰贝阿里是一片布满珊瑚的沙滩，离迪拜湾 20 英里。新港口需要从头开始修建，完工后，它所能提供的停泊空间将超过旧金山。拉希德的顾问们和外交团体都倒吸了一口气，不过肩负使命的他不顾一切地向前推进。没有时间可以浪费了。

在仓促忙乱的建设中，迪拜迎来了 1979 年。这一年是一个丰收年，英国女王伊丽莎白二世到访，为一系列具有里程碑意义的项目举行了落成仪式。她与谢赫拉希德一起主持了耗资 16 亿美元、长 1.25 英里、拥有 66 个泊位的杰贝阿里港的落成仪式。杰贝阿里港是世界上最大的港口之一，拥有一座巨大的干船坞。《华尔街日报》当即质疑了这座船坞，在报道时创造性地采用了"迪拜的干船坞是否最终会成为一个无法实现、不切实际的梦想？"（Is Dry Dock in Dubai to be High and Dry and Pie in the Sky?）这一带有嘲笑意味的标题。[34] 答案是否定的。接着，价值 14 亿美元的铝冶炼企业迪拜铝业诞生，这是迪拜利用急速增加的石油收入实现多元化和工业化计划的关键一步；随后，1980 年，迪拜天然气有限公司成立；1981年，迪拜电缆公司成立。这些公司都是后来的巨头——"迪拜公司"的前身。

虽然在那个时候出现的杰贝阿里港和迪拜铝业有些另类，但是就建筑而言，当时最不同寻常的莫过于迪拜城第一座摩天大楼——世界贸易中心，它的出现吓坏了那些迷信的人，迷惑了那些总唱反调的人，后者认为它是昂贵的摆设，是对时间的浪费。这座 39 层的高塔［英国建筑师约翰·哈里斯（John Harris）打算建 33 层，不过拉希德坚持要建得更高一些］远离熙熙攘攘的迪拜湾，甚至不在迪拜城里，仿佛被困在了一片蚊子肆虐的空旷沙漠中，但它标志着迪拜未来发展的方向。它

354

和离城甚远的杰贝阿里是"一种新型城市生活的试验场：第一次出现大块大块的土地独立于迪拜城的情况。这时，城市化与非城市地区联系了起来"。[35]20 世纪六七十年代，试图进入迪拜的外国企业高管常常要和其他客人共用酒店房间。但突然间，他们可以订一间套房，坐下来吃一顿冰鲜的缅因龙虾，喝一瓶像样的红酒了。世界贸易中心矗立在通往谢赫扎耶德路的入口处，这条喧闹的 12 车道高速公路是最激动人心的视觉中心，两队相互较量、在沙漠阳光下熠熠生辉的摩天大楼群分列在高速公路的两侧。拉希德的世界贸易中心是对马克图姆家族"你建造，他们就会来"哲学理念的具象的、有些狂妄的表达，而谢赫扎耶德路，以及这座永远在扩张的城市国家的其他地方，则是对这一理念的出色诠释。马克图姆家族建造了这座城市，各国纷至沓来。

这种匆忙的、大规模的发展看似狂热，甚至到了鲁莽、愚蠢的地步，但实际上它既是一场疯狂的冒险，又凸显了冷静与理性。1966 年，近海的法塔赫油田勘探到了石油；1969 年，石油开采开始，为拉希德刚刚成立的迪拜石油公司带来了新的收入。迪拜石油公司与英国、法国、西班牙、德国和美国的公司都有合作关系。对迪拜而言，40 亿桶的石油储量价值十分有限，为了未来几十年的发展，拉希德只能在有限的时间内推进经济多元化。迪拜无法像石油储量丰富的阿布扎比（储量高达 920 亿桶）和其他海湾酋长国那样，在可预见的未来依赖石油收入。现在，大多人会说这是一大幸事。1991 年，迪拜每天的石油开采量达到 42 万桶的峰值，此后产量稳步下降。在全盛期，石油占迪拜经济产出的三分之二，而如今，石油在迪拜经济中的比重不到 2%。[36]

石油给海湾地区带来了数不清的财富，并在近几十年里将人们的生活水平提高到做梦都想不到的高度。"曾经住在帐篷

里的祖辈们现在住进了别墅，迪拜也变成了世界顶级的宜居城
市之一"，谢赫穆罕默德文化理解中心（Sheikh Mohammed
Centre for Cultural Understanding）的达赫利亚·卡伊德
（Dahlia Kayed）说道。该中心的座右铭是"敞开大门，敞开
心扉"，这是迪拜宽容氛围的另一个标志，不过，迪拜的政治
显然仍在奉行严格的外人禁入政策。[37] 多数情况下，挣快钱的
负面后果是，滋生懒惰、特权感、低生产率的文化，同时滋养
出一个食利国家对外国劳动力的依赖。

所有挑战都摆在眼前。谢赫拉希德一点也不懒惰，他是
一个有名的工作狂，每天工作 18 个小时。他的日程被安排得
满满当当，白天要亲自去主要的基础设施项目视察，晚上要
回官邸参加会议，会上他会以传统的酋长风格倾听人们的问
题和不满，直到深夜。1981 年 5 月 9 日，拉希德像往常一样
度过了繁忙的一天，晚上还为印度总理英迪拉·甘地（Indira
Gandhi）举行了宴会，然后他患了严重的中风，此后再也没有
完全恢复过来。

1983 年，拉希德的妻子谢赫拉蒂法在伦敦突然去世。
1939 年，拉蒂法与拉希德的婚礼在平息商人对谢赫赛义德权
力的挑战中发挥了至关重要的作用。他们的婚姻延续了 44 年，
在 71 岁生日前夕妻子离世，对这位身体每况愈下的统治者而
言是一个重大打击。身边的人都说自此以后他再也不是从前的
样子了。他逐渐退出公共生活，像几十年前父亲赛义德那样，
将越来越多的权力移交给儿子们，每天晚上坐在简朴的扎贝
勒宫（Zaabeel Palace）的阳台上眺望自己一手打造的城市。
1990 年 10 月 7 日晚上 10 点，在位 32 年的拉希德去世了。

"谢赫拉希德是我见过的最杰出的领导人之一，"拉希德的
旧友、阿布扎比谢赫扎耶德在葬礼上对哀悼者说，"现代迪拜
证明了他的远见卓识。"[38] 世界各地纷纷向他致敬。媒体称赞

这位"商人王子"在短短一代人的时间里把一个冷清的海湾小镇变成了一座城市、一个世界贸易的象征，如今很多人喜欢将迪拜城比作香港和新加坡。

年轻时，拉希德曾梦想着让迪拜名扬天下，成为一个在全球有巨大影响力的名字和城市，变成人人都知道、都仰慕、都想来的地方。几乎没有人给他实现这一荒诞愿景的机会。然而，这位不安现状、精力充沛的谢赫想方设法地证明了质疑的人错了，他把迪拜变成了举世闻名的城市。阿联酋诗人哈立德·布杜尔（Khaled al Bodour）说："迪拜是一个人的愿景。"拉希德带领他的百姓踏上了一段"激动人心的"旅程，"胜过阿拉伯人在过去几百年里所有的经历"。[39]"迪拜有什么值得让它成为旅游目的地呢？"海湾国家的一位官员嘲讽道，"除了潮湿、炽热的太阳、热辣辣的沙子、贫瘠的沙漠，你们什么都没有。"[40]1985年，从父亲手中接过越来越多责任的谢赫穆罕默德·本·拉希德·阿勒马克图姆时年36岁，在海湾国家领导人会议上，他厌倦了对伊朗和巴勒斯坦局势没完没了的讨论。都是空话，讨论不出什么结果。他问与会的同僚，海湾国家不是已经开始考虑把海湾地区变成旅游中心了吗？迪拜计划成为世界主要的旅游目的地之一。他得到的回应是一阵尴尬的沉默。

虽然他们对他的计划毫无兴趣，但谢赫穆罕默德并没有因此退却，他从零开始，把精力投入打造旅游业之中。20世纪50年代，来访的贵宾们别无选择，只能留宿在英国政治专员的官邸。迪拜第一家酒店，坐落在拉西迪雅（Rashidiya）的航空酒店（Airlines Hotel），拥有35间客房，于1960年机场落成时开业。迪拜的第一家酒吧——红狮酒吧（Red Lion）是一家典型的英式酒吧，1979年开业，由商业巨头哈拉夫·哈布图尔（Khalaf al Habtoor）资助。在谢赫拉希德的鼓励下，

356

哈拉夫·哈布图尔在一片当时看起来没什么前景的沙漠中建造了大都会酒店（Metropolitan Hotel）。今天，这片沙漠是哈布图尔城（Al Habtoor City）的所在地；哈布图尔城由四座摩天大楼组成，全都坐落在谢赫扎耶德路上，其中三座是豪华酒店，一座是有"拉斯维加斯风情的"剧院。[41] 到 1990 年，因石油收入而富有、随商业发展而繁荣的迪拜每年吸引 60 万游客，可接待游客的酒店有 70 多家。到 2000 年，国际游客的数量成倍增加，达到 340 万。2018 年，这一数字达到 1590 万。

并不是所有人都对迪拜感兴趣。对一些人来说，它盛气凌人，缺少历史遗迹，奢侈铺张，毫无吸引力可言。2002 年，我带着采访任务第一次来到这里。《消费导刊（迪拜版）》（*Time Out Dubai*）以一对迷人的西方夫妇的照片为背景，男人身穿晚礼服，女人戴着钻石首饰、衣着暴露，标题是"百万富翁的游乐场"。"跑车、古巴雪茄、豪华游艇、专门的建筑用地"。摩天大楼林立的谢赫扎耶德路上，红色法拉利和黄色兰博基尼一辆辆地咆哮而过。在迪拜最新落成的五星级酒店费尔蒙（Fairmont）的大厅里，见过世面的妓女们生意红火，身穿雪白迪什达沙（dishdashas）长袍、头戴配搭头巾的阿联酋人欣赏着眼前的风景。我沿着迪拜湾漫步，这里保留着记忆中旧迪拜的样子，依旧还有贸易的气息，水手们汗流浃背，洗好的衣物在船上临时绑起的晾衣绳上来回飘动，来往的阿拉伯三角帆船上堆满了来自世界各地的商品，运往商铺林立的集市，这个世界里挤满了香料商人、布料商人、咖啡店和老派商人，一下子传统了起来。我穿行在蒙哥马利球场，这是英国高尔夫球手科林·蒙哥马利（Colin Montgomerie）建立的新球场，拥有世界上第一个 360° 发球台。迪拜喜欢吹嘘和噱头，这里有世界上最高的建筑（哈利法塔，高 828 米）、最大的购物中心（迪拜购物中心）、最大的室内主题公园（IMG 冒险世界乐

357

园）、最重的烤肉串（重达 468 千克）、最长的画（有 10850
米长），不管多么稀奇古怪，只要能吸引人来消费就可以。[42]

　　人们很容易对迪拜失望。批评者们抨击它的理由很多。尽
管记者们争相用赞美之词来描述这座城市近些年来打破边界的
繁荣，给它起了各种绰号——"高速发展的曼哈顿""疯长的
天际线""一个狂妄的资本主义梦想"——但迪拜不顾一切地
快速致富过程也有消极的一面。[43]这座为阿拉伯人和西方游客
服务的游乐场之所以得以建立，是因为牺牲了无数南亚极贫穷
工人的利益。不断变化的天际线上每多一座争奇斗艳的辉煌大
厦，背后就有一群薪资微薄的移民工人生活在简陋，有时甚至
是恶劣的生活环境中；他们住在有人看守的营地里，离自己一
手建造的奢华世界相去甚远。国际媒体和人权组织对这些被剥
削、被虐待的工人的生活进行过曝光，把他们工作的体系描述
成一种现代奴隶制——数以百万计的工人飞抵迪拜后，护照会
被立即没收，然后开始干活。做过招聘代理的阿尔马斯·帕迪
瓦拉（Almass Pardiwala）说："现在我真的希望全世界都能
睁开眼睛，透过光彩，看到背后的黑暗。"[44]对商业圈和旅游
圈之外的人而言，迪拜 250 万人口中，亚洲人占 71%，自由
放任的政策付出了巨大的人力成本。作为自由港和地区贸易中
心，迪拜出了名的宽松政策也招来了"大规模的货物走私、军
火走私、人口走私和洗钱活动"，其中一些活动还牵涉到全球
多个恐怖主义组织网络。[45]还有一个更为极端的"抨击迪拜"
的案例，一位英国记者称这座城市是"成人迪士尼乐园"，建
立在"贷款、生态灭绝、压迫和奴役"的基础上。

　　迪拜市民早已习惯了这种挖苦，他们不屑一顾，说这不过
是"在迪拜打了个来回的记者自命不凡、自以为是、幸灾乐祸
的言语"，参观了几个购物中心和一座摩天大楼，就以为自己
走遍了迪拜。"这就好比我第一次去芝加哥，待一天，只去了

西门罗（West Monroe）和加菲尔植物园（Garfield Park），就开始写它是一个充满暴力、危险、杀气的城市，《纽约客》（*New Yorker*）会允许我发表吗？"阿联酋举足轻重的评论员苏丹·苏德·卡塞米（Sultan Sooud Al Qassemi）在推特上评论了一篇刊登在美国杂志上的关于迪拜的文章，文章称迪拜是"世界的拉斯维加斯""一个城市的非场所①"。46

358

上次去迪拜的时候，我住在假日城，那是位于迪拜湾东南边缘、靠近米尔迪夫的另一个由一座座高楼大厦组成的丛林。在我第一次到访迪拜后的几年里，一个个以行业为主题的"城"如雨后春笋般遍布整座城市：学术城、高尔夫城、健康城、国际人道主义城、互联网城、物流城、海洋城、媒体城、汽车城、体育城、影视城。迪拜的发展，不像是一滴墨水渍在地图上慢慢地洇开，倒像是一滩水哗啦一下洒得地图上到处都是。两个巨大的、形似棕榈树的奢华项目伸入了海湾，近海的300座"世界"岛等待着买家的到来，它们全面展示了迪拜最新的愿景与放纵。一位报纸编辑钦佩地谈论着谢赫穆罕默德计划将马克图姆国际机场建成世界上最大的机场，年旅客吞吐量将超过2.2亿人次。一位银行家强调说，迪拜一直比邻国进步得多，在提高女性社会地位和保障妇女权利方面处于领先地位，在政府和外交部门中有许多资深女性。

温文尔雅的阿联酋文化大臣谢赫纳哈扬·穆巴拉克·阿勒纳哈扬（Sheikh Nahyan Mubarak al Nahyan）乘直升机抵达迪拜，为一年一度的文学节开幕。与迪拜的许多事物一样，文

---

① 非场所，英文为 non-place，与场所（place）对应，是法国人类学家马克·奥热（Marc Augé）创造的一个新词，指的是一个稍纵即逝的人类学空间，在这个空间中，人类是没有什么存在感的。在人类学定义中，这样的空间没有足够大的重要性，因而无法被视为"场所"。——译者注

学节也成为该地区规模最大的活动。他的演讲是一种非常阿联酋式的呼吁，呼吁一个因教派冲突而四分五裂的地区要包容和宽容。他面对来自世界各地的听众，有阿拉伯人、非洲人、亚洲人、美国人、欧洲人，说："文学不歧视任何一种文化、种族、性别、语言、国家、宗教、哲学、教育水平、年龄和观点。"除了迪拜，中东还有哪个地方能出现这样的言论，聚集如此规模的人群，召集多国的作家？更不要说举办这样资金雄厚、精心组织的活动了。文学节是迪拜软实力的缩影。它在经济和商业上的成功（以文学节为例，阿联酋航空为它提供了资金支持）以及人口的多样性支撑着迪拜软实力的不断增强。

在迪拜，如果你是到了一定年龄的本地人，就一定见证或经历过这座城市非同寻常的变化。谢赫穆罕默德，又称"首席执行官谢赫"，跟随父亲的脚步，以一种同胞有时跟不上的速度发展着迪拜。他说："我做出决定，迅速行动，全速前进。"在这座阿联酋男女只占总人口10%的城市，身份认同问题不可避免。阿联酋大学（UAE University）的政治学家马里亚姆·卢塔赫（Maryam Lootah）博士说："当你不是大多数人的一分子时，就会担心文化和身份认同问题。"退休银行家阿马尔·沙姆斯则认为："阿联酋人的身份认同问题尚未完全形成。挑战在于如何在以这样的速度发展的同时保持我们的本色。"诗人哈立德·布杜尔说他不得不训练自己接受，接受出生地正在经历的令人困惑的重塑，接受原来的朱美拉海滩消失不见，接受原本空荡荡的沙滩挤满了游客。他说："我不知道迪拜会走向何方，有时也不在乎。我不得不适应现状，活在当下，训练自己不要活在过去，也不要担心未来。"对卫生部高级官员卢卡亚·巴斯塔基（Ruqaya al Bastaki）而言，有时会觉得在这个国家自己像是陌生人。一个世纪前，她的家族曾以自己的姓氏为迪拜的一个区命名，即巴斯塔基亚区。她说："现在的迪拜感觉更陌生了，它完全变了模样，住在这里的人说着各种语言。"[47] 作为一个位于波斯湾的阿拉伯城市，如今迪拜变得如此全球化，英语如此普及，以至于威胁到了阿拉伯语的地位。而这只是迪拜面临的诸多矛盾之一。

如果说，在如此短的时间里城市景观闪电般的转变让人感到矛盾；如果说，需要面对的身份认同问题让人感到棘手；那么，我们同样可以说，在空旷的沙漠中建成这样一座非凡的城市，让人感到骄傲。虽然犯罪率可能更高了，也许已有陌生的新社区从沙漠中拔地而起，或许童年的记忆已被推土机夷为了平地，但本地人仍然发自内心地热爱着这座城市。卢卡亚说："感谢真主，让我们出生在这里。从过去发展到现在，多么奇妙的一段旅程！迪拜现在是世界上最好的城市。就算让我随便选，我也不会选其他的城市。没有比这里更好的了。"

其他人则谨慎地抱怨"那个把这座宜人的城市变成了臃肿的大都市的自大狂"。[48] 谨慎是明智的，甚至是至关重要的，以防被监禁。谢赫穆罕默德声称，他重塑迪拜的灵感来自10世纪的科尔多瓦，这种比较现在看来可能不像它第一次出现时那样让人觉得异想天开。安达卢斯的都城是开放的、贸易友好的、国际化的，是文学表述的酵素、知识发现的实验室。不过，鉴于阿拉伯人贵族统治的传统，我们没有理由认为倭马亚王朝治下的科尔多瓦比马克图姆家族治下的迪拜更能容忍政治异见或言论自由。迪拜没有言论自由，就像今天几乎所有阿拉伯国家都没有言论自由一样，也许突尼斯是个例外。迪拜与任何21世纪的阿拉伯城市一样开放，不过对统治家族或者其他任何政治活动的批评都是绝对禁止的。事实上，如果你不是在炎热阳光下为摩天大楼或谢赫启动的大型项目辛苦卖力的众多南亚移民工人中的一员，如果你不是政治活动家，不是人权活动家或调查记者，你就会觉得迪拜是一座运转良好的城市。迪

360

拜被绘入了世界的版图，正如 1200 多年前阿拔斯王朝早期的哈里发们治下的巴格达一样，成为众多伟大城市的一分子。来自 200 多个国家的人在这里安家。和其他城市一样，它也有自己的问题，可持续性是其中最重要的问题之一。不过，就业已取得的成就而言，它已经经受住了太多吹毛求疵者的批评，不会轻易出局。它是近几十年来阿拉伯世界最伟大的成功故事之一；它本身就是一种城市现象，是阿拉伯人对现代城市全面的、令人费解的重新构想。

迪拜扎耶德大学（Zayed University）的社会学教授里马·萨班（Rima Sabban）博士边喝咖啡边微笑。我们正在讨论迪拜城里的一些阿拉伯人，他们常常诋毁迪拜，说它太新、太假、太浮华、太缺乏历史和文化，宛若街区里狂妄自大的年轻人。也许这一切都是因为嫉妒。

她说："你给我找一个不想住在迪拜的叙利亚人、伊拉克人、黎巴嫩人、突尼斯人、阿尔及利亚人、摩洛哥人、苏丹人或埃及人。（找不到的）他们都想生活在这里。"[49]

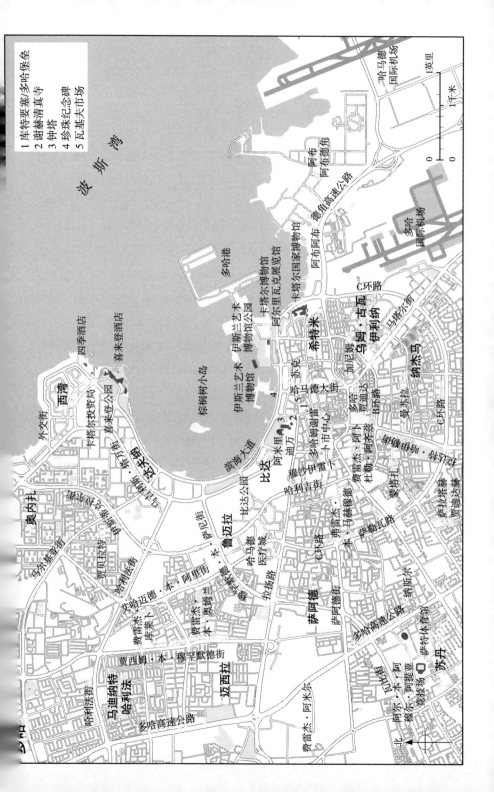

多哈

1 库特要塞/多哈堡垒
2 谢赫清真寺
3 钟塔
4 珍珠纪念碑
5 瓦基夫市场

波 斯 湾

15

21世纪：多哈——珍珠之城

> 改变如此剧烈。这是一个彻底的范式转变。我常常在多哈迷路。到处都是新的摩天大楼，新的道路、街区、商店、餐馆、博物馆。一切都在变，我非常喜欢。
>
> ——卡塔尔大学马里亚姆·易卜拉欣·穆拉博士
> （Dr Mariam Ibrahim al Mulla）

端坐在位于西湾（West Bay）的高层办公大楼里，费萨尔控股公司（Al Faisal Holding）的创始人、主席、首席执行官，亿万富翁谢赫费萨尔·本·卡西姆·阿勒萨尼（Sheikh Faisal bin Qassim al Thani）回忆起早年间的多哈。在他庞大的商业帝国的总部外，在这座流光溢彩、装有空调的摩天大楼外，顶着酷热的棕榈树枯萎了。鸽子无精打采地拍打着翅膀飞过波光粼粼的水面。海湾的阳光如此强烈，一眼望去整个城市白茫茫一片。在这口散发着热气、潮湿得能让衬衫留渍的大锅里，有那么一瞬间，懒惰似乎不仅是完全可以谅解的，而且是十分合宜的。

不过，这位60多岁的商业大亨非凡的职业生涯处处体现着他孜孜不倦的努力与勤奋。早在20世纪60年代初，执政的卡塔尔埃米尔谢赫塔米姆·本·哈马德·阿勒萨尼（Sheikh Tamim bin Hamad al Thani）的远亲、十几岁的谢赫费萨尔，

开始做起了销售汽车零部件的生意。半个世纪后，这位商人身
价 21 亿美元，掌管着一个多元化的大型企业集团，业务涉足
房地产、建筑、贸易、运输、娱乐、教育、信息技术以及酒店
运营，华盛顿的瑞吉酒店（St Regis）、伦敦的 W 酒店和开罗
的四季酒店都是其旗下产业。[1]

　　我几乎没怎么提示，谢赫费萨尔就开始回忆起多哈的缓慢
崛起，在他的有生之年，这里只不过是一个小小的以采珠维生
的村子。"多哈最初是一个避难的安全港，是在逃的部落成员
的庇护所。正是这一点造就了多哈，成就了它的历史。"他说，
卡塔尔最辉煌的时期与其说是异常繁荣的 21 世纪，不如说是
1800—1920 年，在 20 世纪 30 年代珍珠贸易衰落和第二次世
界大战到来之前。珍珠贸易衰落和二战摧毁了多哈、迪拜以及
海湾地区的其他沿海村落。"我们从对抗武器变成了对抗饥饿。
英国人和德国人在海湾各地击沉船只。1944 年之前，人们几
乎没有衣服穿。埃米尔和其他人一样饥肠辘辘。许多人死于
饥饿。"

　　谢赫费萨尔年近七旬，说起话来像一个略微被现代社会困
扰的年迈老人。他说："多哈的文化发生了很多变化，1898 年，
如果你给我 100 万里亚尔，让我和家人在外面吃饭，我是不可
能去的，这种行为是可耻的。"他停顿了一下。"但现在可以
了。"在他有生之年，卡塔尔的都城已经面目全非。提及年轻
时的多哈，他说："从前的生活要简单多了，我认识每一个人，
知道每个人的车长什么样。"[2]

　　在多哈一个较为古怪的旅游景点，游客可以清楚地感受到
多哈人对车的喜爱。沿着杜罕高速公路（Dukhan Highway）
往多哈城西北方向开 13 英里（多哈的持续扩张，让这个距离
不断缩短），就能看到一座 1998 年建造的、融合了各种风格
的沙漠堡垒，谢赫费萨尔·本·卡西姆·阿勒萨尼博物馆就

364

在堡垒之中，里面收藏着费萨尔一个人在旅行中收集的1.5万（数量还在不断增加）件手工艺品。这些藏品反映了他不拘一格的品位。博物馆里，侏罗纪化石与世界上最小和最大的《古兰经》争夺着空间；卡塔尔的武器与一块1910年的极为华美、饰有金丝银线的奥斯曼基斯瓦（kiswa）①并列陈放；还有历经风雨的采珠帆船，被一砖一瓦运到卡塔尔的一栋完整的18世纪叙利亚房屋，赫然出现在长厅里的谢赫停用的私人飞机"海湾之鹰"，挤满了长厅的奔驰豪华轿车和敞篷双座跑车、美国双门跑车、美国敞篷跑车、古怪的摩托车、老式地毯、两座小型大炮，以及几个装扮成传统阿拉伯部落男人的人体模型。旁边一个展厅里，真实大小的马和骆驼模型为展览增添了欢快的气氛，模型周围悬挂着俗艳的画作。这里有纪念品，有收藏品，有稀有且极贵重的珍宝，也有庸俗的艺术作品、劣质的旅游纪念品。最奇怪的一个藏品区收藏了穆斯林苦修者在宗教热情中挣扎（他们用烤肉的扦子和木棍猛地刺穿了胸部和下巴）的照片。从伊斯兰教的视角来看，这座博物馆里更正统、最珍贵、最值得夸耀的藏品无疑是那把能打开克尔白之门的细长的金钥匙。2018年，费萨尔宣布购得了这把钥匙。

不过，到目前为止，这座博物馆最大的藏品区是谢赫的汽车收藏区，有600多辆车，一辆辆别克、旁蒂克、野马、雪佛兰、凯迪拉克和道奇并列停放在那里。我参观的时候，一排排普通汽车，多数是美国汽车，从20世纪50年代的力量车型、两座跑车到卡车、皮卡都有，虽程度不同，但都处于年久失修、疏于照料的状态，静静地在那里积灰。谢赫的馆长们尽最大努力赋予这些散乱的藏品以秩序，但都白费了。邻近的一个有顶棚的停车场里，一队宾利、劳斯莱斯、奔驰以及摩托车和

---

① 基斯瓦是一块偌大的、带刺绣的黑布，每年在麦加朝圣期间会覆盖在克尔白上。

20世纪早期的汽车，正等待着修复。

"问题是博物馆的规模还在扩大，他一直在买！"疲惫的伊斯兰艺术馆馆长阿卜杜勒阿齐兹（Abdulaziz）说，"他从父亲那里继承了收藏的习惯。凡是感兴趣的，他都会买。随时都有箱子运来。每天晚上，他会来到博物馆，把那个移到那里，这个移到这里，不断调整所有藏品的位置。藏品的外观效果最重要，叙事性并不重要。当我们试图以专业的方式管理博物馆时，就需要贴标签、编目录，但这是一项很艰难的任务。"[3]

表面上看，谢赫费萨尔·本·卡西姆·阿勒萨尼博物馆致力于收藏伊斯兰艺术品、卡塔尔遗产、硬币、货币，以及美国古董车。但它远不止如此。在这座兼收并蓄的博物馆中很容易看到卡塔尔的缩影：令人眼花缭乱的财富水平，购买、消费，对权力、地位、伊斯兰遗产的主张，以及对身份认同的潜在追求。也许，当多哈的居民发现自己在这个国家变成了一个人数日益减少时而彷徨、一夜暴富的少数群体时，对身份认同的追求才会变得重要起来。①

多哈现在还处于婴儿期，无法被视为一个21世纪重新构想、重塑形象的新伊斯兰帝国的首都，不过，毫无疑问的是，当前国际舞台上有一个充满活力的新的阿拉伯伊斯兰政权。它不害怕坚持自己的主张；不打算再向邻国沙特阿拉伯卑躬屈膝；随时准备介入多个国家、多种冲突，居中斡旋；与看似有无尽资金支持的各种伊斯兰主义者签订有争议性的盟约：多哈

---

① 卡塔尔王室近来新入的藏品包括一辆另类的帕加尼 Zonda Uno，仅此一辆；一个特别定制的柯尼赛格 CCXR；两辆价值 150 英镑的兰博基尼 Murciélago LP670-4 Super Veloces；一辆法拉利 599 GTB Fiorano；一辆紫色荧光兰博基尼 Aventador。不断增加的汽车收藏是一个明显的提醒，又或是警告？告诉世人没人能超越身为统治阶层的阿勒萨尼家族的分支。

366 已经抛弃了历来的谨慎与保守，跃上了世界舞台。它勤勤恳恳地（有人会说是轻率地）将自己打造成一支不容忽视的伊斯兰新势力。

在城市另一边，多哈另一座摩天大楼的七楼，侯赛因·阿尔法丹（Hussein Alfardan）在珍宝的环绕下和蔼地笑着。他们回忆起这座如今因天然气收入而蓬勃发展的城市最初的财富来源。卡塔尔天然气储量位居世界第三，超过 240 亿立方米，就人均国内生产总值而言，它是世界上最富有的国家。[4] 阿尔法丹，一位聪明且严肃的八旬老人，是著名珍珠商人的后代。阿尔法丹家族的家长哈吉易卜拉欣·阿尔法丹（Haj Ibrahim Alfardan）于 1981 年去世，享年 100 多岁，确立了家族在珍珠贸易中的地位，并因个人能力被当地人称为"外科医生"——他能耗时几周，层层剥去一颗丑陋的 majhoolah 珍珠的外衣，剥出里面那颗硕大的、有光泽的珍珠。孩提时代的阿尔法丹常常在父亲严格的看管下驾着采珠船出海，目睹年长一些的男人买卖珍珠。1954 年，在经济萧条的战后时期，作为卡塔尔第一家银行［当时的东方银行有限公司（Eastern Bank Limited），今天的渣打银行］的第一位职工，刚刚工作了两年的侯赛因·阿尔法丹辞了职，开了一家不大的珠宝店。

他回忆说："当珍珠贸易走到尽头的时候，我们经历了一段非常困难的时期。"面对突如其来的贫困，整个地区的很多人不得不卖掉自己的房子。直到"很多年后，石油财富才慢慢地流入普通人的手里"。[5]

起初这位年轻人名下只有一家珠宝店，后来，他花了 60 年的时间将阿尔法丹集团发展为一家价值数十亿美元的家族企业集团，投资领域包括珠宝、汽车、房地产、银行和酒店行业。2013 年，他被福布斯富豪榜列为第 47 位最富有的阿拉伯人，净资产 4.53 亿美元。[6]

　　阿尔法丹的塔瓦什美术馆（Tawash Gallery）是世界上最大的纯天然海湾珍珠藏馆之一，这里一部分是博物馆，一部分是商业空间（一朝做了珍珠商人，骨子里永远都是珍珠商人）。被灯光照亮的陈列柜里展示着极其稀有的珍珠首饰：一串串瀑布项链，其中一条价值 200 万美元；外层镶有钻石和珍珠的羽毛头饰；一对对珍珠流苏耳环；还有搭配珍珠和红宝石、珍珠和祖母绿、珍珠和蓝宝石、珍珠和黄金的其他首饰。世界上最大的珍珠，一颗 276 克拉的大珠，被巧妙地做成了一枚戒指。在成堆的珍珠中，要不是还有三枚法贝热彩蛋（Fabergé egg）与之竞争，这颗大珠必会被放在最显眼的位置。

　　也许阿尔法丹脸上的笑容挥之不去的另一个原因是他最近又购得了一枚彩蛋。就在我们会面的两个月前，这枚彩蛋正式向公众展出。它是法贝热自 1917 年以来制作的第一枚皇室彩蛋（Imperial Egg），一经推出，便在国际上引起轰动。最出名的皇室彩蛋是彼得·卡尔·法贝热（Peter Carl Fabergé）在 19 世纪末和 20 世纪初为俄国沙皇亚历山大三世和尼古拉二世制作的彩蛋。这枚皇室彩蛋名为"珍珠彩蛋"（Pearl Egg），设计灵感来自珍珠在牡蛎中的形成过程。彩蛋上装饰有 3305 颗钻石、139 颗阿尔法丹私人收藏的天然珍珠，以及雕刻的水晶和镶嵌在黄金和白金里的珍珠母，在基座上旋转的"珍珠彩蛋"打开后一共有 6 瓣，彩蛋中心是一颗 12 克拉的灰色海湾珍珠。这是 20 位技艺高超的珠宝匠耗时近两年才完成的作品，与之搭配的还有一条由白珍珠、钻石、扇形的珍珠母及一颗 19 克拉的白珍珠挂坠制成的项链。阿尔法丹花了 7 位数才得到"珍珠彩蛋"，具体金额未公开。[7]

　　在这样一个从前完全靠珍珠谋生的地方，法贝热的"珍珠彩蛋"让人回想起过去。1863 年，当时的卡塔尔统治者穆罕

367

默德·本·阿勒萨尼告诉英国的阿拉伯学者、探险家威廉·吉福德·帕尔格雷夫（William Gifford Palgrave）说："我们所有人，从最高阶层到最底层，都是同一个主人——珍珠——的奴隶。"这是对事实的陈述。正如帕尔格雷夫在他的阿拉伯游记中所说的，多哈的一切——"所有思想、所有对话、所有职业"——都以珍珠为准。其他一切都是次要的。[8]

珍珠贸易早已不复存在，但是年迈的阿尔法丹，被一生的成就环绕着，似乎和60年前一样仍然受到珍珠贸易的激励。谈话间，他提及公司的巨额房地产投资——一座近400万平方米的人工岛，人工岛由一个环状的摩天大楼群和中央一个较小的岛屿组成，名为"珍珠岛"。阿尔法丹说："我带贝卢斯科尼参观了珍珠岛，他问是'哪个疯子想出了这个主意？'我说是我。太疯狂了。我用5亿里亚尔打造了一个价值180亿的项目，而今它的价值超过800亿（约合155亿英镑）。"

在会面结束时，阿尔法丹恭敬地称赞了执政的阿勒萨尼家族的睿智，特别表扬了谢赫哈马德·本·哈利法·阿勒萨尼（Sheikh Hamad bin Khalifa al Thani），这位埃米尔1995年开始统治卡塔尔，2013年，他出人意料地让位给儿子塔米姆（Tamim）。今天，卡塔尔人都尊称他为国父埃米尔（Father Emir）。

阿尔法丹说："我目睹了所有的变化，并且参与其中。在国父埃米尔出现之前，变化很慢。在他上任两年后，卡塔尔迎来了曙光，那时的市场是开放的。他刚执政的时候，西湾一文不名。我们很幸运，能有这样伟大的领导人。他让每一个人都有机会参与国家的发展，他为银行、企业、百姓提供支持，他成就了卡塔尔。"阿拉伯人这种对全能领袖的赞颂虽然是例行公事，但也发自肺腑。在这里，权力是通过敬重而非民主产生影响的。

21世纪初，西湾开始发展并迅速成为多哈的典型代表。毫无疑问，上了年纪的居民会对多哈的快速转变感到茫然。到20世纪80年代，宣礼塔仍是城市中最高的建筑。当时，西湾唯一值得称道的建筑是喜来登酒店，酒店建在靠填海造陆而得的一块土地上，1982年开业，整体呈金字塔状，不算三角形的楼顶，一共15层。它曾经孤独地矗立在水面上，如今却在玻璃摩天大楼丛林的映衬下显得十分矮小，这些摩天大楼由"明星建筑师"捉刀设计，密集程度惊人，其中最著名的是让·努维尔（Jean Nouvel）设计建造的多哈塔（Burj Doha）。多哈塔高232米，耗资1.25亿美元，2012年完工，表面包裹着一层铝制的遮阳网，展示了法国人所谓的"十足的阳刚之气"，公众戏称它是"避孕套"。[9]其次是扭曲的、流光溢彩的、螺旋式向上伸展的比达塔（Al Bidda Tower）和外层覆盖由双向曲线交织而成的格状结构的龙卷风塔（Tornado Tower）。据说，龙卷风塔能让人联想到沙漠风暴中的旋风，并且它和西湾其他建筑一样，夜间视觉效果最佳。当太阳下山，傍晚最后一点光亮消失，天空被染成了靛蓝色的时候，多哈的摩天大楼群开始上演一场华丽的灯光秀，彩虹般的彩色波浪从楼顶翻滚下来，明亮的白色灯光像星星一样闪烁。这是海湾地区足以和中国香港媲美的地方，从构想到执行只用了十年多一点。

西湾，和多哈更多的发展成果一样，是许多卡塔尔人骄傲的来源，也是游客不可错过的景点。不过，当地也有一些人对西湾持批评态度，他们中的一些人担心杂乱无章地向天空伸展并没有本着为居民创造一个宜居城市的目标，没有经过深思熟虑。白天，这些摩天大楼里挤满了银行家、律师、会计师、石油商、房地产开发商、公关顾问、安全顾问，以及越来越多受诱人的免税"政策包"吸引的西方侨民和数量更大的移民工人——他们大多来自印度次大陆，琐碎低薪的劳作使这座城市得以运转。晚上，除了奇妙的灯光秀外，西湾空无一物。

卡塔尔的工程师穆罕默德·阿卜杜拉（Mohammed Abdullah）说："它的设计不合理。晚上那儿有什么呢？什么都没有。没有地方喝咖啡，没有地方停车，没有地方散步。外国公司来到这里，说你们缺少一个中心商务区，然后他们建了一个，建完就走了。"[10]

外国评论家在嘲讽时从不吝啬。《金融时报》写道，随着"一群造型愚蠢可笑"、与周围建筑格格不入的"摩天大楼"拔地而起，这座城市的景观透露出一丝"开发商的贪婪"和"建筑上的臆想"。以阿拉伯城市为主题的作家德纳·卡杜米（Dena Qaddumi）说："这里没有城市遗产，虽然有浓厚的文化、语言和习俗，但它主要是由外国人建造的。卡塔尔的建筑师并不多，只有几个卡塔尔风格的建筑实践。"迪拜这个名字挂在每个人的嘴边，无论是卡塔尔人还是侨民都时常提起。一位西方外交家说："大家真的很担心卡塔尔失去身份认同，变成另一个迪拜。"虽然阿勒萨尼家族宣称要采取一种不同的城市发展方式，表明不会像阿联酋邻国那样发展随心所欲、华而不实的大众旅游，并称他们会更仔细地遵循伊斯兰教价值观。但此举并未让所有卡塔尔人信服。穆罕默德·阿卜杜拉说："问题是，人们凭什么相信我们不会走迪拜的路呢？一切都在朝那个方向发展。我们酒店里有酒，迪拜也是。他们说卡塔尔不是迪拜，我说为什么不是呢，二者有什么区别吗？"况且，卡塔尔是一个专制的阿拉伯君主制国家，他人很少或根本没有机会质疑卡塔尔及其都城的发展方向。掌握发展节奏、作出发展决定的是阿勒萨尼皇室，而不是卡塔尔百姓。和很多卡塔尔人一样，穆罕默德觉得一刻不停地增长、快速成功的代价太高。"印象中我这辈子没有一个月是听不到工程锤、挖掘机、建造、修房的声响的。人们纷纷逃离这些噪声，到国外寻求宁静，尤其是那些有能力在巴黎、伦敦买房子的人。总不能住在车间和建筑工地上吧。"[11]

有些人可能会说，这种建造尽管会造成诸多不便（在多哈工作常会让人觉得自己生活在一个巨大的建筑工地上），却是创造一个世界级现代城市必不可少的前奏。地标性建筑是真正伟大的建筑图腾，比如曼杰拉 - 瓦尔斯建筑事务所（Mangera Yvars）设计的卡塔尔伊斯兰研究学院（Qatar Faculty of Islamic Studies）——一艘迷人的飞船，带有两个一模一样的宣礼塔。尽管现代化和建成环境令人激动、狂喜，但当工程师穆罕默德·阿卜杜拉抱怨飞速发展最明显的后果时，也是说出了很多卡塔尔人的心声。

"卡塔尔人开始觉得在自己的首都他们是少数群体，这种感觉并不好。现在卡塔尔人是一个占比 10% 的群体，几年之内，比例可能还会降低。我个人认为这是危险的。到时候，在市政、教育、卫生、建筑等领域做出重要决定的将不再是卡塔尔人，所以应当更加谨慎。我们不能只是说：现在在发展，需要更多的人，仅此而已。"

关于卡塔尔将走向何方的问题，很多人都感到紧张不安，但很少有人公开表露，目前，还没有一个令人满意的答案。西方喜欢谈论开放和透明，而卡塔尔的阿勒萨尼却保持隐秘，没有人知道接下来会发生什么。在 21 世纪的多哈，唯一不变的就是快速的变化。皇室的期许是迅速提高生活水平，这就是最有说服力的答案。但从长远来看，卡塔尔还需要解决治理、政治权利及更广泛的参与等问题。许多卡塔尔人和穆罕默德·阿卜杜拉一样反对让卡塔尔人在自己的国家成为少数群体的发展模式。多哈的崛起也许的确是一个引人瞩目的城市现象，但在很多观察者看来，它所反映的当代阿拉伯人的治理现状就没那么值得称道了。潟湖的另一侧，正对着西湾的地方是审视城

370

市天际线的绝佳位置，这座新的大厦与多哈流行的文化符号相异。虽然对一些穆斯林批评家而言，它是有争议的，因没有穹顶而饱受指摘，但贝聿铭九十多岁时设计的伊斯兰艺术博物馆（Museum of Islamic Art）却是这座珍珠之城的一颗明珠。

　　博物馆坐落在滨海大道的南端，自成一岛，是滨海大道的终点，穿过一个棕榈树环绕的海滨广场即可到达。它是该地区近年来最大胆的建筑设计之一，是一个很酷的立体派构造，正方体和八面体的建筑块层叠，组成一个堡垒一样的大厦，宁静、简单、优雅、有力量感。博物馆的外观令人惊叹，内部同样令人惊奇。伊斯兰帝国过去的众多统治者大多是极其富有的艺术赞助者，阿勒萨尼皇室追随先辈的脚踪，购买了大量伊斯兰文物。博物馆用卡塔尔人靠石油换来的美元从整个伊斯兰世界以及曾经统治伊斯兰世界的一些最伟大的王室中精选出来的珍宝如下：伊拉克阿拔斯时代的陶瓷和黄铜星盘，分属于9世纪和10世纪；叙利亚马穆鲁克时代的"卡乌尔"花瓶（"Cavour" Vase），一种带珐琅装饰的镀金玻璃容器；印度17世纪莫卧儿王朝的一块巨大的祖母绿雕刻牌匾（上面刻着穆斯林的祈祷文），一只镶着宝石、带珐琅装饰的金鹰；一份来自伊朗萨法维王朝的华丽手稿，这份《列王纪》（*Shahnameh*）是诗人菲尔多西（Ferdowsi）16世纪撰写的，翔实记载了波斯帝国的历史；来自14世纪帖木儿帝国的中心乌兹别克斯坦的绿松石、钴蓝和午夜蓝釉面陶瓷墓碑；来自倭马亚王朝科尔多瓦扎赫拉城的一套石雕柱头；19世纪的土耳其扎尔夫（Zarf）——金质的咖啡杯托，上面镶嵌了多颗钻石和红宝石，华丽到了俗气的程度。除了宝石，博物馆还收藏了许多真正的文学瑰宝。其中最出彩的是著名阿拉伯地理学家、自然历史学家扎卡里亚·本·穆罕默德·加兹维尼（Zakariyya ibn Mohammed al Qazwini，1203—1283 年）13 世纪的手稿。手稿配有精美的插图，书名为《造物的奇迹与存在的奇观》（*Ajaaib al Makhluqat wa Gharaaib al Mawdujat*），与博物馆出奇地契合。

2008 年伊斯兰艺术博物馆问世的时候，许多人视之为伊斯兰世界的一个新奇迹。不过，据卡塔尔国家博物馆（Qatar National Museum）前馆长、直言不讳的卡塔尔大学历史学教授马里亚姆·易卜拉欣·穆拉（Mariam Ibrahim al Mulla）回忆，当时对这一地标建筑的批评非常激烈。"人们说'它完全毁坏了我们的身份认同'。我问何出此言？他们说，'它像一座军事建筑，没有穹顶，完全是钢结构，不是伊斯兰风格'。这完全是卡塔尔人会有的态度，起初他们会拒绝、批评它，最终又会爱上它。20 世纪 90 年代，他们还说瓦基夫市场（Suq Waqif）不是一个正儿八经的卡塔尔建筑，但现在人人都喜欢它。"[12]

371

和由珠宝商转型为大亨的阿尔法丹一样，穆拉也向前埃米尔谢赫哈马德·本·哈利法·阿勒萨尼致敬。她对那些认为随着外国人大量涌入，卡塔尔正在失去身份认同的批评人士，不屑一顾。"如果不向外国人开放卡塔尔，就无法让它发展得这么快，"她轻快地说，"在谢赫哈马德执政之前，这个国家并没有向前发展。"

就在这些大型项目出现在头条新闻里时，更多的国内开发项目正仓促地进行着。聚居着一代又一代来自印度次大陆的低收入移民工人的历史街区，如位于瓦基夫市场西南的阿斯马赫（Al Asmakh）、纳贾达（Al Najada），正遭受着新的建造浪潮的威胁。最近一项研究表明，阿斯马赫近一半的建筑收到了拆迁通知。[13]

自 2017 年与沙特阿拉伯、阿联酋、巴林、埃及的外交关系破裂以来，黑白肖像画《荣耀的塔米姆》（*Tamim al majd*）就被当作装饰出现在汽车保险杠、摩天大楼、商店橱窗、手机壳、旗帜、海报和混凝土墙上，今天占统治地位的阿勒萨尼王朝已经成为卡塔尔及其首都的代名词。但这个家族在卡塔尔的至高地位仅能追溯到 19 世纪中叶谢赫穆罕默德·本·阿勒萨尼在位时期（1850—1878 年），那时史料中关于多哈——时称比达（Bidda）——的记载已经非常翔实了。

史料中第一次提及比达是在 1801 年，当时英国派驻马斯喀特（Muscat）的代表大卫·西顿上校（Captain David Seton）在阿曼统治者的陪同下乘船航行到这里。当时的比达是一个特别小的沿海聚居地。"北边的小山丘上有一栋带院墙和方塔的房舍，作防御用；山谷中齐胸高的防护矮墙上架着两杆枪；南面的小山丘上建有两个带些许防卫功能的大茅草屋；再往南半英里、靠近山脊的地方另有一栋设有旗杆的方形建筑……"[14]

显而易见，英国与未来多哈的第一次擦肩而过是带有军事意图的。西顿认为这个苏韦迪部落（Al Suwaidi tribe）定居点是海盗基地，对英国的商业利益构成了威胁。他试图轰炸这个小镇，但海水太浅，战舰无法接近，他只能懊恼地终止任务，返回马斯喀特。

20 年后，1821 年，英国东印度公司的双桅横帆船"维斯塔尔"号（*Vestal*）完成了西顿未能完成的任务，以违反《海上和平条约》为借口，轰炸并摧毁了这个小镇。其实，比达的居民并没有签署条约，也不明白对方摧毁自己家园的原因，但对英国人来说他们签没签署、明不明白并不重要。英国此举迫使近 400 名部落成员到邻近的岛屿寻求临时庇护。一年后，科根中尉及其同僚们着手调研邻岛迪拜，孟买海军的霍顿中尉

（Lieutenant Houghton）正在"发现"号（*Discovery*）的甲板上绘制比达的图画。他笔下的比达天际线上没有摩天大楼，只有小土屋和堡垒塔楼，这是印度事务部（India Office）档案中关于卡塔尔的最早的视觉资料。[15]

到 19 世纪 30 年代末，比达和多哈这两个相像的定居点相距不到 1 英里（因此经常被游客混为一谈），由于缺少一位全能的卡塔尔领袖，所以波斯湾这片区域逐渐成为海盗和不法分子的避难所。他们对英国船舶发动了更多的袭击，作为报复，英国于 1841 年再次轰炸比达。比达苏丹部落酋长萨利敏·本·纳赛尔·苏韦迪（Salemin bin Nasir al Suwaidi）无力全额支付 300 美元的现金罚款，只好再另外给英国人 42 副银手镯、一把剑、一件银质头饰、四对金耳环、两对银耳环、两把匕首和九条串珠项链。[16]

在这片不断变化的沙漠之中，那些沙漠部落的兴衰史模糊不清、令人困惑，或许是因为日期不确定，也许是书面记录有限，毕竟有的只有部分记录，有的甚至完全没有。在卡塔尔，有一点很清楚，那就是在 1848 年到 1850 年之间的某个时间点，阿勒萨尼家族从卡塔尔北部的富韦里特（Fuwairit）定居点搬到了多哈，在接下来的半个世纪里，他们在多哈大胆行动，让阿勒萨尼家族家喻户晓。阿勒萨尼家族属于马德希德部落（Maadhid tribe），自称阿拉伯半岛中部地区巴尼·塔米姆（Bani Tamim）部落的后裔。和许多部落成员一样，他们在沙漠中从一个定居点迁居到另一个定居点，18 世纪迁移到卡塔尔南部，然后搬到祖巴拉（Zubara），19 世纪的时候又挪到多哈以北 55 英里处的富韦里特。事实证明，在阿勒-本·阿里部落（Al Bin Ali tribe）的首领、强大的部族领袖伊萨·本·塔里夫（Isa bin Tarif）逝世后，谢赫穆罕默德·本·萨尼（Sheikh Mohammed bin Thani）抓住机会迅速迁往多哈的决定十分关键。

1860 年，印度海军的查尔斯·戈尔丁·康斯特布尔上校（Captain Charles Golding Constable）和 A.W. 施蒂费中尉（Lieutenant A.W.Stiffe）让世人得以一窥多哈。康斯特布尔是出身艺术世家的制图师，是风景画家约翰·康斯特布尔（John Constable）的次子。1879 年，《波斯湾航海手册》（*The Persian Gulf Pilot*）刊登了他们对比达的描述和绘制的第一幅详细的比达地图。

> 多哈是一个小镇，部分被城墙包围，有几座塔楼，位于内瑟角（Ras Nesseh）西南偏西半英里处，沿着海滩延伸了大约 800 码。谢赫的房子位于一座巨大的圆形塔楼之中，塔楼前的海滩上插着旗杆，位于城镇的中心；塔楼的西面是一个小小的海湾，停满了被拖到这里维修的船只。

除比达东南 1.5 英里外有一小块耕地外，"整个国家都是沙漠"。[17]

大约在同一时间，帕尔格雷夫留下了对这个地方非常不讨人喜欢的记述。和许多游客一样，他混淆了两个城镇，误以为自己在比达，而实际上他住在多哈。他认为这个城镇"是一个糟糕省份的糟糕首府"，是穷乡僻壤，那里山丘焦干、土地贫瘠、沙滩泥泞——黏稠的流沙周围全是淤泥和海藻，牧场也堆满了鹅卵石，牧草稀少；是一个"条件恶劣到了极点"的村庄，那里的土屋和棕榈叶制成的小屋"狭窄、丑陋、低矮"。他前往城堡，一个他认为更适合存储货物而不是住人的地方，并在那里被引荐给了酋长穆罕默德·本·萨尼。帕尔格雷夫是这样描述萨尼的——

他是一个精明、警惕的老人，身材略显臃肿，以谨慎、随和著称，但在交易时却是一个吝啬、挑剔的顾客。总的来说，他的架势更像一个公事公办的、贪婪的珍珠商人（事实确实如此），不像一位阿拉伯统治者。[18]

穆罕默德·本·萨尼的精明是毋庸置疑的。19世纪50年代，为了将巴林的领主们拉下台，他挑拨两个敌对的邻居——巴林的阿勒哈利法（Al Khalifa）和沙特的领导人费萨尔·本·图尔基（Faisal bin Turki）之间的关系，并在这个过程中展示了一个沙漠酋长典型的领导能力。1867年，穆罕默德·本·哈利法·阿勒哈利法（Mohammed bin Khalifa al Khalifa）和阿布扎比的统治者谢赫扎耶德·本·哈利法·阿勒纳哈扬（Sheikh Zayed bin Khalifa al Nahyan）联合发动袭击，"拜其极端的残暴行径所赐"，瓦克拉（Wakra）、比达、多哈被洗劫一空。[19] 短期来看，这次侵犯有着毁灭性的影响，但长远看，它促使英国人于1868年废黜巴林的统治者，承认阿勒萨尼的领导地位以及卡塔尔独立于巴林的地位，这对阿勒萨尼的领导是有利的。不过，完全意义上的独立还要再等一个世纪。1871年，多哈接受奥斯曼帝国而非英国的统治。那时，这座城镇有1000所民居、4000人。1893年，现代卡塔尔的缔造者贾西姆·本·穆罕默德·阿勒萨尼（Jassim bin Mohammed al Thani，1878—1913年在位）的武装力量在瓦吉巴战役（Battle of Wajba）中打败了奥斯曼人。虽是一场不太大的军事冲突，却是卡塔尔历史的决定性时刻，自此以后，在卡塔尔半岛上，奥斯曼帝国不再被视为一股令人望而生畏的力量。

此后，奥斯曼帝国统治的存在感很低，不过一直持续到1915年，英国军舰抵达波斯湾，土耳其人才被迫撤离。8月

374

20 日，英军"没有遭遇任何抵抗，顺利登陆"，缴获了被土耳其人遗弃的各种武器，包括 1 门山炮、2 门野战炮、14 支来复枪和 120 箱弹药，在"政务官的建议下"，英军将来复枪和弹药交给了"竭尽全力提供帮助的卡塔尔谢赫"。[20] 第二年，谢赫阿卜杜拉·本·贾西姆·阿勒萨尼（Abdullah bin Jassim al Thani，1913—1949 年在位）和珀西·考克斯少校（Major Percy Cox）进行了持久的谈判，《赛克斯 - 皮科协定》中与英国有关的条款达成，多哈变成了新的英国保护国的首都，卡塔尔则成为特鲁西尔诸国的第九个，也是最后一个成员。英国、法国在 1916 年签订《赛克斯 - 皮科协定》，悄悄地瓜分了中东地区。

在这之前，可以说世界上没有多少人知道卡塔尔的存在，它不过是大英帝国的一个偏远角落。1935 年，这种情况开始改变。这一年是乔治五世登基 25 周年，对英国而言相当重要，对卡塔尔来说也是具有里程碑意义的一年。《每日快报》刊登了一篇哗众取宠的报道，记述了卡塔尔埃米尔第一次正式到访英国，参加登基 25 周年庆祝活动。报道的标题——"坐拥 84 位妻子的珍珠国王"——为这篇介绍"阿拉伯酋长"的文章奠定了基调。这篇文章夹在一则假牙广告和已退役的、维多利亚时代最轻量级拳击手的思考中间，显得格格不入。该文章称，现代卡塔尔缔造者贾西姆·本·穆罕默德·阿勒萨尼的儿子、埃米尔阿卜杜拉的宫廷充满异国情调，里面有"占星家、小丑、跳舞女孩和据称有预言天赋的苦修者"。卡塔尔作家、商人穆罕默德·阿勒萨尼在研究埃米尔贾西姆时曾尖刻地指出，（他们）绝不会"让事实真相影响一个好故事"。[21]

三日后，《人民报》紧随《每日快报》，刊登了另一篇文章。文章展示了另一个类似的东方主义学者的幻想，描绘了埃米尔阿卜杜拉懒洋洋地躺在丝质的软垫上，周围环绕着后宫佳丽和4000名奴隶。它不只是一篇耸人听闻的报道，其内容是一家美国石油公司故意泄露给媒体的，出人意料地公开展示了英美在中东地区的石油竞争。<sup /> [22]具体来说，这是美国在挑战英国在海湾地区对石油开采权的秘密垄断。只有英国人同意，埃米尔才可以签订开采协议。20世纪，美国在海湾地区还会发起越来越大的挑战，而英国应对挑战的能力却在逐渐减弱。正如保守党政治家伊诺克·鲍威尔（Enoch Powell）在20世纪40年代末告诫同僚、未来首相安东尼·艾登的那样，"在中东地区，美国人是我们的大敌"。[23]

英国与埃米尔阿卜杜拉的谈判旷日持久，充满挑战。双方唇枪舌剑，阅读关于这场谈判的记录让人回想起帕尔格雷夫早前对"生意人"谢赫穆罕默德·本·萨尼的评论——"讨价还价时特别难缠"。陆军中校特伦查德·克雷文·威廉·福尔（Trenchard Craven Wiuiam Fowle）——名字响亮的英国驻扎官，寇松口中的"海湾地区无冕之王"——觉得谢赫频繁的拖延让人恼怒，在一封写给印度事务部的信中抱怨阿卜杜拉"生性多疑，甚至有些幼稚"。埃米尔一点儿也不幼稚，他完全有理由怀疑英国的动机。近邻伊本·沙特（Ibn Saud）对他施压，要求他在没征得沙特同意前，不得授予英方特许权，与此同时，美国加利福尼亚标准石油公司也追着阿卜杜拉，并且给他提供了表面看来更优惠的条件，而阿卜杜拉决心从英国人那里得到尽可能多的实惠，其中包括获得政治保障、保护卡塔尔不受外来攻击，以及承认自己的儿子哈马德为继任者，这是阿勒萨尼王朝持续稳居未来对手之上的关键。阿卜杜拉大胆表示了对英方的不信任，不同意银行转账，坚持要在最终敲定协议前亲眼看到英方应付的那笔钱——签字时付40万卢比，接着5年内付15万，然后每年30万，直到特许权到期。一旦勘探出石油，英方要按照每吨3卢比的售价向卡塔尔统治者付款。老谋深算的埃米尔最终与英波石油公司签订了长达 75 年的协定。1935 年 5 月 17 日，该协定被转给石油开发（卡塔尔）有限公司。[24]

最初的进展令人欢欣鼓舞。1939 年 10 月 11 日，即阿尔伯特·爱因斯坦写信给罗斯福总统论证原子弹可行性的那一天，巴林的英国政治专员在一封电报中给英国驻扎官报告了突发新闻。"石油开发（卡塔尔）有限公司在齐克里特（Zekrit）附近的探勘井发现了少量石油。钻井工作仍在继续。"在 1940 年 1 月 14 日的一封信中，政治专员写信给埃米尔阿卜杜拉，说"衷心祝贺卡塔尔发现石油。我真诚地希望石油开发（卡塔尔）有限公司通过未来的钻探证明卡塔尔拥有一个有价值的油田。"[25]

它做到了。尽管石油及后来天然气的开采因世界大战而推迟，但它们完全改变了卡塔尔经济一直以来对珍珠的依赖。随着时间的推移，他们把多哈这个沉睡的小镇彻底转变为一个繁荣且不断扩张的全球城市，卡塔尔这个小小的半岛也因此闻名于世。卡塔尔，这个世界上最穷的地方之一，注定要成为世界上最繁荣之地。

376

不过，这是几十年之后的图景。此时的卡塔尔要承受的是第二次世界大战和珍珠产业的全面崩溃。1947 年多哈历史中心瓦基夫市场周边的照片显示，这座城镇大片大片区域被彻底摧毁，沦为废墟。1949 年前后，卡塔尔出口了第一批原油，同年，第一任英国驻卡塔尔政治专员约翰·亚瑟·威尔顿爵士（Sir John Arthur Wilton）汇报说，多哈就像"被空袭过一样"。[26]

70 年后，瓦基夫市场发生了翻天覆地的变化。在 21 世纪全面重建后的瓦基夫市场占地 16.4 万平方米，位于多哈港和伊斯兰艺术博物馆的西南边，北面紧挨着历史悠久的达乌港

（Dhow Harbor）。

苏克瓦基夫猎鹰医院（Suq Waqif Falcon）里，一只带头冠的鸟站在栖木上，引人注意。它的后面是一个宽大的显示屏，上面的 X 射线片乍一看会认为是一只摆在超市的瘦鸡。穿着整洁蓝色手术衣的医务人员匆忙地奔走，查阅病历、会诊那些长着羽毛的病人，令人钦佩。这家医院有来自世界各地的 30 名兽医和来自从巴基斯坦到伊拉克等伊斯兰国家的雇员，专门为猎鹰提供医疗服务，它们的主人往往是财大气粗的、狂热的猎鹰爱好者。猎鹰是旧时国王的消遣活动。如果你的鹰在与翎颌鸨激烈打斗后少了一根羽毛，没关系，这家医院拥有一个储备充足的羽毛库；如果折断了一个翅膀，那你可以迅速把它带到这里做整形手术；如果消化不良，可以在这里做排泄物和血液检查，也可以做一些药物和毒物分析。这里昂贵、先进的设备会令许多国家的国家卫生服务机构自愧不如。伊拉克裔英国医学工程师阿尔哈卡姆（Alhakam）说："沙特阿拉伯、科威特以及海湾地区其他国家的人都会带着他们的鹰来我们这儿。"27

瓦基夫集市的历史可以追溯到 19 世纪中叶，那时海湾地区的猎鹰还无法享受到如此奢华的医疗服务。瓦基夫（意为"站立"）这个名字取自当地人和沙漠中的贝都因人曾经在这里做生意的方式，他们会站在瓦迪姆谢雷卜河（Wadi Msheireb River）的河岸上买卖鱼、山羊、绵羊、骆驼和羊毛。到 20 世纪 90 年代末，卡塔尔人已经接受了多哈有空调的购物中心和精品店，这个被忽略的集市年久失修，在 2003 年的一场毁灭性火灾后，情况更加恶化。当地人呼吁当局保护这座面目全非的城市所剩无几的遗产。2004 年，在谢赫哈马德的阿米里迪万（Amiri Diwan），即埃米尔的办公场所，以及他的妻子谢赫穆扎·宾特·纳赛尔（Sheikha Moza bint Nasser）的领导下（在卡塔尔，所有决定都来自高层），由卡塔尔艺术家穆罕

377

默德·阿里·阿卜杜拉（Mohammed Ali Abdullah）指导的大型修复工程开始了。他们先是耗资10亿卡塔尔里亚尔（约1.97亿英镑）买下了整块土地，然后又花费3亿里亚尔（5900万英镑）用于修复。现代建筑被拆除，金属薄板屋顶被传统的用黏土、稻草黏合在一起的木料和竹子取代；古老的建筑按照当地的风格重建——晒干的砖砌成柱子，支撑着裸露的横梁，墙壁粉刷上泥浆。[28]

今天，虽然一些游客会认为瓦基夫集市是一个仿制品，一个类似老城但无实质性内容的存在，缺少大马士革、开罗、非斯、伊斯坦布尔集市那种年代久远的、笼罩着整座历史建筑的紧张、兴奋和肮脏，但它作为多哈的遗产中心重新开放，也迎来了一批批本地商人、居民和游客。卡塔尔人和外国人漫步在水烟缭绕的仿古街巷中，偶遇搬运工（alhmalah），他们身穿红褐色的背心灵活地推着装满商品的独轮手推车。在这里，你可以淘到乌得琴、香料、谷物、衣服、地毯、羊绒披肩、古董、巧克力和糖果、家居用品、皮具、手袋、小饰品（比如，印着"我爱卡塔尔"字样的棒球帽、印有谢赫塔米姆图像的围巾）、动物标本、女孩戴的刺绣头罩（bukhnoq），旁边还有警察骑着马警惕地巡逻，他们身上的纯白制服还是20世纪40年代的式样。宠物区，金丝雀、虎皮鹦鹉、情侣鹦鹉和被染成粉色、紫色、绿色、黄色的小鸡欢快地歌唱，周围的笼子里关着饱受酷暑折磨、喘着粗气的猫、兔子和毛茸茸的小狗，这场景一定会让西方的敏感人士感到难过。[①]许多满载而归的人会在购物之后扑通坐到街道两旁的餐馆里，或顺路去多哈最古老的两层高的比斯米拉酒店（Bismillah Hotel），吃个冰激凌，喝杯咖啡。

在瓦基夫市场边的布尔迈特咖啡店（Caffe Bormet）里，

---

① 2014年夏天，随着气温上升到40℃，接连有动物死亡，于是数千人签署了一份请愿书，呼吁改善它们的生活环境。

五十余岁的哈利德·阿布·贾西姆（Khaled Abu Jassim），一位已退休的卡塔尔航空飞行员独坐在那里，回忆着这座他不再熟悉的城市发生的一切变化。多哈到处回荡着挖掘机、挖土机、液压振动打桩机的嘈杂声，以及发电机的轰鸣声和起重机的嗡嗡声，对他那一代人而言，在这个不断向未知猛冲的城市里，瓦基夫市场是一个小小的、令人心安的熟悉的绿洲。"即便少在这里待一天我都会感到难过，"他说，"我始终心系这个地方。"²⁹

在猎鹰医院的时候，我问道，要是那些飞上辽阔天空追猎鸨的猎鹰受了伤，但兽医没能救回，该怎么办？会把它们埋了吗？阿尔哈卡姆摇摇头说："我们楼上有焚化炉。"

因为意在组成联盟的九大酋长国之间的外交关系出现破裂，卡塔尔于1971年9月3日宣布独立，此时，多哈已经从20世纪50年代一个人口约1.4万的小镇——20世纪上半叶多哈的人口规模基本保持不变——发展为人口超8.3万的城镇。这时的卡塔尔仍处于贫困和不发达状态。根据1970年的人口普查，15岁以上的卡塔尔人有三分之二是文盲。³⁰

国家独立后，游戏规则也随之改变。从1972年开始，日益自信的卡塔尔政府开始在官方办公地阿米里迪万办公。阿米里迪万位于海滨大道南端，与多哈老城区西端的达乌港相望。在大英帝国没落的时候，受尽英国剥削的卡塔尔果断重申了对能源行业的绝对控制。1973年，它收购了拥有陆上特许权的卡塔尔石油公司25%的股份，以及自20世纪50年代以来一直活跃在卡塔尔半岛、拥有海上特许权的壳牌卡塔尔公司25%的股份。一年后，卡塔尔政府表示将收购两家公司剩余的股份。到1977年，政府完成了对两家公司的国有化。

是时候建造城市了。从1974年开始，在谢赫哈利法·本·哈马德·阿勒萨尼（Sheikh Khalifa bin Hamad al Thani,

1972—1995 年在位）的领导下，为了建造"多哈新区"，即当地人口中的扎夫纳（Dhafna），超过 630 公顷的大规模疏浚和填海造陆工程启动。该计划将多哈湾重塑成一个优雅的新月形，为建设商业区、住宅区、使馆区、政府办公区、卡塔尔大学校园及海滨大道公园提供了土地。今天的西湾商业区就位于新月北部呈锥形的狭长地带。海滨大道公园是这座城市最引人注目的公共空间之一，建成后一直是城市的焦点。海滨大道呈半圆形，从海滨到内陆，一条条环形路不断延伸，一直到沙漠中。

20 世纪 70 年代，为了控制这个市中心 90% 的土地为私人所有的城市的发展方向，多哈掀起了一波强制性收购浪潮。推土机开进市中心，越来越多的人搬到了郊外的新开发区，历史悠久的蜿蜒窄巷被可以行驶小汽车的宽阔道路取代，庭院狭小的泥砖房舍也被推倒，先是盖了两层高的现代别墅，后来改建成了超高层的高楼大厦。一位名叫哈里卜·阿卜杜尔·卡迪尔（Harib Abdul Qadir）的高级政府规划师说："那时我们有很多钱，但不知道该拿来做什么。"[31]

后来，出口液化天然气之后，更多的钱流入了政府的金库。20 世纪 70 年代早期，海上勘探发现了世界上最大的天然气田。天然气田于 1991 年投入生产，为卡塔尔带来了惊人的收益，吸引了一批又一批新移民，为多哈的持续扩张提供了资金。南帕尔斯 / 北部穹窿油气田（South Pars / North Dome）由卡塔尔和伊朗共同所有，面积为 3700 平方英里，储气量高达 51 万亿立方米。

天然气的发现和出口推动了卡塔尔的经济增长，也成功缔造了一个新的国家。1971 年独立时，卡塔尔的国内生产总值为 3.88 亿美元；到 1974 年，这一数字飙升至 24 亿美元；20 世纪八九十年代，卡塔尔国内生产总值缓慢增长，随后在 21 世纪初期急剧上升，从 2000 年的 178 亿美元增至 2014 年的

2060 亿美元，达到峰值。对于一个 2017 年人口为 260 万的国家来说，这是一笔不可思议的财富。在这 260 万人口中，卡塔尔人只有 31.3 万，占总人口的 12%，落后于印度人（65 万）和尼泊尔人（35 万）。[32]

得益于得天独厚的地理条件，或者说真主安拉的祝福，卡塔尔利用天然气行业带来的收益为耗资巨大的国内开发项目提供资金，也为以赢得海外影响力和声望为目的的日益坚定的对外政策提供资金支持。

在外界那些习惯于与一个被边缘化的海湾保守小国打交道的人看来，卡塔尔自 20 世纪 90 年代中期以来奉行的极度活跃的外交政策有点儿似是而非，像一个难以破解的谜题。尽管盟友和敌人公开对多哈提出强烈批评，但卡塔尔毫不畏缩地利用石油美元在伊斯兰世界为自己干涉主义的立场提供支撑，将沉默的幕后调解人的传统角色变为历史。

1996 年，在谢赫哈马德成为埃米尔一年后，卡塔尔成为第一个与以色列建立关系的海湾国家。同时，它一方面加强与邻国伊朗的关系——对华盛顿及海湾地区的逊尼派阿拉伯国家而言，这一做法令人不满；另一方面加强与美国的往来，在乌代德（Al Udeid）和萨伊里耶（Sayliyah）建立了两大美军基地。2006 年，它同时为真主党（Hezbollah）和加沙哈马斯（Hamas）提供支持。2011 年，"阿拉伯之春"运动爆发，在这场抗议活动中，卡塔尔积极支持民主运动，同时为激进的伊斯兰组织提供资金和武器支持——有些人称它甚至为恐怖分子提供支持，但多哈否认了这一指控。同年，当利比亚街头爆发革命的时候，卡塔尔史无前例地加入了北约反对卡扎菲政权的行动，此后，还单方面地秘密武装自己青睐的当地组织。另外，它还直接支持对叙利亚阿萨德政权发起挑战，同时支持埃及短命的穆斯林兄弟会政权。[33]

380

与邻国迪拜一样，多哈也利用石油美元在海外大力投资，炫耀财力。市值3350亿美元的卡塔尔投资局及其子公司最重要的海外投资包括金丝雀码头、欧洲最高的建筑——伦敦碎片大厦、零售商场哈罗德百货、巴黎圣日耳曼足球俱乐部，以及全球最知名的大众、德意志银行、保时捷、俄罗斯石油公司、嘉能可、森宝利、西门子、瑞士信贷等公司的股份。谢赫哈马德在伦敦有一个占地4000平方米的宅邸，坐落在公园路第100号，有17间卧室，名为达德利庄园（Dudley House）。据说在参观这座庄园时，女王十分感慨，说对比之下白金汉宫"看起来相当枯燥"。[34]

20世纪下半叶，多哈的城市扩张节奏加快，与经济的发展速度和消费的奢侈程度相比，毫不逊色。20世纪中叶，多哈城区的总面积不过130公顷，到1995年已经超过了7100公顷。同年，新任埃米尔谢赫哈马德通过一系列自由化改革措施，对外界开放卡塔尔。[35]他的父亲、较为保守的谢赫哈利法在位时期，能源领域的开发不温不火；而他上位之后，能源领域飞速发展。

1996年，谢赫哈马德自己冒险出资1.5亿美元创办了半岛电视台（Al Jazeera）卫星电视频道。过去几十年，沉闷的阿拉伯媒体反复进行枯燥的政治宣传，从大西洋沿岸国家讲到海湾地区，而半岛电视台则直言不讳地报道地区和国际政治，犹如晴天霹雳，击中了阿拉伯媒体世界的心脏。到1999年，半岛电视台已经开始每天24小时不间断播报。这一卫星频道是多哈新的、大胆的外交政策在媒体部门的体现，它的影响既直接又有争议性，激怒了利雅得、拉姆安拉（Ramallah）、拉巴特、大马士革、巴格达、开罗、科威特城等几乎整个阿拉伯世界，以及华盛顿、耶路撒冷和其他更多城市的政策制定者和领导者。2022年，第一次带着《金融时报》的采访任务去多哈的时候，我住进了该城一家刚落成的酒店。建在两座人造岛屿上的丽思卡尔顿酒店耗资 5.45 亿美元，是奢华的代名词。这两座岛（今天和侯赛因·阿尔法丹的珍珠岛挨着，对比之下略有逊色）坐落在城市的北部边缘，那里曾经一片荒芜。开发商告知加拿大室内设计师，预算上不封顶，让他尽情发挥自己的想象力。他的任务是把它打造成中东最奢华的酒店之一。在总长度 7.5 米、镶嵌了 2000 颗水晶的施华洛世奇泪滴吊灯，以及大片金箔、银箔、意大利瓷砖、18 世纪挂毯和无数极尽奢华的套房的加持下，他似乎成功了。然而，虽然不再是一个沉睡的采珠村，但卡塔尔的首都很难算得上一个激动人心的地方。2008 年，《孤独星球》把它评为地球上最无聊的城市。[36]

我直奔半岛电视台，当时的它和今天一样，受到来自各方的攻击。对此，半岛电视台的营销主管阿里·穆罕默德·卡迈勒（Ali Mohammed Kamal）泰然处之。他讽刺地笑道："巴林的信息大臣说半岛电视台被犹太复国主义者掌控了；科威特说我们代表了伊拉克的声音；美国人说我们是奥萨马·本·拉登的传播媒介；以色列说我们是巴勒斯坦人的喉舌；巴勒斯坦人说我们是犹太人的媒介。原来我们竟有如此多的股东——萨达姆、沙龙、阿拉法特，真是难以置信。"[37]

事实证明，半岛电视台令卡塔尔的阿拉伯邻国难以接受（美国也是如此，它曾在 2001 年和 2003 年轰炸了电视台在喀布尔和巴格达的办事处），然而，多哈在 21 世纪投机取巧地踏入世界政治舞台同样引发了争议。2010 年 12 月 2 日，时任世界足球管理机构国际足联主席的塞普·布拉特（Sepp Blatter）宣布卡塔尔赢得了 2022 年世界杯的主办权，这一消息令多哈欣喜不已，让整个世界惊讶万分。随后，贿赂和腐败的指控以及联邦调查局介入调查的消息为这一喜讯蒙上了阴影，调查以一直稳坐主席位的布拉特落马告终。但卡塔尔自始至终都极力否认存在任何不当行为。

　　将卡塔尔推到聚光灯下的阿勒萨尼王朝付出了相应的代价。批评人士一再以窝藏恐怖分子和极端分子（如哈马斯的领导层、塔利班成员、穆斯林兄弟会及其他有争议的伊斯兰主义者）为由抨击这个城市国家。被一辆辆轰鸣的豪华轿车和一艘艘漂浮在海湾的单桅帆船环绕的"多哈已经成为一批异国斗士、金融家、空想家的家园，一个与冷战时期的维也纳相仿的城市，《星球大战》系列电影中虚构的海盗酒吧在波斯湾的现实版"。卡塔尔突然向境外投送大量资金，扩大自身的影响力，并且被指控在打击恐怖分子和极端分子上持矛盾态度，这些都使得沙特阿拉伯、阿联酋、巴林、埃及在 2017 年与之断绝外交关系，并对其采取空中和陆上封锁。此次封锁被认为是该地区几十年来最严重的政治危机。[38] 长期以来习惯于在海湾地区占据主导地位的沙特阿拉伯——自认为是与什叶派伊朗对立的逊尼派伊斯兰世界的正统领袖——对这个努力实行独立自主外交政策的新兴邻国并不友好。2018 年，原本情同手足的利雅得和多哈之间发生了影响极其恶劣的外交冲突，局势一度恶化到沙特阿拉伯宣称计划在两国边境挖一条 40 英里长的海渠，让卡塔尔变成一座孤岛。[39]

382

　　在卡塔尔惹人注目的慷慨和大胆的权力游戏背后，是一种直白的想要引起注意的渴望。在卡塔尔、沙特阿拉伯等君主专制国家以及该地区的其他国家，个人的自我意识在很大程度上驱动着国家政策。"在这里高人一等的作风十分盛行，"一位西方学者说，"这一传统的本质就是展示威望、留住追随者。所以迪拜建造了高楼大厦，多哈人觉得自己也必须这么做。阿布扎比建造卢浮宫博物馆也是出于同样的原因。"[40]①

---

①　阿布扎比卢浮宫于 2017 年 11 月 8 日落成，落成典礼由法国总统埃马纽埃尔·马克龙、阿联酋副总统穆罕默德·本·拉希德·阿勒马克图姆和阿布扎比王储穆罕默德·本·扎耶德·阿勒纳哈扬主持。

自我意识驱动的竞争精神在建筑中也是显而易见的。一些人认为，多哈的发展呈现出"一种狂热的特质"，使卡塔尔站在了其海湾邻国的对立面，它修建了一级方程式赛车道、更高的摩天大楼、体育场馆、博物馆、大学校园等"符号资本"。凭借这些"符号资本"，一个国家可以在"彰显世界主义的现代性"上维持自己的前沿位置。[41]

然而，今天卡塔尔人不太在意外国社会科学家们对多哈的看法，他们更专注于享受新获得的财富，过上美好的生活。许多年轻的职业人士单纯地享受生命中最美好的时光。随着财富惊人的卡塔尔首次向世界开放，一股令人沉醉的自由、现代之风吹向年轻一代——他们的祖辈为了生计，忍受了难以想象的艰辛——为他们提供了巨大的机会，让他们充满了自豪和兴奋，正如卡塔尔大学的马里姆·易卜拉欣·穆拉博士所说，"一切都变了。但我非常喜欢"。

显然，多哈还在发展，所有城市都是如此。它们是充满活力、不断变化的中心，潮起潮落、兴衰起伏，映射着百姓的命运、国家的前途。正如希罗多德——我在书的开头也引用了他的话——2500 年前所说的，"许多曾经伟大的城市，现在大都变小了，而那些在我这个时代伟大的城市，再往前溯也只是小城"。[42] 在统治者和很多百姓的心中，多哈既有成为大城的野心，也有资源。

383

伊斯兰世界的伟大，曾经借助伊斯兰帝国的力量和辉煌，借助世界一流的核心城市（如巴格达、大马士革、科尔多瓦、非斯、开罗、撒马尔罕、伊斯法罕、伊斯坦布尔）写满了整个世界，但在 21 世纪初却很难辨识。事实上，从卡塔尔这个小小的半岛国家望向整个中东地区，前景令人不安。

分裂和无序是主流。在也门、叙利亚、伊拉克等国家，冲突、流血、动荡、贫穷，甚至人道主义灾难已经变得非常普遍。从中东到北非，残酷的菲特纳——由来已久的以分裂和冲突为特征的灾祸——再度爆发。

我在喀布尔、的黎波里和巴格达亲身经历了具有争议性的外国干预，干预催生并加深了分裂，其影响将持续数年。喀布尔近年来的痛苦经历——从 1996 年开始被塔利班控制，从 2001 年开始遭受着以美国为主导的战争——将原本处在边缘的阿富汗推到了国际事务的中心。在某种程度上，这个动荡的国家及其群山环绕的都城的历史是研究西方和伊斯兰世界复杂关系的一个案例。今天的的黎波里讲述了一个令人惆怅的故事，故事的开头，一些人为反抗独裁者而发动革命，后来革命演变成了混乱、内讧，革命的狂喜化为绝望。并且，这场革命发生在阿富汗和伊拉克战争（被布什总统冠以"十字军东征"）之后，警告着西方干涉伊斯兰世界的危险。

全球最受欢迎的百科全书列出了"阿拉伯之春"抗议活动爆发的原因，其中包括威权主义、独裁专政、政治腐败、侵犯人权、失业、通货膨胀、盗贼统治、贫困和宗派主义。这是一份对阿拉伯世界严厉的指控清单，它的最后一项指控是穆罕默德·布瓦齐齐（Mohammed Bouazizi）自焚。穆罕默德·布瓦齐齐是突尼斯一个 26 岁的街头小贩，被政府多次无理骚扰后于 2011 年 1 月 4 日引火自焚，该事件在该地区引发了一系列革命。[43] 八年后，在所有还回荡着"人民要推翻政权"的抗议声的国家中，只有突尼斯表面上有了一些改观，但突尼斯人仍在与贫困和失业痛苦地抗争。

384　　"阿拉伯之春"有悖于年轻革命者的希望和梦想，最终被"阿拉伯之冬"取代，这意味着威权主义卷土重来，在叙利亚和伊拉克等地则意味着伊斯兰极端主义和恐怖主义死灰复燃。良好的治理曾经是横跨亚欧非的伊斯兰帝国的必备品，如今在伊斯兰世界的核心地带，它似乎已经成了一种矛盾修辞法。埃及再次变成了一个警察国家；伊拉克在血腥的浩劫中蹒跚而行；利比亚陷入动荡；也门正经历着世界上最严重的人道主义灾难；阿富汗继续着无休止的冲突；叙利亚已经埋葬了成千上万人，战争导致的死亡人数已经无法确定；大马士革，世界上最古老的城市之一，曾经以长久的和平与稳定而自豪，如今却变成了一个让人联想起屠杀、宗派冲突、滥用权力的城市，长达近十年的冲突让它变得空洞、破碎。整个地区的形势变得如此严峻，以至于有人将其与"三十年战争"（1618—1648年）时的欧洲相比较。"三十年战争"是因宗教分裂和民族国家对抗导致的毁灭性冲突，最终导致800万人丧生。[44]

　　我们可以从这些城市的人口构成中识别出它们如今与鼎盛时期最令人沉痛的差异。随着时间的推移，多元族群已经被单一族群取代。这些城市过去大多是充满活力的世界性城市，集中了两种或三种亚伯拉罕信仰，生活着不同社群、多个阶层。在城墙内，犹太人与逊尼派穆斯林、什叶派穆斯林、阿拉伯人与阿富汗人、伊朗人、库尔德人、柏柏尔人、法兰克人、希腊人、热那亚人、威尼斯人、土耳其人、塔吉克人、土库曼人、印度人、蒙古人、拜火教教徒、雅兹迪族人，以及教派多到难以分辨的基督徒（如亚述人、亚美尼亚天主教徒、科普特人、迦勒底人、马龙派教徒、麦勒卡派教徒、聂斯托利派教徒、雅各派教徒、叙利亚基督徒、新教徒、东正教徒）同住，甚至偶尔还会出现英国人、法国人、意大利人。

　　这些城市的影响力既源于多样化的人口，又促进了人口结构的多元化。就在1917年，在巴格达——世界上最古老、最庞大的犹太社群所在地——犹太人几乎占了该市总人口的40%，他们以生意人、金融家、商贩的身份在这里成家立业。一个世纪过去了，在不断的迫害、强制驱逐、剥夺财产以及

1941 年的大屠杀之后，在伊拉克生活了 2500 年（从尼布甲尼撒洗劫耶路撒冷，将犹太人掳到巴比伦开始算起）的犹太社群萎缩成了一个占比只有个位数的少数群体。在以色列之外，中东的犹太社群正在消失，虽然基督教信仰诞生在这片沙漠，但从埃及、叙利亚到伊拉克，几乎见不到基督徒了。

385

今天，在中东和北非，追求秩序和稳定总是要付出高昂的代价，而自由就是最显而易见的牺牲品。近几十年来，从亚洲、非洲到南美，全球大多数地区都在向前迈进，相比之下，曾经见证了阿拉伯人创造文明的天赋的中东地区却时光倒流，渐渐枯萎。

曾经，伊斯兰帝国是典型的外向型政权，充满活力和求知欲，在大多时候都极其宽容。现在，伊斯兰世界大部分地区受到内外的攻击，变得内向、偏狭，停滞不前。在君主专制在西方成为常态时，伊斯兰世界进入了全盛时期；19 世纪，民主制度开始在欧洲扎根，但中东的伊斯兰世界没能完成类似的转变，尽管开罗、伊斯坦布尔、贝鲁特、德黑兰那些雄心勃勃的现代化者在 18、19 世纪付出了艰辛的努力。[45] 今天，治理危机仍是该地区苦难的核心。

分别代表了 20 世纪和 21 世纪的多哈和迪拜让我们看到了更为积极的图景。在这两座城市中，迪拜更有趣，它的对外开放、自由贸易及包容政策更容易让人联想到从前那些伟大的阿拉伯城市。因为没有足够的能源储备，迪拜不得不依靠统治者的聪明才智，而多哈已经在坐等天然气财富大量涌来。这两个酋长国采取了截然不同的发展方式。迪拜更专注于商业、贸易，而非政治，卡塔尔则在近年来走上了一条更具政治色彩的路线。它与伊斯兰运动说不清道不明的关系在整个地区引起了很大不满，在国际社会也树敌不少。然而，和 8、9 世纪经济繁荣的巴格达以及 14 世纪的撒马尔罕一样，多哈和迪拜如今吸引着世界各地的人争相前往。虽然这两座城市都缺乏政治自由，但迪拜展示了宽容、自由贸易、高效管理的智慧与益处。阿拉伯人可能会嘲笑迪拜是世界舞台上的野心家，历史短暂，擅长享乐，但这并不能阻止他们成群结队地涌向那里，创造财富，开创新生活。

城市是一种理念，不管多么不完美，它都是人类对更美好未来渴望的体现。意大利小说家伊塔洛·卡尔维诺（Italo Calvino）写道："当一个人在荒野中穿行了很久很久的时候，他就会感受到对城市的渴望。"每天，为了追寻这种难以名状的渴望，世界各地的迁徙者奔走在从荒野到各个城市的旅程当中。对 14 世纪的伊本·赫勒敦来说，城市可能是"一个在文化上精致但在道德上败坏的空间"，不过这并没有阻止数以百万计的男男女女在过去几百年里对这些伊斯兰城市难以抗拒的吸引力做出回应，并且直到今天依旧乐此不疲。[46]

今天，伟大的伊斯兰帝国早已不复存在，那些帝国的都城也黯然失色。书中记载的 15 座城市大都过了鼎盛时期，一如早前那些以雅典、罗马、伦敦为中心的帝国。不过如今生活在亚洲世纪（Asian Century）的我们或许仍旧可以在迪拜、多哈这样的城市中看到与那些伊斯兰城市相似的恢宏、宽容、创造力，看到那些不安于现状、见多识广、敢于冒险的人的影子。今天，尽管伊斯兰世界的中心动荡不安，但它伟大的历史成就以及未来的可能性不应被忽略。

注　释

前　言

1. William Shakespeare, *Coriolanus*, Act 3 Scene 1.　2. 'Erdoğan: Turkey is the only country that can lead the Muslim world', Yeni Şafak, 15 October 2018 (https://www.yenisafak.com/en/world/erdogan-turkey-is-the-only-country-that-can-lead-the-muslim-world-3463638).

1　7 世纪：麦加——众城之源

1. 'Saudis hit back over Mecca castle', BBC, 9 January 2002 (http://news.bbc.co.uk/1/hi/world/middle_east/1748711.stm).　2. For a highly critical commentary on the twenty-first-century redevelopment of Mecca, see Ziauddin Sardar, *Mecca: The Sacred City*, pp. 345–7.　3. 'Mecca under threat: Outrage at plan to destroy the "birthplace" of the Prophet Mohamed and replace it with a new palace and luxury malls', *Independent*, 12 November 2014 (http://www.independent.co.uk/news/world/middle-east/mecca-under-threat-outrage-at-plan-to-destroy-the-birthplace-of-the-prophet-mohamed-and-replace-it-with-a-new-palace-and-luxury-malls-9857098.html).　4. 'Builders flock to Mecca to tap into pilgrimage boom', Reuters, 9 June 2011 (http://www.reuters.com/article/2011/06/09/us-saudi-mecca-development-idUSTRE7581G320110609).　5. For a summary of the redevelopment of Mecca and reactions to it, see 'Mecca's mega architecture casts shadow over hajj', *Guardian*, 23 October 2012 (http://www.theguardian.com/artanddesign/2012/oct/23/mecca-architecture-hajj1).　6. Bukhari, *Sahi Bukhari*, 1:2:48 (http://www.usc.edu/org/cmje/religious-texts/hadith/bukhari/002-sbt.php#001.002.048).　7. Author interview, 16 November 2014.　8. Quoted in Sardar, p. 106.　9. Henri Lammens, 'Mecca', *Encyclopedia of Islam*, vol. 5, p. 439; Henri Lammens, *Islam: Beliefs and Institutions*, p. 16.　10. Quoted in Francis E. Peters, *Mecca: A Literary History of the Muslim Holy Land*, p. 21.　11. Quran 14:37.　12. Lammens, 'Mecca', p. 439.　13. Ibn Ishaq, *The Life of Muhammad*, p. 46.　14. Mahmud Ibrahim, *Merchant Capital and Islam*, p. 35.　15. Peters, p. 3.　16. See Fred M. Donner, 'The Historical Context', in *The Cambridge Companion to the Quran*, p. 33; Patricia Crone, *Meccan Trade and the Rise of Islam*, p. 204; G. H. A. Juynboll, *Studies on the First Century of Islamic Society*, p. 2.　17. Fred Donner, *Muhammad and the Believers: At the Origins of Islam*, p. 51.　18. Crone, p. 134.　19. Tom Holland, *In the Shadow of the Sword: The Battle for Global Empire and the End of the Ancient World*, p. 303.　20. Azraqi, *Kitab Akhbar Makka*, 1:66, quoted in Zayde Antrim, *Routes and Realms: The Power of Place in the Early Islamic World*, p. 44.　21. See Quran 2:125–7.　22. Peters, p. 3.　23. Quran 6:92; 42:7.　24. Montgomery W. Watt and M. V. McDonald, *The History of al-Tabari*, vol. VI: *Muhammad at Mecca*, p. 52.　25. 'Scandal of the hajj pilgrims who are cheated by devious tour operators', *Guardian*, 8 October 2016 (https://www.theguardian.com/money/2016/oct/08/scandal-hajj-pilgrims-cheated-devious-tour-operators).　26. Karen Armstrong, *Muhammad: A Prophet for Our Time*, p. 28.　27. For a summary of this development, see Ibrahim, pp. 41–2.　28. M. J. Kister, 'Some Reports Concerning Mecca: From Jahiliyya to Islam', *Journal of the Economic & Social History of the Orient*, 15 (1972), p. 76.　29. A key figure among the

revisionists, Patricia Crone dropped a bombshell into the field with her sceptical and ground-breaking 1987 work, *Meccan Trade and the Rise of Islam*. For a summary of the debate and an overview of life in pre-Islamic Arabia, see Gene W. Heck, ' "Arabia without Spices": An Alternate Hypothesis: The Issue of "Makkan Trade and the Rise of Islam" ', *Journal of the American Oriental Society*. More recently Tom Holland has added further fuel to the controversy with his *In the Shadow of the Sword: The Battle for Global Empire and the End of the Ancient World*. For one of the latest academic contributions to this debate, see Glen Bowersock, *Crucible of Islam*, pp. 48–63.   30. This date is also problematic. It is more likely that Abraha's attack took place in around 547 since he is not thought to have ruled long after 553. The eighth-century historian Ibn al Kalbi writes that Mohammed was born twenty-three years after the Year of the Elephant. See Paul Gwynne, *Buddha, Jesus and Muhammad: A Comparative Study*, n. 45, p. 21.   31. For an extraordinary view from the top, see 'The Crescent atop the Makkah Clock Tower is Home to a Prayer Room' (http://www.urban-hub.com/landmarks/the-crescent-atop-the-makkah-clock-tower-is-home-to-a-prayer-room/).   32. Quran 96:1–5.   33. Ibn Ishaq, p. 106.   34. Ibid., p. 119.   35. Ibid., pp. 143–5.   36. Shibli Nomani, *Sirat al Nabi*, p. 242, quoted in Sardar, p. 47.   37. Ibid., p. 464.   38. Ibid.   39. For selected Muslim reactions to the massacre of the Qurayza, see Andrew G. Bostom (ed.), *The Legacy of Jihad: Islamic Holy War and the Fates of Non-Muslims*, pp. 17–19. For European reactions, see M. J. Kister, 'The Massacre of the Banu Qurayza: A Re-examination of a Tradition', *Jerusalem Studies in Arabic and Islam*, 8 (1986), p. 63.   40. Quoted in Francis E. Peters, *Muhammad and the Origins of Islam*, p. 225.   41. Ibn Ishaq, p. 547.   42. Ibid., p. 548.   43. Ibid., p. 552.   44. Peters, *Mecca*, p. 89.   45. Crone, p. 244.   46. Peters, *Mecca*, p. 91.   47. Azraqi, pp. 306–38.   48. For the full Tabari story, see G. R. Hawting, *The Idea of Idolatry and the Emergence of Islam: From Polemic to History*, pp. 130–32. For the version in Ibn Ishaq, see pp. 165–7.   49. Sardar, p. 360.

2 8 世纪：大马士革——芳香的天堂

1. Acts 9:11. 'And the Lord said unto him, "Arise and go into the street which is called Straight, and inquire in the house of Judas for the one called Saul of Tarsus; for behold, he prayeth.'   2. A comprehensive damage assessment of Syria's largest cities conducted by the UN in 2018 found a total of 109,000 damaged structures, a quarter of which were in Damascus, second only to Aleppo. See 'Damage Caused by the Syrian Civil War: What the Data Say', 27 June 2018 (https://towardsdatascience.com/damage-caused-by-the-syrian-civil-war-what-the-data-say-ebad5796fca8).   3. Cited in Guy Le Strange, *Palestine under the Moslems: A Description of Syria and the Holy Land*, p. 237. Ibn Battuta, the peripatetic, fourteenth-century 'Traveller of Islam', deemed it 'the city which surpasses all other cities in beauty and takes precedence of them in loveliness'. See H. A. R. Gibb, *The Travels of Ibn Battutah*, vol. 1, p. 118.   4. Ibn Asakir, *Tarikh Madinat Dimashq*, 1:47–90, cited in Zayde Antrim, 'Ibn Asakir's Representations of Syria and Damascus in the Introduction to the *Tarikh Madinat Dimashq*', *International Journal of Middle East Studies*, 38 (2006), p. 113.   5. See Philip Hitti, *The Origins of the Islamic State. Being a Translation from the Arabic, Accompanied with Annotations, Geographic and Historic Notes of the Kitab Futuh al-Buldan of al-Imaam abu-l 'Abbas Ahmad ibn Jabir al-Baladhuri*, p. 10. For Abu Bakr's rallying of Muslim warriors for the conquest of Syria, see p. 165.   6. Ibid., p. 187.   7. N. Elisséeff, 'Dimashq', *Encyclopedia of Islam 2*, vol. 2, p. 280.   8. Hugh Kennedy, *The Byzantine and Early Islamic Middle East*, p. 17.   9. R. Stephen Humphreys, 'Syria', in Chase F. Robinson (ed.), *The New Cambridge History of Islam*, vol. 1, p. 512.   10. Ross Burns, *Damascus: A History*, p. 103.   11. 'The zeal and virtue of Ali were never outstripped by any recent proselyte. He united the qualifications of a poet, a soldier, and a saint; his wisdom still breathes in a collection of moral and religious sayings; and every antagonist, in the combats of the tongue or of the sword, was subdued by his eloquence and valour. From the first hour of his mission to the last rites of his funeral, the apostle was never forsaken by a generous friend, whom he delighted to name his brother, his vicegerent, and the faithful

Aaron of a second Moses.' Edward Gibbon, *The Decline and Fall of the Roman Empire*, vol.
5, pp. 381–2. **12.** Cited in Gérard Degeorge, *Damascus*, p. 31. **13.** For a portrait of
Umayyad Damascus, see Philip Hitti, *Capital Cities of Arab Islam*, pp. 61–84. **14.** Cited
in Burns, n. 25, p. 285. **15.** Robert Hoyland, *In God's Path: The Arab Conquests*, pp.
228–9. **16.** Peter Frankopan, *The Silk Roads: A New History of the World*, p. 90. **17.**
Yaqubi, *Tarikh ibn Wadih*, vol. 2, p. 283. Cited in Philip Hitti, *Capital Cities of Arab Islam*,
p. 68. **18.** J. B. Chabot (tr. and ed.), *Chronique de Michel le Syrien*, vol. 2, p. 475. Cited in
Humphreys, p. 520. **19.** Finbar Barry Flood, *The Great Mosque of Damascus: Studies on
the Makings of an Umayyad Visual Culture*, p. 1. **20.** Robert Hoyland (tr.), *Theophilus of
Edessa's Chronicle*, pp. 199–200. **21.** Ibn Asakir, *Tarikh Madinat Dimashq*, pp. 25–6,
cited in K. A. C. Creswell, *Early Muslim Architecture*, Part 1: *Umayyads 622–750*, p.
102. **22.** Le Strange, p. 233. **23.** Tabari, *The History of al-Tabari*, vol. 26: *The Waning
of the Umayyad Caliphate*, p. 194. **24.** Oleg Grabar, *Formation of Islamic Art*, pp. 64–5.
Cited in Humphreys, p. 521. **25.** Flood, pp. 5–8. **26.** R. J. C. Broadhurst (tr. and ed.), *The
Travels of Ibn Jubayr*, pp. 306, 300. **27.** 'Protesters stage rare demo in Syria', Al Jazeera,
15 March 2011 (https://www.aljazeera.com/news/middleeast/2011/03/20113151834383782.
html). **28.** N. Elisséeff, *La Description de Damas d'Ibn Asakir*, pp. 24–5. For a collection
of Muslim writers' impressions of the Umayyad Mosque, see also Degeorge, pp. 35–8 and
Nancy Khalek, *Damascus after the Muslim Conquest*, p. 137. **29.** Mary's refuge is referred
to in Quran 23:50; Abraham's Damascus connections are referenced in Genesis 14:15 and
15:2. **30.** Cited in Creswell, p. 130. **31.** Hoyland, *In God's Path*, pp. 171–2. **32.** Ibid.,
p. 199. **33.** Kenneth Baxter Wolf, *Conquerors and Chroniclers of Early Medieval Spain*,
p. 145. **34.** Edward Gibbon, *The History of the Decline and Fall of the Roman Empire*,
vol. 6, p. 470. **35.** Abul Faraj al Isfahani, *Kitab al Aghani*, vol. VI, p. 126. Cited in Robert
Hamilton, *Walid and his Friends: An Umayyad Tragedy*, p. 20. **36.** Betsy Williams, 'Walid
II', Metropolitan Museum of Art, 12 June 2012 (https://www.metmuseum.org/exhibitions/
listings/2012/byzantium-and-islam/blog/characters/posts/walid-ii). **37.** Hoyland (tr.),
p. 242. **38.** Ibid., pp. 35–7. **39.** Ibid., p. 246. **40.** Ibid., p. 253. **41.** Cyril Glassé, *The
New Encyclopedia of Islam*, pp. 11–12. **42.** Hugh Kennedy, *When Baghdad Ruled the
Muslim World*, p. 8. **43.** Roy Mottahedeh, 'The Abbasid Caliphate in Iran', in *The Cam-
bridge History of Iran*, vol. IV: *The Period from the Arab Invasion to the Saljuqs*, p. 57.
44. See Chase F. Robinson, 'The Violence of the Abbasid Revolution', in Yasir Suleiman (ed.),
Living Islamic History: Studies in Honour of Professor Carole Hillenbrand, p. 236. **45.** Al
Maqrizi, *Book of Contention and Strife Concerning the Relations between the Banu
Umayya and the Banu Hashim*, p. 92. **46.** Degeorge, p. 43. **47.** Hitti, *Capital Cities of
Arab Islam*, p. 70. **48.** Hugh Kennedy, *The Early Abbasid Caliphate: A Political History*,
p. 24. **49.** Burns, p. 124. **50.** Cited in Degeorge, pp. 42–3. **51.** Humphreys, p. 525. **52.**
Ibid., pp. 533–5. **53.** Hoyland, *In God's Path*, p. 230.

3 9世纪：巴格达——和平之城　血腥之城

1. Al Muqaddasi, *The Best Divisions for Knowledge of the Regions*, p. 108. **2.** 'Iraqi cam-
pus is under gang's sway', *New York Times*, 19 October 2009. **3.** See Guy Le Strange,
Baghdad during the Abbasid Caliphate, pp. 10–11. **4.** Quoted in Gaston Wiet, *Baghdad:
Metropolis of the Abbasid Caliphate*, pp. 10–11. **5.** Cited in Jacob Lassner, *The Topography
of Baghdad in the Early Middle Ages*, p. 56. **6.** Ibid., p. 49. **7.** Masudi, *The Meadows of
Gold: The Abbasids*, p. 33. **8.** Hugh Kennedy, *When Baghdad Ruled the Muslim World*,
p. 132. **9.** Ibid., p. 65; Edward Gibbon, *The History of the Decline and Fall of the Roman
Empire*, vol. 1, p. 964. **10.** Muqaddasi, p. 60. Cited in Peter Frankopan, *The Silk Roads:
A New History of the World*, p. 94. **11.** Philip Hitti, *Capital Cities of Arab Islam*, p. 94.
12. André Clot, *Harun al-Rashid and the World of the Thousand and One Nights*,
p. 218. **13.** Masudi, p. 123. **14.** Ibn al Zubayr, *Kitab al Hadaya wa al Tuhaf* (*Book of
Gifts and Rarities*), pp. 121–2. **15.** For a brief summary of the Darb Zubayda, see Marcus
Milwright, *An Introduction to Islamic Archaeology*, pp. 162–4. **16.** For accounts of Arib,

see Abu al Faraj al Isfahani, *Kitab al Aghani (The Book of Songs)*, vol. XXII, pp. 348–59. See also Ibn Kathir, *Al Bidaya wal Nihaya (The Beginning and the End)*, vol. XIV, p. 630. 17. Diarmaid MacCulloch, *A History of Christianity: The First Three Thousand Years*, p. 3. 18. Tabari, *The History of Al Tabari*, vol. I: *The Reign of Abu Jafar al Mansur 754–775*, p. 144. 19. MacCulloch, p. 264. 20. For Benjamin's description of Baghdad, see Marcus Nathan Adler, *The Itinerary of Benjamin of Tudela*, pp. 35–42. 21. See Tabari, vol. XXXI: *The War between Brothers: The Caliphate of Muhammad al Amin   809–813/ 193–198*, pp. 145–7. 22. Jim Al Khalili, *Pathfinders: The Golden Age of Arabic Science*, pp. 67–78. 23. Ibid., p. 78. 24. Quoted in Jonathan Lyons, *The House of Wisdom: How the Arabs Transformed Western Civilisation*, p. 73. 25. Al Khalili, p. 75. 26. Ibid., p. 149. 27. Ibid., p. 134. 28. Amira Bennison, *The Great Caliphs: The Golden Age of the Abbasid Empire*, p. 90. 29. For an entertaining discussion of Abu Nuwas's poetic life, see 'Dangling Locks and Babel Eyes: A Profile of Abu Nuwas', in Philip Kennedy, *Abu Nuwas: A Genius of Poetry*, pp. 1–19. See also Alex Rowell, *Vintage Humour: The Islamic Wine Poetry of Abu Nuwas*. 30. 'Mystery surrounds Iraqi statue's missing glass of wine', http:// www.al-monitor.com/pulse/originals/2015/08/iraq-baghdad-monuments-memorials-sabotage-destruction.html. 31. Ibn Khallikan, *Ibn Khallikan's Biographical Dictionary*, vol. I, p. 208. 32. Tabari, quoted in Kennedy, p. 120. 33. Gaston Wiet, *Baghdad: Metropolis of the Abbasid Caliphate*, pp. 76–7. 34. See Julia Ashtiany et al. (eds.), *Cambridge History of Arabic Literature*, vol. 2: *Abbasid Belles-Lettres*, p. 81. 35. See Charles Pellat, *The Life and Works of Jahiz*, pp. 265–7. 36. Wiet, p. 76; Kennedy, pp. 124–5. 37. Kennedy, p. 214. 38. Tabari, quoted in ibid., p. 285. 39. Masudi, p. 239. 40. For a full account of his visit to Baghdad, see Roland J. C. Broadhurst (tr. and ed.), *The Travels of Ibn Jubayr*, pp. 226–32.

4　10 世纪：科尔多瓦——世界的点缀

1. Quoted in R. Hillenbrand, 'The Ornament of the World: Cordoba as a Cultural Centre', in Salma Jayyusi (ed.), *The Legacy of Muslim Spain*, p. 112. 2. Author interviews, 13–14 November 2016. 3. Enrique Sordo, *Moorish Spain*, p. 24. 4. Richard Fletcher, *Moorish Spain*, p. 53. 5. D. F. Ruggles, 'Madinat al Zahra and the Um Palace', in María Rosa Menocal, Raymond P. Scheindlin and Michael Sells (eds.), *The Literature of Al Andalus*, p. 27. 6. See Katharina Wilson, *Hrotsvit of Gandersheim: A Florilegium of Her Works*, p. 29. 7. Hugh Kennedy, *Muslim Spain and Portugal: A Political History of Al Andalus*, p. 83. 8. See Maribel Fierro, *Abd al Rahman III – The First Cordoban Caliph*, pp. 105–8. 9. Quoted in David. Wasserstein, *The Caliphate in the West: An Islamic Political Institution in the Iberian Peninsula*, p. 11. 10. Ibid., p. 14. 11. Fierro, p. 105. 12. On the challenges of Al Maqqari as a source and the wider historiography of Medinat al Zahra, see Ann Christys, 'Picnic at Madinat al-Zahra', in Simon Barton and Peter Linehan (eds.), *Cross, Crescent and Conversion: Studies on Medieval Spain and Christendom in Memory of Richard Fletcher*, pp. 87–108. 13. Sordo, pp. 29–30. 14. Ibid., pp. 30–31. 15. Quoted in Ann Christys, *Christians in Andalus 711–1000*, p. 64. 16. Nuha Khoury, 'The Meaning of the Great Mosque of Cordoba in the Tenth Century', in *Muqarnas*, vol. 13, p. 80. 17. Amira K. Bennison and Alison L. Gascoigne (eds.), *Cities in the Pre-Modern Islamic World: The Urban Impact of Religion, State and Society*, p. 76. 18. For a brief summary of Hakam II's additions to the Great Mosque, see María Rosa Menocal, *The Ornament of the World: How Muslims, Jews and Christians Created a Culture of Tolerance in Medieval Spain*, pp. 94–6. 19. Évariste Lévi-Provençal, *L'Espagne Musulmane*, vol. 3, p. 385. 20. Quoted in Menocal, p. 16. 21. 'Two arrested after fight in Cordoba's former mosque', *Guardian*, 1 April 2010 (http://www.theguardian.com/world/2010/apr/01/muslim-catholic-mosque-fight?INTCMP=ILCNETTXT3487); see also 'Cordoba rejects Catholic Church's claim to own mosque-cathedral', *Guardian*, 13 March 2016 (https://www.theguardian.com/world/2016/mar/13/cordoba-catholic-churchs-claim-mosque-cathedral). 22. Ruggles, p. 28. 23. Quoted in Menocal, p. 84. 24. See, for instance, Kennedy, p. 107; Fletcher, p. 65;

Fierro, p. 110. For a more sceptical view, see Christys, 'Picnic at Madinat al-Zahra'. *The New Cambridge Medieval History* prefers a population of 90,000 (vol. 3, *c. 900–c. 1024*, p. 68). On the reliability of Al Maqqari, see Christys, *Christians*, p. 15. 25. Sordo, p. 37; Fletcher, p. 65. 26. Ibn Hawqal, *Configuración del Mundo (Fragmentos Alusivos al Magreb y España)*, pp. 63–4. Quoted in Christys, *Christians*, p. 14. 27. Kennedy, pp. 98–9. 28. Quoted in Fletcher, p. 64. 29. Ibid., p. 63. 30. See Eliyahu Ashtor, *The Jews of Moslem Spain*, p. 284. 31. Menocal, p. 86. 32. Quoted in Menocal, Scheindlin and Sells (eds.), p. 83. 33. For a brief summary of Ziryab's remarkable career, see Dwight Reynolds, 'Music', in ibid., pp. 64–6. See also Robert W. Lebling Jr, 'Flight of the Blackbird', *Saudi Aramco World*, July–August 2003 (https://www.saudiaramcoworld.com/issue/200304/flight.of.the.blackbird.htm). 34. Menocal, Scheindlin and Sells (eds.), p. 308. 35. Ibid., p. 309. 36. Ibid., p. 313. 37. Ashtor, p. 255. 38. Sordo, p. 18. 39. For an opposing view to Menocal, *The Ornament of the World*, see, for example, Dario Fernandez Morera, *The Myth of the Andalusian Paradise: Muslims, Christians and Jews under Islamic Rule in Medieval Spain*. 40. Ibid., p. 55. 41. Fierro, p. 98. 42. Wilson, pp. 34–5. 43. Menocal, pp. 85–8. 44. See Ashtor, pp. 157–9. 45. Ibid., p. 182. 46. Georg Heinrich Pertz (ed.), *Vita Johannis Gorziensis, Monumentae Germanica Historiae* SS IV, pp. 335–77, quoted in Christys, p. 110. 47. Ibid., p. 111. 48. Quoted in Kenneth B. Wolf, 'Convivencia and the "Ornament of the World"', Address to the Southeast Medieval Association, Wofford College, Spartanburg, South Carolina, October 2007. 49. Quoted in Alexander E. Elinson, *Looking Back at Al-Andalus: The Poetics of Loss and Nostalgia in Medieval Arabic and Hebrew Literature*, pp. 6–7. 50. Christys, Picnic at Madinat al-Zahra', p. 6. 51. Menocal, p. 100. 52. Fletcher, p. 80. 53. Wasserstein, p. 27.

5　11 世纪：耶路撒冷——争议之城

1. Jerome Murphy-O'Connor, *The Holy Land: An Oxford Archaeological Guide from Earliest Times to 1700*, p. xix. 2. '"This land is just dirt": A rooftop view of Jerusalem', *Guardian*, 23 October 2017 (https://www.theguardian.com/cities/2017/oct/23/jerusalem-rooftop-divided-israel-season-culture). 3. Paul M. Cobb, *Race for Paradise: Islamic History of the Crusades*, p. 20. 4. Ibid., pp. 20–21. 5. John Wolffe, *Religion in History: Conflict, Conversion and Coexistence*, p. 57. 6. Carole Hillenbrand, *Crusades: Islamic Perspectives*, p. 270. 7. Simon Sebag Montefiore, *Jerusalem: The Biography*, p. xx. 8. *The Itinerarium Burdigalense by The Anonymous Pilgrim of Bordeaux (333 AD)*, p. 28 (https://www.scribd.com/doc/37368846/The-Itinerarium-Burdigalense-by-The-Anonymous-Pilgrim-of-Bordeaux-333-a-d). 9. Cobb, p. 34. 10. Sebag Montefiore, p. 173. 11. Steven Runciman, *The First Crusade*, p. 1. 12. Sebag Montefiore, p. 175. 13. Author interview with Dr Hazem Nuseibeh, 4 June 2016. 14. Ibn Battuta, *Travels in Asia and Africa: 1325–1354*, p. 55. 15. Nancy Khalek, *Damascus after the Muslim Conquest*, p. 141. 16. Zayde Antrim, *Routes and Realms: The Power of Place in the Early Islamic World*, p. 50. 17. Runciman, p. 19. 18. Sebag Montefiore, p. 201. 19. Kamil Jamil Asali (ed.), *Jerusalem in History*, p. 118. 20. Hillenbrand, p. 49. 21. Moshe Gil, 'The Political History of Jerusalem During the Early Muslim Period', in Joshua Prawer and Haggai Ben-Shammai (eds.), *The History of Jerusalem: The Early Muslim Period, 638–1099*, n. 33, p. 30. 22. Robert Ousterhout, 'Rebuilding the Temple: Constantine Monomachus and the Holy Sepulchre', *Journal of the Society of Architectural Historians*, vol. 48, no. 1 (March 1989), pp. 66–78. 23. For his account of Jerusalem, see Nasir-i-Khusraw, *Diary of a Journey Through Syria and Palestine* (tr. Guy Le Strange). 24. Annalist of Nieder-Altaich, 'The Great German Pilgrimage of 1064–65' (tr. James Brundage) (https://legacy.fordham.edu/Halsall/source/1064pilgrim.asp). 25. A. C. S. Peacock, *The Great Seljuk Empire*, pp. 61–4. 26. There are five versions of Pope Urban's address. See August C. Krey, *The First Crusade: The Accounts of Eyewitnesses and Participants*, pp. 23–36; Dana C. Munro, 'Urban and the Crusaders', *Translations and Reprints from the Original Sources of European History*, vol. 1, pp. 5–8; Thomas F. Madden, *The Concise History of the Crusades*, p. 8; Dana C. Munro, 'The Speech of Pope

Urban II at Clermont, 1095', *The American Historical Review*, vol. XI, no. 2, pp. 231–42.   27. Jonathan Riley-Smith, *The First Crusade and the Idea of Crusading*, p. 1.   28. Hugh Goddard, *A History of Christian–Muslim Relations*, p. 90.   29. Andrew Sinclair, *Jerusalem: The Endless Crusade*, p. 50.   30. Amin Maalouf, *The Crusades Through Arab Eyes*, pp. 39–40.   31. Christopher Tyerman, *God's War: A New History of the Crusades*, p. 153.   32. James A. Brundage, 'Adhemar of Le Puy: The Bishop and his Critics', *Speculum*, vol. 34, no. 2 (April 1959), p. 201.   33. Riley-Smith, pp. 48–9.   34. Sebag Montefiore, p. 211.   35. Ibid., p. 212.   36. See Malcolm Lambert, *Crusade and Jihad: Origins, History and Aftermath*, p. 97.   37. Fulcher of Chartres in Edward Peters (ed.), *The First Crusade: The Chronicle of Fulcher of Chartres and Other Source Materials*, pp. 91–2.   38. Cobb, p. 101.   39. Maalouf, pp. 50–51.   40. Thomas Asbridge, *The First Crusade: A New History*, pp. 317–18.   41. Tyerman, p. 159.   42. Peters, p. 98.   43. Francesco Gabrieli, *Arab Historians of the Crusades*, p. 12.   44. Maalouf, p. xiii.   45. Ibn al Athir, *The Chronicle of Ibn al Athir for the Crusading Period from Al Kamil Fi'l-Tarikh*, Part I: *The Years 491–541/ 1097–1146 – The Coming of the Franks and the Muslim Response*, p. 22.   46. Maalouf, p. xvi.   47. Cobb, p. 103.   48. Author interview, 6 June 2016.   49. ' "This land is just dirt": A rooftop view of Jerusalem', *Guardian*, 23 October 2017 (https://www.theguardian.com/ cities/2017/oct/23/jerusalem-rooftop-divided-israel-season-culture).

6 12 世纪：开罗——胜利之城

1. Stanley Lane-Poole, *The Story of Cairo*, p. 20.   2. André Raymond, *Cairo*, pp. 29–30.   3. Maria Golia, *Cairo: City of Sand*, pp. 52–3; Philip Hitti, *History of the Arabs*, p. 165; Nasser Rabbat, *The Citadel of Cairo: A New Interpretation of Royal Mameluk Architecture*, p. 3.   4. Max Rodenbeck, *Cairo: The City Victorious*, p. 68.   5. Heinz Halm, *Fatimids and Their Traditions of Learning*, pp. 73–4; Shafique N. Virani, *The Ismailis in the Middle Ages: A History of Survival, a Search for Salvation*, p. 92.   6. Raymond, p. 62.   7. Philip Hitti, *Capital Cities of Arab Islam*, p. 122.   8. Rodenbeck, p. 97.   9. A huge amount has been written about the Geniza documents. For an introduction and Cambridge University's digitized collection, see https://cudl.lib.cam.ac.uk/collections/genizah. The dowry list is available at https://cudl.lib.cam.ac.uk/view/MS-TS-NS-00264-00013/1. See also S. D. Goitein, *A Mediterranean Society: The Jewish Communities of the World as Portrayed in the Documents of the Cairo Geniza*.   10. See Judith Olszowy-Schlanger, 'Learning to Read and Write in Medieval Egypt: Children's Exercise Books from the Cairo Geniza', *Journal of Semitic Studies*, 48 (1) (Spring 2003), pp. 47–69.   11. Michael Brett, *The Rise of the Fatimids: The World of the Mediterranean and the Middle East in the Fourth Century of the Hijra, Tenth Century* , p. 338.   12. Maryanne Stroud Gabbani, 'The Mogamma Game in 2012' (http://miloflamingo.blogspot.com/2012/09/the-mogamma-game-in-2012.html).   13. Raymond, p. 45.   14. Rodenbeck, p. 101.   15. Raymond, p. 46.   16. See Doris Behrens-Abouseif, *Islamic Architecture in Cairo: An Introduction*, pp. 9–10; Raymond, pp. 59–60.   17. For the Mustansir Crisis, see Nelly Hanna (ed.), *Money, Land and Trade: An Economic History of the Muslim Mediterranean*, pp. 74–80; Halm, pp. 77–8; Rodenbeck, pp. 79–80.   18. For a detailed study of the Mosque of Al Hakim, see Jonathan M. Bloom, 'The Mosque of al-Hakim in Cairo', in Oleg Grabar (ed.), *Muqarnas I: An Annual on Islamic Art and Architecture*, pp. 15–36. For the Aqmar Mosque, see Doris Behrens-Abouseif, 'The Façade of the Aqmar Mosque in the Context of Fatimid Ceremonial', in Oleg Grabar (ed.), *Muqarnas IX*, pp. 29–38.   19. Lane-Poole, p. 71.   20. Raymond, p. 74.   21. Ibn al Athir, *Kamil al Tawarikh*, vol. XI, p. 242, cited in Hitti, *Capital Cities*, p. 124.   22. See Nasser Rabbat, *The Citadel of Cairo: A New Interpretation of Royal Mameluk Architecture*, pp. 3–8.   23. Ibn Jubayr, *The Travels of Ibn Jubayr*, p. 52.   24. Abdul Rahman Azzam, *Saladin: The Triumph of the Sunni Revival*, p. 145.   25. Golia, p. 57.   26. Jonathan Phillips, *The Crusades 1095–1204*, p. 162.   27. Azzam, p. 197.   28. Ibid., p. 135.   29. Rodenbeck, p. 81.   30. Herodotus, *Histories*, 1.5, p. 5.

7 13 世纪: 非斯——非洲的雅典

1. See Paul Bowles and Barry Brukoff, *Morocco*, pp. 32–9 (http://www.paulbowles.org/fez. html).   2. Mohammed Mezzine (ed.), *Fès Médiévale: Entre légende et histoire, un carrefour de l'Orient à l'apogée d'un rêve*, p. 40., quoted in Simon O'Meara, *Space and Muslim Urban Life: At the Limits of the Labyrinth of Fez*, p. 57.   3. For a summary of its growth over the centuries, see Al Qaraouiyine Rehabilitation Presentation Panels. Courtesy of Architect. Aga Khan Award for Architecture, 2010 (https://archnet.org/system/publications/contents/9386/ original/DTP101869.pdf?1396260501). See also Fauzi M. Najjar, 'The Karaouine at Fez', *Muslim World*, vol. 48, issue 2 (April 1958), pp. 104–112; Edith Wharton, *In Morocco*, p. 96; Guinness World Records website (http://www.guinnessworldrecords.com/world-records/oldest-university) and 'Medina of Fez' on UNESCO's website (http://whc.unesco. org/en/list/170).   4. Leo Africanus, *The History and Description of Africa*, vol. II, p. 421. On the Pope Sylvester II story, see, for example, Mohammed Lebbar, 'La Ville de Fès et Sylvestre II' (http://wissensraum-mittelmeer.org/wp-content/uploads/2017/03/Lebbar_-_Syl vestre_II.pdf); Attilio Gaudio, *Fès: Joyau de la Civilisation Islamique*, p. 20. Author interviews, October 2017.   5. 'World's oldest library opens in Fez: "You can hurt us but you can't hurt the books"', *Guardian*, 19 September 2016 (https://www.theguardian.com/cities/2016/ sep/19/books-world-oldest-library-fez-morocco); 'Profile: Khizanat al-Qarawiyyin, the oldest library in the world, set to re-open after multimillion-pound restoration', *The National*, 20 September 2016 (http://www.thenational.scot/world/14871162.Profile__Khizanat_al_ Qarawiyyin__the_oldest_library_in_the_world__set_to_re_open_after_multimillion_pound_ restoration/).   6. Abul Hassan al Jaznai, *Kitab Zahrat al As fi bina Madinat Fez*, p. 61 (tr. Alger, 1923, p. 132), quoted in Maya Shatzmiller, *The Berbers and the Islamic State: The Marinid Experience in Pre-Protectorate Morocco*, p. 110.   7. Ibn Abi Zar, *Roudh el Kartas*, p. 46 (tr., p. 40), quoted in O'Meara, p. 59.   8. Abul Hassan al Jaznai, p. 24 (tr., p. 50), quoted in O'Meara, p. 60.   9. For a summary of the foundation legends, see, for example, Roger Le Tourneau, 'Fas', *Encyclopedia Islamica*, pp. 818–21; 'Fès', in Aomar Boum and Thomas K. Park (eds.), *Historical Dictionary of Morocco*, pp. 188–9; Simon O'Meara, 'The foundation legend of Fez and other Islamic cities in light of the Prophet', in Amira K. Bennison and Alison L. Gascoigne (eds.), *Cities in the Pre-modern Islamic World*, pp. 27–42.   10. On the city's favourable location, see Roger Le Tourneau, *Fez in the Age of the Marinids*, pp. 3–5.   11. Ibn Khaldun, *The Muqaddimah: An Introduction to History*, pp. 63–4.   12. Rom Landau, *Morocco*, p. 87.   13. Susan Gilson Miller, Attilio Petruccioli and Mauro Bertagnin, 'Inscribing Minority Space in the Islamic City: The Jewish Quarter of Fez (1438–1912)', *Journal of the Society of Architectural Historians*, vol. 60, no. 3 (September 2001), p. 1; Titus Burckhardt, *Fez: City of Islam*, p. 1; Wharton, p. 79.   14. Leo Africanus, *The History and Description of Africa*, vol. II, p. 418; Abdelaziz Touri, 'L'oratoire de quartier', in Mezzine (ed.), p. 102; Ronald A. Messier, *The Almoravids and the Meanings of Jihad*, p. 218.   15. See Roger Le Tourneau and H. Terrasse, 'Fez', in C. Edmund Bosworth (ed.), *Historic Cities of the Islamic World*, p. 138.   16. Al Idrisi, *Description de l'Afrique et de l'Espagne par Edrisi*, pp. 87–8.   17. Ibn Abi Zar, quoted in Burckhardt, p. 42.   18. *Al Dhakhira al Saniya fi Tarikh al Dawla al Mariniyya*, p. 35, quoted in Shatzmiller, p. 50.   19. Ibn Abi Zar, p. 396. See also Burckhardt, p. 42.   20. For an excellent summary of the Marinid Dynasty, see Maya Shatzmiller, 'Marinids', in *Encyclopedia Islamica*, pp. 571–4; Burckhardt, p. 42.   21. Ibn Khaldun, *Histoire des Berbères*, vol. 4, pp. 39–41, quoted in Shatzmiller, *Berbers and the Islamic State*, p. 159.   22. See Hicham Rguig, 'Le Mellah de Fès: Genèse et évolution', in Said Ennahid and Driss Maghraoui (eds.), *Fez in World History: Selected Essays*, p. 84. See also Shatzmiller, *Berbers and the Islamic State*, p. 60.   23. Rguig, p. 86.   24. See Leo Africanus, vol. II, pp. 471–7.   25. Ibid., vol. III, p. 1018.   26. See Robert S. Lopez and Irving W. Raymond (trs.), *Medieval Trade in the Mediterranean World: Illustrative Documents*, pp. 74–5.   27. Al Jaznai, *Zahrat al As*, quoted in Halima Ferhat, 'Marinid Fez: Zenith and Signs of Decline', in Salma Jayyusi, Renata Holod, Attilio Petruccioli and André Raymond (eds.), *The City in the Islamic World*, pp. 248, 258.   28. For an essay on the gold trade and the economic foundations of the Marinid Dynasty, see Maya Shatzmiller,

'Marinid Fez: The Economic Background of the "Quest for Empire"', in Ennahid and Maghraoui (eds.), pp. 7–33. **29.** Mohammed Hamdouni Alami, 'Contes et légendes', in Mezzine, p. 136; Landau, p. 98. **30.** Quoted in O'Meara, p. 11. On Marinid *madrassas*, see also Sheila S. Blair and Jonathan M. Bloom, *The Art and Architecture of Islam, 1250–1800*, pp. 121–3. **31.** Tim Mackintosh-Smith (ed.), *The Travels of Ibn Battutah*, pp. 275, 3. **32.** Shatzmiller, *Berbers and the Islamic State*, p. 90. **33.** Ibid., p. 61. **34.** Ferhat, pp. 256–8. **35.** Leo Africanus, vol. II, pp. 420–23. **36.** Ibid., quoted in Ferhat, p. 248. **37.** Author interview, 8 October 2017; Gwendolyn Wright, *The Politics of Design in French Colonial Urbanism*, p. 137; Bowles. **38.** Burckhardt, p. 9.

8 14 世纪: 撒马尔罕——灵魂的花园

1. This chapter is based on Justin Marozzi, 'Samarkand, the "Pearl of the East": 1396–1398', in *Tamerlane: Sword of Islam, Conqueror of the World*, pp. 201–240; Christopher Marlowe, *Tamburlaine the Great*, Part 1, Act III, Scene iii, pp. 44–5. **2.** Tacitus, *Agricola*, 1.30. **3.** On loving Samarkand like a mistress, Marozzi, p. 207; Ruy González de Clavijo, *Embassy to Tamerlane 1403–1406*, p. 171. **4.** Ibn Battuta, *Travels in Asia and Africa 1325–1354*, p. 174. **5.** Ahmed ibn Arabshah, *Tamerlane or Timur the Great Amir*, p. 314; Clavijo, pp. 287, 142. **6.** On Timur's 'soulless militarism', see J. J. Saunders, *The History of the Mongol Conquests*, p. 174. For Timur's removal of craftsmen to Samarkand, see Wilfrid Blunt, *The Golden Road to Samarkand*, p. 174; for a survey of Timurid architecture, see Lisa Golombek, 'From Tamerlane to the Taj Mahal', in Abbas Daneshvari (ed.), *Essays in Islamic Art and Architecture in Honour of Katharina Otto-Dorn*, p. 171. Monika Gronke, 'The Persian Court between Palace and Tent: From Timur to Abbas I', in Lisa Golombek and Maria Subtelny (eds.), *Timurid Art and Culture: Iran and Central Asia in the Fifteenth Century*; Lisa Golombek and Donald Wilber, *The Timurid Architecture of Iran and Turan*. **7.** Geoffrey Parker, *Power in Stone: Cities as Symbols of Empire*, p. 74. **8.** Sharaf al Din Ali Yazdi, *The History of Timur-Bec, Known by the Name of Tamerlain the Great, Emperor of the Moguls and Tartars: Being an Historical Journal of his Conquests in Asia and Europe*, vol. 1, p. 529. **9.** Battuta, p. 174. **10.** For the Spanish ambassador's description of Samarkand, see Clavijo, pp. 218–300. See also Hilda Hookham, *Tamburlaine the Conqueror*, pp. 163–84; Harold Lamb, *Tamerlane the Earth Shaker*, pp. 105–112.

9 15 世纪: 君士坦丁堡——世界渴望之城

1. C. Given-Wilson (tr. and ed.), *The Chronicle of Adam of Usk 1377–1421*, p. 121. For an account of Manuel II's remarkable visit, see Donald Nicol, *A Byzantine Emperor in England: Manuel II's Visit to London in 1400–01*; Cecily J. Hilsdale, *Byzantine Art and Diplomacy in an Age of Decline*, pp. 222–4. **2.** Doğan Kuban, *Istanbul: An Urban History: Byzantion, Constantinopolis, Istanbul*, p. 33; Jelena Bogdanović, 'Tetrapylon', *Encyclopaedia of the Hellenic World, Constantinople* (http://www.ehw.gr/l.aspx?id=12429). **3.** Quoted in Roger Crowley, *Constantinople: The Last Great Siege, 1453*, p. 18. **4.** Edward Peters (ed.), *The First Crusade: The Chronicle of Fulcher of Chartres*, p. 62. **5.** See Stephen Turnbull, *The Walls of Constantinople 324–1453*, pp. 11–16. **6.** Crowley, p. 84. **7.** Barnaby Rogerson, *The Last Crusaders: The Hundred-Year Battle for the Centre of the World*, p. 84. **8.** Eugenia Kermeli, 'Osman I', in Gabor Agoston and Bruce Masters (eds.), *Encyclopedia of the Ottoman Empire*, pp. 444–5. **9.** For Ibn Battuta's impressions of the city, see H. A. R. Gibb (tr. and ed.), *Ibn Battuta: Travels in Asia and Africa 1325–1354*, pp. 159–64. **10.** Crowley, p. 35. **11.** For his report on Constantinople, see Ruy González de Clavijo, *Embassy to Tamerlane 1403–1406*, pp. 71–90. **12.** Donald M. Nicol, *The Last Centuries of Byzantium, 1261–1453*, p. 333; Turnbull, p. 44. **13.** Stephen Reinert, 'Fragmentation (1204–1453)', in Cyril Mango (ed.), *The Oxford History of Byzantium*, p. 276. **14.** Bertrandon de Brocquière, *The Travels of Bertrandon de Brocquière*, pp. 286–97. **15.** Pero

Tafur, *Travels and Adventures 1435–1439*, pp. 144–5; Michael Angold, *The Fall of Constantinople to the Ottomans: Context and Consequences*, p. 181. **16.** Roger Crowley, *1453: The Holy War for Constantinople and the Clash of Islam and the West*, p. 67. **17.** Crowley, *Constantinople*, p. 46. **18.** Donald M. Nicol, *Byzantium and Venice: A Study in Diplomatic and Cultural Relations*, p. 390. **19.** Steven Runciman, *The Fall of Constantinople 1453*, p. xiii; Edward Gibbon, *The Decline and Fall of the Roman Empire*, vol. III (1185–1453), pp. 748–53, 761, 784. **20.** Franz Babinger, *Mehmed the Conqueror and His Time*, pp. 112, 410. **21.** Kritovoulos, *History of Mehmed the Conqueror*, p. 13. **22.** Donald M. Nicol, *The Immortal Emperor: The Life and Legend of Constantine Palaiologos, Last Emperor of the Romans*, p. 52. **23.** Gibbon, p. 760. **24.** Kritovoulos, p. 28. **25.** Quoted in Crowley, *Constantinople*, pp. 90–91. **26.** Marios Philippides and Walter K. Hanak, *The Siege and the Fall of Constantinople in 1453: Historiography, Topography and Military Studies*, p. 451; Kritovoulos, p. 45. **27.** For a brief study of Tursun Beg, see Halil İnalcik, 'Tursun Beg, Historian of Mehmed the Conqueror's Time', *Wiener Zeitschrift für die Kunde des Morgenlandes*, vol. 69 (1977), pp. 55–71. **28.** Stefan Zweig, *Shooting Stars: Ten Historical Miniatures*, p. 51. **29.** Quoted in Crowley, *Constantinople*, p. 170. **30.** Kritovoulos, p. 35. **31.** Nestor-Iskander, *The Tale of Constantinople: Of its Origin and Capture by the Turks in the Year 1453*, p. 81. **32.** For Mehmed's call to arms, see Kritovoulos, pp. 60–66. **33.** Ibid., pp. 68–9. **34.** Ibid., p. 71. **35.** Ibid., pp. 72, 75, 73. **36.** See Halil İnalcik, 'Istanbul: An Islamic City', *Journal of Islamic Studies*, 1 (1990), pp. 1–23. **37.** Kritovoulos, pp. 79–80. **38.** Author interview, Istanbul, 30 January 2017. **39.** Alev Çinar, 'National History as a Contested Site: The Conquest of Istanbul and Islamist Negotiations of the Nation', *Comparative Studies in Society and History*, vol. 43, no. 2 (April 2001), p. 379. **40.** Author interview, Istanbul, 30 January 2017. **41.** Gibbon, p. 779. **42.** Halil İnalcik, *The Ottoman Empire: 1300–1600*, pp. 29–30. **43.** Author interview, Istanbul, 30 January 2017. **44.** Jan Morris, *Among the Cities*, p. 13; Savvas Tsilenis, 'The minority of Orthodox Christians in the official statistics of modern Turkey and the urban space' (http://www.demography-lab.prd.uth.gr/DDAoG/article/cont/ergasies/tsilenis.htm); 'The Greek Minority and its foundations in Istanbul, Gokceada (Imvros) and Bozcaada (Tenedos)', Hellenic Republic Ministry of Foreign Affairs website, 25 February 2018 (https://www.mfa.gr/en/issues-of-greek-turkish-relations/relevant-documents/the-greek-minority-and-its-foundations-in-istanbul-gokceada-imvros-and-bozcaada-tenedos.html). **45.** Orhan Pamuk, *Istanbul: Memories and the City*, p. 85. On *hüzün*, see pp. 81–96. **46.** Çiğdem Kafescioğlu, *Constantinopolis/Istanbul: Cultural Encounter, Imperial Vision and the Construction of the Ottoman Capital*, pp. 178–98. **47.** Çiğdem Kafescioğlu, 'Heavenly and Unblessed, Splendid and Artless: Mehmed II's Mosque Complex in the Eyes of its Contemporaries', in Çiğdem Kafescioğlu and Lucienne Thys-Şenocak (eds.), *Aptullah Kuran için Yazılar/Essays in Honour of Aptullah Kuran*, p. 213. **48.** Rabah Saoud, 'Muslim Architecture under Ottoman Patronage 1326–1924', *Foundation for Science, Technology and Civilisation*, July 2004, p. 3. **49.** Kritovoulos, p. 140. For a survey of Mehmed's post-1453 construction in Istanbul, see Gülru Necipoğlu, *Architecture, Ceremonial and Power: The Topkapi Palace in the Fifteenth and Sixteenth Centuries*, pp. 3–13. See also Doğan Kuban, *Ottoman Architecture*, pp. 169–89 and Caroline Finkel, *Osman's Dream: The Story of the Ottoman Empire 1300–1923*, pp. 52–6. Seventeenth-century saying quoted in Philip Mansel, *Pillars of Monarchy*, p. 17. **50.** İnalcik, *Ottoman Empire*, p. 29.

10 16 世纪: 喀布尔——山中花园

1. Ahmed Shah Massoud, 'A Message to the People of the United States of America' (1998) (http://www.afghan-web.com/documents/let-masood.html). **2.** Nancy Hatch Dupree, *An Historical Guide to Afghanistan*, p. 88. **3.** Ibn Battuta, *The Travels of Ibn Battuta: In the Near East, Asia and Africa, 1325–1354*, p. 98. **4.** Babur, *The Baburnama*, p. 13. **5.** Ibid., p. 92. **6.** Quoted in Abraham Eraly, *Emperors of the Peacock Throne: The Saga of the Great Mughals*, p. 7. **7.** Babur, pp. 198–9. **8.** Stephen Frederic Dale, 'Steppe Humanism:

The Autobiographical Writings of Zahir Al-Din Muhammad Babur, 1483–1530', *International Journal of Middle East Studies*, vol. 22, no. 1 (1990) pp. 37–8; E. M. Forster, 'The Emperor Babur', in *Abinger Harvest*, pp. 301–303; John Leyden and William Erskine, *Memoirs of Zehir-Ed-Din Muhammad Babur, Emperor of Hindustan*, p. 432. **9.** Babur, p. 627. **10.** Ibid., p. 386. **11.** For his description of Kabul, see ibid., pp. 199–227. **12.** E. Denison Ross, 'Babur', in *Cambridge History of India*, vol. 4: *The Mughul Period*, pp. 1–20. **13.** W. M. Thackston, 'Babur Mirza, *Baburnama*', in *A Century of Princes: Sources on Timurid History and Art*, p. 247. **14.** Ibid., p. 273. For Babur's visit to Herat, see pp. 270–75. **15.** Quoted in C. P. W. Gammell, *The Pearl of Khorasan: A History of Herat*, p. 119. **16.** Babur, p. 340. **17.** Ibid., p. 474. **18.** See Stephen Dale, *The Gardens of Eight Paradises: Babur and the Culture of Empire in Central Asia, Afghanistan and India (1483–1530)*, pp. 17–18. **19.** Ibid., p. 686. **20.** Babur, p. 584. **21.** Ibid., p. 518. For his portrait of Hindustan, see pp. 480–521. **22.** Ibid., p. 525. **23.** For the full letter see ibid., pp. 645–8. **24.** John Richards, *The Mughal Empire*, p. 1. **25.** Fergus Nicoll, *Shah Jahan*, p. 207. **26.** Babur, p. 477. **27.** Thackston, p. 258; Denison Ross, p. 20. **28.** *The Akbarnama of Abul Fazl*, vol. 1, p. 413, quoted in Gammell, p. 136. **29.** Gammell, p. 137. **30.** Bayazid Bayat, *Tadkhira Humayun wa Akbar*, p. 205 (tr. Bruce Wannell). **31.** *Akbarnama*, vol. 2, pp. 85, 56. **32.** C. W. Woodburn, *The Bala Hissar of Kabul: Revealing a Fortress-Palace in Afghanistan*, p. 3. **33.** Ruby Lal, *Domesticity and Power in the Early Mughal World*, p. 140. **34.** *Akbarnama*, vol. 3, pp. 434, 532. **35.** F. Lehman, 'Akbar I', *Encyclopaedia Iranica* (http://www.iranicaonline.org/articles/akbar-i-mughal-india). **36.** Ibid. **37.** For his assessment of Akbar, see Pierre du Jarric, *Akbar and the Jesuits: An Account of the Jesuit Missions to the Court of Akbar*, pp. 203–208. **38.** Author interviews, 15 March 2017 and 13 November 2018; Babur, p. 217. See also Robin Lane Fox, 'The Garden King of Kabul: Babur's legacy lives on in Afghanistan', *Financial Times*, 5 February 2016 (https://www.ft.com/content/5631b7ae-c4ed-11e5-808f-8231cd71622e); Lalage Snow, 'Kabul's hidden gardens offer Afghans haven from war', *Financial Times*, 13 September 2013 (https://www.ft.com/content/f1b9f768-1635-11e3-a57d-00144feabdc0).

11 17 世纪：伊斯法罕——世界的一半

1. See Rudi Matthee, 'Was Safavid Iran an Empire?', *Journal of the Economic and Social History of the Orient*, vol. 53, nos. 1/2 (2010), pp. 233–65. **2.** Sussan Babaie, *Isfahan and its Palaces: Statecraft, Shiism and the Architecture of Conviviality in Early Modern Iran*, pp. 73–4. **3.** Ibn Battuta, *Travels in Asia and Africa 1325–1354*, p. 91. **4.** Ahmed ibn Arabshah, *Tamerlane or Timur the Great Amir*, p. 45. **5.** See Roger Savory and Ahmet Karamustafa, 'Esmail I Safawi', *Encyclopaedia Iranica* (http://www.iranicaonline.org/articles/esmail-i-safawi). **6.** H. R. Roemer, 'The Safavid Period', in Peter Jackson and Laurence Lockhart (eds.), *The Cambridge History of Iran*, vol. 6, pp. 189–350; Roger Savory, 'Abbas I', *Encyclopaedia Iranica* (http://www.iranicaonline.org/articles/abbas-i). **7.** Sebouh Aslanian, *From the Indian Ocean to the Mediterranean: The Global Trade Networks of Armenian Merchants from New Julfa*, p. 1; David Blow, *Shah Abbas: The Ruthless King Who Became an Iranian Legend*, p. 174. **8.** Michael Axworthy, *Iran: Empire of the Mind: A History from Zoroaster to the Present Day*, p. 136. **9.** For a comprehensive survey of Isfahan's Safavid architecture, see Sussan Babaie with Robert Haug, 'Isfahan X: Monuments (1): A Historical Survey', *Encyclopaedia Iranica* and following essays (http://www.iranicaonline.org/articles/isfahan-x1-a-historical-survey). **10.** Eskandar Beg Monshi, *History of Shah Abbas the Great* (tr. Roger Savory), vol. 2, p. 977. **11.** Robert Byron, *The Road to Oxiana*, p. 153. **12.** Sussan Babaie, Kathryn Babayan, Ina Baghdiantz-McCabe and Massumeh Farhad, *Slaves of the Shah: New Elites of Safavid Iran*, p. 1. **13.** Byron, p. 199. **14.** Ibid., p. 196. **15.** Monshi, vol. 2, pp. 1038–9. **16.** Jean de Thévenot, *The Travels of Monsieur de Thévenot into the Levant*, vol. 2, p. 81. **17.** Wilfrid Blunt, *Isfahan: Pearl of Asia*, pp. 91, 73. **18.** Quoted in Blow, p. 199. For a potted biography of Mirza Beg Junabadi, see Stephen Blake, *Time in Early Modern Islam: Calendar, Ceremony and Chronology in the*

Safavid, Mughal and Ottoman Empires, p. 116.　**19.** See Rudi Matthee, 'Safavid Iran through the Eyes of European Travellers', *Harvard Library Bulletin*, vol. 23, nos. 1–2 (Spring–Summer 2012), pp. 10–24.　**20.** Blow, p. 204.　**21.** Sir John Chardin, *Travels in Persia 1673–1677*, p. 146.　**22.** Jean-Baptiste Tavernier, *The Six Voyages of John Baptista Tavernier*, p. 153.　**23.** Blow, pp. 203–204.　**24.** De Thévenot, vol. 2, p. 79; John Fryer, *A New Account of East India and Persia Being Nine Years' Travels 1672–1681*, p. 260; Tavernier, pp. 149–50.　**25.** Rudi Matthee, 'Between Aloofness and Fascination: Safavid Views of the West', *Iranian Studies*, vol. 31, no. 2, *Historiography and Representation in Safavid and Afsharid Iran* (Spring 1998), pp. 227–8. For more on Father Paul Simon, see H. Chick (ed.), *A Chronicle of the Carmelites in Persia: The Safavids and the Papal Mission of the 17th and 18th Centuries*, pp. 155–163.　**26.** Quoted in Matthee, 'Between Aloofness and Fascination', p. 241.　**27.** Ibid., pp. 223–34.　**28.** Ibid., p. 226. For the story of this fraternal triumvirate, see also Sir Anthony Sherley, *The Three Brothers, or The Travels and Adventures of Sir Anthony, Sir Robert and Sir Thomas Sherley in Persia, Russia, Turkey, Spain etc.*　**29.** Matthee, 'Safavid Iran', p. 21.　**30.** Blow, p. 206; Clare Williamson, 'Safavid Persia through the Eyes of French Travellers', *La Trobe Journal*, no. 91 (June 2013), p. 19.　**31.** For the full obituary notice, see Monshi, pp. 1301–307.　**32.** Rudi Matthee, *The Pursuit of Pleasure: Drugs and Stimulants in Iranian History, 1500–1900*, p. 54.　**33.** Ibid., p. 56.　**34.** See Sussan Babaie, 'Shah Abbas II, the Conquest of Qandahar, the Chihil Sutun, and its Wall Paintings', *Muqarnas*, 11 (1994), pp. 125–42. See also Wolfram Kleiss, 'Safavid Palaces', *Ars Orientalis*, vol. 23 (1993); Gülru Necipoğlu, 'Framing the Gaze in Ottoman, Safavid, and Mughal Palaces', *Ars Orientalis*, vol. 23 (1993).　**35.** Babaie et al., *Slaves of the Shah*, p. 44.　**36.** Babaie with Haug.　**37.** Rudi Matthee, 'Soltan Hosayn', *Encyclopaedia Iranica* (http://www.iranicaonline.org/articles/soltan-hosayn).　**38.** Roy Mottahedeh, *The Mantle of the Prophet: Religion and Politics in Iran*, p. 204.　**39.** Matthee, 'Soltan Hosayn'.　**40.** Roemer, pp. 325–6; Michael Axworthy, *The Sword of Persia: Nader Shah, from Tribal Warrior to Conquering Tyrant*, p. 88.

12　18 世纪：的黎波里——海盗的窝点

1. George Francis Lyon, *A Narrative of Travels in Northern Africa in the Years 1818–20*, p. 53.　**2.** Massimiliano Munzi, 'Italian Archaeology in Libya: From Colonial Romanità to Decolonization of the Past', in Michael L. Galaty and Charles Watkinson (eds.), *Archaeology Under Dictatorship*, p. 85.　**3.** On migrant-smuggling in Sabratha, see 'Libya's hub for migrant smuggling empties after controlling militia is ousted', *The Star*, 1 January 2018 (https://www.thestar.com/news/insight/2018/01/01/libyas-hub-for-migrant-smuggling-empties-after-controlling-militia-is-ousted.html). For a brief summary of Daesh's role in post-revolution Libya, see 'When the Islamic State came to Libya', *The Atlantic*, 10 February 2018 (https://www.theatlantic.com/international/archive/2018/02/isis-libya-hiftar-al-qaeda-syria/552419/).　**4.** On Louis XIV and Leptis, see Nancy Thomson de Grummond (ed.), *Encyclopedia of the History of Classical Archaeology*, p. 675. For the Crown Estate's use of the ruins, see 'The Leptis Magna Ruins', https://www.thecrownestate.co.uk/media/5311/leptis-magna-ruins.pdf.　**5.** Mary Berenson, *A Vicarious Trip to the Barbary Coast*, p. 23.　**6.** Aristotle, 'History of Animals', in *Complete Works of Aristotle*, vol. 1, p. 946.　**7.** John Wright, *A History of Libya*, p. 65.　**8.** Ibid., p. 68; Miss Tully, *Narrative of a Ten Years' Residence at Tripoli in Africa*, p. 2; Ali Bey, *Travels of Ali Bey in Morocco, Tripoli, Cyprus, Egypt, Arabia, Syria and Turkey between the Years 1803 and 1807*, p. 233; Hisham Matar, *The Return: Fathers, Sons and the Land in Between*, pp. 123–4.　**9.** Ludovico Micara, 'Ottoman Tripoli: A Mediterranean Medina', in Salma Jayyusi, Renata Holod, Attilio Petruccioli and André Raymond (eds.), *The City in the Islamic World*, vol. 2, p. 386; Simonetta Ciranna, 'Roman Persistence and Re-use of Ancient Remains', in *The Mediterranean Medina: International Seminar*, p. 297; Werner Diem and Marco Schöller, *The Living and the Dead in Islam: Studies in Arabic Epitaphs*, vol. 3, pp. 292–3.　**10.** Jayyusi et al. (eds.), p. 387.　**11.** For a modern survey of Barbary Coast piracy, see Robert C. Davis, *Christian Slaves, Muslim Masters: White Slavery in the Mediterranean, the Barbary Coast, and Italy, 1500–1800*;

Fernand Braudel, *The Mediterranean and the Mediterranean World in the Age of Philip II*, vol. 2, p. 885; Barnaby Rogerson, *A Traveller's History of North Africa*, p. 229; Glen O'Hara, *Britain and the Sea Since 1600*, p. 48.   12. Hugh Bicheno, *Crescent and Cross: The Battle of Lepanto 1571*, p. 278.   13. Herodotus, *The Histories*, 6.112; H. G. Wells, *The Outline of History*, p. 332.   14. Henry Teonge, *The Diary of Henry Teonge: Chaplain on H.M.'s Ships Assistance, Bristol and Royal Oak 1675–1679*, p. 125.   15. For Baker and Ibn Ghalbun's comments, see C. R. Pennell, *Piracy and Diplomacy in Seventeenth-Century North Africa: The Journal of Thomas Baker, English Consul in Tripoli, 1677–1685*, p. 61; Wright, p. 78.   16. Seton Dearden, *A Nest of Corsairs: The Fighting Karamanlis of the Barbary Coast*, p. 35.   17. Ibid., p. 50.   18. Ibid., pp. 62–3, 58.   19. Ronald Bruce St John, *Libya: From Colony to Independence*, p. 34.   20. 'People for sale', CNN, 14 November 2017 (https://edition.cnn.com/2017/11/14/africa/libya-migrant-auctions/index.html).   21. For an early nineteenth-century perspective on the Saharan trade, see Lyon, pp. 152–60.   22. Ettore Rossi, 'Tripoli', in *Encyclopedia of Islam*, p. 816.   23. René Basset, 'Karamanli', in *Encyclopedia of Islam*, pp. 746–7; Ali Bey, p. 235; Wright, p. 80.   24. For her eyewitness account of the plague in Tripoli, see Miss Tully, pp. 79–106.   25. Ibid., pp. 5–6.   26. Ibid., p. 6.   27. *The Speeches of Mr. Wilberforce, Lord Penrhyn, Mr. Burke, Sir W. Young, Alderman Newnham . . . &c. &c. on a motion for the abolition of the slave trade, in the House of Commons, May the 12th, 1789. To which are added, Mr. Wilberforce's twelve propositions*, p. 8.   28. Justin Marozzi, *South from Barbary: Along the Slave Routes of the Libyan Sahara*, p. 23.   29. Miss Tully, p. 273.   30. Dearden, p. 129.   31. St John, p. 36.   32. Ibid., p. 40.   33. James Parton, *Life of Thomas Jefferson: Third President of the United States*, p. 299.   34. Joseph Wheelan, *Jefferson's War: America's First War on Terror 1801–1805*, p. 70.   35. For the American accounts of their captivity in Tripoli, see John Wright, *Travellers in Turkish Libya 1551–1911*, pp. 68–71.   36. Joshua London, *Victory in Tripoli: How America's War with the Barbary Pirates Established the U.S. Navy and Shaped a Nation*, p. 165.   37. Spencer C. Tucker (ed.), *The Encyclopedia of the Wars of the Early American Republic, 1783–1812: A Political, Social and Military History*, p. 433; Alexander Slidell Mackenzie, *Life of Stephen Decatur, a Commodore in the Navy of the United States*, p. 122.   38. John Wright, *Libya, Chad and the Central Sahara*, p. 62.   39. M. H. Cherif, 'Algeria, Tunisia and Libya: The Ottomans and their Heirs', in B. A. Ogot (ed.), *General History of Africa*, vol. 5: *Africa from the Sixteenth to the Eighteenth Century*, p. 260.   40. For the demise of the Karamanli dynasty see Wright, *A History of Libya*, p. 81.   41. Kola Folayan, *Tripoli during the Reign of Yusuf Pasha Qaramanli*, pp. 145–6.

13 19 世纪：贝鲁特——黎凡特的游乐场

1. Herodotus, *The Histories*, 7.44.   2. Nina Jidejian, *Beirut through the Ages*, p. 54.   3. Philip Mansel, *Levant: Splendour and Catastrophe on the Mediterranean*, p. 92.   4. See William Persen, 'The Russian Occupations of Beirut, 1772–4', *Journal of The Royal Central Asian Society*, vol. 42, issue 3–4 (1955), pp. 275–86.   5. Quoted in Samir Kassir, *Beirut*, p. 109.   6. Stephen Olin, *Travels in Egypt, Arabia Petræa, and the Holy Land*, vol. 2, p. 457; Kassir, pp. 6, 11.   7. T. J. Gorton (ed.), *A Beirut Anthology: Travel Writing through the Centuries*, pp. 33–5; Kassir, p. 98.   8. Mansel, p. 93.   9. Samir Khalaf, *Heart of Beirut: Reclaiming the Bourj*, p. 53; Mansel, p. 93; Kassir, p. 106; Leila Tarazi Fawaz, *Merchants and Migrants in Nineteenth-Century Beirut*, p. 61.   10. For a survey of the Tanzimat reforms, see the 2011 paper by Ishtiaq Hussain, *The Tanzimat: Secular Reforms in the Ottoman Empire*, pp. 5–11 (http://faith-matters.org/images/stories/fm-publications/the-tanzimat-final-web.pdf).   11. Jens Hanssen, *Fin de Siècle Beirut: The Making of an Ottoman Provincial Capital*, p. 32.   12. Frederick Arthur Neale, *Eight Years in Syria, Palestine and Asia Minor: From 1842 to 1850*, pp. 208–9; Mansel, p. 98.   13. Mansel, p. 97; Hanssen, p. 122; Kassir, p. 180.   14. Eugene Rogan, *The Arabs: A History*, p. 92.   15. Leila Tarazi Fawaz, *An Occasion for War: Civil Conflict in Lebanon and Damascus in 1860*, p. 226.   16. Ibid., p. 60.   17. For a breakdown of the nineteenth-century population, see ibid.,

pp. 131–2. 18. Ibid., pp. 108, 115. 19. Edward Atiyah, *An Arab Tells His Story: A Study in Loyalties*, pp. 10, 132. 20. Ibid., p. 11. 21. 'The place to see and be seen: Beirut's legendary museum rises from the ashes', *Guardian*, 7 October 2015 (https://www.theguard ian.com/artanddesign/2015/oct/07/beirut-sursock-museum-reopening). 22. Fawaz, *Merchants and Migrants*, p. 91. 23. Ibid., pp. 93–4; Lorenzo Trombetta, 'The Private Archives of the Sursuqs, a Beirut Family of Christian Notables: An Early Investigation', *Rivista degli Studi Orientali*, Nuova Serie, vol. 82, fasc. 1/4 (2009), pp. 197–228. 24. Fawaz, *Merchants and Migrants*, p. 84. 25. Mansel, p. 93. 26. Kassir, pp. 154, 219; Mansel, p. 150. 27. Quoted in Hanssen, pp. 231, 107. 28. Kamal Salibi, *A House of Many Mansions: The History of Lebanon Reconsidered*, p. 179. 29. Fawwaz Traboulsi, *A History of Modern Lebanon*, p. 67. On Ibrahim al Yaziji and the poem, see Alex Rowell, 'Translation of Ibrahim al-Yaziji's "Awaken and arise, O Arabs"' (http://thedisgraceofgod.blogspot.co.uk/2015/04/ translation-of-ibrahim-al-yazijis.html). On Midhat Pasha's downfall, see Leila Hudson, *Transforming Damascus: Space and Modernity in an Islamic City*, pp. 28–9. 30. Kassir, p. 168. 31. For a brief portrait of Yaziji *père et fils*, see ibid., pp. 165–6. 32. Ibid., pp. 172–3; Mansel, p. 149; Gorton, p. 58. 33. For a recent review of *Leg over Leg*, see Robyn Creswell, 'The First Great Arabic Novel', *New Yorker*, 8 October 2015 (http://www. nybooks.com/articles/2015/10/08/first-great-arabic-novel/#fn-1). On Mohammed Arslan and the Syrian Scientific Society, see George Antonius, *The Arab Awakening: The Story of the Arab National Movement*, p. 53; Kassir, p. 167. 34. Hanssen, pp. 195–6; Mansel, p. 153. 35. Khalaf, p. 188. On Beirut's Red Light district and Marica Espiredone, see Khalaf, pp. 211–22; Emad Bazzi, 'Inside Beirut's Most Notorious Brothels during the "Mad Years"' (http://raseef22.com/en/life/2017/03/22/inside-beiruts-notorious-brothels-mad-years/). 36. Hanssen, pp. 55, 219. 37. Ibid., p. 243; Khalaf, p. 64. 38. For the full letter, see Hanssen, pp. 243–4. 39. For an illustrated history of the Kaiser's visit, see Sawsan Agha Kassab and Khaled Omar Tadmori, *Beyrouth et le Sultan: 200 photographies des albums de Abdul Hamid II (1876–1909)*; for the official account of the visit, see *Das Deutsche Kaiserpaar im Heiligen Lande im Herbst 1898* (*The German Imperial Couple in the Holy Land in Autumn 1898*), p. 378. 40. Gorton, p. 1. 41. Nadia Tuéni, *Lebanon: Poems of Love and War*, p. xxviii. 42. For his views on Solidere, see Khalaf, pp. 137–48. See also Saree Makdisi, 'Beirut, a City without History?', in Ussama Makdisi and Paul Silverstein (eds.), *Memory and Violence in the Middle East and North Africa*, p. 212; Assem Salam, 'The Role of Government in Shaping the Built Environment', in Peter G. Rowe and Hashim Sarkis (eds.), *Projecting Beirut: Episodes in the Construction and Reconstruction of a Modern City*, p. 132; Craig Larkin, 'Remaking Beirut: Contesting Memory, Space, and the Urban Imaginary of Lebanese Youth', *City & Community*, vol. 9, issue 4 (December 2010) (https://www. researchgate.net/publication/229919784_Remaking_Beirut_Contesting_Memory_Space_ and_the_Urban_Imaginary_of_Lebanese_Youth); Ghenwa Hayek, *Beirut, Imagining the City: Space and Place in Lebanese Literature*, p. 131; Tarek Saad Ragab, 'Who Won the Battle of Beirut Downtown? Revisiting the Crisis of Cultural Identity in Rehabilitating Post-War Beirut', in Roderick Lawrence, Hulya Turgut and Peter Kellett (eds.), *Requalifying the Built Environment: Challenges and Responses*, p. 129; Hadi Makarem, 'Downtown Beirut: Between Amnesia and Nostalgia' (http://blogs.lse.ac.uk/mec/2012/10/17/downtown-beirut-between-amnesia-and-nostalgia/); Saree Makdisi, 'Laying Claim to Beirut: Urban Narrative and Spatial Identity in the Age of Solidere', *Critical Inquiry*, vol. 23, no. 3, *Front Lines/ Border Posts* (Spring 1997), p. 674; 'Is Beirut's glitzy downtown redevelopment all that it seems?', *Guardian*, 22 January 2015 (https://www.theguardian.com/cities/2015/jan/22/ beirut-lebanon-glitzy-downtown-redevelopment-gucci-prada). 43. Tarek Osman, *Islamism: What it Means for the Middle East and the World*, p. 134.

14 20世纪: 迪拜——你建造, 他们就会来

1. Robert A. Carter, *Sea of Pearls: Seven Thousand Years of the Industry that Shaped the Gulf*, p. 4. 2. Andrew George (tr.), *The Epic of Gilgamesh*, p. 98. 3. Gasparo Balbi,

Viaggio dell'Indie Orientali, p. 49.　**4.** Quoted in Carter, p. 79.　**5.** 'Trigonometrical Plan of the Back-water of Debai by Lieut. R. Cogan under the direction of Lt. J. M. Guy, H. C. Marine. 1822. Drawn by M. Houghton' (1/2), British Library Map Collections, IOR/X/3690 (https://www.qdl.qa/en/archive/81055/vdc_100024141117.0x000002).　**6.** For a summary of this argument, see James Onley, 'Britain and the Gulf Shaikhdoms, 1820–1971: The Politics of Protection', Occasional Paper No. 4, Center for International and Regional Studies, Georgetown University of Foreign Service in Qatar (2009), pp. 1–10 (https://repository.library.georgetown.edu/bitstream/handle/10822/558294/CIRSOccasionalPaper4JamesOnley2009.pdf).　**7.** Michael Quentin Morton, *Keepers of the Golden Shore: A History of the United Arab Emirates*, p. 70.　**8.** Ibid.; Jim Krane, *Dubai: The Story of the World's Fastest City*, pp. 33–4.　**9.** Christopher Davidson, *Dubai: The Vulnerability of Success*, p. 68.　**10.** Frauke Heard-Bey, *From Trucial States to United Arab Emirates: A Society in Transition*, p. 242.　**11.** Author interview, Dubai, 12 December 2014.　**12.** John Gordon Lorimer, *Gazetteer of the Persian Gulf, Oman and Central Arabia*, vol. 2: *Geographical and Statistical*, pp. 455–6.　**13.** 'Dubai Inc.', *Forbes*, 3 March 2006 (https://www.forbes.com/2006/03/02/dubai-DPWorld-Emmar_cx_daa_0302dubai.html).　**14.** Bilal Khamis's story is told in his own words in Julia Wheeler and Paul Thuybaert, *Telling Tales: An Oral History of Dubai*, pp. 22–5. For Jumaa al Batishi's recollections, see 'The perils of the pearl divers', *The National*, 21 June 2009 (https://www.thenational.ae/uae/the-perils-of-the-pearl-divers-1.559014). On pearling vocabulary, see Eileen Khoury, 'Servants of the Pearl', *Aramco World*, vol. 41, no. 5 (September/October 1990) (http://archive.aramcoworld.com/issue/199005/servants.of.the.pearl.htm).　**15.** Graeme Wilson, *Rashid's Legacy: The Genesis of the Maktoum Family and the History of Dubai*, p. 56. On the Seddiqi family business, see the group's website (http://www.seddiqi.com/en/article/the-origins/the-story.html).　**16.** Anthony Mayo, Nitin Nohria, Umaimah Mendhro and Johnathan Cromwell, 'Sheikh Mohammed and the Making of "Dubai Inc." ', Harvard Business School Case 410-063 (February 2010, revised August 2010), p. 2.　**17.** Morton, pp. 90–92.　**18.** Krane, pp. 28–9.　**19.** See Rosemarie Said Zahlan, *The Origins of the United Arab Emirates: A Political and Social History of the Trucial States*, p. 161; Morton, p. 115.　**20.** Wheeler and Thuybaert, p. 100; Krane, p. 42.　**21.** Wilfred Thesiger, *Arabian Sands*, p. 220.　**22.** Wheeler and Thuybaert, p. 66.　**23.** Wilson, p. 130; author interview, Dubai, 11 November 2014.　**24.** Sheikh Mohammed bin Rashid al Maktoum, *My Vision: Challenges in the Race for Excellence*, p. 86.　**25.** Graeme Wilson, *Rashid: Father of Dubai*, p. 126.　**26.** Wilson, *Rashid's Legacy*, p. 178.　**27.** Davidson, pp. 109–10.　**28.** Jacques Benoist-Mechin, *Turkey 1908–1938: The End of the Ottoman Empire*, p. 222.　**29.** James Barr, *Lords of the Desert: Britain's Struggle with America to Dominate the Middle East*, pp. 58, 150.　**30.** Ibid., p. 338.　**31.** Krane, pp. 76–7.　**32.** Donald Hawley, *The Trucial States*, p. 200.　**33.** Quoted in Davidson, pp. 39–40.　**34.** Krane, p. 78.　**35.** 'Story of cities #43: How Dubai's World Trade Centre sold the city to the world', *Guardian*, 16 May 2016 (https://www.theguardian.com/cities/2016/may/16/story-of-cities-43-dubai-world-trade-centre-turned-sand-gold-uae).　**36.** 'Dubai is stronger for steering clear of oil-based economy', *The National*, 10 May 2015 (https://www.thenational.ae/business/dubai-is-stronger-for-steering-clear-of-oil-based-economy-1.126843); 'Go inside the Middle East's ultramodern city of extravagance', *National Geographic*, 20 November 2018 (https://www.nationalgeographic.com/travel/destinations/asia/united-arab-emirates/dubai/pictures-globalization-tourism-middle-east/).　**37.** Author interview, Dubai, 8 March 2016.　**38.** Wilson, *Rashid's Legacy*, p. 502.　**39.** Author interview, Dubai, 11 March 2016; Krane, p. viii.　**40.** Pranay Gupte, *Dubai: The Making of a Megapolis*, p. 188.　**41.** 'Al Habtoor City: The Dawn of a New City' (http://alhabtoorcity.com).　**42.** '8 "world's biggest" records held by Dubai', *ShortList*, 19 September 2016 (http://www.shortlistdubai.com/around-town/article/10048-8-worlds-biggest-records-held-by-dubai).　**43.** Syed Ali, *Dubai: Gilded Cage*, p. 1.　**44.** See 'The Slaves of Dubai', a film by the BBC reporter Ben Anderson, 8 August 2012 (https://www.youtube.com/watch?v=gMh-vlQwrmU).　**45.** Davidson, p. 277.　**46.** Justin Thomas, *Psychological Wellbeing in the Gulf States: The New Arabia Felix*, p. 4; 'Why Dubai bashing is not clever', *Arabian Business*, 13 May 2010 (https://www.arabianbusiness.com/photos/why-dubai-bashing-is-not-clever-269236.

html?page=0&img=0). See also 'Sultan Al Qassemi's response to the latest Dubai-bashing article is perfect', *What's On*, 27 April 2017 (http://whatson.ae/dubai/2017/04/sultan-al-qassemis-response-latest-dubai-bashing-article-perfect/). **47.** Mayo, Nohria, Mendhro and Cromwell, p. 16; author interview, Dubai, 10 March 2016; author interview, Dubai, 11 November 2014; author interview, Dubai, 11 March 2016; author interview, Dubai, 9 March 2016. **48.** Author interview, Dubai, 9 March 2016; Krane, p. 191. **49.** Author interview, Dubai, 14 November 2014.

15 21 世纪：多哈——珍珠之城

1. 'Faisal Bin Qassim Al Thani', *Forbes*, 30 January 2018 (https://www.forbes.com/profile/faisal-bin-qassim-al-thani/). **2.** Author interview, Doha, 28 April 2015. **3.** Author interview, Doha, 25 April 2015. Names have been changed where indicated. **4.** 'Qatar Facts and Figures', OPEC website (http://www.opec.org/opec_web/en/about_us/168.htm), consulted 12 February 2018; according to the World Bank, GDP per capita in Qatar was $127,728 in 2016. The figures for the US and UK were $57,638 and $43,081 respectively (http://databank.worldbank.org/data/reports.aspx?source=2&series=NY.GDP.PCAP.PP.CD&country=). **5.** Author interview, Doha, 29 April 2015; Eileen Khoury, 'Servants of the Pearl', *Aramco World*, vol. 41, no. 5 (September/October 1990), (http://archive.aramcoworld.com/issue/199005/servants.of.the.pearl.htm); 'From pearls to skyscrapers – Qatar's Alfardan sticks to family model', Reuters, 8 November 2015 (https://uk.reuters.com/article/us-qatar-alfardan-family/from-pearls-to-skyscrapers-qatars-alfardan-sticks-to-family-model-idUKKCN0SX0RO20151108). **6.** 'The World Richest Arab 2013', *Forbes* (https://www.forbesmiddleeast.com/en/list/the-world-richest-arab-2013/item/47/). **7.** 'Fabergé revives the tradition', Fabergé website, 25 February 2015 (https://www.faberge.com/news/an-objet-d-art-masterpiece-the-faberge-pearl-egg-191); 'Fabergé Unveils New "Imperial Egg" at Baselworld 2015 and Names its Buyer', *Forbes*, 23 March 2015 (https://www.forbes.com/sites/anthonydemarco/2015/03/23/faberge-unveils-new-imperial-egg-at-baselworld-2015-and-names-its-buyer/#fod83b367b77). **8.** William Gifford Palgrave, *Narrative of a Year's Journey Through Central and Eastern Arabia 1862–63*, vol. 2, p. 387. **9.** 'Vanity Mirror: Jean Nouvel's Message in a Bottle', *Vanity Fair*, April 2008 (https://www.vanityfair.com/news/2008/04/beauty-ysl-nouv). **10.** Author interview, Doha, 8 January 2015. His name has been changed. **11.** 'Bridge in the Gulf', *Financial Times*, 11 February 2011 (https://www.ft.com/content/dd454d60-3563-11e0-aa6c-00144feabdc0); author interviews, Doha, 7–8 January 2015. **12.** Author interview, Doha, 27 April 2015. **13.** On the threats to historic Doha neighbourhoods, see Ashraf M. Salama, Simona Azzali and Florian Wiedmann, 'The everyday urban environment of migrant labourers in Gulf Cities: The case of the old centre of Doha, Qatar', in *City, Territory and Architecture*, vol. 4, 5 (February 2017) (https://cityterritoryarchitecture.springeropen.com/articles/10.1186/s40410-017-0061-5). **14.** Sultan Mohammed al Qasimi (ed.), *The Journals of David Seton in the Gulf 1800–1809*. For a useful timeline of Doha, see 'A History of Doha and Bidda: Historical References to Doha and Bidda before 1850', Origins of Doha and Qatar Project, led by Dr Robert Carter of UCL Qatar (https://originsofdoha.files.wordpress.com/2015/03/a-history-of-doha-and-bidda1.pdf). **15.** Habibur Rahman, *The Emergence of Qatar: The Turbulent Years 1627–1916*, p. 31. The 1823 'Trigonometrical plan of the harbour of El Biddah on the Arabian side of the Persian Gulf' is available at Qatar Digital Library (https://www.qdl.qa/en/archive/81055/vdc_100000010848.0x000001). **16.** Rosemarie Said Zahlan, *The Creation of Qatar*, p. 34. **17.** *The Persian Gulf Pilot*, archive editions. **18.** Palgrave, pp. 386–7. **19.** For more on this attack, see Rahman, pp. 75–6. **20.** Ibid., p. 260. **21.** Zahlan, p. 11; Mohammed al Thani, *Jassim the Leader*, p. xi. **22.** Khaled Adam, 'Rediscovering the Island: Doha's Urbanity from Pearls to Spectacle', in Yasser Elsheshtawy (ed.), *The Evolving Arab City: Tradition, Modernity and Urban Development*, pp. 219–20; Zahlan, p. 11. **23.** James Barr, *Lords of the Desert: Britain's Struggle with America to Dominate the Middle East*, p. xi. **24.** In 1963 Petroleum Development (Qatar) Ltd became

Qatar Petroleum Company, today's Qatar Petroleum. The 1935 Qatar Oil Concession can be seen at https://www.qdl.qa/en/archive/81055/vdc_100023599463.0x000002.   **25.** For the telegram of 11 October 1939, see Dr Mark Hobbs, 'Qatari History: Pivotal Moments Revealed in India Office Records', Qatar Digital Library (https://www.qdl.qa/en/qatari-history-pivotal-moments-revealed-india-office-records). The letter of 14 January 1940 can be seen at Qatar Digital Library (https://www.qdl.qa/en/archive/81055/vdc_100024164774.0x000065).   **26.** *A History of Doha and Bidda*, p. 19.   **27.** Justin Marozzi, 'Welcome to the falcon hospital of Doha', BBC, 26 May 2015 (http://www.bbc.co.uk/news/magazine-32842338).   **28.** For the story of Suq Waqif's restoration, see Hassan Radoine, *Souk Wakif On-site Review Report*, edited by Aga Khan Award for Architecture, 2010 (https://archnet.org/system/publications/contents/8722/original/DTP101221.pdf?1396271815). See also Djamel Boussaa, 'Rehabilitation as a Catalyst of Sustaining a Living Heritage: The Case of Souk Waqif in Doha, Qatar', *Art and Design Review*, vol. 2, no. 3 (2014) (http://file.scirp.org/Html/4-1250021_49452.htm).   **29.** Author interview, Doha, 29 April 2015.   **30.** For the growing size of the city, see Florian Wiedmann, Ashraf M. Salama and Alain Thierstein, 'Urban evolution of the city of Doha: An investigation into the impact of economic transformations on urban structures', *METU Journal of the Faculty of Architecture*, vol. 29, no. 2 (December 2012), p. 41 (https://pureportal.strath.ac.uk/files-asset/38618741/Urban_evolution_of_the_city_of_Doha_Wiedmann_Salama_Thierstein_35_61_8_.pdf). On the 1970 census, see Kristian Coates Ulrichsen, *Qatar and the Arab Spring*, p. 24.   **31.** Sharon Nagy, 'Dressing up Downtown: Urban development and government public image in Qatar', *City & Society*, vol. 12, issue 1 (June 2000), p. 134.   **32.** See World Bank data for Qatar at https://data.worldbank.org/country/Qatar; on Qatar's demographics, see 'Population of Qatar by Nationality – 2017 report', Priya DSouza Communications, 7 February 2017 (http://priyadsouza.com/population-of-qatar-by-nationality-in-2017/). **33.** For a discussion of Qatar's foreign policy, see Faisal Mukhyat Abu Sulaib, 'Understanding Qatar's Foreign Policy, 1995–2017', *Middle East Policy*, vol. XXIV, no. 4 (Winter 2017); Marc Pierini, 'Qatar's Foreign Policy Under the New Emir', Carnegie Europe, 28 June 2013 (https://carnegieeurope.eu/strategiceurope/52236).   **34.** On the Qatar Investment Authority, see, for example, 'Qatar's investment arm streamlines its strategy', Oxford Business Group report 2016 (https://oxfordbusinessgroup.com/analysis/new-approach-country%E2%80%99s-investment-arm-streamlining-its-strategy). On Sheikh Hamad's restoration of Dudley House, see 'Sheikh Shack', *Vanity Fair*, February 2015 (https://www.vanityfair.com/style/2015/01/dudley-house-london).   **35.** Wiedmann, Salama and Thierstein, p. 44.   **36.** See Ali A. Alraouf, ' "Dohaization": An Emerging Interface between Knowledge, Creativity, and Gulf Urbanity', in George Katodrytis and Sharmeen Syed (eds.), *Gulf Cities as Interfaces*, pp. 47–68.   **37.** Justin Marozzi, 'Get the Message from the Gulf: The US and Baghdad both Criticise Al Jazeera, the Arabic Language Satellite Station. Perhaps It Is Doing Something Right', *Financial Times*, 14 September 2002.   **38.** See, for instance, Kristian Coates Ulrichsen, 'Qatar and the Arab Spring: Policy Drivers and Regional Implications', Carnegie Endowment for International Peace, 24 September 2014 (http://carnegieendowment.org/2014/09/24/qatar-and-arab-spring-policy-drivers-and-regional-implications-pub-56723); Tom Keatinge, 'Why Qatar is the focus of terrorism claims', Centre for Financial Crime and Security Studies, BBC, 13 June 2017 (http://www.bbc.co.uk/news/world-middle-east-40246734); 'How Qatar is funding the rise of Islamist extremists', *Daily Telegraph*, 20 September 2014 (http://www.telegraph.co.uk/news/worldnews/middleeast/qatar/11110931/How-Qatar-is-funding-the-rise-of-Islamist-extremists.html); 'Qatar Opens Its Doors to All, to the Dismay of Some', *New York Times*, 16 July 2014 (https://www.nytimes.com/2017/07/16/world/middleeast/doha-qatar-blockade.html).   **39.** 'Saudi Arabia may dig canal to turn Qatar into an island', *Guardian*, 1 September 2018 (https://www.theguardian.com/world/2018/sep/01/saudi-arabia-may-dig-canal-to-turn-qatar-into-an-island).   **40.** Author interview, Doha, 28 April 2015.   **41.** On sustainability in Doha, see Andrew M. Gardner, 'How the City Grows: Urban Growth and Challenges to Sustainable Development in Doha, Qatar', in Paul Sillitoe (ed.), *Sustainable Development: An Appraisal from the Gulf Region*, pp. 343–66.   **42.** Herodotus, *Histories*, 1.4.   **43.** 'Arab Spring',

Wikipedia (https://en.wikipedia.org/wiki/Arab_Spring). **44.** See, for example, Brendan Simms, Michael Axworthy and Patrick Milton, 'Ending the New Thirty Years' War', *New Statesman*, 26 January 2016 (https://www.newstatesman.com/politics/uk/2016/01/ending-new-thirty-years-war). For a counter view, see Lorenzo Kamel, 'There is no Thirty Years' War in the Middle East', *The National Interest*, 29 August 2016 (https://nationalinterest.org/feature/there-no-thirty-years-war-the-middle-east-17513). See also Peter H. Wilson, *The Thirty Years War: Europe's Tragedy*, p. 4. **45.** See, for example, Christopher de Bellaigue, *The Islamic Enlightenment: The Modern Struggle Between Faith and Reason*. **46.** Italo Calvino, *Invisible Cities*, p. 7; Gardner, 'How the City Grows', in Sillitoe (ed.), *Sustainable Development*.

参考文献

选读书目

Ajami, Fouad, *The Dream Palace of the Arabs: A Generation's Odyssey* (New York, 1998)

Allawi, Ali A., *The Crisis of Islamic Civilization* (New Haven, Connecticut; London, 2009)

Atiyah, Edward, *The Arabs* (London, 1955)

Bennison, Amira K., and Gascoigne, Alison L. (eds.), *Cities in the Pre-modern Islamic World: The Urban Impact of Religion, State and Society* (London, 2007)

Blair, Sheila S., and Bloom, Jonathan M., *The Art and Architecture of Islam, 1250–1800* (New Haven, Connecticut; London, 1994)

Bosworth, C. Edmund (ed.), *Historic Cities of the Islamic World* (Leiden, 2007)

Dawood, N. J. (tr.), *The Koran* (London, 2000)

Gibb, H. A. R., *The Travels of Ibn Battutah* (Cambridge, 1958)

Hitti, P. K., *Capital Cities of Arab Islam* (Minneapolis, Minnesota, 1973)

—, *History of the Arabs* (New York, 1937)

Hourani, Albert, *A History of the Arab Peoples* (London, 2013; reprint of 1991 original)

—, and Stern, S. M. (eds.), *The Islamic City* (Oxford, 1970)

Hoyland, Robert G., *Arabia and the Arabs: From the Bronze Age to the Coming of Islam* (London, 2001)

Irwin, Robert, *Night, Horses and the Desert: The Penguin Anthology of Classical Arabic Literature* (London, 2000)

Jayyusi, Salma, Holod Renata, Petruccioli, Attilio, and Raymond, André (eds.), *The City in the Islamic World* (Leiden, 2008)

Kassir, Samir, *Being Arab* (London, 2006, reprint and translation of *Considérations sur le Malheur Arabe*, 2004)

Kennedy, Hugh, *The Great Arab Conquests: How the Spread of Islam Changed the World We Live In* (Cambridge, Massachusetts, 2007)

Khaldun, Ibn, *The Muqaddimah: An Introduction to History* (London, 1978)

Lewis, Bernard, *The Arabs in History* (Oxford, 2002; reprint of 1950 original)

—, *The Muslim Discovery of Europe* (London, 2000)

Mackintosh-Smith, Tim, *Arabs: A 3,000-Year History of Peoples, Tribes and Empires* (New Haven, Connecticut, 2019)

Mitchell, George (ed.), *Architecture of the Islamic World* (London, 1978)

Robinson, Chase F. (ed.), *The New Cambridge History of Islam* (Cambridge, 2010)

—, *Islamic Historiography, Themes in Islamic History* (Cambridge, 2003)

Rogan, Eugene, *The Arabs: A History* (London, 2012; reprint of 2009 original)

1 7世纪：麦加——众城之源

Antrim, Zayde, *Routes and Realms: The Power of Place in the Early Islamic World* (Oxford, 2012)

Armstrong, Karen, *Muhammad: A Prophet for Our Time* (New York, 2006)

Bostom, Andrew G. (ed.), *The Legacy of Jihad: Islamic Holy War and the Fates of Non-Muslims* (Amherst, New York, 2008)

Bowersock, Glen, *Crucible of Islam* (Cambridge, Massachusetts; London, 2017)

Bukhari, *Sahi Bukhari* (https://www.sahih-bukhari.com)

Crone, Patricia, *Meccan Trade and the Rise of Islam* (Princeton, New Jersey, 1987)

Donner, Fred M., *Muhammad and the Believers: At the Origins of Islam* (Cambridge, Massachusetts, 2010)

—, 'The Historical Context', *The Cambridge Companion to the Quran* (Cambridge, 2006)

Grabar, Oleg, 'Upon Reading Al-Azraqi', *Muqarnas Online*, vol. 3, issue 1 (1985) (https://brill.com/view/journals/muqj/3/1/article-p1_2.xml)

Gwynne, Paul, *Buddha, Jesus and Muhammad: A Comparative Study* (Chichester, 2014)

Hawting, G. R., *The Idea of Idolatry and the Emergence of Islam: From Polemic to History* (Cambridge, 1999)

Heck, Gene W., ' "Arabia without Spices": An Alternate Hypothesis: The Issue of "Makkan Trade and the Rise of Islam" ', *Journal of the American Oriental Society* (Ann Arbor, Michigan, 2003)

Holland, Tom, *In the Shadow of the Sword: The Battle for Global Empire and the End of the Ancient World* (London, 2012)

Ibrahim, Mahmud, *Merchant Capital and Islam* (Austin, Texas, 1990)

Ishaq, Ibn, *The Life of Muhammad*, translated by A. Guillaume (London, 1955)

Juynboll, G. H. A., *Studies on the First Century of Islamic Society* (Carbondale, Illinois, 1982)

Kister, M. J., 'The Massacre of the Banu Qurayza: A Re-examination of a Tradition', *Jerusalem Studies in Arabic and Islam*, 8 (Jerusalem, 1986)

—, 'Some Reports Concerning Mecca: From Jahiliyya to Islam', *Journal of the Economic & Social History of the Orient*, 15 (1972)

Lammens, Henri, *Islam: Beliefs and Institutions* (Oxford, 2013; reprint of 1929 original)

Mubarak, Safiur Rahman (ed.), *History of Makkah* (Riyadh, London; Darussalam, 2002)

Peters, Francis E., *Mecca: A Literary History of the Muslim Holy Land* (Princeton, 2017; reprint of 1994 original)

—, *Muhammad and the Origins of Islam* (Albany, New York, 1994)

Sardar, Ziauddin, *Mecca: The Sacred City* (London, 2014)

Smith, Martyn, *Religion, Culture, and Sacred Space* (New York, 2008)

Watt, Montgomery W., 'Mecca – The pre-Islamic and early Islamic periods', in *Encyclopedia of Islam*, vol. 5 (Leiden, 2008)

—, and McDonald, M. V., *The History of al-Tabari*, vol. VI: *Muhammad at Mecca* (Albany, New York, 1988)

Wolfe, Michael, *One Thousand Roads to Mecca: Ten Centuries of Travelers Writing about the Muslim Pilgrimage* (New York, 1997)

2 8 世纪：大马士革——芳香的天堂

Al Isfahani, Abul Faraj, *Kitab al Aghani* (Cairo, 1905)

Al Maqrizi, *Book of Contention and Strife Concerning the Relations between the Banu Umayya and the Banu Hashim* (Manchester, 1980)

Antrim, Zayde, 'Ibn Asakir's Representations of Syria and Damascus in the Introduction to the *Tarikh Madinat Dimashq*', *International Journal of Middle East Studies*, 38 (Cambridge, 2006)

Asakir, Ibn, *Tarikh Madinat Dimashq* (Beirut, 1997)

Broadhurst, R. J. C. (tr. and ed.), *The Travels of Ibn Jubayr* (London, 1952)

Burns, Ross, *Damascus: A History* (London, 2005)

Creswell, K. A. C., *Early Muslim Architecture*, Part 1: *Umayyads 622–750* (Oxford, 1969)

Degeorge, Gérard, *Damascus* (Paris, 2004)

Elisséeff, N., 'Dimashq', *Encyclopaedia of Islam 2*, vol. 2 (Leiden, 1965)

—, *La Description de Damas d'Ibn Asakir* (Damascus, 1959)

Flood, Finbar Barry, *The Great Mosque of Damascus: Studies on the Makings of an Umayyad Visual Culture* (Leiden, 2001)

Frankopan, Peter, *The Silk Roads: A New History of the World* (London, 2015)

Gibbon, Edward, *The History of the Decline and Fall of the Roman Empire* (London, 1911)

Glassé, Cyril, *The New Encyclopaedia of Islam* (London, 2013)

Grabar, Oleg, *Formation of Islamic Art* (New Haven, Connecticut, 1973)

Hamilton, Robert, *Walid and his Friends: An Umayyad Tragedy* (Oxford, 1988)

Hawting, G. R., *The First Dynasty of Islam: The Umayyad Caliphate 661–750* (London, 1986)

Hitti, Philip, *The Origins of the Islamic State. Being a Translation from the Arabic, Accompanied with Annotations, Geographic and Historic Notes of the Kitab Futuh al-Buldan of al-Imaam abu-l 'Abbas Ahmad ibn Jabir al-Baladhuri* (New York, 1916)

Hoyland, Robert, *In God's Path: The Arab Conquests* (Oxford, 2013)

— (tr.), *Theophilus of Edessa's Chronicle* (Liverpool, 2011)

Humphreys, R. Stephen, 'Syria', in Chase F. Robinson (ed.), *The New Cambridge History of Islam*, vol. 1 (Cambridge, 2010)

Kennedy, Hugh, *The Byzantine and Early Islamic Middle East* (Aldershot, 2006)

—, *When Baghdad Ruled the Muslim World: The Rise and Fall of Islam's Greatest Dynasty* (Cambridge, Massachusetts, 2005; US edition of *The Court of the Caliphs*, London, 2005)

—, *The Early Abbasid Caliphate: A Political History* (London, 1981)

Khalek, Nancy, *Damascus after the Muslim Conquest: Text and Image in Early Islam* (New York, Oxford, 2011)

Le Strange, Guy, *Palestine under the Moslems: A Description of Syria and the Holy Land* (London, 1890)

Mottahedeh, Roy, 'The Abbasid Caliphate in Iran', in *The Cambridge History of Iran*, vol. IV: *The Period from the Arab Invasion to the Saljuqs* (Cambridge, 2008)

Robinson, Chase F., 'The Violence of the Abbasid Revolution', in Yasir Suleiman (ed.), *Living Islamic History: Studies in Honour of Professor Carole Hillenbrand* (Edinburgh, 2012)

Rowson, Everett K., and Robinson, Chase, *The Works of Ibn Wadih al-Yaqubi: An English Translation* (Leiden, 2017)

Tabari, *The History of al-Tabari*, vol. 26: *The Waning of the Umayyad Caliphate* (Albany, New York, 1989)

Wolf, Kenneth Baxter, *Conquerors and Chroniclers of Early Medieval Spain* (Liverpool, 1990)

3 9 世纪：巴格达——和平之城　血腥之城

Abbott, Nabia, *Two Queens of Baghdad: Mother and Wife of Harun al Rashid* (London, 1986; reprint of 1946 original)

Abdullah, Thabit, *A Short History of Iraq: From 636 to the Present* (London, 2003)

Adler, Marcus Nathan, *The Itinerary of Benjamin of Tudela* (Oxford, 1907)

Ahsan, Muhammad Manazir, *Social Life Under the Abbasids* (London, 1979)

Al Isfahani, Abul Faraj, *Kitab al Aghani* (*Book of Songs*) (Cairo, 1905)

Al Khalili, Jim, *Pathfinders: The Golden Age of Arabic Science* (London, 2010)

Al Muqaddasi, *The Best Divisions for Knowledge of the Regions*, a translation of Ahsan al Taqasim fi Ma'rifat al Aqalim by Basil Anthony Collins (Reading, 1994)

Al Tikriti, Abd al Rahman, *Al Amthal al Baghdadiyya al Muqarana, Comparative Proverbs of Baghdad*, 4 vols. (Baghdad, 1969)

Al Zubayr, Ibn, *Kitab al Hadaya wa al Tuhaf* (*Book of Gifts and Rarities*), translated and annotated by Ghada al Hijjawi al Qaddumi (Cambridge, Massachusetts, 1996)

Ali, Sayed Amir, *The Spirit of Islam: A History of the Evolution and Ideals of Islam with a Life of the Prophet* (London, 1922)

Arberry, A. J., *Arabic Poetry* (Cambridge, 1965)

Armstrong, Karen, *A History of God: From Abraham to the Present: The 4,000-year Quest for God* (London, 1999; reprint of 1993 original)

Ashtiany, Julia, et al. (eds.), *Abbasid Belles-Lettres, Cambridge History of Arabic Literature*, vol. 2 (Cambridge, 1990)

Baig, Sulaiman Faiq, *The History of Baghdad*, translated by Mousa Kadhim Nawras (Baghdad, 1962)

Bell, Gertrude, *Diaries* and *Letters*, available in Newcastle University's Gertrude Bell Archive, http://www.gerty.ncl.ac.uk

Bennison, Amira, *The Great Caliphs: The Golden Age of the Abbasid Empire* (London, 2009)

Broadhurst, Roland J. C. (tr. and ed.), *The Travels of Ibn Jubayr, Being the Chronicle of a Mediaeval Spanish Moor Concerning his Journey to the Egypt of Saladin, the Holy Cities of Arabia, Baghdad the City of the Caliphs, the Latin Kingdom of Jerusalem, and the Norman Kingdom of Sicily* (London, 1952)

Clot, André, *Harun al-Rashid and the World of the Thousand and One Nights*, translated from the French by John Howe (London, 2005)

Coke, Richard, *Baghdad: The City of Peace* (London, 1927)

De Slane, Baron Mac Guckin (tr.), *Ibn Khallikan's Biographical Dictionary*, 4 vols. (Paris, 1842–71)

Duri, A. A., 'Baghdad', *Encylopaedia of Islam 2*, vol. 1 (Leiden, 1965)

Gibbon, Edward, *The History of the Decline and Fall of the Roman Empire* (London, 1835)

Gruendler, Beatrice, *Medieval Arabic Praise Poetry* (London, 2002)

Irwin, Robert, *The Arabian Nights: A Companion* (London, 2004)

Kathir, Ibn, *Al Bidaya wal Nihaya (The Beginning and the End)* (Al Mostafa e-library; www.al-mostafa.com)

Kennedy, Hugh, *When Baghdad Ruled the Muslim World: The Rise and Fall of Islam's Greatest Dynasty* (Cambridge, Massachusetts, 2005; US edition of *The Court of the Caliphs*, London, 2005)

Kennedy, Philip, *Abu Nuwas: A Genius of Poetry* (Oxford, 2005)

Lassner, Jacob, *The Topography of Baghdad in the Early Middle Ages* (Detroit, 1970)

Le Strange, Guy, *Lands of the Eastern Caliphate: Mesopotamia and Central Asia from the Moslem Conquest to the Time of Timur* (Cambridge, 1905)

—, *Baghdad during the Abbasid Caliphate* (Oxford, 1900)

Lyons, Jonathan, *The House of Wisdom: How the Arabs Transformed Western Civilisation* (London, 2008)

Lyons, Malcolm (tr.), *The Arabian Nights: Tales of 1001 Nights*, 3 vols. (London, 2008)

MacCulloch, Diarmaid, *A History of Christianity: The First Three Thousand Years* (London, 2009)

Marozzi, Justin, *Baghdad: City of Peace, City of Blood* (London, 2014)

Masudi, *The Meadows of Gold: The Abbasids*, translated and edited by Paul Lunde and Caroline Stone (London, 1989)

Mathers, Powys, *The Thousand Nights and One Night*, 4 vols. (London, 2005, 1996; reprint of 1949 original)

Milwright, Marcus, *An Introduction to Islamic Archaeology* (Cambridge, 2010)

Nicholson, Reynold Alleyne, *A Literary History of the Arabs* (London, 1914; reprint of 1907 original)

O'Leary, De Lacy, *How Greek Science Passed to the Arabs* (London, 1948)

—, *Arabic Thought and its Place in History* (London, 1922)

Pellat, Charles, *The Life and Works of Jahiz* (London, 1969)

Rowell, Alex, *Vintage Humour: The Islamic Wine Poetry of Abu Nuwas* (London, 2018)

Shaban, M. A., *The Abbasid Revolution* (Cambridge, 1979)

Shamash, Violette, *Memories of Eden: A Journey Through Jewish Baghdad* (London, 2008)

Spuler, Bertold, *The Muslim World*, vol. 1: *The Age of the Caliphs* (Leiden, 1960)

Tabari, *The History of Al Tabari*, vol. XXXI: *The War between Brothers: The Caliphate of Muhammad al Amin   809–813/   193–198* (1992)

—, *The History of Al Tabari*, vol. I: *The Reign of Abu Jafar al Mansur 754–775* (Albany, New York, 1989)

—, *The History of Al Tabari*, vol. XXX: *The Abbasid Caliphate in Equilibrium: The Caliphates of Musa al Hadi and Harun al Rashid   785–809/   169–193* (1989)

—, *The History of Al Tabari*, vol. XXXV: *The Crisis of the Abbasid Caliphate: The Caliphates of al Musta'in and al Mu'tazz   862–869/   248–255* (1985)

Wiet, Gaston, *Baghdad: Metropolis of the Abbasid Caliphate* (Norman, Oklahoma, 1971)

4　10 世纪：科尔多瓦——世界的点缀

Ashtor, Eliyahu, *The Jews of Moslem Spain* (Philadelphia, Pennsylvania, 1992)

Catlos, Brian A., *Kingdoms of Faith: A New History of Islamic Spain* (London, 2018)

Christys, Ann, 'Picnic at Madinat al-Zahra', in Barton, Simon, and Linehan, Peter (eds.), *Cross, Crescent and Conversion: Studies on Medieval Spain and Christendom in Memory of Richard Fletcher* (Leiden, 2008)

—, *Christians in Andalus 711–1000* (Richmond, 2001)

Elinson, Alexander E., *Looking Back at Al-Andalus: The Poetics of Loss and Nostalgia in Medieval Arabic and Hebrew Literature* (Leiden, 2009)

Fierro, Maribel, *Abd al Rahman III – The First Cordoban Caliph* (Oxford, 2005)

Fletcher, Richard, *Moorish Spain* (Berkeley, California, 2006; reprint of 1992 original)

Hillenbrand, R., 'The Ornament of the World: Cordoba as a Cultural Centre', in Jayyusi (ed.)

Jayyusi, Salma (ed.), *The Legacy of Muslim Spain* (Leiden, 1992)

Kennedy, Hugh, *Muslim Spain and Portugal: A Political History of Al Andalus* (London, 1996)

Khoury, Nuha, 'The Meaning of the Great Mosque of Cordoba in the Tenth Century', in *Muqarnas*, vol. 13 (1996)

Lévi-Provençal, Évariste, *L'Espagne Musulmane*, vol. 3 (Paris, Leiden, 1950)

Menocal, Maria Rosa, *The Ornament of the World: How Muslims, Jews and Christians Created a Culture of Tolerance in Medieval Spain* (London, 2003)

—, Scheindlin, Raymond P., and Sells, Michael (eds.), *The Literature of Al Andalus* (Cambridge, 2000)

Morera, Dario Fernandez, *The Myth of the Andalusian Paradise: Muslims, Christians and Jews under Islamic Rule in Medieval Spain* (Wilmington, Delaware, 2016)

Smith, Colin (tr. and ed.), *Christians and Moors in Spain*, vol. 1 (Liverpool, 1988)

Sordo, Enrique, *Moorish Spain* (London, 1963)

Wasserstein, David, *The Caliphate in the West: An Islamic Political Institution in the Iberian Peninsula* (Oxford, 1993)

Wilson, Katharina, *Hrotsvit of Gandersheim: A Florilegium of Her Works* (Cambridge, 1998)

Wolf, Kenneth B., 'Convivencia and the "Ornament of the World"', Southeast Medieval Association, Wofford College, Spartanburg, South Carolina, October 2007 (https://scholarship.claremont.edu/cgi/viewcontent.cgi?referer=https://www.googl.com/&https redir=1&article=1042&context=pomona_fac_pub)

5　11 世纪：耶路撒冷——争议之城

Annalist of Nieder-Altaich, 'The Great German Pilgrimage of 1064–65', translated by James Brundage (https://legacy.fordham.edu/Halsall/source/1064pilgrim.asp)

Asali, Kamil Jamil (ed.), *Jerusalem in History: 3,000   to the Present Day* (London, 1997)

Asbridge, Thomas, *The First Crusade: A New History* (New York, London, 2004)

al Athir, Ibn, *The Chronicle of Ibn al Athir for the Crusading Period from Al Kamil Fi'l-Tarikh*, Part I: *The Years 491–541/1097–1146 – The Coming of the Franks and the Muslim Response* (London, 2017)

Battuta, Ibn, *Travels in Asia and Africa: 1325–1354*, translated by Reverend Samuel Lee (Mineola, New York, 2013)

Brundage, James A., 'Adhemar of Le Puy: The Bishop and his Critics', *Speculum*, vol. 34, no. 2 (April 1959)

Cobb, Paul M., *Race for Paradise: Islamic History of the Crusades* (Oxford, 2014)

Gabrieli, Francesco, *Arab Historians of the Crusades* (London, 2009)

Gil, Moshe, 'The Political History of Jerusalem During the Early Muslim Period', in Joshua Prawer and Haggai Ben-Shammai (eds.), *The History of Jerusalem: The Early Muslim Period, 638–1099* (Jerusalem, 1996)

Goddard, Hugh, *A History of Christian–Muslim Relations* (Edinburgh, 2000)

Hillenbrand, Carole, *Crusades: Islamic Perspectives* (New York, 2000; reprint of 1999 original)

The Itinerarium Burdigalense by The Anonymous Pilgrim of Bordeaux (333   ) (https:// www.scribd.com/doc/37368846/The-Itinerarium-Burdigalense-by-The-Anonymous-Pilgrim-of-Bordeaux-333-a-d)

Khalek, Nancy, *Damascus after the Muslim Conquest* (New York, Oxford, 2011)

Khusraw, Nasir-i-, *Diary of a Journey Through Syria and Palestine*, translated by Guy Le Strange (London, 1893)

Krey, August C., *The First Crusade: The Accounts of Eyewitnesses and Participants* (London, 2016; reprint of 1921 original)

Lambert, Malcolm, *Crusade and Jihad: Origins, History and Aftermath* (London, 2016)

Maalouf, Amin, *The Crusades Through Arab Eyes* (London, 1984)

Madden, Thomas F., *The Concise History of the Crusades* (Lanham, Maryland, 1983)

Montefiore, Simon Sebag, *Jerusalem: The Biography* (London, 2011)

Munro, Dana C., 'The Speech of Pope Urban II at Clermont, 1095', *The American Historical Review*, vol. XI, no. 2 (1906)

—, 'Urban and the Crusaders', *Translations and Reprints from the Original Sources of European History*, vol. 1 (Philadelphia, 1894)

Murphy-O'Connor, Jerome, *The Holy Land: An Oxford Archaeological Guide from Earliest Times to 1700* (Oxford, 1998; reprint of 1992 original)

Ousterhout, Robert, 'Rebuilding the Temple: Constantine Monomachus and the Holy Sepulchre', *Journal of the Society of Architectural Historians*, vol. 48, no. 1 (March 1989)

Peacock, A. C. S., *The Great Seljuk Empire* (Edinburgh, 2015)

Peters, Edward (ed.), *The First Crusade: The Chronicle of Fulcher of Chartres and Other Source Materials* (Philadelphia, 1998; reprint of 1971 original)

Riley-Smith, Jonathan, *The First Crusade and the Idea of Crusading* (London, 2009; reprint of 1986 original)

Runciman, Steven, *The First Crusade* (Cambridge, 1980)

Sinclair, Andrew, *Jerusalem: The Endless Crusade* (London, 1996)

Tyerman, Christopher, *God's War: A New History of the Crusades* (London, 2007)

Wolffe, John, *Religion in History: Conflict, Conversion and Coexistence* (Manchester, New York, 2004)

Wright, Thomas (ed.), *Early Travels in Palestine* (London, 1968; reprint of 1847 original)

6   12 世纪：开罗——胜利之城

Al Athir, Ali ibn, *Kamil al Tawarikh*, 14 vols. (Leiden, 1851–76)

Azzam, Abdul Rahman, *Saladin: The Triumph of the Sunni Revival* (Cambridge, 2014)

Behrens-Abouseif, Doris, 'The Façade of the Aqmar Mosque in the Context of Fatimid Ceremonial', in *Muqarnas IX: An Annual on Islamic Art and Architecture* (1992), edited by Oleg Grabar

—, *Islamic Architecture in Cairo: An Introduction* (Cairo, 1989)

Bloom, Jonathan M., 'The Mosque of al-Hakim in Cairo', in *Muqarnas I: An Annual on Islamic Art and Architecture* (1983), edited by Oleg Grabar

Brett, Michael, *The Rise of the Fatimids: The World of the Mediterranean and the Middle East in the Fourth Century of the Hijra, Tenth Century* (Leiden, 2001)

Goitein, S. D., *A Mediterranean Society: The Jewish Communities of the World as Portrayed in the Documents of the Cairo Geniza* (Los Angeles, 2000; reprint of 1967–85 original)

Golia, Maria, *Cairo: City of Sand* (London, 2004)

Halm, Heinz, *Fatimids and Their Traditions of Learning* (London, New York, 2001)

Hanna, Nelly (ed.), *Money, Land and Trade: An Economic History of the Muslim Mediterranean* (London, 2002)

Lane-Poole, Stanley, *The Story of Cairo* (Nendeln, Liechtenstein, 1971; reprint of 1902 original)

Olszowy-Schlanger, Judith, 'Learning to Read and Write in Medieval Egypt: Children's Exercise Books from the Cairo Geniza', *Journal of Semitic Studies*, 48 (1) (Spring 2003)

Phillips, Jonathan, *The Crusades 1095–1204* (London, New York, 2014)

Rabbat, Nasser, *The Citadel of Cairo: A New Interpretation of Royal Mameluk Architecture* (Leiden, 1995)

Raymond, André, *Cairo* (Cambridge, Massachusetts; London, 2000)

Rodenbeck, Max, *Cairo: The City Victorious* (Cairo, 2005; reprint of 1999 original)

Virani, Shafique N., *The Ismailis in the Middle Ages: A History of Survival, a Search for Salvation* (New York, Oxford, 2007)

7 13 世纪：非斯——非洲的雅典

Abi Zar, Ibn, *Roudh el Kartas: Histoire des Souverains du Maghreb et Annales de la Ville de Fès* (Paris, 1860)

Africanus, Leo, *The History and Description of Africa*, vol. II (London, 1896)

Al Idrisi, *Description de l'Afrique et de l'Espagne par Edrisi* (Leiden, 1866)

Al Jaznai, Abul Hassan, *Kitab Zahrat al As* (Algiers, 1923)

Boum, Aomar, and Park, Thomas K. (eds.), *Historical Dictionary of Morocco* (Lanham, Maryland, 2016)

Bowles, Paul, and Brukoff, Barry, *Morocco* (New York, 1993)

Burckhardt, Titus, *Fez: City of Islam* (Cambridge, 1992)

Ennahid, Said, and Maghraoui, Driss (eds.), *Fez in World History: Selected Essays* (Ifrane, Morocco, 2011)

Ferhat, Halima, 'Marinid Fez: Zenith and Signs of Decline', in Jayyusi, Salma (ed.), *The City in the Islamic World* (Leiden, 2008)

Gaudio, Attilio, *Fès: Joyau de la Civilisation Islamique* (Paris, 1982)

Khaldun, Ibn, *The Muqaddimah: An Introduction to History*, translated by Franz Rosenthal (London, 1958)

—, *Histoire des Berbères*, vol. 4 (Paris, 1925–56)

Landau, Rom, *Morocco* (London, 1967)

Lebbar, Mohammed, 'La Ville de Fès et Sylvestre II' (http://wissensraum-mittelmeer.org/wp-content/uploads/2017/03/Lebbar_-_Sylvestre_II.pdf)

Le Tourneau, Roger, 'Fas', *Encyclopedia Islamica* (Leiden, 2008)

—, *Fez in the Age of the Marinids* (Norman, Oklahoma, 1974; reprint of 1961 original)

—, and Terrasse, H., 'Fez', in Bosworth, C. Edmund (ed.), *Historic Cities of the Islamic World* (2007)

Lopez, Robert S., and Raymond, Irving W. (trs.), *Medieval Trade in the Mediterranean World: Illustrative Documents* (New York, 2001; reprint of 1955 original)

Mackintosh-Smith, Tim (ed.), *The Travels of Ibn Battutah* (London, 2002)

Messier, Ronald A., *The Almoravids and the Meanings of Jihad* (Santa Barbara, California, 2010)

Mezzine, Mohammed (ed.), *Fès Médiévale: Entre légende et histoire, un carrefour de l'Orient à l'apogée d'un rêve* (Paris, 1992)

Miller, Susan Gilson, Petruccioli, Attilio, and Bertagnin, Mauro, 'Inscribing Minority Space in the Islamic City: The Jewish Quarter of Fez (1438–1912)', *Journal of the Society of Architectural Historians*, vol. 60, no. 3 (September 2001)

Najjar, Fauzi M., 'The Karaouine at Fez', *Muslim World*, vol. 48, issue 2 (April 1958)

O'Meara, Simon, *Space and Muslim Urban Life: At the Limits of the Labyrinth of Fez* (London, 2007)

—, 'The foundation legend of Fez and other Islamic cities in light of the Prophet', in Bennison, Amira K., and Gascoigne, Alison L. (eds.), *Cities in the Pre-modern Islamic World*, (London, 2007)

Shatzmiller, Maya, in *Encyclopedia Islamica* (2008)

—'Marinids', *The Berbers and the Islamic State: The Marinid Experience in Pre-Protectorate Morocco* (Princeton, New Jersey, 2000)

Wharton, Edith, *In Morocco* (London, 1920)

Wright, Gwendolyn, *The Politics of Design in French Colonial Urbanism* (Chicago, London, 1991)

8 14 世纪：撒马尔罕——灵魂的花园

Adshead, S. A. M., *Central Asia in World History* (London, 1993)

Andrews, Peter, 'The Tents of Timur', in *Arts of the Eurasian Steppelands*, edited by Philip Denwood (London, 1978)

Arabshah, Ahmed Ibn, *Tamerlane or Timur the Great Amir*, translated by J. H. Sanders from *The Arabic Life* by Ahmed ibn Arabshah (London, 1936)

Barthold, V. V., 'The Burial of Timur', in *Iran, Journal of the British Institute of Persian Studies*, XII (London, 1974)

Blunt, Wilfrid, *The Golden Road to Samarkand* (London, 1973)

Boyle, J. A., *The Successors of Genghis Khan*, translated from the Persian of Rashid al-Din (New York, 1971)

Browne, Edward G., *A Literary History of Persia*, 4 vols. (Cambridge, 1928)

The Cambridge History of Central Asia (Cambridge, 1990)

Clavijo, Ruy González de, *Embassy to Tamerlane 1403–1406*, translated from the Spanish by Guy Le Strange (London, 1928)

Flecker, James Elroy, *Hassan: The Story of Hassan of Bagdad and How He Came to Make the Golden Journey to Samarkand* (London, 1922)

Forbes Manz, Beatrice, *The Rise and Rule of Tamerlane* (Cambridge, 1999)

—, 'Temür and the Problem of a Conqueror's Legacy', *Journal of the Royal Asiatic Society*, third series, vol. 8, no. 1 (April 1998)

—, 'Tamerlane and the Symbolism of Sovereignty', *Iranian Studies*, vol. XXI, nos. 1–2 (1988)

Golombek, Lisa, 'From Tamerlane to the Taj Mahal', in Daneshvari, Abbas (ed.), *Essays in Islamic Art and Architecture in Honour of Katharina Otto-Dorn* (Malibu, 1981)

—, and Subtelny, Maria (eds.), *Timurid Art and Culture: Iran and Central Asia in the Fifteenth Century* (Leiden, 1992)

—, and Wilber, Donald, *The Timurid Architecture of Iran and Turan* (Princeton, New Jersey, 1988)

Grabar, Oleg, Review of A. A. Semenov's 'Inscriptions on the tombs of Temur and descendants in the Gur e Amir', *Ars Orientalis*, 2 (1957)

Gronke, Monika, 'The Persian Court Between Palace and Tent: From Timur to Abbas I', in Golombek and Subtelny (eds.)

Hookham, Hilda, *Tamburlaine the Conqueror* (London, 1962)

Howorth, Henry H., *History of the Mongols: From the 9th to the 19th Century*, 4 vols. (London, 1876, 1928)

Jamaluddin, Syed, *The State under Temur: A Study in Empire Building* (New Delhi, 1995)

Juvayni, Ata-Malik, *The History of the World Conqueror (1252–1260)*, translated by John Andrew Boyle, 2 vols. (Manchester, 1958)

Khwandamir, *A Literal Translation of Habeeb-us-Siyar, Life of Tamerlane*, parts V & VI and parts VII & VIII (Bombay, 1900)

Lamb, Harold, *Tamerlane the Earth Shaker* (London, 1929)

Marlowe, Christopher, *Tamburlaine the Great* (London, 2014; reprint of epic 1590 original)

Marozzi, Justin, *Tamerlane: Sword of Islam, Conqueror of the World* (London, 2004)

Morgan, David O., *Medieval Persia: 1040–1797* (London, 1992)

Nicolle, David, *The Age of Tamerlane: Warfare in the Middle East c.1350–1500* (London, 2001)

—, *The Mongol Warlords: Genghis Khan, Kublai Khan, Hülegü, Tamerlane* (Poole, 1990)

Oman, C. W. C., *The Art of War in the Middle Ages* A.D. *378–1515* (Ithaca, New York, 1953; reprint of 1885 original)

Parker, E. H., *A Thousand Years of the Tartars* (London, 2002)

Parker, Geoffrey, *Power in Stone: Cities as Symbols of Empire* (London, 2014)

Polyakova, E. A., 'Timur as Described by the 15th Century Court Historiographers', *Iranian Studies*, vol. XXI, nos. 1–2 (1988)

Saunders, John Joseph, *The History of the Mongol Conquests* (London, 1971)

Shami, Nizam ad-Din, *Histoire des Conquêtes de Tamerlan Intitulée Zafarnama, par Nizam-uddin Sami*, ed. F. Tauer, vols. I and II (Prague, 1937, 1956)

Wellard, James, *Samarkand and Beyond: A History of Desert Caravans* (London, 1977)

Woods, John E., 'Timur's Genealogy', in *Intellectual Studies on Islam* (Salt Lake City, Utah, 1990)

Yazdi, Sharaf al Din Ali, *The History of Timur-Bec, Known by the Name of Tamerlain the Great, Emperor of the Moguls and Tartars: Being an Historical Journal of his Conquests in Asia and Europe*, 2 vols. (London, 1723)

9　15 世纪：君士坦丁堡——世界渴望之城

Angold, Michael, *The Fall of Constantinople to the Ottomans: Context and Consequences* (New York, 2014; reprint of 2012 original)

Babinger, Franz, *Mehmed the Conqueror and His Time* (Princeton, New Jersey, 1978)

Çelebi, Evliya, *Narrative of Travels in Europe, Asia, and Africa, in the Seventeenth Century*, translated by Joseph Freiherr von Hammer-Purgstall (London, 1834, 1850)

Çinar, Alev, 'National History as a Contested Site: The Conquest of Istanbul and Islamist Negotiations of the Nation', *Comparative Studies in Society and History*, vol. 43, no. 2 (April 2001)

Crowley, Roger, *1453: The Holy War for Constantinople and the Clash of Islam and the West* (London, 2006)

—, *Constantinople: The Last Great Siege, 1453* (London, 2005)

De Brocquière, Bertrandon, *The Travels of Bertrandon de Brocquière* (Hafod Press, 1807)

Finkel, Caroline, *Osman's Dream: The Story of the Ottoman Empire 1300–1923* (London, 2005)

Gibbon, Edward, *The Decline and Fall of the Roman Empire*, vol. III (1185–1453) (various editions)

Given-Wilson, C. (tr. and ed.), *The Chronicle of Adam of Usk 1377–1421* (Oxford, 1997)

Hilsdale, Cecily J., *Byzantine Art and Diplomacy in an Age of Decline* (New York, 2014)

Hughes, Bettany, *Istanbul: A Tale of Three Cities* (London, 2017)

İnalcik, Halil, *The Ottoman Empire: 1300–1600* (London, 2000; reprint of 1973 original)

—, 'Istanbul: An Islamic City', *Journal of Islamic Studies*, 1 (1990)

—, 'Tursun Beg, Historian of Mehmed the Conqueror's Time', *Wiener Zeitschrift für die Kunde des Morgenlandes*, vol. 69 (1977)

Kaçar, Hilmi, *An Islamic City: Konstantiniyye/Istanbul: Constructing an Empire on a City* (Ghent, 2013) (http://www.academia.edu/2197840/An_Islamic_City_Kostantiniyye_Istanbul_constructing_an_empire_on_a_city)

Kafescioğlu, Çiğdem, *Constantinopolis/Istanbul: Cultural Encounter, Imperial Vision and the Construction of the Ottoman Capital* (University Park, Pennsylvania, 2009)

—, 'Heavenly and Unblessed, Splendid and Artless: Mehmed II's Mosque Complex in the Eyes of its Contemporaries', in Çiğden Kafescioğlu and Lucienne Thys-Şenocak (eds.), *Aptullah Kuran için Yazılar/Essays in Honour of Aptullah Kuran* (Istanbul, 1999)

Kermeli, Eugenia, 'Osman I', in Agoston, Gabor, and Masters, Bruce (eds.), *Encyclopedia of the Ottoman Empire* (New York, 2009)

Kritovoulos, *History of Mehmed the Conqueror* (Westport, Connecticut, 1970)

Kuban, Doğan, *Istanbul: An Urban History: Byzantion, Constantinopolis, Istanbul* (Istanbul, 1996)

Mango, Cyril (ed.), *The Oxford History of Byzantium* (Oxford, New York, 2002)

Mansel, Philip, *Pillars of Monarchy* (London, 1984)

Morris, Jan, *Among the Cities* (London, 1985)

Muslu, Cihan Yüksel, *The Ottomans and the Mamluks: Imperial Diplomacy and Warfare in the Islamic World* (London, 2014)

Necipoğlu, Gülru, *Architecture, Ceremonial and Power: The Topkapi Palace in the Fifteenth and Sixteenth Centuries* (Cambridge, Massachusetts; London, 1991)

Nestor-Iskander, *The Tale of Constantinople: Of its Origin and Capture by the Turks in the Year 1453* (New Rochelle, New York, 1998)

Nicol, Donald, *The Immortal Emperor: The Life and Legend of Constantine Palaiologos, Last Emperor of the Romans* (Cambridge, 1992)

—, *Byzantium and Venice: A Study in Diplomatic and Cultural Relations* (Cambridge, 1988)

—, *The Last Centuries of Byzantium, 1261–1453* (Cambridge, 1993; reprint of 1972 original)

—, *A Byzantine Emperor in England: Manuel II's Visit to London in 1400–01* (Birmingham, 1971)

Pamuk, Orhan, *Istanbul: Memories and the City* (London, 2006; reprint of 2005 original)

Philippides, Marios, and Hanak, Walter K., *The Siege and the Fall of Constantinople in 1453: Historiography, Topography and Military Studies* (London, 2017)

Reinert, Stephen, 'Fragmentation (1204–1453)', in Mango, Cyril (ed.), *The Oxford History of Byzantium* (Oxford, New York, 2002)

Rogerson, Barnaby, *The Last Crusaders: The Hundred-Year Battle for the Centre of the World* (London, 2009)

Runciman, Steven, *The Fall of Constantinople 1453* (Cambridge, 1965)

Saoud, Rabah, 'Muslim Architecture under Ottoman Patronage 1326–1924', *Foundation for Science, Technology and Civilisation* (July 2004)

Tafur, Pero, *Travels and Adventures 1435–1439* (London, 1926)

Tsilenis, Savvas, 'The minority of Orthodox Christians in the official statistics of modern Turkey and the urban space' (http://www.demography-lab.prd.uth.gr/DDAoG/article/cont/ergasies/tsilenis.htm)

Turnbull, Stephen, *The Walls of Constantinople   324–1453* (London, 2014)

Zweig, Stefan, *Shooting Stars: Ten Historical Miniatures* (London, 2013)

10 16 世纪：喀布尔——山中花园

Alam, Muzaffar, and Subrahmanyam, Sanjay (eds.), *The Mughal State 1526–1750* (Delhi, 1998)

Babur, *The Baburnama (Memoirs of Babur)*, translated by Annette Susannah Beveridge (London, 1922)

Bayat, Bayazid, *Tadkhira Humayun wa Akbar*, translated by Bruce Wannell for the Aga Khan Trust for Culture (Kabul, 2008)

Dale, Stephen Frederic, *The Gardens of Eight Paradises: Babur and the Culture of Empire in Central Asia, Afghanistan and India (1483–1530)* (Leiden, 2004)

—, 'Steppe Humanism: The Autobiographical Writings of Zahir Al-Din Muhammad Babur, 1483–1530', *International Journal of Middle East Studies*, vol. 22, no. 1 (1990)

Denison Ross, E., 'Babur', in *Cambridge History of India*, vol. 4: *The Mughul Period* (Cambridge, 1937)

Du Jarric, Pierre, *Akbar and the Jesuits: An Account of the Jesuit Missions to the Court of Akbar* (London, 2004)

Dupree, Nancy Hatch, *An Historical Guide to Afghanistan* (Kabul, 1971)

Eraly, Abraham, *Emperors of the Peacock Throne: The Saga of the Great Mughals* (London, 2000)

Faruqui, Munis D., *Princes of the Mughal Empire, 1504–1719* (Cambridge, 2012)

Fazl, Abul, *The Akbarnama of Abul Fazl*, translated by H. Beveridge, 3 vols. (Calcutta, 1897–1921).

Forster, E. M., 'The Emperor Babur', in *Abinger Harvest* (London, 1953)

Gammell, C. P. W., *The Pearl of Khorasan: A History of Herat* (London, 2016)

Lal, Ruby, *Domesticity and Power in the Early Mughal World* (Cambridge, 2005)

Lamb, Harold, *Babur the Tiger: First of the Great Moguls* (London, 1962)

Lane Fox, Robin, 'The Garden King of Kabul: Babur's legacy lives on in Afghanistan', *Financial Times*, 5 February 2016 (https://www.ft.com/content/5631b7ae-c4ed-11e5-808f-8231cd71622e)

Lehman, F., 'Akbar I', *Encyclopaedia Iranica* (http://www.iranicaonline.org/articles/akbar-i-mughal-india)

Leyden, John, and Erskine, William, *Memoirs of Zehir-Ed-Din Muhammad Babur, Emperor of Hindustan* (London, 1921)

Nicoll, Fergus, *Shah Jahan* (London, 2009)

Richards, John, *The Mughal Empire* (Cambridge, New York, 1993)

Rushbrook Williams, L. F., *An Empire Builder of the Sixteenth Century: A Summary Account of the Political Career of Zahir-ud-din Muhammad, surnamed Babur* (London, 1918)

Schinasi, May, *Kabul: A History 1773–1948* (Leiden, 2016)

Thackston, W. M., 'Babur Mirza, *Baburnama*', in *A Century of Princes: Sources on Timurid History and Art* (Cambridge, Massachusetts, 1989)

Woodburn, C. W., *The Bala Hissar of Kabul: Revealing a Fortress-Palace in Afghanistan* (Chatham, 2009)

11　17 世纪：伊斯法罕——世界的一半

Arabshah, Ahmed Ibn, *Tamerlane or Timur the Great Amir*, translated by J. H. Sanders from *The Arabic Life* by Ahmed ibn Arabshah (London, 1936)

Aslanian, Sebouh, *From the Indian Ocean to the Mediterranean: The Global Trade Networks of Armenian Merchants from New Julfa* (Berkeley, California; London, 2011)

Axworthy, Michael, *The Sword of Persia: Nader Shah, from Tribal Warrior to Conquering Tyrant* (London, 2009)

—, *Iran: Empire of the Mind: A History from Zoroaster to the Present Day* (London, 2008)

Babaie, Sussan, *Isfahan and its Palaces: Statecraft, Shiism and the Architecture of Conviviality in Early Modern Iran* (Edinburgh, 2008)

—, with Babayan, Kathryn, Baghdiantz-McCabe, Ina, and Farhad, Massumeh, *Slaves of the Shah: New Elites of Safavid Iran* (London, 2004)

—, with Haug, Robert, 'Isfahan X: Monuments (1): A Historical Survey', *Encyclopaedia Iranica* and following essays (http://www.iranicaonline.org/articles/isfahan-xi-a-historical-survey)

—, 'Shah Abbas II, the Conquest of Qandahar, the Chihil Sutun, and its Wall Paintings', *Muqarnas*, 11 (1994)

Blow, David, *Shah Abbas: The Ruthless King Who Became an Iranian Legend* (London, 2014)

Blunt, Wilfrid, *Isfahan: Pearl of Persia* (London, Toronto, 1966)

Byron, Robert, *The Road to Oxiana* (London, 2000; reprint of 1937 original)

Chardin, Sir John, *Travels in Persia 1673–1677* (New York, London, 1988)

Chick, H. (ed.), *A Chronicle of the Carmelites in Persia: The Safavids and the Papal Mission of the 17th and 18th Centuries* (London, 2012)

De Thévenot, Jean, *The Travels of Monsieur de Thévenot into the Levant*, vol. 2 (London, 1687; reprint of 1674 original)

Fryer, John, *A New Account of East India and Persia Being Nine Years' Travels 1672–1681* (London, 1698)

Kleiss, Wolfram, 'Safavid Palaces', *Ars Orientalis*, vol. 23 (1993)

Matthee, Rudi, 'Safavid Iran through the Eyes of European Travellers', *Harvard Library Bulletin*, vol. 23, nos. 1–2 (Spring–Summer 2012)

—, 'Was Safavid Iran an Empire?', *Journal of the Economic and Social History of the Orient*, vol. 53, nos. 1/2 (2010)

—, *The Pursuit of Pleasure: Drugs and Stimulants in Iranian History, 1500–1900* (Princeton, 2005)

—, 'Between Aloofness and Fascination: Safavid Views of the West', *Iranian Studies*, vol. 31, no. 2, *Historiography and Representation in Safavid and Afsharid Iran* (Spring 1998)

—, 'Soltan Hosayn', *Encyclopaedia Iranica* (http://www.iranicaonline.org/articles/soltan-hosayn)

Monshi, Eskandar Beg, *History of Shah Abbas the Great*, translated by Roger Savory, vol. 2 (Boulder, Colorado, 1978)

Mottahedeh, Roy, *The Mantle of the Prophet: Religion and Politics in Iran* (Oxford, 2000; reprint of 1988 original)

Necipoğlu, Gülru, 'Framing the Gaze in Ottoman, Safavid, and Mughal Palaces', *Ars Orientalis*, vol. 23 (1993)

Roemer, H. R., 'The Safavid Period', in Jackson, Peter, and Lockhart, Laurence, (eds.), *The Cambridge History of Iran*, vol. 6 (Cambridge, 1997; reprint of 1986 original)

Savory, Roger, 'Abbas I', *Encyclopaedia Iranica* (http://www.iranicaonline.org/articles/abbas-i)

—, and Karamustafa, Ahmet, 'Esmail I Safawi', *Encyclopaedia Iranica* (http://www.iranicaonline.org/articles/esmail-i-safawi)

Sherley, Sir Anthony, *The Three Brothers, or The Travels and Adventures of Sir Anthony, Sir Robert and Sir Thomas Sherley in Persia, Russia, Turkey, Spain etc.* (London, 1825)

Tavernier, Jean-Baptiste, *The Six Voyages of John Baptista Tavernier* (London, 1678)

Williamson, Clare, 'Safavid Persia Through the Eyes of French Travellers', *La Trobe Journal*, no. 91 (June 2013)

12 18 世纪：的黎波里——海盗的窝点

Austen, Ralph A., 'The Trans-Saharan Slave Trade: A Tentative Census', in Gemery, Henry A, and Hogendorn, Jan S. (eds.), *The Uncommon Market: Essays in the Economic History of the Atlantic Slave Trade* (New York, London, 1979)

Badoglio, Pietro, *Italy in the Second World War*, translated by Muriel Currey (Oxford, 1948)

Basset, René, 'Karamanli', in *Encyclopedia of Islam* (Leiden, 1913–36)

Berenson, Mary, *A Vicarious Trip to the Barbary Coast* (London, 1938)

Bey, Ali, *Travels of Ali Bey in Morocco, Tripoli, Cyprus, Egypt, Arabia, Syria and Turkey between the Years 1803 and 1807* (London, 1816)

Bicheno, Hugh, *Crescent and Cross: The Battle of Lepanto 1571* (London, 2003)

Bovill, E. W., *Caravans of the Old Sahara* (Oxford, 1933)

Braudel, Fernand, *The Mediterranean and the Mediterranean World in the Age of Philip II*, vol. 2 (Berkeley, California, 1995)

Cherif, M. H., 'Algeria, Tunisia and Libya: The Ottomans and their Heirs', in Ogot, B. A. (ed.), *General History of Africa*, vol. 5: *Africa from the Sixteenth to the Eighteenth Century* (Paris, London, 1978–93)

Ciranna, Simonetta, 'Roman Persistence and Re-use of Ancient Remains', in *The Mediterranean Medina: International Seminar*, pp. 297–300 (Rome, 2011)

Cooley, John K., *Libyan Sandstorm* (London, 1983)

Davis, Robert C., *Christian Slaves, Muslim Masters: White Slavery in the Mediterranean, the Barbary Coast, and Italy, 1500–1800* (Basingstoke, 2003)

Dearden, Seton, *A Nest of Corsairs: The Fighting Karamanlis of the Barbary Coast* (London, 1976)

De Grummond, Nancy Thomson (ed.), *Encyclopedia of the History of Classical Archaeology* (London, 2015)

Diem, Werner, and Schöller, Marco, *The Living and the Dead in Islam: Studies in Arabic Epitaphs* (Wiesbaden, 2004)

Fisher, Sir Godfrey, *Barbary Legend: War, Trade and Piracy in North Africa 1415–1830* (Oxford, 1957)

Folayan, Kola, *Tripoli during the Reign of Yusuf Pasha Qaramanli* (Ife, Nigeria, 1979)

London, Joshua, *Victory in Tripoli: How America's War with the Barbary Pirates Established the U.S. Navy and Shaped a Nation* (Hoboken, New Jersey, 2005)

Lyon, George Francis, *A Narrative of Travels in Northern Africa in the Years 1818–20* (London, 1985; reprint of 1821 original)

Mackenzie, Alexander Slidell, *Life of Stephen Decatur, a Commodore in the Navy of the United States* (Boston, 1848)

Mantran, R., 'Karamanli', in *Encyclopedia of Islam*, vol. 5 (Leiden, 1975)

Marozzi, Justin, *South from Barbary: Along the Slave Routes of the Libyan Sahara* (London, 2001)

Matar, Hisham, *The Return: Fathers, Sons and the Land in Between* (London, 2016)

McLachlan, K. S., 'Tripoli and Tripolitania: Conflict and Cohesion during the Period of the Barbary Corsairs (1551–1850)', *Transactions of the Institute of British Geographers*, vol. 3, no. 3, *Settlement and Conflict in the Mediterranean World* (1978)

Micara, Ludovico, 'Ottoman Tripoli: A Mediterranean Medina', in Jayyusi, Salma, Holod, Renata, Petruccioli, Attilio and Raymond, André (eds.), *The City in the Islamic World*, vol. 2 (Leiden, 2008)

Munzi, Massimiliano, 'Italian Archaeology in Libya: From Colonial Romanità to Decolonization of the Past', in Galaty, Michael L., and Watkinson, Charles (eds.), *Archaeology Under Dictatorship* (New York, London, 2004)

O'Hara, Glen, *Britain and the Sea Since 1600* (New York, Basingstoke, 2010)

Parton, James, *Life of Thomas Jefferson: Third President of the United States* (Boston, 1874)

Pennell, C. R., *Piracy and Diplomacy in Seventeenth-Century North Africa: The Journal of Thomas Baker, English Consul in Tripoli, 1677–1685* (London, 1989)

Richardson, James, *Travels in the Great Desert of Sahara in the Years of 1845 and 1846* (London, 1970; reprint of 1848 original)

Rogerson, Barnaby, *A Traveller's History of North Africa* (London, 2008; reprint of 1998 original)

Rossi, Ettore, 'Tripoli', in *Encyclopedia of Islam* (Leiden, 1913–36)

St John, Ronald Bruce, *Libya: From Colony to Independence* (Oxford, 2008)

Teonge, Henry, *The Diary of Henry Teonge: Chaplain on H.M.'s Ships Assistance, Bristol and Royal Oak 1675–1679* (London, 2004)

Tucker, Spencer C. (ed.), *The Encyclopedia of the Wars of the Early American Republic, 1783–1812: A Political, Social and Military History* (Santa Barbara, California, 2014)

Tully, Miss, *Narrative of a Ten Years' Residence at Tripoli in Africa* (London, 1983; reprint of 1817 original)

Vandewalle, Dirk, *Libya Since Independence: Oil and State-Building* (London, 1998)

Wheelan, Joseph, *Jefferson's War: America's First War on Terror 1801–1805* (New York, 2004)

Wright, John, *Tripoli: A History* (Oxford, 2015)

—, *A History of Libya* (London, 2012)

—, *Travellers in Turkish Libya 1551–1911* (London, 2011; reprint of 2005 original)

—, *Libya, Chad and the Central Sahara* (London, 1989)

13 19 世纪：贝鲁特——黎凡特的游乐场

Antonius, George, *The Arab Awakening: The Story of the Arab National Movement* (London, 1938)

Atiyah, Edward, *An Arab Tells His Story: A Study in Loyalties* (London, 1946)

Fawaz, Leila Tarazi, *An Occasion for War: Civil Conflict in Lebanon and Damascus in 1860* (London, 1994)

— (ed.), *State and Society in Lebanon* (Oxford, 1991)

—, *Merchants and Migrants in Nineteenth-Century Beirut* (Cambridge, Massachusetts, 1983)

Gorton, T. J. (ed.), *A Beirut Anthology: Travel Writing through the Centuries* (Cairo, 2015)

Hanssen, Jens, *Fin de Siècle Beirut: The Making of an Ottoman Provincial Capital* (Oxford, 2005)

Hayek, Ghenwa, *Beirut, Imagining the City: Space and Place in Lebanese Literature* (London, New York, 2015)

Herodotus, *The Histories* (London, 2003)

Hudson, Leila, *Transforming Damascus: Space and Modernity in an Islamic City* (London, 2008)

Hussain, Ishtiaq, *The Tanzimat: Secular Reforms in the Ottoman Empire* (http://faith-matters.org/images/stories/fm-publications/the-tanzimat-final-web.pdf)

Jidejian, Nina, *Beirut through the Ages* (Beirut, 1973)

Kassab, Sawsan Agha, and Tadmori, Khaled Omar, *Beyrouth et le Sultan: 200 photographies des albums de Abdul Hamid II (1876–1909)* (Beirut, 2002)

Kassir, Samir, *Beirut* (Berkeley, California; London, 2010)

Khalaf, Samir, *Heart of Beirut: Reclaiming the Bourj* (London, 2006)

Larkin, Craig, 'Remaking Beirut: Contesting Memory, Space, and the Urban Imaginary of Lebanese Youth', *City & Community*, vol. 9, issue 4 (December 2010)

Makarem, Hadi, 'Downtown Beirut: Between Amnesia and Nostalgia', 17 October 2012 (http://blogs.lse.ac.uk/mec/2012/10/17/downtown-beirut-between-amnesia-and-nostalgia/)

Makdisi, Saree, 'Beirut, a City without History?', in Makdisi, Ussama, and Silverstein, Paul (eds.), *Memory and Violence in the Middle East and North Africa* (Bloomington, Indiana, 2006)

—, 'Laying Claim to Beirut: Urban Narrative and Spatial Identity in the Age of Solidere', *Critical Inquiry*, vol. 23, no. 3, *Front Lines/Border Posts* (Spring 1997)

Mansel, Philip, *Levant: Splendour and Catastrophe on the Mediterranean* (London, 2010)

Neale, Frederick Arthur, *Eight Years in Syria, Palestine and Asia Minor: From 1842 to 1850* (London, 1851)

Olin, Stephen, *Travels in Egypt, Arabia Petræa, and the Holy Land*, vol. 2 (New York, 1843)

Osman, Tarek, *Islamism: What it Means for the Middle East and the World* (New Haven, Connecticut, 2016)

Persen, William, 'The Russian Occupations of Beirut, 1772–4', *Journal of The Royal Central Asian Society*, vol. 42, issue 3–4 (1955)

Ragab, Tarek Saad, 'Who Won the Battle of Beirut Downtown? Revisiting the Crisis of Cultural Identity in Rehabilitating Post-War Beirut', in Lawrence, Roderick, Turgut, Hulya, and Kellett, Peter (eds.), *Requalifying the Built Environment: Challenges and Responses* (Oxford, 2012)

Salam, Assem, 'The Role of Government in Shaping the Built Environment', in Rowe, Peter G., and Sarkis, Hashim (eds.), *Projecting Beirut: Episodes in the Construction and Reconstruction of a Modern City* (Munich, London, 1998)

Salibi, Kamal, *A House of Many Mansions: The History of Lebanon Reconsidered* (London, 1998)

Traboulsi, Fawwaz, *A History of Modern Lebanon* (London, 2012; reprint of 2007 original)

Trombetta, Lorenzo, 'The Private Archives of the Sursuqs, a Beirut Family of Christian Notables: An Early Investigation', *Rivista degli Studi Orientali*, Nuova Serie, vol. 82, fasc. 1/4 (2009)

Tuéni, Nadia, *Lebanon: Poems of Love and War* (Beirut, 2006)

14 20世纪：迪拜——你建造，他们就会来

Ali, Syed, *Dubai: Gilded Cage* (New Haven, Connecticut; London, 2010)

Al Maktoum, Sheikh Mohammed bin Rashid, *My Vision: Challenges in the Race for Excellence* (Dubai, 2006)

Balbi, Gasparo, *Viaggio dell'Indie Orientali* (Venice, 1590)

Barr, James, *Lords of the Desert: Britain's Struggle with America to Dominate the Middle East* (London, 2018)

Benoist-Mechin, Jacques, *Turkey 1908–1938: The End of the Ottoman Empire* (Zug, Switzerland, 1989; reprint of 1980 original)

Carter, Robert A., *Sea of Pearls: Seven Thousand Years of the Industry that Shaped the Gulf* (London, 2012)

Cogan, Lieut R., 'Trigonometrical Plan of the Back-water of Debai by Lieut. R. Cogan under the direction of Lt. J. M. Guy, H. C. Marine. 1822. Drawn by M. Houghton' (1/2), British Library Map Collections, I O R /X/3690 (https://www.qdl.qa/en/archive/81055/vdc_100024141117.0x000002)

Davidson, Christopher, *Dubai: The Vulnerability of Success* (Oxford, 2008)

George, Andrew (tr.), *The Epic of Gilgamesh* (London, 2000; reprint of 1999 original)

Gupte, Pranay, *Dubai: The Making of a Megapolis* (New Delhi, 2011)

Hawley, Donald, *The Trucial States* (London, 1970)

Heard-Bey, Frauke, *From Trucial States to United Arab Emirates: A Society in Transition* (London, 1996; reprint of 1982 original)

Khoury, Eileen, 'Servants of the Pearl', *Aramco World*, vol. 41, no. 5 (September/October 1990) (http://archive.aramcoworld.com/issue/199005/servants.of.the.pearl.htm)

Krane, Jim, *Dubai: The Story of the World's Fastest City* (London, 2013; reprint of 2009 original)

Lorimer, John Gordon, *Gazetteer of the Persian Gulf, Oman and Central Arabia*, vol. 2: *Geographical and Statistical* (Calcutta, 1908)

Mayo, Anthony, Nitin, Nohria, Umaimah, Mendhro, and Cromwell, Johnathan, 'Sheikh Mohammed and the Making of "Dubai Inc." ', Harvard Business School Case 410-063 (February 2010, revised August 2010)

Morton, Michael Quentin, *Keepers of the Golden Shore: A History of the United Arab Emirates* (London, 2016)

Onley, James, 'Britain and the Gulf Shaikhdoms, 1820–1971: The Politics of Protection', Occasional Paper No. 4, Center for International and Regional Studies, Georgetown University of Foreign Service in Qatar (2009) (https://repository.library.georgetown.edu/bitstream/handle/10822/558294/CIRSOccasionalPaper4JamesOnley2009.pdf)

Thesiger, Wilfred, *Arabian Sands* (London, 1960)

Thomas, Justin, *Psychological Wellbeing in the Gulf States: The New Arabia Felix* (Basingstoke, 2013)

Wheeler, Julia, and Thuybaert, Paul, *Telling Tales: An Oral History of Dubai* (Dubai, 2006)

Wilson, Graeme, *Rashid's Legacy: The Genesis of the Maktoum Family and the History of Dubai* (London, 2006)

—, *Rashid: Father of Dubai* (Kuala Lumpur, Malaysia, 1999)

Zahlan, Rosemarie Said, *The Origins of the United Arab Emirates: A Political and Social History of the Trucial States* (London, 2016; reprint of 1978 original)

15 21 世纪: 多哈——珍珠之城

Adam, Khaled, 'Rediscovering the Island: Doha's Urbanity from Pearls to Spectacle', in Elsheshtawy, Yasser (ed.), *The Evolving Arab City: Tradition, Modernity and Urban Development* (London, 2008)

Al Qasimi, Sultan Mohammed (ed.), *The Journals of David Seton in the Gulf 1800–1809* (Exeter, 1995)

Alraouf, Ali A., ' "Dohaization": An Emerging Interface between Knowledge, Creativity, and Gulf Urbanity', in Katodrytis, George, and Syed, Sharmeen, *Gulf Cities as Interfaces* (Cambridge, 2012)

—, 'A Tale of Two Souqs: The Paradox of Gulf Urban Diversity', *Open House International*, vol. 37, no. 2 (June 2012)

Al Thani, Mohammed, *Jassim the Leader* (London, 2012)

Boussaa, Djamel, 'Rehabilitation as a Catalyst of Sustaining a Living Heritage: The Case of Souk Waqif in Doha, Qatar', *Art and Design Review*, vol. 2, no. 3 (2014) (http://file.scirp.org/Html/4-1250021_49452.htm)

Calvino, Italo, *Invisible Cities* (London, 1997)

Carter, Robert, 'A History of Doha and Bidda: Historical References to Doha and Bidda before 1850', Origins of Doha and Qatar Project, led by Dr Robert Carter of UCL Qatar (https://originsofdoha.files.wordpress.com/2015/03/a-history-of-doha-and-bidda1.pdf)

—, 'Bringing Doha's Past to Life: Discoveries from the UCL Qatar project that is shedding new light on the history of Doha', *The Foundation*, monthly magazine of Qatar Foundation, issue 68 (August 2014)

—, with contributions by Sakal, Ferhan, Eddisford, Daniel, and Roberts, Kirk, 'Highlights of the Latest Archaeological Discoveries in Doha', Qatar Museums Workshop, 21 October 2014

Gardner, Andrew M., 'How the City Grows: Urban Growth and Challenges to Sustainable Development in Doha, Qatar', in Sillitoe, Paul (ed.), *Sustainable Development: An Appraisal from the Gulf Region* (New York, 2014)

—, 'The Transforming Landscape of Doha: An Essay on Urbanism and Urbanization in Qatar', *Jadaliyya*, 9 November 2013 (http://www.jadaliyya.com/Details/29778)

—, 'Gulf Migration and the Family', *Journal of Arabian Studies*, 1.1 (June 2011)

Hobbs, Mark, 'Qatari History: Pivotal Moments Revealed in India Office Records', Qatar Digital Library (https://www.qdl.qa/en/qatari-history-pivotal-moments-revealed-india-office-records)

Kamrava, Mehran, *Qatar: Small State, Big Politics* (Ithaca, New York, 2013)

Keatinge, Tom, 'Why Qatar is the focus of terrorism claims', Centre for Financial Crime and Security Studies, BBC, 13 June 2017 (http://www.bbc.co.uk./news/world-middle-east-40246734)

Moe, Tammi, Al Obaidly, Fahad Ahmed, and Forehand, Leslie, 'The Transitional Generations of Doha: A Case Study of Culture and the Built Environment', Virginia Commonwealth University Qatar (undated) (www.academia.edu/11413106/The_transitional_generations_of_Doha_A_case_study_of_culture_and_the_built_environment)

Nagy, Sharon, 'Making Room for Migrants, Making Sense of Difference: Spatial and Ideological Expressions of Social Diversity in Urban Qatar', Urban Studies, vol. 43, no. 1 (January 2006)

—, 'Dressing up Downtown: Urban development and government public image in Qatar', *City & Society*, vol. 12, issue 1 (June 2000)

—, 'Social diversity and changes in the form and appearance of the Qatari house', *Visual Anthropology*; published in cooperation with the Commission on Visual Anthropology, 10:2–4 (1998)

Palgrave, William Gifford, *Narrative of a Year's Journey Through Central and Eastern Arabia 1862–63*, vol. 2 (London, 1868)

Pierini, Marc, 'Qatar's Foreign Policy Under the New Emir', Carnegie Europe, 28 June 2013 (https://carnegieeurope.eu/strategiceurope/52236)

Radoine, Hassan, *Souk Wakif On-site Review Report*, edited by Aga Khan Award for Architecture (2010) (https://archnet.org/system/publications/contents/8722/original/DTP101221.pdf?1396271815)

Rahman, Habibur, *The Emergence of Qatar: The Turbulent Years 1627–1916* (London, 2005)

Salama, Ashraf M., Azzali, Simona, and Wiedmann, Florian, 'The everyday urban environment of migrant labourers in Gulf Cities: The case of the old centre of Doha, Qatar', in *City, Territory and Architecture*, vol. 4, 5 (February 2017)

Sulaib, Faisal Mukhyat Abu, 'Understanding Qatar's Foreign Policy, 1995–2017', *Middle East Policy*, vol. XXIV, no. 4 (Winter 2017)

Ulrichsen, Kristian Coates, *Qatar and the Arab Spring* (London, 2014)

—, 'Qatar and the Arab Spring: Policy Drivers and Regional Implications', Carnegie Endowment for International Peace, 24 September 2014 (http://carnegieendowment.org/2014/09/24/qatar-and-arab-spring-policy-drivers-and-regional-implications-pub-56723)

Wiedmann, Florian, Salama, Ashraf M., and Thierstein, Alain, 'Urban evolution of the city of Doha: An investigation into the impact of economic transformations on urban structures', *METU Journal of the Faculty of Architecture*, vol. 29, no. 2 (December 2012)

Zahlan, Rosemarie Said, *The Creation of Qatar* (London, 2016)

索 引

（此部分页码为英文版页码，即本书页边码）

图书在版编目（CIP）数据

伊斯兰帝国：十五座城市定义一种文明 /（英）贾
斯廷·马罗齐（Justin Marozzi）著；郭玉红译 .
北京：社会科学文献出版社，2025.7.--ISBN 978-7-
5228-4912-6

Ⅰ .K370.0

中国国家版本馆 CIP 数据核字第 20250HV677 号

伊斯兰帝国：十五座城市定义一种文明

著　　者 /〔英〕贾斯廷·马罗齐（Justin Marozzi）
译　　者 / 郭玉红

出 版 人 / 冀祥德
责任编辑 / 周方茹
责任印制 / 岳　阳

出　　版 / 社会科学文献出版社·教育分社（010）59367151
　　　　　　地址：北京市北三环中路甲29号院华龙大厦　邮编：100029
　　　　　　网址：www. ssap. com. cn
发　　行 / 社会科学文献出版社（010）59367028
印　　装 / 南京爱德印刷有限公司

规　　格 / 开　本：889mm×1194mm　1/32
　　　　　　印　张：18.375　插　页：0.625　字　数：451千字
版　　次 / 2025年7月第1版　2025年7月第1次印刷
书　　号 / ISBN 978-7-5228-4912-6
著作权合同
登 记 号 / 图字01-2023-1123号
定　　价 / 129.00元

读者服务电话：4008918866